Marketing na Era Digital

Conceitos, plataformas e estratégias

O GEN | Grupo Editorial Nacional – maior plataforma editorial brasileira no segmento científico, técnico e profissional – publica conteúdos nas áreas de ciências sociais aplicadas, exatas, humanas, jurídicas e da saúde, além de prover serviços direcionados à educação continuada e à preparação para concursos.

As editoras que integram o GEN, das mais respeitadas no mercado editorial, construíram catálogos inigualáveis, com obras decisivas para a formação acadêmica e o aperfeiçoamento de várias gerações de profissionais e estudantes, tendo se tornado sinônimo de qualidade e seriedade.

A missão do GEN e dos núcleos de conteúdo que o compõem é prover a melhor informação científica e distribuí-la de maneira flexível e conveniente, a preços justos, gerando benefícios e servindo a autores, docentes, livreiros, funcionários, colaboradores e acionistas.

Nosso comportamento ético incondicional e nossa responsabilidade social e ambiental são reforçados pela natureza educacional de nossa atividade e dão sustentabilidade ao crescimento contínuo e à rentabilidade do grupo.

BEST SELLER
3ª EDIÇÃO

MARTHA GABRIEL
RAFAEL KISO

Marketing NA ERA Digital

Conceitos, plataformas e estratégias

- Os autores deste livro e a editora empenharam seus melhores esforços para assegurar que as informações e os procedimentos apresentados no texto estejam em acordo com os padrões aceitos à época da publicação, *e todos os dados foram atualizados pelos autores até a data de fechamento do livro*. Entretanto, tendo em conta a evolução das ciências, as atualizações legislativas, as mudanças regulamentares governamentais e o constante fluxo de novas informações sobre os temas que constam do livro, recomendamos enfaticamente que os leitores consultem sempre outras fontes fidedignas, de modo a se certificarem de que as informações contidas no texto estão corretas e de que não houve alterações nas recomendações ou na legislação regulamentadora.
- Data do fechamento do livro: 16/05/2025
- Os autores e a editora se empenharam para citar adequadamente e dar o devido crédito a todos os detentores de direitos autorais de qualquer material utilizado neste livro, dispondo-se a possíveis acertos posteriores caso, inadvertida e involuntariamente, a identificação de algum deles tenha sido omitida.
- **Atendimento ao cliente:** (11) 5080-0751 | faleconosco@grupogen.com.br
- Direitos exclusivos para a língua portuguesa
  Copyright © 2025 by
  Editora Atlas Ltda.
  Uma editora integrante do GEN | Grupo Editorial Nacional
  Travessa do Ouvidor, 11
  Rio de Janeiro – RJ – 20040-040
  www.grupogen.com.br
- Reservados todos os direitos. É proibida a duplicação ou reprodução deste volume, no todo ou em parte, em quaisquer formas ou por quaisquer meios (eletrônico, mecânico, gravação, fotocópia, distribuição pela Internet ou outros), sem permissão, por escrito, da LTC | Livros Técnicos e Científicos Editora Ltda.
- Capa: OFÁ Design
- Editoração eletrônica: Padovan Serviços Gráficos e Editoriais
- Ficha catalográfica

CIP-BRASIL. CATALOGAÇÃO NA PUBLICAÇÃO
SINDICATO NACIONAL DOS EDITORES DE LIVROS, RJ

G117m
3. ed.

Gabriel, Martha
    Marketing na era digital : conceitos, plataformas e estratégias / Martha Gabriel, Rafael Kiso. – 3. ed. – Barueri [SP] : Atlas, 2025.

    Inclui bibliografia e índice
    ISBN 978-65-5977-725-9

    1. Marketing na internet. 2. Marketing - Planejamento. 3. Comunicações digitais. I. Kiso, Rafael. II. Título.

25-97602.0   CDD: 658.872
             CDU: 658.84:004.738

Meri Gleice Rodrigues de Souza – Bibliotecária – CRB-7/6439

A AUTORA, MARTHA GABRIEL

Martha Gabriel é um ícone **multidisciplinar** nas áreas de negócios, tendências e inovação na América Latina. **Futurista** pelo **IFTF** (Institute For The Future), **engenheira** (Unicamp), pós-graduada em **Marketing** (ESPM de São Paulo) e em *Design* (Belas Artes de São Paulo), **mestre** e **Ph.D.** em **Artes** pela ECA-USP com formação **executiva** pelo **MIT Sloan**.

Autora dos *best-sellers* Você, Eu e os Robôs, Educar: a (r)evolução digital na educação e *Inteligência Artificial: do zero a superpoderes*, foi duas vezes finalista do **Prêmio Jabuti**.

Consultora em inovação, conta com uma ampla gama de clientes, incluindo corporações multinacionais, bancos, governo e universidades. Utilizando a tecnologia como instrumento de transformação de vida e negócios desde o início de sua carreira, auxilia grandes empresas em suas jornadas de desenvolvimento. Mais recentemente, tem atuado fortemente com processos de transformação digital, inteligência artificial e implementação de cultura de inovação para alinhamento com o novo contexto de negócios.

Professora de Inteligência Artificial no **TIDD** (Tecnologias da Inteligência e *Design* Digital) na PUC-SP, leciona também nas principais **escolas de negócios** do Brasil, incluindo Insper e Fundação Dom Cabral. Única brasileira a fazer parte da *faculty* **internacional** da **CrossKnowledge**, uma das *top* 5 empresas de capacitação corporativa *on-line* no mundo.

Palestrante em **6 TEDx**, *keynote* **internacional** com mais de 80 apresentações no exterior, **ganhou** três vezes o prêmio de melhor palestra em eventos nos EUA. *Keynote* frequente em eventos de **tecnologia**, **inovação** e **negócios**, como Gartner DA, Gartner IT Symposium/Xpo, IBM Think Summit, Web Summit Brasil, ODSC Brasil, Digitalks Expo, entre outros.

Influenciadora digital, escreve artigos técnicos, apresenta webséries e cobre os maiores eventos internacionais de tecnologia e inovação para grandes corporações.

Agraciada com o **Patrocínio Intelecto Digital** Locaweb desde 2010.

Embaixadora no Brasil da Geek Girls LatAm, ONG de fomento de educação tecnológica para garotas focando na diminuição da inequalidade e no aumento da diversidade nas áreas de STEM (*science, technology, engineering, mathematics*).

www.martha.com.br
X @marthagabriel
Instagram @marthagabriel
LinkedIn @marthagabriel

O COAUTOR, RAFAEL KISO

Rafael Kiso é considerado um dos melhores profissionais de planejamento estratégico digital do Brasil, tendo sido reconhecido pela Associação Brasileira dos Agentes Digitais (ABRADi). Formou-se em **Publicidade e Propaganda** pela Universidade do Vale do Paraíba (Univap) e fez cursos nas áreas de **Marketing e Inovação** pela Escola de Propaganda e Marketing (ESPM). É também *Master Business* pela HSM, escola onde teve a oportunidade de aprender com profissionais renomados, como a própria Martha Gabriel.

Kiso iniciou a carreira como pesquisador de tecnologias relacionadas à Internet em 1998, no período em que trabalhava para o Instituto de Pesquisa & Desenvolvimento da Univap. Alguns anos depois, participou do desenvolvimento do *bankline* do Itaú, com a responsabilidade de analisar requisitos de negócio e programar códigos para transformar os sistemas legados em sistemas *Web*. Unindo seus conhecimentos em comunicação, marketing e tecnologia, criou a Focusnetworks, consultoria de marketing digital *on-life*, que, em 20 anos de mercado, foi responsável por soluções que potencializam negócios por meio do universo digital de grandes empresas nacionais e internacionais líderes de mercado, como Google, Intel, Chevrolet, Jose Cuervo, Embraer, Globo, Lindt Chocolates, Pullman, PlusVita, HTH, Companhia Athletica, DKT International, Wow Nutrition, Bimbo, Anbima, entre outras marcas.

Dentro da Focusnetworks, criou a *startup* **mLabs**, atualmente a **maior ferramenta de gestão de redes sociais do Brasil**. A mLabs saiu do zero e chegou à liderança de mercado, com 230 mil clientes em apenas quatro anos. Atualmente, é CMO da companhia e conselheiro da Focusnetworks.

Autor do ***best-seller*** *Unbound Marketing: um framework para construir uma estratégia exponencial usando o marketing em ambiente digital*, figura no *ranking* dos livros mais vendidos da **Amazon**.

Professor de marketing nas mídias sociais, com mais de 100 mil alunos *on-line*, e **Mentor** de grandes *players* do mercado.

Kiso também é **Top Voice do LinkedIn** e fonte para matérias em veículos como *Exame, O Globo, Estadão, Globonews, Jovem Pan, Meio & Mensagem, UOL, Valor Econômico*, entre outros. Palestrante dos maiores eventos de marketing digital e negócios do país.

www.rafaelkiso.com

X @rkiso

Instagram @rafaelkiso

LinkedIn @rafaelkiso

TikTok @rafael.kiso

Introdução, *by* Martha Gabriel, 1

Estrutura do livro, 6
    Parte I – Planejamento estratégico de marketing, 6
    Parte II – *Customer Centric*: CX (*Customer Experience*) na era digital, 6
    Parte III – Plataformas e tecnologias digitais emergentes, 7
    Parte IV – Estratégias digitais de marketing, 8
    Parte V – Marketing orientado a dados, 10

Funcionalidades digitais do livro, 10
    A terceira edição, 11

PARTE I
Planejamento estratégico de marketing, 12

1   Marketing: conceitos essenciais, 14

Conceitos essenciais de marketing, 14
    Troca, 15
    Necessidades e desejos, 16
    Produto, 18
    Público-alvo, 19
    Ambiente de marketing, 19

Planejamento estratégico de marketing, 21
    Estratégia, 21
    Matriz SWOT, 22
    Posicionamento, 24

Composto de marketing – 4 Ps, 26
    Produto, 27
        O produto em si, 28
        Marca, 28
        Embalagem, 29
        Níveis do produto, 30
        Serviços: um tipo especial de produto, 31
    Preço, 31
    Praça, 32
    Promoção, 33
        Propaganda (PP), 34
        Promoção de vendas (PV), 35
        Marketing direto (MD), 36
        Relações públicas (RP), 37
        Venda pessoal (VP), 37

Os 4 As, 38
Considerações e recomendações adicionais, 38

2   Plano de marketing, 40

Estrutura de um plano de marketing, 40
Passo a passo de um plano de marketing, 41
    1. Introdução, 41

- 2. Análise do macroambiente, 42
- 3. Análise do microambiente: mercado, concorrência e público-alvo, 42
    - 3.1 Mercado, 42
    - 3.2 Concorrência, 43
    - 3.3 Público-alvo, 44
- 4. Análise do ambiente interno/produto, 44
- 5. Matriz SWOT – Avaliação de competências e análise de cenários, 45
- 6. Objetivos e metas de marketing, 45
- 7. Estratégias de marketing (4 Ps), 46
- 8. Planos de ação (tático-operacionais), 47
- 9. Orçamento e cronogramas, 47
- 10. Avaliação e controle, 48

Considerações e recomendações adicionais, 48

3 Ambiente de marketing: transformações, 50

Poder do consumidor, 50
De espectadores a multiteleinterativos, 53
De USP a XSP, 54
Fases na era digital, 55
- Web 2.0 e a explosão do conteúdo, 57
- Cauda longa (*the long tail*), 57
- Paradoxo da escolha, 58
- Computação ubíqua, 58
- Web 2.0 e a explosão das redes sociais *on-line*, 59
- A proliferação dos influenciadores digitais, 60
- A *Creator Economy*, 60
- A disrupção da inteligência artificial generativa no marketing, 61

Era da busca, 62
Era das redes sociais, 63
Era da mobilidade, 64
Era da economia colaborativa, 65
Era do mundo autônomo, 66
Geolocalização, 66
Tempo real (*real-time*), 67
Mensuração, 69
Engenharia social e *behavioral targeting*, 71
Cool hunting, 73
Considerações e recomendações adicionais, 74
- Transformação digital, 74
- Impacto do digital no comportamento humano, 75
- A noosfera e as mentes conectadas, 75

4 Marketing digital, 78

The cluetrain manifesto, 78
O digital e o marketing, 79
Plataformas, tecnologias e estratégias digitais de marketing, 82
Público-alvo: além de alvo, mídia e gerador de mídia, 84
Transmídia e convergência, 84

Contaminação intermídias, 88
Hype cycle das tecnologias, 91
Considerações e recomendações adicionais, 93

PARTE II

Customer Centric: CX (*Customer Experience*) na era digital, 94

5 Neuromarketing, 98

Mitos & fatos, 98
   Mito da divisão do cérebro em esquerdo e direito, 99
   Mito do uso de apenas 10% do cérebro, 99
Cérebro & decisões, 100
Nature vs. Nurture, 102
Conhecendo o cérebro, 103
Neuromarketing, 110
Modelos de comportamentos cerebrais, 111
Vieses cognitivos, 115
Hacks mentais & estratégias de influência, 116
   Hacks de neuromarketing, 118
      Hacks de *copywriting* & *hypnotic writing*, 118
      Hack de escassez, 119
      Hack de urgência, 119
      Hack de ancoragem, 120
      Hack prova social ou conformidade, 121
Considerações e recomendações adicionais, 122

6 Inteligência artificial, emoções humanas, 124

Inteligência artificial (IA), 124
O que é inteligência artificial, 126
   Categorizações de IA, 128
   Como a IA funciona, 130
Machine learning (ML), 133
Emoção, emoção, emoção, 139
Considerações e recomendações adicionais, 140

7 Netnografia, 142

Antropologia: o estudo das diferenças que formam a identidade de um grupo, 142
Etnografia – descrição densa, 144
Etnografia no campo digital, 145
Aplicação prática da etnografia digital, 146
   Coleta de dados – imersão no universo digital do outro, 146
   Relativismo cultural como base na interpretação etnográfica, 147
   Análise de dados com base científica, 148
   Uso da inteligência artificial na etnografia digital, 149
Considerações e recomendações adicionais, 151

8 A jornada do cliente, 154

Etapas do funil de marketing, 154
Mapa da jornada do cliente, 157
Funil dinâmico de marketing, 157
Abordagem *omnichannel*, 159
O efeito bumerangue, 160
Considerações e recomendações adicionais, 160

PARTE III
Plataformas e tecnologias digitais emergentes, 162

9 Presença digital, 166

Página digital, 166
Gerenciadores de conteúdos, 169
Considerações e recomendações adicionais, 170

10 *E-commerce*, 172

Benefícios do comércio eletrônico, 172
Modelos de negócios, 174
Tipos de *e-commerce*, 174
Plataforma de *e-commerce*, 176
Considerações e recomendações adicionais, 177

11 Ambientes imersivos, 178

Realidades mistas, 178
Realidade aumentada, 184
   Desafios da realidade aumentada, 189
Realidade virtual, 190
   Mundos virtuais, 190
Considerações e recomendações adicionais, 191

12 Tecnologias *mobile*, 194

RFID, 195
Bluetooth, 198
SMS e MMS, 200
GPS, 202
Mobile tagging, 205
   Cenário e aplicações, 209
   Mídias sociais, 209
   Entretenimento, 211
   Área pública, artística e cultural, 213
   Área empresarial privada, 214
   Área pessoal, 215
   Educação, 216
   Marketing, 216

Criação de *mobile tags*, 217
Aplicativos móveis, 218
  Desenvolvimento de aplicativos, 218
***Mobile* TV, 219**
Considerações e recomendações adicionais, 220

13 Redes sociais e mídias sociais, 222
Da fogueira ao cérebro social, 223
Plataformas de mídias sociais: conceito e tipos, 226
Organização e estrutura das redes sociais, 227
Capital social, 229
Considerações e recomendações adicionais, 231

14 Comunidades digitais, 234
O Google e as comunidades, 237
A força das redes, 238
Adaptação da campanha ao canal, 239
Influenciadores, a nova mídia, 241
A gestão da jornada dos clientes, 242
O funil da comunidade, 245
  Aquisição: pessoas chegando, que bom!, 245
  Ativação: peça à pessoa para se apresentar, 245
  Retenção: deixe-me te conquistar!, 246
  Recomendação: me apresenta para um amigo seu?, 246
  Receita: humm... você está prontinho para o que tenho!, 246
A relevância do gerente de comunidade, 247
Moderação, 247
Trabalhando com a cauda longa, 248
Trabalhando em um nicho, 249
Criando valor para as pessoas, 250
Analisando ferramentas × conteúdo, 251
Interesses compartilhados, 252
Os cenários e as emoções na comunidade, 253
O que não é uma comunidade digital, 253
Menos conteúdo e mais engajamento, 254
Força de marca sem forçar a marca, 255
O compartilhamento na comunidade, 256
A visão socioemocional da comunidade, 257
Tipos de comunidade, 258
Pessoas: essência da comunidade, 259
A matemática do compartilhamento, 261
Curva de Comprometimento, 261
  Consciência, 262
  Compreensão, 262
  Tradução, 262
  Adoção, 263
  Internalização, 263
Engajamento, 263

15 Plataformas de busca, 266

A busca e o contexto atual, 266
Mecanismos de busca na *Web*, 267
Oráculos digitais, 269
Importância e poder dos buscadores, 270
Por trás dos buscadores, 270
Domínio dos buscadores e questões relacionadas, 271
Busca vertical e buscadores além do Google, 272
Criação de um Mecanismo de Pesquisa Programável, 272
Busca semântica e inteligência artificial: o futuro da busca, 273
- Busca semântica: relevância no contexto, 274
- Busca generativa por inteligência artificial, 274
- Busca visual e aural: expansão dos sentidos, 275
- Busca por voz e IA conversacional, 275

Personalização de resultados de busca, 275
Considerações e recomendações adicionais, 276

16 Acessibilidade digital, 278

O que é acessibilidade digital?, 278
Padrões, 280
Benefícios de um *site* acessível para as organizações, 283
Benefícios de um *site* acessível para a sociedade, 283
Atingindo o mercado sênior, 284
Considerações e recomendações adicionais, 285

17 Automação de marketing, 286

O que é a categoria de automação de marketing, 286
Tratamento da base de contatos, 289
Principais casos de uso de automação de marketing, 290
Evolução da automação de marketing, 293
- Marketing de conversação, 293
- Personalização, 293
- Teste A/B usando inteligência artificial, 294
- Sistemas de resposta de voz interativa (IVR) ativados por IA e *bots* de voz, 294
- Visão única do cliente, 295
- Efeitos da LGPD na automação de marketing, 295

Considerações e recomendações adicionais, 295

18 Outras plataformas digitais, 296

NFTs – Tokens não fungíveis, 296
Displays digitais *on-line*, 299
- *Display* com realidade aumentada, 299
- *Displays* digitais personalizados, 300
- *Displays* sociais, 301
- *Re-targeting*, 302

Entretenimento – *branded entertainment*, 303
- Aplicativos, 307

Vídeos, 308
Vídeos imersivos, 309
Vídeos interativos, 309
Bens virtuais, 311
Jogos (*Advergaming/In-Game Advertising*), 311
Considerações e recomendações adicionais, 315

PARTE IV
Estratégias digitais de marketing, 316

19 Presença digital, 320

Presença digital, 320
Landing pages, 324
Tipos de *landing pages*, 325
Conversão, 326
   Estratégias de conversão, 326
Otimização de *landing pages*, 327
   Táticas para otimização de *landing pages* para conversão, 327
Teste de múltiplas *landing pages*, 329
Considerações e recomendações adicionais, 330

20 Marketing de conteúdo, 332

O que é marketing de conteúdo?, 332
Canais de distribuição, 333
Tipos e formas de conteúdo, 334
Planejamento do marketing de conteúdo, 337
Regularidade e frequência de publicação, 340
Considerações e recomendações adicionais, 341

21 *E-mail* marketing, 342

E-mail marketing: conceitos e cuidados, 342
Ética e códigos de regulamentação, 345
Relevância, 345
Filtros, 345
Landing pages, 346
O contexto atual do uso do *e-mail*, 346
Níveis de comunicação, 347
Estratégias de *e-mail* marketing, 348
Integração entre *e-mail* marketing e mídias sociais, 349
E-mail marketing e o *e-commerce*, 350
Métricas, 350
Ferramentas, 350
Considerações e recomendações adicionais, 350

22 *Mobile* marketing, 352

Cenário *mobile*, 352

Comportamento do consumidor *mobile*, 353
Mobile marketing e estratégias de marketing, 355
App móvel *versus Web* móvel, 358
Sites móveis, 359
Aplicativos móveis, 360
Display, 361
Mobile commerce (m-commerce), 362
Tendências, 362

23 Search Engine Marketing (SEM), 366

Sites de busca e resultados orgânicos e pagos, 366
Search Engine Marketing (SEM) *vs.* Search Engine Optimization (SEO), 368
Palavras-chave: a fundação do Search Engine Marketing, 368
- Pesquisa de palavras-chave para *links* patrocinados, 368
- Palavras-chave e a estrutura de campanhas em *links* patrocinados, 369
- Testar as melhores palavras-chave, 370
- Erros de digitação, 370
- Campanhas temporárias, 371
- Otimizar para muitas palavras-chave, 371
- Rapidez, 371
- Palavra-chave muito concorrida, 371
- Balanceando as palavras-chave genéricas e específicas, 371
- Modelo mental de busca, 371
- Quantidade de palavras usadas na busca, 372
- Relação entre palavras-chave e *ranking*, 372
- Seleção de palavras-chave para a cauda longa, 372

Estratégias de *links* patrocinados, 374
- *Landing pages* de *links* patrocinados, 375
- Além da busca: rede de conteúdo, 376

Search Engine Optimization (SEO), 376
- Autoridade de domínio, 378
- Busca visual, 378
- Vídeo, 379
- Pesquisa por voz, 381
- Resultado zero – *snippets*, 381
- Resumos Gerados por IA, 382
- Domine a intenção de pesquisa, 384
- *Backlinks*, 384

SEO local, 386
Otimização orgânica *vs. links* patrocinados, 387
Implantando o SEM: marketing e TI, 388
- Monitoramento e controle, 389
- Ajustes, 390

Considerações e recomendações adicionais, 391

24 Social Media Marketing (SMM), 392

Estratégias em mídias sociais, 392
Ambientes sociais, 393

Comportamento humano e descentralização, 396
Descentralização, 398
Socialgraphics e o engajamento, 400
Comportamento do consumidor em relação às marcas, 402
SMM e SMO, 403
    Estratégias de SMO, 404
    Estratégias de Social Media Marketing, 405
    Redes sociais e *games* – *social games*, 406
    Redes sociais e a televisão, 407
Estratégias de integração entre plataformas sociais e o marketing, 408
Comércio social – mídias sociais e *e-commerce*, 410
WOMM, 413
Os oito elementos das ideias contagiosas, 415
Viralização de vídeos, 417
Mensuração, análise e ação em mídias sociais, 420
    Mensuração – conceitos, 420
    SIM e *Net Sentiment*, 422
    Considerações sobre mensuração, análise e ação, 424
Gestão de crises, 425
Recomendações adicionais, 429

25 Marketing de influência, 430

O que é o marketing de influência?, 430
O valor do marketing de influência, 431
A ascensão dos micro e nanoinfluenciadores, 432
Como criar uma estratégia de marketing de influência, 434
    Como encontrar e pagar influenciadores digitais, 434
    Como escolher influenciadores digitais, 436
    Decida os objetivos e as mensagens, 438
    Acompanhe e meça sua estratégia de marketing de influência, 439
Tornando-se o Maior Influenciador do Seu Negócio, 439
    Modo *Influencer vs.* Modo *Business Influencer*, 440
Considerações e recomendações adicionais, 442

26 Marketing de afiliados, 444

O que é o marketing de afiliados em ambiente digital?, 445
Agentes envolvidos no marketing de afiliados, 446
Formas de remuneração dos afiliados, 447
Principais agentes e canais para o marketing de afiliados, 447
Mudanças, pela LGPD, na maneira como os dados pessoais são coletados, 449
Considerações e recomendações adicionais, 449

27 Omnichannel, 450

Omnichannel vs. multicanal, 450
  A experiência *omnichannel*, 452
Considerações e recomendações adicionais, 454

28 *Inbound* marketing, 456

De onde surgiu o *inbound* marketing, 456
Outbound marketing *vs. inbound* marketing, 457
  Etapas do *inbound* marketing, 460
    Atração, 460
    Conversão, 461
    Vendas, 463
    Retenção, 463
O que é e como funciona o *lead scoring*?, 464
Funil de vendas no *inbound* marketing, 466
Papel da automação de marketing no *inbound* marketing, 468
Considerações e recomendações adicionais, 470

29 Marketing de *performance*, 472

O que é marketing de *performance*, 472
Principais áreas do marketing de *performance*, 474
Social Media Advertising, 475
  Escolha os objetivos das suas campanhas, 476
  Selecione cuidadosamente suas plataformas sociais, 477
  Encontre a segmentação do seu público-alvo dentro das redes sociais, 480
  Faça anúncios nativos que se pareçam com o conteúdo orgânico, 482
Modelos de atribuição, 483
  Atribuição da última interação, 485
  Atribuição da primeira interação, 485
  Último clique não direto, 486
  Atribuição linear, 486
  Atribuição de redução de tempo (*Time Decay*), 486
  Atribuição baseada em posição, 487
Otimização do marketing de *performance*, 487
  Foco em ter uma boa *landing page*, 487
  Faça testes A/B, 488
  Escolha suas fontes de tráfego, 488
  Acompanhe e monitore o máximo que puder, 488
Considerações e recomendações adicionais, 488

PARTE V

Marketing orientado a dados, 490

30 *Data-driven* marketing, 492

Data-driven marketing, 492
Benefícios do *data-driven* marketing, 493
Desafios do *data-driven* marketing, 494
Personalização, 495
Pilares do *data-driven* marketing, 497
  Gerenciamento de campanha, 497
  Rastreamento unificado, 497

Google Analytics, 497
Dashboards, 498
Otimização, 498

De onde surgiu o *data-driven* marketing e para onde está indo, 499
Considerações e recomendações adicionais, 500

31 *Growth* marketing, 502

Growth marketing e princípios fundamentais, 502
Ferramentas e técnicas, 503
    Análise Cohort, 504
    Testes A/B, 505
    Automação de Marketing, 507
    Mapeamento da jornada do cliente, 509
    Machine Learning e Inteligência Artificial, 510
    Growth hacking, 512
Métricas de *growth* marketing, 514
Considerações e recomendações adicionais, 516

32 Métricas e KPIs (*Key Performance Indicators*), 518

Diferença entre métricas e KPIs, 518
Escolhendo o que medir, 520
Impacto do orçamento nos KPIs, 521
Métricas e KPIs mais importantes do marketing digital, 522
    KPIs gerais de marketing, 522
    Métricas e KPIs de *inbound* marketing (SEO), 523
    Métricas e KPIs de *Search Engine Marketing* (SEO), 523
    Métricas e KPIs de *Social Media Marketing* (SMM), 524
    Métricas e KPIs de marketing de *performance*, 524
    KPIs de *e-mail* marketing, 525
Como medir as métricas e KPIs, 526
Considerações e recomendações adicionais, 526

Considerações finais, 528

Referências, 530

Índice alfabético, 540

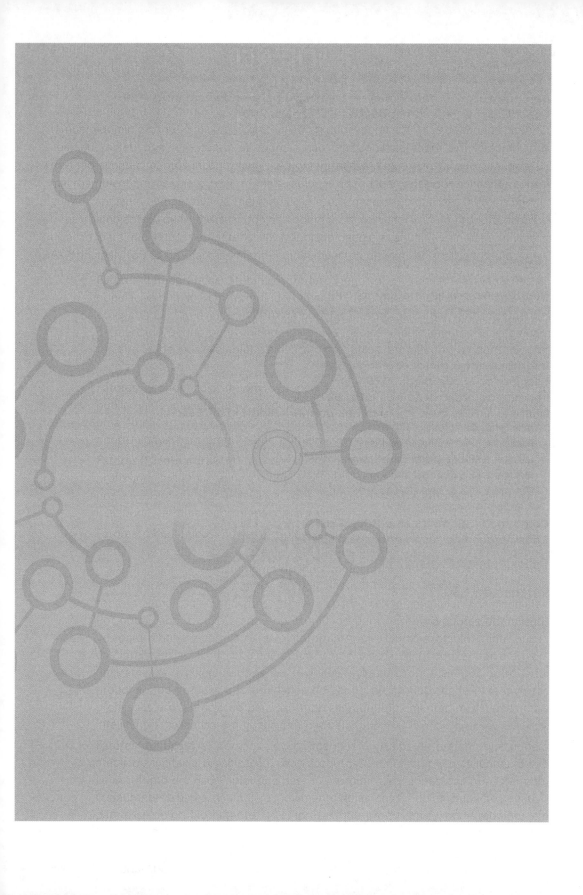

INTRODUÇÃO, by MARTHA GABRIEL

Participando ativamente do cenário tecnológico mundial nos últimos 30 anos como pesquisadora, palestrante, consultora e professora, tenho vivido e trabalhado com a velocidade crescente e vertiginosa que o cenário tecnossocial tem adquirido. Nas últimas décadas, testemunhamos a Internet se tornando a **principal plataforma planetária** e a **infraestrutura responsável pelo novo tecido da humanidade globalizada** – o conjunto [Internet + tecnologias a ela relacionadas] deu **corpo e alma digitais** ao mundo, tornando-o conectado e interligado de forma sem precedentes na história da humanidade. Some-se a isso a subsequente disseminação da **inteligência artificial** nesse contexto, acelerando a nossa jornada para possibilitar a construção de um *smart world*, viabilizando aquilo que se define como Sociedade 5.0.

Por um lado, esse cenário é **deslumbrante**, pois cria um cérebro global coletivo, onipresente, onisciente e onipotente com potencial de melhorar significativamente a vida humana. No entanto, por outro lado, esse novo panorama repleto de possibilidades, conexões e ampliação do potencial humano também traz consigo **fortes desafios** devido às transformações tecnológicas e culturais que **reconfiguram constante e profundamente o ambiente de negócios**, tornando-o cada vez mais **complexo**.

Considerando-se que a dimensão mais importante de qualquer negócio é o mercado, pois **o melhor negócio** é aquele que **mais bem entende e atende o mercado**, podemos dizer que **compreender como o mercado se modifica com o avanço da tecnologia** e ser capaz de desenvolver estratégias eficientes para atendê-lo é **essencial** para garantir o futuro e a sustentabilidade de qualquer organização. Nesse sentido, a ciência que estuda e atua no mercado é o **marketing**, e quanto melhor ele for praticado, maior a probabilidade de sucesso do negócio.

Levando-se em consideração que o marketing é a **ciência de se compreender necessidades e desejos de pessoas** para oferecer em troca algo que as satisfaça, podemos dizer que a **evolução do marketing** acompanha a **evolução do comportamento humano**. A história nos ensina que o principal vetor de transformação do comportamento humano é a tecnologia. Portanto, o comportamento acompanha a **evolução tecnológica**.

Assim, o marketing, sua evolução e estratégias são intrinsecamente dependentes das transformações no comportamento humano, as quais, por sua vez, são profundamente impactadas e determinadas pela **tecnologia**. Nesse sentido, compreender a tecnologia e como ela transforma o comportamento humano – especialmente necessidades e desejos – ao longo do tempo é a base para estratégias de marketing de sucesso e, consequentemente, negócios bem-sucedidos.

Avaliando, assim, a evolução recente da relação **marketing-comportamento-tecnologia**, a partir da virada do século XXI, o mundo digital começa a ganhar corpo com páginas *Web* e *e-mail*, e nesse cenário as pessoas passaram a **consumir e buscar informação digital** – nesse contexto, entram em cena no marketing: os *banners* digitais, o **marketing de busca** e *e-mail* **marketing**. Quando as redes sociais digitais despontam como novos atores, especialmente a partir do final da primeira década do século, além de consumirem e buscarem informações, as pessoas passam também **a interagir e ganhar protagonismo** cada vez maior, abrindo caminho para o **marketing em mídias sociais**. Quando o *mobile* se dissemina e se torna relevante, a partir do início da segunda década do século surge uma multiplicidade de novas plataformas digitais, trazendo como consequência o aumento da **concorrência pela atenção**, **distração** cada vez maior, e as novas estrelas que se unem ao elenco estratégico do marketing são o **marketing de conteúdo** e *storytelling* digitais. O início da terceira década é marcado pela pandemia de 2020, que acelera a digitalização no mundo, catalisando assim, em sua esteira, a disseminação de diversas tecnologias que estavam latentes até então: *blockchain*, criptomoedas, NFTs, ambientes imersivos, a fusão dos mundos *on* e *off*. Esse contexto potencializa experiências imersivas e transações de bens não fungíveis, e o marketing avança para o **metaverso expandido imersivo em 3D**. Com a popularização e democratização da **IA generativa** desde o início de 2023, temos experimentado uma **verdadeira reconfiguração** não apenas de **comportamentos e relação com públicos**, como também do **papel do profissional de marketing**, cujas habilidades requerem novas competências e habilidades para atuar no cenário tecnológico que emerge.

Nessa jornada cada vez mais acelerada, a tecnologia impõe um ritmo cada vez maior de mudanças no comportamento humano, no ambiente de negócios, no marketing. Isso tem resultado em um aumento contínuo na **complexidade no marketing**, demandando estratégias cada vez mais sofisticadas – neuromarketing, netnografia, CX (*Customer Experience*), Growth Marketing, entre inúmeras outras. Agora, vemos florescer o que denomino *smart* **marketing** – o uso de inteligência artificial para alavancar as estratégias de marketing, tornando-o cada vez mais híbrido e intrincado entre humanos e máquinas.

Esse contexto complexo de marketing, que requer uma profunda integração entre humanidades e tecnologias digitais, foi o principal fator motivador para escrever a primeira edição deste livro, em 2010. Na época, tornava-se claro para mim que um dos maiores problemas do cenário de então (que se tornava gradativamente mais digital) era o fato de que **o profissional de marketing normalmente não tinha conhecimentos de tecnologia** e **o profissional de tecnologia não tinha conhecimentos de marketing**. Hoje, o desafio é ainda maior – esse crescente aumento da complexidade que tem acompanhado a evolução do marketing ampliou a dificuldade tanto para o desenvolvimento de estratégias quanto para a **formação adequada do profissional da área**. Quanto mais tecnologias, mais plataformas, mais conteúdo e mais conexões para se orquestrar buscando alcançar os objetivos do negócio. A mesma tecnologia que nos mata a sede de oportunidades, oferecendo possibilidades infindáveis, também nos inunda de variáveis e nos afoga na complexidade. Em função disso, este livro vem buscado, ao longo da sua evolução e a cada nova edição, reunir os **aspectos essenciais para capacitar o profissional de marketing** a fim de que ele possa **desenvolver e utilizar estratégias digitais** em suas ações, incorporando as inúmeras oportunidades tecnológicas que se apresentam para completar e aprimorar estratégias já existentes no seu negócio.

Nesse sentido, cada capítulo desta obra reúne informações e conceitos necessários para o entendimento de cada tópico, além de *cases* de uso e referências para aprofundar o assunto. É importante ressaltar, no entanto, que este livro tem um caráter **estratégico**, e não operacional. Assim, sua abordagem envolve a análise das diversas variáveis envolvidas em um planejamento estratégico, visando encontrar a melhor solução para o objetivo de marketing almejado. Nesse sentido, apesar de abordar e discutir tecnologias, este não é um livro técnico que ensina a utilizar plataformas digitais em si – ele **foca em como escolher plataformas, estratégias e ações mais indicadas** para serem executadas por especialistas técnicos. Embora **executivos e profissionais de marketing e comunicação** sejam o público principal desta obra, os **gestores de tecnologia da informação** também poderão se beneficiar do enfoque estratégico aqui apresentado.

Dessa forma, o objetivo deste livro é auxiliar o leitor a **desenvolver estratégias de marketing englobando e usando adequadamente as plataformas e tecnologias digitais existentes e emergentes**. Para tanto, apresenta e discute cinco importantes aspectos que impactam profundamente as estratégias de marketing:

1. O primeiro aspecto abordado é como fazer **PLANEJAMENTO DE MARKETING – independentemente de quais plataformas, ferramentas ou mídias tenhamos disponíveis**, digitais ou analógicas, *bits* ou átomos, **é imprescindível que seja feito um planejamento estratégico** de marketing antes de se executarem quaisquer ações táticas. Assim, a primeira parte deste livro apresenta uma metodologia completa de planejamento estratégico de marketing, que independe de tecnologia e é a espinha dorsal de qualquer ação.
2. A **EXPERIÊNCIA DO CONSUMIDOR** na era digital é o segundo aspecto abordado – o papel da tecnologia e do ambiente digital para criar uma jornada do cliente que integre o *on-line* e o *off-line* e ofereça uma experiência memorável com o negócio.
3. O terceiro aspecto são as novas possibilidades de **PLATAFORMAS E TECNOLOGIAS DIGITAIS** que se apresentam como opções para o planejamento estratégico de marketing – é essencial conhecer os recursos que temos disponíveis para que possamos extrair o melhor uso da sua combinação: **não conseguimos usar aquilo que não conhecemos**.

4. A dimensão **ESTRATÉGICA** é o quarto aspecto discutido aqui, ou seja, **como usar as plataformas e tecnologias digitais de forma adequada,** em combinação com as tradicionais, para comporem planos de marketing bem-sucedidos.

5. O quinto aspecto abordado é a **MENSURAÇÃO** – como podemos medir tudo o que está sendo executado nas estratégias digitais, contemplando a formação de indicadores-chave de negócio: não conseguimos ter sucesso naquilo que não podemos medir.

Existe ainda uma outra dimensão importante e essencial para a compreensão do cenário atual de negócios, que são as **transformações no macro e no microambiente de marketing causadas pela difusão das plataformas e tecnologias digitais na sociedade** – elas mudam de forma sensível e profunda a humanidade e o seu comportamento: como as pessoas compram, se divertem, se comunicam, aprendem, se relacionam, trabalham etc. Embora a 1ª edição desta obra tivesse uma parte focada nisso, optei, a partir da 2ª edição, por eliminá-la, devido ao aumento da complexidade e da velocidade de transformações que as tecnologias digitais passaram a trazer. Isso me levou a escrever um novo livro, totalmente dedicado à transformação digital da humanidade – o *Você, Eu e os Robôs* (Figura I.1), que se tornou *best-seller* desde a sua 1ª edição, tendo sido, inclusive, finalista do Prêmio Jabuti 2019. Recomendo sua leitura para ampliar conhecimentos sobre as **principais tecnologias digitais existentes,** como elas têm **transformado a humanidade** e as **tendências** para futuro.

Figura I.1 – Livro *Você, Eu e os Robôs* com QRCode de acesso para compra *on-line*.
Fonte: Disponível em: https://www.grupogen.com.br/voce-eu-e-os-robos-como-se-transformar-no-profissional-digital-do-futuro-9788597027570.

Considerando-se, ainda, que a inteligência artificial é a principal e mais poderosa tecnologia já inventada pela humanidade e responsável pelas transformações mais aceleradas e disruptivas no marketing, sugiro ainda a leitura do livro ***Inteligência Artificial:***

do zero a superpoderes, que também é um *best-seller* desde a sua 1ª edição e apresenta todos os aspectos fundamentais para qualquer pessoa compreender a IA para utilizá-la a seu favor (Figura I.2).

Figura I.2 – Livro *Inteligência Artificial: do zero a superpoderes* com QRCode de acesso para compra *on-line*.
Fonte: Disponível em: https://www.grupogen.com.br/livro-inteligencia-artificial-do-zero-a-superpoderes-martha-gabriel-editora-atlas-9786559776467.

Assim, optei por abordar as tecnologias digitais nas duas obras mencionadas, separadamente, de forma que o **escopo deste livro é exclusivamente** discutir o **marketing**, com o seu conteúdo estruturado em cinco partes nesta terceira edição:

I. Planejamento estratégico de marketing.
II. *Customer Centric*: CX (*Customer Experience*) na era digital.
III. Plataformas e tecnologias digitais emergentes.
IV. Estratégias digitais de marketing.
V. Marketing orientado a dados.

O objetivo dos capítulos que se sucedem em cada parte é apresentar os **conceitos essenciais**, as **metodologias** e as **estratégias** fundamentais para que o **leitor possa fazer seu próprio plano de marketing**, desenvolvendo ações que envolvam as **estratégias digitais de forma consciente e consistente** e, principalmente, se sinta **preparado para continuar acompanhando as tendências e possibilidades** que surgirão. Em razão da constante evolução das tecnologias e plataformas digitais, este livro se estrutura fornecendo também, ao longo do texto, referências para possibilitar busca por atualizações e aprofundar em conhecimentos em assuntos específicos. Assim, o intuito final aqui é "ensinar a pescar" e não a "cozinhar os peixes". Neste livro, o nosso mar é a área digital do marketing, no qual esperamos que o leitor esteja sempre apto a pescar e continuar pescando, independentemente das constantes modificações na maré e na posição dos cardumes.

Estrutura do livro

Para atender aos objetivos propostos, este livro possui 32 capítulos, divididos nas cinco partes mencionadas anteriormente, assim:

Parte I – Planejamento estratégico de marketing

- **Capítulo 1 – Marketing: conceitos essenciais.** Esse capítulo introduz os principais conceitos de marketing com o objetivo de apresentar a base mínima necessária para o desenvolvimento de um plano de marketing, que é abordado no Capítulo 2.
- **Capítulo 2 – Plano de marketing.** Nesse capítulo, o objetivo é apresentar a metodologia de elaboração de um plano de marketing, instrumento que permite a análise estratégica e o desenvolvimento de estratégias para qualquer tipo de objetivo de marketing.
- **Capítulo 3 – Ambiente de marketing: transformações.** A evolução das tecnologias digitais e sua crescente difusão em todos os aspectos do cotidiano das pessoas têm causado profundas transformações no comportamento do consumidor, que, por sua vez, impacta o marketing. Esse capítulo tem por objetivo contextualizar o cenário atual, apresentando as mudanças que vêm ocorrendo no ambiente de marketing.
- **Capítulo 4 – Marketing digital.** O ambiente digital proporciona diversas novas plataformas para o desenvolvimento de estratégias de marketing, como as redes sociais, a busca, a plataforma móvel, *displays* digitais etc. O objetivo desse capítulo é conceituar o marketing dentro do cenário digital e apresentar as diversas plataformas que podem ser usadas em conjunto com as plataformas tradicionais para comporem, juntas, estratégias de sucesso.

Parte II – *Customer Centric*: CX (*Customer Experience*) na era digital

- **Capítulo 5 – Neuromarketing.** A disseminação das tecnologias digitais impacta o marketing em dois aspectos simultâneos importantes relacionados com cérebro humano: (1) permitem melhor medição e conhecimento do cérebro e, portanto, do consumidor; (2) nos sobrecarregam de conteúdos, conexões e plataformas, aumentando a concorrência para a mensagem e dificultando a atenção. Nesse contexto, usando o primeiro, conseguimos criar estratégias de marketing para combater o segundo. Esse capítulo aborda a neurociência aplicada e como ela pode ser usada estrategicamente no marketing.
- **Capítulo 6 – Inteligência artificial, emoções humanas.** A ascensão dos sistemas digitais inteligentes (inteligência artificial) associados à abundância cada vez maior de dados disponíveis (*big data*) e ampliados pela Internet das Coisas (IoT) permite uma automação de processos de informação cada vez mais precisa para o conhecimento do comportamento do consumidor/cliente. Esse contexto não apenas favorece a criação de estratégias mais efetivas de atração, conversão, retenção e fidelização do consumidor/cliente, como também aumenta consideravelmente o potencial de personalização em massa e a predição de comportamentos. Além

disso, com a ascensão da IA generativa, a inteligência artificial torna-se uma grande aliada na elaboração de estratégias e criação de conteúdo para os mais diversos tipos de ações. Discutimos nesse capítulo as possibilidades que a IA apresenta para tornar o marketing cada vez mais *smart*.

- **Capítulo 7 - Netnografia**. Conforme as pessoas passam a viver cada vez mais simultaneamente nas dimensões física e digital, esta última torna-se gradativamente mais essencial para a compreensão dos valores e comportamentos das pessoas. A utilização da antropografia aplicada ao ambiente digital – área emergente de pesquisa de mercado, denominada netnografia – caracteriza-se como um dos principais instrumentos para conhecimento dos públicos-alvo na era digital. Esse capítulo tem por objetivo apresentar a netnografia e suas formas de uso, e foi escrito por uma autora convidada, a antropóloga Valéria Brandini, *expert* nesse assunto específico, a quem agradecemos profundamente a valiosa contribuição para este livro.
- **Capítulo 8 - A jornada do cliente**. Na era digital, os meios *on-line* e *off-line* estão cada vez mais integrados por meio dos dispositivos móveis e IoT. Portanto, não importa se o contato do consumidor é feito pela Internet ou fisicamente, a experiência dele deve ser fluida e integrada, considerando que o clássico funil de vendas linear agora é dinâmico. Esse capítulo tem por objetivo apresentar o funil dinâmico de marketing e como a experiência do consumidor é importante ao longo da sua jornada com o negócio para ele se tornar um promotor da marca.

Parte III - Plataformas e tecnologias digitais emergentes

- **Capítulo 9 - Presença digital**. A presença digital é o primeiro passo para uma marca, empresa ou pessoa existir no mundo digital, e configura-se assim, portanto, como parte essencial das estratégias de marketing. Esse capítulo apresenta e discute os diversos tipos de presença digital (páginas, *sites*, minisites, *hotsites*, portais, *blogs*, perfis etc.) que podem ser desenvolvidos na Internet.
- **Capítulo 10 - *E-commerce***. O comércio eletrônico se tornou a modalidade de comércio mais promissora da nova era com a proliferação da banda larga, *smartphones* e computadores. Comprar pela Internet se tornou um hábito cada vez mais comum por sua praticidade, comodidade e segurança. Esse capítulo apresenta os diversos tipos de *e-commerce* (B2B, B2C, *Social Commerce*, *Marketplaces*, *Mobile Payment*) e principais plataformas.
- **Capítulo 11 - Ambientes imersivos**. Esse capítulo aborda as realidades imersivas mistas, que incluem a realidade aumentada e a realidade virtual, que, se bem utilizadas, tendem a trazer possibilidades interessantes às ações de marketing, pois ampliam consideravelmente a experiência do usuário. Além de apresentar conceitos, o capítulo traz inúmeros exemplos e informações para utilizar esse tipo de tecnologia.
- **Capítulo 12 - Tecnologias *mobile***. Uma das maiores tendências tecnossociais é a mobilidade, que permite que o ser humano esteja sempre conectado em qualquer tempo e lugar, de forma a expandir sua interação com o mundo, tanto em

termos de tempo quanto de espaço. Esse capítulo aborda e apresenta as diversas tecnologias *mobile*, como assistentes de voz, *Bluetooth*, NFC, RFID, aplicativos móveis, *mobile tags* (QRCodes, Datamatrix etc.), trazendo diversos exemplos e mostrando até como utilizar várias delas.

- **Capítulo 13 – Redes sociais e mídias sociais**. Apesar de serem tão antigas quanto o próprio homem, em razão das novas possibilidades das tecnologias de comunicação e informação digitais, as redes sociais tornaram-se uma das principais dimensões de marketing. O capítulo apresenta os principais conceitos e tipos de redes sociais, incluindo redes sociais corporativas, e discute o seu impacto no cenário atual.
- **Capítulo 14 – Comunidades digitais**. Criar uma comunidade em torno da sua marca, com o cliente no centro, tem se tornado uma das principais premissas para o sucesso do marketing. O capítulo apresenta os principais conceitos e tipos de comunidades digitais, incluindo ambientes de conhecimento, ideação e cocriação, e mostra o seu impacto na sustentação dos negócios. Para esse capítulo, temos também um autor convidado, Luciano Kalil, pioneiro em plataformas digitais de comunidades, cuja contribuição enriquece este livro.
- **Capítulo 15 – Plataformas de busca**. A busca *on-line* é uma das principais atividades do ser humano para tomada de decisão. Dessa forma, os buscadores *on-line*, seja na *Web*, seja nas redes sociais e plataformas móveis, são algumas das entidades digitais mais influentes no cotidiano das pessoas atualmente. O objetivo desse capítulo é discutir a importância da busca no contexto atual e apresentar os diversos tipos de plataformas de busca para utilização no marketing.
- **Capítulo 16 – Acessibilidade digital**. A Internet precisa ser acessível para todos, principalmente para pessoas com limitações motoras, visuais e auditivas. O objetivo desse capítulo é conscientizar e apresentar uma série de recursos que possibilitam a navegação, a compreensão e a interação de qualquer deficiente na *Web*.
- **Capítulo 17 – Automação de marketing**. Com o amadurecimento das tecnologias digitais veio também o seu potencial de automação nos processos de marketing e negócios. Inteligência artificial, *Big Data*, *Cloud*, entre outras tecnologias, trazem inúmeras oportunidades para alavancar a inteligência e os resultados do negócio. Esse capítulo trata das questões da automação e suas possibilidades.
- **Capítulo 18 – Outras plataformas digitais**. Aborda outras formas de plataformas digitais que, apesar de serem antigas, ganham nova importância no cenário digital que as alavanca, como vídeo, *podcast*, *display* e *games*, funcionando como conteúdos para *branded entertainment*.

Parte IV – Estratégias digitais de marketing

- **Capítulo 19 – Presença digital**. Todas as estratégias de marketing no ambiente digital *on-line* usam, de alguma forma, ações de presença *on-line*. É por meio dos pontos de presença das marcas em meio ao público-alvo que as ações de marketing acontecem. Esse capítulo aborda a presença *on-line* e seus diversos tipos de estratégias, incluindo presenças paga, própria e ganha.

- **Capítulo 20 – Marketing de conteúdo**. A presença digital não tem vida sem conteúdo – de que adianta um *blog* que não se atualiza, ou um perfil em redes sociais que não publica *posts*, sem interação ou fluxo? Estratégias digitais sem conteúdo são como um coração sem sangue. Esse capítulo aborda as estratégias de marketing de conteúdo para fluir e dar "vida" às plataformas digitais.
- **Capítulo 21 – *E-mail* marketing**. Apesar de ser uma das mais antigas estratégias digitais de marketing, o *e-mail* marketing continua sendo extremamente importante, principalmente em ações de marketing de relacionamento. O objetivo desse capítulo é apresentar os principais conceitos e estratégias que envolvem essa plataforma.
- **Capítulo 22 – *Mobile* marketing**. Várias das plataformas tecnológicas abordadas na Parte III podem ser utilizadas como ações de *mobile* marketing, como realidade aumentada, aplicativos e vídeos móveis etc. Esse capítulo discute os diversos usos do *mobile* marketing, incluindo a aplicação de geolocalização.
- **Capítulo 23 – *Search Engine Marketing* (SEM)** – marketing em buscadores. O uso de estratégias de busca associado a ações em redes sociais é uma das principais estratégias de marketing para alavancar tráfego e presença *on-line*. O capítulo apresenta e discute as diversas estratégias de marketing de busca.
- **Capítulo 24 – *Social Media Marketing* (SMM)** – marketing em redes sociais. O objetivo desse capítulo é apresentar os diversos tipos de estratégias de marketing que podem ser desenvolvidas em redes sociais. Por possuírem estrutura descentralizada, as redes sociais funcionam de forma distribuída e diferente. Aspectos como influência, mensuração e engajamento específicos também são abordados nesse capítulo.
- **Capítulo 25 – Marketing de influência**. A ascensão das plataformas sociais deu origem a uma nova forma de mídia: as plataformas digitais pessoais. Pessoas comuns empoderadas pelas tecnologias digitais passaram a ter sua influência social alavancada a graus que muitas vezes ultrapassam o alcance e o engajamento das mídias oficiais e das marcas. Nesse contexto, a criação de estratégias de marketing para a utilização dessa forma de mídia de influência, compondo e complementando as outras formas de mídia, torna-se cada vez mais eficiente, especialmente em ações para nichos. A articulação dessas estratégias é discutida nesse capítulo.
- **Capítulo 26 – Marketing de afiliados**. O objetivo desse capítulo é apresentar um tipo de estratégia comercial que vem ganhando muita força, na qual o afiliado é um agente divulgador de produtos digitais em troca de uma comissão por cada venda realizada. Esse modelo comercial é uma alternativa de divulgação de produtos digitais (cursos *on-line*, infoprodutos, comunidades, *kits* de *template*, entre outros) por meio de produtores de conteúdo que possuem audiência qualificada.
- **Capítulo 27 – *Omnichannel***. A experiência de compra do consumidor na era digital é focada em reduzir as fricções entre os pontos de contato ao longo da jornada dele. O *omnichannel* é uma estratégia de integração dos diferentes canais de compra e comunicação, com o objetivo de convergir a experiência entre o *on-line* e o *off-line*. Nesse contexto, o objetivo desse capítulo é demonstrar como

o *omnichannel* tem se tornado requisito básico do comércio varejista e quais são seus benefícios.
- **Capítulo 28 – *Inbound* marketing.** O objetivo desse capítulo é apresentar a concepção do marketing de atração, como também é chamado o *inbound* marketing. Essa estratégia possibilita a atração, a conversão e a retenção dos clientes por meio da junção das estratégias: marketing de conteúdo, SEO e SMM.
- **Capítulo 29 – Marketing de *performance*.** Essa modalidade de estratégia baseada em mídias de *performance* focadas em conversão (vendas, *downloads*, *leads*, instalações de *apps* etc.) é fundamental para qualquer negócio que queira ter resultados tangíveis no ambiente digital. Esse capítulo visa apresentar as principais plataformas de mídia, geralmente pagas, que proporcionam uma forma eficaz de mensuração de retorno sobre investimento.

Parte V – Marketing orientado a dados
- **Capítulo 30 – *Data-driven* marketing.** Como existem muitas maneiras de otimizar as estratégias de marketing digital usando dados, vamos entender primeiro a mentalidade de se pensar em dados primeiro. Esse capítulo visa mostrar como é importante aproveitar grandes quantidades de dados para criar processos de marketing eficazes, visando entender o resultado das ações e o comportamento do público-alvo ao longo da jornada do cliente.
- **Capítulo 31 – *Growth* marketing.** Com uma mentalidade de "testar e aprender", este capítulo destaca a importância de combinar técnicas de marketing com uma abordagem baseada em dados, centrada no cliente e focada na experimentação. Ele fornece um guia detalhado para implementar uma cultura de experimentação contínua, essencial para impulsionar o crescimento sustentável e escalável de um negócio.
- **Capítulo 32 – Métricas e KPIs (*Key Performance Indicators*).** Uma das belezas do ambiente digital é que praticamente tudo é mensurável por meio de métricas de desempenho, que representam dados específicos das ações que fazemos dentro das estratégias digitais. Esse capítulo visa mostrar quais são as principais métricas de acompanhamento e a formação de indicadores-chave de sucesso para os negócios de acordo com a jornada do consumidor.

Funcionalidades digitais do livro

Como esta obra trata de plataformas e tecnologias digitais, ela apresenta, desde a sua 1ª edição,[1] inúmeros *cases* e exemplos com *links* digitais ao longo dos capítulos, disponíveis via QRCodes, que podem ser escaneados e acessados imediatamente *on-line*. Assim, a experiência de leitura do livro físico torna-se totalmente integrada ao conteúdo digital. Essa funcionalidade incorpora uma camada digital de informação a este livro físico,

---

[1] A 1ª edição desse livro, lançada em dezembro/2010, foi a primeira obra no Brasil a utilizar QRcodes para ampliação da leitura, tranformando o livro em uma mídia 2.0.

impresso ou *e-book*, integrando a experiência tangível material com a experiência digital intangível com o objetivo de ampliar a sua experiência de leitura e interação.

A terceira edição

Este livro, **Marketing na Era Digital**, tornou-se rapidamente um *best-seller* na academia e no mercado desde a sua primeira edição, lançada em dezembro de 2010, contando com inúmeras reimpressões ao longo dos anos. De lá para cá, o desafio de realizar novas edições atualizadas e ampliadas foi se agigantando com a velocidade das transformações tecnológicas. Sabendo que, para vencer a complexidade crescente de qualquer sistema, a melhor estratégia (e, muitas vezes, a única possível) é a colaboração, desde a 2ª edição (2020), esse livro tem como coautor **Rafael Kiso**. Além do prazer de trabalhar novamente em mais uma edição com um amigo querido, ele é, indubitavelmente, um dos maiores *experts* e melhores profissionais de marketing do Brasil, e estou certa de que isso enriquece muito o conteúdo que você encontrará ao longo dos capítulos.

Espero que esta obra sirva de base e incentivo para que pessoas e empresas desenvolvam projetos cada vez mais integrados de marketing, usando as plataformas tradicionais e digitais de maneira complementar e adequada – *ON-line* e *OFF-line* em *ONE-line*.

Desejo a você uma boa leitura e que esta obra lhe seja útil para instigar reflexões e ajudar a desenvolver estratégias de marketing na era digital. Que ele funcione como catalisador de uma jornada pavimentada com cada vez mais oportunidades para seu negócio e sua carreira. Será um prazer continuarmos essa discussão ao longo da nossa jornada, em eventos, publicações futuras e, principalmente, no ambiente digital. Até lá ;-) #tamojunto

Martha Gabriel
São Paulo, novembro de 2024.

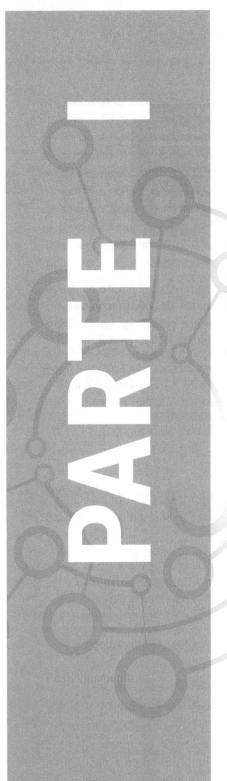

PARTE I

Capítulo 1 – Marketing: conceitos essenciais

Capítulo 2 – Plano de marketing

Capítulo 3 – Ambiente de marketing: transformações

Capítulo 4 – Marketing digital

Esta primeira parte do livro tem por objetivo apresentar os conceitos essenciais do marketing, bem como oferecer as ferramentas metodológicas mínimas para permitir a elaboração de um plano de marketing, que é o instrumento básico para o desenvolvimento de estratégias de marketing.

Assim, esta parte é composta por:

- **Capítulo 1 – Marketing: conceitos essenciais.** Esse capítulo introduz os principais conceitos de marketing, com o objetivo de apresentar a base mínima necessária para o desenvolvimento de um plano de marketing, que é abordado no Capítulo 2.
- **Capítulo 2 – Plano de marketing.** Nesse capítulo, o objetivo é apresentar a metodologia de elaboração de um plano de marketing, instrumento que permite a análise estratégica e o desenvolvimento de estratégias para qualquer tipo de objetivo de marketing.
- **Capítulo 3 – Ambiente de marketing: transformações.** A evolução das tecnologias digitais e sua crescente difusão em todos os aspectos do cotidiano das pessoas têm causado profundas transformações no comportamento do consumidor, que, por sua vez, impacta o marketing. Esse capítulo tem por objetivo contextualizar o cenário atual, apresentando as mudanças que vêm ocorrendo no ambiente de marketing.
- **Capítulo 4 – Marketing digital.** O ambiente digital proporciona diversas novas plataformas para o desenvolvimento de estratégias de marketing, como as redes sociais, a busca, a plataforma móvel, a inteligência artificial, *displays* digitais etc. O objetivo desse capítulo é conceituar o marketing dentro do cenário digital e apresentar as diversas plataformas que podem ser usadas em conjunto com as plataformas tradicionais para comporem, juntas, as estratégias de sucesso.

PLANEJAMENTO ESTRATÉGICO DE MARKETING

CAPÍTULO 1

O assunto deste livro (estratégias digitais de marketing) envolve constantemente marketing e estratégia. Portanto, conhecer os conceitos essenciais do marketing e os fundamentos de estratégia é condição básica para criar ações de sucesso, incluindo as plataformas e tecnologias digitais. Desse modo, o objetivo deste capítulo é introduzir e definir brevemente os conceitos principais relacionados com o marketing. No Capítulo 2, abordaremos o planejamento estratégico, apresentando sucintamente os passos para o desenvolvimento de um plano de marketing, de modo a interligar todos os demais capítulos.

A ideia de desenvolver este capítulo (e o 2 também) é dar um embasamento mínimo de marketing aos leitores de outras áreas, como tecnologia, *design* etc. Para os leitores experientes em marketing, esses dois primeiros capítulos podem ser úteis para introduzir o assunto e alinhar conceitos de marketing antes de abordar os aspectos digitais, que é o foco do presente livro. O intuito aqui não é aprofundar conceitos, gestão e planejamento de marketing. Para os leitores que desejarem fazê-lo, recomendo que leiam *Administração de marketing*,[1] em que os conceitos desses dois primeiros capítulos foram baseados, e demais livros relacionados nas referências ao final deste livro.

Conceitos essenciais de marketing

Existem diversas definições para o marketing, algumas mais complexas que outras, e algumas com focos mais específicos que outras. No entanto, a sucinta definição de Kotler, apresentada a seguir, traz de maneira simples e completa a essência do marketing:

> Marketing é atividade humana dirigida para satisfazer necessidades e desejos por meio de troca.[2]

Essa definição contém em si alguns dos aspectos essenciais do marketing: primeiro, ele é dirigido para satisfazer necessidades e desejos humanos e, desse modo,

---

1   Kotler e Keller, 2019.
2   Kotler, 2003.

precisa levar em consideração o público-alvo antes de tudo, conhecendo-o para poder satisfazê-lo. Isso já coloca o público-alvo no centro de qualquer ação de marketing, e conhecê-lo é condição *sine qua non* para estratégias de sucesso. Se o comportamento do público-alvo muda, as estratégias de marketing também precisam mudar.

Troca

O segundo aspecto da definição de marketing a que devemos prestar atenção é que o modo de atender a necessidades ou desejos em uma ação de marketing é por meio da troca. Existem, na realidade, quatro maneiras de se atender a uma necessidade ou desejo: autoprodução, coerção, súplica e troca. Na autoprodução, como o nome indica, o ser humano produz o que precisa, sem se relacionar com ninguém. Um exemplo de autoprodução é a plantação e o cultivo de uma horta para consumo próprio. A coerção é quando se obtém o que se necessita ou deseja por meio de induzir, pressionar ou compelir alguém a fazer algo pela força, intimidação ou ameaça. Um exemplo de coerção é um assalto: o ladrão força a pessoa, contra a sua vontade, a lhe dar seus pertences, por meio da violência. A súplica é outra maneira de se conseguir que uma pessoa forneça o que se deseja ou necessita contra a sua vontade, por meio de apelo emocional e/ou insistência. E, finalmente, a troca. Segundo Kotler, a troca ocorre quando:

- Existem pelo menos duas partes envolvidas (caso contrário, seria autoprodução).
- Cada parte tem algo que pode ter valor para a outra.
- Cada parte é capaz de se comunicar e de fazer a entrega.
- Cada parte é livre para aceitar ou rejeitar a troca (caso contrário, seria coerção ou súplica, e não troca).
- Cada parte acredita ser adequado participar da negociação (caso contrário, seria coerção).

Um exemplo de troca é quando uma pessoa compra qualquer produto: ela troca o seu dinheiro por algo que necessite ou deseje.

Dessa forma, como o marketing se baseia na troca, e a troca por natureza é um processo em que ambas as partes atuam livremente, por vontade própria, e acham adequado fazê-la, o marketing envolve transações em que, teoricamente, as partes envolvidas sempre saem ganhando. Por isso, quanto mais o marketing entende o seu público-alvo e as transformações em seus hábitos, necessidades e desejos, maior é a probabilidade de saber o que pode ser oferecido a esse público, que o interesse, para que ocorra a troca. É importante observar, no entanto, que a troca não se refere sempre a transações financeiras, em que o dinheiro é trocado por produto. Muitas vezes, em marketing, a troca acontece sem envolver qualquer moeda. Um exemplo disso seria uma campanha de marketing para modificar os hábitos de um público específico, como parar de fumar, abandonar drogas, proteger-se contra a aids etc. Nesses casos, o que o marketing busca em troca de suas ações é que menos pessoas fumem, usem drogas ou contraiam aids etc.

Necessidades e desejos

Outros conceitos importantes presentes na definição de marketing são: necessidades e desejos. Necessidades se referem às exigências humanas básicas. Uma das formas de se elencar as necessidades humanas é por meio da pirâmide da hierarquia das necessidades de Maslow (Figura 1.1): sobrevivência (comida, ar, água, roupa e abrigo), recreação, educação, entretenimento etc.

> Apesar de nem todos concordarem com a pirâmide de Maslow para representar as relações entre as necessidades humanas (veja o artigo *Designing for a hierarchy of needs* – Bradley, 2010), ela é suficiente para o objetivo deste livro. Para quem tiver interesse em estudar novas teorias sobre o desenvolvimento humano e suas necessidades, sugerimos a teoria da *Espiral do desenvolvimento* ou *Dinâmica em espiral* (http://en.wikipedia.org/wiki/Spiral_Dynamics), por exemplo, que foi introduzida em 1996 por Don Beck e Chris Cowan, em livro homônimo, direcionada à área de negócios e discutindo a dinâmica da existência. O livro *Uma teoria de tudo* (http://pt.wikipedia.org/wiki/Ken_Wilber), de Ken Wilber (www.kenwilber.com/), também discute a Espiral do Desenvolvimento e é uma ótima fonte de aprofundamento reflexivo sobre o assunto.

Já desejos se referem a necessidades dirigidas a produtos específicos capazes de satisfazê-las (exemplo: a necessidade de se alimentar é satisfeita por uma comida que se deseja, como salada, carne ou quindim). Enquanto as necessidades são características essenciais e comuns a qualquer ser humano, os desejos variam e são moldados principalmente pela sociedade e cultura em que se vive. Como exemplo, no Brasil, para satisfazer a necessidade de se alimentar, uma pessoa poderia desejar um churrasco, enquanto, no Japão, para atender a essa mesma necessidade, um japonês poderia desejar um yakissoba. É interessante ressaltar que o marketing não cria necessidades (que são determinadas pela essência humana), mas influencia e/ou cria os desejos de produtos para satisfazer as necessidades.

Existe ainda mais um conceito fundamental de marketing relacionado a necessidades e desejos, que precisamos comentar brevemente, que é a demanda. Apenas a necessidade e o desejo de um determinado público-alvo por um produto não garantem que exista mercado para ele. É necessário também que esse público tenha condições de adquirir esse produto – isso determina a demanda. Como exemplo, podemos ter uma quantidade enorme de pessoas que desejam passar as férias em Paris, mas geralmente é apenas uma parte delas que tem condições financeiras de fazê-lo. Isso determina a demanda por férias em Paris.

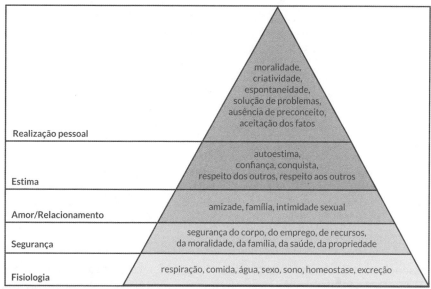

Figura 1.1 – Pirâmide de Maslow da hierarquia das necessidades.
Fonte: Wikipédia. Acesso em: 18 maio 2024.

Demanda é um assunto complexo, pois depende de vários fatores e disciplinas, como pesquisa de mercado, economia, marketing, cultura etc. Para alguns tipos de produtos, em períodos de prosperidade econômica, a demanda pode ser muito diferente da de períodos de recessão. Para outros tipos de produtos, a demanda é muito pouco afetada com as variações da economia ou esforços de marketing. Além da complexidade tradicional intrínseca ao cálculo das demandas, a proliferação de produtos e a introdução de novas tecnologias tornam ainda mais difícil a sua determinação. A pesquisa de mercado, aliada tradicional da determinação de demanda, passa a não ser mais suficiente no cenário de inovação constante. Quando produtos extremamente inovadores e disruptivos são introduzidos no mercado, as pessoas têm dificuldade de compreendê-los e opinar sobre eles e, dessa forma, usando-se pesquisa de mercado tradicional, não se consegue obter informações válidas e relevantes sobre a intenção de compra, o uso ou as características desses produtos para direcionar a demanda. Exemplos disso são os lançamentos de produtos como os *smartphones*. A experimentação/degustação é um processo bastante antigo do marketing para determinar demandas; no entanto, é bem mais difícil fazer experimentação de produtos com características completamente novas do que de produtos amplamente conhecidos, nos quais apenas uma característica está sendo alterada, como o sabor novo de um iogurte.

Produto

Outro conceito importante, implícito na definição de marketing, é o produto: "a oferta capaz de satisfazer uma necessidade ou desejo, por meio de uma troca".[3] No entanto, o produto não se refere apenas a bens tangíveis, como uma caneta, um livro ou um computador. Existem dez tipos de produtos, conforme listados na Tabela 1.1.

Tabela 1.1 – Tipos de produtos no marketing

Tipo de produto	Descrição
Bens	Produtos tangíveis (sabonete, carro, joias etc.).
Serviços	Produtos intangíveis (aula de inglês, consulta médica etc.).
Experiências	Produtos que causam uma experiência específica (escalar o Monte Everest, visitar a Disney).
Eventos	Produtos relacionados a acontecimentos (Olimpíadas).
Pessoas	O produto é uma pessoa (celebridades, personalidades, profissionais etc.).
Lugares	O produto é um lugar (cidade de São Paulo, praia de Ipanema etc.).
Propriedades	O produto é um direito intangível de posse, tanto imobiliária quanto financeira (uma casa, no caso imobiliário, ou ações e títulos, no caso financeiro).
Organizações	O produto é uma organização ou instituição (empresa, universidades, grupos de teatro, museu etc.).
Informações	O produto é a informação (cursos *on-line*, *e-books*, grupos e comunidades fechadas *on-line*, revistas, enciclopédias, *sites* na Internet etc.).
Ideias	O produto é um conceito ou um benefício.

É essencial compreender que produto é qualquer coisa capaz de satisfazer uma necessidade ou desejo. Para que um produto tenha sucesso ao longo do tempo, é fundamental manter o foco nessa necessidade ou desejo que ele atende, pois muitas vezes, para isso, o próprio produto precisa mudar. Por exemplo, o produto enciclopédia impressa atendia à necessidade de informação antes da era da Internet. A necessidade por informação continua existindo, no entanto o produto enciclopédia impressa não atende mais a essa necessidade e foi substituído pelas enciclopédias *on-line*, como a Wikipédia, por exemplo, e por toda a base de dados disponível na *Web*. Empresas que fabricavam enciclopédias impressas e mantiveram o foco no produto, mas não na necessidade de informação, foram esmagadas com o surgimento da Internet. Por outro lado, empresas que fabricavam enciclopédias, mas tinham o foco na necessidade/desejo que elas satisfaziam, migraram para o ambiente digital para continuarem no mercado. Existem inúmeros exemplos como esse em áreas como jornais (mesmo caso das enciclopédias impressas), carros, relógios, serviços etc. Essas transformações que afetam o modo como as pessoas se comportam ou se relacionam estão associadas às mudanças de paradigmas, que, por sua vez, afetam profundamente os produtos.

Sugiro a leitura do conceito de *Paradigm shift*, na Wikipédia, para aprofundar os conhecimentos sobre paradigmas e o impacto de suas mudanças na sociedade e, particularmente, no marketing. A Figura 1.2 apresenta o QRCode que dá acesso ao texto.

---

3   Kotler, 2003.

Figura 1.2 – QRCode de acesso ao artigo *Paradigm shift*.
Fonte: Disponível em: http://en.wikipedia.org/wiki/Paradigm_shift. Acesso em: 18 maio 2024.

Público-alvo

Outro conceito implícito na definição de marketing e que mencionamos brevemente no início deste capítulo é o de público-alvo, ou seja, em quem os esforços de marketing enfocam para satisfazer necessidades ou desejos. O público-alvo é a parte mais importante da equação de marketing, pois toda e qualquer estratégia de marketing deve ter como início e origem um público-alvo e os objetivos a serem alcançados com esse público, ou seja, as necessidades e/ou desejos aos quais se pretende atender.

O público-alvo é a razão da existência e o conceito central do marketing. O público-alvo do marketing pode ser clientes (ou consumidores, usuários), empresas (ou organizações, instituições), fornecedores, grupos de interesse, público financeiro, públicos ligados à mídia, públicos internos, públicos governamentais, públicos locais e público em geral. Cada público requer uma estratégia específica, um plano de marketing específico, pois normalmente os objetivos com cada tipo de público são diferentes, bem como suas necessidades e produtos que lhes atendem.

Em função do público-alvo é que se determina a estratégia de marketing a ser implementada.

Discutiremos, na sequência, o ambiente e o composto de marketing, que são conceitos fundamentais para o desenvolvimento de qualquer estratégia – plano de marketing – e também para alinhar os conteúdos a serem tratados nos demais capítulos deste livro.

Ambiente de marketing

A análise do ambiente é um dos fatores mais importantes do planejamento de marketing ou de qualquer estratégia. É em função do ambiente que a melhor estratégia de marketing é traçada. Um mesmo produto poderá ter estratégias totalmente diferentes para o seu lançamento na cidade de São Paulo, uma megalópole ou em uma cidade no interior do Nordeste, em função do ambiente. Existem dois tipos de ambientes relacionados ao marketing: o macro e o microambiente.

O microambiente é composto de forças próximas à organização, que afetam sua capacidade de atender seu público-alvo – ambiente interno da empresa (departamentos, produtos, pessoas etc.), fornecedores, intermediários de marketing, clientes, concorrentes e públicos. O macroambiente é composto de forças incontroláveis maiores que afetam o microambiente – forças demográficas, econômicas, naturais, tecnológicas, políticas e culturais.

As empresas têm controle sobre o seu ambiente interno e, em algum grau, podem ter também domínio sobre o microambiente de marketing, para alterá-los de modo a atender aos seus objetivos. No entanto, a empresa não tem controle sobre o macroambiente, que são acontecimentos incontroláveis. As organizações reagem aos acontecimentos do macroambiente, e as que o fizerem mais rápida e adequadamente normalmente conseguirão vantagem competitiva no mercado. Por isso, é necessário analisar cautelosamente o macroambiente e quais das suas forças podem afetar o negócio ou o produto da organização, para que se possam potencializar oportunidades ou anular e combater ameaças. As principais forças do macroambiente cujos impactos devem ser analisados são:

- **Fatores demográficos:** afetam o produto/negócio em função das variações da população humana em termos de tamanho, densidade, localização, idade, sexo, etnia etc. Ex.: o envelhecimento da população no Brasil afeta vários segmentos de mercado, sendo oportunidade para uns (óculos, medicamentos, viagens para terceira idade, por exemplo) e ameaça para outros (brinquedos, parques infantis, escolas para crianças).
- **Fatores econômicos:** afetam o poder de compra e os padrões de gasto do público-alvo impactando o produto/negócio. Ex.: crises econômicas podem ser uma ameaça para produtos direcionados à classe média, mas podem ser uma oportunidade para produtos de primeiras necessidades, saúde etc.
- **Fatores físico-naturais:** afetam os recursos naturais utilizados como insumos pelos profissionais de marketing ou que afetam as atividades de marketing (logística, por exemplo). Ex.: uma nevasca pode ser ameaça para empresas de logística, mas pode ser uma oportunidade para empresas de vestuário de inverno.
- **Fatores tecnológicos:** novas tecnologias que, quando introduzidas no mercado, afetam o produto/negócio. O ambiente tecnológico é o que tende a ter mudanças mais rápidas no macroambiente quando comparado aos demais. Ex.: a introdução do iPhone com suas novas tecnologias no mercado trouxe uma ameaça a todas as empresas fabricantes de aparelhos de telefonia celular e *smartphones*. Por outro lado, trouxe grande oportunidade para desenvolvedores de aplicativos para iPhone e correlatos da plataforma Apple. Outro exemplo: a introdução das inteligências artificiais generativas, como o ChatGPT, trouxe, por um lado, uma ameaça a diversos tipos de atividades no mercado, mas, por outro lado, proporcionou grandes oportunidades de ganho de produtividade para diversas profissões e diferenciação para as empresas que implementaram sistemas mais inteligentes baseados em linguagem natural.
- **Fatores políticos:** leis, órgãos governamentais e grupos de pressão que podem afetar ou limitar a organização, seus produtos ou impactar seus clientes. Ex.: a Lei Antifumo em São Paulo, que passou a proibir que as pessoas fumassem em restaurantes e bares, diminuiu o movimento deles, causando um impacto negativo para esse setor. No entanto, as empresas que produzem festas e reuniões em

domicílio sentiram um aumento de procura, já que os fumantes passaram a se reunir em casa.
- **Fatores socioculturais:** forças que afetam valores, percepções, preferências e comportamentos básicos do público-alvo, impactando o seu produto/negócio. Ex.: culturas em que a beleza pessoal é muito valorizada apresentam oportunidades para todas as empresas ligadas à estética pessoal. No entanto, a excessiva valorização estética pode representar uma ameaça para produtos de outras áreas, como educação e saúde, que, por mais importantes que sejam, acabam relegados a um segundo plano.

É importante salientar que os acontecimentos no macroambiente são simplesmente acontecimentos, fatos, que não são bons nem ruins. Tanto que o mesmo acontecimento pode beneficiar a área de atuação de uma empresa enquanto prejudica outra. Assim, a análise criteriosa do macroambiente é que determinará quando um acontecimento em qualquer fator desse ambiente pode ser uma possível ameaça ou oportunidade. Dessa análise surgem dados importantíssimos para a análise SWOT da empresa, que veremos mais adiante neste capítulo.

Planejamento estratégico de marketing

O planejamento estratégico de marketing é o processo no qual uma empresa analisa o ambiente de marketing (macro, micro e ambiente interno da empresa) com foco nos seus objetivos com um determinado público-alvo, traçando as estratégias de marketing para alcançar tais objetivos.

Estratégia

No sentido mais amplo da palavra, *"estratégia é a definição de como recursos serão alocados para se atingir determinado objetivo"*.[4] Estratégia é uma disciplina que originalmente era utilizada na área militar e, gradativamente, foi passando para as áreas de negócio também. Isso explica o sucesso do livro *A arte da guerra*[5] entre os executivos.

De modo geral, qualquer estratégia é composta de três importantes fatores:

- Objetivo.
- Ambiente.
- Recursos disponíveis.

Um exemplo bem simples para ilustrar uma estratégia seria uma viagem de férias. Em função do objetivo (viajar de férias), análise do ambiente (lugares frios, quentes, sem catástrofes políticas ou naturais, oferta de agências etc.) e recursos disponíveis (disponibilidade de tempo, recursos financeiros etc.), a estratégia determina a melhor viagem possível.

---

4 Wikipédia, 2010-2011.
5 Wikipédia, 2010-2012.

Na área de marketing, a estratégia define como os recursos serão alocados para se atingir determinado objetivo de marketing. O instrumento usado para construir uma estratégia de marketing é o plano de marketing, assunto do Capítulo 2. O plano de marketing é a ferramenta que nos permite montar as estratégias de marketing, e essas estratégias são sempre desenvolvidas com os 4 Ps do marketing – produto, preço, praça e promoção (em inglês, *product, price, place* e *promotion*) – que veremos mais adiante neste capítulo. É importante ressaltar aqui que desenvolver uma estratégia de marketing significa determinar a melhor combinação entre os 4 Ps para atender aos objetivos de marketing com o público-alvo. Assim, o plano de marketing é o instrumento que nos auxilia a determinar o melhor conjunto de 4 Ps para cada objetivo de marketing.

No entanto, para podermos elaborar um plano de marketing, precisamos ainda conhecer mais alguns conceitos de marketing relacionados à análise e ao planejamento estratégico – a Matriz SWOT, o posicionamento e o composto de marketing.

Matriz SWOT

> *"Concentre-se nos pontos fortes, reconheça as fraquezas, agarre as oportunidades e proteja-se contra as ameaças."*
> Sun Tzu, 500 a.C.

Como vimos anteriormente, o ambiente (macro e micro) apresenta diversos fatores que podem afetar o produto de uma empresa. Esses fatores, que estão presentes no ambiente, podem tanto se configurar como ameaças quanto como oportunidades. Apesar de as empresas não poderem controlar os fatores do macroambiente e terem controle relativo sobre o microambiente, elas podem reagir ou agir proativamente em função das ameaças e oportunidades que esses ambientes apresentem. Assim, empresas mais rápidas e versáteis para enfrentar e reagir a ameaças ou para aproveitar oportunidades do ambiente normalmente são as mais bem-sucedidas.

No entanto, "agir ou reagir" ao ambiente significa ajustar as variáveis controláveis de marketing, que pertencem ao ambiente interno da empresa, e as passíveis de controle no microambiente, de modo a anular ou minimizar ameaças e/ou aproveitar ou maximizar oportunidades. Para tanto, é necessário também analisar o ambiente interno da empresa (produto, instalações, departamentos, logística etc.), determinando suas forças e fraquezas para atuar no ambiente de marketing.

Da análise das forças e fraquezas (provenientes do ambiente interno da empresa) e das ameaças e oportunidades (originadas em macro e microambientes) resulta a Matriz SWOT (em inglês, SWOT significa *strengths, weaknesses, opportunities* e *threats*). A Matriz SWOT é o instrumento pelo qual a empresa realiza a avaliação das suas competências (forças e fraquezas) e a análise de cenários (ameaças e oportunidades), de modo a orientar na escolha da melhor decisão estratégia possível.

A análise SWOT pode ser usada para se avaliar qualquer tipo de produto – uma empresa inteira, um projeto, uma parte do projeto, um produto específico ou uma linha de produtos, uma equipe etc. Aqui, estamos enfocando a análise SWOT no planejamento estratégico de marketing, mas ela é usada e bastante útil em qualquer outro tipo de planejamento estratégico. Profissionais que atuam na área de planejamento estratégico empresarial estão habituados ao uso das análises SWOT. Um bom exercício de uso da Matriz SWOT é para planejamentos estratégicos pessoais. Sugiro que cada pessoa faça a análise SWOT para si mesma, avaliando assim as suas competências e os cenários possíveis, repetindo a análise periodicamente para reavaliação e mensuração de progressos estratégicos.

Para construir a Matriz SWOT, começamos elencando todas as forças, fraquezas, ameaças e oportunidades relacionadas a empresa/produto. Vejamos:

- **Pontos fortes (*strengths*)** – Perguntas que podem auxiliar no levantamento dos pontos fortes:
  - "O que a empresa faz bem?" ou "O que o produto tem de bom?"
  - "Quais recursos especiais a empresa tem e pode aproveitar?" ou "Que características únicas o produto possui que podem ser aproveitadas?"
  - "O que outras empresas/público acreditam que você faz bem?" ou "Em que outras empresas/público acreditam que o seu produto é bom?"
- **Pontos fracos (*weaknesses*)** – Tipos de perguntas para descobrir as fraquezas:
  - "No que a empresa/produto pode melhorar?"
  - "Onde a empresa tem menos recursos que os concorrentes?" ou "Em que o produto é pior que o dos concorrentes?"
  - "O que as outras empresas/público acreditam que sejam as fraquezas do seu produto/empresa?"
- **Ameaças (*threats*)** – Perguntas de prospecção de ameaças:
  - "Que ameaças são provenientes do macroambiente (político, econômico, tecnologia etc.) sobre o seu produto/empresa?"
  - Forças dos seus concorrentes são ameaças – "Que ameaças são provenientes dos seus concorrentes sobre seu produto/empresa? O que eles fazem melhor? Que recursos especiais possuem? Onde levam vantagem?"
  - "Que ameaças são provenientes do microambiente?" (fornecedores, canais etc.)
- **Oportunidades (*opportunities*)** – Questionamentos para listar oportunidades:
  - "Que oportunidades podem ser identificadas no macroambiente (político, econômico, tecnologia etc.) para o seu produto/empresa?"
  - Fraquezas dos seus concorrentes são oportunidades – "Que oportunidades podem ser identificadas nos seus concorrentes para o seu produto/empresa? O que eles fazem mal-feito? Que recursos não têm? Onde estão em desvantagem?"
  - "Que oportunidades podem ser identificadas no microambiente?" (fornecedores, canais etc.)

Os itens levantados são, então, colocados em forma de matriz, facilitando a visualização e a análise (Figura 1.3).

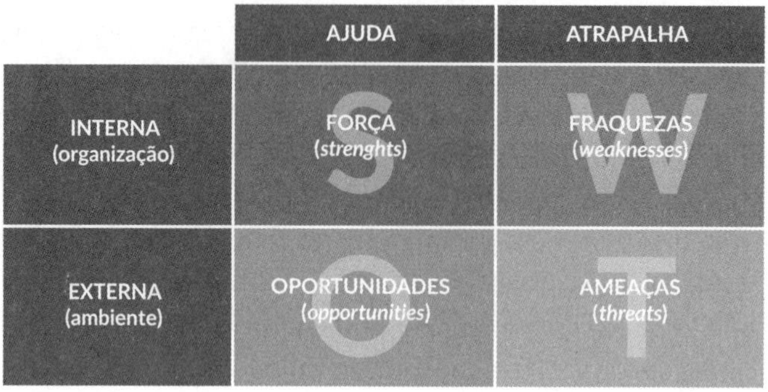

	AJUDA	ATRAPALHA
INTERNA (organização)	FORÇA (strenghts)	FRAQUEZAS (weaknesses)
EXTERNA (ambiente)	OPORTUNIDADES (opportunities)	AMEAÇAS (threats)

Figura 1.3 – Exemplo de uma Matriz SWOT.

Da análise SWOT resulta a Matriz de Confrontação (*Confrontation Matrix*), que confronta as competências com a análise de cenários e indica as possibilidades estratégicas a serem desenvolvidas (Tabela 1.2).

Tabela 1.2 – Matriz de confrontação

	Oportunidades (*opportunities*)	Ameaças (*threats*)
Pontos fortes (*strengths*)	(S/O) Estratégia OFENSIVA	(S/T) Estratégia de AJUSTES
Pontos fracos (*weaknesses*)	(W/O) Estratégia DEFENSIVA	(W/T) Estratégia para SOBREVIVER

Dessa forma, as estratégias decorrentes da análise da Matriz SWOT e da Matriz de Confrontação indicam as seguintes estratégias:

- **Ofensiva:** quando as oportunidades podem ser aproveitadas pelos pontos fortes: "Extraia o máximo da oportunidade".
- **Ajustes:** quando os pontos fortes enfrentam ameaças: "Recupere suas forças".
- **Defensiva:** quando existem oportunidades que seus pontos fracos não permitem que sejam aproveitadas: "Preste atenção nos seus concorrentes".
- **Sobreviver:** quando as ameaças atingem seus pontos fracos: "Recue".

Posicionamento

O conceito de posicionamento em marketing foi criado por Al Ries e Jack Trout nas décadas de 1960 e 1970 e popularizou-se nos anos de 1980 com o livro *Positioning: the battle for your mind*. O posicionamento é usado como uma ferramenta de comunicação para atingir a mente do público-alvo – e exatamente por isso é poderoso: o posicionamento acontece na mente das pessoas.

Podemos, então, definir posicionamento como *"o ato de projetar a oferta da empresa, de forma que ela ocupe um lugar distinto e valorizado nas mentes dos consumidores/clientes-alvo",*[6] ou seja, posicionamento de uma marca/produto é o que se deseja que o público-alvo pense sobre a marca/produto, de modo que esse público consiga diferenciá-la(o) dos outros.

Em mercados altamente competitivos, onde os atributos e/ou preços dos produtos são muito parecidos, o posicionamento é essencial para uma marca/produto/empresa conseguir se diferenciar. Para se conseguir essa diferenciação na mente dos consumidores, é necessário analisar: os atributos característicos do produto/marca, a situação do mercado em que se vai atuar (concorrentes e a percepção do público-alvo em relação a eles) e as características do público-alvo (o que eles necessitam e valorizariam no seu produto/marca). A metodologia de posicionamento normalmente envolve as seguintes etapas:[7]

1. Definir o mercado no qual o produto/marca competirá e quem é o público-alvo.

2. Identificar os atributos que definem o produto.

3. Levantar informações sobre a percepção do público-alvo para cada atributo relevante do produto.

4. Determinar os principais concorrentes do produto (*share-of-mind*).

5. Montar um mapa para determinar a localização de cada produto concorrente, conforme a percepção dos atributos pelo público-alvo.

6. Determinar a localização no mapa que se refere à combinação de atributos do produto, preferida pelo público-alvo.

7. Analisar as possibilidades de posicionamento do seu produto, considerando a posição dele no mapa de percepções e a posição preferida pelo público-alvo.

8. Posicionar o seu produto.

A intenção do posicionamento é encontrar uma posição ainda não ocupada na mente do consumidor para essa categoria de produto e, então, ocupá-la, posicionando o seu produto nela. Logicamente, produtos com alta capacidade de diferenciação, como automóveis, por exemplo, são mais fáceis de serem posicionados do que produtos altamente padronizados, com pouca possibilidade de diferenciação, como frango.

Segundo Al Ries e Jack Trout, a melhor maneira de se posicionar um produto é ser o primeiro. As pessoas sempre se lembram do primeiro, mas raramente se lembram do segundo, terceiro etc. No entanto, para produtos que não são os primeiros, existem diversos modos para diferenciá-los e escolher um posicionamento. Normalmente, bens tangíveis são diferenciados por características do produto, qualidade de desempenho, qualidade de conformidade, durabilidade, confiabilidade, facilidade de conserto, estilo ou *design*. Já para serviços, a diferenciação pode ser feita por facilidade de pedido, entrega, instalação, treinamento do público-

---

[6] Kotler, 2003.
[7] Kotler, 2003.

alvo, consultoria ao público-alvo, manutenção e conserto. De modo mais geral, podemos dizer que as diferenciações para posicionamento se encaixam em três tipos de conceitos: funcionais (resolvem problemas, fornecem benefícios etc.), simbólicos (identificação, ego, afeição, sentimento de inclusão) e experienciais (estímulos sensoriais e cognitivos).

Exemplos de posicionamentos bem-sucedidos de algumas marcas: Volvo é sinônimo de segurança (conceito funcional), Apple, de inovação (conceito simbólico, identificação), e Brastemp, de alta qualidade (conceito funcional). Assista ao vídeo do comercial de televisão da Apple, *Think Different*, por meio do QRCode da Figura 1.4.

Figura 1.4 – QRCode com *link* para o vídeo no YouTube do comercial da Apple – *Think Different*.
Fonte: Disponível em: https://youtu.be/smp0nqpovuM. Acesso em: 18 maio 2024.

O posicionamento deve ser feito antes de qualquer plano de marketing, pois envolve nível estratégico superior, que precisa ser respeitado em todas as ações referentes ao produto/marca.

Para aqueles que atuarão no nível de planejamento de posicionamento, sugiro um aprofundamento no assunto por meio de bibliografia específica, como Al Ries e Jack Trout (2000), Kotler e Keller (2006), entre outros.

Composto de marketing – 4 Ps

O composto de marketing é a ferramenta estratégica que constitui o coração de qualquer plano de marketing. Também chamado de *marketing mix*, o composto de marketing é formado pelos 4 Ps estratégicos do marketing: produto, preço, praça e promoção.

No início do presente capítulo, vimos que a definição de marketing é *"atividade humana dirigida para satisfazer necessidades e desejos por meio de troca"*. Assim, ao elaborarmos uma estratégia de marketing para atender a um objetivo específico de marketing, precisamos definir os 4 Ps que resolvem essa equação:

- **Produto:** aquilo que satisfaz a necessidade ou desejo.
- **Preço:** fator que estabelece as condições da troca.

- **Praça:** local que possibilita que a troca aconteça.
- **Promoção:** forma de comunicar ao público-alvo sobre produto, preço e praça, estimulando a troca.

O modelo dos 4 Ps foi proposto por E. Jerome McCarthy em 1960 e tem o ponto de vista da empresa – o produto que ela oferece, o preço que ela estabelece, a praça em que ela disponibiliza e a promoção que ela faz. Algumas décadas depois, surgiu o modelo dos 4 Cs correspondentes aos 4 Ps, no qual Robert Lauternborn[8] pensou em como seriam os 4 Ps na ótica do consumidor, do público-alvo: cliente, custo, conveniência e comunicação (Tabela 1.3).

Tabela 1.3 – Os 4 Ps e os 4 Cs correspondentes

4 Ps	4 Cs
Produto	Cliente (solução para)
Preço	Custo (para o cliente)
Praça	Conveniência
Promoção	Comunicação

Assim, para o consumidor, temos: 1º C: cliente (do produto); 2º C: custo (preço, do lado do consumidor é o custo total para obter o produto); 3º C: conveniência (praça da escolha do consumidor, onde ele pode obter o produto); e 4º C: comunicação (comunicação é mais ampla que promoção e envolve o consumidor, não apenas "o impactando"). Os 4 Cs auxiliaram a moldar a metodologia de desenvolvimento de cada P dos 4 Ps, chegando ao modelo atual, mais enfocado no cliente.

Assim, a base de qualquer estratégia de marketing está em se determinar qual o melhor composto de marketing (produto/preço/praça/promoção) para alcançar determinado objetivo com o público-alvo. Portanto, os 4 Ps são determinados em função do público-alvo, dos objetivos de marketing e da análise do ambiente (macro e micro) em que se pretende atuar.

Por meio do *mix* de marketing, a empresa introduz o produto no mercado, dá conhecimento de sua existência aos compradores potenciais e induz os consumidores a dar preferência à compra do seu produto em detrimento do produto dos concorrentes.

Veremos, a seguir, as principais características de cada P, objetivando utilizá-las como ferramentas estratégicas.

Produto

Como visto anteriormente, *"produto é a oferta capaz de satisfazer uma necessidade ou desejo, por meio de uma troca"*, podendo ser qualquer coisa, de bens tangíveis e serviços a experiências e ideias.

---

[8] *Apud* Kotler e Armstrong, 1998.

Estrategicamente, o produto é composto de três dimensões distintas e complementares: o produto em si, sua marca e sua embalagem. Essas três dimensões do produto formam o composto do produto. Por exemplo, se analisarmos o refrigerante Coca-Cola, o produto em si é o líquido preto constituinte do refrigerante Coca-Cola, a marca é Coca-Cola e a embalagem é a garrafa de Coca-Cola com todas as suas características. A combinação dos três componentes do produto resulta no produto final. É importante observar que os três componentes precisam estar alinhados para que um complemente e favoreça o outro em busca dos objetivos de marketing. Qualquer alteração no produto em si, marca ou embalagem altera o produto como um todo.

O produto em si

Todos os atributos e características que estejam relacionados diretamente com o produto, como tamanhos, texturas, garantias, cores, sabores, durabilidade, conformidade, confiabilidade, segurança, materiais etc., formam o produto. Cada uma dessas características e desses atributos pode ser utilizada e alterada estrategicamente em um plano de marketing.

Marca

Marca é "*um nome, um termo, sinal, símbolo ou qualquer outra característica que identifica um produto como distinto de outros. [...] Uma marca pode identificar um item, uma família de itens ou todos os itens de uma empresa*".[9] A marca é usada para identificar produtos, diferenciá-los de seus concorrentes e gerar retorno do público-alvo. Produtos que não possuem marca só podem diferenciar-se dos concorrentes por suas próprias características. Sem uma marca, é muito menos provável que o público-alvo consiga se lembrar do produto novamente para recomprá-lo. Pense em feijão vendido a granel, por exemplo, sem marca. Por outro lado, pense na Apple: qualquer produto que venha a ser lançado no futuro pela Apple já possuirá uma identificação que a marca lhe confere.

Em um mundo globalizado e repleto de marcas e produtos, alguns cuidados são importantes e devem ser observados na criação dos nomes de marcas e produtos, como:

- Sugerir benefícios ou qualidades do produto (ex.: Bombril, Barateiro, Credicard, Natura).
- Ser fácil de pronunciar, reconhecer e lembrar (ex.: Omo, Coca-Cola, Bic).
- Ser inconfundível (ex.: Xerox, Kodak, Google).
- Ser expansível (ex.: Amazon se estendeu de venda de livros para várias outras categorias de produtos).
- Não ter significados ruins em outras línguas (ex.: o Chevy Nova foi um caso de fracasso nos países de língua espanhola, pois a palavra *nova* significa "não vai" em espanhol).[10]

---

9   AMA, 2010.
10 Kotler, 2001.

Quanto mais informações uma marca consegue agregar em torno de si, mas forte se torna. Segundo Kotler, quanto mais características humanas (antiga, nova, tradicional, jovem, dinâmica, inovadora, confiável, solidária etc.) conseguirmos associar a uma marca, mais forte ela é. Assim, quanto mais forte for uma marca, mais ela ampliará as informações sobre o produto, independentemente dele mesmo. Pensemos em uma comparação de um *notebook* Apple, HP, Accer e Lenovo. Antes mesmo de analisar as características de cada *notebook* em si, o que já sabemos sobre cada um deles em função de suas marcas?

Estratégia de marcas é um assunto tão importante em marketing que existe uma disciplina específica para isso – o *branding*. Existem diversas definições para *branding*: da AMA (American Marketing Association), da SEMPO (Search Engine Marketing Professional Organization) etc. No entanto, podemos resumir *branding* como o processo completo de se criar uma marca para um produto na mente do consumidor, por meio de ações de comunicação com um tema consistente, visando estabelecer sua reputação por meio de uma presença significativa e diferenciada no mercado que atraia e retenha o público-alvo.

Pode-se perceber que as estratégias de *branding* estão intimamente ligadas às estratégias de posicionamento. Ambas ocorrem na mente do público-alvo e são fundamentadas em comunicação. Muitas das ações de marketing têm como objetivo o *branding*, ou seja, o fortalecimento da marca.

Sugiro dois *links* interessantes sobre as novas tendências de *branding*: o vídeo "Tendências de branding 2024 – branding em tudo podcasts"[11] e o livro *A Revolução do Branding*, de Ana Couto.[12]

Embalagem

A principal finalidade da embalagem de um produto é possibilitar a armazenagem e o transporte. No entanto, a embalagem também desempenha um papel importante na comunicação e no posicionamento do produto.

As principais funções da embalagem são:

- Facilitar o transporte e a armazenagem do produto.
- Proteger e conservar o produto.
- Posicionar e reposicionar o produto.
- Facilitar o uso do produto.
- Auxiliar na promoção e na venda.[13]

Cada função da embalagem pode ser usada estrategicamente para diferenciar o produto. Por exemplo, melhorias na embalagem que impliquem otimização de transporte e armazenagem do produto podem diminuir o custo de logística e, consequentemente, do próprio produto. Esse ganho pode ser incorporado à lucratividade do produto ou repassado

---

11 Disponível em: https://www.youtube.com/watch?v=l1YJzB4-ZfM. Acesso em: 18 maio 2024.
12 Disponível em: https://www.editoragente.com.br/a-revolucao-do-branding/p. Acesso em: 18 maio 2024.
13 Kotler, 2003.

para o público final, mudando o seu preço e, eventualmente, o seu *market share*. Novas tecnologias de proteção e conservação do produto podem permitir que ele seja usado em condições mais amplas, aumentando também o seu *market share*. Um exemplo disso foi a introdução das embalagens Tetra Pak para a venda de leite, que modificou o modo como as pessoas usam e armazenam o leite, uma vez que sua validade e as condições de armazenagem mudaram completamente, ampliando seu uso. A estética e a qualidade da embalagem influenciam muito a percepção que o público-alvo tem do produto, atuando no seu posicionamento. Um exemplo disso são as embalagens usadas em chocolate. Podemos observar que chocolates *premium*, como Godiva, têm embalagens sofisticadas, que auxiliam no posicionamento do produto. Quanto à facilidade de uso, algumas funcionalidades na embalagem podem fazer a diferença para conquistar o público-alvo. Garrafas de água com tampa de rosca (sem necessidade de abridor), recipientes plásticos para xampus (aumento da segurança, sem risco de quebra de vidros e ferimentos durante os banhos), latas de ervilha/milho/etc. que abrem facilmente com a remoção do lacre a vácuo etc. são muitas vezes fatores determinantes da compra. Finalmente, a maioria dos produtos nos mercados não tem nenhuma forma de promoção nem comunicação (propaganda, promoção de vendas, marketing direto, relações públicas ou venda pessoal). Assim, a embalagem, apesar de fazer parte do composto de produto, também atua na comunicação (P de promoção). A embalagem também é um importante mecanismo de reconhecimento e *recall* do produto, atuando, nesse sentido, em conjunto com a marca.

Níveis do produto

O produto é formado por três níveis:

1. A parte central, que são os atributos do produto, seus benefícios ou serviços.
2. A parte tangível, que compreende a configuração física, o estilo, a qualidade, a marca etc.
3. A ampliação do produto, que são itens que não fazem parte do produto em si, mas que o ampliam, como garantia estendida, garantia vitalícia, entrega, instalação, pós-venda etc.[14]

Os níveis de produto também podem ser usados como elementos estratégicos dele. Por exemplo, oferecer uma garantia vitalícia a um produto (como os copos Stanley) pode ser o diferencial dele. Outras vezes, a eliminação da ampliação do produto pode ser a diferenciação estratégica. Um exemplo disso foi a transformação de algumas companhias aéreas que reduziram os benefícios oferecidos durante o voo, como refeições, *kits* de higiene etc., diminuindo, assim, o custo do serviço principal (transporte aéreo) e conquistando outros públicos. Desse modo, os níveis de produto podem ser usados de diversas formas estratégicas.

---

14 Kotler, 2003.

Serviços: um tipo especial de produto

Serviços são produtos com características peculiares que os tornam muito diferentes de um bem tangível, como um carro ou sabonete.

Philip Kotler e Gary Armstrong[15] definem serviço como *"qualquer ato ou desempenho que uma parte pode oferecer a outra e que seja essencialmente intangível e não resulte na propriedade de nada. Sua produção pode ou não estar vinculada a um produto físico"*. Veja a seguir as principais características de um serviço:

- **Intangibilidade:** serviços não podem ser apalpados.
- **Inseparabilidade:** serviços são consumidos ao mesmo tempo que são prestados, não podendo ser estocados.
- **Variabilidade:** serviços dependem diretamente de quem os presta. Pessoas diferentes tendem a prestar o mesmo serviço de formas diferentes. A mesma pessoa, em condições diferentes, tende a prestar o mesmo serviço de modo diferente.
- **Perecibilidade:** serviços existem apenas no momento em que estão sendo prestados, não podendo, assim, ser estocados.

Os fatores apresentados anteriormente são os elementos estratégicos de serviços.

Preço

Podemos definir preço como o valor justo atribuído à posse de um produto. O termo "justo", na definição de preço, significa que só haverá "troca" – condição *sine qua non* do marketing – se o público-alvo acreditar que ela é justa e adequada.

O preço define as condições básicas da troca e é, portanto, o P da receita: é por meio dele que a empresa obtém seus resultados. Além disso, o preço é um fator fundamental para determinar a participação de mercado (*market share*) e a lucratividade do produto.

O preço é também o P mais flexível do composto de marketing. Normalmente, é mais rápido e fácil se alterar o preço do que modificar o produto, a praça ou a promoção. Assim, em razão de sua flexibilidade, o preço é um importante componente estratégico do marketing.

Outra função importante do preço é sua intensa relação com a percepção de qualidade pelo público-alvo. Por isso, o preço também atua como fator de posicionamento do produto. Preços que terminam em ",99" normalmente comunicam "oferta", "barato". Preços que terminam com zeros, muitos zeros, passam mensagem de "sem desconto", o que é muito adequado para representar produtos *premium*.

Os componentes que determinam o preço de um produto são vários:[16]

- Custo de manufatura do bem ou custo operacional do serviço.
- Custo da estrutura física e administrativa da empresa.

---

15 Kotler e Armstrong, 1998 (p. 412).
16 Kotler, 2003.

- Custo de promoção e de vendas.
- Margem de lucro da empresa.
- Margem de possíveis canais de distribuição.

Além dos componentes anteriores, o posicionamento do produto pode também ser um componente do preço final de um produto, determinando as faixas necessárias de valores para que o produto se posicione com uma percepção específica desejada.

Todas as características relacionadas ao preço, como formas de pagamento (boleto, cartão de crédito, cheque etc.), parcelamentos (em *n* vezes ou à vista) etc., são elementos que podem ser usados como estratégias de preço. Muitas vezes, apenas por aceitar cartão de crédito ou parcelar em mais vezes, uma empresa consegue obter um aumento de *market share*.

Praça

Praça é o componente do composto de marketing que *"define as estratégias e táticas para a colocação do produto no mercado (placement), a forma com que ele chegará ao ponto de venda e de que maneira será exposto ou disponibilizado ao consumidor"*,[17] ou seja, praça é o P que lida com as questões que propiciam que a "troca" aconteça.

As estratégias de praça devem considerar:

- O público-alvo e suas características (onde estão, como compram etc.).
- Características do produto: perecibilidade, frequência de compra, preço.
- Características da empresa: capacidade de distribuição e estocagem.
- Estratégias de comercialização.

As estratégias de praça estão divididas em duas vertentes:

- Administração dos canais de distribuição.
- Administração da distribuição física.

A introdução dos canais digitais de distribuição impacta sensivelmente o P de praça, abrindo possibilidades abrangentes tanto quanto à praça de comercialização e transações (*e-commerce*, *e-marketplaces*, aplicativos de mensagens, *app stores*, redes sociais e quaisquer tipos de mercados digitais) quanto à distribuição física para produtos que possam ser digitalizados, como músicas via *streaming*, filmes digitais, *e-books* etc., como entrega pela Internet, Kindle, iPad, aplicativos etc.

Dessa forma, conhecer as possibilidades digitais de praça para combiná-las com as tradicionais, em função das características do produto, pode trazer vantagens competitivas a ele.

---

17 Kotler, 2003.

Promoção

Promoção é o conjunto de ferramentas que visa à viabilização e ao aumento das vendas (trocas) e à diferenciação do produto ou da empresa entre seus concorrentes,[18] ou seja, a função da promoção é fazer com que o público-alvo conheça a existência do produto e o seu posicionamento.

As ferramentas de promoção são também conhecidas como composto de comunicação, composto de promoção ou *mix* de comunicação. Veja a seguir essas ferramentas:

- **Propaganda (PP):** usada para propagar uma mensagem ao público-alvo. Características: repetição da mensagem muitas vezes, impessoal, cara.
- **Promoção de vendas (PV):** usada para incentivar a experimentação e o relacionamento com o público-alvo. Características: oferta de recompensa incentivando a aproximação do público-alvo em direção à marca/produto; ações com tempo de duração determinado.
- **Marketing direto (MD):** usado para construir relacionamento de duas vias com o público-alvo. Toda ação de marketing direto deve ter uma chamada de *call to action*, interativa e personalizada, incentivando a resposta imediata do consumidor/cliente de modo que ele avance no grau de intimidade de relacionamento com a marca/produto. Por isso, o marketing direto é a base do marketing de relacionamento. Características: privado, imediato, personalizado e interativo.
- **Relações públicas (RP):** usada para fortalecer (ou recuperar) a imagem e reputação da marca/produto. Características: muita credibilidade, "dramatização" da empresa/marca ou produto para impactar o público-alvo.
- **Venda pessoal (VP):** usada para construir relacionamento pessoal e próximo entre empresa-público. Características: interação pessoal, normalmente é a ferramenta de promoção mais cara.

Cada ferramenta do *mix* de comunicação tem características específicas. A escolha da melhor composição do *mix* de comunicação é feita em função do público-alvo e do objetivo de marketing, visando encontrar a melhor maneira de impactá-lo. Determinar a promoção ideal em uma campanha de marketing era uma atividade bem mais simples e fácil de se fazer na época da mídia de massa. Nas últimas duas décadas, presenciamos a fragmentação da comunicação – surgiram, e continuam a surgir, novas plataformas e canais de comunicação que tornam bem mais complexa a tarefa de impactar o público-alvo. As pessoas também são fragmentadas tanto em termos de mídia quanto em relação às suas necessidades, dependendo do contexto em que estão.

A difusão das redes sociais digitais *on-line* fomentou ainda mais o cenário fragmentado e complexo da comunicação, pois nesses contextos as pessoas conversam e trocam conteúdos de comunicação entre si, e não mais com as empresas, gerando um novo tipo de conteúdo – o UGC (*User Generated Content*), que hoje tem se tornado um dos

---

[18] Kotler, 2003.

mais importantes tipos de mídias no cenário de marketing. Veremos adiante neste livro, nos capítulos que tratam exclusivamente de redes sociais e marketing de influência, as estratégias específicas para esse contexto.

Assim, a promoção, hoje, é uma das atividades mais complexas do composto de marketing. No entanto, é importante observar que apesar de as plataformas e tecnologias de comunicação terem proliferado e se modificado, as estratégias de comunicação se baseiam nas cinco ferramentas do composto de comunicação (PP, PV, MD, RP, VP). A melhor estratégia determinará as plataformas e mídias a serem utilizadas – digitais e tradicionais.

É importante salientar aqui que tanto a propaganda quanto os demais componentes do *mix* de comunicação não são mídias, e, sim, tipos de ações estratégicas desempenhados nas mídias. Uma mesma propaganda pode utilizar várias mídias (como televisão, rádio, redes sociais, assumindo formas diferentes, claro). De igual modo, uma mesma mídia, como a TV, pode veicular vários tipos de ações de comunicação, como propaganda e relações públicas, por exemplo. A escolha das mídias adequadas também faz parte da estratégia, mas a mídia só faz sentido quando a estratégia da mensagem foi pensada de maneira planejada. Atuar com ações de comunicação esporádicas e dispersas nas mídias tem sido um dos maiores erros estratégicos observados, que normalmente resulta em prejuízos financeiros, sem retornos de marketing. Com a difusão dos ambientes digitais de mídia (redes sociais, *sites*, buscadores, celulares etc.), a situação tem se tornado ainda mais crítica, pois é necessário analisar o panorama completo de opções (mídias tradicionais + mídias digitais) para elencar as mais adequadas. De nada adianta uma ação no Instagram isolada e sem embasamento e *link* estratégico com as demais plataformas da marca/produto. Uma camiseta ou uma testa podem ser mídia, tanto quanto o Instagram, uma revista ou um canal de TV. Quem determina as melhores mídias em cada caso é a estratégia de marketing, por meio do *mix* de comunicação.

A seguir, apresentamos brevemente as características de cada ferramenta do *mix* de comunicação, para que possam ser usadas como elementos estratégicos de comunicação combinados.

Propaganda (PP)

Propaganda é a "*técnica ou atividade de comunicação de natureza persuasiva com o propósito básico de influenciar o comportamento das pessoas por meio da criação, mudança ou reforço de imagens e atitudes mentais*". A função da propaganda é "propagar" conteúdos ao público-alvo com a finalidade de influenciá-lo.

Dependendo do tipo de conteúdo que a propaganda transmite, temos diversos tipos dela: ideológica, política, eleitoral, institucional, corporativa, governamental, promocional (quando divulga uma promoção de vendas), religiosa, social, sindical etc.

Veja as características principais da propaganda:

- **Caráter público:** a propaganda alcança o público de maneira padronizada, a mesma mensagem para todos que a recebem.
- **Legitimidade:** a propaganda sempre é "assinada" por uma marca/produto, legitimando-o.

- **Frequência:** a propaganda se baseia na repetição de mensagem para o mesmo público, de modo a fixar a mensagem na mente dele.
- **Expressividade ampliada:** para causar impacto no público-alvo, a mensagem da propaganda se utiliza frequentemente da dramatização.
- **Impessoalidade:** a propaganda é um monólogo que acontece no sentido da marca/produto para o público-alvo.

A propaganda teve seu auge com as mídias de massa. No entanto, com a proliferação de produtos, marcas e mídias durante as últimas décadas, o excesso de propaganda tem dispersado a atenção do público, gerando perda de eficiência. A riqueza de informação cria a pobreza de atenção. Esse fenômeno é discutido no livro A economia da atenção.[19]

No entanto, a propaganda continua tendo seu espaço e encontrou modos de utilizar as novas mídias digitais com bastante sucesso. Exemplos disso são os *links* patrocinados em buscadores e *posts* patrocinados em diversas redes sociais digitais, que serão tratados nos Capítulos 23 e 24. Usada de forma apropriada, alinhada com a relevância e diminuindo a dispersão, a propaganda continua sendo um instrumento estratégico de comunicação.

Promoção de vendas (PV)

Promoção de vendas é a ferramenta do *mix* de comunicação que consiste em oferecer incentivos de curta duração destinados a estimular a compra ou a venda de um produto ou serviço. Quanto mais imediatos forem os incentivos, mais eficiente tende a ser a ação de promoção de vendas.

Tipos de ações de promoção de vendas são amostras, cupons, reembolsos, pacotes promocionais, brindes, brindes promocionais, recompensa pela fidelidade, *displays* e demonstrações em pontos de venda, concursos, sorteios, jogos etc. As ações de promoção sempre oferecem um incentivo.

Os incentivos usados nas promoções de vendas podem ser quaisquer itens de características dos outros Ps de marketing: produto, preço ou praça. Por exemplo, garantia estendida (produto), desconto no preço (preço), parcelamento do pagamento (preço) e entrega gratuita (praça) podem ser usados como incentivos para a promoção de vendas. O importante é que a promoção dure por um período curto determinado, para que funcione realmente apenas como um incentivo, e não se torne uma estratégia permanente, que, nesse caso, já não seria mais estratégia de promoção (comunicação) e se incorporaria à estratégia de produto, preço ou praça (dependendo do item de incentivo que utilizou).

Ações de promoção de vendas são especialmente indicadas quando se deseja incentivar o público-alvo a iniciar o relacionamento com uma marca/produto (quando eventualmente ele não o faria), para prolongar a presença da marca nesse público (como no caso de itens promocionais especialmente produzidos com a marca), fidelizar o público (como acontece nos programas de milhagem das companhias aéreas), incentivar os esforços da equipe de vendas (campanhas de incentivo para o público interno de vendas) etc.

---

19   Davenport e Beck, 2002.

Marketing direto (MD)

Segundo a DMA (Direct Marketing Association), marketing direto é um sistema interativo de marketing que utiliza uma ou mais mídias a fim de obter respostas e/ou transações mensuráveis em qualquer local.

Marketing direto é a ferramenta do *mix* de comunicação que se baseia no marketing de permissão. Enquanto a propaganda funciona com a lógica do marketing de interrupção, ou seja, interrompe o público-alvo durante um programa de televisão, a leitura de uma revista etc., o marketing direto só acontece quando o público-alvo dá permissão para receber as mensagens (se não for assim, é *spam*, e não marketing direto).

Veja a seguir as principais características do marketing direto:

- **Individualização:** comunicação direcionada a um indivíduo do público-alvo.
- **Personalização:** conteúdo da mensagem é elaborado especificamente para quem é enviado.
- **Atualização:** é necessário ter informações atualizadas sobre o público-alvo para que o marketing direto seja efetivo. Caso contrário, não se alcança a pessoa desejada (endereço desatualizado, por exemplo) ou a mensagem enviada não se torna relevante (como envio de mensagem sobre baladas de solteiros, quando a pessoa é casada).
- **Relevância:** se a mensagem não for relevante, não impactará a pessoa que a recebe e, portanto, não será efetiva e será descartada.
- **Interatividade:** toda mensagem de marketing direto deve ter mecanismos de resposta imediata (telefone, *e-mail*, mensagem no WhatsApp, *site* etc.), ou seja, deve ser interativa e provocar uma ação (*call to action*).

Assim, enquanto a propaganda é fundamentada na divulgação, propagação, o marketing direto é fundamentado no relacionamento. Toda ação de marketing direto tem a finalidade de provocar uma reação imediata no público-alvo. Por isso, o marketing direto sempre envia ações interativas com uma *call to action*, ou seja, uma "chamada para ação". A *call to action* pode ser, por exemplo, um *link* para a pessoa clicar e obter mais informações, aproximando-se da marca, ou um *link* para comprar um produto, que foi oferecido especialmente para essa pessoa, em função do relacionamento.

O tipo de *call to action* depende das características do público-alvo e do estágio de relacionamento entre a marca/produto e a pessoa que recebe a mensagem. Existem quatro estágios no marketing de relacionamento: conscientização, consideração, conversão e pós-venda. O grau de "intimidade" entre marca e consumidor é totalmente diferente em cada um desses estágios. Por isso, não se pode enviar mensagens íntimas de *call to action* para *prospects* que ainda estejam entrando no estágio de consideração, do mesmo jeito que não se pode enviar mensagens sem nenhum envolvimento para clientes no pós-venda, que já possuem um relacionamento próximo com a marca. Isso também se aplica a relacionamentos de amizade – o modo como nos dirigimos e relacionamos com pessoas que acabamos de conhecer é completamente diferente de como nos relacionamos e conversamos com amigos próximos e antigos.

As plataformas digitais são as grandes alavancas do marketing direto e, por consequência, do marketing de relacionamento. Para desenvolver ações de marketing de relacionamento, é necessário conhecer muito bem cada pessoa do público-alvo individualmente, de modo a se comunicar com ela de maneira adequada. Os bancos de dados e sistemas de CRM permitem o registro do histórico de interações entre público e marca de forma única e individual. No entanto, se os sistemas são o coração do marketing de relacionamento, a filosofia por detrás das mensagens que incrementam a relação com o público-alvo é a mente. As habilidades de relacionamento são cada vez mais essenciais nas estratégias de comunicação, não apenas nas ações de marketing direto, mas também, e principalmente, nas ações em redes sociais *on-line*, tratadas mais adiante neste livro.

Relações públicas (RP)

Relações públicas é a ferramenta do *mix* de comunicação enfocada em criar reputação positiva para a marca/produto, visando ao fortalecimento da sua imagem (ou recuperação). As ações de relações públicas, para serem efetivas, devem ter as seguintes características:

- **Alta credibilidade:** as mensagens de relações públicas devem ser originadas por fontes com alta credibilidade, como notícias, autoridades etc. A confiabilidade de notícias e histórias é muito maior que em anúncios de propaganda.
- **Desprevenção:** as mensagens de relações públicas devem estar em um contexto no qual não exista prevenção contra o emissor que as veicula. Vendedores e anúncios de propaganda sofrem de rejeição muito maior do que notícias.
- **Dramatização:** quanto mais impactante é o conteúdo, mais efetivo se torna. Assim, a dramatização na medida certa é normalmente usada para aumentar a atratividade do fato divulgado.

Quanto mais impactante e relevante for o fato anunciado nas ações de relações públicas, menor o esforço necessário para que a ação aconteça.

Relações públicas é a ferramenta do *mix* de comunicação que lida com as questões da reputação e da imagem. Assim, é um elemento estratégico especialmente importante em ações de posicionamento, *branding* e gestão de crises. Neste último caso, não existe ferramenta substituta para relações públicas. Nos contextos de crises envolvendo a imagem da marca ou produto, apenas ações de relações públicas conseguem resolver o problema e, em muitos casos, quando usadas com maestria, conseguem até reverter o problema, transformando uma situação negativa em positiva.

No contexto atual, em que as redes sociais digitais têm se tornado cada vez mais presentes em meio ao público em geral, nunca foi tão essencial para as empresas e marcas entenderem os novos mecanismos de manifestações públicas para poderem atuar propriamente com ações de relações públicas.

Venda pessoal (VP)

Venda pessoal é o processo de comunicação face a face entre a empresa e o público-alvo. É a ferramenta mais personalizada dentro do composto de comunicação, favorecida pela interação pessoal.

Um dos principais instrumentos de relacionamento com o público-alvo, a venda pessoal é particularmente importante nas ações de marketing B2B (*Business to Business*, ou de empresa para empresa) e tem as principais características:

- **Confronto pessoal:** permite o relacionamento vivo, a observação de características e necessidades do outro, ajuste imediato.
- **Manutenção do relacionamento:** possibilita os relacionamentos entre empresa/cliente, tanto para os relacionamentos voltados exclusivamente à venda como também à manutenção do interesse.

Os 4 As

Além dos modelos dos 4 Ps e dos 4 Cs, existe ainda um outro modelo estratégico interessante relacionado ao marketing: o modelo dos 4 As.[20] Desenvolvido por Raimar Richers para descrever as responsabilidades administrativas de uma equipe de marketing e a interação da empresa com o meio ambiente, os 4 As avaliam os resultados operacionais da adoção do conceito de marketing em função dos objetivos da empresa.

Os 4 As são **a**nálise, **a**daptação, **a**tivação e **a**valiação. Segundo Richers, veja as funções básicas de cada A:

- **Análise:** identifica e compreende as forças vigentes no mercado em que a empresa opera ou pretende operar no futuro.
- **Adaptação:** processo de adequar a oferta da empresa (produtos e serviços) às forças externas detectadas por meio da análise (primeiro A).
- **Ativação:** conjunto de medidas destinadas a fazer com que a oferta da empresa (produto ou serviço) atinja os mercados predefinidos e seja adquirida pelos compradores.
- **Avaliação:** propõe-se a exercer controle sobre os processos de comercialização e interpretar os seus resultados, a fim de corrigir falhas e racionalizar futuros processos de marketing.

Uma estratégia de marketing normalmente analisa primeiro os 4 As, para, a seguir, desenvolver os 4 Ps e, finalmente, avaliá-los sob a ótica dos 4 Cs.

Considerações e recomendações adicionais

Existem ainda muitos outros conceitos que compõem o sistema de gestão de marketing, como mercado, cadeia de suprimentos, canais de distribuição, venda e comunicação, valor, satisfação, rede de marketing e concorrência, segmentação etc. No entanto, conforme comentado no início deste capítulo, este livro não tem a pretensão de abordar todas as nuances da gestão de marketing, mas apenas apresentar os conceitos e as diretrizes básicas para que o leitor possa desenvolver um plano de marketing essencial para elaborar estratégias que envolvam o digital. Assim, caso o leitor deseje

---

20   Richers, 1981.

se aprofundar nos conceitos de marketing, tanto os aqui apresentados quanto todos os demais, recomenda-se a leitura de *Administração de marketing*.[21]

Para conhecer conteúdo adicional e atualizado referente a este capítulo, acesse o QRCode a seguir:

www.martha.com.br/livro-MED/saibamais01.html

---

21 Kotler e Keller, 2019.

Pense em um plano de marketing como um roteiro para fortalecer uma marca e entregar seu produto ou serviço a clientes em potencial de modo cíclico e sustentável para o negócio. Ele não precisa ser longo e não precisa de muito investimento para ser concluído, mas serão necessários pesquisa e esforço. O trabalho para criar esse plano de marketing pode ajudar a garantir o sucesso de uma empresa posteriormente.

Um plano de marketing eficaz ajuda uma empresa a entender o mercado a que se destina e a concorrência nesse espaço, entender o impacto e os resultados das decisões de marketing e orientar futuras iniciativas.

Embora os planos de marketing possam variar de acordo com o setor, o tipo de produto ou serviço e as metas que você deseja alcançar, existem alguns elementos essenciais que a maioria dos planos inclui.

Assim, o intuito deste capítulo é apresentar uma metodologia simples de desenvolvimento de planos de marketing. Da mesma maneira que no Capítulo 1, não se tem a pretensão aqui de abordar profundamente o assunto, mas oferecer o ferramental mínimo necessário para que um planejamento estratégico de marketing possa ser desenvolvido, para incluir as estratégias digitais apresentadas mais adiante neste livro.

Estrutura de um plano de marketing

Um plano de marketing deve contemplar dois aspectos: o estratégico e o tático. O aspecto estratégico consiste na análise da situação e das oportunidades do mercado, determinando as estratégias a serem desenvolvidas. Por outro lado, o aspecto tático se refere às ações operacionais a serem executadas em decorrência das estratégias determinadas, como precificação, determinação de canais, contratação de agências e fornecedores para executar as ações etc.

Existem diversos modelos de plano de marketing que englobam esses dois aspectos. Sugerimos aqui a estrutura mais simples possível para um plano de marketing, compreendendo todas as etapas que englobam os aspectos estratégicos e táticos de um planejamento, como se segue:

1. Introdução.
2. Análise do macroambiente.
3. Análise do microambiente: mercado, concorrência e público-alvo.
4. Análise do ambiente interno/produto.
5. Matriz SWOT – Avaliação de competências e análise de cenários.
6. Objetivos e metas de marketing.
7. Estratégias de marketing (4 Ps).
8. Planos de ação (tático-operacionais).
9. Orçamentos e cronogramas.
10. Avaliação e controle.

Antes de elaborar um plano de marketing, existem duas etapas que não estão apresentadas nesse modelo, mas que são importantes: segmentação e posicionamento. Estamos admitindo aqui, na estrutura proposta, que essas etapas tenham sido previamente desenvolvidas. De fato, segmentação e posicionamento são estratégias que se mantêm e permeiam inúmeras ações de marketing. Desse modo, simplificando o processo ao máximo, apresentamos um modelo de estrutura mais enxuta possível, tendo como condição dada a segmentação e o posicionamento.

Apresentaremos a seguir o detalhamento de cada etapa do modelo de plano de marketing aqui sugerido passo a passo.

Passo a passo de um plano de marketing

1. Introdução

A introdução é um resumo do plano de marketing e deve apresentar os motivos e os objetivos da elaboração deste. Assim, deve conter o resumo de:

- Empresa/produto.
- Principais motivos que justifiquem a elaboração do plano.
- Principais objetivos do plano.
- Principais fatos e análises do plano.
- Estratégias de marketing a serem implantadas.

É importante que a introdução dê uma visão geral sobre o plano, de modo que quem leia saiba exatamente o que motivou a elaboração dele, quais os objetivos a serem alcançados (ou problemas a serem resolvidos), principais análises e resultados e estratégias propostas. Fica claro, portanto, que várias informações que devem ser apresentadas na introdução dependem de itens que serão resolvidos ao longo do plano de marketing e, portanto, deverão ser preenchidos posteriormente, quando tiverem sido desenvolvidos no plano.

2. Análise do macroambiente

Esta etapa do plano de marketing visa analisar todas as variáveis do macroambiente e os possíveis impactos que possam exercer sobre a empresa/produto.

As variáveis do macroambiente, tratadas no Capítulo 1 e que devem ser analisadas uma a uma, são:

- Políticas.
- Econômicas.
- Sociais e culturais.
- Demográficas.
- Tecnológicas.
- Naturais (provenientes da natureza).

É importante relembrar que os acontecimentos nas variáveis do macroambiente inicialmente são neutros – não são nem bons nem ruins. O mesmo fato – crise econômica, por exemplo – pode afetar negativamente alguns negócios, mas positivamente outros. Assim, o intuito nessa etapa do plano de marketing é levantar todos os fatores que possam representar oportunidades e ameaças para a empresa/produto, de modo a utilizá-los na análise SWOT.

Outro fato interessante a destacar é que, durante a análise do impacto das variáveis do macroambiente sobre determinado produto/negócio, esporadicamente podemos encontrar variáveis que não afetem o negócio. Eventualmente, a demografia pode não fazer diferença, não trazendo nenhum tipo de impacto em produtos que atendam a todo o tipo de faixa etária. Assim, às vezes, nem todas as variáveis do macroambiente afetam determinado negócio/produto.

3. Análise do microambiente: mercado, concorrência e público-alvo

Nesta etapa do plano de marketing, analisamos o microambiente e os impactos que ele pode trazer para a nossa empresa/produto.

3.1 Mercado

Mercado refere-se ao mercado de atuação da empresa/produto: mercado alimentício, mercado de higiene pessoal em São Paulo, mercado de chocolates etc. O objetivo aqui é fazer uma análise quantitativa das tendências do mercado, baseada em dados reais.

Essa análise é fundamental para fornecer informações sobre oportunidades e ameaças provenientes do mercado. Assim, todos os dados de mercado relacionados com o produto/empresa devem ser levantados.

Sugerimos que sejam levantados:

- **Vendas totais do mercado:** esses dados informam sobre a atratividade desse mercado em termos de volume.
- **Vendas do mercado por região:** esses dados apresentam as regiões onde o mercado pode ser explorado.
- **Vendas do mercado por segmento:** essas informações mostram os segmentos de mercado com maiores e menores volumes de vendas.
- **Principais concorrentes no mercado e suas participações (*share of market*):** sabendo quem são os principais *players* (empresas que atuam) nesse mercado, podemos analisar o tipo de concorrência (acirrada ou pouca concorrência) que pode apresentar ameaças ou oportunidades.
- **Sazonalidade de vendas:** quando existem, normalmente representam ameaças e podem indicar ações compensatórias no plano de marketing.
- **Cruzamentos:** venda cruzada ou *cross-selling* é a venda de produtos que se relacionam com o produto em questão (ex.: produtos de cruzamento para telefones celulares podem ser capas, cabos, acessórios etc.). Levantar quais tipos de produtos podem ser usados em ações de cruzamento permite determinar oportunidades estratégicas para o *mix* de produto ou parcerias.

3.2 Concorrência

Concorrentes são ofertas e substitutos (produtos, genéricos ou orçamento) reais ou potenciais do nosso produto/marca que o consumidor-alvo pode considerar. A análise da concorrência visa levantar informações sobre possíveis ameaças e oportunidades para o nosso produto/empresa. Uma força do seu concorrente representa uma ameaça para seu produto/empresa, enquanto uma fraqueza do seu concorrente pode significar uma oportunidade.

Veja quais são os dados que devem ser levantados e analisados sobre a concorrência:

- **Quais são os principais concorrentes:** no mínimo três concorrentes devem ser identificados, independentemente de serem diretos ou indiretos.
- **Evolução da participação de mercado de cada concorrente por área/segmento:** a evolução de participação de mercado mostra tendências que podem ser dados indicativos de ameaças ou oportunidades para nosso produto/empresa.
- **Estratégia de cada concorrente por área/segmento:** a análise da estratégia dos concorrentes traz informações estratégicas valiosas sobre suas possíveis forças e fraquezas.
- **Imagem de cada concorrente em meio ao público-alvo:** essa informação é especialmente interessante para explorar oportunidades e ameaças em relação ao posicionamento e ao *branding* do nosso produto.

- **Forças e fraquezas de cada concorrente:** as forças dos concorrentes são ameaças para nosso produto/empresa, e as fraquezas deles são oportunidades. Assim, analisar as forças e as fraquezas dos concorrentes é essencial para averiguar ameaças e oportunidades iminentes.

3.3 Público-alvo

O público-alvo é o foco das estratégias de marketing, que são desenvolvidas em função desse público. Portanto, quanto mais se conhecer o público-alvo, melhores serão as chances de se desenvolver estratégias adequadas a ele.

A análise do público-alvo deve ser feita baseando-se em dados reais de estudos de mercado e, quando for aplicável, também por segmento de mercado. Veja quais são as informações necessárias para análise do público-alvo:

- **Quem é:** determinar quem é o público-alvo é o primeiro passo estratégico do plano de marketing. Em outras palavras, quem são os possíveis alvos para o seu plano?
- **O que quer:** levantamento das necessidades do público-alvo relacionadas ao seu produto/empresa.
- **Onde compra:** os dados sobre os locais de compra do seu produto e seus concorrentes fornecem informações importantes para as estratégias de praça.
- **Como compra:** os hábitos de compra (parcelado, à vista, com cartão, em dinheiro, cheque, compra de mês, compra gradativa etc.) podem fornecer informações importantes para serem usadas tanto no desenvolvimento do produto quanto no preço e na praça.
- **Como usa:** informações sobre os hábitos de uso do produto podem indicar oportunidades, estratégias ou ameaças em relação a ele. Por exemplo, muitas vezes se detecta que o consumidor descobre novos usos para determinado produto, que podem ser incorporados a ele. Em outros casos, o uso mostra problemas com o produto, que podem ser evitados com ajustes estratégicos. Um exemplo do primeiro caso foi a criação da versão de refrigerantes do tipo "caçulinha" para facilitar o uso por crianças. No segundo caso, podemos citar a introdução de dispositivos de segurança em tampas de máquinas de lavar e micro-ondas, evitando que, durante o uso, as pessoas se machuquem ou se queimem.

4. Análise do ambiente interno/produto

A análise do ambiente interno da empresa (marca, departamentos, funcionários, instalações, estacionamento, sortimento, qualidade de atendimento, preço, produto, praça, promoção etc.) permite detectar as forças e as fraquezas do nosso produto, possibilitando uma posterior avaliação de competências na matriz SWOT.

Os levantamentos de dados desenvolvidos nesse estágio do plano de marketing devem apresentar uma "fotografia" da situação atual da empresa/produto. Esses dados mostrarão, após a análise SWOT, o que deverá ser modificado e/ou implementado nas estratégias dos 4 Ps.

É necessário analisar os seguintes aspectos:

- **Produto no mercado:** análise da evolução da participação de mercado do produto. Essa informação dá indicativos de tendências do produto.
- **Estratégia atual:** análise dos 4 Ps atuais em detalhes, ou seja, nesse item é necessário fazer um levantamento da situação atual do produto, preço, praça e promoção. É muito importante conhecer todos os aspectos da estratégia atual para que, na etapa de desenvolvimento das estratégias dos 4 Ps, sejam avaliadas as modificações, as implementações ou os ajustes necessários para alcançar os objetivos de marketing propostos no plano.
- **Imagem do produto/marca percebida pelo público-alvo:** essa informação pode mostrar forças ou fraquezas do produto em relação ao seu posicionamento, inclusive a eventual necessidade de ajustes entre o posicionamento alcançado e o pretendido.
- **Levantamento financeiro:** consiste em informações como lucratividade, composição de custos e identificação de maneiras de aumentar a lucratividade. Esses dados podem dar indicações estratégicas para modificar produto/preço/praça tanto para resolver problemas de baixa lucratividade quanto para melhorar a lucratividade ou o possível aumento de participação de mercado (no caso de repassar o aumento da lucratividade para o consumidor final).

5. Matriz SWOT – Avaliação de competências e análise de cenários

Nessa etapa, reunimos todas as informações levantadas nas etapas anteriores e fazemos a análise SWOT. Assim, organizamos a matriz da seguinte maneira:

- **Forças do nosso produto/empresa:** levantadas a partir da etapa de análise do ambiente interno/produto.
- **Fraquezas do nosso produto/empresa:** também obtidas da etapa de análise do ambiente interno/produto.
- **Oportunidades:** provenientes dos levantamentos e análises do macroambiente e do microambiente.
- **Ameaças:** também resultantes das análises do macro e microambientes.

Após relacionar todos os dados referentes a forças, fraquezas, ameaças e oportunidades, eles devem ser montados na Matriz SWOT e analisados com a Matriz de Confrontação para determinar os objetivos possíveis.

6. Objetivos e metas de marketing

Um plano de marketing é desenvolvido quando existe um problema a ser resolvido ou um objetivo a ser alcançado no mercado. Um objetivo de marketing pode envolver quaisquer aspectos do marketing, como lançamento de produto, fortalecimento ou recuperação de imagem, aumento de vendas e *market share* etc.

Com a análise SWOT e o público-alvo em mente, determina-se nessa etapa os objetivos de marketing, incluindo metas quantificáveis no tempo. Assim, em função da avaliação de competências e análise de cenários da SWOT, determinam-se os objetivos que devem ser alcançados pelas estratégias a serem desenvolvidas na próxima etapa do plano de marketing.

Exemplos de objetivos/metas são:

- Aumentar X% do *market share* do produto em Y meses.
- Reduzir os índices de assédio moral na empresa em X% em Y meses.
- Aumentar a produtividade da equipe de vendas em X% em Y meses.
- Lançar novo produto no mercado para alcançar volume de vendas X em um prazo Y.
- Recuperar a imagem da empresa/produto, em um prazo de X meses, após algum desgaste.

Com os objetivos e metas determinados, finaliza-se a etapa de análise estratégica do plano de marketing. É importante salientar que, para cada objetivo/meta em relação a um público-alvo, é necessário desenvolver ações estratégicas específicas. A etapa seguinte é o desenvolvimento das estratégias de marketing.

7. Estratégias de marketing (4 Ps)

Neste estágio do plano de marketing, são traçadas as estratégias com os 4 Ps (produto, preço, praça e promoção) para atender aos objetivos de marketing determinados.

Assim, o plano deve apresentar detalhadamente os 4 Ps propostos como estratégia. Aqui se deve relatar apenas as mudanças e os ajustes nos 4 Ps que foram descritos no item 4 do plano. Desse modo, alguns exemplos de ações estratégicas nos 4 Ps são criação de novos produtos, alterações no *mix* de produto e na praça (criação de mais pontos de vendas, expansão para outras cidades e localidades), o que vai ser feito na comunicação (P de promoção) etc.

Itens que não devem sofrer modificações não precisam ser relatados e, caso não seja necessário absolutamente nada em algum P, isso deve ser declarado como "Nenhuma alteração deve ser feita nesse item – manter estratégia corrente".

Os 4 Ps devem ser analisados separadamente, um a um, como se segue:

- **Produto**: determinar todas as modificações e novidades que devem ser implementadas em relação ao produto (*mix*, características de produtos, lançamentos, garantias, serviços estendidos etc.).
- **Preço**: determinar todas as modificações e novidades que devem ser implementadas em relação ao preço (formas de pagamento, preços, parcelamentos etc.).
- **Praça**: determinar todas as modificações e novidades que devem ser implementadas em relação à praça (novas lojas, *e-commerce*, logística, inclusão e remoção de canais etc.).
- **Promoção**: determinar todas as modificações e novidades que devem ser implementadas em relação à comunicação. Deve-se analisar cada componente do

mix de comunicação, determinando como deve ser desenvolvido, modificado: propaganda (PP), promoção de vendas (PV), marketing direto (MD), relações públicas (RP) e venda pessoal (VP).

8. Planos de ação (tático-operacionais)

Os planos de ação são a parte tático-operacional do plano de marketing, ou seja, determinam como a estratégia será operacionalizada.

Desse modo, cada ação relacionada nas estratégias dos 4 Ps (definidas na etapa 7 do plano de marketing) deve ter um plano de ação que determine como será executada. Por exemplo, se um item da estratégia do P de produto é criar um novo sabor de sorvete para o *mix* de produto, o plano de ação para essa estratégia deve determinar quais são os passos operacionais necessários para criar esse novo sabor de sorvete: De onde virá a receita do sorvete com esse novo sabor? O que é necessário comprar a mais ou de diferente para fazer esse novo sabor de sorvete? Terá embalagem? Quem vai desenvolver a embalagem? Equipe interna? Agência contratada? Quanto custará? Quanto tempo leva para se desenvolver esse novo sabor? Todas as questões tático-operacionais deverão ser planejadas nesse estágio do plano de marketing – planos de ação.

O plano de ação para cada estratégia determinada deve responder às seguintes perguntas:

- O que deve ser feito para executar a estratégia?
- Quando deve ser feito?
- Quem deve fazer?
- Quanto custará?

Em função do desenvolvimento do plano de ação, pode-se eventualmente verificar que existem etapas que não podem ser executadas por limitações orçamentárias ou de prazos, ou de recursos etc. Quando isso ocorre, deve-se voltar para o item de determinação das estratégias (etapa 7) e modificá-las de modo a conciliar os objetivos de marketing e as limitações verificadas no plano de ação.

Depois de desenvolver todos os planos de ação, para todos os itens relatados nas estratégias, e verificar que são todos passíveis de execução e implementação sem limitações, passa-se, então, para a etapa de orçamento e cronogramas, que guiará a execução das estratégias ao longo do tempo.

9. Orçamento e cronogramas

Neste estágio, são feitos os gráficos de alocação dos programas de ação determinados no estágio anterior, de maneira cronológica, física e financeira.

Eventualmente, conforme a alocação de recursos e finanças ao longo do tempo reveladas pelos gráficos, pode ser necessário voltar e reavaliar os planos de ação ou estratégias. Por exemplo, caso se verifique que a quantidade de recursos alocada em alguma etapa do cronograma é maior que a disponibilidade da empresa para esse período, é necessária uma análise para readequar a alocação de recursos ou conseguir recursos suficientes para manter o plano em andamento, ou seja, após a elaboração do cronograma físico-financeiro, é necessário reavaliar a viabilidade de sua execução e implementação.

Se não houver limitações, o cronograma deverá ser executado.

10. Avaliação e controle

Todas as ações do plano de marketing devem ser passíveis de mensuração por indicadores que possibilitem controle e avaliação para possibilitar futuros ajustes.

Os indicadores de desempenho devem ser determinados antes da execução do plano de marketing e mensurados durante todo o processo para, depois, serem analisados para avaliação e controle do desempenho das estratégias do plano.

Todas as avaliações resultantes do controle do plano, o que deu certo, o que deu errado, o que pode ser melhorado, devem ser anotadas nessa seção, de modo a orientar futuros planos de marketing sobre o mesmo produto/empresa, fazendo-se os ajustes necessários.

Considerações e recomendações adicionais

Para conhecer conteúdo adicional e atualizado referente a este capítulo, acesse o QRCode a seguir:

www.martha.com.br/livro-MED/saibamais02.html

A velocidade com que o consumidor está assumindo o controle da jornada de compra está desafiando o *status quo* dos negócios.

Os executivos de marketing estão respondendo a isso de maneiras, muitas vezes, reativas e desarticuladas, mas quase sempre através das lentes da "transformação": transformação digital, transformação criativa, transformação do marketing etc. A transformação continua sendo a maior tendência que qualquer setor enfrentará no momento, e isso ocorre em grande parte porque os clientes exigem uma experiência mais conectada, contínua, transparente e relevante com uma marca.

A transformação é, na verdade, mais um movimento do que uma tendência, porque a maioria dos profissionais de marketing entende a necessidade de evoluir seus negócios, reconhecem a urgência de mudar a forma como fazem negócios e sabem que seus concorrentes estão tendo a mesma conversa. Eles estão analisando duas abordagens possíveis: transformar os produtos digitalmente ou transformar a empresa digitalmente. Qualquer uma das abordagens requer uma compreensão micro e granular do ambiente digital, das *startups*, do negócio, dos clientes e da marca.

Depois de conceituar e discutir nos capítulos anteriores o marketing e o seu planejamento estratégico, o objetivo do presente capítulo é analisar as transformações no ambiente de marketing decorrentes da difusão das tecnologias e plataformas digitais no cenário das últimas décadas. O intuito aqui é apresentar o contexto atual em que as estratégias de marketing devem ser planejadas.

Poder do consumidor

É inegável que as tecnologias digitais têm se tornado cada vez mais presentes em todos os aspectos da vida humana – social, profissional, pessoal –, impactado e afetado a sociedade, a cultura, o modo como vivemos e interagimos com o mundo. No entanto, vários fenômenos que se apresentam hoje e são categorizados como novidades, na realidade, são fenômenos antigos que foram impulsionados pelo digital e não causados por ele. Exemplo disso é o tão proclamado poder do usuário, do consumidor, que adquire papel central no cenário de marketing atual – esse poder do usuário foi realmente alavancado pela tecnologia digital (tecnologias interativas de informação e comunicação, mobilidade, computação ubíqua[1] etc.), mas existia muito antes, pelo menos desde a década de 1970, quando foi inventado o controle remoto de TV, que passou a permitir que, com o movimento de apenas um dedo, o usuário/consumidor mudasse de canal, editando facilmente, assim, a mídia à sua maneira.

Dos anos 1970 para cá, muitas outras tecnologias vieram pouco a pouco embasando o cenário digital que se apresenta hoje – computador pessoal, impressora, fax, Internet, telefone celular, GPS e, principalmente, a banda larga de Internet, que permitiu a importante mudança de "estar conectado" para "ser conectado". "Estar" conectado significa que você eventualmente entra e sai da Internet, como era na época das conexões discadas à rede na década de 1990 (e como é, ainda hoje, em muitos lugares no Brasil e no mundo e também nos telefones celulares que acessam momentaneamente a Internet para navegação). "Ser" conectado significa que parte de você está na rede – você vive em simbiose com ela, agora somos *"Always On"*. Isso só foi possível devido ao barateamento da banda larga de Internet, que foi o principal catalisador da tão celebrada participação do usuário na rede, participação essa que se tornou a fonte de seu crescente poder no cenário atual de marketing, permitindo ao consumidor atuar, escolher, opinar, criar, influenciar e consumir de acordo com sua vontade.

Esse estado de se viver constantemente em trânsito entre as redes *"on"* e *"off"-line*, possibilitado pelo estado de "ser" conectado, é denominado cibridismo. O vídeo *A arte do cibridismo* traz uma entrevista com a pesquisadora Giselle Beiguelman, que apresenta reflexões adicionais sobre o assunto, e pode ser acessado pelo QRCode da Figura 3.1.

---

1 Computação ubíqua (ou pervasiva) é o nome que se dá ao modelo de interação homem-computador no qual o processamento está totalmente integrado às atividades e aos objetos do cotidiano, em oposição ao uso do computador *desktop*, como dispositivo computacional isolado.

Figura 3.1 – QRCode de acesso ao vídeo *A arte do cibridismo*.
Fonte: Disponível em: https://youtu.be/pwej1qB8ulg. Acesso em: 18 maio 2024.

Outro conteúdo interessante, que apresenta dados relevantes para compreendermos o contexto atual em que o marketing se insere, é a página *Internet usage worldwide – Statistics & Facts*, que pode ser acessada pelo QRCode da Figura 3.2. O vídeo apresenta dados e estatísticas sobre o estado em que se encontra a *Web* hoje, o volume de informações e a quantidade de usuários que ela movimenta.

Conforme as tecnologias digitais passam a permear cada vez mais as atividades humanas, mais influência o digital passa a ter no marketing. Segundo a página *Advertising Worldwide*,[2] o cenário da propaganda no mundo está mudando rapidamente, deslocando o investimento das mídias tradicionais para as digitais. Em 2017, a publicidade na Internet ultrapassou a publicidade na televisão tradicional para se tornar o maior meio de publicidade do mundo, representando 39% do total de gastos com publicidade. Nesse contexto, o investimento publicitário em vídeos *on-line*, redes sociais, busca e influenciadores digitais deverá ser o destino de parte significativa desse investimento em mídia digital, pois são os principais direcionadores dessa mídia paga.

Figura 3.2 – QRCode para acesso à página sobre o contexto atual em que o marketing se insere.
Fonte: Disponível em: https://www.statista.com/topics/1145/internet-usage-worldwide/. Acesso em: 18 maio 2024.

Nesse processo de evolução das tecnologias digitais interativas, colocando o consumidor no poder, o ambiente de marketing tem sido impactado e se modificado. Na sequência, discutiremos as principais transformações nesse cenário.

---

2 Disponível em: https://www.statista.com/outlook/amo/advertising/worldwide#ad-spending. Acesso em: 18 maio 2024.

De espectadores a multiteleinterativos

O vídeo *The 4th Screen*, elaborado em 2008 pela Nokia, mostra de modo bastante interessante o impacto do surgimento das quatro telas que mudaram a vida humana nos últimos 100 anos – o cinema, a televisão, o computador e o celular (dispositivos móveis) (Figura 3.3). Enquanto na primeira tela, o cinema, compartilhamos a experiência pública de espectadores, na televisão passamos a desfrutar dessa experiência de forma privada e a iniciar processos de interação por meio dela. A terceira tela, o computador, possibilita realmente interagir com o mundo e não mais apenas assistir a ele. E essa interação torna-se ainda mais privada. A quarta tela, dos dispositivos móveis, nos liberta dos cabos e fios para interagir em qualquer lugar, em qualquer tempo, com mobilidade.

Figura 3.3 – QRCode de acesso ao vídeo *The 4th Screen*.
Fonte: Disponível em: https://youtu.be/XpeNk3E36YU. Acesso em: 29 maio 2020.

É interessante observar que essas quatro telas coexistem na vida das pessoas e, no decorrer de 100 anos apenas, as pessoas passaram de simples espectadores a multiteleinterativos. Quanto tempo as pessoas dedicam a cada uma dessas telas? A distribuição de tempo entre elas tem mudado ao longo dos anos, e a tela dos dispositivos móveis tem ganhado cada vez mais a preferência dos usuários. Os brasileiros passam, em média, 5 horas e 14 minutos por dia na frente da televisão linear,[3] mas gastam 9 horas e 32 minutos por dia na tela do celular.[4]

O acesso à informação hoje começa na palma da mão. Isso muda completamente a dinâmica do mercado: o consumidor passa a estar no centro das ações, num processo de "presença ativa" em meio às marcas. A marca passa a ser responsável pela "experiência receptiva" que pode proporcionar ao consumidor, depois da busca e do contato com esta. Isso faz com que o planejamento do contato com o consumidor deva ser repensado em relação aos modelos tradicionais de uso de mídia. Se considerarmos que propaganda só acontece quando há propagação, para que algo se propague hoje, deve estar ao alcance do consumidor, quando ele precisar. Chamamos esse processo de "inversão do vetor de marketing".

Um dos efeitos mais importantes das tecnologias digitais no marketing é sua colaboração para a inversão do vetor de marketing. Enquanto no marketing tradicional as ações de promoção e relacionamento acontecem no sentido da empresa para o consumidor, da

---

[3] Kantar IBOPE Media 2024.
[4] ElectronicsHub 2024.

marca para o consumidor, hoje é o consumidor que busca a empresa, a marca – como, onde e quando desejar. A digitalização é a base estrutural que sustenta essa inversão.

No marketing de massa, é a generalidade que caracteriza as ações, e no marketing de segmento, é a especificidade que governa as estratégias. Na digitalização, a característica fundamental é a sincronicidade. Enquanto o marketing de massa enfoca todos os públicos e o marketing de segmento, um segmento específico (como mulheres, das classes B e C, entre 20 e 40 anos), a sincronicidade enfoca determinado público apenas quando ele está em determinada situação (como mulheres, das classes B e C, entre 20 e 40 anos, comprando presente de aniversário para o marido). Nesta última situação, o público está no comando das ações, e o marketing precisa mensurá-lo para entender em que estado está para entrar em sincronia com esse público, oferecendo a ele o que lhe é relevante.

Essa inversão do vetor de marketing é um fator importante a ser considerado nas campanhas e estratégias de marketing, pois muda completamente o relacionamento entre marca-consumidor. Como a busca, as relações consumidor-consumidor (presentes nas redes sociais) e a mobilidade/ubiquidade são os principais protagonistas dessa inversão, que coloca o consumidor na origem das ações de relacionamento com a empresa-marca, o marketing de busca, o marketing em redes sociais e o *mobile* marketing passam a ser ingredientes importantes a serem considerados em todo tipo de estratégia de marketing, inclusive nas estratégias de marketing de relacionamento e marketing de experiência.

De USP a XSP

Uma reflexão interessante sobre a mudança de foco do marketing tradicional para o momento atual é abordada no artigo *USP, ESP e XSP*.[5] Nota-se que, conforme as tecnologias mudam, a inversão do vetor de marketing acontece, e a abordagem do marketing também é forçada a mudar.

Num primeiro momento (do Pós-Segunda Guerra Mundial até os anos 1980), o foco do marketing era no produto, e as estratégias se alicerçavam na USP (*Unique Selling Proposition*, ou Proposição Única de Venda) – o diferencial estava no produto. A tecnologia que possibilitou essa era foi a televisão, e a plataforma eram os anúncios televisivos.

Conforme as tecnologias foram mudando, o marketing passou a perceber que os atributos funcionais de produtos não eram suficientes e começou a enfocar as pessoas, e as estratégias passaram a se embasar nas emoções do público-alvo, ou na ESP (*Emotion Selling Proposition*). A tecnologia que possibilitou essa era foi o computador pessoal, o PC, e a plataforma era a pesquisa de mercado.

Hoje, estamos na era da experiência, pois o ambiente é dominado pela busca e transparência, e o fator determinante são as características das Gerações Y e Z, multitarefas e que requerem mais com menos. O foco do marketing passa, então, para a

---

5   Worthington, 2010.

experiência do consumidor, ou para a XSP (eXperience Selling Proposition). A tecnologia que possibilita essa era é a Internet, e a sua plataforma são as mídias sociais.

Dessa forma, hoje, o marketing não consegue mais forçar a presença das marcas e produtos para o consumidor, pois é o público que está no poder. No entanto, o marketing pode e deve oferecer experiências que engajem o consumidor quando este entrar em contato com a marca (experiência receptiva, como mencionado anteriormente). Esse é o tom das estratégias digitais de marketing.

Veremos a seguir as principais mudanças tecnológicas que impactaram e causaram transformações no ambiente de marketing nos trazendo ao estado atual.

Fases na era digital

Do início da Internet comercial, em meados dos anos 1990, aos dias de hoje, temos testemunhado mudanças significativas na Web. Desde sua criação, passou por diversas fases de evolução que transformaram profundamente a maneira como interagimos com a informação e com o mundo ao nosso redor. Cada fase trouxe inovações tecnológicas e mudanças no comportamento dos usuários, moldando o presente e apontando para o futuro da Internet.

Nesse caminho fluido de transformação da Web e do consumidor, alavancado pelas tecnologias digitais, a O'Reilly Media classificou essas mudanças inicialmente em três ondas, conhecidas como "Web 1.0", "Web 2.0" e "Web 3.0", mas já podemos enxergar como serão a Web 4.0 e a Web 5.0. Apesar de esses termos sugerirem novas versões para Web, não se referem a qualquer atualização das especificações técnicas da Web, mas mostram apenas uma divisão didática das fases da Web que apresentam as mudanças acumulativas no modo com que os desenvolvedores de software e os usuários utilizam a Web. Assim, os termos "Web 1.0", "Web 2.0" e "Web 3.0" estão mais relacionados à mudança no comportamento dos usuários do que a tecnologias que proporcionaram essas mudanças.

Web 1.0: a Era Estática (início dos anos 1990 – início dos anos 2000): a Web 1.0 representa a primeira geração da Internet, caracterizada por páginas HTML estáticas e um fluxo de informação unidirecional. Nesse período, a interação era mínima e os sites funcionavam como vitrines digitais, oferecendo conteúdo fixo e raramente atualizado. A comunicação era predominantemente do webmaster para o usuário, com exemplos notáveis incluindo portais de notícias e páginas institucionais.

Web 2.0: a Revolução Social e Dinâmica (início dos anos 2000 – início do ano 2010): com a chegada da Web 2.0, a Internet se tornou um espaço interativo e colaborativo. Plataformas como blogs, redes sociais e wikis emergiram, permitindo que os usuários gerassem e compartilhassem conteúdo. Tecnologias como AJAX e APIs facilitaram a criação de aplicações Web dinâmicas, transformando a experiência on-line em uma via de mão dupla. Exemplos marcantes dessa fase incluem Facebook, YouTube e Wikipédia.

Web 3.0: a *Web* Semântica (início de 2010 – início de 2022): a *Web* 3.0 visou tornar a Internet mais inteligente e personalizada. Utilizando tecnologias como RDF, OWL e SPARQL, a *Web* 3.0 conecta dados de maneira que sejam compreensíveis e processáveis por máquinas. Isso permite uma experiência mais integrada e relevante, com assistentes virtuais e motores de busca avançados oferecendo respostas mais precisas e contextualmente apropriadas. Na *Web* Semântica, além da informação em si, o contexto e as ligações referentes a essa informação permitem encontrar um significado que auxilie o uso da *Web* por meio de inteligência artificial e aprendizado de máquina.

Web 4.0: a *Web* Ubíqua e Simbiótica (início de 2023 – presente): prevista como a próxima grande evolução, a *Web* 4.0 promete uma integração total entre o mundo físico e o mundo digital. Com o avanço da Internet das Coisas (IoT), dispositivos inteligentes se comunicam entre si, criando ambientes interconectados e responsivos. Devido aos sensores do tipo RFID, NFC e a *tags* como os QRCodes (tratados mais adiante neste livro), qualquer coisa pode fazer parte da Internet. Assim, pessoas, animais, objetos, lugares, absolutamente qualquer coisa poderá ser parte da *Web*. Tecnologias emergentes como IA avançada e *blockchain* desempenham papéis cruciais, possibilitando casas inteligentes, cidades conectadas e sistemas de saúde integrados.

Web 5.0: a *Web* Emocional (Futuro): a *Web* 5.0 propõe uma Internet que entenda e responda às emoções humanas. Com o uso de IA emocional, interfaces cérebro-computador e sensores biométricos, essa fase promete uma interação sensível ao contexto emocional do usuário. Assistentes virtuais empáticos e aplicativos que promovem a saúde mental são alguns exemplos das possibilidades dessa fase emergente.

Além da *Web* 5.0: o Futuro Distante: embora ainda especulativas, as fases futuras da *Web*, como a *Web* 6.0, imaginam uma integração ainda mais profunda entre inteligência artificial e cognição humana. Neurotecnologia, IA superinteligente e realidades virtuais avançadas podem transformar a Internet em uma extensão natural da mente humana, oferecendo interfaces intuitivas e preditivas que tornam a distinção entre o digital e o real cada vez mais tênue.

Nesse processo de transformação da *Web* associado às melhorias das tecnologias móveis e locativas da última década, podemos destacar alguns fatores que nos levam para uma era na qual os principais protagonistas são as redes sociais *on-line*, a busca, a mobilidade, a geolocalização e o tempo real. Esses fatores presentes na transformação do cenário e, em consequência, do ambiente de marketing são:

- A explosão do conteúdo devido à plataforma da *Web* 2.0.
- O fenômeno da cauda longa (*the long tail*) (Anderson, 2006).
- O paradoxo da escolha.
- A expansão da computação ubíqua *on-line*.
- A explosão da difusão das redes sociais *on-line*.
- A proliferação dos influenciadores digitais.
- A disrupção da inteligência artificial generativa.

Vamos analisar cada um deles.

Web 2.0 e a explosão do conteúdo

Web 2.0 é o termo cunhado por Tim O'Reilly em 2005 para definir a *Web* como plataforma de participação, por meio da qual não apenas se consomem conteúdos, mas principalmente na qual se colocam conteúdos. *Blogs*, *sites* de publicação de vídeo (como o YouTube) e redes sociais (como Instagram, Facebook etc.) são exemplos de ferramentas participativas da plataforma da *Web* 2.0.

Pela facilidade de se publicar e compartilhar conteúdos na *Web* 2.0, teoricamente qualquer pessoa pode fazê-lo. Ao mesmo tempo que isso é bom, pois traz liberdade, por outro lado possibilita a multiplicação de conteúdos em velocidade vertiginosa. Some-se a isso o fato de que normalmente não há controle sobre a qualidade dessa enorme quantidade de conteúdo publicado. A consequência disso é a necessidade de filtros e validação dos conteúdos, criando assim um ambiente fértil para os processos de busca.

Cauda longa (*the long tail*)

Pela própria natureza da *Web*, em que não existem limitações físicas para mostrar e/ou armazenar qualquer tipo de informação, é sempre possível oferecer e ter uma infinidade de opções, permitindo que produtos que tenham pouquíssima procura/venda estejam disponíveis como opção, tanto quanto os mais populares. Mapeando-se as vendas (ou procura) da quantidade incontável de produtos/serviços que coexistem na *Web*, obtém-se uma curva que decresce rapidamente a partir do produto mais popular e estabiliza-se formando uma cauda longa a partir de produtos mais específicos de nicho (Figura 3.4). Esse fenômeno foi analisado e batizado de a cauda longa (*the long tail*) por Chris Anderson, em 2006. A cauda longa mostra que a venda/procura das inúmeras opções menos populares gera um volume total de venda/procura maior que o dos produtos mais populares.

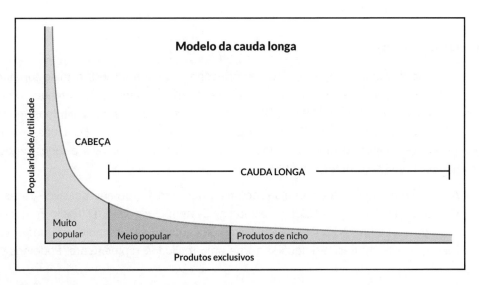

Figura 3.4 – Gráfico da cauda longa (*the long tail*).
Fonte: Disponível em: http://en.wikipedia.org/wiki/Long_Tail. Acesso em: 29 maio 2020.

A cauda longa, ou seja, essa possibilidade de existência simultânea da oferta de todo tipo de produto (seja um *Website*, serviço, bem tangível etc.), independentemente do tamanho de sua demanda de procura ou de compra, é um fato sem precedentes na história da humanidade. Em razão das limitações em prateleiras e/ou vitrines ou mesmo da capacidade de produção e entrega, no mundo físico sempre houve a necessidade de se selecionar o que era possível de ser oferecido ao mercado. Sem essas limitações na *Web*, a coexistência de tudo de uma vez traz a possibilidade de se ter incontáveis opções à disposição. No entanto, por outro lado, acarreta a dificuldade de encontrar o que se procura no meio de tantas possibilidades. Esse fenômeno traz novamente à tona a necessidade de filtros e validações possibilitados pelos processos de busca.

Paradoxo da escolha

O fenômeno da cauda longa mostra de forma clara que na *Web* 2.0 é possível ter todas as opções ao mesmo tempo. Teoricamente, quanto mais opções para escolher, mais livres tenderíamos a ser.

No entanto, de acordo com o paradoxo da escolha,[6] quando as opções de escolha aumentam, sentimo-nos mais angustiados, em vez de mais livres e felizes para escolher. Para analisar todas as inúmeras opções disponíveis, gastaríamos um tempo enorme. Quanto maior a quantidade de opções, maior o tempo necessário para a análise. Além disso, quando a quantidade de opções aumenta muito, percebe-se que muitas das opções se equivalem, não importando a escolha que fizermos, pois sempre sentiremos a angústia da dúvida ao questionarmos se, entre tantas opções disponíveis, alguma não seria melhor do que a que escolhemos.

Assim, as ferramentas de busca com filtros podem beneficiar o cenário da escolha, facilitando-a e diminuindo a angústia.

Computação ubíqua

O sonho de estar "sempre *on-line*, sempre conectado (à Internet)" está se tornando real conforme as conexões de banda larga têm se espalhado, tanto para computadores – devido a tecnologias como ADSL, ISDN, entre outras – como para aparelhos móveis – devido a tecnologias como 4G e 5G. Apesar de a banda larga não ser ainda uma realidade em todo lugar no mundo, as melhorias recentes na tecnologia e redes tendem a tornar essa realidade ubíqua em breve.

A *Web* é a primeira peça de uma rede maior que tem se tornado possível graças às conexões de banda larga, GPS (Global Positioning System), *tags* de RFID (Radio Frequency Identification Tag) e *tags* NFC (Near Field Communication). Essas tecnologias, juntas, têm permitido que a computação ubíqua se torne uma realidade rapidamente. Podemos ver

---

6 Schwartz, 2005.

muitos exemplos de computação ubíqua em Greenfield,[7] como prédios, mobiliários, roupas e objetos inteligentes, sinais de trânsito em rede, latas de refrigerante autodescritivas, interfaces gestuais e *tags* RFID ou NFC embutidas em qualquer produto, de cartões de crédito a animais de estimação.

A computação ubíqua é quase imperceptível, mas está em tudo ao nosso redor e tem cada vez mais afetado nosso cotidiano, conforme é disseminada. A sedução de estar sempre conectado – a *Web*, *e-mails*, redes sociais, mapas etc. –, sem abandonar a mobilidade, é responsável pelo grande crescimento de popularidade dos aparelhos *smartphones*. Já em 2002, Fogg observava, no livro *Persuasive technology*,[8] que "*as pessoas não adotam aparelhos móveis, elas se casam com eles*". Atualmente,[9] os aparelhos móveis já ultrapassaram o número de computadores *desktop* no mundo, ocupando uma fatia de 59,5% do *market share*.

Assim, as melhorias na conectividade e mobilidade *on-line* (acesso à banda larga, *smartphones*, *tablets*, GPS etc.) tornam possível nosso acesso à informação em praticamente qualquer lugar e em qualquer instante. Nesse contexto, a computação ubíqua potencializa a conveniência da busca (possibilitando buscar qualquer coisa, em qualquer lugar e em qualquer momento) e o acesso às redes sociais, trazendo-as para qualquer contexto.

Além de alavancar a busca e o acesso aos conteúdos *on-line*, a computação ubíqua também tende a impulsionar a "Internet das Coisas", trazendo para a *Web* informações sobre todo tipo de coisas – de pessoas e objetos a lugares.

Web 2.0 e a explosão das redes sociais *on-line*

A partir do momento em que a banda larga de acesso à Internet se popularizou, a plataforma da *Web* 2.0 tornou-se viável, e aplicações *on-line* participativas tornaram-se possíveis. Desde então, a explosão das redes sociais *on-line* marcou uma mudança significativa na maneira como as pessoas interagem, compartilham informações e consomem conteúdo. Iniciadas no início dos anos 2000 com plataformas como Friendster e MySpace, e consolidadas com o lançamento do Facebook em 2004, as redes sociais rapidamente se tornaram parte integrante da vida cotidiana.

Essas plataformas permitiram que indivíduos se conectassem e comunicassem em escala global, compartilhando experiências, interesses e conteúdos de forma instantânea. O surgimento do YouTube em 2005 e do Twitter em 2006 diversificou ainda mais o tipo de conteúdo compartilhado, introduzindo vídeos e *microblogs* como novos meios de expressão.

Nos anos seguintes, a ascensão de plataformas visuais como Instagram (2010) e TikTok (2016) refletiu a crescente preferência por conteúdos visuais e vídeos curtos,

---

7   Greenfield, 2006.
8   Fogg, 2002.
9   Disponível em: https://gs.statcounter.com/platform-market-share/desktop-mobile-tablet. Acesso em: 18 maio 2024.

tornando-se essenciais para a comunicação moderna. As redes sociais se tornaram também poderosas ferramentas de marketing, permitindo que marcas e empresas alcancem seu público de maneira mais direta e personalizada.

A proliferação das redes sociais transformou não apenas a comunicação pessoal, mas também os cenários empresarial, político e cultural, moldando comportamentos e tendências de uma forma nunca antes vista. Abordaremos as redes sociais *on-line* no Capítulo 13.

A proliferação dos influenciadores digitais

Nos últimos anos, a proliferação dos influenciadores digitais transformou profundamente o marketing. Com o crescimento das redes sociais como Facebook, Instagram, YouTube e TikTok, surgiu uma nova categoria de celebridades que construiu audiências massivas ao compartilhar conteúdo autêntico e pessoal. Diferentemente das celebridades tradicionais, os influenciadores digitais criaram sua popularidade diretamente nas plataformas sociais, engajando seguidores com interesses específicos e criando uma sensação de comunidade e confiança.

O marketing de influenciadores rapidamente se tornou uma estratégia eficaz para as marcas, permitindo alcançar públicos de nicho de maneira mais autêntica e confiável do que os métodos tradicionais de publicidade. A autenticidade percebida nas recomendações dos influenciadores tornou-se uma vantagem crucial, pois os consumidores tendem a confiar mais em opiniões pessoais de pessoas que seguem e com quem se identificam.

Embora enfrente desafios como a saturação do mercado e questões de transparência, o marketing de influência continua a evoluir. A integração de novas tecnologias como realidade aumentada e inteligência artificial promete criar campanhas ainda mais personalizadas e interativas. Assim, os influenciadores digitais permanecem na vanguarda das estratégias de marketing, adaptando-se continuamente para atender às expectativas de um público em constante mudança. Abordaremos o marketing de influência no Capítulo 25.

A *Creator Economy*

A economia digital está em constante evolução, e um dos fenômenos mais notáveis dos últimos anos é a ascensão da *Creator Economy*. Essa nova era se caracteriza pela valorização de indivíduos que produzem conteúdo original, agregando valor e construindo comunidades engajadas em torno de suas paixões e *expertise*. O marketing de influência, um componente fundamental dessa economia, destaca a diferença crucial entre influenciadores e *creators*, cada um desempenhando papéis distintos mas complementares no ecossistema digital.

A *Creator Economy* se refere ao ecossistema digital em que indivíduos, conhecidos como *creators*, monetizam seu conteúdo, conhecimento e influência diretamente através de plataformas digitais. Esses *creators* podem ser artistas, escritores, educadores, especialistas em diversos campos ou qualquer pessoa que produza conteúdo valioso e engajador. O crescimento das plataformas de mídia social, como YouTube, Instagram e

TikTok, facilitou a emergência dessa economia, permitindo que os *creators* alcancem e monetizem suas audiências sem a necessidade de intermediários tradicionais.

O marketing de influência, que veremos mais a fundo no Capítulo 25, é uma estratégia pela qual as marcas colaboram com influenciadores para promover produtos e serviços. Dentro da *Creator Economy*, o marketing de influência assume uma dimensão ainda mais significativa, pois os *creators* não apenas promovem produtos, mas também moldam narrativas e constroem relacionamentos profundos com suas audiências.

Embora os termos "influenciadores" e "*creators*" muitas vezes sejam usados de forma intercambiável, existe uma distinção importante entre os dois.

Os influenciadores são indivíduos que têm a capacidade de impactar as decisões de compra de seus seguidores devido à sua autoridade, conhecimento, posição ou relacionamento com seu público. Eles geralmente se concentram na promoção de produtos e serviços de terceiros e são medidos pelo alcance e pelo engajamento que podem gerar em suas plataformas de mídia social. Os influenciadores são conhecidos por seu apelo visual e sua habilidade em capturar a atenção rapidamente, muitas vezes usando estratégias que destacam o estilo de vida, a moda, o entretenimento e outras áreas de interesse popular.

Por outro lado, os *creators* são aqueles que produzem e compartilham conteúdo original e de valor. Eles são especialistas em seus campos e oferecem conteúdo educacional, inspirador e informativo que ressoa profundamente com suas audiências. O foco dos *creators* é a criação de valor a longo prazo, cultivando uma comunidade fiel e engajada que vê no *creator* uma fonte confiável de conhecimento e inspiração. Enquanto os influenciadores se concentram na economia da atenção, os *creators* operam na economia da intenção, em que cada peça de conteúdo é projetada para ter um impacto duradouro e significativo.

Na *Creator Economy*, influenciadores e *creators* influenciam decisões de compra, criando uma sinergia que beneficia tanto as marcas quanto as audiências. Ambos podem ser usados pelas marcas em ações de marketing.

A disrupção da inteligência artificial generativa no marketing

Mais recentemente, a inteligência artificial generativa (IAG) tem transformado profundamente o marketing, revolucionando a criação, a distribuição e a otimização de campanhas. Com os avanços em *machine learning* e processamento de linguagem natural, a IAG permite a geração de conteúdos originais e personalizados em grande escala, economizando tempo e recursos para as empresas.

A capacidade de criar textos, imagens e vídeos de alta qualidade tornou a IAG uma ferramenta essencial para produzir campanhas de marketing mais relevantes e envolventes. Além disso, a automação de tarefas e a análise de grandes volumes de dados em tempo real permitem ajustes precisos e estratégicos nas campanhas publicitárias, melhorando a eficiência e os resultados.

Embora traga inúmeros benefícios, a disrupção da IAG também levanta questões éticas sobre autenticidade e desinformação. As empresas devem navegar cuidadosamente por esses desafios para garantir práticas de marketing responsáveis. Com o contínuo desenvolvimento da IA, o futuro do marketing promete ser ainda mais inovador, integrando tecnologias emergentes e oferecendo experiências de marca cada vez mais personalizadas, imersivas e interativas.

Era da busca

Em função dos fatores descritos anteriormente, estamos cada vez mais experimentando a era da busca, em que os mecanismos de busca (como Google e Bing na *Web*; buscas em sistemas de localização GPS; buscas em redes sociais; buscas por lugares e pessoas no Tinder, por exemplo) são frequentemente usados em todo o mundo por pessoas para encontrarem o que procuram nos infindáveis nós e rotas informativas.

A participação da busca em nossas vidas diárias tem se tornado tão intensa que a palavra "google", hoje o nome do mais importante *site* de busca, tornou-se oficialmente um verbo da língua inglesa em 2006, no *Merriam-Webster's Collegiate Dictionary*:

> **Main entry** (entrada principal): goo·gle
> **Pronunciation** (pronúncia): \'gü-gəl\
> **Function** (função): transitive verb (verbo transitivo)
> **Inflected form(s)** (formas flexionadas): goo·gled; goo·gling \-g(ə-)liŋ\
> **Usage** (uso): often capitalized
> **Etymology** (etimologia): Google, trademark for a search engine
> **Date** (data): 2001
> : to use the Google search engine to obtain information about (as a person) on the World Wide Web.

O uso do Google também tem povoado o cinema. Inúmeros filmes no cinema se apropriam do uso do Google em cenas com situações em que é necessário encontrar respostas certeiras. O filme *O grande Dave* (*Meet Dave*) expressa de modo bastante interessante a influência que o Google exerce hoje em nossa sociedade: no filme, os seres extraterrestres usam o Google para aprender tudo sobre os seres humanos e o planeta Terra, o que sugere que se pode conseguir qualquer informação confiável sobre nosso mundo e a resposta para qualquer questão simplesmente usando o Google. Outro exemplo é o filme *Os seis signos da luz* (*The dark is rising*), em que o protagonista busca no Google informações relevantes sobre a disputa entre as trevas e a luz que dão continuidade ao filme. Até o presente momento, a presença do Google nos enredos dos filmes normalmente é apresentada como caminho para se obter resposta confiável e verdadeira para qualquer necessidade. Mas o filme *Os estagiários* é, sem dúvida, o maior exemplo de como inserir uma marca como parte fundamental de uma história. Nesse longa-metragem, o "*Google way of life*" é disseminado de uma forma brilhante, uma vez que não se trata de promover a marca, mas sim inserir a cultura dela dentro de uma história inteligente e bem-humorada.

Era das redes sociais

A era das redes sociais, que ganhou impulso no início dos anos 2000, revolucionou o marketing, transformando profundamente a forma como as marcas se conectam com os consumidores. Plataformas como Facebook, Instagram, Twitter e TikTok não só alteraram as dinâmicas de interação social, mas também reconfiguraram as estratégias de marketing em nível global.

Com a capacidade de alcançar bilhões de usuários, as redes sociais se tornaram ferramentas indispensáveis para o marketing digital. As marcas agora podem engajar-se diretamente com seus públicos, criando conteúdo relevante e interativo que ressoa com os interesses e emoções dos consumidores. Personalização e segmentação de campanhas publicitárias se tornaram mais precisas, graças aos dados detalhados coletados pelas plataformas, permitindo uma comunicação mais eficaz e direcionada.

A ascensão dos influenciadores digitais é um dos aspectos mais notáveis dessa transformação. Influenciadores, com suas bases de seguidores leais, proporcionam às marcas uma maneira autêntica e confiável de promover produtos e serviços. Este modelo de marketing de influência se mostrou altamente eficaz, substituindo muitas formas tradicionais de publicidade e gerando um impacto significativo no comportamento do consumidor.

Além disso, as redes sociais integraram funcionalidades de comércio eletrônico, facilitando a descoberta e a compra de produtos diretamente nas plataformas. Isso não apenas impulsiona as vendas, mas também fornece *insights* valiosos sobre as preferências e tendências de consumo, permitindo ajustes rápidos e estratégicos nas campanhas de marketing.

As redes sociais digitais transformaram o marketing ao oferecer novas formas de engajamento, personalização e comércio, redefinindo continuamente as estratégias das marcas na era digital.

Redes sociais são "sociais", portanto, trata-se de pessoas e suas narrativas e não de marcas e suas propagandas. O autor do livro *Socialnomics*,[10] Erik Qualman, que, inspirado na frase "*It's the economy, stupid*", de James Caville, em 1992, disse em 2009:

> "*It's a **people driven** economy, stupid.*"

Exatamente. Economia conduzida por pessoas. Não que isso seja uma novidade em si mesma. De alguma forma, a economia sempre foi conduzida por pessoas, mas não na escala nem no grau de distribuição que têm acontecido no cenário digital que se delineia.

Socialnomics é o termo com que Qualman descreve a economia na era das redes sociais digitais, em que os consumidores e as sociedades que eles criam *on-line* exercem uma influência profunda na economia e nos negócios que nela operam.

---

10 Qualman, 2009. Informações em: https://socialnomics.net/erik-qualman/. Acesso em: 22 jul. 2020.

Outros exemplos de transformações sociais e econômicas causadas pelas redes sociais são:

- **Uber**: a maior companhia de táxi do mundo sem ter um carro, com modelo de negócio totalmente voltado para a economia colaborativa via Internet.
- **Magazine Luiza**: criou a Lu, a maior influenciadora virtual 3D nas redes sociais, e se tornou um ícone do *e-commerce* brasileiro e do mundo.[11]
- **Airbnb**: a maior rede hoteleira do mundo sem ter um quarto; nela, os próprios donos disponibilizam seus cômodos e residências para outras pessoas por meio da Internet.

Com as redes sociais digitais, o jogo da economia mudou, e a primeira e mais importante regra desse novo jogo é a sua dimensão social. Para entender essa regra, é necessário compreender o significado da palavra "social". Social significa interação de pessoas com pessoas e não empresa-pessoa ou pessoa-empresa. Social significa relacionamento, conquista, engajamento, ética, respeito e transparência, "fazer parte de algo", distribuir o controle. Compreender isso é o primeiro passo para entender as dinâmicas das redes sociais *on-line* e os fatores que têm alavancado a *socialnomics*.

No Brasil, segundo pesquisas recentes, oito em cada dez brasileiros *on-line* acessam algum tipo de redes sociais. A adoção dessas redes nas culturas ao redor do planeta tem sido tão grande que, hoje, as mídias sociais (conteúdos gerados nas redes sociais) são uma das formas mais importantes de mídia para o marketing. Isso tem provocado mudanças profundas no relacionamento com o consumidor e nas estratégias mercadológicas, como veremos no Capítulo 13.

Era da mobilidade

A era da mobilidade, impulsionada pela proliferação de *smartphones* e *tablets* desde o final dos anos 2000, transformou profundamente o marketing, alterando a forma como as empresas alcançam e interagem com os consumidores. Com a popularização desses dispositivos, a conectividade constante tornou-se uma realidade, permitindo que as pessoas acessem informações, redes sociais e serviços a qualquer hora e em qualquer lugar.

Essa mobilidade constante revolucionou o marketing ao criar novas oportunidades para engajamento em tempo real. As marcas começaram a desenvolver estratégias focadas em *mobile-first*, adaptando seus conteúdos e campanhas para serem facilmente acessíveis e interativos em dispositivos móveis. Aplicativos móveis se tornaram uma ferramenta essencial para fidelizar clientes, oferecendo experiências personalizadas e convenientes.

Segundo a *IAB Brasil*,[12] o mercado de anúncios *mobile* no Brasil atingiu um valor total de R$ 28,3 bilhões em 2023, um crescimento de 12,4% em relação ao ano anterior. Acompanhando essa tendência ascendente, as projeções para o futuro do mercado *mobile*

---

[11] Disponível em: https://forbes.com.br/forbes-tech/2022/05/por-que-a-lu-do-magalu-tornou-se-a-maior-influenciadora-virtual-do-mundo/. Acesso em: 18 maio 2024.

[12] *Interactive Advertising Bureau.*

são bastante otimistas. Estima-se que, até 2025, os investimentos em publicidade *mobile* no Brasil tenham alcançado a marca de R$ 40 bilhões, posicionando o país como um dos principais *players* da América Latina nesse setor.

Diversos fatores contribuem para esse crescimento acelerado:

- **Aumento do uso de *smartphones***: a penetração de *smartphones* no Brasil já supera 80%,[13] com a população cada vez mais conectada e consumindo conteúdo *mobile*.
- **Maior engajamento com anúncios *mobile***: as pessoas tendem a prestar mais atenção em anúncios *mobile* do que em outros canais, como *desktop*, devido à praticidade e à natureza imersiva dos dispositivos móveis.
- **Evolução das ferramentas de segmentação**: as plataformas de publicidade *mobile* oferecem cada vez mais recursos para segmentar as campanhas com base em dados sociodemográficos, interesses e comportamentos, otimizando a entrega dos anúncios e aumentando o retorno sobre investimento (ROI) para os anunciantes.
- **Crescimento do comércio eletrônico**: o *e-commerce* brasileiro está em constante expansão, impulsionando a demanda por soluções publicitárias *mobile* que auxiliem na conversão de vendas.

Veremos as tecnologias móveis e o *mobile* marketing nos Capítulos 12 e 22, respectivamente.

Era da economia colaborativa

A economia do compartilhamento na era digital cria novos mercados, produz milhões de oportunidades de emprego e revive o "compartilhamento" – uma das formas mais antigas de capacitação econômica e social da civilização – como modelo de negócios de tecnologia.

Dezenas de empreendimentos baseados na economia do compartilhamento digital já estão impulsionando mudanças econômicas e sociais em todo o mundo, e há potencial para esses modelos ajudarem a solucionar alguns dos maiores desafios de desenvolvimento do mundo.

O compartilhamento digital já é enorme e veio para ficar. Há estimativas de que as receitas da economia global de compartilhamento sejam de US$ 25 a US$ 30 bilhões por ano.[14]

A economia do compartilhamento é uma maneira pela qual os consumidores podem compartilhar e usar serviços não pertencentes a um único usuário, mas a particulares. Isso pode ser de graça, mediante pagamento de uma taxa ou por meio da troca de mercadorias. As empresas que se enquadram nessa classificação são Airbnb, Uber, BlaBlaCar, eBay,

---

[13] Mobile Time, 2024.
[14] The sharing economy: "how will it disrupt your business?", PwC; Credit Suisse; Collaborative Consumption; Dalberg analysis.

Kickstarter, Fiverr e muitas outras. Esses serviços se tornaram cada vez mais populares nos últimos anos com o surgimento de *smartphones* e aplicativos por meio dos quais essas empresas podem oferecer aos consumidores uma plataforma facilmente acessível.

Era do mundo autônomo

Os sistemas baseados em inteligência artificial e aprendizado de máquina podem assumir a forma de muitos produtos de *hardware* e *software*, incluindo veículos autônomos, *drones* e outras informações artificiais. O mundo autônomo é a visão futurista, com a sociedade experimentando um inevitável "mundo semiautônomo", com o mínimo de interação humana antes que sistemas totalmente autônomos sejam operáveis e confiáveis.

Já estamos vendo as bases estabelecidas para a penetração de veículos autônomos no mercado de compartilhamento de carona e táxis da Economia Colaborativa. Esses serviços cresceram significativamente nos últimos anos, e já temos carros autônomos da Uber, incluindo protótipos de Uber Air, uma nova modalidade de Uber voador. Inevitavelmente, em breve os próprios motoristas de Uber ficarão sem emprego em função dos carros autônomos, a não ser que seu próprio carro seja autônomo e ele o disponibilize para rodar como Uber.

É isso mesmo, os motoristas humanos, sejam eles táxis ou motoristas do Uber, serão cortados por sistemas inteligentes que podem fazer isso melhor. A Alphabet lidera o caminho, atualmente trabalhando em um serviço de carona que utiliza sua frota de carros autônomos, enquanto a GM está logo atrás com o desenvolvimento de uma frota autônoma utilizando exclusivamente a plataforma da Lyft.

Quando sistemas de tecnologia inteligente operarem com a mínima participação humana, todas as indústrias deverão se adaptar a uma transformação inevitável de comportamentos e expectativas da sociedade.

Geolocalização

Alavancada pelas tecnologias locativas (GPS) associadas à difusão da conexão *mobile* à Internet, a geolocalização é uma realidade que tende a se tornar onipresente em todos os dispositivos móveis.

Considerar a localização do público-alvo para segmentar não é novidade. O marketing já faz isso há muito tempo (segmentação por país, estado, cidade, rua, endereço IP etc.). No entanto, as segmentações geográficas tradicionais são feitas pelo local onde o público mora, trabalha etc. A geolocalização *mobile* traz um novo ingrediente muito importante a esse tipo de segmentação: o tempo real. Há uma diferença muito grande entre enfocar as características gerais de segmentação pelo local onde a pessoa mora, trabalha ou está seu computador (endereço IP) e enfocar um público específico que informa exatamente onde está e seus interesses em relação a esse lugar (normalmente, as aplicações de geolocalização *mobile* permitem escrever comentários sobre os lugares em que se está e também se conectar com pessoas nas redondezas).

No mundo físico, todas as atividades do ser humano estão associadas ao local onde ele está. Com a geolocalização em tempo real, isso passou a acontecer também no mundo digital. Portanto, a informação de geolocalização traz ao marketing uma dimensão importante para oferecer produtos e serviços às pessoas. Além disso, a geolocalização permite que as pessoas interajam entre si baseadas em sua proximidade ou posição geográfica e façam anotações e *reviews* em locais.

Assim, a geolocalização gera uma nova camada digital de dados sociais que possibilita enriquecer as ações de marketing. As principais barreiras que impediam a geolocalização móvel de se popularizar, como velocidade, custo e disponibilidade de banda móvel, já foram quebradas. Em locais onde essas limitações desapareceram, a mobilidade e a geolocalização decolaram juntas, permitindo o nascimento de novas economias, como é o caso da *Economia Compartilhada* ou "*Gig Economy*",[15] que em tradução livre significa "a economia dos bicos".

Veja alguns exemplos interessantes de aplicações que aproveitam a geolocalização na economia compartilhada:

- **Rappi**: *app* de entrega sob demanda autointitulada como "delivery de tudo", desde comida até dinheiro, que conecta entregadores informais com seus usuários, permitindo que toda a logística seja feita próximo do cliente, usando seu GPS [https://www.rappi.com.br/].
- **Singu**: *app* que se propõe a conectar clientes e profissionais de beleza numa espécie de *delivery* de salão de beleza e bem-estar. Os profissionais são priorizados e selecionados de acordo com a localização do cliente para atendimento em domicílio [https://singu.com.br/].
- **iFood**: *app* que oferece serviço de entrega de comida em domicílio, assim como é feito no aplicativo Uber Eats.

Tempo real (*real-time*)

Conforme as tecnologias interativas de informação e comunicação foram evoluindo ao longo da história, mais rapidamente as informações sobre um fato que acontecia em um lugar passaram a alcançar outros lugares ao redor do mundo.

Até a invenção dos telégrafos, por Samuel Morse em 1835, o único modo de se propagar informação era transportando fisicamente o seu mensageiro.[16] Um exemplo disso é que durante a Revolução Francesa, em 1789, a notícia sobre a tomada da Bastilha demorou quase um mês para chegar a algumas vilas distantes aproximadamente 100 km de Paris.[17] Desde então, os tempos de transmissão foram diminuindo cada vez

---

15 Disponível em: https://canaltech.com.br/carreira/conheca-a-gig-economy-a-economia-dos-bicos-123448/. Acesso em: 10 jun. 2020.
16 Com exceção de algumas técnicas de propagação de mensagens por pequenas distâncias com alcance visual ou sonoro, como faziam determinadas tribos com sinais de fumaça ou assobios.
17 Hobsbawm, 1994.

mais, alcançando na televisão ao vivo o modelo mais próximo de tempo real que se havia experimentado até recentemente.

A mobilidade em banda larga associada às redes sociais presenciais, como o X (Twitter), tem modificado sensivelmente a velocidade com que a informação é transmitida, causando colapso total entre tempo e espaço.

No modelo do jornal impresso, as notícias do dia anterior são consideradas informações satisfatoriamente "frescas". No caso da televisão e rádio, algumas horas separam o fato da notícia. Mesmo na televisão ao vivo, é necessário algum tempo para se chegar fisicamente ao local do fato, instalar o *set* de transmissão e começar a operar. No modelo digital, no entanto, a distância do tempo entre algo acontecer no mundo e isso ser noticiado e propagado leva cerca de dois minutos. Isso mesmo, dois minutos! O terremoto que aconteceu em São Francisco, nos Estados Unidos, em janeiro de 2010, demorou apenas dois minutos para ser noticiado no X (Twitter).[18] No caso da catástrofe natural que aconteceu no Rio Grande do Sul em 2024, milhares de pessoas se ajudavam em tempo real por conta de vídeos postados nas redes sociais. Além disso, no modelo digital, diferentemente do caso da televisão, a transmissão é feita de muitos para muitos, e não de uma única fonte. Desde lá, inúmeros eventos são noticiados em tempo real, antes de qualquer canal tradicional, por meio das redes sociais. Em função disso, o Facebook, maior rede social do mundo, criou um *hub* chamado *Crisis Response* [https://www.facebook.com/crisisresponse/], que permite aos usuários aprender sobre eventos críticos que acontecem em todo o mundo, além de solicitar ou oferecer ajuda durante um incêndio, tiroteio em massa, terremoto ou outra crise. Você também pode verificar se seus amigos ou familiares se identificaram como seguros durante um desastre.

O fenômeno do colapso do tempo e espaço na propagação da informação propiciado pelas tecnologias digitais móveis está transformando o mundo em um mundo em tempo real. Por outro lado, o fato de que virtualmente cada pessoa na face da Terra passa a ser um polo de transmissão de notícias via redes sociais presenciais *mobile* está causando outro fenômeno muito importante – o aumento da densidade de informação no tempo presente. Enquanto no passado as possibilidades de se obter informação se limitavam a um número determinado de fontes e origens, hoje, em cada dado instante, o volume de informações geradas em tempo real por um número incontável de fontes e origens inunda o presente. Esse fenômeno é chamado por muitos de *Nowism* – a filosofia do "agora", na qual o espaço de tempo de experiência chamado "agora" é fundamental e a vida acontece no "agora". No *Nowism*, o passado e o futuro perdem importância e o "agora", o presente, é o que importa.[19]

Em razão da propagação do *Nowism*, alavancada principalmente pela popularização do X (Twitter), testemunhamos desde 2009 uma revolução nos sistemas de busca, uma guerra na qual todos os buscadores passaram a otimizar seus sistemas para garimpar informações relevantes em tempo real. O Google tem refinado constantemente seu

---

18   Marketing Vox, 2010.
19   Mais informações no texto *Nowism – A Theme for the New Era?* Disponível em: http://goo.gl/rB9f. Acesso em: 5 jun. 2020.

algoritmo de busca para incluir o tempo real, apresentando desde os resultados dos jogos de futebol até as últimas notícias sobre algum acontecimento. Uma das suas principais iniciativas é o *site* de tendências de pesquisa em tempo real baseado nas últimas 24 horas [http://bit.ly/google-trends-24].

Uma influência particularmente importante do tempo real no marketing é a possibilidade de clientes e consumidores se manifestarem em tempo real sobre uma marca/produto/empresa. As pessoas têm se habituado cada vez mais a reclamar em tempo real, enviando mensagens de #fail pelo X (Twitter) associadas a nomes de empresas/produtos/marcas com problemas em um dado momento. Por exemplo, problemas com operadoras de telefonia celular, voos atrasados, filas e atendimento ruim são frequentemente reportados via redes sociais, como X (Twitter), Instagram Stories, Facebook, WhatsApp, Reclame Aqui, Trip Advisor, Google Meu Negócio, entre outros canais. Se, por um lado, isso pode ameaçar a reputação da marca, por outro lhe dá a oportunidade de se relacionar com o consumidor e/ou resolver problemas no momento em que acontecem. Cada vez mais empresas têm monitorado as redes sociais presenciais rastreando problemas para tentar resolvê-los rapidamente.

Mensuração

A mensuração é um dos componentes mais importantes de qualquer estratégia (seja de marketing ou não), tanto para balizar as ações quanto para avaliar resultados. Assim, quanto melhor o processo de mensuração em termos de qualidade das informações levantadas e sua velocidade, melhor o processo de formulação e ajuste de estratégias. O foco das mensurações em marketing acaba sempre sendo pessoas, o público-alvo: a mensuração dos seus comportamentos determina as melhores estratégias a serem desenvolvidas, e a mensuração do engajamento desse público em relação às estratégias aplicadas determina os ajustes a serem executados.

Uma das principais transformações no cenário de marketing devido à introdução das tecnologias digitais se relaciona à facilidade de mensuração que o ambiente digital proporciona. Enquanto nas mídias tradicionais analógicas (rádio, TV, revistas, jornais etc.) são necessários processos externos a elas (como pesquisa de mercado, códigos promocionais etc.) para rastrear acessos, resultados e comportamentos do usuário, nas mídias digitais esse rastreamento é nativo.

Quanto melhor se conhecem os gostos e os comportamentos das pessoas, maior a probabilidade de saber o que elas querem (e o que não querem), e isso pode ser usado tanto para satisfazê-las quanto para manipulá-las. O ser humano sempre deixou rastros de gostos e comportamentos. No entanto, antes da popularização dos ambientes digitais, a mensuração desses rastros era muito mais difícil.

O ambiente digital é o paraíso para a proliferação de dados, causando verdadeira avalanche de informações pessoais que os indivíduos fornecem em suas atividades diárias – navegar na Internet, interagir em *posts* nas redes sociais, usar cartão de crédito etc. Cada clique na *Web*, cada comentário em *posts* nas redes sociais, cada busca, cada telefonema, cada compra com cartões de crédito fornecem dados pessoais que engrossam o dossiê digital de cada indivíduo. O livro *Numerati*[20] relata exemplos de como a análise dos rastros dos dados das pessoas permite conhecer seus hábitos e preferências – os fragmentos das informações pessoais são analisados para transformar e personalizar as experiências diárias dessas pessoas. No entanto, esse tipo de rastreamento tem causado preocupação também.

Um documentário interessante distribuído pelo Netflix é o *Privacidade hackeada*,[21] que evidencia o quanto expomos nossas informações nas redes sociais, em particular no Facebook, e como isso pode ser usado para ações de marketing. Veja a descrição do documentário e algumas frases de impacto extraídas dele:

> O documentário tem como base os escândalos protagonizados pelo Facebook em março de 2018, em que a Cambridge Analytica coletou os dados de 87 milhões de usuários sem que fosse permitido.
>
> Quem já viu uma propaganda que te convenceu que o seu microfone está ouvindo suas conversas? Todas as suas interações, as transações do cartão, pesquisas da *Web*, localizações, curtidas, tudo isso é coletado em tempo real numa indústria trilionária.
>
> A razão por que Google e Meta são as empresas mais poderosas do mundo se deve aos dados terem superado o valor do petróleo. É o bem mais valioso da terra.

O *site* do Google *Minha Atividade* [https://myactivity.google.com/myactivity] apresenta um sistema interativo de navegação e visualização dos históricos de busca, mapas, voz, uso de aplicativos em seu celular, vídeos assistidos, entre outras atividades. Vale uma visita para ver o que o Google sabe sobre você.

No entanto, a proliferação de informações pessoais no ambiente digital é tão grande, que nem é necessário grande esforço para reunir muitos dados de determinada pessoa. O serviço gratuito *on-line* Spokeo,[22] por exemplo, possui uma funcionalidade que permite criar um dossiê sobre as pessoas de acordo com seu endereço de *e-mail*. Além da versão gratuita do serviço, que oferece muitas informações sobre as pessoas, há também uma versão paga, que fornece um relatório completo delas. O QRCode da Figura 3.5 dá acesso ao *site*. Faça um teste e verifique o que você encontra sobre si mesmo de acordo com seu endereço de *e-mail*.

Figura 3.5 – QRCode de acesso ao serviço Spokeo no celular.
Fonte: Disponível em: http://www.spokeo.com/m/. Acesso em: 18 maio 2024.

---

20 Baker, 2008.
21 Disponível em: https://www.netflix.com/br/title/80117542. Acesso em: 10 jun. 2020. (O acesso para assistir ao filme precisa de *login* e senha; é possível visualizar o *trailer* sem estar logado.)
22 http://www.spokeo.com/email. Acesso em: 10 jun. 2020.

Outro serviço que permite buscar informações sobre pessoas por meio de seus nomes ou *e-mails* é o buscador Pipl. Uma vez digitado o nome ou *e-mail* de uma dada pessoa, o buscador reúne imagens, perfis sociais, informações de negócios e de vários outros tipos sobre ela.

Tendo em mente a facilidade com que os dados pessoais se disseminam no ambiente digital, discutiremos a seguir as possibilidades de uso desses dados, que tanto podem determinar ações legítimas de marketing para satisfazer as necessidades e os desejos das pessoas, como processos para manipulá-las.

Engenharia social e *behavioral targeting*

A obtenção e a análise de dados sobre os indivíduos permitem saber mais sobre seus comportamentos, preferências, aversões e inúmeros aspectos de sua personalidade e, como mencionado anteriormente, oferecem poder tanto para auxiliá-los quanto para manipulá-los. Isso não é novidade e tem sido usado estrategicamente desde a antiguidade. Uma frase de Napoleão, general francês do século XIX, expressa a essência desse poder:

"Duas alavancas movem o homem: interesse e medo."

Conhecer os interesses e os medos das pessoas nos permite saber os fatores que as motivam a agir, possibilita influenciá-las – tanto para o bem quanto para o mal (manipulando-as) – e prever ou analisar comportamentos.

Se na época de Napoleão era muito mais difícil conseguir dados sobre as pessoas e conhecer os interesses e medos delas, hoje, alavancadas pelo ambiente digital, as próprias pessoas fornecem suas informações pessoais de inúmeras maneiras, tanto conscientemente (como no caso em que compartilham seus dados, fotos, preferências, aversões, localização etc. voluntariamente nas redes sociais digitais) quanto de forma inconsciente (como no caso de quando fazem compras com cartão de crédito, navegam, buscam, comentam, compartilham e clicam na *Web*).

Essas ações de obtenção e análise de dados dos indivíduos para se alcançar determinados objetivos por meio deles é chamada, de maneira mais ampla, de engenharia social. Existem diversas definições para engenharia social,[23] incluindo desde a mais ampla, como disciplina pertencente às ciências políticas, até uma definição mais restrita associada à tecnologia e à segurança da informação.

No âmbito do marketing, que é nosso foco, podemos definir engenharia social como sendo práticas que se referem a esforços para influenciar atitudes e comportamentos dos indivíduos por meio da obtenção e análise de seus dados pessoais. No entanto, a intenção por detrás da engenharia social pode ser benéfica ou manipulativa. Como exemplo do primeiro caso, em que se usa a engenharia social para servir e beneficiar os indivíduos envolvidos no processo, podemos citar o *Behavioral Targetting*, que tem o objetivo de conhecer o comportamento dos consumidores para genuinamente lhes oferecer produtos, serviços e experiências que lhes possam ser mais adequados. Ainda

---

[23] Mais sobre Engenharia Social em http://goo.gl/WbfU e também na Wikipédia em http://goo.gl/OB05. Acesso em: 10 jun. 2020.

como uso benéfico da engenharia de relacionamento, podemos citar os casos relatados no livro *Freakonomics*,[24] que, por meio da análise de dados e interesses de pessoas, consegue desvendar fraudes e resultados que aparentam ser contra o senso comum.

Como exemplo de uso da engenharia social de forma manipulativa (ou negativa para os indivíduos envolvidos no processo), podemos citar a ação de *hackers* e *crackers*, que, para conseguirem invadir sistemas, usam dados pessoais de indivíduos para manipulá-los de forma a colaborarem. Na maioria das vezes, a expressão *engenharia social* é usada de forma pejorativa justamente por isso. Um caso muito famoso e interessante para ilustrar o uso de engenharia social de forma manipulativa é a história do *hacker* Kevin Mitnick, que foi preso em 1995 pelo FBI e depois solto em 2000, e é hoje um consultor de segurança da informação. A história da prisão dele é relatada no livro *Takedown*[25] (e no filme homônimo). O interessante é perceber a habilidade de Kevin para obter a colaboração das pessoas, manipulando-as, por meio da engenharia social, de relacionamento. Um dos ditados mais conhecidos da área de segurança da informação é que "uma corrente sempre arrebenta onde está o seu elo mais fraco. O elo mais fraco da segurança da informação é o ser humano".

Com o intuito de alertar as pessoas sobre os riscos de compartilhar na Internet informações de localização geográfica em serviços de redes sociais, como Foursquare e X (Twitter), três indivíduos criaram no início de 2010 o *site Please Rob Me*, que, em português, significa "Por favor, me roube". O *site* listava todas as casas que estavam vazias em cada momento e poderiam ser assaltadas (Figura 3.6). O *site* hoje não está mais operando, pois os seus criadores acreditam que já conseguiram o que queriam: alertar as pessoas sobre o assunto. Atualmente, o *site* apresenta *links* para várias matérias e artigos sobre os riscos do compartilhamento excessivo de informações sobre localização.

Enquanto no início de 2010 o *site Please Rob Me* alertava as pessoas sobre os riscos de compartilharem suas localizações nas redes sociais, em agosto do mesmo ano o Facebook – maior rede social mundial que ultrapassou os 2,4 bilhões de usuários em 2020 – criou o Facebook Places,[26] para permitir que seus usuários compartilhem suas informações de geolocalização na rede social. Em 10 de setembro de 2010, menos de um mês após o lançamento do Facebook Places, o *blog* de tecnologia *TechCrunch*[27] reportou uma rede de ladrões nos Estados Unidos (em Nashua, New Hampshire) que assaltou 50 casas e roubou o equivalente a US$ 100 mil em bens, visando às pessoas que faziam *check-in* em lugares via Facebook, alertando assim que não estavam em suas casas.

Assim, o uso da engenharia social pode enfocar tanto o bem quanto o mal. A coleta e a análise de dados são feitas da mesma forma nos dois casos, mas é a intenção por detrás do seu uso que determinará se é benéfica ou manipulativa. Em razão disso,

---

24 Levitt e Dubner, 2005.
25 Informações detalhadas sobre o caso Kevin Mitnick estão no *site Takedown*, em http://www.takedown.com/. Acesso em: 10 jun. 2020.
26 http://www.facebook.com/places/. Acesso em: 10 jun. 2020.
27 Schonfeld, 2010.

a engenharia social é um assunto bastante polêmico, tanto no marketing quanto nas diversas áreas do relacionamento humano nas quais pode ser aplicada.

Figura 3.6 – Imagem da página de entrada do *site Please Rob Me*.
Fonte: Disponível em: http://mashable.com/2010/02/17/pleaserobme. Acesso em: 29 maio 2020.

Cool hunting

Cool hunting é um termo cunhado nos anos 1990 que se refere à atividade de observar e prever mudanças em tendências culturais. A origem da palavra vem da contração dos termos em inglês *cool*, que significa legal, moderno, e *hunting*, que significa caçada, ou seja, *cool hunting* é a caçada de tendências.

Bastante popular no mundo da moda e do *design*, o *cool hunting* é utilizado também no marketing desde a década passada. Assim, apesar de não ser novidade, o *cool hunting* tem se tornado cada vez mais importante devido à difusão das tecnologias digitais e tem se entrelaçado cada vez mais com as *trends* virais nas mídias sociais. Hoje, a adesão crescente das pessoas aos ambientes digitais e a facilidade de se gerar e propagar conteúdos nesses ambientes fazem que esses conteúdos sejam disseminados muito rapidamente como se fossem vírus, ocasionando, eventualmente, microtendências que podem modificar o cenário social e, portanto, de marketing.

Com plataformas como Instagram, TikTok e X (Twitter) definindo o que é "*cool*" em tempo real, os *cool hunters* monitoram essas redes para captar os primeiros sinais de novas *trends*, comportamentos e interesses que podem explodir em popularidade.

Um livro bastante interessante que trata das microtendências e o seu impacto socioeconômico é *The tipping point*[28] (*O ponto da virada*). Conceitos relacionados à vira-

---

28 Gladwell, 2002.

lização e disseminação de tendências são discutidos ao longo do livro, com exemplos e análises interessantes.

Quanto mais conectado estiver o mundo, mais importantes se tornam as teorias que abordam a complexidade crescente decorrente dessa conexão global *horizontal entre pessoas* (*many-to-many*), que se comporta muito mais pela lógica probabilística (que tão bem se aplica às mídias sociais) do que pela lógica determinista, mais característica das mídias de massa. Portanto, o estudo da teoria do caos e a compreensão de processos como viralização, comportamento de bandos, teoria da emergência, entre outros, passam a ser assuntos bastante valorizados para entender e atuar no novo cenário social de negócios que se apresenta.

Marcas que conseguem identificar e capitalizar essas tendências emergentes ganham vantagem competitiva, pois podem criar campanhas e produtos que se alinham com os interesses atuais do público. Isso não apenas aumenta a relevância e o engajamento, mas também posiciona a marca como inovadora e em sintonia com as mudanças culturais.

Considerações e recomendações adicionais

Além do exposto neste capítulo, existem ainda outros itens interessantes que demonstram as mudanças no cenário. Apresentamos a seguir algumas referências adicionais que complementam o assunto exposto.

Transformação digital

Dois vídeos bastante interessantes sobre transformação digital e futuro da mídia são *Desafio da Transformação Digital* e *Future Trends of Digital Transformation*.

Desafio da Transformação Digital foi criado em 2018 pela Focusnetworks, agência digital da qual Rafael Kiso é sócio-fundador, como uma visão sobre o futuro dos negócios na era pós-digital. Para assistir ao vídeo, acesse o *link* ou QRCode da Figura 3.7.

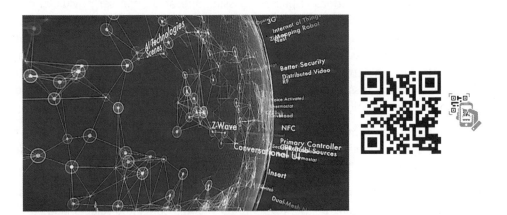

Figura 3.7 – Imagem e QRCode de acesso ao *vídeo Desafios da Transformação Digital*.
Fonte: Disponível em: https://www.youtube.com/watch?v=FgYdBKraxGg.
Acesso em: 29 maio 2020.

Para assistir ao vídeo *Future Trends of Digital Transformation*, da Organização para a Cooperação e Desenvolvimento Econômico (OCDE), acesse o *link* ou QRCode da Figura 3.8.

Figura 3.8 – Imagem e QRCode de acesso ao vídeo *Future Trends of Digital Transformation*. Podemos ler na imagem: As tecnologias digitais possuem um enorme potencial para alcançar metas de desenvolvimento sustentável e enfrentar os desafios ambientais globais.
Fonte: Disponível em: https://www.youtube.com/watch?v=FgYdBKraxGg.
Acesso em: 29 maio 2020.

Impacto do digital no comportamento humano

Para entender como o ser humano e a tecnologia se afetam mútua, contínua e constantemente, assista ao TEDx disponível no QRCode da Figura 3.9, em que a autora discute esse processo evolutivo desde o início da nossa história.

Figura 3.9 – Imagem e QRCode de acesso ao vídeo da palestra TEDx *No brain, no gain*, de Martha Gabriel.
Fonte: Disponível em: https://www.ted.com/talks/martha_gabriel_no_brain_no_gain.
Acesso em: 31 jul. 2020.

A noosfera e as mentes conectadas

As seções anteriores deste capítulo mostram as transformações que o cenário de marketing tem sofrido nas últimas décadas, culminando em nosso atual contexto digital hiperconectado. No entanto, não é apenas o cenário de marketing que está em transformação, mas a humanidade e o planeta como um todo.

Alguns pesquisadores, cientistas e filósofos do século XX previram de forma espetacular o que estava por vir. Arthur Clarke, inventor britânico e autor de *2001 – Uma Odisseia no Espaço*, previu, em 1964, no programa de televisão BBC Horizon, vários aspectos do nosso mundo atual conectado e o impacto disso na sociedade (Figura 3.10). Em 1988, em entrevista gravada no programa de TV *World of Ideas*, Isaac Asimov, autor de *Eu, Robô*, previu, entre outras coisas, o futuro da educação e o impacto que a Internet tem hoje nesse campo, as redes sociais digitais e aplicações como a Wikipédia, Yahoo! Answers etc. (Figura 3.11).

No entanto, uma das previsões do passado mais impressionantes sobre os dias atuais é a teoria da noosfera,[29] desenvolvida no início do século XX por Vladimir Vernadsky e Pierre Teilhard de Chardin. Segundo a teoria, além das camadas da atmosfera e da biosfera, a Terra evoluiria para mais uma camada: a noosfera ou a camada do pensamento humano (*noos* vem do grego *nous*, que significa mente). No pensamento original, para Vernadsky, a noosfera é a terceira fase de desenvolvimento da Terra, depois da geosfera (matéria inanimada) e da biosfera (vida biológica). Assim como a emergência da vida transformou fundamentalmente a geosfera, a emergência da cognição humana (noosfera) transforma a biosfera. Para Teilhard, a noosfera emerge e é constituída pela interação das mentes humanas. Conforme a humanidade se organiza em redes sociais mais complexas, mais a noosfera cresce em consciência.

Figura 3.10 – QRCode de acesso ao vídeo em que Arthur Clarke prevê os dias atuais.
Fonte: Disponível em: https://youtu.be/0rZZ1PN0-yo. Acesso em: 29 maio 2020.

Figura 3.11 – QRCode de acesso ao vídeo (legendado em português) em que Isaac Asimov faz previsões sobre o futuro.
Fonte: Disponível em: www.youtube.com/watch?v=CI5NKP1y6Ng&fmt=18.
Acesso em: 29 maio 2020.

---

29 Mais informações sobre a noosfera em http://en.wikipedia.org/wiki/Noosphere. Acesso em: 9 jun. 2020.

Encerramos este capítulo com a reflexão sobre a noosfera, formada pela integração de todo o pensamento humano em uma única rede inteligente, na qual o conhecimento é produzido e compartilhado por todos, como previsto por Isaac Asimov, transformando sensivelmente a biosfera, como teorizado por Vernadsky, e que resulta em impactos sociais profundos, como imaginado por Arthur Clarke. A Internet e as tecnologias digitais de informação e comunicação são a infraestrutura que torna a noosfera possível, cibridizando e interconectando o nosso pensamento.

Para conhecer conteúdo adicional e atualizado referente a este capítulo, acesse o QRCode a seguir:

www.martha.com.br/livro-MED/saibamais03.html

CAPÍTULO 4

Após ler os Capítulos 1 e 2, fica claro que o principal fundamento em marketing é fazer a oferta certa, para a pessoa certa, no momento certo e no lugar certo. Hoje, provavelmente seus clientes estão *on-line*: participando de redes sociais digitais, mantendo-se atualizados em *sites* de notícias e *blogs* e pesquisando *on-line* quando necessário.

O marketing em ambiente digital coloca você nos mesmos canais, para que seus clientes em potencial possam vê-lo, aprender mais sobre você, consultar mais informações sobre seus produtos ou serviços, comprar e receber atendimento. Ou seja, fazer a jornada completa do cliente por meio dos canais digitais.

Se você é novo no marketing digital, pode parecer assustador pensar em dominar todas as estratégias, plataformas e táticas usadas nesse ambiente *on-line*.

Mas lembre-se de que o marketing digital é simplesmente marketing.

Existem diferentes táticas que você precisará aprender. Mas todas elas trabalham juntas para criar uma base para o seu negócio: atrair clientes em potencial, cultivar relacionamentos e fazer ofertas que o seu público apreciará e responderá.

O ambiente digital proporciona diversas novas plataformas para o desenvolvimento de estratégias de marketing, como as redes sociais, a busca, a plataforma móvel, *displays* digitais etc. O objetivo deste capítulo é conceituar o marketing dentro do cenário digital e apresentar as diversas plataformas que podem ser usadas em conjunto com as plataformas tradicionais para comporem, juntas, estratégias de sucesso.

The cluetrain manifesto

Para introduzir o capítulo, é muito importante citar o livro *The cluetrain manifesto*,[1] obra apresentada em 1999 como 95 teses em forma de manifesto, que

---

[1] Levine *et al.*, 1999. Mais informações sobre *The cluetrain manifesto* em: http://en.wikipedia.org/wiki/The_Cluetrain_Manifesto. Acesso em: 29 maio 2020.

examina os impactos da Internet nos consumidores e nas organizações. Em 2009, o livro ganhou uma edição comemorativa dos 10 anos de seu lançamento. Não foi à toa. As teses do livro têm se manifestado fortemente na última década, devido à difusão da Internet, e impactado particularmente o marketing. Veja algumas delas:

- A Internet muda tudo.
- Mercados começaram como conversas. A Internet transforma o marketing em conversas novamente.
- A Internet subverte hierarquias.
- Mercados *on-line* são muito diferentes dos mercados de massa.
- Empresas precisam adquirir senso de humor. Senso de humor envolve humildade, honestidade, valores e ponto de vista.
- As empresas estão com medo. O medo mantém as empresas distantes de seus consumidores. A Internet força as empresas a adquirirem intimidade com seus consumidores.

É muito interessante observar que a necessidade de se adquirir senso de humor, declarada no manifesto, é uma das habilidades mais necessárias no atual cenário digital devido à intimidade que esse ambiente traz entre consumidor e empresa – humildade, honestidade, valores e ponto de vista sempre foram necessários, mas hoje têm se tornado vitais a empresas que pretendem atuar com sucesso nesse contexto.

O digital e o marketing

No contexto em transformação catalisada pelo digital, discutido anteriormente e nas teses de *The cluetrain manifesto*, vemos que a sociedade, o mercado e o consumidor mudaram. Portanto, o marketing também precisa mudar levando em consideração esse novo cenário e as novas ferramentas e plataformas de ação que com ele se tornam disponíveis.

Ao nos lembrarmos da clássica definição de Kotler para marketing, apresentada no Capítulo 1 – *"atividade humana dirigida para satisfazer necessidades e desejos por meio de troca"* –, podemos afirmar que qualquer componente de uma estratégia de marketing para satisfazer necessidades ou desejos pode usar tecnologias e plataformas digitais ou não. Sabemos que as estratégias de marketing são planejadas com base nos 4 Ps – produto, preço, praça e promoção (como abordados nos Capítulos 1 e 2). Assim, enquanto há alguns anos tínhamos apenas a possibilidade de utilizar um composto de marketing baseado em tecnologias tradicionais, hoje qualquer um dos 4 Ps pode ser digital ou tradicional. Podemos citar como exemplo de produtos digitais um arquivo de *e-book*, uma música MP3, um aplicativo para *smartphone* ou um *software* como serviço (como a mLabs ou Conta Azul); os *bitcoins* seriam um exemplo de preço digital; os *e-commerces* e redes sociais, exemplos de praças digitais; finalmente, as ações de comunicação digital, como *links* patrocinados, são exemplos de promoção digital.

Normalmente, a expressão *marketing digital* é usada como sendo o marketing que utiliza estratégias com algum componente digital no marketing *mix* – produto, preço, praça ou promoção. No entanto, essa definição não é adequada, por dois motivos:

1. Privilegia um dos componentes da estratégia, no caso, o digital, em detrimento dos outros, como impressos, eletrônicos etc.
2. Apesar de o digital se difundir cada vez mais no dia a dia, a eletricidade e a energia de baterias são os principais fatores por detrás não apenas das mídias digitais, mas das eletrônicas também – assim, se temos marketing digital, teríamos de ter o marketing elétrico ou eletrônico.

Dessa forma, só há sentido em falar em marketing digital se todas as tecnologias e plataformas usadas nas ações forem digitais. Ainda assim, o termo *marketing digital* não é totalmente adequado nem nesse caso, pois o digital tende a permear todas as plataformas futuras, tornando-se tão transparente quanto a eletricidade é hoje para nós. Ninguém mais alardeia ou destaca o quanto a eletricidade é importante ou as maravilhas que ela faz, simplesmente porque ela está por detrás de quase tudo o que é feito atualmente. Além disso, "digital" não é especialidade nem objetivo de ações de marketing. Quando nos referimos a *mobile* marketing, marketing de busca, marketing em redes sociais, marketing de relacionamento, estamos nos referindo a todas as ações estratégicas dessas modalidades enfocadas na especificidade *mobile*, *search*, *social media*, relacionamento. Assim, marketing digital não existe. O que existe é marketing, e o seu planejamento estratégico é que determinará que plataformas ou tecnologias serão usadas – digitais ou não.

Apesar de o digital abranger cada vez mais aspectos da vida humana, ainda existimos também fora do digital, no ambiente tradicional material, composto de átomos. Nicholas Negroponte, em seu livro *A vida digital*,[2] diz que temos dois tipos de ambiente: os formados de *bits* e *bytes* (ambientes digitais) e os formados de átomos (ambientes materiais). Tendo naturezas completamente diferentes e com características específicas, ambos coexistem na vida humana.

---

2   Negroponte, 1995.

A proliferação de tecnologias e plataformas digitais oferece um cenário fértil para as mais diversificadas ações de marketing. A possibilidade de mensuração que o ambiente digital propicia também é uma vantagem enorme em relação aos ambientes materiais, tangíveis – o digital permite sincronicidade (*behavioral targeting*). No entanto, para se utilizar uma ferramenta com maestria, é necessário primeiro conhecê-la. É aí que reside um dos maiores problemas do cenário digital: a velocidade de mudança, que muitas vezes não nos dá tempo para conhecer todas as ferramentas e opções disponíveis.

Enquanto até meados do século XX o ciclo de vida das tecnologias era maior que o de vida humana (as pessoas nasciam e morriam e as mesmas tecnologias estavam lá – carro, avião, telefone, rádio etc.), hoje o ciclo de vida das tecnologias é muito menor que o da vida humana. Dessa forma, em poucos anos vemos ocorrer mudanças profundas na sociedade decorrentes das mudanças tecnológicas. Além disso, como mencionado no Capítulo 3, as plataformas digitais também estão fomentando uma explosão de conteúdos e soluções instantâneas em tempo real. As pessoas têm cada vez mais contas – vários endereços de *e-mail*, perfis em várias redes sociais, *login* em múltiplos aplicativos na nuvem (*cloud computing*), acessando tudo isso via diversos dispositivos distintos. Alguns referenciam esse fenômeno como "obesidade digital". Em razão desse processo acelerado de mudança e profusão de soluções, muitas vezes não se tem tempo suficiente para refletir e analisar o que usar ou não. John Naisbitt chama esse paradoxo de *high tech, high touch*:[3] quanto mais tecnologia temos em nossa vida, mais intoxicados e vazios de sentido nos tornamos, e mais precisamos do toque humano. Talvez a explosão das redes sociais digitais seja um dos indícios dessa necessidade do *high touch*.

Dessa maneira, apesar da complexidade crescente que a proliferação gigantesca e a mudança constante que a tecnologia nos apresenta, é necessário conhecer bem as novas ferramentas que temos para podermos usá-las nas estratégias de marketing. Diz-se que só quem conhece bem todas as regras consegue ir além delas, subvertê-las. Tal ação se aplica aqui. É como se tornar o Neo no filme *Matrix*, de 1999.

É muito importante ressaltar que o digital (com suas tecnologias e plataformas) não conserta marketing ruim, podendo até piorá-lo. O digital potencializa o alcance do marketing, tanto para o bem quanto para o mal, e acrescenta valor ao marketing bem-feito, enriquecendo-o.

"E toda banda larga será inútil se a mente for estreita."[4]

Podemos falar de estratégias digitais de marketing, que são as que usam plataformas e tecnologias digitais, envolvendo um ou mais dos 4 Ps, para alcançar os objetivos de marketing. Como o ser humano ainda vive no ambiente tradicional de marketing além do digital, necessitando de produtos materiais também, em mercados tradicionais físicos, passando por *outdoors*, lendo revistas, ouvindo rádio, um plano de marketing que envolva estratégias digitais de marketing associadas a estratégias tradicionais tende a

---

3   Naisbitt *et al.*, 1999.
4   Frase de um comercial da TIM. Disponível em: http://bit.ly/duFnX4. Acesso em: 29 maio 2020.

ser mais bem-sucedido, pois engloba as dimensões material e digital em que vive o ser humano. No entanto, neste livro, o foco são apenas as opções que o ambiente digital nos apresenta, assumindo que as opções tradicionais são bem conhecidas pelos leitores.

Plataformas, tecnologias e estratégias digitais de marketing

No ambiente digital de marketing, é possível enumerar diversas tecnologias e plataformas digitais que podem originar estratégias digitais de marketing. Ocorre, entretanto, com frequência, uma grande confusão entre plataformas e tecnologias com estratégias. Por exemplo, o Facebook não é uma rede social, mas uma plataforma de rede social. A rede social se forma sobre a plataforma e pode até estar sobre outras plataformas também. Assim, uma pessoa ou empresa pode ter uma rede social em que seus membros estejam tanto no Facebook quanto no Instagram e no X (Twitter). Outro exemplo é o TikTok. Ele não é estratégia nem rede social, mas apenas uma plataforma de vídeo, e o modo como é usado determina as estratégias e as mídias sociais que se formam nessa plataforma. O celular e todas as tecnologias móveis são plataformas, e não estratégias. O modo como usamos essas tecnologias determina a estratégia móvel. Assim, é importante diferenciar plataformas de tecnologias de estratégias, para que estas possam se utilizar adequadamente daquelas.

Portanto, é fundamental relacionar, pelo menos, as seguintes plataformas/tecnologias digitais:

- Páginas digitais (*sites*, *minisites*, *hotsites*, *e-commerces*, *landing pages*, portais, *blogs* e perfis).
- *E-mail*.
- Realidades mistas (realidade aumentada, virtualidade aumentada, realidade virtual).
- Tecnologias *mobile* (RFID, NFC, *Mobile Tagging*, SMS/MMS, *Bluetooth*, aplicativos, *Mobile* TV).
- Plataformas digitais de mídias sociais e redes sociais.
- Plataformas digitais de busca (Google, Yahoo, Bing, Wolfram|Alpha etc.).
- Aplicativos *mobile*.
- *Games* e entretenimento digital.
- Tecnologias inteligentes de voz.
- Vídeo/TV digital/vídeo imersivo.

Essas plataformas/tecnologias combinadas servem de base para o desenvolvimento de estratégias digitais de marketing, como:

- Presença digital.
- Marketing de conteúdo.
- Marketing de afiliado.
- Marketing de influência.

- *Omnichannel*.
- *E-mail* marketing.
- *Mobile* marketing.
- *Inbound* marketing.
- Social *ads*.
- SMM (*Social Media Marketing*) e SMO (*Social Media Optimization*).
- SEM (*Search Engine Marketing*) e SEO (*Search Engine Optimization*).

As estratégias digitais podem combinar os mais diversos tipos de tecnologia. Assim, as estratégias de presença digital, por exemplo, podem combinar *site* + *blog* + Instagram (páginas e rede social). Uma estratégia de *mobile* marketing pode usar, por exemplo, tecnologia de realidade aumentada. Uma estratégia de marketing de busca pode (e normalmente faz isso) se combinar com estratégias SMM e *mobile* marketing (busca *mobile*). Uma estratégia de comunicação que use propaganda, por exemplo, pode combinar anúncios em revistas impressas, televisão, *links* patrocinados (busca), *banners* em portais e em um *game* social. Assim, as tecnologias e plataformas digitais, somadas a tecnologias e plataformas tradicionais, oferecem uma infinidade de combinações que podem ser exploradas nas estratégias de marketing – é a estratégia que determina as ações a serem combinadas para se alcançar um objetivo de marketing desejado.

Considerando que o profissional de marketing é um estrategista, é necessário que ele conheça cada uma dessas plataformas, tecnologias e estratégias digitais com suas respectivas peculiaridades, para poder usá-las da melhor forma em um planejamento de marketing que atenda aos objetivos propostos. Quais usar? Como combiná-las entre si? Combinar com quais plataformas e tecnologias tradicionais? Isso continua sendo determinado pelo plano de marketing (veja o Capítulo 2) desenvolvido em função de público-alvo e objetivo a ser alcançado, ambiente (macro e micro) e recursos disponíveis, ou seja, o planejamento/metodologia não mudou, o que mudou foram as ferramentas disponíveis para uso estratégico.

Estamos chegando a uma época na qual a interatividade e a experiência são os principais aspectos para o sucesso de estratégias de marketing. O digital é a plataforma que dá vazão plena à interatividade, mas não necessariamente à boa experiência. Conseguir propiciar uma boa experiência ao consumidor/usuário envolve estratégias de marketing que vão muito além da tecnologia em si e dependem de um conhecimento profundo do público-alvo. Além disso, a tecnologia não para, e a cada momento teremos novas possibilidades tecnológicas que afetam o ambiente de marketing e, simultaneamente, ampliam o arsenal de ferramentas estratégicas. Desse modo, compreender esse cenário mutante complexo e conhecer as tecnologias disponíveis a cada momento constitui um diferencial competitivo valioso para as empresas.

O detalhamento de cada uma dessas plataformas, tecnologias e estratégias digitais relacionadas é o assunto dos próximos capítulos deste livro.

Público-alvo: além de alvo, mídia e gerador de mídia

É importante fazer uma ressalva sobre o conceito de público-alvo no contexto de marketing atual.

Apesar de "público-alvo" continuar sendo o consumidor que pretendemos alcançar e converter para os nossos objetivos de marketing, no cenário digital que se apresenta o público-alvo não é mais apenas alvo, mas passou também a ser mídia e gerador de mídia. Essa mudança é bastante importante, pois não podemos mais pressupor que o nosso público se comporta como um "alvo" estático à espera de ser "atingido". Isso é mais apropriado ao comportamento do consumidor das mídias tradicionais altamente controláveis. O consumidor e público hoje é ativo e dinâmico, como discutido anteriormente, e não só não pode ser "atingido" facilmente, como também é gerador de mídia – as mídias sociais, que estão se tornando uma das mais importantes formas de mídia a ser considerada nas estratégias de marketing.

Dessa forma, apesar de a metodologia de marketing continuar a mesma, a importância do relacionamento e engajamento dos diversos públicos, inclusive o público-alvo, passa a ser crítica no cenário digital atual. Ações contínuas de relacionamento, que também são estratégias de marketing, mais especificamente marketing de relacionamento, têm como objetivo a conquista e a conversão do público em relação à marca/empresa em todas as fases do relacionamento – conscientização, consideração, conversão e pós-venda. Ações de engajamento, para serem efetivas, precisam conhecer profundamente os públicos que se relacionam com a marca e ter a habilidade de fazer mapeamentos sociais e avançar no grau do relacionamento cada vez que é feita uma interação. Apesar de o foco deste livro não ser marketing de relacionamento, conforme a difusão digital da empresa cresce, torna-se essencial um programa contínuo de marketing de relacionamento, baseado em banco de dados, integração entre plataformas de contato, mapeamento e filosofia de interação com o público-alvo, ações em redes sociais (SMM e SMO) e criação de plataformas. Nesse sentido, em vez de trabalhar apenas com campanhas isoladas, uma após a outra, como normalmente ocorre nas mídias tradicionais, o ambiente digital possibilita criar plataformas contínuas de interação, que engajam o público e não apenas "o atingem".

No vídeo *The way forward*, Bob Greenberg e Barry Wacksman abordam o impacto da crise econômica mundial e a revolução digital na indústria da propaganda e apresentam o conceito de plataforma de maneira bastante interessante, ilustrando com *cases*, como o Nike Plus (Figura 4.1).

Transmídia e convergência

Com a proliferação e difusão das plataformas e mídias digitais no cotidiano das pessoas misturando-se a plataformas e mídias tradicionais, dois fenômenos importantes passaram a ocorrer intensamente: a transmídia e a convergência. É importante analisar esses conceitos, pois são bastante relevantes hoje para ampliar o contato e melhorar as experiências com o público-alvo, potencializando e integrando pontos de contato e interação.

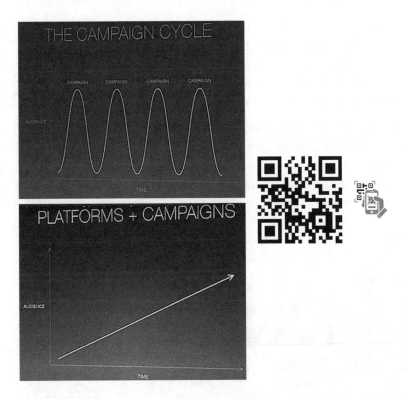

Figura 4.1 – Imagens e QRCode de acesso ao vídeo *The way forward* (em inglês) sobre campanhas e plataformas.
Fonte: Disponível em: www.youtube.com/watch?v=KsRpXZML5YU. Acesso em: 29 maio 2020.

Transmídia é o uso integrado das mídias, de forma que uma história ou mensagem ultrapasse os limites de um único meio. Segundo Filgueiras, transmídia pode ser definida como "*o suporte colaborativo de múltiplas mídias para entregar uma única história ou tema, na qual a narrativa direciona o receptor de um meio para o próximo, conforme a força de cada meio para o diálogo*".[5] As características da transmídia requerem que mais de uma mídia seja envolvida para suportar a mensagem/história/objetivo e a distribuição ou suporte da mensagem/história/objetivo intencionalmente se estenda pelas diferentes mídias.[6]

O uso do conceito de transmídia não se restringe aos meios digitais. A conversa entre pessoas, o jornal, a revista, o livro, a fotografia, o cinema, a televisão, os *posts* nas redes sociais, as páginas na Internet são exemplos de formas que permitem a criação e distribuição de mensagens transmídia. Um ótimo exemplo de uso de transmídia no marketing foi a campanha da Victoria's Secret, em 1999, durante a final do Super Bowl, que detém a maior audiência televisiva mundial. Em um intervalo do jogo, foi veiculado um comercial da Victoria's Secret na TV, anunciando que, após o jogo, aconteceria na

---

5   Filgueiras *et al.*, 2008.
6   Boumans, 2004.

Internet o desfile da nova coleção de *lingeries*. Quando o jogo terminou, grande parte da audiência da TV migrou para o *site* da Victoria's Secret na Internet para ver o desfile. Dessa forma, uma ação que começou numa mídia tradicional, a TV, continuou por meio de uma mídia digital, a Internet, ampliando a experiência do usuário com a marca e dando continuidade à entrega da mensagem/história.

As tecnologias de *mobile tagging* (tecnologias móveis discutidas na Parte III deste livro), como os QRCodes, alavancam o uso de transmídia entre as tradicionais e as digitais. Um exemplo interessante é o canal Globo: durante a exibição do noticiário na TV, ele apresenta um QRCode na tela que, quando escaneado diretamente da TV, permite ao telespectador acessar mais informações sobre a notícia no portal do G1 (Figura 4.2).

Figura 4.2 – Imagem do noticiário do canal Globo exibindo na televisão o QRCode para o telespectador saber mais informações sobre a notícia.
Fonte: Disponível em: https://redeglobo.globo.com/mg/tvintegracao/noticia/jornalismo-da-tv-integracao-lanca-qr-code-inedito-nos-telejornais.ghtml. Acesso em: 29 maio 2020.

Outro exemplo interessante é o do Chef Carrefour, que usou o PinCode do Pinterest em suas gôndolas físicas para estender a experiência de compra do consumidor, permitindo o escaneamento do código para acessar uma receita com o produto em questão dentro da rede social. Veja a Figura 4.3.

Enquanto a transmídia envolve a distribuição de um conteúdo por diversas mídias abrangendo tanto as digitais quanto as tradicionais, por outro lado, a convergência de mídias envolve o processo contrário – a convergência ocorre quando tecnologias que eram usadas separadas (como voz, vídeo, dados etc.) passam a compartilhar o mesmo meio e interagem umas com as outras de maneira sinergética, criando novas funcionalidades. Num sentido mais amplo, a convergência é definida como a interligação da computação e outras tecnologias de informação, conteúdo de mídia e redes de comunicação que emergiram como o resultado da evolução e popularização da internet, bem como das atividades, produtos e serviços que emergiram no espaço da mídia digital.[7]

Figura 4.3 – Imagem de um *wobbler* de gôndola com o Pincode do Pinterest que leva o usuário diretamente a uma receita usando o produto que está logo em sua frente na prateleira.

Em razão da facilidade inerente de as mídias digitais se misturarem, a convergência ocorre principalmente nos dispositivos digitais. O exemplo mais comum de convergência de mídia é o telefone celular. Os *smartphones* convergem vídeo, áudio, voz, imagem, dados e, recentemente, TV.

Outro exemplo interessante são os pacotes de TV a cabo que inicialmente ofereciam apenas o serviço de canais de televisão pagos e hoje, usando o mesmo cabo, oferecem

---

7   Wikipédia, 2010-2018.

uma multiplicidade de novos serviços (tecnologias, mídias), como telefone e acesso à Internet por banda larga.

Em outras palavras, a convergência permite que a mesma mensagem/conteúdo seja consumida em diversas plataformas diferentes de mídia, tendo, portanto, como característica fundamental a portabilidade.

No livro A cultura da convergência,[8] Henry Jenkins afirma que *"a convergência está modificando o modo como criamos, consumimos, aprendemos e interagimos uns com os outros"*. Um exemplo disso é o modo como a convergência das redes sociais digitais no celular tem aumentado os seus usos (tanto das redes quanto do celular), gerando até novas formas de interação, como as baseadas em geolocalização. Outro exemplo é a explosão de vendas de aparelhos de TV para se conectarem à Internet. Uma pesquisa da Kantar IBOPE Media mostra que o uso de TV conectada no Brasil quase que dobrou em 5 anos. Em 2018, 34% dos lares brasileiros tinham um aparelho conectado à Internet; em 2022, o percentual aumentou para 59%. De acordo com o levantamento, dos internautas com acesso à Internet na TV, 78% consomem conteúdo na televisão diariamente ou quase todos os dias. Isso mostra que, além de assistir aos programas tradicionais da mídia televisiva, os consumidores estão usando também no mesmo aparelho de TV serviços de redes sociais de vídeo, como o YouTube, ou serviços *on-line*, como a Netflix.

Entender a dinâmica das estruturas de transmídia e convergência é importante para desenvolver estratégias adequadas que as utilizem. Para que o marketing se beneficie do seu uso, é essencial conhecer o comportamento do público-alvo em relação a quais mídias e plataformas utiliza e como, permitindo, assim, alavancá-las. Desse modo, a determinação das mídias e tecnologias mais adequadas para cada ação de transmídia ou de convergência depende intrinsecamente do público-alvo.

Contaminação intermídias

Outro aspecto importante decorrente da proliferação das mídias digitais é a crescente contaminação de assuntos entre as mídias – tanto as digitais quanto as tradicionais –, umas se alimentando das outras. Diferentemente da discussão anterior de transmídia e convergência, que aborda a relação do conteúdo com a tecnologia e a mídia por onde trafega e é disseminado, a questão aqui se relaciona à apropriação que uma mídia faz de assuntos divulgados inicialmente em outra, propagando-o. O fato de que um assunto surge em uma forma, ou uma mídia, e é propagado por outras formas e mídias sempre aconteceu. O que mudou é a velocidade com que essa propagação ocorre – quanto mais nos aproximamos da informação em tempo real, como discutido no Capítulo 3, mais rapidamente os assuntos de uma mídia contaminam a outra.

Desde os primórdios da televisão, por exemplo, é muito comum que uma notícia veiculada na TV num dia seja discutida no jornal no outro. Matérias de revistas foram

---

8   Jenkins, 2006.

várias vezes propagadas para a TV, dando continuidade ao tema, mesmo que com abordagens distintas. A diferença entre transmídia e contaminação intermídia é que, no primeiro caso, a construção da mensagem/história/objetivo é intencionalmente disseminada e propagada pelas diferentes mídias para alcançar o resultado desejado. No caso da contaminação intermídia, o processo não é planejado, é orgânico, viral e dissemina-se de uma mídia para outra de forma espontânea.

Esse fenômeno é particularmente importante porque o impacto de uma mídia nas outras tem se tornado cada vez maior, o que pode afetar as ações de marketing, favorecendo-as ou não. Veja alguns exemplos que podemos mencionar de uma mídia digital (X, antigo Twitter) se relacionar com mídias tradicionais de modo que uma alimenta a outra e afeta os desdobramentos do acontecimento/assunto/evento:

- **BBB 2010 (Big Brother Brasil) e X (Twitter)**: por um lado, o programa BBB[9] 2010 elencou no seu grupo uma participante que ficou notória de forma bastante controversa no X, Tessalia Serighelli (@teS2alia). Por outro lado, durante os horários em que o programa passava na televisão, tudo o que acontecia no BBB era tuitado. O interessante é que mesmo quem nunca acompanhou o BBB na televisão, como eu, sabia o que estava se passando nessa edição 2010 em razão dos comentários no X.

- **BBB 2020 (Big Brother Brasil) e a mudança no consumo de conteúdo**: 10 anos depois da edição que estimulou as conversas no X, chegou a vez da inversão de ordem. Agora a vida *on-line* estimula a audiência na TV. O BBB 2020 mostrou como as redes sociais estão cada vez mais interligadas a todos os outros meios e potencializam a influência que a TV exerce na vida dos brasileiros. Essa edição do programa recrutou influenciadores digitais como participantes da casa. Isso ocasionou o planejamento transmídia de conteúdo, como o de Bianca Andrade, mais conhecida nas redes sociais como Boca Rosa, que em uma ação sincronizou seus *posts* previamente agendados com os *looks* usados no programa. Quem ganhou com isso foram as marcas parceiras que patrocinam a influenciadora, que tinha mais de 9 milhões de seguidores no dia. O objetivo era atrair a audiência da TV para seu Instagram e vice-versa. Já Manu Gavassi, cantora e atriz, participante também da casa, lançou uma série de *posts* em vídeo em seu Instagram para que a audiência da TV a conhecesse melhor. Tudo pensado e sincronizado com um plano de contaminação intermídias. Essa foi a primeira edição em que a Globo liberou o uso do celular dentro da casa (sem conexão de telefone e Internet) para os participantes fazerem fotos e vídeos para publicar no "Feed BBB", disponível na sala da casa e na Internet para o público.

- **Futebol e X**: do mesmo modo que aconteceu no BBB, é cada vez mais frequente que as pessoas que estejam acompanhando os jogos de futebol na TV,

---

9 Big Brother Brasil (conhecido como BBB) é um programa de televisão do tipo *reality show* apresentado na Rede Globo desde 2002 e, em 2010, teve sua 10ª edição. Mais informações em: http://en.wikipedia.org/wiki/Big_Brother_Brasil. Acesso em: 18 jun. 2020.

no rádio, no campo etc. tuitem, façam *stories* e comentem em tempo real nas redes sociais. Esses comentários alimentam os programas de televisão sobre os jogos de futebol. A contaminação é tanta, que muitas vezes os próprios técnicos de times de futebol têm dado notícias diretamente pelos seus perfis no X, não passando pela imprensa. Por exemplo, o técnico de futebol Mano Menezes (@manomenezes) tem quase 3 milhões de seguidores no X e suas declarações alimentam não apenas os programas de TV, mas também o jornal, o rádio e as revistas.

- **"Cala boca, Galvão" e a imprensa mundial:** uma brincadeira antiga com um popular narrador de esportes da Rede Globo de Televisão, Galvão Bueno, tomou proporções mundiais em razão da contaminação das mídias e da propagação maliciosa da mensagem. O "cala boca, Galvão", que era usado no âmbito brasileiro durante as transmissões desse locutor, acabou alcançando coro nas mensagens no X. Em consequência, o termo "cala boca, Galvão" passou a figurar entre os Trending Topics mundiais do X, que, por sua vez, despertou a curiosidade do mundo sobre o assunto. Em decorrência disso, aproveitando a oportunidade de visibilidade mundial, alguns brasileiros alimentaram a brincadeira criando versões falsas para o termo, incentivando que estrangeiros continuassem a tuitá-lo. Uma das versões falsas era que Galvão era uma ave em extinção e que cada *tweet* com o termo "cala boca, Galvão" resultaria em uma doação para prevenir a extinção da ave. Outra versão falsa sobre o termo envolveu-o em uma história sobre uma canção da *pop star* Lady Gaga.[10] A repercussão foi tão grande ao redor do mundo, que não apenas jornais como *The New York Times* divulgaram a notícia, mas a própria Rede Globo e o Galvão Bueno comentaram na televisão os desdobramentos da brincadeira. O interessante de se observar aqui é que há mais de uma década os brasileiros, de alguma forma, brincam com o narrador televisivo Galvão Bueno. Com as mídias digitais interativas se aproximando do tempo real, as contaminações são tão rápidas entre as mídias que, pela primeira vez, essa brincadeira conseguiu um alcance mundial.

- Em 2019, o final do programa MasterChef foi transmitido pela primeira vez simultaneamente da TV e no X. A ação contou com conteúdo e ativações na plataforma ao longo da temporada inteira, com maior intensidade na última semana da série. Durante a exibição do programa na TV, os telespectadores podiam ver os *tweets* feitos com a *hashtag* #MasterChefBR diretamente na tela da TV. Todos os participantes do *reality* também ganharam um usuário no X e se engajavam ao longo da série. É uma oportunidade de se engajar com a audiência quando ela está mais aberta a isso. Após a final, o vencedor participou de uma sessão de perguntas ao vivo no X.

Uma questão importante a ser levantada em relação à contaminação intermídia se refere à mutação da mensagem conforme ela se propaga. No caso do "cala boca, Galvão",

---

10 Matéria sobre o "cala boca, Galvão", em *The New York Times*, disponível em: https://www.nytimes.com/2010/06/16/nyregion/16about.html. Acesso em: 18 jun. 2020.

fica clara a facilidade com que a história foi modificada enquanto se propagava. Esse fenômeno é potencializado pelas redes sociais *on-line* e pode afetar consideravelmente as marcas.

Hype cycle das tecnologias

Quando adentramos o cenário digital, a quantidade de tecnologias que surgem em intervalos cada vez menores é impressionante. Como estamos cada vez mais cercados de tecnologias, torna-se essencial entender seu impacto na sociedade e no mercado.

Muitas tecnologias, quando introduzidas no mercado, são recebidas com excesso de euforia, como panaceias, viram moda, e depois de algum tempo o entusiasmo passa e percebe-se que não são solução para tudo, causando decepção. No entanto, depois do período de decepção, cada tecnologia acaba alcançando o seu real papel no espectro tecnológico – sem ser solução para tudo, mas tendo sua finalidade específica – e, nesse momento de maturidade, alcança sua real importância no cenário mercadológico. Esse processo foi analisado pela Gartner Inc. em 1995 e batizado de *hype cycle*,[11] que é uma representação gráfica da maturidade, adoção e aplicação social de tecnologias específicas. As cinco fases de um *hype cycle* são descritas na Figura 4.4.

- **"Gatilho da tecnologia"**: nessa primeira fase, algum fator se torna o gatilho da tecnologia, gerando interesse significativo do mercado e da mídia. Esse gatilho pode ser o lançamento de um produto ou evento.
- **"Pico das expectativas infladas"**: nessa segunda fase, o *frenesi* da publicidade normalmente gera um entusiasmo exagerado e expectativas irreais em relação à tecnologia. Devem existir algumas aplicações para a tecnologia, mas normalmente existem mais falhas.
- **"Depressão de desilusão"**: as tecnologias entram nesse estado porque falham em atender às expectativas e rapidamente saem de moda. Consequentemente, a imprensa normalmente abandona o assunto e a tecnologia.
- **"Ladeira do esclarecimento"**: apesar de a imprensa ter parado de abordar a tecnologia, alguns negócios continuam a usá-la e a experimentá-la para compreender seus benefícios e aplicações práticas.
- **"Platô de produtividade"**: o platô de produtividade é alcançado por uma tecnologia conforme os seus benefícios se tornam amplamente demonstrados e aceitos. A tecnologia se torna gradativamente estável e evolui na segunda ou terceira geração. A altura final do platô varia, dependendo se a tecnologia é amplamente aplicável ou se ela se beneficia de apenas um nicho de mercado.

---

[11] Mais informações em: http://en.wikipedia.org/wiki/Hype_cycle. Acesso em: 18 jun. 2020.

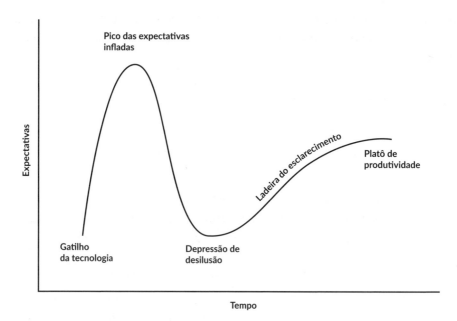

Figura 4.4 – Imagem do *hype cycle*, de Gartner.
Fonte: Disponível em: https://www.gartner.com/en/research/methodologies/gartner-hype-cycle. Acesso em: 29 maio 2020.

O *hype cycle* de determinada tecnologia ajuda a avaliar em que estágio esta se encontra após sua introdução e quando atingirá o platô de produtividade. Veja exemplos recentes de tecnologias associadas a marketing e propaganda que estão em estágios diferentes do ciclo:

- **Aplicativos de mensagens (WhatsApp, Facebook Messenger etc.)**: já alcançaram o platô de produtividade. Depois do seu lançamento, os *apps* de comunicação foram adotados de forma maciça como solução de comunicação. Depois de um tempo, percebeu-se que não eram ideais quando se necessitava de assincronicidade ou rastreamento de assuntos. Atualmente, são amplamente usados para comunicação síncrona que se beneficie do formato instantâneo e curto.

- **Second Life**: o mundo virtual Second Life foi uma febre em 2007 quando atingiu o topo do ciclo (também chamado de *hype*). Na sequência, em 2008 e 2009, quando o marketing percebeu que o Second Life não podia ser explorado da mesma forma que um *website*, ele entrou na depressão da desilusão. Apesar disso, várias áreas se beneficiam dos mundos virtuais, como educação e recrutamento, e continuaram a usar o Second Life. Trataremos de mundos virtuais no Capítulo 11, que aborda as realidades mistas.

- **Inteligência artificial para marketing**: apesar de a Inteligência Artificial ser um assunto antigo, somente agora está vivendo o período de *hype* (pico de expectativas) para o marketing. O gatilho para disparar a entrada da inteligência artificial no marketing foram os lançamentos de APIs (*Interface* de Programação de Aplicações) por parte de grandes *players* como IBM, Amazon, Google e mais recentemente a OpenAI financiada pela Microsoft, que possibilitam o uso de maneira simples. Nesse estágio, em razão do encantamento tecnológico, proliferam aplicações que usam essa tecnologia, e muitas delas são apenas pirotecnias tecnológicas.

Considerações e recomendações adicionais

- **Livro Unbound marketing: um framework para construir uma estratégia exponencial usando o marketing em ambiente digital**:[12] nesse livro, Rafael Kiso traz cinco passos para um real planejamento estratégico baseado nas etapas da jornada do cliente.
- **Vídeo *Marketing: o caminho digital é irreversível?* (61 min)**: nesse vídeo, o programa Urban View recebe Martha Gabriel, que fala sobre como as constantes mudanças na tecnologia estão impactando a sociedade e a nossa cultura. O vídeo pode ser visto pelo QRCode da Figura 4.5.

Figura 4.5 – QRCode de acesso ao vídeo *Marketing: o caminho digital é irreversível?* (61 min).
Fonte: Disponível em: http://vimeo.com/8337603. Acesso em: 29 maio 2020.

- **Livro sobre marketing de relacionamento**: com a difusão crescente das redes sociais *on-line*, o marketing de relacionamento é disciplina fundamental para traçar estratégias de sucesso no longo prazo. Para aqueles que desejem se aprofundar nesse assunto, o livro *Marketing de resultados* (Abaetê Azevedo e Ricardo Pomeranz. São Paulo: MBooks, 2004) é uma ótima fonte.

Para conhecer conteúdo adicional e atualizado referente a este capítulo, acesse o QRCode a seguir:

www.martha.com.br/livro-MED/saibamais04.html

---

12 Kiso, 2021.

PARTE II

Capítulo 5 – **Neuromarketing**

Capítulo 6 – **Inteligência artificial, emoções humanas**

Capítulo 7 – **Netnografia**

Capítulo 8 – **A jornada do cliente**

A Parte I deste livro trata dos conceitos fundamentais do marketing, do seu planejamento e das suas transformações ao longo do tempo. Uma das principais transformações foi a evolução da experiência ao cliente, deixando de ser algo estático, baseado em interações físicas, para ser algo dinâmico, cada vez mais digital.

Embora os termos *Customer Centric* e *Customer Experience* sejam frequentemente tratados quase como sinônimos, com significados semelhantes a outros termos como "satisfação do cliente", "foco no cliente" ou "serviço ao cliente", o fato é que esses dois termos são bem diferentes.

Se a experiência do cliente envolve o valor que ele recebe em todos os pontos de contato, ser *Customer Centric* é o que motiva as empresas a fornecer tal experiência.

As experiências digitais envolvem como um cliente interage com seu *website*, aplicativos ou mídias sociais, entre outros canais digitais.

Não é tarefa fácil coordenar e gerenciar como todos esses vários pontos de contato do cliente entre o *on-line* e o *off-line* são configurados e entregues a diferentes clientes da maneira mais relevante e geradora de valor.

Para oferecer uma boa experiência ao cliente, a empresa deve primeiro se concentrar no cliente e em como ele vive a sua vida, o que ele pensa, sente, vê, fala, quais são seus pontos de dores, objetivos e aspirações. O foco no cliente é seu motivo para querer oferecer boas experiências a ele em primeiro lugar.

A Parte II apresenta capítulos que fundamentam como os negócios podem se conectar com eficiência ao cliente na era digital e quais são os processos voltados para o cliente que precisam ser bem projetados e executados na perfeição. Veja:

CUSTOMER CENTRIC: CX (CUSTOMER EXPERIENCE) NA ERA DIGITAL

- **Capítulo 5 – Neuromarketing**. A disseminação das tecnologias digitais impacta o marketing em dois aspectos simultâneos importantes relacionados com o cérebro humano: (1) permitem melhor medição e conhecimento do cérebro, e, portanto, do consumidor; (2) nos sobrecarregam de conteúdos, conexões e plataformas, aumentando a concorrência para a mensagem e dificultando a atenção. Nesse contexto, usando o primeiro, conseguimos criar estratégias de marketing para combater o segundo. Esse capítulo aborda a neurociência aplicada e como ela pode ser usada estrategicamente no marketing.

- **Capítulo 6 – Inteligência artificial, emoções humanas**. A ascensão dos sistemas digitais inteligentes (inteligência artificial) associados à abundância cada vez maior de dados disponíveis (*big data*) gerados pela Internet das Coisas (IoT) permite uma automação de processos de informação cada vez mais precisa para o conhecimento do comportamento do consumidor/cliente. Esse contexto favorece não apenas a criação de estratégias mais efetivas de atração, conversão, retenção e fidelização do consumidor/cliente, como também aumenta consideravelmente o potencial de personalização em massa e a predição de comportamentos. Nesse capítulo, discutimos essas possibilidades de automação para conhecimento do consumidor/cliente.

- **Capítulo 7 – Netnografia.** Conforme as pessoas passam a viver cada vez mais simultaneamente nas dimensões física e digital, esta última torna-se cada vez mais essencial para a compreensão dos valores e comportamentos das pessoas. A utilização da antropografia aplicada ao ambiente digital – área emergente de pesquisa de mercado, denominada netnografia – caracteriza-se como um dos principais instrumentos para conhecimento dos públicos-alvo na era digital. Esse capítulo tem por objetivo apresentar a netnografia e formas de uso e é escrito por uma colaboradora convidada, a brilhante antropóloga Valéria Brandini, *expert* nesse assunto.

- **Capítulo 8 – A jornada do cliente.** Na era digital, os meios *on-line* e *off-line* estão cada vez mais integrados por meio dos dispositivos móveis e da IoT. Portanto, não importa se o contato do consumidor é feito pela Internet ou fisicamente, a experiência dele deve ser fluida e integrada, considerando que o clássico funil de vendas linear agora é dinâmico. Esse capítulo tem por objetivo apresentar o funil dinâmico de marketing e como a experiência do consumidor é importante ao longo da sua jornada com o negócio para ele se tornar um promotor da marca.

A disseminação das tecnologias digitais impacta o marketing em dois aspectos simultâneos importantes relacionados com o cérebro humano:

- Permitem melhor medição e conhecimento do cérebro, e, portanto, do consumidor/cliente.
- Sobrecarregam-nos de conteúdos, informações, conexões e plataformas, aumentando a concorrência para a mensagem e dificultando a atenção, a compreensão e o engajamento.

Nesse sentido, usando o primeiro, conseguimos criar estratégias de marketing para combater o segundo.

O objetivo deste capítulo é apresentar o neuromarketing como instrumento estratégico para o marketing e mostrar os diversos tipos de técnicas que podem ser utilizadas. Como tudo o que se relaciona com o cérebro é sempre complexo, envolve múltiplas áreas e evolui muito rapidamente,[1] é preciso tomar cuidado com certezas absolutas ou uso de atalhos fáceis e sedutores. Nesse sentido, o foco aqui é trazer os conceitos fundamentais para a compreensão do assunto e sua utilização, da forma mais simples possível, mas sem ser simplória. Isso visa garantir ao leitor uma base conceitual essencial para continuar a se aperfeiçoar no tema e conseguir distinguir entre a ciência do neuromarketing e as neurofalácias, que, infelizmente, aparecem com frequência como fórmulas infalíveis, mas que são, na realidade, mitos, achismos, desinformação ou teorias mal interpretadas.

Mitos & fatos

Por exemplo, dois dos mais populares mitos sobre o cérebro são: a divisão do cérebro em esquerdo e direito; uso de apenas 10% do cérebro. Eles são, na realidade, uma má intepretação de fatos. Vejamos...

---

[1] O cérebro é um dos campos de estudo mais dinâmicos que existem, pois ainda falta muito a ser desvendado – assim, como as teorias e técnicas de aplicação das neurociências evoluem continuamente, os profissionais envolvidos na sua utilização (como os profissionais de neuromarketing) devem acompanhar de perto essa evolução para a adequação das suas estratégias.

Mito da divisão do cérebro em esquerdo e direito

Anatomicamente, o cérebro realmente tem dois hemisférios – esquerdo e direito. No entanto, a ideia de que eles trabalham de forma independente e que a parte esquerda do cérebro é associada à criatividade e que a direita rege a lógica foi disseminada de forma equivocada e mal compreendida. O cérebro é uma rede complexa totalmente conectada, e apesar de cada hemisfério ter suas especificidades, eles trabalham de forma conjunta e complementar. Não é possível fazer uma separação simplista de funções em um órgão tão complexo. O QRCode da Figura 5.1 dá acesso a um vídeo do TED Ed (TED for Education) que explica esse assunto de forma didática.

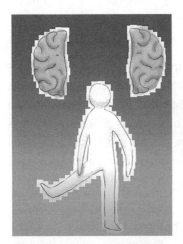

Figura 5.1 – Imagem do vídeo *O mito dos lados esquerdo e direito do cérebro*, por Elizabeth Waters no TED Ed (ative as legendas em português).
Fonte: Disponível em: https://youtu.be/ZMSbDwpIyF4. Acesso em: 10 jun. 2020.

Mito do uso de apenas 10% do cérebro

Outra teoria amplamente divulgada e citada, mas desmentida pela ciência, é que os humanos usam apenas 10% do seu cérebro. Apesar de não se conhecerem totalmente os mecanismos que regem o funcionamento do cérebro (por exemplo, memória e consciência), a fisiologia do mapeamento cerebral sugere que todas as áreas do cérebro possuem função e que são todas usadas praticamente o tempo todo.[2] Por outro lado, a capacidade cerebral pode ser aumentada por meio de inúmeras iniciativas que melhorem, em algum grau, o seu funcionamento – como, por exemplo, prática de exercício físico, meditação, alimentação, sono, substâncias (artificiais ou naturais) que estimulem os neurotransmissores (nootrópicos ou *smart drugs*)[3] etc.

Nutre-se, assim, uma mentalidade crítica e, ao mesmo tempo, aberta em relação a todo o conhecimento relacionado ao cérebro. Vamos a ele.

Cérebro & decisões

Indubitavelmente, para nós, humanos, o cérebro é o objeto mais fascinante do universo, pois ele funciona como o controle central da nossa existência. Tudo o que vemos, sentimos ou fazemos é o nosso cérebro que vê, sente ou faz. A forma como interpretamos o mundo – tudo ao nosso redor, nossas vidas, nós mesmos – e agimos é resultado de como o nosso cérebro processa estímulos e comanda ações. É o nosso cérebro que **dá sentido** a tudo e a qualquer coisa – é ele que dá significado a objetos, eventos, situações, acontecimentos, relacionamentos, lugares, enfim, tudo.

Tomamos milhares de decisões por dia, que são todas processadas no cérebro. Apesar de acharmos que estamos decidindo de forma consciente o tempo todo, na realidade, grande parte dessas decisões é realizada de modo inconsciente.[4] Fazendo uma analogia com um *iceberg*, o inconsciente seria a parte submersa dos nossos processos mentais (Figura 5.2) – configurando-se como a maior e, também, a mais profunda, inacessível ao consciente. Portanto, grande parte daquilo que impele nossos comportamentos está oculta. Para entendermos como as decisões são tomadas no cérebro, precisamos compreender o inconsciente.

A mente inconsciente[5] consiste nos processos mentais que acontecem de forma automática e que não estão disponíveis para introspeção (avaliação consciente) – incluem memórias, interesses e motivações. Nesse sentido, a mente inconsciente pode ser vista como a fonte de sonhos e pensamentos automáticos (aqueles que surgem sem causa aparente), o repositório de memórias esquecidas (mas que podem futuramente ser acessadas pela mente consciente), e onde reside o conhecimento implícito (aquilo que aprendemos tão bem, que fazemos sem pensar).

---

2   Ver referências em: https://en.wikipedia.org/wiki/Ten_percent_of_the_brain_myth. Acesso em: 20 jun. 2020.
3   Mais sobre *smart drugs* em: https://hospitalsantamonica.com.br/o-que-sao-smart-drugs-conheca-um-pouco-mais-sobre-essa-droga/ e https://rsaude.com.br/joinville/materia/nootropicos-as-drogas-inteligentes-ou-smart-drugs-existem-mesmo/19114. Acesso em: 20 jun. 2020.
4   Existem inúmeras decisões que são tomadas melhor de forma inconsciente do que consciente. Disponível em: https://youtu.be/ph7LcupAENw. Acesso em: 9 jul. 2020.
5   O termo "inconsciente" foi cunhado pelo filósofo Friedrich Schelling no século XVIII. O conceito foi popularizado por Sigmund Freud. Veja mais em: https://en.wikipedia.org/wiki/Unconscious_mind. Acesso em: 20 jun. 2020.

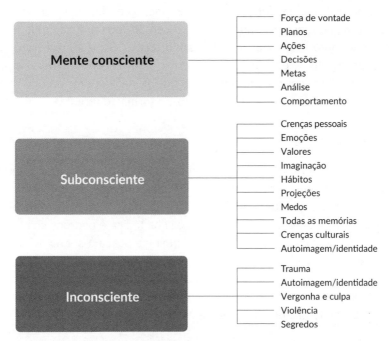

Figura 5.2 – Imagem representativa da mente consciente, subconsciente e inconsciente. **Fonte**: Baseada em imagem disponível em: https://lacingupmylife.com/2020/03/25/podcast-review-6-impaulsive-peter-crone-knows-why-logan-lost-the-fight/. Acesso em: 20 jun. 2020.

Portanto, apesar de todas as decisões serem tomadas no cérebro, nem todas são iguais[6] – elas demandam níveis de processamento, ativação de áreas e consumo de energia de forma distinta, e usam de modos diferentes o consciente e o inconsciente. Por exemplo, decisões de controle do corpo – como a respiração – acontecem de forma inconsciente e constantemente, sem você ter de gastar energia "pensando" sobre isso. Por outro lado, quando você está tomando decisões de mais alto nível, como, por exemplo, aprendendo uma nova habilidade, você ativa várias áreas cerebrais, demandando mais processamento e consumindo mais energia.

Entender esse funcionamento e como acontecem essas decisões no cérebro nos dá o maior poder de todos: controlar aquilo que nos controla.

"Até você se tornar consciente, o inconsciente irá dirigir a sua vida e você vai chamá-lo de destino."
Carl Gustav Jung

No entanto, é importante considerar que, apesar de sermos todos biologicamente equipados com a mesma estrutura cerebral básica, cada indivíduo desenvolve o seu

---

6   Decisões conscientes *vs.* inconscientes afetam a tomada de decisão de problemas complexos. Veja: https://www.psychiatryadvisor.com/home/opinion/making-a-decision-using-conscious-vs-unconscious-thinking-to-solve-the-problem/. Acesso em: 9 jul. 2020.

cérebro de forma distinta, em função da sua herança genética, cultura, aprendizados e experiências. Assim, ao mesmo tempo em que o cérebro nos unifica como humanidade, ele nos diferencia como indivíduos, nos tornando únicos. Sabe aquela história do copo pela metade que alguns veem como "meio cheio", outros como "meio vazio", outros simplesmente veem um "copo pela metade" e outros nem notam o copo? Pois é, isso são cérebros diferentes interpretando o mundo de formas diferentes.

Nature vs. Nurture

Duas forças fundamentais simultâneas são responsáveis pelo desenvolvimento individual do nosso cérebro e os padrões de comportamentos que ele gera: a natureza (*nature*, biologia/genética) e a cultura (*nurture*). Ou seja, nosso cérebro desenvolve padrões comportamentais configurados em nossa natureza biológica e padrões comportamentais psicológicos aprendidos, nutridos na cultura. A biologia busca a sobrevivência do indivíduo – incentivando padrões que tendem a lhe permitir qualquer tipo de comportamento que maximize a sua existência. Por outro lado, a cultura busca a sobrevivência do grupo – com padrões comportamentais que beneficiem o todo, restringindo ou proibindo comportamentos individuais que prejudiquem o equilíbrio geral.

*"A biologia **permite**; a cultura **proíbe**."*
Yuval Harari, em Sapiens

Um exemplo disso é como o cérebro humano reage a cores – o padrão de reação a elas atua tanto na dimensão biológica quanto cultural. Enquanto cores complementares têm efeito máximo de contraste para o olho humano, e, portanto, são uma combinação biológica atrativa para os olhos, por outro lado, seu significado depende da cultura onde estão inseridas – esse é o caso da raiva, que na maior parte do mundo é representada pela cor vermelha, mas para os Hindus é expressa em preto.[7]

Nesse sentido, para desenvolver estratégias de marketing para determinado público, precisamos considerar sempre essas duas dimensões comportamentais do cérebro – biológica e cultural –, pois a sua combinação pode afetar consideravelmente os resultados. Isso explica por que alguns produtos que fazem sucesso em um país são um fracasso em outro.[8]

"Não vemos as coisas como elas são; vemos as coisas como nós somos."
Anaïs Nin

Assim, o nosso mundo é como os nossos cérebros são. Portanto, quanto mais conhecemos o cérebro de alguém, mais conseguimos entender sua visão de mundo,

---

[7] Veja o significado das cores nas culturas em: https://www.informationisbeautiful.net/visualizations/colours-in-cultures/. Acesso em: 20 jun. 2020.

[8] Veja exemplos de 10 negócios nos Estados Unidos que fracassaram em outros países em: https://internationalbusinessguide.org/10-successful-american-businesses-that-have-failed-overseas/. Acesso em: 20 jun. 2020.

comportamento, desejos e necessidades – tudo o que o marketing precisa para realizar sua função e atender melhor as pessoas.

No entanto, aqui, ao considerar controle cerebral, existem dois caminhos, e um deles é nebuloso. Quando focamos em controlar o nosso próprio cérebro para melhorar nossas vidas tomando melhores decisões, estamos atuando na dimensão de desenvolvimento pessoal – saúde, produtividade, *performance*, bem-estar, relacionamentos etc. Isso é ótimo, e apesar de extremamente importante, não é o foco deste livro. O outro caminho é quando passamos a considerar atuar no cérebro dos outros – influenciar públicos para engajar em algum objetivo do nosso negócio: nesse sentido, essa estrada está intimamente relacionada com o marketing, e é aí que entramos em uma área cinzenta e bastante perigosa. Esse caminho deve ser regulado pela ética, porque, sem isso, cruzamos a linha que separa o marketing e a manipulação. Lembrando que marketing é a ciência de entender necessidades e desejos de pessoas e atendê-los por meio de troca, o uso do conhecimento do cérebro humano no marketing deve ter como meta conseguir realizar a melhor troca possível, com ética, para que traga o melhor resultado para ambas as partes: a empresa e o seu público. Se não for assim, não é marketing, é manipulação.

Então, como é, afinal, o cérebro humano?

O cérebro é tão poderoso quanto complexo. Por isso, em muitos sentidos, ele continua sendo um mistério para os cientistas. No entanto, ao mesmo tempo, muita coisa também já foi desvendada sobre o seu funcionamento. As ciências que o estudam são as neurociências – um campo multidisciplinar, que combina várias áreas do conhecimento – como fisiologia, anatomia, biologia molecular, citologia, modelagem matemática e psicologia – para compreender as propriedades fundamentais e emergentes dos neurônios e circuitos neurais.

Esse conhecimento tem sido a base para podermos ampliar e otimizar o seu uso e, também, para entender a relação do cérebro com diversas outras áreas do conhecimento – isso é denominado neurociência aplicada. Por exemplo, neuroestética é a neurociência aplicada à área de estética, ou seja, como o nosso cérebro se comporta quando estimulado com experiências estéticas. *Neurobusiness* é o uso do conhecimento do cérebro aplicado em negócios – produtividade, influência, gestão de pessoas, desenvolvimento de produtos etc. Uma das dimensões do *neurobusiness* é o neuromarketing,[9] que foca exclusivamente na relação entre cérebro e marketing – que é o assunto deste capítulo.

Conhecendo o cérebro

O nosso órgão mais importante é biologicamente configurado para otimizar a nossa existência, maximizando prazer e minimizando dor, gastando o mínimo de energia possível

---

[9] Existe uma linha de estudiosos que prefere o termo "neurociência aplicada ao consumo" a "neuromarketing". No entanto, considerando que a compreensão do cérebro do consumidor/cliente determinará estratégias de marketing (podendo determinar e/ou influenciar as dimensões de produto, preço, praça e promoção), entendemos aqui o termo "neuromarketing" como adequado.

nesse processo. Assim, com esse objetivo, o cérebro está constantemente processando informações internas do corpo e externas do ambiente na busca de decidir melhor a cada momento.

Para tanto, o cérebro conta com aproximadamente 86 bilhões de neurônios[10] formando uma rede que transmite e recebe todo tipo de informação, conectando o sistema nervoso e o resto do corpo. Por exemplo, para enxergar, as células do olho se conectam com o cérebro, que comanda os olhos e pode fazer com que mudemos a direção do olhar, pisquemos para lubrificar etc. Até o intestino afeta as decisões cerebrais – ele possui uma extensa superfície repleta de sensores que estão conectados e se comunicando constantemente com o cérebro. Esses sinais do intestino para o cérebro exercem uma influência poderosa no humor e na tomada de decisões.[11]

Como nosso foco aqui não é neurociência pura, mas negócios, e mais especificamente marketing, vamos nos limitar a apresentar a seguir os conceitos essenciais sobre o cérebro que embasam o seu uso nessas áreas. No entanto, se você quiser estudar um pouco sobre a anatomia básica do cérebro, recomendo o uso do aplicativo 3D Brain,[12] que apresenta de forma didática, visual, interativa e em 3D as várias regiões do cérebro e suas funções (Figura 5.3).

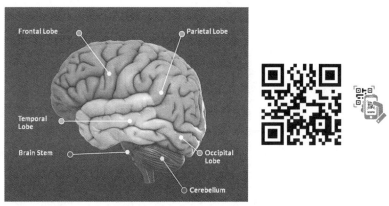

Figura 5.3 – Imagem do cérebro mostrando algumas das suas áreas usando o aplicativo 3D Brain. Vídeo de demonstração do *app* feita por Stephanie Bernthal.
Fonte: Disponível em: https://youtu.be/0EzhtcdTBAw. Acesso em: 10 jun. 2020.

Nossa evolução como espécie dependeu (e continua a depender) da evolução do cérebro (e do corpo, como um todo). Desde a sua origem, a humanidade tem enfrentado grandes mudanças no ambiente e precisou desenvolver novas habilidades para prosperar – e

---

10 Disponível em: https://www.sabado.pt/ciencia---saude/detalhe/afinal-temos-menos-neuronios-do-que-pensavamos. Acesso em: 20 jun. 2020.
11 Mais informações sobre a conexão cérebro-intestino em: http://neurosciencenews.com/gut-emotion-behavior-8682/. Acesso em: 20 jun. 2020; https://www.health.harvard.edu/diseases-and-conditions/the-gut-brain-connection/. Acesso em: 20 jun. 2020; e https://www.psycom.net/the-gut-brain-connection. Acesso em: 20 jun. 2020.
12 *App* gratuito para Android e iOS, criado pela Vivid *Apps* e AXS Biomedical Animation Studio para a Cold Spring Harbor.

é justamente devido a essa nossa adaptabilidade (a habilidade de se automodificar) que conseguimos evoluir para viver em um novo contexto, ao invés de perecer. Sempre foi assim e, felizmente, continua sendo.

Veja como é incrível o corpo humano – em função de como o usamos para enfrentar desafios e necessidades, temos o poder de modificá-lo para melhorar nossa atuação no mundo. Por exemplo, quando praticamos com frequência um exercício físico por determinado período de tempo, como a corrida, nossos músculos se fortalecem e nosso cérebro aprende como correr melhor, para que tenhamos melhores resultados. Assim, o cérebro funciona como um "músculo intelectual" que atua em conjunto com o restante do corpo buscando sempre se modificarem juntos para conseguirem solucionar os desafios que nos são impostos.

Essa capacidade que o cérebro possui de se reorganizar criando novas conexões neurais – modificar-se, fortalecendo algumas habilidades, e, ao mesmo tempo, enfraquecendo ou eliminando outras – é o que chamamos de neuroplasticidade. Esse processo de transformação cerebral busca otimizar os nossos resultados, compensando por lesões ou doenças ou para ajustar as suas atividades reagindo a novas situações ou desafios do ambiente. O processo de aprender qualquer coisa é, portanto, a neuroplasticidade em ação (Figura 5.4). Como estamos sujeitos a novos problemas e oportunidades continuamente, estamos sempre aprendendo algo todos os dias, e, assim, remodelamos o nosso cérebro constantemente.[13]

Figura 5.4 – Imagem do vídeo *Neuroplasticity*.
Fonte: Disponível em: https://youtu.be/ELpfYCZa87g. Acesso em: 10 jun. 2020.

No entanto, até recentemente, os cientistas pensavam que o cérebro teria uma configuração fixa durante toda a vida de um indivíduo.[14] Somente com a evolução das tecnologias de visualização do cérebro é que se verificou que a neuroplasticidade

---

13 A neuroplasticidade acontece não apenas na infância ou quando somos mais jovens, mas realmente durante toda a nossa vida, inclusive quando envelhecemos. Mais informações em: https://www.sciencemag.org/news/2019/03/new-neurons-life-old-people-can-still-make-fresh-brain-cells-study-finds. Acesso em: 20 jun. 2020.
14 Neuroplasticidade: https://www.youtube.com/watch?v=1EQ3kAPzVVI. Acesso em: 20 jun. 2020.

acontece o tempo todo e continua acontecendo sempre, inclusive nas idades mais avançadas. Aliás, estudos recentes mostram que temos um poder ainda maior: nós mesmos podemos intencionalmente mudar o nosso próprio cérebro, atuando conscientemente sobre a neuroplasticidade. Por exemplo, há alguns anos, cientistas comprovaram que, com prática, a meditação pode literalmente reconfigurar os caminhos neurais que regulam emoções, pensamentos e reações.[15] Isso significa que conseguimos criar caminhos neurais (alterando a estrutura cerebral) que nos levam a compaixão, gratidão e alegria, em vez de ansiedade, medo e raiva. Podemos reprogramar as respostas automáticas dos nossos cérebros por meio de um esforço consciente para criar novas conexões cerebrais.

Aliás, o avanço tecnológico nas últimas décadas tem permitido à neurociência enxergar e medir não apenas a neuroplasticidade, mas também, e cada vez mais e melhor, a atividade e o comportamento do cérebro de forma mais ampla e profunda. Isso tem trazido uma contribuição significativa para o conhecimento das estruturas e funcionalidades cerebrais. Compare, na Figura 5.5, a diferença de precisão entre a imagem da primeira tomografia clínica realizada em 1971[16] e uma atual.

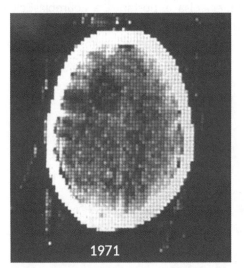 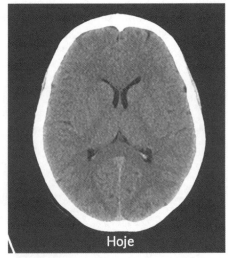

Figura 5.5 – Comparação da precisão das imagens de tomografia do cérebro entre 1971 (1ª tomografia clínica realizada) e hoje. Fontes das imagens – 1971: http://www.impactscan.org/CThistory.htm / Hoje: https://radiopaedia.org/cases/normal-brain-ct?lang=us. Acesso em: 20 jun. 2020.

Um estudo conduzido pelo neurocientista Daniel Amen (Figura 5.6) mostra como o avanço tecnológico na visualização do cérebro humano tem ajudado consideravelmente

---

15 https://www.forbes.com/sites/vanessaloder/2015/03/18/how-to-rewire-your-brain-for-happiness/. Acesso em: 20 jun. 2020.
16 Tomografia supervisionada por Hounsfield e Ambrose, no Atkinson Morley's Hospital, utilizando um protótipo de *EMI head scanner* (Londres, UK) – fonte: http://www.impactscan.org/CThistory.htm. Acesso em: 20 jun. 2020.

a melhorar a vida dos pacientes – após escanearem 83 mil cérebros de pacientes de 93 países, eles conseguiram saber como modificar cada cérebro para melhorar as suas vidas.

Figura 5.6 – Imagem da apresentação *A lição mais importante de 83 mil scans de cérebro*, de Daniel Amen, no TEDxOrangeCoast.
Fonte: Disponível em: https://youtu.be/esPRsT-lmw8. Acesso em: 10 jun. 2020.

Por outro lado, além do aumento na precisão, a evolução tecnológica trouxe (e continua trazendo) também novas formas de visualizar o cérebro (*neuroimaging*)[17] – tanto em termos estruturais, como sua atividade. Em função disso, conseguimos hoje ver, por exemplo, como as emoções acontecem no cérebro. Utilizando fMRI,[18] pesquisadores da Duke University mapearam diferentes padrões de atividade cerebral correspondentes com sete estados emocionais diferentes – satisfação, diversão, surpresa, medo, raiva, tristeza e neutro – veja na Figura 5.7. Emoções são extremamente importantes na tomada de decisão (como veremos mais adiante), e conseguir visualizar como ocorrem no cérebro auxilia a compreensão da sua influência no comportamento.

Algumas mensurações do cérebro, no entanto, podem ser feitas também de formas indiretas, como no caso de *eye tracking*, resposta galvânica da pele (GSR) ou na análise de expressões faciais.[19] As principais tecnologias disponíveis hoje para medir atenção, cognição, emoções e ações no cérebro são mostradas na Figura 5.8 – perceba que cada tipo de dispositivo oferece uma composição única de mensuração.

---

17 Ver tipos de *neuroimaging* e sua evolução em https://en.wikipedia.org/wiki/Neuroimaging. Acesso em: 20 jun. 2020.
18 fRMI (Imagem por Ressonância Magnética Funcional) é o processo de medir a atividade cerebral por meio da detecção de mudanças associadas ao fluxo sanguíneo. Essa técnica se baseia no fato de que o fluxo sanguíneo cerebral e a ativação neural são acoplados – quando uma área do cérebro está em uso, o fluxo sanguíneo para aquela região também aumenta. Ver mais em: https://en.wikipedia.org/wiki/Functional_magnetic_resonance_imaging. Acesso em: 20 jun. 2020.
19 Disponível em: https://www.bitbrain.com/blog/neuromarketing-research-techniques-tools. Acesso em: 20 jun. 2020.

A fronteira atual da neurociência avança para o uso de inteligência artificial[20,21] e *brain-computer interface* (BCI),[22] esta última exemplificada na Figura 5.9, em que um macaco movimenta um braço robótico por meio de um implante no seu cérebro[23] em um experimento realizado na Pittsburgh University, em 2008. Atualmente, Meta[24] e Elon Musk[25] estão entre os envolvidos na busca das interfaces perfeitas para integração entre cérebro humano e computador. Em janeiro de 2024, Elon Musk noticiou, por meio da plataforma X (Twitter), que a Neuralink,[26] uma de suas empresas, havia implantado o seu primeiro dispositivo BCI (*Brain-Computer Interface*) em um voluntário.[27]

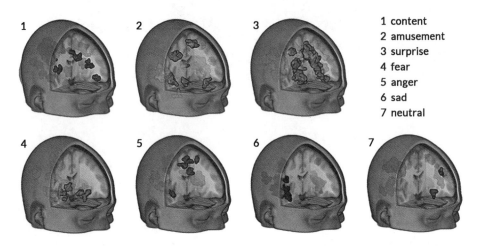

Figura 5.7 – Imagem dos estados emocionais mapeados no cérebro humano por Philip Kragel e Kevin LaBar da Duke University.
Fonte: Disponível em: https://neurosciencenews.com/mri-emotion-neuroimaging-5051/. Acesso em: 20 jun. 2020.

Essa combinação e ampliação do cérebro humano por meio de conexões computacionais tende a trazer um novo patamar tanto para utilização como para compreensão do cérebro humano.

---

20 Disponível em: https://www.nature.com/articles/d41586-019-02212-4. Acesso em: 20 jun. 2020.
21 A inteligência artificial pode ser usada também para mapear associações de palavras e significados no cérebro com marcas – como proposto pela MarTech MindSpeller. Disponível em: https://www.mindspeller.com/ e https://youtu.be/bDAIG0u6JDw. Acesso em: 20 jun. 2020.
22 Disponível em: https://en.wikipedia.org/wiki/Brain%E2%80%93computer_interface. Acesso em: 20 jun. 2020.
23 O braço robótico é conectado com o córtex motor do macaco, mais especificamente à área onde são gerados os sinais neurais para movimentar o braço.
24 Disponível em: https://www.wired.com/story/zuckerberg-wants-facebook-to-build-mind-reading-machine/. Acesso em: 20 jun. 2020.
25 Disponível em: https://www.cnet.com/news/elon-musk-neuralink-works-monkeys-human-test-brain-computer-interface-in-2020/; ver também o vídeo que explica o projeto do Neuralink em: https://www.cnet.com/videos/elon-musks-neuralink-wants-to-hook-your-brain-to-a-computer-in-2020/. Acesso em: 20 jun. 2020.
26 https://neuralink.com/. Acesso em: 18 maio 2024.
27 Disponível em: https://www.gazetadopovo.com.br/opiniao/artigos/neuralink-elon-musk-caixa-pandora-neurotecnologias/. Acesso em: 18 maio 2024.

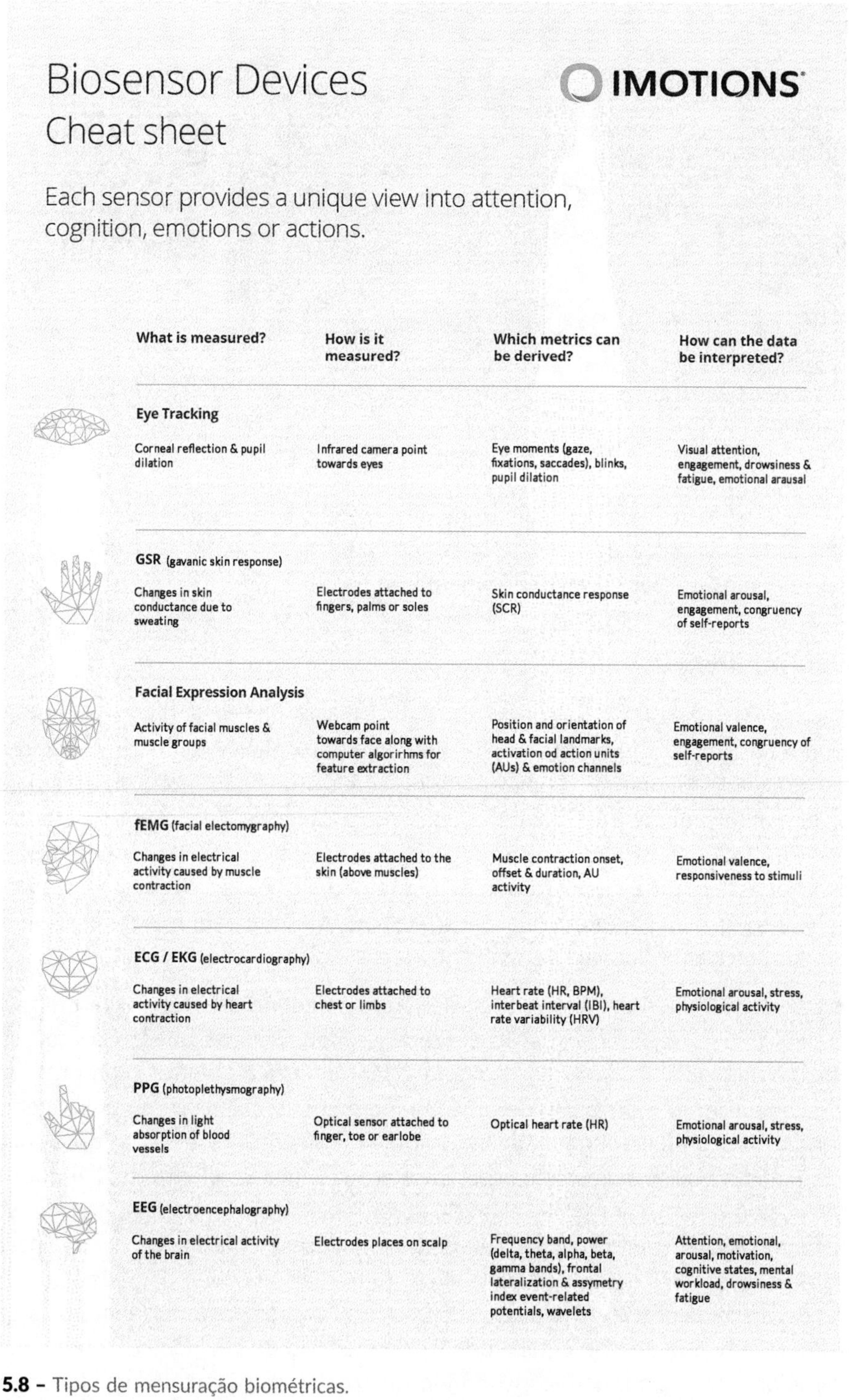

Biosensor Devices Cheat sheet

IMOTIONS

Each sensor provides a unique view into attention, cognition, emotions or actions.

	What is measured?	How is it measured?	Which metrics can be derived?	How can the data be interpreted?
Eye Tracking	Corneal reflection & pupil dilation	Infrared camera point towards eyes	Eye moments (gaze, fixations, saccades), blinks, pupil dilation	Visual attention, engagement, drowsiness & fatigue, emotional arausal
GSR (gavanic skin response)	Changes in skin conductance due to sweating	Electrodes attached to fingers, palms or soles	Skin conductance response (SCR)	Emotional arousal, engagement, congruency of self-reports
Facial Expression Analysis	Activity of facial muscles & muscle groups	Webcam point towards face along with computer algorirhms for feature extraction	Position and orientation of head & facial landmarks, activation od action units (AUs) & emotion channels	Emotional valence, engagement, congruency of self-reports
fEMG (facial electomygraphy)	Changes in electrical activity caused by muscle contraction	Electrodes attached to the skin (above muscles)	Muscle contraction onset, offset & duration, AU activity	Emotional valence, responsiveness to stimuli
ECG / EKG (electrocardiography)	Changes in electrical activity caused by heart contraction	Electrodes attached to chest or limbs	Heart rate (HR, BPM), interbeat interval (IBI), heart rate variability (HRV)	Emotional arousal, stress, physiological activity
PPG (photoplethysmography)	Changes in light absorption of blood vessels	Optical sensor attached to finger, toe or earlobe	Optical heart rate (HR)	Emotional arousal, stress, physiological activity
EEG (electroencephalography)	Changes in electrical activity of the brain	Electrodes places on scalp	Frequency band, power (delta, theta, alpha, beta, gamma bands), frontal lateralization & assymetry index event-related potentials, wavelets	Attention, emotional, arousal, motivation, cognitive states, mental workload, drowsiness & fatigue

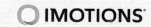

Figura 5.8 – Tipos de mensuração biométricas.
Fonte: Disponível em: https://imotions.com/blog/sensor-chart/. Acesso em: 20 jun. 2020.

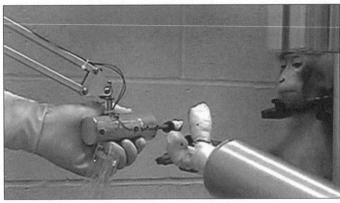

Figura 5.9 – Imagem do vídeo do experimento de BCI em que um macaco movimenta um braço robótico por meio de um implante cerebral.
Fonte: Disponível em: https://youtu.be/wxIgdOIT2cY. Acesso em: 10 jun. 2020.

Assim, quanto melhor conseguimos medir o cérebro (visualizar e monitorar atividade), mais nos tornamos capazes de melhor gerenciá-lo e transformá-lo, de forma intencional. E como podemos utilizar esse conhecimento aqui?

Neuromarketing

Quando pensamos na aplicação da neurociência no marketing como uma área de estudo, passamos a necessitar de equipes multidisciplinares que conectem os dois universos. Devido à enorme complexidade do cérebro humano, normalmente a correta utilização e interpretação de resultados dos procedimentos tecnológicos usados para monitorá-lo requerem profissionais especializados da área da saúde ou neurocientistas. No entanto, esses profissionais frequentemente não são especializados na área de marketing. Portanto, para garantir a qualidade das pesquisas em neuromarketing, as equipes devem atuar com profissionais de ambas as áreas, colaborando.

Nesse sentido, estudos específicos de neuromarketing que requerem utilização de equipamentos para analisar a reação cerebral de determinado público a um estímulo específico e particular – como, por exemplo, o lançamento de um novo produto ou uma ação de comunicação – precisam de uma equipe multidisciplinar ou de uma agência especializada em neuromarketing para conduzir o experimento. Esse é o caso do comercial *The Force*, que a Volkswagen criou para veicular no Super Bowl em 2011 e que foi um grande sucesso de engajamento – além de gerar resultados positivos no lançamento do Passat (ultrapassou a meta original de vendas em 22% e contribuiu para melhoria nas vendas de outros veículos da marca), o vídeo foi o mais assistido daquele ano, com 46 milhões de visualizações. A razão desse sucesso foi analisada posteriormente pela agência Sands Reasearch, que utilizou equipamentos de medição da atividade cerebral enquanto o espectador assistia ao vídeo, constatando que o alto engajamento era decorrente da capacidade que o anúncio possui de atrair a atenção e causar emoções profundas, como pode ser visto no vídeo linkado na Figura 5.10.

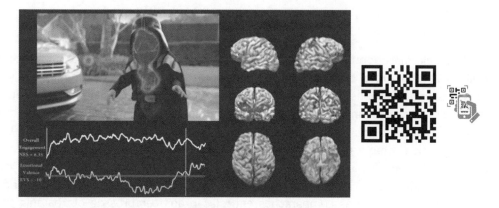

Figura 5.10 – Imagem da análise cerebral do comercial *The Force* da Volkswagen.
Fonte: Disponível em: https://www.youtube.com/watch?v=YdZMypElBpo. Acesso em: 10 fev. 2025.

Você pode ver mais *cases* de pesquisa em neuromarketing nos *links*/QRCode da Figura 5.11.

Figura 5.11 – QRCode com *links* para estudos de caso em pesquisa de neuromarketing. **Fonte:** Disponíveis respectivamente nos *links*: https://cxl.com/blog/neuromarketing-research/; https://imotions.com/blog/neuromarketing-research/. Acesso em: 10 jun. 2020.

Por outro lado, para determinadas situações mais gerais, existem modelos padrões de como o cérebro humano frequentemente reage a elas – e podemos nos basear nesse conhecimento para direcionar nossas estratégias de engajamento. Por exemplo, em momentos em que corremos o risco de perder algo (seja dinheiro, uma oportunidade, ou qualquer outra coisa); ou como nos sentimos quando vemos determinadas cores; ou como agimos quando percebemos autoridade nos outros – nesses casos, em geral, os nossos cérebros reagem de formas muito parecidas. Assim, existem inúmeras situações comuns para as quais os comportamentos cerebrais já foram mapeados e tendem a reagir de modo similar. É nesse campo – dos comportamentos cerebrais conhecidos – que seguiremos aqui. Para aqueles que desejarem conduzir pesquisas específicas e particulares, recomendamos que procurem – para atuar em conjunto – empresas e institutos especializados que ofereçam esse tipo de serviço, ou participem de grupos de estudos em universidades que pesquisam a área.

Modelos de comportamentos cerebrais

Sistemas altamente complexos, como o cérebro, são mais bem compreendidos por meio de modelos conceituais, que são formados por uma composição específica de conceitos que ajudam as pessoas a conhecer, entender ou simular o objeto que o modelo representa.

O modelo mais popular, e bastante didático, para entender o cérebro humano é a **Teoria do Cérebro Trino.** Desenvolvido na década de 1960 pelo médico neurocientista Paul MacLean, esse modelo se baseia na hipótese de que o cérebro humano evoluiu adicionando camadas funcionais, com a seguinte composição (Figura 5.12): cérebro reptiliano (o mais antigo); sistema límbico; e o neocórtex (o mais novo). Apesar de ter sido reconhecida como a mais influente ideia sobre o cérebro desde a Segunda Guerra Mundial, o Cérebro Trino passou a receber críticas[28] a partir das argumentações do cientista cognitivo Steve Pinker em seu livro *Como a mente funciona* (1997). As principais críticas referem-se às comparações em relação aos cérebros de outros animais, e especialmente porque as camadas não trabalham de forma isolada, mas totalmente interligadas. Conforme o cérebro evoluiu, ele não apenas adicionou camadas, mas foi modificando a estrutura anterior existente, resultando em algo novo e mais complexo. No entanto, uma corrente científica defende que essas críticas foram infundadas, baseadas em *reviews* equivocados, e que, quando representados adequadamente, os conceitos do Cérebro Trino estão firmemente alicerçados na neurociência evolucionária, e que, com alguns esclarecimentos, são os mais úteis conceitos para relacionar a neurociência com os conceitos mais altamente integrados das ciências sociais.[29]

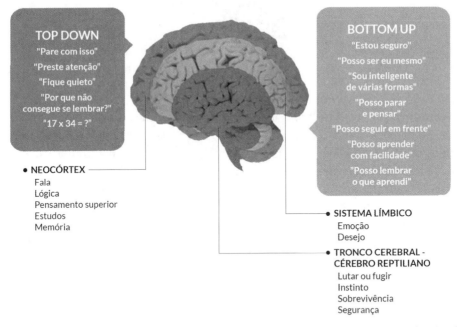

Figura 5.12 – Representação do modelo do Cérebro Trino – Neocórtex, Sistema Límbico e Cérebro Reptiliano.
Fonte: Imagem baseada em: https://integratedlearningacademy.com/home/ila-triune-brain-graphic/. Acesso em: 20 jun. 2020.

---

28 Disponível em: https://en.wikipedia.org/wiki/Triune_brain. Acesso em: 10 jun. 2020.
29 Ver *The Consilient Brain: The Bioneurological Basis of Economics, Society, and Politics*, por Gerald A. Cory (p. 9 e 10).

Mais recentemente, outro modelo conceitual do cérebro que ganhou força e popularidade imediata a partir da sua publicação, em 2011, foi o das "Duas formas de pensar – rápido e devagar",[30] do psicólogo e economista ganhador de Prêmio Nobel Daniel Kahneman. A tese central desse modelo é a dicotomia entre dois sistemas de pensamento que determinam as nossas decisões (Figura 5.13): o "Sistema 1", que é rápido, instintivo e emocional; e o "Sistema 2", que é lento, mais deliberativo e lógico.

Uma grande contribuição do modelo dos dois sistemas de Kahneman para o marketing é esclarecer a profunda influência do inconsciente no julgamento e decisão humana por meio de heurísticas e vieses cognitivos. Isso mudou completamente a forma como olhamos para o consumidor e o mercado, porque mostrou que o Sistema 1 (rápido, automático, intuitivo, emocional) é o que está ativo em grande parte das nossas decisões diárias, pois ele demanda menor gasto de energia. Portanto, no momento em que o seu público opta por um produto ou marca, ele provavelmente não está necessariamente raciocinando, mas agindo institivamente, acionando associações rápidas do cérebro para tomar a decisão. O vídeo da Figura 5.14 (ative as legendas em português) explica de forma bastante didática o funcionamento dos Sistemas 1 e 2.

Além de Daniel Kahneman, outro ganhador do Prêmio Nobel de Economia, Richard Thaler, traz evidências de como a racionalidade limitada, as preferências sociais e a falta de controle influenciam nas nossas decisões, apresentadas em seu livro *Nudge: como tomar melhores decisões sobre saúde, dinheiro e felicidade*.

Assim, se o modelo do Cérebro Trino contribui oferecendo a visão formativa do cérebro e suas funções, o modelo dos Dois Sistemas de Kahneman elucida o papel do consciente e inconsciente na tomada de decisões. Reforçado o papel da irracionalidade por meio das pesquisas de Thaler, Antonio Damásio completa o cenário destacando o papel da emoção no processo decisório humano.

Até o final do século passado, acreditava-se que as pessoas pensavam racionalmente para tomar uma decisão e depois usavam a emoção para justificar. António Damásio, em seu livro *O erro de Descartes*, de 1994, propõe que as emoções conduzem o comportamento e a tomada de decisão, e que a racionalidade requer um impulso emocional. Somos animais emocionais que racionalizam. Ele argumenta que o erro de René Descartes foi a separação dualista de corpo e mente, racionalidade e emoção.

> *"Consumidores dizem o que pensam, mas fazem o que sentem."*
> *Martin Lindstrom*

---

[30] O modelo é apresentado no livro *Thinking, fast and slow*, de Daniel Kahneman. Esse vídeo (em inglês) explica de forma bastante didática o modelo dos dois sistemas: https://youtu.be/uqXVAo7dVRU. Acesso em: 20 jun. 2020.

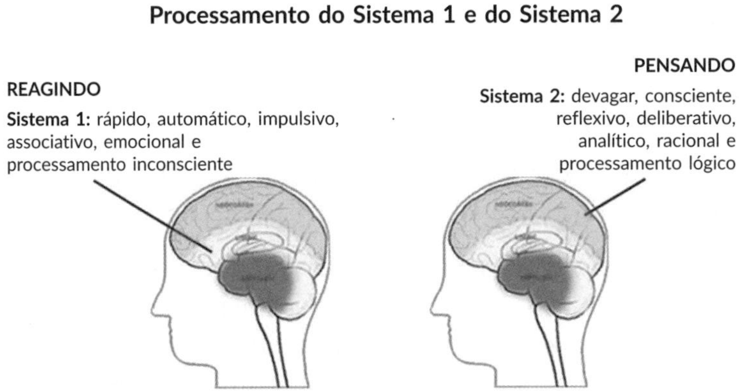

Processamento do Sistema 1 e do Sistema 2

REAGINDO
Sistema 1: rápido, automático, impulsivo, associativo, emocional e processamento inconsciente

PENSANDO
Sistema 2: devagar, consciente, reflexivo, deliberativo, analítico, racional e processamento lógico

Figura 5.13 – Representação do modelo dos Sistemas 1 e 2, de Daniel Kahneman.
Fonte: Imagem criada pela autora baseada em Daniel Kahneman.

Figura 5.14 – Imagem do vídeo da Asap Science, que explica o funcionamento dos Sistemas 1 e 2 de Kahneman.
Fonte: Disponível em: https://youtu.be/JiTz2i4VHFw. Acesso em: 10 jun. 2020.

Portanto, sabendo que a emoção está intimamente ligada à tomada de decisão no cérebro humano, a aplicação de estratégias que conduzam a emoção ganha enorme relevância no marketing, como o uso de música,[31] *storytelling*,[32] humor,[33] expressão facial,[34] medo,[35] odores,[36] imagens,[37] cores.[38]

---

31 Disponível em: https://www.healthline.com/health-news/mental-listening-to-music-lifts-or-reinforces-mood-051713#4. Acesso em: 20 jun. 2020.

32 Disponível em: https://www.lane4performance.com/insight/blog/storytelling-how-neuroscience-demonstrates-the-effectiveness-of-stories/. Acesso em: 20 jun. 2020.

33 Disponível em: https://www.gsb.stanford.edu/insights/humor-serious-business. Acesso em: 20 jun. 2020.

34 O cérebro consegue mapear expressões faciais e interpretar rapidamente o contexto emocional de uma outra pessoa, gerando empatia ou despertando curiosidade. No livro *A expressão das emoções nos homens e nos animais*, de 1872, Charles Darwin descreve como as emoções universais são manifestadas pelos animais por meio das suas expressões faciais e corporais.

35 *O medo é bem mais poderoso que a razão*, por Michael Fanselow, citado no livro *Brandwashed*, de Martin Lindstrom.

36 Disponível em: https://www.ncbi.nlm.nih.gov/pmc/articles/PMC3794443/ e https://www.forebrain.com.br/noticias/experiencias-que-vendem-mais-o-neuromarketing-olfativo/. Acesso em: 20 jun. 2020.

37 Disponível em: https://ucsdnews.ucsd.edu/pressrelease/pictures_move_people_more_than_words. Acesso em: 20 jun. 2020.

38 Disponível em: https://en.99designs.com.br/blog/tips/how-color-impacts-emotions-and-behaviors/. Acesso em: 20 jun. 2020.

Lojas de roupas de surfistas tocam músicas que remetem à emoção do *surf*; lojas de *lingerie* usam odores que associam à delicadeza; cores e imagens de anúncios ou ambientes são projetadas cuidadosamente para transmitir a emoção adequada que potencialize a compra; *youtubers* se utilizam das expressões faciais para gerar e enfatizar emoções.

Um exemplo emblemático do impacto da música na emoção e fixação na memória é o anúncio da Antártica *Pipoca e Guaraná*, nos anos 1990, que foi um sucesso enorme na época e é lembrado até hoje por aqueles que foram impactados pela ação. O vídeo do anúncio pode ser visto no *link* ou QRCode da Figura 5.15. Assista e veja como se sente.

Figura 5.15 – Imagem do vídeo do anúncio da Antártica *Pipoca e Guaraná*.
Fonte: Disponível em: https://youtu.be/Sk48VxcjIyw. Acesso em: 10 jun. 2020.

Se, por um lado, a emoção atrai e direciona a atenção para a tomada de decisão, a linguagem é o elemento mais importante no processo de engajamento, pois ela dirige os nossos pensamentos. Por isso, quanto melhor se domina a linguagem, em todas as suas formas (visual, textual, aural, gestual etc.), maior a influência que se consegue exercer no cérebro de alguém (inclusive no seu próprio cérebro). A linguagem também é um poderoso instrumento para gerar emoções – a mesma mensagem, apresentada com linguagens diferentes, gera emoções diferentes. Um exemplo disso são as piadas – a mensagem final pode ser a mesma, mas dependendo da forma como é contada (*storytelling*), ela terá graça ou não.[39]

Vieses cognitivos

Dentre os comportamentos padrões que as neurociências e os modelos do cérebro revelam, existe um tipo bastante importante em que se baseiam muitas estratégias de neuromarketing – os vieses cognitivos. Esses comportamentos são padrões sistemáticos

---

39 Perceba como conhecer a relação *nature/nurture* do público faz toda a diferença – você já deve ter visto alguma menção referindo-se ao humor inglês como "sem graça". Isso acontece porque a linguagem usada e as reações culturais são muito específicas e particulares para a cultura inglesa, não sendo compreendidas fora desse contexto. O mesmo acontece com "piadas nerds", que normalmente somente os "nerds" entendem, pois usam artifícios de linguagem que só conseguem ser compreendidos por pessoas que compartilham os conhecimentos da cultura "nerd".

de desvio de uma norma ou racionalidade durante o processo de julgamento. Esses vieses tendem a levar à irracionalidade, como distorção de percepção, julgamento impreciso ou interpretações ilógicas da realidade.

Alguns vieses cognitivos provavelmente têm a sua origem no nosso processo adaptativo, pois eles podem levar a ações mais eficientes em determinados contextos – por exemplo, quando a rapidez é mais importante para a tomada de decisão, o nosso cérebro pode permitir que os vieses cognitivos aconteçam para acelerar o processo, mesmo em detrimento da precisão. Outros vieses são subprodutos das limitações de capacidade do processamento humano.

Apesar das controvérsias existentes em como classificá-los ou explicá-los, os vieses podem ser agrupados em três grupos principais: (1) tomada de decisão, crença e comportamentais; (2) sociais; (3) erros de memória. Nas últimas seis décadas de pesquisas em ciências cognitivas, psicologia social e economia comportamental sobre o processo de tomada de decisões e julgamento humano, identificou-se uma lista de vieses cognitivos, que evolui continuamente, e pode ser vista em detalhes na Wikipédia.[40]

Como a velocidade acelerada de mudança do mundo nos força a adotar novos padrões de comportamento constantemente, isso pavimenta o caminho para surgirem novos vieses cognitivos. A imagem da Figura 5.16 apresenta 50 vieses cognitivos dos tempos modernos, incluindo alguns descobertos mais recentemente, como o *Google Effect* e *Ikea Effect*.

Hacks mentais & estratégias de influência

Baseando-se nos conhecimentos adquiridos sobre o cérebro até o momento – especialmente os vieses cognitivos –, é possível desenvolver estratégias de influência comportamental que se apoiam nas reações cerebrais inconscientes que nos levam a tomar decisões. Essas estratégias se popularizaram com o nome de "*hacks*[41] mentais" ou "gatilhos mentais". No entanto, como vimos até aqui, o cérebro é extremamente complexo, e além da influência dessas reações inconscientes, muitos outros fatores podem atuar de forma conjunta para a tomada de decisão. Assim, não existem certezas ou receitas mágicas para garantir o resultado dessas estratégias – por isso, os termos "*hack*" (atalho) e "gatilho" são bastante criticados pela comunidade científica, pois denotam causalidade e infalibilidade. No entanto, saber usar essas estratégias mentais pode, sim, aumentar, e muito, a probabilidade de alcançar o resultado desejado.

---

[40] Lista de vieses cognitivos na Wikipédia: https://en.wikipedia.org/wiki/List_of_cognitive_biases. Acesso em: 20 jun. 2020.

[41] O termo *hack* é usado aqui em analogia aos *hacks* na área de computação – um *hack* é uma estratégia que programadores experientes (*hackers*) conseguem criar para obter acesso a recursos do sistema computacional, que inicialmente não eram disponíveis ou visíveis a eles. No caso do cérebro, o *hack* mental é uma estratégia para se conseguir articular determinados comportamentos do sistema cerebral do público, que estavam "escondidos", ou, em outras palavras, são inconscientes.

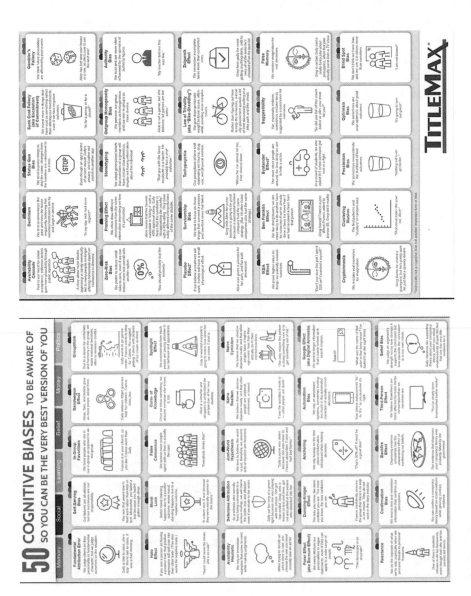

Figura 5.16 – Lista de 50 vieses cognitivos conhecidos. **Fonte:** Disponível em: https://www.titlemax.com/discovery-center/lifestyle/50-cognitive-biases-to-be-aware-of-so-you-can-be-the-very-best-version-of-you/. Acesso em: 20 jun. 2020.

Cap. 5 · Neuromarketing | 117

Na falta de um termo melhor, chamarei, aqui, essas estratégias de *hacks*, já que o seu significado – atalho – é menos causal do que "gatilho".

Assim, os *hacks* mentais são fundamentalmente baseados nas reações biológicas e psicológicas automáticas (vieses cognitivos) do cérebro. O conhecimento dessas técnicas pode ser aplicado em diversas áreas – autocontrole,[42] aprendizagem, produtividade,[43] influência, saúde, saúde mental etc. Em outras palavras, podemos tentar hackear o nosso cérebro para melhorarmos diversos aspectos das nossas vidas ou negócios, ou mais especificamente, no nosso caso aqui, no marketing. Por exemplo, sabendo que a música reduz a percepção de tempo no cérebro,[44] podemos colocar som ambiente em *halls*, elevadores ou consultórios, para minimizar a irritação das pessoas em esperar ou aguardar algum processo.

Hacks de neuromarketing

Considerando-se, assim, o vasto universo de *hacks* mentais existentes, destacaremos a seguir alguns principais, que podem ser utilizados em qualquer estratégia de marketing.

Hacks de *copywriting & hypnotic writing*

Quando pensamos no marketing no ambiente digital, teoricamente estamos imersos em um mundo de linguagem visual, no entanto, a maior parte da informação é ainda propagada na forma escrita, em que as palavras são responsáveis por impactar e transmitir o engajamento que desejamos na comunicação. Mesmo as interações nas plataformas digitais são conduzidas predominantemente pelas palavras: a navegação na *Web*, *links*, botões etc.

> *"Se eu voltasse novamente para a faculdade, me concentraria em duas áreas para aprender a escrever e falar melhor em público. Nada na vida é mais importante do que a habilidade de se comunicar efetivamente."*
> *Gerald R. Ford*

Nesse sentido, a forma como usamos as palavras pode fazer toda a diferença no engajamento, e pequenas mudanças na forma de aplicá-las pode trazer uma grande mudança no impacto que a mensagem tem no cérebro, tornando-a mais assertiva. Por isso *copywriting* é tão importante no marketing, e algumas de suas técnicas tornam a mensagem tão atrativa, que é quase como se fosse hipnótica – isso é o que chamamos de *hypnotic writing*.

---

42 Exemplo de usos de *hacks* mentais para melhorar o autocontrole: https://www.bbc.com/worklife/article/20191217-the-mental-hacks-that-level-up-your-self-control. Acesso em: 20 jun. 2020.
43 Exemplo de uso de *hacks* mentais para melhorar a produtividade: https://www.lifehack.org/articles/productivity/10-brain-hacks-make-you-smarter.html. Acesso em: 20 jun. 2020.
44 Ver: https://www.newsweek.com/hold-musics-complex-science-79001. Acesso em: 20 jun. 2020.

Estudos revelam que existem palavras que atraem de forma especial o cérebro, como: grátis, você, segredo, sucesso, novo etc. Por outro lado, algumas palavras trazem um efeito ruim ou indesejado no processo de comunicação e, assim, devem ser evitadas ou substituídas. Por exemplo, a palavra "não" deve ser evitada, quando possível, pois ela existe apenas na linguagem, mas não na experiência humana. Dessa forma, ela não é interpretada pelo subconsciente e transmite a mensagem oposta: se eu te disser para "não pensar" em uma maçã, você provavelmente já terá pensado (e visualizado) automaticamente na fruta.

Outros exemplos de *hacks* de uso de palavras em *hypnotic writing* são:

- **Verbos**: usar o verbo no **presente** e não no condicional (por exemplo: use "eu quero...", ao invés de "eu queria...") transmite certeza ao invés de intenção.
- **"mas" *vs.* "e"**: quando for possível, substitua a palavra "mas" por "e", pois o primeiro nega tudo o que vem antes, enquanto o segundo indica a soma.
- **"quando" *vs.* "se"**: em vez de usar "se", tente usar "quando", pois o "se" transmite dúvida, enquanto o "quando", certeza (por exemplo: "quando você alcançar..." ao invés de "se você alcançar...").

Hack de escassez

Os estudos realizados por Daniel Kahneman e Amos Tversky identificaram um viés cognitivo, no qual o medo de perder é muito mais forte do que o interesse em ganhar, na ordem de 1,5 a 2,5 vezes maior – esse viés é denominado *Loss Aversion*,[45] ou aversão a perder. Por exemplo, você apostaria R$ 50,00 se a chance de ganhar fosse igual à chance de perder? A maioria das pessoas diria que não, porque perder incita uma sensação de incômodo maior do que a emoção da satisfação de ganhar.

Como você se sentiria se encontrasse R$ 100,00? E se perdesse R$ 100,00? Você provavelmente preferiria não perder dinheiro a achar, porque o sentimento negativo gerado pela perda é mais intenso do que o sentimento positivo de ganho.

Uma das principais formas pelas quais o marketing articula esse viés é causando uma percepção de escassez para as pessoas, de forma a gerar uma sensação de perda se não tomarem a decisão de comprar. Por exemplo, ao oferecer quantidades limitadas de vagas, produtos, ingressos etc., cria-se a possibilidade real de se perder a oferta, influenciando, assim, o processo decisório do consumidor/cliente. Isso é bastante utilizado em *sites* de *e-commerce*.

Esse viés é ativado também quando se criam ofertas exclusivas – como clubes VIPs, conteúdos exclusivos etc. – em que existe um limite escasso de acesso.

Hack de urgência

O efeito de *loss aversion* pode ser explorado não apenas em relação à escassez (limitando-se a quantidade disponível da oferta), mas também em relação ao tempo, criando um senso de urgência.

---

45 Ver https://en.wikipedia.org/wiki/Loss_aversion. Acesso em: 20 jun. 2020.

Assim, quando limitamos o tempo em que uma oferta está disponível, o sentimento de perda caso não seja tomada uma decisão gera um senso de urgência no consumidor/cliente. Essa estratégia é explorada em *sites* de *e-commerce* como Privalia, no qual mostra-se o tempo de expiração das ofertas, e WestWing, em que o consumidor tem 20 minutos para concluir a compra ou o carrinho se esvazia automaticamente.

Outra forma de utilizar o *hack* de urgência no marketing é oferecer cupons de descontos com validade até determinado horário.

Hack de ancoragem

Sabe aquele ditado de que "a primeira impressão é a que fica"? Pois é! Estudos comprovam que realmente é difícil se afastar da influência de uma primeira impressão, que "ancora" a nossa percepção para balizar julgamentos e tomadas de decisão posteriores.

O primeiro estímulo informacional que recebemos é usado pelo cérebro para compararmos e tomarmos decisões em relação a outros estímulos subsequentes que nos impactam – esse é um viés cognitivo denominado Ancoragem. Por exemplo, em um estudo de Kahneman e Tversky, os participantes observavam uma roleta que estava predeterminada a parar no 10 ou no 65. Então, era perguntado aos participantes para estimar a porcentagem de países africanos nas Nações Unidas. Os participantes cuja roleta parou no 10 estimaram valores menores (em média 25%) do que aqueles cuja roleta parou no 65 (estimaram 45% em média). Esse padrão em que uma informação inicial (âncora) afeta o julgamento em decisões subsequentes foi comprovado em outros experimentos para uma grande variedade de assuntos.

Vários estudos mostram que é muito difícil para um indivíduo evitar a ancoragem, mesmo quando recebe informações iniciais – âncoras – que são obviamente erradas.[46] Mesmo quando é oferecido incentivo monetário, as pessoas são incapazes de se ajustar efetivamente depois de "ancoradas".[47]

Por isso, o efeito de ancoragem é bastante poderoso e muito utilizado no marketing para influenciar a decisão de compra referente a preços. Normalmente, não sabemos se algo é caro ou barato, ou o quanto devemos pagar por aquilo – só conseguimos descobrir isso se tivermos algum tipo de referência para comparar. O preço será considerado caro ou barato em função de alguma opção para podermos relativizar o valor. Assim, a primeira informação que recebemos funciona como essa referência, que afetará a nossa percepção de caro ou barato dos demais produtos que vemos.

Dessa forma, usando a estratégia de ancoragem, se você deseja vender um relógio de R$ 2.000,00, deveria colocá-lo junto dos relógios de R$ 5.000,00. No ambiente digital, você deveria apresentar os itens mais caros antes daqueles que deseja vender. Por isso,

---

46 Ver Strack e Mussweiler, 1997.
47 Ver Simmons, Leboeuf e Nelson, 2010.

muitas vezes, os primeiros produtos que são mostrados nas páginas de *e-commerce* são os líderes de categoria, pois provavelmente são os mais caros, ancorando a percepção em relação aos demais.

Outra maneira bastante utilizada para se beneficiar do viés cognitivo da ancoragem é criar pacotes ou *kits* a partir da sua oferta principal – criando uma oferta com um *kit* mais barato, mas que não tenha o principal benefício da sua oferta principal; e criando outro *kit* mais caro, mas com pequenos diferenciais. Isso é muito comum em assinaturas de revistas.

Hack prova social ou conformidade

Uma das formas com que o nosso cérebro economiza energia de decisão é utilizando as decisões dos outros (social) para nos orientar nas nossas – isso faz com que não tenhamos que pensar para analisar inúmeras variáveis e acelera o processo decisório. Isso é o que Robert Cialdini[48] denominou Prova Social, e que é conhecido também como influência social informacional.

Por exemplo, quando está em uma cidade desconhecida e precisa escolher um restaurante para almoçar, você opta por um que esteja mais cheio ou um mais vazio? Provavelmente você entra no mais cheio, pois isso é uma "prova social" de que o lugar é melhor (a sua decisão é direcionada pelo fato de que você automaticamente assume que se mais gente compra ali, provavelmente deve ser melhor).

Nesse sentido, a prova social é bastante proeminente em situações sociais em que as pessoas são incapazes de determinar o modo de comportamento apropriado, e, assim, são conduzidas por presumir que as pessoas ao redor possuem um conhecimento melhor da situação. Um experimento de Leonard Bickman, Lawrence Berkowitz e Stanley Milgram, realizado em 1968,[49] mostra a tendência. Eles analisaram o comportamento das pessoas na seguinte situação: uma pessoa ficava parada na rua olhando para o céu, e eles analisavam quantas pessoas que estavam passando por ali também paravam e ficavam olhando para o céu na mesma direção. Depois, repetiam a situação com duas pessoas paradas, e analisavam quantos passantes copiavam o comportamento. Conforme aumentava a quantidade de pessoas paradas olhando para o céu, crescia a probabilidade de mais pessoas passantes pararem e repetirem o comportamento. Assim, quanto maior a prova social, mais ela influencia o comportamento das pessoas.

Especialmente quando lançamos um produto novo, a prova social pode ser uma estratégia bastante eficiente para influenciar as pessoas a comprarem algo que não conhecem. Quanto mais inovador for um produto, mais difícil é para o público entender os seus benefícios e enfrentar os riscos de insatisfação com a compra, e, nesse contexto, a prova social pode estimular a decisão de compra. A CIMED fez isso quando lançou o

---

48 Livro *Influence*, 1984.
49 Milgram, Bickman e Berkowitz, 1969.

Carmed Fini, um protetor labial com sabor das balas Fini. Karla Marques, Vice-presidente da CIMED, postou em seu TikTok a novidade, criando uma "corrida pelo tesouro". As pessoas que achavam o produto postavam no TikTok com a *hashtag* #carmedfini. O resultado foi mais de 160 milhões de visualizações em vídeos postados pelos consumidores sobre o assunto e R$ 40 milhões vendidos em menos de 20 dias.[50]

As formas mais comuns de utilização de prova social em marketing no ambiente digital são: depoimentos de clientes e usuários, *reviews*, números e estatísticas que comprovem satisfação, estratégias com influenciadores utilizando o seu produto[51] etc.

Considerações e recomendações adicionais

Todos os *hacks* apresentados aqui possuem inúmeras outras maneiras de serem utilizados. Além deles, existem muitos mais *hacks* que podem ser aplicados em contextos específicos. Portanto, para aqueles que desejarem ampliar o conhecimento sobre o cérebro e a variedade enorme de *hacks* além dos aqui apresentados, recomendamos a leitura de livros[52] e pesquisas sobre o tema, como também sobre áreas correlatas, além de acompanhar os materiais complementares pelo QRCode a seguir:

www.martha.com.br/livro-MED/saibamais05.html

---

50 Disponível em: https://revistapegn.globo.com/negocios/noticia/2023/06/carmed-fini-as-estrategias-por-tras-do-lancamento-que-ajudou-a-cimed-a-vender-r-40-milhoes-em-menos-de-20-dias.ghtml. Acesso em: 18 maio 2024.
51 Apesar de influenciadores digitais ser uma nova categoria de influenciadores que emerge com o ambiente digital, influenciadores sociais sempre existiram, e eram utilizados com frequência em propagandas desde o início do marketing. Esse era o caso de artistas, atores, personalidades populares.
52 Além dos livros referenciados ao longo deste capítulo, alguns outros que sugerimos são:
- Livros de Martin Lindstrom.
- Livros de Charles Darwin, como *A Origem das Espécies*.
- *O Gene Egoísta*, de Richard Dawkins.

A ascensão dos sistemas digitais inteligentes (inteligência artificial) associados à abundância cada vez maior de dados disponíveis (*big data*) gerados pela Internet das Coisas (IoT) permite uma automação de processos de informação cada vez mais precisa para o conhecimento do comportamento do consumidor/cliente. Essas tecnologias viabilizam também a criação de ações cada vez mais customizáveis.

Esse contexto favorece não apenas a criação de estratégias mais efetivas de atração, conversão, retenção e fidelização do consumidor/cliente, como também aumenta consideravelmente o potencial de personalização em massa e a predição de comportamentos. Nesse sentido, a inteligência artificial favorece o marketing em diversos aspectos, mas, para que isso se transforme em resultados efetivos, é necessário um esforço prévio profundo da organização na reestruturação de processos e cultura para a sua implementação. Discutimos neste capítulo essas potencialidades e as suas implicações estratégicas no marketing.

Inteligência artificial (IA)

Desde o momento em que o ser humano começou a projetar computadores, a inteligência artificial tem sido a última fronteira: conseguir construir um ser artificial com as mesmas habilidades humanas.

Apesar de a inteligência artificial e a robótica povoarem o imaginário da humanidade há milênios[1] e o seu desenvolvimento remontar ao século passado, o ritmo exponencial do crescimento tecnológico na última década impulsionou o seu avanço de forma espetacular, nos conduzindo para um cenário em que ambas as coisas estão se tornando gradativamente uma realidade mais próxima daquilo que pensávamos como domínio da ficção científica. Usamos cada vez mais assistentes

---

1 Disponível em: https://www.forbes.com/sites/gilpress/2016/12/30/a-very-short-history-of-artificial-intelligence-ai/. Acesso em: 20 jun. 2020.

pessoais computacionais, como Siri (Apple), Alexa (Amazon), Google Assistant, Cortana (Microsoft) e, mais recentemente, ChatGPT, Gemini, entre tantos outros, e eles estão transformando nossas vidas e o modo como nos relacionamos, não apenas com outros humanos, mas também com a tecnologia.[2] Os seres digitais começam a coabitar o planeta e permear nossas vidas em todas as suas dimensões: finanças, educação, *design*, pesquisa, marketing, relacionamentos etc.

No entanto, por ser um assunto novo para a maioria das pessoas, é muito comum acontecerem confusões ao se referirem a robôs, inteligência artificial, *bots*, superinteligência etc., como se fossem sinônimos. Esse desentendimento é um problema crítico na sociedade, porque limita e prejudica as discussões sobre IA, que são essenciais para o desenvolvimento da área que definirá a direção em que a humanidade evoluirá. Estamos todos no mesmo mar, em que a IA é a correnteza decisiva para impulsionar o nosso barco – quem souber navegá-la tenderá a obter uma vantagem competitiva muito grande em relação aos demais. Assim, acredito que seja um direito e ao mesmo tempo um dever de todo ser humano compreender e atuar nesse caminho de evolução. Além disso, as incertezas sobre os impactos que as máquinas inteligentes terão na humanidade representam um imenso desafio – como eles afetarão a sociedade? Quais serão os impactos positivos e negativos no ser humano?

Ao mesmo tempo em que a evolução da inteligência artificial é celebrada pela humanidade devido ao seu potencial de melhorar a vida das pessoas, ela é também temida devido ao desconhecimento sobre o assunto e as incertezas sobre o seu futuro. Alguns estudos que

---

2 Disponível em: https://www.economist.com/news/leaders/21713836-casting-magic-spell-it-lets-people-control-world-through-words-alone-how-voice e http://observer.com/2014/08/study-people-are-more-likely-to-open-up-to-a-talking-computer-than-a-human-therapist/. Acesso em: 20 jun. 2020.

focam na análise de riscos para a humanidade[3] listam como riscos emergentes a biologia sintética, a nanotecnologia e a inteligência artificial (IA), e, entre elas, a IA é considerada a ameaça menos compreendida. O estudo *Global Catastrophic Risks 2016* já apontava que essas inteligências extremas podem não ser fáceis de controlar, e poderiam agir de forma a aumentar suas próprias inteligências e a maximizar a aquisição de recursos para suas motivações iniciais. E se essas motivações não reconhecerem o valor da humanidade em detalhes exaustivos, a IA pode ser levada a construir um mundo sem humanos.

Sim, e de lá para cá, os questionamentos em relação aos riscos na evolução da IA só vêm aumentando.

Nesse sentido, acredito que o primeiro passo para se poder lidar de forma lúcida, estratégica e inteligente com qualquer coisa – situação, ideias, problemas, oportunidades, doenças, pessoas, mercado, inteligência artificial etc. – é definir e compreender essa coisa, para depois, em função disso, formar opinião e traçar cursos de ação.[4]

Assim, visando contribuir para a melhor compreensão sobre a inteligência artificial, de forma a fomentar essa discussão, este capítulo se propõe a apresentar os principais conceitos sobre o tema, da forma mais simples possível visando a sua aplicação no marketing.

O que é inteligência artificial

Inteligência artificial (IA) é a área da Ciência da Computação que lida com o desenvolvimento de máquinas/computadores com capacidade de imitar a inteligência humana.

No entanto, a inteligência é um campo extremamente complexo, tanto que não existe uma única definição que possa explicá-la. Há, porém, uma ampla concordância entre os pesquisadores sobre as habilidades que a inteligência precisa ter para ser considerada de nível humano, como: raciocinar (estratégia, solução de problemas, compreensão de ideias complexas e capacidade de tirar conclusões em ambientes com incerteza), representar o conhecimento (incluindo conhecimento de senso comum), planejar, aprender, comunicar em linguagem natural, integrar todas essas habilidades para uma meta comum, além de sentir (ver, ouvir etc.) e ter a habilidade de agir (exemplo: se movimentar e manipular objetos) no mundo de forma inteligente, inclusive detectando e respondendo a ameaças. Somam-se a essas outras características, como imaginação (habilidade de criar imagens, vídeos e conceitos mentais que não foram programados) e autonomia, que também são essenciais para um comportamento "inteligente".

---

3 Disponível em: https://www.openphilanthropy.org/research/cause-reports/ai-risk e http://globalprioritiesproject.org/wp-content/uploads/2016/04/Global-Catastrophic-Risk-Annual-Report-2016-FINAL.pdf. Acesso em: 20 jun. 2020.

4 Citação de Martha Gabriel em *Você, eu e os robôs*, 2017.

Assim, de forma geral, "*o termo inteligência artificial é utilizado quando máquinas imitam as funções 'cognitivas' que os humanos associam com 'mentes humanas', como 'aprendizagem' e 'solução de problemas'*".[5]

Portanto, inteligência artificial é um termo amplo, que abriga debaixo de seu guarda-chuva as inúmeras disciplinas envolvidas com o desenvolvimento de máquinas pensantes. Como o objetivo de IA é o desenvolvimento da inteligência, ela se relaciona com todas as áreas do conhecimento que são usadas no estudo da inteligência, além de métodos, algoritmos e técnicas que possam tornar um *software/hardware* inteligente no sentido humano da palavra. Inclui, por exemplo, visão computacional, processamento de linguagem natural, robótica e tópicos relacionados. Além das disciplinas associadas ao desenvolvimento de IA em si, existem ainda sobreposições e diálogos com outros campos essenciais para balizar o seu direcionamento e convivência com outras formas de inteligência, como a humana.

Duas questões recorrentes referentes à evolução da IA são: (1) qual o nível de desenvolvimento atual de IA?; e (2) quando a IA atingirá (e poderá ultrapassar) o nível da inteligência humana? Antes de responder a essas perguntas, é importante salientar que a IA evolui de forma distinta da robótica e que são duas áreas complementares. Enquanto a IA refere-se à mente inteligente artificial (*software*), a robótica se refere a corpos artificiais, que podem, ou não, ser comandados por inteligências artificiais. Um exemplo comum disso são os drones – existem tanto drones operados por humanos quanto drones autônomos (operados por alguma forma de inteligência artificial).

Portanto, enquanto a IA pensa, a robótica age, manipulando o ambiente. A combinação de inteligência artificial e robótica dá origem a uma infinita variação de seres digitais artificiais, com potencial de complementar as habilidades humanas, sobrevivendo em ambientes nocivos ou inacessíveis para os humanos, como espaço sideral, profundezas da Terra, espaços minúsculos ou gigantescos etc. No marketing, podemos ver aplicações florescendo e se beneficiando tanto da IA quanto da robótica.

Por exemplo, robôs humanoides avançados estão sendo empregados no atendimento ao cliente em diversos setores. Em 2024, a fabricante de bebidas Dictator nomeou a robô humanoide Mika como CEO (Figura 6.1), responsável por identificar potenciais clientes e selecionar artistas para projetar garrafas, demonstrando a integração de IA e robótica em estratégias de marketing e *branding*. Ela está conectada a 12 modelos de IA ao mesmo tempo (incluindo GPT e um modelo de IA dedicado da Dictator).

No setor de alimentação e entretenimento, a integração de IA e robótica tem transformado a experiência do cliente. Restaurantes e bares restaurantes como o Naulo, em Singapura, e o Creator, em São Francisco, têm utilizado robôs garçons equipados com inteligência artificial para interagir com os clientes, tirar pedidos e entregar alimentos

---

5   Russel, 2009.

e bebidas às mesas. Essa tecnologia não apenas melhora a eficiência do serviço, mas também proporciona uma experiência única e inovadora aos clientes. Esses sistemas também coletam dados sobre as preferências dos clientes, permitindo ajustes ágeis e personalizados para aprimorar o serviço oferecido.

Figura 6.1 – Mika, primeira robô CEO do mundo, lidera a marca de rum Dictador.
Foto: Divulgação/Dictador.

Por outro lado, apesar das suas atuações significativas, os robôs e as inteligências artificiais ainda não estão no nível de um ser humano. Vejamos, então, quais são os níveis evolutivos de IA e onde nos encontramos.

Categorizações de IA

As categorizações da inteligência artificial nos auxiliam a compreender o grau de inteligência de uma IA, que vai desde o mais restrito e específico até a superinteligência. Assim, de forma geral, qualquer sistema de IA pode ser classificado nas seguintes categorias:

- **Inteligência Artificial Limitada (ANI):**[6] também conhecida como "IA Fraca"[7] (*Weak AI*), é o tipo mais básico de IA, especializada em apenas uma área. Esses sistemas lidam com grandes volumes de dados e realizam cálculos complexos de forma rápida, mas sempre com um único objetivo. Por exemplo, é o tipo de IA que vence campeões de xadrez ou reconhece rostos em imagens, mas não consegue

---

6 Em inglês: ANI (*Artificial Narrow Intelligence*).
7 A classificação da inteligência artificial como forte ou fraca foi apresentada pela primeira vez nos anos 1980 pelo filósofo e escritor norte-americano John Searle. Fonte: *Human-Level Artificial Intelligence? Be Serious!*, por Nils Nilsson. Disponível em: http://ai.stanford.edu/~nilsson/OnlinePubs-Nils/General%20Essays/AIMag26-04-HLAI. pdf. Acesso em: 20 jun. 2020.

executar outras tarefas, como dirigir um carro ou jogar damas. Exemplos modernos incluem assistentes virtuais, como Alexa e Siri, e sistemas de recomendação de conteúdo, como Netflix e Spotify. Modelos como o ChatGPT, que geram texto baseado em contexto, também se enquadram nessa categoria, apesar de sua ampla aplicação.

- **Inteligência Artificial Geral (AGI)**: também conhecida como "IA Forte" (*Strong AI*) ou "IA Nível Humano" (*Human-Level AI*), refere-se a máquinas com inteligência equivalente à de um ser humano, capazes de realizar uma ampla gama de tarefas inteligentes. Elas poderiam aprender qualquer habilidade que um humano domine, tornando-as extremamente versáteis. Embora estejamos cada vez mais próximos de avanços significativos, ainda não alcançamos um sistema plenamente funcional nesse nível. Iniciativas como modelos multimodais mais recentes mostram avanços na direção da AGI, mas ainda estão longe de atingir capacidades verdadeiramente humanas.

- **Superinteligência (ASI)**:[8] definida pelo filósofo Nick Bostrom como "um intelecto que supera o melhor cérebro humano em praticamente todas as áreas, incluindo criatividade científica, conhecimentos gerais e habilidades sociais". A ASI representa o nível mais alto de evolução da IA, indo desde um computador ligeiramente mais inteligente que um humano até sistemas incrivelmente superiores. Esse conceito hipotético é tema de discussões sobre riscos e oportunidades, pois inclui cenários como a criação de tecnologias imortais ou, no pior caso, a extinção da humanidade. Exemplos práticos desse nível ainda não existem, mas as discussões sobre sua possibilidade moldam os rumos da pesquisa.

Além dessas, novas categorias vêm sendo propostas, como:

- **Inteligência Artificial Generativa**: capaz de criar novos conteúdos, como texto, imagens ou música, a partir de padrões aprendidos. Modelos como o ChatGPT e o Midjourney se enquadram nessa categoria, representando uma revolução em criatividade assistida por IA.

- **Inteligência Artificial de Autoaperfeiçoamento**: uma forma hipotética de IA que pode melhorar suas próprias capacidades sem intervenção humana, potencialmente levando à superinteligência.

Assim, considerando os níveis evolutivos, estamos ainda no primeiro (ANI), a caminho do segundo (AGI). Quando a IA atingir o nível humano, conheceremos a chamada "singularidade tecnológica" – o momento em que máquinas serão mais inteligentes que seres humanos, possibilitando o desenvolvimento de uma superinteligência. Estimativas atuais preveem que a singularidade tecnológica poderá ocorrer por volta de 2045, segundo

---

[8] Superinteligência, muitas vezes, não é considerada um tipo de IA, mas um novo tipo de ser. No entanto, penso ser adequado colocá-la junto às classificações de IA que se comparam com a inteligência humana, dado que a superinteligência é o próximo passo. Ver mais sobre as definições e aspectos da superinteligência em: https://en.wikipedia.org/wiki/Superintelligence. Acesso em: 11 abr. 2025.

futuristas como Ray Kurzweil, embora algumas previsões mais recentes indiquem que isso pode acontecer ainda antes. O World Economic Forum estima que acontecerá em torno de 2060.[9] A questão não é "se", mas "quando" ela será alcançada.

Nesse contexto, para acompanharmos esse processo evolutivo e fazermos parte dele, vamos entender como, afinal de contas, isso tudo funciona.

Como a IA funciona

Existem duas linhas principais de pensamento no que se refere à definição da inteligência humana e que influenciaram o desenvolvimento da computação: a simbólica e a conexionista.[10] A abordagem simbólica da inteligência é fruto do pensamento orientado pela matemática em descrever de forma abstrata os processos que geram comportamento inteligente – essa linha deu origem a sistemas computacionais lógicos, culminando com o desenvolvimento dos computadores. Por outro lado, a linha conexionista é orientada para a fisiologia humana, considerando que a inteligência humana é resultado da forma como o nosso cérebro funciona e é organizado, dando origem às teorias de *machine learning* e redes neurais, favorecendo a modelagem das funções cerebrais para fazer engenharia reversa da inteligência. Assim, de modo geral, essas linhas de pensamento inspiraram a evolução da computação seguindo essas duas abordagens: simbólica (programação) e conexionista (aprendizado).

Em outras palavras, a abordagem simbólica simula o comportamento da mente (pensamento lógico), enquanto a conexionista simula o funcionamento do cérebro (pensamento emergente). Assim, enquanto a computação simbólica é baseada em programação (de cima para baixo), a conexionista se baseia em aprendizagem (de baixo para cima), que é a base evolutiva da IA, acreditando-se que a inteligência está na forma de processar a informação,[11] e não na informação em si – a capacidade de resolver problemas, e não de seguir regras. A Figura 6.2 ilustra as diferenças entre as duas abordagens.

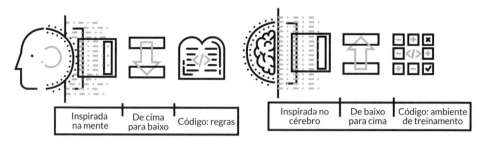

Figura 6.2 – Representação das abordagens simbólica (imagem esquerda) e conexionista (imagem direita) da computação. **Fonte:** Adaptada de: https://en.fabernovel.com/insights/tech-en/ai-for-dummies. Acesso em: 20 jun. 2020.

---

9 World Economic Forum: "This is when robots will start beating humans at every task". Disponível em: https://www.weforum.org/agenda/2017/06/this-is-when-robots-will-start-beating-humans-at-every-task-ae5ecd71-5e8e-44ba-87cd-a962c2aa99c2/. Acesso em: 20 jun. 2020.
10 Hoffmann, 1998.
11 Aprendendo com os seus erros e executando diferentes processos independentemente de instruções.

Inicialmente, na história da computação, foi dada maior ênfase à computação simbólica, com o desenvolvimento de linguagens de programação e das técnicas que são mais conhecidas atualmente, provavelmente devido ao desconhecimento sobre o cérebro humano e seu funcionamento naquela época. Nesse período, a linha conexionista, associada à IA, viveu uma fase de menor atividade de pesquisa e interesse, conhecida como o Inverno da Inteligência Artificial.[12] No entanto, devido ao avanço da neurociência e das capacidades de *hardware* nas últimas décadas, as pesquisas de redes neurais decolaram e têm alavancado a computação conexionista, baseada em aprendizagem de máquina – que não executam programa com comandos predeterminados, mas aprendem. Isso deu origem, e é a base de novas áreas de inteligência artificial, como *deep learning*, por exemplo.

Para se materializar e ser utilizada na prática, a IA se apropria de diversos métodos e algoritmos, como, por exemplo, o de redes neurais aplicado à visão computacional. Assim, da mesma forma que o olho humano processa a visão como parte da inteligência humana, cada método de IA executa uma função de inteligência artificial – portanto, para desenvolver IA, precisamos nos utilizar de seus métodos.

Os problemas mais comuns que se espera que a IA solucionem são apresentados na Figura 6.3.

Por outro lado, para desenvolver essas habilidades (Figura 6.3), a inteligência artificial precisa conectar várias áreas para se manifestar, do mesmo modo que a inteligência humana se utiliza de várias funções para compor o pensamento/inteligência – memória, raciocínio, aprendizagem, solução de problemas, percepção, linguística, sentidos, locomoção etc. Assim, as principais áreas de IA estão representadas na Figura 6.4.

Perceba como a conexão entre a IA e a robótica tem o mesmo tipo de relação entre a mente e o corpo humanos: nossa mente precisa do corpo (incluindo o cérebro físico) para "sentir" (visão, olfato, paladar, tato e audição), "processar" (pensamento) e "atuar" no mundo, e todas essas funções acontecem em conjunto entre corpo e mente para: perceber, agir, receber *feedback* e ajustar a próxima ação; no caso da IA, ocorre o mesmo processo entre *software* (mente) e *hardware* (corpo), de forma que são interdependentes e acionados em diferentes graus de intensidade, de acordo com a função que se exerce em cada momento.

Para implementar essas áreas, a IA desenvolveu um grande número de ferramentas, como: busca e otimização, lógica, métodos probabilísticos para raciocínio incerto, redes neurais, teoria do controle, linguagens, entre outros, que se interconectam, como apresentado na Figura 6.4.

---

[12] Disponível em: https://en.wikipedia.org/wiki/AI_winter. Acesso em: 20 jun. 2020.

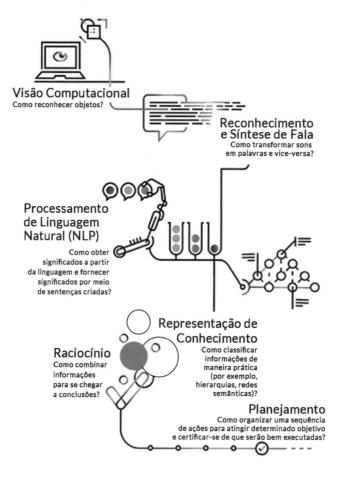

Figura 6.3 – Funções mais comuns de IA.
Fonte: Adaptada de: https://en.fabernovel.com/insights/tech-en/ai-for-dummies.. Acesso em: 20 jun. 2020.

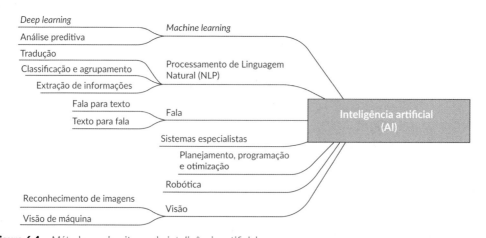

Figura 6.4 – Métodos e algoritmos de inteligência artificial.
Fonte: Adaptada de: https://en.fabernovel.com/insights/tech-en/ai-for-dummies e http://www.geeksforgeeks.org/artificial-intelligence-an-introduction/. Acesso em: 20 jun. 2020.

Analisando o *Hype Cycle*[13] do Gartner 2024 para as tecnologias emergentes, observa-se que a IA é predominante como base estrutural de várias delas, delineando um cenário próximo em que *Generative AI*, *AI Supercomputing* e engenharia de *prompt* passam a ser utilizados mais amplamente nos produtos de mercado. Por outro lado, *federated machine learning* e *autonomous agents* devem ser adotados em médio prazo, no período de 5 a 10 anos (Figura 6.5).

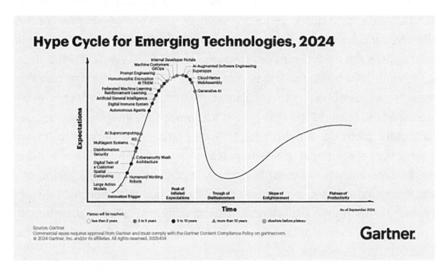

Figura 6.5 – *Hype Cycle* for Emerging Technologies 2024.

Assim, para entendermos como podemos aplicar IA no marketing, precisamos, também, compreender as principais metodologias de IA. Vamos a elas.

Machine learning (ML)

O termo *machine learning* (ML) foi cunhado em 1959 por Arthur Samuel, um pioneiro no campo de *games* computacionais e inteligência artificial. Ele define ML como um *"campo de estudo que dá aos computadores a habilidade de aprender sem serem explicitamente programados"*.

Para explicar como o ML funciona, podemos utilizar uma analogia com o método que nós, humanos, usamos para aprender a comprar frutas.[14] Imagine que você deseje comprar mangas doces. Como você faz? Você se lembra que sua mãe disse que as mangas

---

13 O *Hype Cycle* é uma metodologia do Gartner que interpreta o *"hype"* das tecnologias emergentes, ou seja, as expectativas e reais possibilidades de cada tecnologia, apresentando-as em uma representação gráfica conforme a maturidade de adoção, quanto elas são potencialmente relevantes para solucionar problemas reais e explorar novas oportunidades. Ver mais em: https://www.gartner.com/en/articles/hype-cycle-for-emerging-technologies. Acesso em: 20 dez. 2024.

14 Analogia apresentada por Pararth Shah em: http://bigdata-madesimple.com/how-do-you-explain-machine-learning-and-data-mining-to-a-layman/. Acesso em: 20 jun. 2020.

mais amarelas são mais doces do que as pálidas. Então, você vai na quitanda e escolhe as mangas mais amarelas, paga, e traz para casa. No entanto, depois de comer, você percebe que nem todas as mangas amarelas são realmente doces. Assim, as informações que sua mãe forneceu ainda são insuficientes para comprar mangas boas. Analisando as mangas que experimentou do lote, você percebe que as grandes e amarelas são doces sempre, mas as pequenas não. Então, da próxima vez que você comprar mangas, você comprará apenas as grandes e amarelas, não mais as pequenas. No entanto, quando você vai à quitanda, nota que o vendedor se mudou, e você passa a comprar de outro fornecedor. Nesse caso, depois de consumir as mangas, você percebe que as menores e pálidas são as mais doces, e não mais as maiores e amarelas. Algum tempo depois, você recebe um primo para passar uns dias com você e o que ele valoriza não é a doçura das mangas, mas quanto elas são suculentas. Novamente você repete o experimento para determinar as melhores mangas para o seu propósito. Imagine, agora, que você se mude para outra parte do mundo: você terá de praticar o experimento novamente. E se você casar com alguém que gosta de maçãs e detesta mangas? Você provavelmente fará todos os experimentos novamente para conseguir comprar maçãs melhores. E assim por diante. No mundo de ML, o processo é similar, só que feito por meio de algoritmos, que conforme realizam uma experiência, registram seus resultados para tomar decisão posteriormente. Esse exemplo das frutas usa o método que chamamos de aprendizagem supervisionada, como veremos mais à frente.

Assim, *machine learning* (ML), ou "aprendizagem de máquinas" em português, é um campo da IA que lida com algoritmos que permitem a um programa "aprender" – ou seja, os programadores humanos não precisam especificar um código que determina as ações ou previsões que o programa vai realizar em determinada situação. Em vez disso, o código reconhece padrões e similaridades das suas experiências anteriores e assume a ação apropriada com base nesses dados. Isso permite uma melhor automação, na qual o programa não para quando encontra algo novo, mas trará dados de suas experiências para lidar suavemente com a tarefa que precisa fazer.[15] ML refere-se, então, a uma vasta gama de algoritmos e metodologias que permitem que *softwares* melhorem seu desempenho (aprendizagem) à medida que obtêm mais dados.

Portanto, uma dimensão bastante importante em ML são os dados: se voltarmos ao exemplo anterior das mangas, se não houvesse frutas para aprender sobre doçura, suculência, regiões de origem, fornecedores etc., ficaria muito difícil, senão impossível, adquirir conhecimento e aprender. Portanto, os sistemas de ML ficam melhores conforme "mineram" grandes volumes de dados.

---

15 Disponível em: https://futurism.com/?post_type=glossary&p=53162?post_type=glossary&p=53162. Acesso em: 20 jun. 2020.

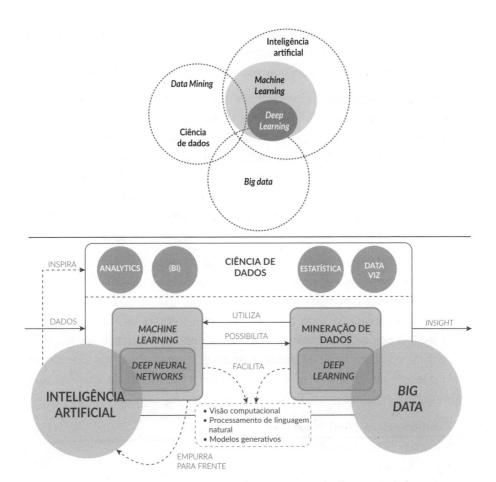

Figura 6.6 – Representação das principais áreas de IA (imagem superior) e das principais ferramentas e metodologias de implementação de IA (imagem inferior).
Fonte: Disponível em: https://whatsthebigdata.com/2016/10/17/visually-linking-ai-machine-learning-deep-learning-big-data-and-data-science/. Acesso em: 20 jun. 2020.

ML é o campo de IA hoje que tem se mostrado mais promissor, fornecendo ferramentas que podem ser usadas com grande potencial transformador no mercado e na sociedade. Entre as áreas populares de aplicação de ML, podemos citar: reconhecimento de texto em linguagem natural (Processamento de Linguagem Natural – PLN), análise de texto (extrair conhecimento de grandes volumes de dados), reconhecimento de voz e síntese de fala, visão computacional, carros autônomos, busca *on-line*, sistemas de recomendação (exemplo: Netflix), detecção de fraudes, segurança de rede e de dados.

Dentro das abordagens conexionistas de ML, *deep learning* é aquela que utiliza algoritmos de redes neurais artificiais, aprofundando o processamento em camadas de neurônios artificiais para resolver problemas mais complexos, se aproximando mais do que entendemos por "pensamento" humano.

Assim, conforme os computadores evoluem e passam a: (1) conseguir capturar melhor os dados do mundo – áudio, imagem, movimento, odores etc.; e (2) processá-los de forma mais eficiente; as máquinas vão se aproximando das habilidades humanas.

A capacidade computacional de capturar dados de forma cada vez mais sofisticada tem acontecido em função da disseminação da Internet das Coisas (que alimenta o *big data* em inúmeras dimensões) e da melhoria dos sistemas de visão computacional, reconhecimento de fala etc. Esses dispositivos simulam os sentidos humanos (e eventualmente, no futuro, poderão ir além). Por outro lado, a capacidade computacional de processamento está sendo alavancada por sistemas de redes neurais artificiais profundas e *hardware* especializados para "pensar" em conjunto com os dados captados: os computadores neuromórficos.[16]

Em função da junção da evolução dessas capacidades computacionais (*hardware* + *software* + dados) convergindo em *deep learning*, alguns pesquisadores consideram que estamos vivendo o *big bang*[17] da inteligência artificial moderna. *Deep learning* parece tornar possível a criação de todo tipo de assistentes computacionais, alavancando a adoção de IA. Exemplos de aplicação são carros autônomos, assistente de saúde (*healthcare* preventiva), combate à fraude, mapeamentos por imagem (bairros, plantações etc.), recomendações de filmes, livros, segurança com reconhecimento de imagens, *speech to text*, entre outros. Algumas possibilidades de *deep learning* são:

- Colorir imagens em preto e branco.
- Sonorizar filmes mudos.
- Tradução automática de linguagem (falada e escrita).
- Classificação de objetos em fotos.
- Geração automática de escrita à mão.
- Geração de texto de personagens.
- Geração de legendas em imagens.
- Jogos automáticos.

Dessa forma, o *deep learning* está pavimentando o caminho para um futuro de IA mais próximo daquilo que vemos na ficção, para alcançar o nível humano de inteligência, AGI.

Nesse contexto de utilização dos diversos métodos e processos de IA, precisamos ter em mente que não existem fórmulas mágicas e prontas para obtermos resultados – eles acontecem em função de uma cadeia contínua de estágios interconectados e interdependentes que variam desde a percepção (estado reativo) até a autonomia (consciência situacional), como representado no contínuo da Figura 6.7.

---

16 Disponível em: https://en.wikipedia.org/wiki/Neuromorphic_engineering. Acesso em: 20 jun. 2020.
17 Disponível em: https://blogs.nvidia.com/blog/2016/01/12/accelerating-ai-artificial-intelligence-gpus/. Acesso em: 20 jun. 2020.

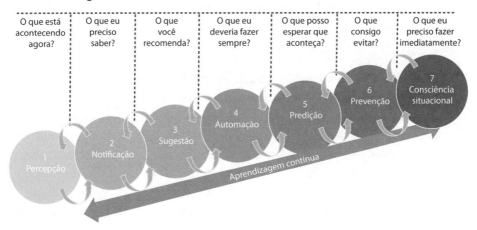

Figura 6.7 – Estágios interconectados e interdependentes de aplicações de IA.
Fonte: *Constellation Research*. Disponível em: https://www.zdnet.com/article/here-come-all-the-ai-deployments-now-how-do-we-manage-ai/. Acesso em: 20 jun. 2020.

Assim, esses tipos de aplicações que conseguimos realizar atualmente com a IA estão remodelando o marketing em todas as suas dimensões, destacando-se:

- **Análise preditiva de padrões de compra**: a análise preditiva usa uma quantidade enorme de dados para fazer previsões de resultados futuros. Um exemplo recente é o da Amazon, que utiliza algoritmos preditivos para sugerir produtos aos clientes antes mesmo de eles perceberem suas necessidades, com base no histórico de compras e navegação. Um exemplo clássico do uso de análise preditiva nesse sentido é o da Target, uma rede varejista nos Estados Unidos que, em 2012, conseguiu prever corretamente a gravidez de uma adolescente[18] baseando-se nas mudanças dos seus hábitos de compra, antes mesmo que seu pai soubesse. Esses avanços tornam as experiências mais personalizadas e aumentam significativamente as taxas de conversão. Esses casos demonstram a precisão dos algoritmos modernos e a importância da supervisão humana para evitar vieses.

- **Reconhecimento automático de imagem**: graças ao *deep learning*, as grandes plataformas de tecnologia, como Google Photos, TikTok e Pinterest, têm adquirido capacidade de reconhecimento de objetos e pessoas em imagens e vídeos com precisão acima de 99%.[19] Para o marketing, esse tipo de reconhecimento permite que marcas como Nike e Adidas utilizem IA para identificar roupas ou calçados em fotos postadas pelos clientes, promovendo campanhas personalizadas baseadas no estilo dos usuários. Além disso, tecnologias como o reconhecimento facial são empregadas por varejistas como a Sephora para criar experiências

---

18 Disponível em: https://www.forbes.com/sites/kashmirhill/2012/02/16/how-target-figured-out-a-teen-girl-was-pregnant-before-her-father-did/#f27749666686. Acesso em: 20 jun. 2020.
19 Google Photos: disponível em: http://vis-www.cs.umass.edu/lfw/results.html. Acesso em: 20 jun. 2020.

personalizadas nas lojas, rastreando preferências em tempo real. Um *case* recente é a Hema, do Alibaba, que usa reconhecimento facial para pagamentos automáticos e sugestões personalizadas. Muitas marcas utilizam *software* de reconhecimento facial já há algum tempo[20] para rastrear os clientes/consumidores em suas lojas, e, portanto, já conhecem os hábitos *in-store* – o reconhecimento facial *on-line* permitiria utilizar essas informações para criar melhor experiência de ofertas nesse ambiente também, e vice-versa.

Um *case* divisor de águas na utilização de reconhecimento de objetos é a AmazonGo,[21] que combina essa dimensão de informação com as demais obtidas por inúmeros sensores para analisar e processar as compras de forma automática, eliminando a necessidade de existirem caixas para *checkout* e pagamento.

- **Chatbots inteligentes**: um dos maiores desafios do marketing é o atendimento ao cliente. *Chatbots* como o ChatGPT e ferramentas de IA semelhantes são cada vez mais utilizados para resolver questões simples e oferecer suporte 24/7. Marcas como a Starbucks utilizam *chatbots* para permitir que clientes façam pedidos diretamente pelo aplicativo, integrando os canais *on-line* e *off-line*. No Brasil, bancos como Itaú e Bradesco já adotam *chatbots* para resolver demandas de suporte e relacionamento com os clientes. Esses sistemas também otimizam interações *omnichannel*, complementando o trabalho de atendentes humanos.

- **Análise de sentimento em reconhecimento automático de voz**: sistemas como o Cogito e o Emotion AI ajudam marcas a compreender as emoções dos clientes durante chamadas de serviço ou interações por voz, ajustando a abordagem em tempo real para melhorar a experiência. Um exemplo é o uso dessa tecnologia por seguradoras, que monitoram as emoções dos clientes para prevenir cancelamentos de contratos.

- ***Insights* sobre o público**: além de predição de padrões de compra, sistemas de IA podem conhecer preferências do público em vários níveis. Um exemplo é a Coca-Cola, que usa *machine learning* para analisar dados de redes sociais e criar campanhas de marketing adaptadas aos gostos regionais. Outro exemplo é o Spotify, que personaliza *playlists* e sugere músicas com base nos hábitos do usuário, aumentando a satisfação e a retenção de clientes. Essas tecnologias ajudam marcas como Sephora e Under Armour a criar personas detalhadas, utilizando dados como localização, histórico de compra, interações *on-line* e fatores psicográficos.

Outras possíveis aplicações para o marketing:

- Campanhas de remarketing baseadas em comportamentos preditivos.
- Otimização de jornada do cliente em tempo real com base em dados emocionais e comportamentais.

---

20   Disponível em: https://www.theguardian.com/cities/2016/mar/03/revealed-facial-recognition-software-infiltrating-cities-saks-toronto. Acesso em: 20 jun. 2020.

21   Disponível em: https://www.amazon.com/b?ie=UTF8&node=16008589011. Acesso em: 20 jun. 2020.

- Criação de conteúdo automatizado para diferentes públicos-alvo com IA generativa.
- Implementação de sistemas de fidelização dinâmicos baseados em preferências do consumidor.

Emoção, emoção, emoção

Como vimos até aqui, conforme a inteligência das máquinas avança, tudo o que o puder ser automatizado será. E, nesse sentido – automatização –, elas serão cada vez melhores do que o ser humano. Assim, não adianta tentar competir com elas naquilo que elas são melhores do que nós; a única forma de ganhar vantagem competitiva nesse processo é utilizando o máximo potencial da tecnologia combinado com o máximo potencial humano que a tecnologia não consegue realizar.

Nessa jornada de automatização, portanto, até que a IA atinja o nível da inteligência humana, existem habilidades em que cada tipo de inteligência é melhor – saber usá-las de forma complementar será a grande vantagem estratégica das próximas décadas. A Figura 6.8 mostra as principais forças das inteligências artificial e humana.

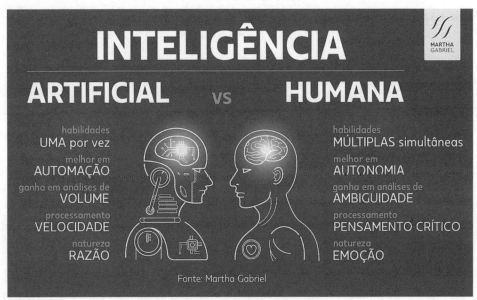

Figura 6.8 – Comparação das forças da IA e da inteligência humana.
Fonte: Martha Gabriel. Disponível em: https://www.linkedin.com/pulse/intelig%C3%AAncia-artificial-vs-humana-porque-together-martha-gabriel-phd/. Acesso em: 10 jul. 2020.

Analisando as diferenças e complementaridades, verificamos que, por um lado, a IA possui capacidade imbatível para automação, processamento de grandes volumes, alta velocidade e aplicação da razão. No entanto, por outro lado, ela é limitada em termos de autonomia, ambiguidade, pensamento crítico e emoção, que são forças humanas. Assim, o fator diferencial no jogo da inteligência artificial, que pode garantir o sucesso estratégico do seu uso, depende da dimensão humana da equação.

Os consumidores tendem a escolher as empresas que oferecem as soluções mais intuitivas, rápidas, personalizadas, com custos menores, culminando em um conjunto de ações que resulte na melhor experiência – para isso, o fator cada vez mais essencial é saber usar a inteligência artificial associada com humanos que saibam utilizar as suas características mais fundamentais: as humanas.

Considerações e recomendações adicionais

Para aqueles que desejarem ampliar o conhecimento sobre os assuntos apresentados neste capítulo, recomendamos que acompanhem os materiais complementares pelo QRCode a seguir:

www.martha.com.br/livro-MED/saibamais06.html

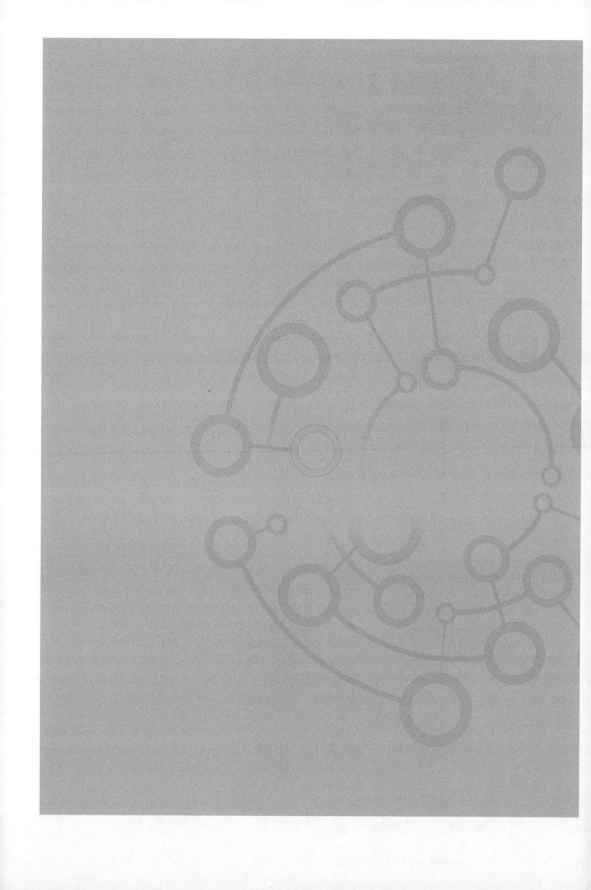

A Antropologia do Consumo, ou Antropologia Aplicada, vem se tornando, nas últimas décadas, uma metodologia de investigação cada vez mais utilizada e valorizada pelo mercado de bens de consumo e pelas organizações. Seu diferencial como ciência aplicada ao mercado consiste, em grande parte, no uso de uma metodologia que define o processo antropológico de apreensão da realidade e interpretação dos dados coletados em campo: a etnografia.

Neste capítulo, apesar da utilização de termos e conceitos científicos, buscarei representar de forma acessível o tema, priorizando o acesso do leitor ao campo do conhecimento da antropologia e da etnografia numa linguagem mais fluida e não focada na leitura de "pares" da área acadêmica. Assim como em minhas aulas e junto aos clientes do mercado de bens de consumo, darei prioridade ao entendimento leigo desta ciência (antropologia) e da aplicabilidade de seu método (a etnografia) no mundo empresarial e no universo digital.

Antropologia: o estudo das diferenças que formam a identidade de um grupo

Para entender a estrutura da etnografia, faz-se necessário compreender os aspectos essenciais da antropologia, ciência que deu origem ao método. A antropologia social, ciência do campo das humanidades, estuda os seres humanos do ponto de vista sociocultural, diferentemente da antropologia biológica. Este estudo busca apreender as características que definem uma sociedade e a diferenciam de outra, compondo, assim, sua identidade. Por isso a antropologia é chamada de "o estudo do Outro". Este outro compreende a diferença de um grupo para outro, que marca as características identitárias de grupos e sociedades. Por exemplo: quando o antropólogo Roberto da Matta[*] investigou as características identitárias da diferença entre a vida pública e a vida privada no Brasil, sua pesquisa deu origem à obra *A casa e a rua: espaço, cidadania, mulher e morte no Brasil*, que mostra os diferenciais que definem a forma como os brasileiros entendem e vivenciam essas duas esferas, sendo a rua o espaço do perigo, dos malandros e heróis, sem valores morais definidos, e a casa como espaço de segurança e controle, onde os papéis sociais dos membros da família são bem delineados e obedecem a outra lógica.

No século XIX, a antropologia surge como uma ciência que se ocupa de investigar as populações que não pertencem à Civilização Ocidental, como os Civilizações Africanas e aquelas do Novo Mundo e povos da Oceania, como os aborígenes de Papua-Nova Guiné. Mas como cumprir o desafio de compreender uma sociedade cujas formas de conceber o mundo, a realidade, a vivência cotidiana e os princípios norteadores de tomada de decisão, se as estruturas sociais, os valores e os comportamentos são completamente diferentes daqueles do pesquisador? Faz-se necessário conceber uma metodologia capaz de extrair a perspectiva do Outro, não segundo a visão de mundo e valores do pesquisador (o que incorreria num desvio, numa interpretação equivocada), mas conforme a percepção de realidade deste Outro, sobre a sua cultura, sobre os "porquês" de comportamentos e formas de ser, conforme as razões internas do grupo.

A investigação das características culturais de um grupo, de um povo, de uma sociedade, é, portanto, uma prática extremamente complexa, pois é como se aprender uma poesia numa língua a qual não se conhece – entendemos as palavras, percebemos a realidade sonora destas, mas não sabemos seu significado, pois não compreendemos o que estes termos referenciam "nesta cultura", diferente daquela do pesquisador.

A cultura, do ponto de vista da antropologia cultural, é essa rede de significados que o Homem construiu e o mantém preso a ela (Geertz, 1978), opera como uma "matrix" (em alusão ao filme de Wachowski de 1999), que nos confere o entendimento da realidade. Ela é tão determinante que também chamada de "segunda natureza", pois seus conteúdos estão tão interiorizados na existência humana, delineando a forma de se perceber o mundo e vivenciar a realidade, e sua influência no comportamento dos indivíduos, dos traços culturais que definem um grupo é tão inconsciente – mas, contudo, tão "naturalizada" em sua forma de ser –, que possui o mesmo poder de moldar consciências e atitudes que a natureza possui de definir funções orgânicas das formas vivas.

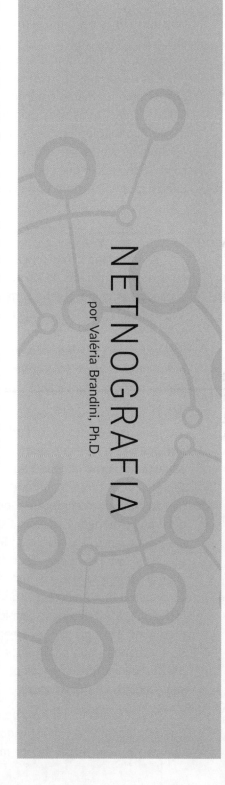

NETNOGRAFIA
por Valéria Brandini, Ph.D

Entender a cultura de um grupo, ou sociedade, na investigação antropológica, é mapear essa rede invisível de significados que norteia valores, define visão de mundo, constitui a ética e por fim estruturas padrões de comportamentos sociais. Enquanto "rede invisível", "matrix" que cria os códigos que orientam nossas ações, mas da qual não temos consciência, a cultura não é algo passível de ser apreendido e decodificado por meio de técnicas de pesquisa usuais. Isso porque a sutileza com que os moldes culturais orientam nosso comportamento está no nível da inconsciência. Alguém que nasce numa colônia italiana, como meus avós, não tem noção de que fala alto, pois a altura do tom da voz é algo naturalizado em seu comportamento. Se em uma entrevista se perguntasse por que minha avó falava alto, ela diria que não falava alto, que falava de forma normal, como todo mundo que conhece. Esse "falar alto" compreendia um traço da cultura – essa diferença que constitui um elemento que marca a identidade de um grupo.

Etnografia – descrição densa

A etnografia como processo de pesquisa se diferencia de outras técnicas pelo caráter de proximidade do objeto de estudo, em contraposição a técnicas que visam ao distanciamento do objeto como forma de isenção por parte do pesquisador. Se você "olhar de longe", não consegue entender o que significa "andar nos sapatos do Outro", quer dizer, o distanciamento, necessário em processos de pesquisa como na sociologia e na psicologia, é adequado quando se compreende qual é a "gramática de uma cultura", o que querem dizer suas crenças, seus princípios, valores, comportamentos. Mas se não conhecemos os significados dos comportamentos e princípios de escolha de um grupo, não será possível mapear e interpretar o que querem dizer esses dados.

Diferentemente de uma descrição objetiva do que está à frente do pesquisador, o etnógrafo desenvolve o que Geertz (1978) chamou de "descrição densa", isto é, um detalhamento pormenorizado de tudo o que se percebe com o olhar, mas também com os sentidos. A cultura é uma rede de códigos estabelecidos. Imagine que três crianças que não se conhecem começam a brincar num parquinho. Duas delas são brasileiras e uma delas é um aborígene da Nova Guiné. Uma das crianças brasileiras esconde um brinquedo da outra criança brasileira e dá uma piscadela para a criança aborígene, numa atitude de conchavo, para esta não dizer nada à criança que procura seu brinquedo. Mas como a criança aborígene não conhece o "código" da piscadela, ela acredita que a criança que escondeu o brinquedo está com algum problema no olho e não entende o que ela está "dizendo". Numa descrição simples, ou objetiva, relatamos os comportamentos tal qual são efetuados. Já numa descrição etnográfica, uma descrição densa, mapeamos os códigos de tudo aquilo que está para além dos dados objetivos, interpretando os significados para cada uma das crianças presentes no relato e o que cada uma entende, conforme seus códigos culturais, sobre o que ocorreu na experiência do parquinho.

A etnografia permite, na pesquisa qualitativa e, em especial, na pesquisa de mercado, que seja possível ao investigador apreender princípios motivadores de comportamento que não são apreensíveis por meio de questionários, grupos focais, observação direta.

Não porque as pessoas mintam, mas porque não têm consciência do porquê e de que maneira realizam suas ações. Na etnografia, o pesquisador vivencia a realidade do objeto de estudo "junto a ele", *in loco*, no espaço de vivência do indivíduo, ou grupo. Assim, consegue extrair padrões de comportamento, princípios de tomada de decisão e códigos de valores que não seriam evidenciados por meio de outras técnicas de pesquisa.

Exemplo de um estudo de antropologia aplicada foi uma etnografia realizada para entender por que pacientes que faziam quimioterapia nos olhos preferiam a quimioterapia aplicada diretamente no olho, e não aquela tomada por via intravenosa, como é feito com outros tipos de câncer. Por uma "lógica racional", a quimioterapia intravenosa seria menos refração do que uma injeção aplicada diretamente no olho do paciente. Em pesquisas qualitativas realizadas, não foi possível determinar o porquê de os pacientes preferirem a quimioterapia aplicada diretamente nos olhos – eles mesmos não sabiam o porquê – ou davam respostas racionalizadas que não refletiam a razão da escolha, mas uma tentativa de criar uma lógica para aquilo que não conseguiam responder, algo comum em pesquisas e que cria viés e resultados equivocados. Mas durante uma etnografia em que o antropólogo permaneceu junto aos pacientes em seu tratamento, o investigador conseguiu desvendar a questão: quando os pacientes ficavam na sala de quimioterapia, numa cadeira especial tomando a medicação intravenosa, sentiam-se solitários e angustiados, numa situação de fragilidade. Já quando o médico aplicava a injeção com a medicação no olho do paciente, ele sentia-se amparado, cuidado, pois durante o procedimento o médico conversava com ele e o fazia sentir-se acolhido – algo que não era consciente para os pacientes, mas observável numa descrição densa.

Etnografia no campo digital

A antropologia sempre se apropriou das novas tecnologias de seu momento sóciohistórico para usá-las como ferramentas metodológicas. A antropologia visual trata de gerar registros documentais para que os dados possam ser trabalhados *a posteriori*, como no caso das imagens geradas pelo antropólogo Claude Levi Strauss, de indígenas brasileiros nos anos 1930. Não é, portanto, difícil entender como na era digital os *devices* como computadores, *tablets* e *smartphones* sejam também instrumentos de pesquisa.

Fora a utilização instrumental da tecnologia, o próprio universo digital se torna um campo de pesquisa a partir do momento que representa um espaço de socialização por meio do qual as interações e representações de uma cultura se manifestam. Assim como no universo "presencial", na rede social digital temos a formação de grupos que se formam em torno de interesses em comum e que acabam por compor, de forma orgânica, comunidades com formas de sociabilidade específicas, com padrões comunicacionais que revelam uma forma de linguagem, que compartilham valores e visões de mundo que promovem a união do grupo em torno de algo, assim como processos de conluio e divergências, tal qual uma comunidade observada por um etnógrafo e investigada por meio da descrição densa.

Embora existam diferentes linhas de pensamento em Antropologia Social, como a estruturalista, a funcionalista e a relativista, em minhas pesquisas utilizo a linha de pensamento da Antropologia Simbólica de Clifford Geertz para pesquisas no campo digital por ser esta a linha que trabalha a cultura como uma rede de significados e toma a antropologia como uma ciência interpretativa desses códigos. Como o que temos na Internet são códigos representados em formas de linguagem – escrita, visual, sonora –, uma antropologia interpretativa, com um viés de semiótica da cultura (análise dos significados das manifestações culturais), serve melhor ao propósito da investigação etnográfica digital.

Na obra *Netnografia: realizando pesquisa etnográfica online* (Kozinets, 2014), o autor define a "cibercultura", ou cultura digital, como um espaço de sociabilidade entre pessoas onde as interações entre estas constituem um meio de transação cultural, isto é, existem trocas de informações, mas essas informações operam dentro de sistemas de significado. Ao etnografar uma comunidade de praticantes de *skate*, haverá termos, nomenclaturas, padrões de escrita e formas como seus integrantes interagem, enxergam o mundo e se manifestam sobre ele, que representam os elementos dessa cultura – a cultura do *skate* – assim como ela é representada na vivência *off-line*.

A etnografia busca o reconhecimento de padrões de cultura, de sociabilidade, de linguagem, de comportamento que representam um grupo cultural, uma sociedade. Na etnografia digital, essa busca é operada tratando as interações entre internautas – seus *posts*, comentários, manifestações de toda ordem, desde o uso de palavras, imagens, memes, canções, vídeos – quer dizer, todos os elementos que servem como manifestação de uma cultura são apreendidos por meio de uma imersão do etnógrafo no universo de trocas simbólicas dos membros de um grupo. Assim como na etnografia presencial, essa "proximidade" será realizada por meio de uma observação participante, uma descrição densa, uma interpretação dos códigos expressos na comunicação dos internautas conforme os significados de sua cultura.

Aplicação prática da etnografia digital

Coleta de dados – imersão no universo digital do outro

No caso da etnografia desenvolvida na Internet, o campo de pesquisa torna-se todo o espaço de interações entre pessoas, manifestações particulares por meio de *posts*, comentários, memes e reações de outros internautas a essas manifestações. Como em toda a pesquisa qualitativa, em especial, na pesquisa etnográfica, a delimitação do tema, da questão de pesquisa, da amostragem (perfil de público e cultura digital a ser investigada) são elementos essenciais que vão definir o sucesso ou enviesamento do resultado final da pesquisa.

Kozinets (2014) atenta para as diferenças entre comunidade e cultura *on-line*. Uma comunidade, no caso das redes sociais, se circunscreve como um grupo delimitado dentro de uma rede, com um tema de apreciação em comum com seus membros. Já uma cultura *on-line* se manifesta transversalmente pela Internet, perpassando redes sociais, fóruns, comentários em jornais, revistas, por meio de *blogs* e toda a sorte de interação em que os *communitas* desta cultura expressam conteúdos relativos à temática essencial que os une. Por exemplo: em uma etnografia digital sobre o consumo de produtos veganos, temos uma comunidade no Facebook que leva esse nome, a qual certamente será analisada num processo de imersão cultural por parte do etnógrafo, para apreender os códigos comunicacionais, valores, princípios norteadores de escolha, como numa etnografia convencional. Mas a cultura vegana se manifesta para além de uma comunidade, por meio dos participantes dessa cultura que realizam interações mediante *posts* em seus perfis, comentários em comunidades, perfis de outras pessoas, *fan pages* de marcas e influenciadores, que por meio dessas interações deixam no mundo digital os códigos de sua cultura a serem apreendidos, analisados e interpretados pelo etnógrafo conforme o universo de valores da cultura vegana como um todo.

O mapeamento dos códigos realizados na etnografia digital não é diferente daquele feito no mundo presencial por meio dos "diários de campo" típicos dos antropólogos. Não basta apreender os códigos, tirar *prints* de tela e somar interações. Numa etnografia digital, o método de análise é decisivo. Se não houver análise antropológica, é um mero monitoramento de dados, uma observação de comunidades com resultado analítico do senso comum, sem base metodológica de análise de dados que configure uma etnografia. Tanto o planejamento de coleta de dados quanto a análise final precisam estar embasados na descrição densa e na interpretação dos dados segundo a perspectiva do relativismo cultural.

Relativismo cultural como base na interpretação etnográfica

Por mais que a etnografia digital pareça, a um leitor leigo, cientificista demais e teórica demais, eu adianto, como professora de metodologia de pesquisa, que – pesquisa é processo – qualquer tipo de pesquisa só terá validade se forem observados rigorosamente seus processos metodológicos. Qualquer não observância dos filtros aplicados na escolha dos perfis a serem analisados, na construção do objeto de estudo que vai definir que tipos de grupos, comunidades, perfis e interações se investigar, ou no processo final de análise, irá corromper o resultado da pesquisa, tornando-a nula, enviesada, inútil para sua função, que, no caso da etnografia digital aplicada, é servir de base para a criação de estratégias de marcas, posicionamento e estruturação de novos produtos, entre outros fins.

O relativismo cultural é uma metodologia de análise contrária ao etnocentrismo. No etnocentrismo (etno = grupo), o indivíduo acredita que sua forma de ver o mundo, seus valores e seu padrão de comportamento é o correto e o do Outro é errado. Existe um "estranhamento" em relação à cultura e ao comportamento do Outro, pois esse indivíduo naturalizou os valores e padrões que aprendeu como "a realidade". Por exemplo: na sociedade ocidental, a cor preta pode ser interpretada como um sinal de luto. Em países do Mediterrâneo, a viúva usa a cor preta para expressar seu pesar por pelo menos um ano, especialmente entre sociedades que mantêm valores tradicionalistas. Já em países do Oriente, como China e Japão, o luto é representado pela cor branca, para evocar o silêncio, a pureza, a paz para a pessoa que morreu.

Não existe certo, nem errado, apenas o que chamamos de "alteridade cultural", a diferença entre culturas. Mas, no etnocentrismo, a pessoa só consegue enxergar o seu padrão e os seus valores como certos. Existe um julgamento do que é certo e do que é errado, entendendo que a pessoa está certa e o outro está errado, ou é estranho, esquisito, o que resulta, na maior parte das vezes, em preconceito. O contrário do etnocentrismo, na análise antropológica da pesquisa etnográfica, é o relativismo cultural. No relativismo cultural, o pesquisador realiza o ato de observar a cultura do outro com isenção, sem julgamentos, permitindo-se entender qual é a lógica inerente a essa cultura que orienta seus padrões de comportamento e forma de conceber a realidade.

O relativismo cultural é uma prática difícil de ser realizada, pois exige que o pesquisador "se trabalhe internamente", desenvolva o "olhar etnográfico", um olhar isento de julgamentos que buscará apreender qual a lógica de funcionamento daquele grupo, de suas escolhas, de seus comportamentos. Conforme Françoise Laplantine, "*o etnógrafo deve ser capaz de viver no seu íntimo a tendência principal da cultura que está estudando*" (Laplantine, 2004, p. 22), e isso só será possível se o etnógrafo abrir mão, durante o processo de coleta de dados, do código de valores de sua própria cultura, que o levará a enxergar a cultura do outro com julgamento. O ser humano não consegue aprender aquilo que já sabe. Se o pesquisador não abrir mão da visão particular de mundo de sua cultura, não conseguirá enxergar de fato e aprender sobre a cultura que está sendo investigada. Seu emprego suscita experiência, para que o pesquisador consiga "colocar em suspensão momentânea" seus códigos de valores para apreender os do outro.

Análise de dados com base científica

Nos meus 15 anos de pesquisa antropológica aplicada ao mercado, a experiência prática e os resultados obtidos junto a clientes mostraram que trazer o rigor metodológico da antropologia para a aplicação na área de consumo e organizações – adaptando essa metodologia ao *timing* e às necessidades do mercado – permite um diferencial em relação a métodos de pesquisa qualitativa convencionais. Esse rigor diz respeito não apenas à técnica de coleta de dados – mapeamento etnográfico –, mas à análise dos dados embasada em artigos científicos.

Vivendo a era das *fake news* e de uma sobreabundância de informações completamente descontextualizadas nos meios digitais, o processo de análise etnográfica necessita ser subsidiado por uma base sólida que permita ao pesquisador ter uma referência com legitimidade científica para interpretar os dados. Caso contrário, o "achismo" e a autorreferência irão gerar viés na pesquisa, principalmente pela característica de proximidade entre pesquisador e objeto de estudo. Faz-se necessário, no momento da análise de dados, que o pesquisador desenvolva um distanciamento metodológico, contrário à fase inicial de coleta de dados. Esse distanciamento torna-se possível quando estruturamos a análise dos dados coletados no universo digital em artigos científicos que tratam do tema, num processo de pesquisa semelhante àquele que desenvolvemos no mundo científico. Nesse momento, também é necessário ao pesquisador ter a experiência na prática antropológica, para conseguir identificar quais são as obras científicas adequadas para servirem ao escopo de análise dos dados, quais representam "o estado da arte" naquele tema, ou área de pesquisa.

Uso da inteligência artificial na etnografia digital

Assim como foi dito no início deste capítulo, a antropologia e a prática etnográfica sempre lançaram mão das novas tecnologias existentes em cada época, desde o século XIX, como instrumentos de pesquisa de campo. Na era digital, não será diferente. A inteligência artificial, operada por meio das ferramentas de *analytics*, utiliza cada vez mais a análise semântica, permitindo que os sentidos das comunicações mapeadas nos processos de interação dos internautas sejam mapeados com maior assertividade, para além do "positivo, negativo e neutro" das primeiras ferramentas de monitoramento de dados digitais.

Paralelamente à imersão etnográfica em culturas digitais, os dados coletados pelo mapeamento de inteligência artificial nos permitem ter uma noção de abrangência do fenômeno estudado (tema), com dados quantitativos e uma representação dos códigos comunicacionais (termos usados no processo de interação de internautas) mais utilizados, elementos que contribuem tanto para o desenho inicial da pesquisa de imersão (seleção dos recortes do tema a serem investigados, grupos e comunidades *on-line* que o etnógrafo imergirá) quanto um recorte temporal das interações, que nos permite aferir a intensidade de manifestação dos internautas na rede acerca do tema estudado.

> *Case* de Pesquisa – Cabelos cacheados e consumo ideológico
>
> Como tutora de inteligência artificial de uma *startup* de *analytics*, utilizo a etnografia digital e a análise antropológica como estratégias de pesquisa para os clientes da empresa – em geral, empresas de bens de consumo, partidos e candidatos políticos e organizações.
>
> Este *case* é fruto de uma pesquisa realizada sobre o uso de produtos cosméticos para cabelos, inicialmente realizada para uma multinacional, com foco na percepção do cliente sobre os produtos, associada a uma análise do princípio de escolha a partir de buscas sobre cosméticos na Internet. Quando percebemos uma relação cruzada entre o aumento de menções a cabelos cacheados e discursos ligados a feminismo e movimento negro, resolvemos desenvolver um estudo particular, separado daquele feito para a multinacional de cosméticos.
>
> Neste estudo, a ferramenta de *analytics* mapeou, numa rodada inicial sobre o tema "cabelos cacheados" (um dos padrões de cabelos investigado, assim como cabelos lisos, entre outros), uma relação de termos e interações crescente, numa aferição entre 2015 e 2018, entre cabelos cacheados, empoderamento feminino, feminismo e feminismo negro. A diferença da ferramenta utilizada, de inteligência artificial, para as ferramentas de *analytics* convencionais (monitoramento de redes, por exemplo) é que, sem a interferência humana da imputação de dados, ela consegue, por meio de uma análise semântica sensível, ser capaz de estabelecer relações entre termos, "aprender com isso" (*machine learning*) e mapear significados mais complexos em processos de linguagem. Assim, a ferramenta de inteligência artificial permite fazer um recorte de amostragem, de direcionamento de investigação em comunidades e de processos de interação, "cirúrgico", para que a pesquisa etnográfica seja cada vez mais assertiva.

Com a ferramenta de *analytics*, pudemos obter "sinais fracos", ou seja, sinais indicativos de padrões de comportamento e interações *on-line* que nos permitiram traçar hipóteses a serem investigadas como possibilidades de eventos futuros. Percebemos que desde o ano de 2015 havia uma predominância de conteúdos semânticos que relacionavam cabelos cacheados a posicionamentos ideológicos, em especial partindo da região Nordeste, na Bahia, mais precisamente. Menções que associavam o feminismo negro à valorização de cabelos cacheados começaram a ser investigadas, de forma a localizar os espaços de sociabilidade digital de maior manifestação desses termos. Conseguimos chegar a comunidades, formadores de opinião, fóruns, entre outros espaços de interação que mais irradiavam menções e arregimentavam entusiastas.

A ferramenta de inteligência artificial me serviu como uma referência para a construção de uma hipótese a ser verificada por meio da imersão etnográfica. Essa hipótese, subsidiada por dados quantitativos e referências semânticas, referia-se ao aumento da autoestima por parte das mulheres (em especial, as jovens) que "assumiam" os cabelos cacheados. O termo *assumir*, aqui, era usado, nas interações mapeadas, para definir o comportamento de deixar de usar processos temporários ou definitivos de alisamento capilar e/ou usar o cabelo de forma a ressaltar os cachos, ou uso do estilo afro *Black Power*. Mapeou-se também o fato de essa autoestima estar relacionada à atribuição de um sentido de valorização das características físicas naturais, inclusive étnicas, das mulheres, de forma que estas passavam a sentir que seu cabelo cacheado natural constitui uma referência de beleza apoiada em valores feministas de assunção do corpo natural como belo e como espaço de manifestação do poder feminino na sociedade contemporânea.

A partir dos dados capturados pela IA, selecionei as coletividades *on-line* para realizar a imersão etnográfica e comecei a pesquisa de campo digital. Inicialmente, a "entre-é", ou início da investigação etnográfica digital, de que nos fala Kozinets (2014), foi feita com uma observação não interativa, com vistas a mapear os padrões de interação, formas de socialização, termos utilizados que referenciam os princípios dos membros dentro da coletividade, de forma a apreender os valores e visão de mundo dos internautas, por meio da descrição densa, tal qual a etnografia presencial. Na fase de observação não participante, obtemos dados que permitem traçar novas hipóteses sobre a questão de pesquisa que serão verificadas na fase de observação participante, quando o etnógrafo, após tornar-se um iniciado na comunidade, passa a interagir com outros membros grupo, buscando aprofundamento no reconhecimento dos padrões de comportamento e valores do grupo.

Após a fase de coleta de dados – que contou, inicialmente, com (a) mapeamento de dados pela ferramenta de inteligência artificial; (b) análise dos dados para formulação de hipóteses; (c) imersão nas coletividades digitais e observação não participante; (d) descrição densa; (e) formulação de novas hipóteses a serem verificadas nas interações com membros das coletividades –, inicia-se a fase de análise e interpretação dos dados com base em teorias e artigos científicos que abordam os temas de referência do estudo, mapeados inicialmente por *analytics* – estética feminina e relações de poder no Brasil, estética e feminismo, estética e movimento negro, feminismo negro.

Pudemos constatar a relação entre a valorização do cabelo cacheado como um padrão estético que passa a ser ressignificado a partir da emergência de movimentos de emancipação feminina de padrões eurocêntricos nos estados do Nordeste e nas regiões periféricas de metrópoles como Rio de Janeiro e São Paulo, com um movimento de "*bubble up*", ou seja, uma força centrípeta da periferia para o centro, gerando assim uma tendência estética pautada em valores ideológicos.

Considerações e recomendações adicionais

Este capítulo teve como objetivo apresentar a etnografia digital como uma metodologia de pesquisa bastante adequada às necessidades e demandas do mercado de bens de consumo contemporâneo. Se um dos grandes problemas – e custos – da pesquisa de mercado diz respeito ao recrutamento de pessoas com perfis adequados à amostragem de pesquisa, no caso da investigação realizada no meio digital, esses problemas são minimizados, pois o campo digital não necessita de deslocamento (o acesso do pesquisador é remoto, só necessita de um *device* e acesso à Internet), a investigação é menos invasiva do que no campo presencial e a busca por perfis compatíveis com filtro de pesquisa é bastante facilitada.

Não busco neste capítulo expor a etnografia digital como uma metodologia que irá substituir outras e nem colocar o campo digital como aquele que substituirá o campo presencial. Cada pesquisa deve obedecer a uma escolha metodológica diretamente ligada ao seu problema de pesquisa – este irá definir qual a melhor estratégia metodológica a ser adotada. Mas por sua facilidade de acesso, de campo de observação participante, possibilidade de mapeamento de dados por registro direto destes (como *prints* de tela) e diminuição de custos financeiros, a etnografia digital se apresenta como uma excelente alternativa metodológica para pesquisa de mercado e de opinião pública.

Seu maior "entrave", contudo, é a banalização e distorção do método por parte de pessoas que utilizam a etnografia de forma errada, que realizam monitoramento de redes sociais digitais e nomeiam isso como netnografia, que realizam mera observação e catalogação de dados, sem o processo adequado de pesquisa e sem a análise antropológica do resultado e chamam isso pelo termo *netnografia*. Isso faz com que pessoas, clientes, empresas tenham uma perspectiva equivocada do que é a etnografia digital ou netnografia, e assim a metodologia perde a possibilidade de ser apresentada e compreendida em sua forma e seus resultados reais. Mas isso é algo recorrente, em especial no marketing e na comunicação mercadológica, assim como a própria etnografia presencial é também confundida com observação de compra de clientes em supermercados e visitas a casas de consumidores que mostram ao "pesquisador" armários cuidadosamente preparados para a pesquisa, como se fossem os resultados das compras e do consumo cotidiano.

Fato é que a etnografia digital, assim como outros procedimentos metodológicos da antropologia, como mapeamento de relatos de histórias de vida, vêm sendo cada vez mais descobertos e utilizados pelo grande mercado como alternativa metodológica para conseguir apreender realidades e chegar a resultados que metodologias de pesquisa convencionais não conseguem.

Associada a isso, a utilização de novas ferramentas tecnológicas que ampliam a abrangência, a profundidade e a assertividade do método faz parte da história da antropologia como um todo e vem contribuindo para que as pesquisas voltadas para o mercado consigam decodificar valores e princípios de tomada de decisão e mapear tendências socioculturais de comportamentos de consumo em seu início, ou que virão ainda no futuro.

Para conhecer conteúdo relacionado com este capítulo, acesse o QRCode a seguir:

www.martha.com.br/livro-MED/saibamais07.html

O objetivo deste capítulo é apresentar a jornada do cliente e por que ela é importante. A jornada do cliente ou consumidor funciona em conjunto com o funil de marketing e é essencial conhecê-la porque é a espinha dorsal de qualquer estratégia que ajuda a levar seu público-alvo do *status* de possível cliente para o *status* de cliente efetivo e, finalmente, para o *status* de promotor do seu negócio. O racional por trás da jornada do cliente é enxergar as perspectivas do seu funil e pensar ações que possam mover o potencial cliente pelas várias etapas até que ele compartilhe sua experiência com novos consumidores, fazendo, assim, o ciclo da jornada acontecer novamente.

Jornada do cliente e funil de marketing são ideias semelhantes e, às vezes, confundidas, por funcionarem sempre juntas. Neste capítulo, veremos as diferenças importantes entre as duas coisas e os conceitos mais relevantes que você precisa conhecer.

Etapas do funil de marketing

O funil de marketing é um dos conceitos mais difundidos quando o assunto é vendas. De forma simples, é um modelo dos processos de marketing e vendas da sua empresa, onde o público-alvo altera seu *status* à medida que avança nesses processos.

Os *leads* começam sua jornada no topo do funil e, à medida que se aproximam de fazer uma compra, descem ainda mais o funil. *Leads* são pessoas ou empresas que demonstram interesse no seu produto ou serviço.

Um *lead* no topo do funil de marketing sabe que sua empresa existe, mas não interagiu muito com você nem buscou informações adicionais. No meio está o estágio de interesse e consideração. Na parte inferior do funil, os clientes estão informados e prontos para fazer uma compra. Como nem todo mundo se interessa por comprar efetivamente, a maioria dos funis tem mais *leads* no topo de seu funil, daí o termo.

O rastreamento da posição dos *leads* no funil de marketing ajuda a saber como manter o interesse deles, responder às suas perguntas e resolver suas objeções, o que pode ser fundamental para conversão.

O funil de marketing tradicional assume uma jornada de decisão linear do cliente: conscientização, interesse, consideração, compra e fidelidade; ou atenção, interesse, desejo, ação e retenção. Veja na Figura 8.1 a representação da metáfora do funil de marketing.

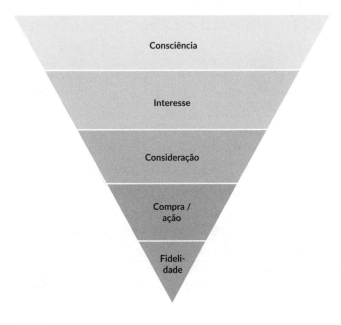

Figura 8.1 – Imagem representativa do funil de marketing tradicional.

O que você talvez não saiba é que o funil de marketing tradicional não acontece mais.

O conceito do funil foi introduzido em 1924 por William W. Townsend, e mesmo após quase um século de utilização, esse modelo — ainda amplamente adotado — não consegue mais refletir toda a complexidade do comportamento dos consumidores modernos. Atualmente, a jornada do consumidor é mais intencional e imprevisível, e está longe de ser linear. Em vez de se assemelhar a um funil, ela se alinha mais à ilustração a seguir (Figura 8.2), revelada pelo estudo "Decodificando o meio do caminho confuso", realizado pelo Google em colaboração com The Behavioural Architects.

Figura 8.2 – Google/The Behavioural Architects, "Decodificando o meio do caminho confuso".

Todos os estágios do funil ainda estão lá, mas não é mais um caminho linear. Qualquer estratégia ainda precisa gerar consciência no público-alvo, interesse, consideração e vendas, mas não necessariamente nessa ordem. Agora, o público-alvo pode entrar em qualquer etapa do funil de marketing, fazendo com que esse funil seja dinâmico. Por convenção do mercado, podemos chamar o novo funil de *funil dinâmico de marketing*.

Tabela 8.1 – Definição das etapas do funil de marketing tradicional

Etapa do funil	Princípio de marketing	Objetivo
Consciência (*awareness*)	Reconhecimento da necessidade ou problema	Colocar o produto ou serviço no radar
Interesse	Pesquisa por mais informações	Fazer o público entender melhor sobre a possível compra, seus diferenciais e o posicionamento da marca
Consideração	Avaliação de compra	Filtrar as opções e alternativas
Compra ou ação	Decisão de compra	Quebrar as objeções e experimentar
Fidelidade	Comportamento pós-compra	Considerar recomprar

No novo funil, a etapa pós-venda também ganhou nova dinâmica. Depois de se tornarem clientes, as pessoas passam a ter o potencial de advogar e atuar como promotores da marca nas redes sociais. Agora, o trabalho do profissional de marketing, em todas as etapas, é encantar esses clientes em potencial para que eles passem a compartilhar sua experiência.

Isso significa que a jornada atual do consumidor considera o contexto mais amplo da experiência de compra. Isso abriu caminhos para a criação de novas etapas no momento após a venda, um momento em que os clientes podem se tornar clientes recorrentes e defensores da marca. Essa jornada nos convida a parar de pensar nos estágios de pré-venda e pós-venda e, em vez disso, adotarmos uma abordagem mais holística, responsável por todo o ciclo de vida do cliente.

Mapa da jornada do cliente

A jornada do cliente é o caminho que ele segue desde o primeiro contato com a sua marca até a pós-venda. Uma jornada do cliente tende a ter pausas e voltas. Quanto maior o seu ciclo de vendas, maior será a jornada do seu cliente.

Diferentemente do funil de marketing, que se concentra nos estágios de vendas, a jornada do consumidor rastreia os pontos de contato que um *lead* encontra antes de fazer uma compra e os pontos após fazer a compra. É entender a mente do cliente e seus comportamentos, como ele vê seu negócio e até mesmo o que ele acha do programa de fidelidade. Toda interação – do comentário em um *post* nas redes sociais, uma reunião pessoal, a uma pesquisa de satisfação – é um ponto de contato. Muitas pessoas retornam aos pontos de contato anteriores ao avaliar um produto ou serviço, de modo que a jornada do cliente geralmente volta em alguma etapa, em vez de progredir de maneira linear. Um *lead* pode necessitar de mais ou menos pontos de contato antes de se sentir pronto para fazer uma compra, assim como um cliente pode necessitar de mais ou menos pontos de contato para fazer a implementação do produto ou serviço que comprou. Entender a jornada do cliente e medir a experiência dele em todos os pontos de contato são fundamentais para obter informações importantes, para corrigir rotas das campanhas de marketing e para acelerar a passagem do *lead* pelo funil de marketing.

Se você tiver dados suficientes, poderá criar um mapa da jornada do cliente, um modelo baseado em pontos de contatos, interações e suas experiências com o negócio. Você pode até criar vários mapas com base em personalidades (*personas*) distintas do público-alvo. Lembre-se de que *personas* diferentes abordam o processo de compra de maneiras diferentes. Portanto, é importante não assumir que todos os *leads* e clientes sigam a sequência exata dos pontos de contato mapeados.

Funil dinâmico de marketing

O crescente número de dispositivos móveis conectados aumentou a disponibilidade de acesso à informação, alterando também as expectativas dos clientes, que, por sua vez, são cada vez mais imediatistas. Com a explosão de aplicativos, mídias sociais, *chatbots* e assistentes digitais, a jornada de decisão do cliente tornou-se mais uma estrada sinuosa, na qual o consumidor pode executar várias ações, como pesquisar *on-line*, verificar mídias sociais, pedir indicação a um amigo por aplicativo de mensagens ou fazer compras em um dispositivo móvel a qualquer momento.

Para acompanhar, as marcas devem fornecer valor tangível, experiências contínuas e interações personalizadas em cada ponto de contato do cliente.

Atualmente, os *leads* podem entrar no novo funil de marketing a qualquer momento em qualquer etapa pré-venda. Eles não são mais "adquiridos", passando por uma série de etapas previsíveis e lineares. Qualquer pessoa que já fez compras *on-line*, já sabendo o que queria sem passar por etapas anteriores ou tendo pesquisado as avaliações de outros clientes no corredor de uma loja física, sabe disso.

A jornada do cliente agora é um caminho com várias portas de entrada, e é ele quem escolhe quando e como entrar. Alguém na fase de conscientização pode estar a apenas um clique da etapa de compra, sem passar pelas etapas de interesse e consideração, por exemplo.

Os profissionais de marketing precisam estar preparados para iniciar a jornada do cliente em todas as etapas pré-venda. Isso significa que é necessário ter campanhas ativas para uma abordagem dinâmica que possam alcançar os clientes em todos os estágios e fazê-los avançar.

Nesse contexto, *cookies* (arquivos de rastreamento do comportamento do usuário em um *site*), *remarketing* (anúncios que reimpactam o visitante de um *site* que ainda não tomou certa ação) e o *e-mail* continuam sendo as maneiras mais poderosas e personalizáveis de fazer campanha. No Capítulo 17, veremos a automação adaptada aos vários estágios da jornada com ferramentas como marketing de comportamento e otimização de campanhas para determinar onde, quando e como alcançar *leads* e clientes em qualquer lugar da jornada.

Agora, se a ideia de um funil pode parecer inadequada diante da sua nova dinâmica, outra maneira de abordar isso seria no formato de ciclo ou funil achatado. Veja a Figura 8.3.

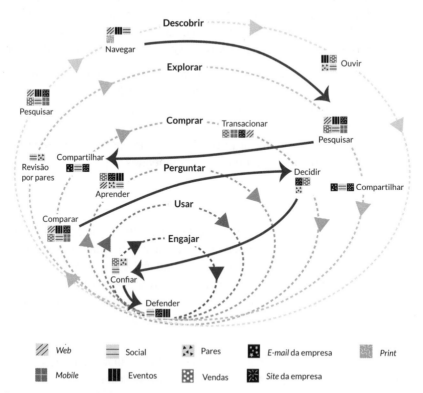

Figura 8.3 – Imagem representativa do funil dinâmico de marketing.
Fonte: Disponível em: https://go.forrester.com/blogs/15-05-25-myth_busting_101_insights_intothe_b2b_buyer_journey/. Acesso em: 6 jan. 2020.

O funil tradicional de marketing é centrado no produto, o que significa que a maior parte dos esforços está focada em conversões, não em clientes. A força maior é fazer uma venda. Já o funil dinâmico de marketing é centrado no cliente, na experiência que os consumidores têm em torno da marca. O objetivo é ir além da venda e expandir o negócio por meio de promotores da marca, que ajudarão a gerar futuros clientes e compras. O cliente faz parte da estratégia para obter novas conversões.

Abordagem *omnichannel*

O marketing no funil dinâmico deve ser personalizado e *omnichannel*. Veremos no Capítulo 27 como a experiência de compra do consumidor na era digital é focada em reduzir as fricções entre os pontos de contato ao longo da jornada dele. O *omnichannel* é uma estratégia de integração dos diferentes canais de compra e comunicação, com o objetivo de convergir a experiência entre o *on-line* e o *off-line*.

A personalização como tática de marketing torna-se fundamental quando o que precisamos vender, acima de tudo, é uma experiência positiva ao longo de todas as etapas da jornada. No entanto, é também uma das mais difíceis de executar de maneira eficaz. Segundo um estudo do Sebrae, 72% dos consumidores brasileiros estão dispostos a fornecer dados pessoais em troca de ofertas personalizadas, e mais da metade (58%) se sente mais propensa a comprar de empresas que ofereçam produtos ou serviços relevantes aos seus interesses.[1] A personalização em escala depende do uso correto de dados e ferramentas de automação de marketing, como veremos no Capítulo 17.

Cada contato com um *lead* – seja por *e-mail*, mídia social ou muitos outros canais *on-line* – apresenta uma oportunidade de oferecer experiência de marketing personalizada e coletar dados para personalizar ainda mais as futuras abordagens.

O objetivo principal da estratégia *omnichannel* no contexto da jornada do consumidor é unir os pontos fortes de cada um dos seus canais de comunicação para entregar uma experiência mais coesa e eficaz. É poder comprar *on-line* e retirar *off-line* em qualquer loja de preferência, por exemplo. Segundo o estudo Connected Shoppers Report (Salesforce, 2023), 67% dos consumidores brasileiros preferem comprar *on-line* e retirar na loja física ("BOPIS" ou "Click & Collect"). Cerca de 45%[2] dos compradores globais compram *on-line* e depois retiram na loja. Isso exige que vários departamentos trabalhem juntos, não apenas a equipe de marketing. Outras equipes incluem o departamento de vendas, produtos e suporte ao cliente. Segundo uma pesquisa do Google com a Ipsos nos EUA, 89% dos compradores que visitaram uma loja física afirmaram ter usado a busca *on-line* antes de ir.

---

1 https://sebrae.com.br/sites/PortalSebrae/artigos/transformacao-digital-com-foco-na-experiencia-do-cliente,68a-549cf7b2a6810VgnVCM1000001b00320aRCRD. Acesso em: 18 maio 2024.
2 Disponível em: https://www.thinkwithgoogle.com/data/global-shopping-behavior-statistics/. Acesso em: 29 maio 2020.

O efeito bumerangue

Imagine um bumerangue: todas as vezes em que você o arremessa, ele volta. O bumerangue é um objeto que armazena energia cinética. Quanto mais energia você gasta e menos atrito você tem, mais rápido e com mais longo trajeto ele gira de volta. Depois que o bumerangue é solto, menos energia do seu corpo é necessária para fazê-lo voltar.

O bumerangue é uma metáfora para exemplificar o que acontece quando a estratégia de marketing está focada em gastar energia para que o cliente tenha uma excelente experiência sem atritos ao longo da sua jornada. É um modelo eficiente que se alimenta de seu próprio cliente. Nessa equação, a força equivale às ações de marketing para alcançar o potencial público-alvo e os clientes e melhorar a experiência da jornada. A energia equivale à quantidade de contatos com esse público e aos dados colhidos sobre ele, e o atrito equivale a interrupção, experiências ruins, falta de informação, falta de personalização etc.

Com o bumerangue, a energia e a força não são perdidas. Elas mantêm o bumerangue girando para criar um ciclo virtuoso.

O modelo do bumerangue coloca o cliente no centro de tudo. Você atrai e envolve o consumidor, alcança-o como *lead* e depois trabalha para que ele se torne um promotor da marca. Ao repetir esse processo, você cria experiências positivas centradas no cliente que fornecem os dados para otimização dos produtos, serviços e contatos, para ter um desempenho ainda melhor. Quanto mais esse ciclo se repete, mais promotores de marca você terá, e mais rápido crescerá de forma exponencial e saudável.

Considerações e recomendações adicionais

- Livro *Unbound Marketing: um framework para construir uma estratégia exponencial usando o marketing em ambiente digital*. Nesse livro, Rafael Kiso traz cinco passos para um real planejamento estratégico baseado nas etapas da jornada do cliente. (Unbound Marketing, Rafael Kiso – Editora DVS, 2021)
- Portal do Google sobre a Jornada do Consumidor. Nesse portal, você encontrará tendência de consumo e o comportamento dos brasileiros na jornada dinâmica do cliente. (https://www.thinkwithgoogle.com/intl/pt-br/tendencias-de-consumo/jornada-do-consumidor/. Acesso em: 11 abr. 2025.)

Para conhecer conteúdo adicional e atualizado sobre este capítulo, acesse o QRCode a seguir:

www.martha.com.br/livro-MED/saibamais08.html

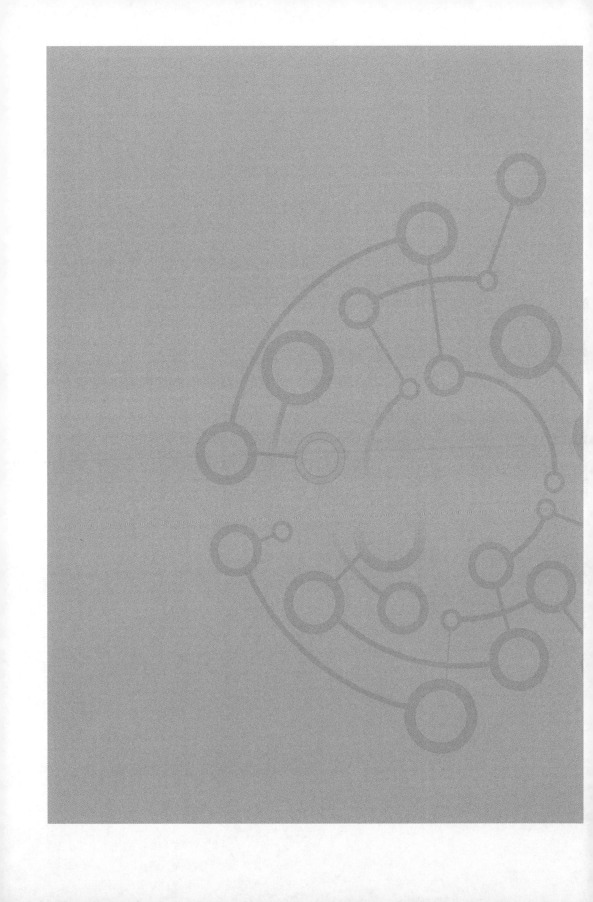

Capítulo 9 – Presença digital

Capítulo 10 – *E-commerce*

Capítulo 11 – Ambientes imersivos

Capítulo 12 – Tecnologias *mobile*

Capítulo 13 – Redes sociais e mídias sociais

Capítulo 14 – Comunidades digitais

Capítulo 15 – Plataformas de busca

Capítulo 16 – Acessibilidade digital

Capítulo 17 – Automação de marketing

Capítulo 18 – Outras plataformas digitais

Após tratar da parte conceitual do marketing, do seu planejamento e das transformações do ambiente de marketing (Parte I) e de como a experiência do usuário é fundamental na era digital (Parte II), a terceira parte deste livro tem como foco analisar cada plataforma digital, com suas características específicas.

É essencial conhecer cada ferramenta antes de usá-la. Assim, essa parte visa habilitar o leitor na utilização das tecnologias e plataformas digitais para poder usá-las nas estratégias de marketing, abordadas na próxima parte do livro.

Entre as principais plataformas e tecnologias digitais de marketing, podemos citar:

- Presença digital.
- *E-commerce*.
- Ambientes imersivos.
- Tecnologias *mobile*.
- Redes sociais.
- Plataformas de busca.
- Acessibilidade digital.
- Outras plataformas digitais: *games*, *podcasts*, *displays* e entretenimento.

Algumas dessas plataformas e tecnologias são bastante conhecidas e estabilizadas no mercado, como o conjunto que forma a presença digital. Nesta parte do livro, o objetivo é apresentar e discutir as tecnologias e plataformas digitais emergentes. Assim, os capítulos que se seguem abordarão os seguintes tópicos:

- **Capítulo 9 – Presença digital**. As páginas digitais constituem uma parte importante de diversas estratégias de marketing, pois são pontos importantes de presença e identidade digital *on-line*. Esse capítulo apresenta e discute os diversos tipos de páginas digitais que podem ser desenvolvidas na *Web*.
- **Capítulo 10 – *E-commerce***. O comércio eletrônico se tornou a modalidade de comércio mais promissora da nova era, com a proliferação da banda larga, dos *smartphones* e dos computadores. Comprar pela Internet se tornou um

hábito cada vez mais comum por sua praticidade, comodidade e segurança. Esse capítulo apresenta os diversos tipos de *e-commerce* (B2B, B2C, *social commerce, live shopping, marketplaces, mobile payment*) e as principais plataformas.

- **Capítulo 11 – Ambientes imersivos.** Esse capítulo aborda a realidade aumentada e a realidade virtual, tecnologias que pertencem à categoria das realidades mistas, que, se bem utilizadas, tendem a trazer possibilidades interessantes para as ações de marketing, pois ampliam consideravelmente a experiência do usuário. Além de apresentar conceitos, o capítulo traz inúmeros exemplos e informações para utilizar esse tipo de tecnologia.

- **Capítulo 12 – Tecnologias *mobile*.** Uma das maiores tendências tecnossociais é a mobilidade, que permite ao ser humano estar sempre conectado em qualquer tempo e lugar, de forma a expandir sua interação com o mundo, tanto em termos de tempo quanto de espaço. Esse capítulo aborda e apresenta as diversas tecnologias *mobile*, como *Bluetooth*, RFID, NFC, aplicativos, *mobile tags* (QRCodes, Datamatrix etc.), trazendo diversos exemplos e mostrando até como utilizar várias delas.

- **Capítulo 13 – Redes sociais e mídias sociais.** Apesar de serem tão antigas quanto o próprio homem, em razão das novas possibilidades das tecnologias de comunicação e informação digitais, as redes sociais ganham cada vez mais difusão e expansão, tornando-se uma das principais plataformas de marketing. O capítulo apresenta os principais conceitos e tipos de redes sociais e discute o seu impacto no cenário atual.

- **Capítulo 14 – Comunidades digitais.** Atualmente, no marketing, é fundamental criar uma comunidade em torno da sua marca, com o cliente no centro de tudo. Os clientes estão conectados e interessados em se envolver com os produtos que amam. Ter comunidades digitais ativas e engajadas traz diversos benefícios importantes para os negócios. O capítulo apresenta os principais conceitos e tipos de comunidades digitais, incluindo ambientes de conhecimento, de ideação e de cocriação, e mostra o seu impacto na sustentação dos negócios.

- **Capítulo 15 – Plataformas de busca.** A busca *on-line* se tornou uma das principais atividades do ser humano para a tomada de decisão. Dessa forma, os buscadores *on-line*, seja na *Web*, seja nas redes sociais e plataformas móveis, são hoje algumas das entidades digitais mais influentes no cotidiano das pessoas. O objetivo desse capítulo é discutir a importância da busca no contexto atual e apresentar os diversos tipos de plataformas de busca para utilização no marketing.

- **Capítulo 16 – Acessibilidade digital.** A Internet precisa ser acessível para todos, principalmente para pessoas com limitações motoras, visuais e auditivas. O objetivo desse capítulo é conscientizar e apresentar uma série de recursos que possibilitam a navegação, a compreensão e a interação de qualquer deficiente na *Web*.

- **Capítulo 17 – Automação de marketing.** Com o amadurecimento das tecnologias digitais, veio também o seu potencial de automação nos processos de marketing e negócios. Inteligência artificial, IoT (*Internet of Things*), *Big Data, Cloud*, entre outras tecnologias, trazem diversas oportunidades para alavancar a inteligência e os resultados do negócio. Esse capítulo trata das questões da automação e suas possibilidades.

- **Capítulo 18 – Outras plataformas digitais**. Esse capítulo aborda outros tipos de plataformas digitais que, apesar de serem antigas, ganham nova importância no cenário digital que as alavanca, como vídeo, *podcast*, *display*, *games*, funcionando como conteúdo para *branded entertainment*. Apesar de o Capítulo 9 tratar também de um tópico bastante conhecido, as tecnologias envolvidas no desenvolvimento de páginas digitais evoluem constantemente, bem como os tipos de páginas digitais possíveis. Desse modo, é interessante abordar esse tópico com as plataformas emergentes tratadas nesse capítulo.

A presença digital é o primeiro passo para uma marca, empresa ou pessoa existir no mundo digital e configura-se assim, portanto, como parte essencial das estratégias de marketing. Ter uma forte presença digital ajuda você a se destacar para que as pessoas possam conhecê-lo *on-line*.

Dados mostram que 81% dos consumidores brasileiros pesquisam *on-line* antes de fazerem uma compra em loja física,[1] e 76% utilizam canais *on-line* para pesquisar produtos antes de comprá-los, seja *on-line*, seja em loja física.[2] Isso significa que 76 a 81% de suas vendas em potencial estão sendo diretamente influenciadas por sua presença digital.

O objetivo deste capítulo é apresentar as plataformas digitais de páginas, como *sites*, *blogs*, portais etc. Compreender as características de cada tipo de página digital possibilita o desenvolvimento das melhores estratégias digitais que se utilizem de páginas, como presença digital, *landing pages* para *e-mail* marketing ou marketing de busca etc. As estratégias digitais são abordadas na Parte IV deste livro.

Página digital

Tecnicamente, uma página digital na *Web* normalmente é um documento HTML (*HyperText Language Markup*) que pode incluir imagens (GIF, JPG etc.), *scripts* de programas (em JavaScript, Perl, CGI, Java, Ajax, ASP etc.) e recursos similares. As páginas na *Web* são interconectadas por meio de hipertextos ou *hyperlinks* embutidos nelas. Cada página na *Web* é especificada por sua URL (*Uniform Resource Locator*), ou seja, seu endereço *on-line*, que pode ser digitado em um navegador (Firefox, Internet Explorer, Safari, Opera, Chrome etc.) ou acessado via *hyperlink*. Páginas são hospedadas em servidores *Web* e acessadas por meio do protocolo HTTP (*Hypertext Transfer Protocol*).

Neste livro, nosso interesse quanto a páginas digitais está mais relacionado às suas características estratégicas

---

1   Pesquisa da Criteo (2023).
2   Estudo da GfK (2024).

do que técnicas. Assim, quanto ao tipo de conteúdo, as páginas digitais podem ser classificadas nas seguintes categorias: *site*, *minisite*, *hotsite*, portal, *blog*, perfil em redes sociais e *landing page*. Cada categoria pode consistir em apenas uma página ou conter centenas de arquivos relacionados e interligados. Normalmente, existe um ponto de início ou página de abertura, chamada *home page*, que frequentemente funciona como um índice de conteúdo com *links* para outras seções e páginas.

Veja a seguir as principais características de cada categoria de páginas digitais quanto aos seus conteúdos:

- **Sites**: a característica principal de um *site* é a organização dos seus conteúdos de forma a serem encontrados facilmente. A alma da estrutura de um *site* é a sua arquitetura da informação, ciência enfocada na organização de conteúdo. Os *sites* normalmente são usados para apresentar conteúdos estruturados com seções bem definidas e detalhamento estrutural para produtos, serviços etc. Exemplos: www.apple.com, www.microsoft.com, www.martha.com.br. Dependendo da predominância do objetivo de marketing de um *site*, ele pode ser institucional, comercial (*e-commerce*), promocional, informacional etc.
- **Minisites**: são *sites* criados para conteúdos verticais, abordando de forma detalhada um tema restrito, enfocados em atrair um público específico. O "tom" dos conteúdos de um *minisite* é essencialmente informativo. No marketing de afiliados, um *minisite* tem o objetivo de divulgar e vender algum produto específico. *Minisites* são normalmente usados como partes de *sites* ou portais, podendo muitas vezes ter *design* diferenciado.
- **Hotsites**: são *sites* criados com prazo de validade determinado e normalmente curto, não durando mais que alguns meses. Os *hotsites*, como os *minisites*, também possuem foco em um tema restrito; no entanto, no caso do *hotsite*, o seu "tom" é sempre persuasivo. Normalmente, os *hotsites* são criados para apoio promocional, como lançamento de produtos ou para eventos. O visual de um *hotsite* é diferenciado do restante do *site* ou portal.

- **Portais**: são *sites* que têm foco completamente voltado aos seus públicos e apresentam conteúdos verticais, específicos a eles. Assim, portal não é um "*site* grande", mas um *site* com conteúdo vertical enfocado em públicos específicos. Enquanto em um *site* os conteúdos são organizados para possibilitarem a navegação em informações existentes sobre determinado tema, nos portais os conteúdos são criados para atender às necessidades do seu público. Assim, os focos são bastante claros e distintos: *site* enfoca a organização de um conteúdo para que possa ser facilmente encontrado por um público-alvo; portal enfoca a criação de conteúdos para determinados públicos-alvo. Normalmente, portais possuem ferramentas de relacionamento com os seus públicos, que, quando logados, se beneficiam de navegação privilegiada pelos conteúdos. Exemplos de portal: www.uol.com.br, www.terra.com.br etc.
- *Blogs*: são *sites* em formato de diário que normalmente apresentam entradas de textos regulares chamadas de "*posts*". A palavra "*blog*" é uma contração dos termos *Web* + *log* (*Weblog*), em que "*log*" significa registrar de forma cronológica os processos em um sistema. Assim, os *blogs* têm conteúdos cronológicos, que funcionam como registros pessoais ou um diário. *Blogs* normalmente são mantidos por um indivíduo (ou um grupo pequeno de pessoas), podendo ser pessoal ou pertencer a uma empresa. Exemplo de *blog*: https://www.mlabs.com.br/blog (*blog* da mLabs).
- **Perfis em redes sociais**: são páginas digitais específicas que estão inseridas em um contexto de redes sociais. Essas páginas normalmente são construídas segundo as possibilidades que a plataforma de rede social específica oferece e apresentam informações alinhadas com o tipo de rede social. Por exemplo, páginas de perfis no LinkedIn, Facebook, Pinterest e Instagram apresentam características e informações completamente diferentes umas das outras, em função da rede social em que estão inseridas. Páginas de perfis em redes sociais são opções bastante interessantes para criar presença digital nessas redes, como veremos mais adiante neste livro. Um exemplo de página em redes sociais é o perfil de Kiso no Instagram: https://www.instagram.com/rafaelkiso.
- *Landing pages*: são páginas digitais específicas que aparecem para um indivíduo quando ele clica em um anúncio (*banners*, *posts* em redes sociais etc.), *link* de resultados de busca (paga ou orgânica), *link* em peça de *e-mail* marketing ou qualquer outro *link* promocional. A *landing page* deve mostrar um conteúdo que é uma extensão do anúncio ou *link* clicado, pois, caso contrário, o indivíduo não reconhece a conexão com que clicou a página e não permanece nela. Por isso, a função da *landing page* é realizar o objetivo de marketing que resultou no clique para a página, convertendo visitantes em usuários, de acordo com o plano estabelecido. Para ver exemplos de *landing pages*, faça uma busca no Google e depois clique no *link* de qualquer resultado – a página em que você chegar é a *landing page* desse *link*.

É cada vez mais comum que uma empresa possua várias categorias de páginas digitais, cada uma com uma função estratégica diferente. Dessa forma, uma empresa que tem um *site* para apresentar seus produtos e serviços pode ter *minisites* dedicados a conteúdos específicos e informativos relacionados a seus produtos, criar *hotsites* temporários para lançar produtos, *blogs* de conversação com vários públicos (por exemplo, um *blog* do presidente da empresa para conversar com o público interno, outro *blog* para ter contato com fornecedores e ainda mais um *blog* enfocado no público externo), perfis em redes sociais selecionadas para se relacionar com o público-alvo e *landing pages* para receberem cliques de campanhas *on-line* em geral, ou seja, a combinação de funcionalidades das categorias de páginas permite obter o melhor resultado nas ações estratégicas de marketing que a usem. Veremos as estratégias digitais de marketing na Parte IV deste livro.

Gerenciadores de conteúdos

Apesar de todas as categorias de páginas digitais poderem ser construídas com os mesmos tipos de tecnologias (HTML, *scripts* de programa, arquivos de imagem, som etc.), normalmente sua publicação é feita por meio de ferramentas que facilitam a criação e gestão dos conteúdos. Essas ferramentas são os sistemas gerenciadores de conteúdo, ou simplesmente os gerenciadores de conteúdo, que permitem separar forma de conteúdo, possibilitando que pessoas não técnicas possam criar suas páginas, baseando-se em *templates* (modelos) pré-programados. Há uma grande variedade de ferramentas de gerenciamento de conteúdos *on-line*; no entanto, em função da categoria da página digital, determina-se a melhor ferramenta a usar.

No caso de *sites*, *minisites* e *blogs*, que mantêm uma estrutura visual e informacional padronizada, apesar de diferentes entre si, ferramentas como Joomla e WordPress são excelentes para gerenciar conteúdos. Hoje, o WordPress é a ferramenta de gerenciamento de conteúdo mais popular no mundo – é *open-source*, pode tanto ser usada sem necessidade de instalação em servidores (no caso de *blogs*) como também ser instalada em servidores particulares, totalmente configurada e personalizada, permitindo criar *sites* completos ou *minisites* com domínios próprios. O WordPress conta com uma infinidade de opções de *plug-ins* que podem ser instalados na plataforma, oferecendo uma gama extensa de personalização e flexibilidade. Para quem deseja iniciar um *blog*, sugerimos inicialmente o uso do WordPress na sua plataforma gratuita *on-line*, que é bastante simples. Para *sites* ou *blogs* com muitos conteúdos e necessidades específicas de personalização, sugerimos que a plataforma do WordPress seja instalada e configurada em um servidor com hospedagem separada da plataforma *on-line* de blog do WordPress, permitindo assim aproveitar todas as características oferecidas pelo sistema como gerenciador de conteúdo completo. Nesse caso, é necessário que a instalação seja feita pelos profissionais da área técnica e *design* para criar a estrutura, o *design* e os *templates* do *site*, *minisite* ou *blog*.

A criação de perfis em redes sociais e o gerenciamento de conteúdo também usam ferramentas. Muitas delas são sistemas próprios das redes sociais, mas há ferramentas terceiras, como a mLabs, que permitem o gerenciamento de conteúdo de todas as redes sociais em um único lugar. Assim, um indivíduo que cria sua página de perfil no Instagram, por exemplo, pode usar o gerenciador de conteúdo dessa própria plataforma ou ferramentas terceiras como a mLabs, que permite a inserção e gestão de conteúdos específicos alinhados com o tipo de rede social, que é o Instagram. O mesmo acontece para outras redes sociais. No entanto, cada uma tem a sua especificidade, permitindo apenas o uso de conteúdos alinhados com as suas características.

Enfocando finalmente a construção de *landing pages* e *hotsites*, nesses casos, muitas vezes suas páginas são construídas por meio de ferramentas especializadas como a Hotmart Pages, RD Station ou HubSpot, no qual se posicionam como *softwares on-line* para atração de *leads* e automação de marketing, ou uma a uma, via programação, sem o apoio de um gerenciador de conteúdo. Como o objetivo principal dessas categorias de páginas não é informacional, mas promocional, são construídas muito mais com foco em conversão (vendas, geração de *leads* etc.) do que em informação e atualização constante de conteúdo. Em razão disso, cada página de um *hotsite* ou cada *landing page* normalmente exige alto grau de especificidade e consequente detalhamento de *design* e funcionalidades técnicas. Assim, muitas vezes, não consegue se beneficiar totalmente do uso de gerenciadores de conteúdos, ideais para estruturas menos fluidas, como *sites*, *minisites* e *blogs*, conforme mencionado no parágrafo anterior.

Considerações e recomendações adicionais

Embora o foco deste livro seja mais estratégico do que técnico, vale a pena mencionar a última versão do HTML – HTML5.

O HTML5 confere maior flexibilidade e interoperabilidade, proporcionando mais interatividade com funcionalidades novas, incluindo controles de formulários, execução *off-line*, armazenamento, APIs, multimídia, estrutura e semântica.

De qualquer forma, é interessante conhecer suas potencialidades. O artigo a seguir traz os principais benefícios e as questões relacionadas ao HTML5 para quem quiser se aprofundar mais nesse assunto.

Para quem quiser colocar a mão na massa, o Mozilla.org oferece cursos *on-line* de HTML5 (em português): https://developer.mozilla.org/pt-BR/docs/Learn/HTML.

Na Parte IV deste livro, serão abordadas as estratégias de presença digital. Nesse tipo de estratégia, as páginas digitais são um dos elementos fundamentais, como será visto mais adiante, e as funcionalidades do vídeo no HTML5 tornam-no uma excelente opção para estratégias que envolvem vídeo, como vídeo em *e-mail*, por exemplo.

Para conhecer conteúdo adicional e atualizado referente a este capítulo, acesse o QRCode a seguir:

www.martha.com.br/livro-MED/saibamais09.html

CAPÍTULO 10

O comércio eletrônico ou *e-commerce* (*electronic commerce*) é o processo de compra e venda de produtos por meios eletrônicos, como aplicativos móveis e Internet. Voltado para compras *on-line*, assim como para transações eletrônicas, esse modelo cresceu muito nas últimas décadas e, de certa forma, está substituindo as lojas tradicionais físicas.

O *e-commerce* tornou-se a modalidade de comércio mais promissora da nova era com a proliferação da banda larga, *smartphones* e computadores. Comprar pela Internet se tornou um hábito cada vez mais comum por sua praticidade, comodidade e segurança. Recentemente, o crescimento do comércio eletrônico se expandiu para vendas usando dispositivos móveis, comumente conhecidas como "*m-commerce*", o qual é simplesmente um subtipo do comércio eletrônico, assim como o conceito de *c-commerce*, que é o *e-commerce* conversacional por meio de *apps* e canais de mensagens diretas, como o WhatsApp e o *inbox* do Instagram. Este capítulo apresenta os principais benefícios do *e-commerce*, seus diversos tipos e as principais plataformas do mercado.

Benefícios do comércio eletrônico

Há uma razão pela qual o comércio eletrônico teve um crescimento tão explosivo nos últimos anos. Conforme a Internet se tornou um recurso essencial da vida cotidiana, as empresas estão aprendendo a tirar proveito dos inúmeros benefícios do comércio eletrônico. Veja a seguir os mais importantes.

- **Mercado global**: uma loja física sempre será limitada por uma área geográfica em que pode vender. Uma loja *on-line*, ou qualquer outro tipo de negócio de comércio eletrônico, tem o mundo inteiro como seu mercado. Passar de uma base de clientes local para um mercado global sem nenhum esforço grande é realmente uma das maiores vantagens do *e-commerce*. Em 2023, o *e-commerce* representou 11,5% do total de vendas no varejo brasileiro;[1] a Statista[2] prevê que, nos próximos três anos, chegará a 22% globalmente.

- **Disponibilidade 24 horas**: outro grande benefício de um negócio *on-line* é que ele está sempre aberto. Para um comerciante, é um aumento dramático nas oportunidades de vendas. Para um cliente, é uma opção conveniente e disponível. Sem restrições de horário, as empresas de comércio eletrônico podem atender os clientes todos os dias do ano 24 horas.

- **Custos reduzidos**: as empresas de comércio eletrônico se beneficiam de custos operacionais significativamente mais baixos. Como não há necessidade de contratar uma equipe de vendas ou manter uma loja física, os principais custos de comércio eletrônico vão para o armazenamento de produtos. E aqueles que administram um negócio de "*dropshipping*" (revenda onde o estoque está na fonte) têm investimentos ainda mais baixos. Como os comerciantes conseguem economizar em custos operacionais, eles podem oferecer melhores ofertas e descontos para seus clientes.

- **Gestão de inventário**: as empresas de comércio eletrônico podem automatizar o gerenciamento de inventário usando ferramentas eletrônicas para acelerar os procedimentos de pedido, entrega e pagamento.

- **Marketing direcionado**: com acesso a uma quantidade grande de dados de clientes e uma oportunidade de entender o hábito de compra deles, as empresas de comércio eletrônico podem moldar seus esforços de marketing para fornecer uma experiência melhor e personalizada, assim como encontrar mais clientes.

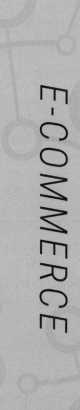

---

1   Ecommerce Brasil.
2   Disponível em: https://www.statista.com/statistics/379046/worldwide-retail-e-commerce-sales/. Acesso em: 5 jun. 2020.

- **Nichos de mercado**: ter um negócio físico de nicho pode ser difícil. Escalar as vendas é um esforço muito grande. Por outro lado, ao entrar em um mercado global, os *e-commerces* podem criar um nicho de negócios altamente lucrativo sem nenhum investimento adicional. É atuar na cauda longa. Usando estratégias de *Search Engine Marketing*, clientes de qualquer canto do mundo podem encontrar e comprar seus produtos.
- **Trabalhando de qualquer lugar**: muitas vezes, administrar uma empresa de comércio eletrônico significa que você não precisa se sentar em uma loja das 9h às 17h. Basta um *laptop* e uma boa conexão com a Internet para gerenciar seus negócios de qualquer lugar do mundo.

Modelos de negócios

O comércio eletrônico é geralmente classificado em quatro modelos diferentes, com base nos papéis envolvidos na transação. De modo geral, esses modelos de negócios são:

- **Empresas para consumidor (B2C)**: *e-commerce* B2C é o modelo de negócios mais comum do mercado, onde as empresas vendem para consumidores que compram uma pequena quantidade de produtos. São exemplos desse modelo os *sites* submarino.com.br e paodeacucar.com. Muitos *e-commerces* B2C funcionam também como um *marketplace*, onde diversas lojas terceira vendem seus produtos, aproveitando a audiência e os sistemas de gestão que o *e-commerces* principal tem. São exemplos de *e-commerce* B2C com *marketplace*: amazon.com.br, americanas.com.br e magazineluiza.com.br.
- **Empresas para empresas (B2B)**: *e-commerce* B2B é um modelo em que as empresas vendem para outras empresas. Isso é típico *e-commerce* que vende a granel para empresas. Normalmente, as empresas B2B fornecem uma taxa de desconto por unidade se os clientes comprarem em grandes quantidades. É um exemplo desse modelo o *site* parceiroambev.com.br.
- **Consumidor para consumidor (C2C)**: *e-commerce* C2C é um modelo de negócios em que os consumidores que compraram algo anteriormente procuram revender esse item para outro consumidor. Geralmente, esse tipo de comércio *on-line* roda em cima de *marketplaces* que contemplam o C2C, como, por exemplo, os *sites* mercadolivre.com.br, webmotors.com.br e enjoei.com.br.
- **Consumidor para empresas (C2B)**: *e-commerce* C2B é uma inversão do modelo de negócio B2C, onde o consumidor coloca seu serviço à disposição de empresas. Geralmente plataformas de *freelancers*, como GetNinjas e Workana, operam com esse modelo de negócio.

Tipos de *e-commerce*

A seguir, veremos a classificação dos tipos de comércio eletrônico de acordo com o que é vendido.

- **Lojas que vendem bens físicos**: estes são os varejistas *on-line* típicos. Eles podem incluir lojas de roupas, empresas de artigos para o lar e lojas de eletrônicos, só para citar alguns. As lojas que vendem produtos físicos exibem os itens *on-line* e permitem que os compradores adicionem o que gostam em seus carrinhos de compras virtuais. Depois que a transação é concluída, a loja normalmente envia os pedidos para o comprador, embora um número crescente de varejistas esteja implementando o *omnichannel* com iniciativas como a retirada na loja.

- **Revendedores *on-line* baseados em serviços**: os serviços também podem ser comprados e vendidos *on-line*. Consultores, educadores e *freelancers on-line* geralmente são os que usam esse tipo de comércio eletrônico. O processo de compra de serviços depende do *site* comerciante. Alguns podem permitir que você adquira seus serviços imediatamente em sua plataforma, como no caso do templatemonster.com. Outros permitem ao usuário fazer um pedido no *site* e esperar que o vendedor entregue seus serviços, como é o caso do getninjas.com.br. Ambos trabalham com o mercado de *freelancers*.

- **Produtos digitais**: o comércio eletrônico de produtos digitais é, por natureza, 100% digital, isso quer dizer que o produto é comprado, recebido e consumido digitalmente. Tipos comuns de produtos digitais incluem *e-books*, cursos *on-line*, infoprodutos, *softwares* (SaaS), jogos, bens virtuais, aplicativos, banco de imagens, e comunidades pagas *on-line*. São exemplos de *sites* para venda de infoprodutos: Hotmart Monetizze, Kiwify e Clickbank.

- **Crowdfunding**: o financiamento coletivo é uma maneira de obter financiamento, solicitando a um grande número de pessoas uma pequena quantia de dinheiro. O *crowdfunding* é um tipo de comércio eletrônico que usa milhares – se não milhões – de financiadores de um produto ou negócio potencial. Normalmente, aqueles que compram cotas de financiamento têm direito a receber em primeira mão o produto a ser desenvolvido, acrescido de algum bônus, como, por exemplo, camiseta, adesivo etc. São exemplos de *sites* de *crowdfunding*: Kickstarter, Indiegogo, Kickante e Catarse.

- **Marketplace**: as transações de comércio eletrônico também podem ocorrer nessa modalidade, que consiste em *sites* que facilitam as transações entre comerciantes, terceiros e clientes. Muitos *sites* de *marketplace on-line* não possuem estoque. Em vez disso, eles apenas conectam compradores e vendedores e oferecem a eles uma plataforma para fazer negócios, uma vitrine. Geralmente, o *marketplace* não é responsável pela entrega e garantia do produto, mas intermedia o pagamento. São exemplos de *marketplace*: Mercado Livre, Amazon, eBay, Elo7, GetNinjas, Workana, Alibaba, Fiverr e Etsy. Plataformas como o Olist.com permitem você aparecer em diversos *marketplaces* ao mesmo tempo.

- **Social commerce (s-commerce)**: o *social commerce* é um tipo de comércio eletrônico que ocorre nas redes sociais. O *s-commerce* tem por característica ser realizado em ambientes sociais e por meio de mídias sociais. Esse tipo de *e-commerce* inclui vários aspectos que vão desde a apresentação de um produto ou serviço em uma mídia social, passando por compra em aplicativos de mensagens, até o pagamento móvel por meio de um aplicativo de rede social, como o Facebook Pay. São exemplos de *social commerce*:

- Influenciadores digitais fazendo visita às lojas, divulgando as peças via Instagram Stories e vendendo as roupas pelo WhatsApp, tudo em tempo real.
- Uso do Facebook Messenger para dialogar com clientes sobre produtos e serviços com *checkout* nativo.
- Grupos e fóruns para compra e venda de itens, dentro do Facebook, WhatsApp, Telegram etc.
- Pagamentos eletrônicos via redes sociais.
- Facebook Marketplace para listar e comprar produtos em áreas locais.
- *Pins* de produtos com preços exibidos no Pinterest.
- *Pins* compráveis para comprar produtos diretamente do Pinterest.
- *Posts* no Instagram integrados ao catálogo de produtos, com marcações de compra sobre a imagem.
- Códigos de cupom e *links* para produtos no Instagram.
- Consumidores comuns sendo comissionados por postar algo sobre produtos e serviços que gostam.
- *Lives* no TikTok ou Instagram durante a Black Friday, conhecidas como *live shopping*: as *live shoppings*, que combinam transmissões ao vivo com oportunidades de compra instantânea, emergiram como uma das maiores tendências do *social commerce*, especialmente na China. Plataformas como Taobao Live e JD Live lideram esse movimento, no qual influenciadores e celebridades demonstram produtos ao vivo, interagem com espectadores em tempo real e oferecem promoções exclusivas. Esse formato não apenas entretém, como também facilita decisões de compra rápidas, aumentando significativamente as taxas de conversão.

Plataforma de *e-commerce*

A configuração real da sua loja *on-line* pode ser obtida de duas maneiras: você pode criar uma loja de comércio eletrônico do zero ou usar uma plataforma de comércio eletrônico disponível no mercado.

Criar uma loja de comércio eletrônico do zero significa desenvolvê-la você mesmo ou contratar um *freelancer*/agência para fazer isso. Pode levar mais tempo e custar mais, mas a criação de uma loja *on-line* personalizada garantirá 100% de personalização e dará a você o poder de tomar todas as decisões. Por outro lado, usar uma plataforma de comércio eletrônico disponível no mercado torna a construção de uma loja *on-line* um processo rápido e fácil. No entanto, isso também significa menos personalização, pois você precisará escolher um *template*, temas e ferramentas existentes fornecidos pela plataforma.

Veja algumas das plataformas mais comuns para desenvolver um *e-commerce*:

- VTEX.
- Tray Commerce.
- Loja Integrada.
- Mercado Shops.
- Nuvem Shop.
- Rakuten.
- WooCommerce.
- Shopify.
- Magento.
- MonsterCommerce.
- VirtueMart.
- PrestaShop.
- WixStores.
- BigCommerce.
- OpenCart.
- osCommerce.
- Squarespace.

Por meio do QRCode da Figura 10.1, é possível acompanhar o *ranking* das principais plataformas de *e-commerce* do mundo.

Figura 10.1 – *Ranking* das principais plataformas de *e-commerce* do mundo.
Fonte: Disponível em: https://www.g2.com/categories/e-commerce-platforms. Acesso em: 18 maio 2024.

Considerações e recomendações adicionais

Para conhecer conteúdo adicional e atualizado referente a este capítulo, acesse o QRCode a seguir:

www.martha.com.br/livro-MED/saibamais10.html

Este capítulo tem por objetivo apresentar os conceitos de realidades aumentada e virtual, ambos pertencentes ao domínio das realidades mistas, e suas possibilidades no marketing. Realidades mistas são um assunto abrangente que se estende da realidade física, tangível, à realidade virtual, passando pela realidade aumentada e virtualidade aumentada. Apesar de não ser um assunto novo nas áreas de pesquisa e tecnologia de universidades, no âmbito militar e de grandes empresas, as tecnologias relacionadas à criação e ao uso de realidades mistas começaram a se tornar acessíveis comercialmente na última década, com a difusão gradativa da banda larga e o barateamento do *hardware* necessário (óculos VR, *webcams*, computadores, monitores com alta definição etc.), culminando recentemente com as melhorias e barateamento também nas tecnologias *mobile* (*smartphones*, 5G etc.). Portanto, conhecer e compreender as possibilidades que as realidades mistas oferecem pode trazer vantagem competitiva estratégica para ações com diversos públicos-alvo em marketing.

Realidades mistas

Define-se realidade mista (ou *mixed reality*) como a fusão dos mundos físico e virtual para produzir novos ambientes e visualizações na qual objetos físicos e digitais coexistem e interagem em tempo real.

Em 1994, Paul Milgram e Fumio Kishino conceituaram a "virtualidade contínua" (*virtuality continuum*),[1] que são as condições possíveis de virtualidades que se estendem desde a realidade física até a realidade totalmente virtual (Figura 11.1). Entre esses extremos, ocorrem vários níveis de realidade que misturam tanto elementos virtuais como físicos, consistindo em virtualidades misturadas, portanto, realidades mistas. Quando, em uma situação de realidade mista, prevalece a virtualidade sobre a realidade física, de forma que a realidade física esteja "ampliando" as informações virtuais, temos

---

1   Milgram e Kishino, 1994.

estados de virtualidade aumentada. Por outro lado, em situações de realidades mistas, em que o que prevalece é a realidade física sobre a virtualidade, e esta última amplia a realidade física, temos situações de realidade aumentada.

Figura 11.1 – Diagrama da sequência de virtualidade (*virtuality continuum*) que compõe as realidades mistas.
Fonte: Adaptada de: http://en.wikipedia.org/wiki/File:Virtuality_Continuum_2.jpg. Acesso em: 18 jun. 2020.

Desse modo, temos dois tipos de realidades mistas: realidade aumentada (*augmented reality*) e virtualidade aumentada (*augmented virtuality*), que misturam a realidade física e a virtualidade em diferentes graus. Apesar de os extremos do espectro de virtualidades serem constituídos de ambientes teoricamente puros – realidade física pura (ambiente físico, tangível) em uma ponta, e virtualidade pura (realidade virtual) na outra –, existem reflexões sobre o assunto que questionam a possibilidade da experimentação de estados puros tanto em um extremo quanto no outro. Se pensarmos na realidade física que experimentamos, é possível ter uma condição em que ela seja puramente o que é, em si, sem nenhum grau de "ampliação", ou seja, interpretação por parte de quem a experimenta? Pesquisadores de várias áreas discutem esses questionamentos, e estudos indicam que cada pessoa vive em uma realidade diferente, criada com base não apenas no que se apresenta no mundo, mas interpretando-o e ampliando-o por seus sentidos, cultura, conhecimentos etc., ou seja, por virtualidades presentes em cada indivíduo. Assim, sugere-se não ser possível a existência de um estado de realidade física pura. Ela também tende a ser mista, uma realidade aumentada, mesmo que essa "ampliação" não se deva a camadas digitais de informação sobre ela, mas a outras virtualidades.

Por outro lado, na outra extremidade do espectro de realidades, o mesmo questionamento se aplica à virtualidade pura. Será que é possível experimentarmos um grau de realidade virtual total completamente separado da nossa realidade física? Independentemente da possibilidade tecnológica de abstração (ou não) da realidade física em um ambiente de realidade virtual (que é apenas um aspecto tecnológico que tende a se resolver e desaparecer ao longo do tempo), não levaríamos também ao ambiente virtual as ampliações provenientes da nossa realidade física, corpórea? Talvez, se nascêssemos e nos desenvolvêssemos inteiramente em um ambiente 100% virtual, seria possível essa pureza de virtualidade. Na ficção, um exemplo de realidade virtual pura acontece no filme *The Matrix*,[2] em que as pessoas dentro da *matrix* não possuem consciência do corpo físico, que vegeta alimentado por máquinas, de forma que vivem apenas a experiência virtual.

Ao enfocarmos a aplicabilidade das realidades mistas, as possibilidades são ilimitadas. Teoricamente, qualquer área do conhecimento pode se beneficiar do uso de realidades mistas, estendendo-se da engenharia, medicina e educação a artes, entretenimento, comunicação, literatura, publicidade, marketing etc.

Para ilustrar os conceitos, apresentamos alguns exemplos de realidade virtual, virtualidade aumentada e realidade aumentada:

- **Realidade virtual**: as *Caves* imersivas são o exemplo mais comum de realidade virtual, como o óculos Meta Quest ao acessar o Meta Horizon Workrooms, que pode ser visto no vídeo linkado no QRCode da Figura 11.2.
- **Virtualidade aumentada**: um exemplo interessante de virtualidade aumentada é o uso do HoloLens da Microsoft para atividades profissionais como modelagem de produtos, exames médicos, instalações residenciais, entre outras. Outro exemplo é o Apple Vision Pro (Figura 11.5), que mistura a interface computacional no seu espaço físico. O que importa aqui é o que acontece na aplicação virtual, nos ativos dentro do virtual, e, quando pessoas ou objetos no ambiente físico se aproximam, afetam a experiência dos ativos virtuais. Para assistir ao vídeo, acesse o QRCode da Figura 11.3.
- **Realidade aumentada**: um ótimo exemplo de realidade aumentada é o aplicativo Google Maps, que traça uma rota a pé e indica o caminho por meio de informações sobrepostas à realidade em tempo real. O vídeo de demonstração pode ser acessado pelo QRCode da Figura 11.4. Outro exemplo é o Ray-ban Meta Smart Glasses, o qual apresenta o conceito de realidade aumentada por som, integrado com um assistente para comandos de voz. Para assistir ao vídeo, acesse o QRCode da Figura 11.6.

---

[2] Warner Bros. Pictures, 1999.

Figura 11.2 – Imagem e QRCode de acesso ao vídeo do óculos Meta Quest ao acessar o Meta Horizon Workrooms.
Fonte: Disponível em: https://www.youtube.com/watch?v=4SCtn-k7BcY. Acesso em: 18 maio 2024.

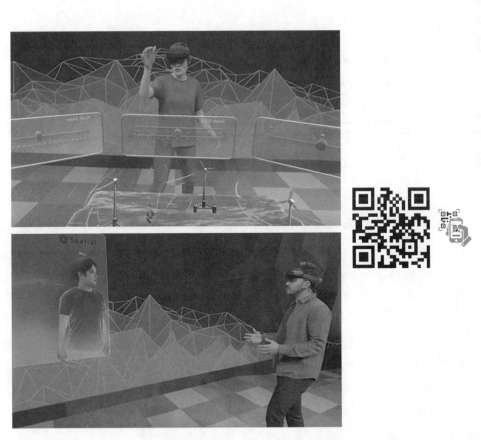

Figura 11.3 – Imagem e QRCode de acesso ao vídeo de demonstração do Microsoft HoloLens, exemplo de virtualidade aumentada.
Fonte: Disponível em: https://www.youtube.com/watch?v=uIHPPtPBgHk. Acesso em: 8 jun. 2020.

Cap. 11 · Ambientes imersivos | 181

Figura 11.4 – Imagem e QRCode de acesso ao vídeo de demonstração da aplicação de realidade aumentada do Google Maps no canal do Olhar Digital.
Fonte: Disponível em: https://www.youtube.com/watch?v=2TJCZOUH0Zg. Acesso em: 8 jun. 2020.

Figura 11.5 – Apple Vision Pro.

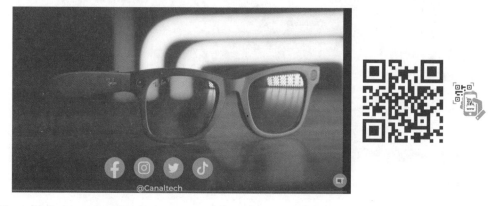

Figura 11.6 – Imagem e QRCode de acesso ao vídeo do Ray-ban Meta Smart Glasses.
Fonte: Disponível em: https://www.youtube.com/watch?v=hgrCSLhTxvo. Acesso em: 18 maio 2024.

Apesar de os conceitos e tecnologias referentes à realidade aumentada e realidade virtual remontarem a quase três décadas, apenas recentemente essas tecnologias alcançaram o uso comercial e têm se popularizado em razão de alguns fatores importantes:

- Melhoria nas tecnologias de processamento de dados e imagem em computadores pessoais.
- Barateamento e disseminação da banda larga de conexão à Internet (tanto para *desktop* quanto *mobile*).
- Avanços nas tecnologias *mobile*, permitindo maior capacidade de processamento, visualização e conexão de dados nos *smartphones* e nos celulares.
- Barateamento progressivo do *hardware* em geral: computadores, *webcams*, celulares, *smartphones* etc.

Conforme esses fatores se tornem mais relevantes no cenário tecnossocial, mais tenderão a alavancar o uso das realidades aumentada e virtual. Especialmente a mobilidade é um fator altamente catalisador de realidades aumentadas, pois permite trazer a qualquer ambiente de realidade física as camadas digitais virtuais que a ampliam. As tecnologias de geolocalização, como o GPS, por exemplo, potencializam sensivelmente a integração entre o mundo virtual e o ambiente físico da realidade, combinando-os ponto a ponto. Um exemplo disso são as novas funcionalidades de realidade aumentada que estão sendo introduzidas no Google Maps, associando informações coletadas em tempo real por indivíduos nos locais (fotos, vídeos etc.) às informações digitais mapeadas *on-line*. Outra aplicação comum são os filtros para Instagram Stories, Facebook Stories, TikTok e Snapchat. Estamos usando diariamente a realidade aumenta e nem percebemos. A Meta criou um *software* chamado "Meta Spark Studio", que permite a qualquer um criar um filtro para seus canais sociais, sem conhecimento de código. A partir disso, empresas podem criar filtros e engajar seu público com realidade aumentada. Para ver o funcionamento do Meta Spark Studio, acesse https://spark.meta.com/. Outra aplicação muito interessante é o uso de realidade aumentada em anúncios dentro do Facebook. A Sephora, por exemplo, criou um anúncio dentro do Facebook que direciona o usuário a uma aplicação dentro dessa rede para testar sua nova coleção de batons. Para ver o funcionamento desse anúncio, acesse o QRCode da Figura 11.7.

Quanto à realidade virtual, traz um potencial muito grande para criarmos, simularmos e experimentarmos realidades que eventualmente não estão ao nosso alcance. Isso é particularmente interessante na simulação e experimentação de:

- Realidades passadas que não existem mais, como cidades medievais, por exemplo.
- Realidades que não conseguimos experimentar em razão das limitações humanas, tecnológicas ou comerciais, como navegar dentro de um vulcão, passear na superfície de Marte, viajar na órbita de um átomo, voar sem equipamentos etc.
- Realidades que não podemos experimentar, por limitações pessoais, como lutar caratê aos 60 anos de idade quando nunca se praticou esse esporte, ou dançar tango, *hip-hop*, samba ou qualquer outro tipo de dança, sem termos aprendido antes ou sem termos adquirido habilidade física para tal.

- Realidades inexistentes até o momento, como ambientes com qualquer valor de gravidade – maior ou menor que a da Terra –, teleportar-se, ter pele cor-de-rosa ou azul, ter três metros de altura etc.

Figura 11.7 – Imagem e QRCode de acesso ao vídeo de demonstração do anúncio da Sephora.
Fonte: Disponível em: https://www.youtube.com/watch?v=LMeg0g74YbA.
Acesso em: 10 jun. 2020.

No entanto, diferentemente da realidade aumentada – cujas barreiras tecnológicas e comerciais estão se diluindo e a popularizando –, a realidade virtual ainda sofre com algumas limitações tanto tecnológicas como comerciais. Por exemplo, as Caves de realidade virtual ainda são ambientes tecnológicos caros e pouco distribuídos no varejo, portanto, ainda são mais usados pelos *early adopters* com certo poder financeiro. Ambientes virtuais como o Meta Horizon Workrooms necessitam de óculos VR, cujo dispositivo mais barato compatível custa US$ 199,99. Para aplicações profissionais, além de óculos VR, cujo preço médio fica em US$ 999,99, muitas vezes ainda é necessário ter computadores mais poderosos e conexões de banda larga altamente eficientes para que a experiência se torne interessante. Além disso, para serem acessados, esses mundos virtuais requerem programas específicos de acesso e separados dos navegadores usuais na Internet. Ainda assim, a história nos mostra que barreiras tecnológicas tendem a ser superadas, e mesmo contando ainda com essas limitações, a realidade virtual, especialmente os mundos virtuais *on-line*, se bem utilizados, apresentam hoje inúmeras oportunidades para várias áreas. O próprio Second Life, desenvolvido em 2003, que foi explorado de várias formas equivocadas por alguns tipos de ações de marketing, é uma plataforma muito rica para outras ações, incluindo empresariais e ações do próprio marketing, como promoção de produtos, reuniões corporativas remotas etc.

Na sequência, trataremos com mais detalhes da realidade aumentada, trazendo mais exemplos de aplicação atuais. Para encerrar o capítulo, abordaremos a realidade virtual, enfocando mais especificamente os mundos virtuais *on-line*, como o Meta Horizon Workrooms e aplicações educacionais.

Realidade aumentada

No conceito mais amplo da expressão *realidade aumentada* – adição de elementos virtuais à realidade física para "ampliá-la" –, a história da realidade aumentada se confunde com a pré-história. Em 15.000 a.C., os desenhos nas cavernas em Lascaux mostravam imagens "virtuais" na escuridão, que iniciaram a ideia de aprimoramento do mundo real (Figura 11.8).[3]

Figura 11.8 – Fotografia de pinturas rupestres nas cavernas de Lascaux, na França.
Fonte: Disponível em: http://pt.wikipedia.org/wiki/Ficheiro:Lascaux_painting.jpg. Acesso em: 8 jun. 2020.

Considerando-se a virtualidade digital, uma das primeiras aplicações de realidade aumentada foi o Videoplace (1975), desenvolvido por Myron Krueger. O vídeo de demonstração do trabalho pode ser visto por meio do *link* do QRCode da Figura 11.9.

Figura 11.9 – Imagem e QRCode de acesso ao vídeo de demonstração do trabalho Videoplace.
Fonte: Disponível em: www.youtube.com/watch?v=d4DUIeXSEpk. Acesso em 8 jun. 2020.

---

3   Wikipédia, 2010-2019.

Em 1984, pudemos presenciar no cinema a mais famosa demonstração de realidade aumentada, no filme *O Exterminador do Futuro*, no qual o robô representado pelo ator Arnold Schwarzenegger enxerga camadas de dados digitais sobrepostos ao mundo físico que vê, para tomar decisões mais precisas. Um trecho do filme pode ser visto por meio do QRCode da Figura 11.10.

Figura 11.10 – Imagem e QRCode de acesso ao trecho do filme *O Exterminador do Futuro*, no qual o robô tem visão em realidade aumentada.
Fonte: Disponível em: https://youtu.be/zzcdPA6qYAU?si=C6y8OU4rbpQ3zqCB. Acesso em: 24 mar. 2025.

De meados da década de 1970 aos dias de hoje, a possibilidade de se criar aplicativos de realidade aumentada usando celulares e *webcams* como interfaces amplamente disseminadas no mercado impulsionou a sua adoção, e temos visto surgir inúmeras aplicações nas mais diversas áreas.

No QRCode da Figura 11.11, há diversos exemplos atuais de uso de realidade aumentada com vídeos de demonstração.

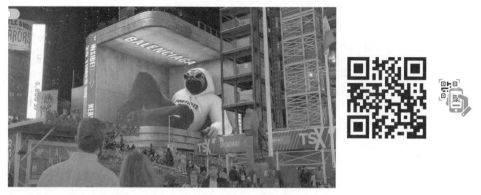

Figura 11.11 – Imagem e QRCode de acesso ao vídeo com formas de usar RA no marketing.
Fonte: Disponível em: https://www.youtube.com/watch?v=NNGLI7wDowk. Acesso em: 24 mar. 2025.

Conforme Gary Hayes,[4] há 16 modelos de negócio para a realidade aumentada (RA):

1. *In sity*: auxílio para vendas por meio de visualização de projetos e produtos colocados no ambiente antes de realizados.
2. **Utilidade**: uso da realidade aumentada para auxiliar o usuário, como sinalização, localização etc.
3. **Treinamento**: quando a realidade aumentada oferece treinamento para que as pessoas se tornem proficientes em alguma área ou consigam realizar uma tarefa específica.
4. *Social gaming*: uso de jogos de RA em ambientes de redes sociais potencializando a sua propagação.
5. *Layers* **de localização**: aplicativos de RA que apresentam informações sobre os locais, como localização de parques, restaurantes, *reviews* etc.
6. *Virtual demo*: uso de RA para demonstrar produtos.
7. **Educação experimental**: esse é o caso em que os aplicativos de RA auxiliam em processos educacionais.
8. **Classificados**: diretórios em RA para localizar produtos e serviços locais de forma que as pessoas sejam guiadas para os produtos e serviços que procuram (via RA).
9. **Virais em 3D**: aplicativos de RA criados para viralizar em 3D.
10. **Compra personalizada**: a meta ideal desse tipo de aplicativo é o que acontece no filme *Minority Report*, quando as pessoas olham para um *outdoor* e a mensagem exibida é personalizada exclusivamente para cada uma delas, em função das suas características pessoais.
11. **Cooperação**: aplicativos de RA que permitem que as pessoas interajam, cooperando em ações específicas, como videoconferência. Hologramas de pessoas remotas apresentados para interagir com pessoas e objetos físicos seriam exemplos desse tipo de modelo de negócio. Na Figura 11.12, pode-se acessar o vídeo sobre uma demonstração do Óculos Orion, da Meta.

Figura 11.12 – Imagem e QRCode de acesso ao vídeo mostrando o Óculos Orion, da Meta, em uma conferência.
Fonte: Disponível em: https://www.youtube.com/watch?v=pPLWIL64sgQ&t=160s. Acesso em: 24 mar. 2025.

---

4 Hayes, 2009.

12. **Branding**: aplicativos de RA para promover a marca/empresa.
13. **Eventos aumentados**: aplicativos de RA que permitem visualizar informações adicionais sobre eventos, como jogos e *shows*, quando as câmeras dos dispositivos móveis onde esses aplicativos estão instalados são apontadas para determinadas cenas, jogadores, artistas etc. em tempo real.
14. *Intertainment*: nova forma de TV e filmes experimentais em que as pessoas vivem a experiência do filme por meio de RA. Aplicações desse tipo devem começar a surgir como experiência para que as pessoas possam participar de cenas de filmes e *shows* por meio de RA e tecnologia de vídeo em 3D.
15. **Compreensão de sistemas complexos**: aplicativos de RA que permitem interagir com partes de sistemas complexos que não podem ser divididos ou separados, como uma explosão, por exemplo. Esse tipo de aplicativo pode ter funcionalidade educacional ou de treinamento.
16. **Reconhecimento e direcionamento:** aplicativos de RA com reconhecimento facial são cada vez mais comuns. Esses aplicativos permitem que saibamos com quem estamos interagindo e obtenhamos informações para ampliar a experiência com cada pessoa.

Uma tendência muito interessante no uso de hologramas como realidade aumentada são os hologramas tangíveis, que podem ser tocados e estão em desenvolvimento no Japão. Isso é especialmente importante em ambientes suscetíveis a alto grau de contaminação por toque, como hospitais, onde as pessoas propagam doenças pelo toque nos botões de controles dos equipamentos hospitalares. O uso de hologramas como botões de controle evitaria a contaminação. O vídeo que pode ser acessado pela Figura 11.13 apresenta o desenvolvimento da holografia tangível.

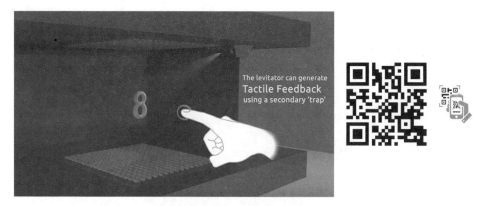

Figura 11.13 – Holografia tangível: imagem e QRCode de acesso ao vídeo de demonstração.
Fonte: Disponível em: https://youtu.be/7O6eitA-mwE. Acesso em: 9 jun. 2020.

O mercado de realidade aumentada está em rápido crescimento e apresenta um grande potencial para o futuro. Um estudo da Mordor Intelligence estimou que o mercado global de RA atingirá US$ 42,48 bilhões em 2024 e chegará a US$ 248,38 bilhões até 2029, crescendo a uma taxa de crescimento anual composta de 42,36% durante o período de previsão (2024-2029).[5]

Desafios da realidade aumentada

Apesar de a realidade aumentada estar se disseminando no mercado, ainda existem alguns desafios que precisam ser vencidos para alcançarmos a maturidade dessa tecnologia, conforme listados por RWW:[6]

- **Segurança e *spam***: as aplicações de realidade aumentada podem, teoricamente, apresentar qualquer tipo de conteúdo digital interagindo com o ambiente em que estamos. Conteúdos digitais maliciosos e inapropriados podem ser disparados e apresentados via realidade aumentada, tanto quanto mensagens indesejáveis e maliciosas lotam nossa caixa de *e-mail* diariamente. Portanto, cuidados com segurança e políticas *antispam* devem fazer parte do processo de evolução dos aplicativos de realidade aumentada.
- *Social* e *real time versus* **solitário e previamente armazenado**: conforme o uso da realidade aumentada se dissemine, cada vez mais as pessoas poderão tocar nas realidades aumentadas umas das outras. Além disso, a experiência de apontar os dispositivos para objetos será tão rica quanto as informações em tempo real sobre esses objetos que possam ser apresentadas. Para que tanto a realidade aumentada social como a obtenção de informações sobre o ambiente em tempo real ocorram de forma natural, várias barreiras tecnológicas ainda precisam ser vencidas.
- **Experiência do usuário**: os desafios da realidade aumentada referentes à experiência do usuário são enormes. Imagine pessoas apontando dispositivos umas para as outras para obterem informações pessoais – isso pode não ser uma boa experiência de uso em alguns contextos. Segundo Joe Lamantia,[7] existem duas questões principais em relação à experiência do usuário em realidade aumentada: (1) quais informações revelaremos do nosso contexto privado para ser apresentadas na camada de interface para outras pessoas?; (2) é possível encontrarmos interfaces melhores para visualizar esse tipo de informação do que os modelos existentes até o momento? Uma das tentativas mais famosas para resolver isso foi o lançamento do Google Glass em 2013, que foi um experimento malsucedido. Em 2019, o Google apresentou sua nova versão dos óculos, mais parecidos com óculos comuns, mas logo em seguida abandonou o projeto.
- **Interoperabilidade**: da mesma forma que telefonia, estradas e tecnologias de redes precisam de padrões para crescer, isso também é necessário em qualquer setor tecnológico. Atualmente, os aplicativos de RA não "conversam" uns com os outros.

---

5 Disponível em: https://www.mordorintelligence.com/pt/industry-reports/augmented-reality-market. Acesso em: 18 maio 2024.
6 RWW, 2010.
7 Lamantia, 2009.

- **Abertura**: para que a realidade aumentada, no sentido amplo, se torne uma experiência rica em vários setores do conhecimento, é necessário que aplicativos e conteúdos sejam criados e integrados de forma aberta, encorajando a produção deles. Sem padrões abertos para integrar aplicativos e conteúdos de todas as naturezas, cada sistema de RA fica limitado a si mesmo. Portanto, além de serem essenciais à interoperabilidade, os padrões abertos são importantes para criar um ambiente digital que enriqueça as camadas de realidade aumentada globalmente.

Realidade virtual

Cavernas digitais são ambientes típicos de realidade virtual digital, mas ainda existem barreiras tecnológicas e econômicas que impedem o seu uso comercial em larga escala pelo público. Por outro lado, *games* imersivos e os mundos virtuais, como o Second Life e o Meta Horizon Worksrooms, inauguram um novo tipo de plataforma para realidade virtual, uma nova linguagem, que já está disponível *on-line* e tem potencial para ações de marketing específicas, como promoção de vendas, por exemplo.

O Second Life tornou-se popular principalmente em 2007 e, em razão de várias ações equivocadas de marketing nessa plataforma, desde 2008 ficou a impressão de que desapareceu e não tem utilidade. Conforme mencionado anteriormente sobre o *hype cycle*, de Gartner, o Second Life passou pelo clímax do *hype*, depois caiu para a fase de decepção, mas continuou evoluindo a partir daí, pois continuou sendo atualizado e usado por várias áreas e segmentos nos quais ele tem utilidade e aplicações diferenciais, inclusive dando suporte a óculos de realidade virtual a partir de 2014. Em 2017, a Linden Labs, criadora do Second Life, anunciou o lançamento beta da plataforma Sansar, uma espécie de Minecraft que visa criar uma nova experiência aos seus jogadores. É uma experiência mais avançada graficamente e tem um modelo de negócios único. Os jogadores mais experientes podem criar elementos gráficos 3D e colocar à venda para que jogadores menos experientes acelerem a construção de suas próprias experiências, fazendo a economia interna do jogo social girar. Dessa forma, é essencial também apresentar brevemente os mundos virtuais *on-line* e seu funcionamento para que, com base em suas características, possam eventualmente ser usados estrategicamente em ações de marketing que se beneficiem desse tipo de plataforma.

Mundos virtuais

Apesar de sua aparência moderna, na realidade, mundos virtuais *on-line* remontam a décadas. Inspirados pelo jogo de tabuleiro *Dungeons and Dragons* (da década de 1970), eles começaram simples com os participantes teclando características e ações para seus personagens. Desde então, melhorias constantes na computação gráfica, somadas à cada vez mais penetrante conexão de banda larga à Internet, têm impregnado esses mundos com um realismo surpreendente e intensa atividade de representação (*role-playing*) social. Mundos virtuais como o There, ActiveWorlds, Second Life, Sansar, Roblox, Meta Horizon, tentam ir além do *role-playing* para dar aos participantes maior poder de criação de suas próprias experiências.

O Second Life foi, portanto, apenas um dos muitos mundos virtuais inspirados pelo movimento de literatura *cyberpunk* e, particularmente, pela novela *Snow Crash*, de Neal Stephenson. O Linden Lab, criador do Second Life, declarou que sua meta era criar um mundo como o Metaverso descrito por Stephenson – ambientes 3D totalmente imersivos, onde os humanos interagem (como avatares) uns com os outros (social e economicamente) e com agentes de *software* no ciberespaço, que usa a metáfora do mundo físico, mas sem as limitações físicas.[8]

O Sansar, que por muitos é o substituto do Second Life, está se posicionando como um vasto multiverso virtual criado pelo usuário, completo com uma história de fundo, personagens e missões. Tudo girando em torno de uma economia real baseada em sua moeda Sansar dólar (S$). Os dólares do Sansar podem ser comprados *on-line* via Sansar Dollar Exchange (SandeX) ou ganhos com a venda de itens na Sansar Store. Enquanto a economia virtual de Sansar ainda está começando, muitos observadores comparam seu potencial à economia do Second Life, que em 2016 viu US$ 500 milhões[9] em transações entre usuários.

O Meta Horizon Worlds é um *sandbox* de realidade virtual onde você pode criar seus próprios ambientes e jogos, jogar e socializar com amigos ou apenas explorar as paisagens geradas pelos usuários.

Lançado no início de 2020 na versão beta fechada, o Meta Horizon Worlds permite que os usuários criem seus próprios avatares e naveguem entre locais virtuais por meio de portais chamados Telepods. É possível assistir a filmes e consumir outras mídias com os amigos, além de jogar algo com vários jogadores. Uma curiosidade é que no Meta Horizon Worlds há guias humanos, conhecidos como Horizon Locals, que ajudam os usuários a proteger sua segurança dentro do mundo virtual.

Em 2016, a Meta estava dando a cada novo funcionário da Oculus, empresa de óculos de realidade virtual adquirida pela Meta, uma cópia do livro *Ready Player One*, do autor Ernest Cline. Com o lançamento do Meta Horizon Worlds, é provável que eles estejam tentando criar o mundo projetado pelo autor.

Em 2018, o livro ganhou um filme[10] com o mesmo nome, dirigido por Steven Spielberg, dando a visão ficcional de como serão os mundos virtuais no futuro.

Considerações e recomendações adicionais

Para reforçar e aprofundar o assunto de realidades mistas, sugerimos as referências que se seguem.

---

8   Maney, 2007.
9   https://www.tomshardware.com/news/sansar-video-footage-monetization-system,33300.html. Acesso em: 18 jun. 2020.
10 https://www.imdb.com/title/tt1677720/. Acesso em: 19 jun. 2020.

- **What I Learned from Spending a Week in Virtual Reality**: TED Talk do Jak Wilmot, em fevereiro de 2019, no qual usou por 168 horas um *headset* de realidade virtual com o objetivo de estudar como a sociedade irá adotar essa tecnologia e quais serão os efeitos psicológicos por uso prolongado. Para acessar o vídeo, use o *link* do QRCode da Figura 11.14.

Figura 11.14 – Imagem e QRCode de acesso ao vídeo do TED Talk sobre realidade virtual.
Fonte: Disponível em: https://www.youtube.com/watch?v=eX2QBIckPnw. Acesso em: 9 jun. 2020.

- **Canal do YouTube *Virtual Reality Oasis***: o canal https://www.youtube.com/channel/UCsmk8NDVMct75j_Bfb9Ah7w (acesso em: 29 abr. 2025) apresenta vídeos com avaliação de dispositivos, notícias, guias e *cases* interessantes sobre o uso de realidade virtual.

Para conhecer conteúdo adicional e atualizado referente a este capítulo, acesse o QRCode a seguir:

www.martha.com.br/livro-MED/saibamais11.html

CAPÍTULO 12

O objetivo deste capítulo é apresentar as tecnologias *mobile* disponíveis para uso em ações estratégicas de marketing. A difusão *mobile* em todas as populações no mundo transforma os dispositivos móveis em uma das plataformas mais dominantes e promissoras.

O ser humano é *mobile* por natureza. Somos nômades em nossa origem e muitas técnicas e tecnologias desenvolvidas ao longo da história da humanidade tiveram por objetivo ampliar e facilitar nossa mobilidade – domesticação dos mais diversos animais (de cavalo a elefantes) para nos transportar, bigas, carroças, bicicletas, carros, barcos, aviões, trens, naves espaciais etc. Continuamos em busca de soluções que nos levem além, mais adiante, para descobrir novas fronteiras e de forma cada vez mais rápida. Quem sabe um dia consigamos realizar o sonho do teletransporte? Outro fator essencial à natureza humana é a comunicação. O homem é um ser social, e a comunicação é base da socialização. Testemunhamos também, ao longo da história, a evolução das técnicas e tecnologias de comunicação impulsionando a socialização – dos sinais de fumaça ao telefone celular VoIP. Uma terceira característica da natureza humana é a necessidade de obter informações constantemente para poder sobreviver e viver melhor no ambiente em que se encontra. O desenvolvimento de técnicas e tecnologias da informação também se difunde pelos tempos, levando-nos ao cenário hiperconectado em que vivemos. Somos hoje nômades digitais possibilitados e impulsionados por milhares de anos de desenvolvimento de tecnologias de mobilidade, comunicação e informação. O futuro é *mobile* porque a natureza humana é *mobile* e as tecnologias digitais não apenas estão eliminando todas as restrições que nos impedem de exercitar a nossa mobilidade instintiva, mas também estão alavancando-a.

Estudos revelam que a maioria das pessoas que possuem aparelhos celulares não fica a mais de um metro de distância deles, ou seja, os celulares têm se incorporado cada vez mais à vida cotidiana das pessoas, em todas as situações, e está quase se tornando parte do corpo delas. É importante ressaltar que a plataforma *mobile* não se restringe apenas a aparelhos celulares, *smartphones* e PDAs. Cada vez mais outros dispositivos integram tais plataformas, como PSPs, carros, aparelhos GPS, relógios, óculos, *tablets*, *e-book readers* etc.

As tecnologias *mobile* que nos interessam aqui são as que podem ser utilizadas de forma simples, tendendo a ser ou se tornar acessíveis a qualquer membro da população em geral. Abordaremos as tecnologias *mobile* mais antigas que continuam sendo instrumentos interessantes para ações de marketing, como *Bluetooth*, RFID, NFC e SMS, e também as mais recentes que oferecem soluções bastante inovadoras ao marketing. Discutiremos, então, as tecnologias, mais ou menos em ordem cronológica de adoção delas no mercado, como se segue:

- RFID.
- *Bluetooth*.
- SMS/MMS.
- GPS.
- *Mobile tagging*.
- Aplicativos móveis.
- NFC.
- *Mobile* TV.

Além das tecnologias apresentadas, a realidade aumentada, discutida no Capítulo 11, também é uma tecnologia importante no cenário *mobile*. Vários dos exemplos apresentados na tabela de casos de realidade aumentada no Capítulo 11 são exemplos de realidade aumentada móvel. Como as realidades mistas, incluindo a realidade aumentada, podem ser usadas não apenas nas plataformas *mobile*, decidimos separá-las em um capítulo à parte (Capítulo 11). No entanto, o hábitat mais promissor para a realidade aumentada é o da mobilidade.

Cada tecnologia móvel aqui apresentada requer um tipo específico de *hardware*, não estando, portanto, necessariamente acessível em todos os tipos de dispositivos móveis. Desse modo, a utilização de cada tecnologia está condicionada à sua disponibilidade nos diversos dispositivos e *hardwares* presentes no mercado.

RFID

RFID (*Radio Frequency Identification*) são sensores (também chamados de *tags*) aplicados ou incorporados a um objeto ou ser (produtos, coisas, lugares, pessoas, animais etc.) com a finalidade de identificar ou rastrear esse objeto por meio de ondas de rádio. As *tags* RFID podem ser lidas a vários metros de distância e não precisam de contato visual com o leitor. Normalmente, os leitores são equipamentos dedicados a isso. Exemplos de aplicações comuns que já usam RFID no nosso dia a dia são: (a) *smart cards* em crachás, que, quando passados próximos aos leitores de catracas, são lidos para dar acesso à entrada; (b) serviço "Sem Parar", que usa *tags* RFID fixadas nos para-brisas dos carros e detectadas pelos sensores dos pedágios e estacionamentos para automaticamente fazer a cobrança.

No artigo *100 Uses of RFID*,[1] algumas das utilizações importantes citadas são:

- Cronometrar corridas.
- Controlar inventário de hospitais.
- Melhorar a experiência de pacientes em hospitais.
- Não necessitar de baterias no RFID como fator crucial em algumas aplicações.
- Representar a próxima revolução na mobilidade e *wireless*, por meio de identificação automática, coleta de dados e sistema de locatividade.

A tecnologia de RFID é uma das principais alavancas para *Web* 4.0 e Internet das Coisas.[2] O problema da utilização das *tags* de RFID em todos os objetos é o seu custo, que oscila em torno de 25 centavos de dólar, o que ainda é alto para alguns tipos de produtos. Com o barateamento das *tags* RFID ou o desenvolvimento de tecnologias similares mais acessíveis financeiramente, o tagueamento de tudo tenderá a ser ubíquo, ou seja, será tagueado e participará da rede. Nesse cenário, as geladeiras poderão reconhecer todos os produtos dentro dela, saber o que está dentro do prazo de validade ou não, para alertar o usuário, conhecer as preferências de compra dele e enviar ordens de compra automaticamente quando os produtos acabarem. Nessas circunstâncias, as pessoas provavelmente receberão gratuitamente essas geladeiras inteligentes oferecidas por redes de supermercados, desde que o abastecimento de produtos seja feito automaticamente por eles. Esse modelo de negócios é bem parecido com o que acontece hoje com o mercado de telefonia celular – clientes de planos pós-pagos, que consomem automaticamente os créditos da operadora, recebem celulares de última geração gratuitamente ou quase de graça.

Uma das grandes vantagens das *tags* de RFID é que o leitor da *tag* não precisa ter contato visual com ela, o que lhe permite ser "sentida" automaticamente pelo leitor. Outra vantagem é o fato de essas *tags* terem a capacidade de descrever muitas informações sobre os objetos em que estão fixadas, podendo até apresentar situações de estado, como temperatura, alertando, por exemplo, quando um pacote de leite não é mais adequado ao consumo por mudanças na sua temperatura.

Um exemplo muito interessante de uso do RFID em campanhas de marketing é a ação *The Real Life Like*, da Publicis E-dologic para a Coca-Cola em Israel. A ação aconteceu em um acampamento de verão que reuniu milhares de adolescentes por três dias, o

---

[1] RWW, 2010-2012.
[2] Internet das Coisas refere-se à Internet onde qualquer coisa – objetos e seres vivos – também se interconecta à Internet e participa dela, não se restringindo apenas a documentos. Mais informações em: http://en.wikipedia.org/wiki/Internet_of_Things. Acesso em: 19 jun. 2020.

Coca-Cola Village, onde os participantes usavam pulseiras com RFID que lhes permitiam dar *likes* para as atividades e coisas do acampamento. Cada pulseira de RFID tinha as informações de *login* da conta da pessoa no Facebook e, assim, os *likes* eram automaticamente atualizados em seus perfis e no perfil do *Coca-Cola Village*. Dessa forma, a ação permitiu a integração automática das coisas do mundo físico com a maior rede social *on-line*, o Facebook, com interações em tempo real. Para assistir ao vídeo do *case* com informações detalhadas da ação, use o QRCode ou a URL fornecidos na Figura 12.1.

Figura 12.1 – Imagem e QRCode de acesso ao vídeo do *case The Real Life Like* no *Coca-Cola Village*.
Fonte: Disponível em: www.youtube.com/watch?v=xUv0GU5rfHg. Acesso em: 18 maio 2024.

Outro exemplo de uso do RFID em campanhas de marketing é a ação *The Buddy Cup*, da agência África com o estúdio Bolha para a Budweiser no Brasil. Em uma ativação de bar, cada consumidor recebeu um copo de cerveja com RFID e um QRCode na parte inferior que vinculava o bebedor ao seu usuário no Facebook por meio do celular. Ao brindar com alguém, uma nova amizade era feita no Facebook automaticamente. Mais um exemplo de integração *off-line* com o *on-line*. Para assistir ao vídeo do *case* da ação, use o QRCode ou a URL fornecidos na Figura 12.2.

Figura 12.2 – Imagem e QRCode de acesso ao vídeo do *case The Buddy Cup* da Budweiser.
Fonte: Disponível em: https://www.youtube.com/watch?v=J4ZToHuwX-U. Acesso em: 18 maio 2024.

Bluetooth

Bluetooth é uma tecnologia sem fio (*wireless*) que permite a troca de dados (por meio de ondas de rádio de curta frequência) entre dispositivos móveis, usando banda estreita (pequeno volume de dados). A utilização de *Bluetooth* torna possível criar redes pessoais PANs (*Personal Area Networks*), viabilizando a conexão de diversos dispositivos com alto grau de segurança. A grande vantagem do uso dessa tecnologia para conectar redes é o seu baixo custo e também o baixo consumo de energia. O alcance das conexões é de aproximadamente 100 metros, o que é bastante razoável para seu objetivo principal, que é eliminar cabos permitindo a conexão *wireless* entre equipamentos móveis dentro de determinada área. O foco do *Bluetooth* não é conectar equipamentos com redes remotas, como é o caso das WLAN, cuja conexão *wireless* é feita via tecnologias como o Wi-Fi em banda larga.

Atualmente, o uso mais popular do *Bluetooth* é a conexão entre telefones celulares e fones sem fio, que permitem que o usuário possa receber ligações com as mãos livres. Outro uso bastante comum do *Bluetooth* é a transferência de arquivos entre aparelhos celulares próximos. Mais utilizações interessantes incluem:

- Comunicação com o sistema de áudio e computador de bordo dos carros, permitindo o condutor entrar em ligações sem o uso das mãos e até mesmo fazer uma ligação de emergência automática em caso de acidente.
- Comunicação sem fio entre dispositivos de entrada e saída com o computador, como teclados e *mouses*.
- Substituição da tecnologia infravermelho em controles remotos.
- Envio de anúncios e arquivos promocionais (como *ringtones*, por exemplo) a partir de um quiosque *Bluetooth* para aparelhos celulares próximos.
- Em sistemas RTLS (*Real Time Location Systems*), que são usados para rastrear e identificar a localização de objetos em tempo real.
- *Videogames* como Xbox, PlayStation, PSP Go, Nintendo Switch, entre outros, para permitir conexões entre o console e os controles.
- Descoberta e configuração entre equipamentos dentro de determinada área.

Apesar de ser uma das tecnologias *mobile* mais antigas, o *Bluetooth* é extremamente eficiente e pode ser a plataforma ideal para algumas estratégias de marketing, como é o caso da ação *Nivea Sun Kids – The Protection Ad*, que aconteceu no Brasil. Um anúncio de revista permitia o leitor destacar uma pulseira de papel impermeável. Por meio de um *app* da Nivea, um pai ou uma mãe podia colocar essa pulseira em seu filho para monitorar sua distância na praia. Tudo era sincronizado por *Bluetooth* e configurado pelo *app*. Esse *case* da Nivea mostra como algo tão simples, mas integrado a um *smartphone*, pode ser tão relevante dentro de um contexto. Caso a criança saísse do perímetro configurado, o celular alertava os pais. Confira o vídeo do *case* pela Figura 12.3.

Figura 12.3 – Imagem e QRCode de acesso ao vídeo do *case Nivea Sun Kids – The Protection Ad*.
Fonte: Disponível em: https://www.youtube.com/watch?v=AMKXSKIQCgk. Acesso em: 18 maio 2024.

Um *case* antigo, mas que vale mencionar, é o *Quick is Deadly*, da Nike, para o tênis Zoom, na China, em 2007. A ação consistia em um *outdoor* eletrônico que enviava via *Bluetooth* uma mensagem para o celular das pessoas que passavam em frente dele. A mensagem disparava um cronômetro digital que passava a contar o tempo no instante em que era recebida no celular da pessoa e instruía-a a correr para a loja da Nike. O *outdoor* eletrônico foi colocado a um quarteirão de distância da loja da Nike, e quando a pessoa com a mensagem chegasse à loja, o cronômetro marcava o tempo final da corrida. Quem fizesse o menor tempo em cada dia ganhava um tênis Nike Zoom. A ação foi um sucesso – pessoas se aproximavam do *outdoor* vestidas com trajes de corrida para conseguirem fazer o percurso mais rapidamente. Outras pessoas ficavam vendo o movimento na largada, no *outdoor*, ou na chegada, na entrada da loja da Nike. Os números alcançados pela ação, incluindo retorno de mídia espontânea, são mostrados no vídeo que pode ser acessado pela Figura 12.4.

Figura 12.4 – Imagem e QRCode de acesso ao vídeo da ação *Quick is Deadly*, da Nike.
Fonte: Disponível em: https://youtu.be/yRAb8mwn6As. Acesso em: 18 maio 2024.

É bastante interessante observar a adequação do conceito da Nike com a ação *Quick is Deadly*, usando a tecnologia *Bluetooth* para cronometrar tempos de corrida – a ação envolve um incentivo para as pessoas correrem e exercitarem-se, o que está completamente alinhado com os produtos da marca.

Outro exemplo relevante do *Bluetooth* em ações de marketing é o uso de sensores de proximidade em prateleiras de supermercado para mostrar ofertas de produtos como o mostrado na Figura 12.5.

Uma das principais desvantagens do uso do *Bluetooth* no marketing é a falta de cultura de alguns tipos de público quanto ao seu uso de conexões *Bluetooth*. Diferentemente dos cenários controlados de conexão *wireless* entre equipamentos dentro de determinada área (onde todos os *hardwares* são conhecidos previamente), no marketing as ações necessitam que a conexão aconteça com sucesso com qualquer dispositivo móvel do público-alvo. Uma falha na conexão ou na operação por parte do público compromete toda a ação. Assim, a utilização do *Bluetooth* no marketing está sempre condicionada a uma análise bastante criteriosa da ação a ser desenvolvida e das características do público envolvido e de seus dispositivos móveis.

Figura 12.5 – Imagem e QRCode de acesso ao vídeo do uso de sensores de proximidade em supermercados.
Fonte: Disponível em: https://youtu.be/QMwUnjReb9k. Acesso em: 18 maio 2024.

SMS e MMS

O SMS (*Short Message Service*) e o MMS (*Multimedia Messaging Service*) são ferramentas de comunicação que utilizam mensagens de texto e multimídia, respectivamente, para alcançar os consumidores diretamente em seus dispositivos móveis. Desde o seu surgimento, no início da década de 1990, essas tecnologias têm sido amplamente utilizadas em ações de marketing devido à sua capacidade de entregar mensagens de forma rápida e eficaz.

O SMS marketing envolve o envio de mensagens curtas, geralmente limitadas a 160 caracteres, para promover produtos e serviços ou fornecer informações importantes aos consumidores. Esse método é valorizado por sua alta taxa de abertura, que frequentemente ultrapassa 90%, e pela rapidez com que as mensagens são lidas — geralmente dentro de poucos minutos após o recebimento. Campanhas de SMS são particularmente eficazes para promoções instantâneas, lembretes de eventos, notificações de *status* de pedidos e alertas de serviço.

Uma ação bastante criativa e útil com o uso de SMS foi a campanha "SOS SMS". O SOS SMS é um serviço de emergência que os paramédicos da Cruz Vermelha Mexicana podem acessar discando *SOS na tela de emergência do celular da vítima e, assim, ter acesso a informações e dados vitais de saúde no momento de uma emergência. Para assistir ao vídeo da campanha e como tudo funcionou, use o QRCode ou a URL fornecidos na Figura 12.6.

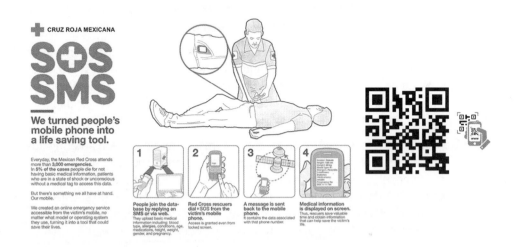

Figura 12.6 – Imagem e QRCode de acesso ao vídeo do *case* SOS SMS.
Fonte: Disponível em: https://www.youtube.com/watch?v=qrS6Dqh6FJ8. Acesso em: 18 maio 2024.

As ações de marketing que usam SMS normalmente envolvem uma empresa de integração *mobile* para que todos os participantes possam enviar as mensagens para o mesmo número, independentemente da operadora de celular de cada um.

Além das ações promocionais, outro tipo de utilização muito interessante para o SMS é o *Mobile Commerce*. *Vending machines* e programas de TV que vendem produtos são exemplos de casos em que o SMS pode ser usado para fazer compras. Na Inglaterra, programas de TV que vendem por SMS existem há vários anos — as pessoas enviam o SMS de compra conforme instruções durante a programação e recebem os produtos pelo correio. Assim, existem inúmeras possibilidades de uso do SMS como sistema para micropagamentos via *Mobile Commerce*.

Já o MMS marketing expande as capacidades do SMS ao permitir o envio de mensagens que contêm imagens, vídeos, áudios e outros tipos de conteúdo multimídia. Isso enriquece a experiência do usuário e proporciona uma forma mais envolvente de comunicação. As campanhas de MMS são ideais para lançamentos de produtos, demonstrações visuais, envio de cupons digitais e qualquer ação que se beneficie de um componente visual ou auditivo.

O uso mais comum do MMS é para o envio de *ringtones*. No entanto, como o custo de envio de MMS é bem maior que o de SMS, o seu uso é bem menos popular. Com relação a ações de marketing, o maior problema no uso de MMS, além da baixa difusão de uso, é a interoperabilidade entre as operadoras de telefonia celular, o que dificulta ações mais amplas.

Um ótimo exemplo de uso de MMS em campanhas de marketing aconteceu no lançamento do filme *The Bourne ultimatum*, em 2007. Para receberem *wallpapers*, *screen savers* e *trailers* do filme, as pessoas fotografavam o anúncio do filme, veiculado em diversos canais de mídia impressa, e enviavam a foto via MMS. A imagem era analisada por um algoritmo que verificava se ela era a correta (usando tecnologia de reconhecimento de imagens) e qual o tipo de celular de quem havia enviado o MMS, fornecendo, então, o conteúdo já otimizado para esse modelo de aparelho.[3]

Ambas as formas de mensagens oferecem a vantagem de alcançar os consumidores de maneira direta e personalizada, aproveitando a penetração de celulares. No entanto, é crucial que as empresas obtenham o consentimento explícito dos consumidores para enviar essas mensagens, em conformidade com as regulamentações de privacidade, como a LGPD (Lei Geral de Proteção de Dados Pessoais — Lei n. 13.709/2018).

SMS e MMS podem ser integrados com outras estratégias de marketing digital para criar campanhas multicanais mais eficazes. Por exemplo, podem ser usados para complementar campanhas de *e-mail* marketing, servir como autenticação de dois fatores, fornecer *links* para conteúdos *on-line* ou promover interações em redes sociais. A personalização é chave, utilizando dados do consumidor para enviar mensagens relevantes e oportunas que aumentam o engajamento e a fidelidade.

GPS

GPS (*Global Positioning System*) é um sistema via satélite que fornece a localização confiável de dispositivos receptores do sistema. Um sistema GPS é composto de três partes: a espacial, a de controle e a do usuário. As partes espaciais e de controle são operadas por satélites, e a parte do usuário é o dispositivo receptor, que calcula a sua localização tridimensional (latitude, longitude e altitude) associada ao tempo, por meio dos sinais que recebe dos satélites.

Até recentemente, receptores de sistemas GPS eram dispositivos caros, acessíveis apenas para governos (normalmente uso militar) e grandes empresas. O barateamento desses dispositivos receptores alavancou o uso comercial do GPS, que hoje se estende de rastreamento de transporte de cargas a navegação por dispositivos celulares. Veja algumas aplicações interessantes usando GPS:

- **Vigilância**: permissão de saber a localização precisa do equipamento de vigilância para determinar e mapear locais.
- **Mapeamento**: criação de mapas por meio de informações precisas de localização obtidas por dispositivos GPS.

---

3   Picturephoning, 2007.

- **Navegação**: dispositivos GPS medem digitalmente a velocidade e a direção de movimento e auxiliam na navegação (tanto alertando sobre os limites de velocidade estipulados quanto instruindo sobre o caminho sendo percorrido, ou, ainda, orientando sobre que caminho seguir para alcançar determinado destino).
- *Geotagging*: aplicação de coordenadas de localização a objetos digitais, como fotografias e outros documentos com o objetivo de mapeá-los.
- **Telefonia celular**: a utilização de dispositivos GPS nos aparelhos celulares permite a sua localização exata, o que possibilita diversas aplicações de LBS (*Location Based Services*) via celular, como *geotagging* em mensagens, fotos ou documentos, chamadas de emergência (911, nos Estados Unidos, por exemplo, fornecendo localização exata de quem está em perigo).
- **Rastreamento de objetos**: veículos, pessoas, animais ou qualquer objeto podem ser rastreados com precisão quando equipados com um receptor GPS.
- **Recreação e arte**: o GPS possibilita diversos tipos de atividades recreativas como "pega-pega" digital (*geocaching*),[4] gincanas territoriais (*geodashing*), *geodrawing*[5] (uso de rastros gravados por GPS para criar desenhos e esculturas – os rastros podem ser gravados em 2D, em rotas na superfície, ou em 3D, durante voos) e *waymarking*[6] (mapeamento da localização de tipos de dados específicos de interesse, como restaurantes, museus etc., usando GPS, com intenção de usos diversos). O site gpsgames.org oferece vários jogos interessantes baseados em sistemas GPS.

Atualmente, dispositivos GPS para navegação em veículos estão se tornando bastante populares, e grande parte dos aparelhos celulares já vem com receptores GPS. Isso cria uma infraestrutura extremamente interessante para todo tipo de ação de geolocalização no marketing.

Algumas ações de geolocalização interessantes se associam às tecnologias de realidade aumentada, como visto no Capítulo 11. Aplicativos para encontrar a agência bancária ou a estação de metrô mais próxima se baseiam nos dispositivos GPS dos aparelhos celulares para saber onde o usuário está e, assim, orientá-lo na navegação. Serviços como Uber, Trip Advisor, Waze, Rappi e iFood usam o GPS no celular dos usuários para mapearem as localizações das suas intenções, interações e pedidos.

Um exemplo de ação criativa de marketing usando o GPS é a campanha do Burger King *The Whopper Detour*. Assista usando o QRCode ou a URL da Figura 12.7. Nessa ação, os consumidores tinham a possibilidade de comprar um Whopper (sanduíche) por um centavo por meio do aplicativo da Burger King. A promoção só era desbloqueada se o consumidor estivesse fisicamente a 200 metros de algum McDonald's nos EUA. O aplicativo da Burger King permite fazer um pedido antecipado na lanchonete de sua preferência, com pagamento *on-line*. A ação gerou mais de 1,5 milhão de *downloads* do aplicativo em nove dias, colocando-o em primeiro lugar no *ranking* da Apple Store e Google Play nas primeiras 48 horas da campanha. As vendas *mobile* triplicaram durante a promoção.

---

4   Um exemplo muito interessante de *geocaching* é o trabalho de arte *Can You See Me Now*, do grupo inglês Blast Theory. Mais informações em: http://www.canyouseemenow.co.uk/. Acesso em: 19 jun. 2020.
5   Exemplo de *geodrawing* – https://www.wired.com/2008/05/no-bs-gps-art-p/. Acesso em: 22 jul. 2020.
6   Exemplo de *waymarking* – https://pt.wikipedia.org/wiki/Waymarking. Acesso em: 22 jul. 2020.

Figura 12.7 – Imagem e QRCode de acesso ao vídeo do *case The Whopper Detour*.
Fonte: Disponível em: https://youtu.be/FisaPtDPE9Y. Acesso em: 18 maio 2024.

Considerando-se que tudo o que fazemos depende do local onde estamos, a geolocalização proporcionada pelos dispositivos GPS tem um grande potencial para ações que confiram valor relacionado não apenas ao local onde as pessoas estão em um dado momento, mas também por onde passaram. As rotas dizem muito sobre o comportamento e as necessidades das pessoas. Isso é um alavancador para a segmentação geográfica e o desenvolvimento de serviços específicos. O aplicativo Waze (Guia GPS com inteligência coletiva) tinha soluções de propaganda baseadas no comportamento do GPS. Os formatos até o final de 2023 iam desde propagandas de lugares perto de você que aparecem durante seu trajeto, até propagandas que aparecem somente quando há desaceleração do veículo para 0 Km/h, captando uma atenção maior do usuário (Figura 12.8).

Figura 12.8 – Imagem com os formatos de anúncios dentro do aplicativo Waze.
Fonte: Material do www.waze.com/brands/. Acesso em: 14 maio 2020.

Após setembro de 2023, o Waze Ads passou a ser integrado ao Google Ads.

Mobile tagging

Mobile tags são códigos de barras bidimensionais (2D) que permitem encriptar URLs, entre outros tipos de dados. A grande vantagem desse tipo de código de barras é que pode ser escaneado e decodificado por um dispositivo móvel (aparelho celular, *smartphone* ou *tablet*) com câmera. Dessa forma, as *mobile tags* funcionam como botões digitais de *links* para a *Web*, podendo ser aplicados em praticamente qualquer coisa física. Essa é uma das grandes vantagens que as *mobile tags* trazem ao mundo – possibilitam criar *gateways* físicos para o mundo *on-line*, via dispositivos móveis.

Chamamos de *mobile tagging* o processo de ler e decodificar uma *mobile tag*, conforme mostra a Figura 12.9.

Figura 12.9 – Processo de *mobile tagging*.
Fonte: https://br.freepik.com/vetores-gratis/telefone-digitalizacao-qr-fundo-codigo-de-barras_1015704.htm. Acesso em: 10 jun. 2020.

Existem dezenas de padrões de códigos de barra 2D, mas nem todos funcionam como *mobile tags*, ou seja, nem todos podem ser acessados via dispositivos móveis. Alguns padrões de códigos 2D que podem ser usados como *mobile tags* constam na Figura 12.10. Os dois padrões de *mobile tags* mais usados atualmente são o QRCode (*Quick Response Code*) e o DataMatrix, sendo o QRCode mais popular, tanto que virou sinônimo de *mobile tag* (muitas pessoas não conhecem o termo *mobile tag* e usam inadequadamente o termo QRCode para representar qualquer tipo de *mobile tag*).

Figura 12.10 – Tipos de *mobile tags*.
Fonte: Disponível em: https://en.wikipedia.org/wiki/Mobile_tagging#/media/File:Codes4.png.
Acesso em: 10 jun. 2020.

As estatísticas do código QR mostram que houve um crescimento de 323% no uso desse código em 2021-2023. As estatísticas de uso de códigos QR têm aumentado constantemente desde então, muito por consequência da pandemia do coronavírus.[7] Antes da pandemia, você provavelmente estava acostumado a ver QRCodes em recibos, mas após a pandemia, para evitar contato e contaminação, passamos a ver os QRCodes em menus de restaurantes, hotéis, cartazes, dentro dos aplicativos móveis de companhias aéreas e praticamente em qualquer lugar. Não é segredo que eles conquistaram o mundo físico.

Atualmente, o QRCode permite incluir uma imagem visual, colorida, com o código na *tag*. Isso é muito útil para inserir logos nos códigos, personalizando-os. A Figura 12.11 mostra um QRCode com *link* para o perfil @marthagabriel no X (Twitter) (http://twitter.com/marthagabriel) e, dessa forma, está personalizada com o logo do Twitter, indicando a que está relacionada. O mesmo pode ser feito para o perfil @rkiso no Instagram (https://www.instagram.com/rafaelkiso/).

Figura 12.11 – Imagem de um QRCode *linkando* para o perfil de Martha Gabriel no X e outro para o perfil de Rafael Kiso no Instagram.

Os padrões tradicionais de *mobile tags* baseiam-se em alto contraste de elementos na imagem. Novas tecnologias de *mobile tags* têm sido desenvolvidas, como é o caso

---

7   Disponível em: https://www.qrcode-tiger.com/pt/qr-code-statistics. Acesso em: 18 maio 2024.

do Bokode, um padrão óptico de *mobile tag* baseado na luz e cujas características são interessantes e promissoras. O Bokode foi lançado pelo MIT no SIGGRAPH 2009, e o vídeo acessível pelo QRCode da Figura 12.12 mostra o seu funcionamento.

Figura 12.12 – Imagem e QRCode de acesso ao vídeo da LabCAST, do MIT, demonstrando o Bokode.
Fonte: Disponível em: https://www.youtube.com/watch?v=wG7vXl1I1wg&feature=youtu.be.
Acesso em: 18 maio 2024.

É possível encriptar diversos tipos de informações em um código de barras 2D, como textos, contatos (nome, *e-mail* etc.) ou URLs (endereços na Internet). No entanto, o tipo de informação encriptada mais poderosa são realmente as URLs, ou seja, *links* para acessar a Internet.

Enquanto um código de barras linear tradicional, como o mostrado na Figura 12.13, consegue encriptar apenas dados numéricos e é capaz de armazenar somente até 20 dígitos, um código de barras 2D permite encriptar não apenas dados numéricos, mas também alfanuméricos e em diversos alfabetos diferentes, além de ter capacidade de armazenamento de informações muito maior.

Figura 12.13 – Imagem de um código de barras linear que armazena o número "123456".

Um QRCode (Figura 12.14), por exemplo, é capaz de lidar com milhares de caracteres de todos os tipos de dados, como numéricos e caracteres alfanuméricos, Kanji, Katakana, Hiragana, símbolos, binários e códigos de controle.[8]

Figura 12.14 – Imagem de um QRCode armazenando e *linkando* para a URL.
Fonte: Disponível em: http://www.marketingnaeradigital.com.br. Acesso em: 10 jun. 2020.

---

8 Denso-Wave, 2009.

A capacidade de armazenamento de um QRCode, para os diversos tipos de dados, é apresentada na Tabela 12.1.

Tabela 12.1 – Capacidade máxima de um QRCode para armazenamento de dados

QRCodes – Capacidade máxima de armazenamento por tipo de dados	
Apenas numérico	7.089 caracteres
Alfanumérico	4.296 caracteres
Binário (8 bits)	2.953 bytes
Kanji, full-width Kana	1.817 caracteres

Fonte: Denso-Wave, 2009.

Outra vantagem das *mobile tags* sobre os códigos de barra lineares é o modo de se ler e decodificar a informação. Enquanto as *mobile tags* podem ser decodificadas virtualmente por qualquer aparelho celular com câmera (em modelos mais novos, o leitor de *mobile tags* é nativo dentro do próprio aplicativo de fotos do celular), os códigos de barra lineares exigem *scanners*, *hardwares* específicos para tal. Essa característica – a de se apropriar de uma plataforma de *hardware* (aparelhos celulares) já disponível, com difusão global, e uma das mais populares em todas as classes sociais – torna o uso de *mobile tags* extremamente simples e com potencial de impactar praticamente qualquer pessoa no planeta.

Veja a seguir alguns dos principais benefícios das *mobile tags*:

- **Armazenamento**: possui alta capacidade de armazenamento.
- **Encriptação**: encripta vários tipos de informações (URLs, textos, contatos, SMS) e dados (numéricos, alfanuméricos de diversos alfabetos).
- **Rastreamento**: rastreia a mídia *off-line* (impressa e eletrônica).
- **Não requer *hardware* específico para leitura ou criação dos códigos**: usa plataforma já existente de computadores (para criar os códigos) e dispositivos móveis (para leitura).
- **Gratuito** (tanto a criação quanto a leitura das *mobile tags*): há uma grande variedade de sistemas gratuitos *on-line* para criar *mobile tags* e também de leitores.
- **Usabilidade**: não necessita de digitação nos dispositivos móveis, usando apenas escaneamento de imagens.
- **Inclusão digital**: tecnologia acessível de baixo custo com grande potencial de inclusão digital conforme os custos de banda larga móvel também vão se tornando mais acessíveis.
- **Sustentabilidade**: a possibilidade de usar os códigos no ambiente digital isenta vários produtos da necessidade de impressão (como *tickets* aéreos, por exemplo), colaborando com o meio ambiente.
- **Realidade aumentada**: acrescenta camadas digitais a coisas e lugares físicos.

- **Flexibilidade**: o usuário tem o poder de escolher o nível de detalhamento que deseja no acesso *on-line*.

A seguir, discutiremos o cenário atual e os tipos de aplicações existentes e potenciais para as *mobile tags*.

Cenário e aplicações

Atualmente, como mencionado antes, o padrão de *mobile tag* mais popular do mundo é o QRCode, que já é comum e um sucesso no Japão. Na Inglaterra, o padrão mais usado, mas ainda de forma mais modesta, é o Datamatrix. A disseminação das *mobile tags* está intensamente associada à popularização da banda larga *mobile*. Conforme aumente a difusão global da banda larga *mobile*, tenderá a aumentar também a adoção de *mobile tags* ao redor do mundo.

Por detrás do *mobile tagging* está tanto a ideia de uma convergência absoluta de mídias (pois as *tags* podem "conduzir" quaisquer tipos de mídias: vídeo, textos, páginas, músicas, aplicativos etc.) quanto a de uma plataforma perfeita para processos transmídia, pois as *tags* podem ser usadas para conduzir as pessoas de uma mídia para outra durante o *storytelling*.

Justamente por atuar como um *link* físico para o mundo *on-line* digital, as *mobile tag* funcionam também como instrumentos de ampliação da realidade, acrescentando um *layer* de informações digitais às coisas físicas (pessoas, objetos, lugares etc.) na realidade. Desse modo, o *mobile tagging* é atualmente um dos processos mais simples e econômicos de se criar realidade aumentada.

O uso de *mobiles tags* pode beneficiar virtualmente todas as áreas do conhecimento, inclusive marketing. Alguns exemplos de uso de *mobile tags* nas mais diversas áreas são apresentados a seguir.

Mídias sociais

As empresas usam várias táticas para aumentar seu engajamento nas mídias sociais. Com os QRCodes, você pode garantir que os usuários cheguem exatamente ao local desejado e tomem ações que ajudem a melhorar o engajamento em seu canal social.

Em 2015, o Snapchat introduziu o seu *mobile tag* com o nome de "Snapcodes". Esse recurso basicamente permite que os usuários escaneiem os códigos para visualizar os perfis de mídia social de outras pessoas. Os usuários podem gerar seus próprios Snapcodes baseados em QRCode, para que outros possam segui-los facilmente.

Muitas celebridades, influenciadores de mídia social e marcas rapidamente passaram a usar esse recurso para criar e aumentar o *awareness* de marca. Veja a Figura 12.15.

Figura 12.15 – Imagem de Snapcodes de marcas famosas.

O Snapchat posteriormente expandiu os Snapcodes, para que eles também pudessem ser vinculados a *sites*.

O Instagram lançou um recurso semelhante de digitalização de QRCode em 2018, com o nome de "Nametags". Você pode adicionar Nametags às suas histórias do Instagram para facilitar o acompanhamento dos usuários.

Ou você pode adicionar esses códigos nos materiais impressos, desde as vitrines das lojas até os cartões de visita. Dessa forma, você pode criar uma conexão com os canais sociais da sua marca muito mais rapidamente.

Hoje, praticamente todas as plataformas de mídias sociais, como Facebook, X, Messenger, Instagram, Pinterest, TikTok, LinkedIn, entre outras, têm seu próprio *mobile tag*. Até mesmo o WhatsApp e o Spotify têm. Veja na Figura 12.16.

Todas as *mobile tags* dessas plataformas sociais levam o usuário diretamente para o perfil da marca ou pessoa, uma ação ou canal de comunicação como o Facebook Messenger e WhatsApp.

Isso simplifica o processo para os usuários. Eles não precisam procurar a informação. Simplesmente, ao escanear o código, eles são levados diretamente para onde precisam. Tudo o que você precisa fazer é adicionar um *mobile tag* aos materiais impressos, nas vitrines das lojas, cartões de visita, embalagens etc. É uma maneira simples e eficaz de direcionar o tráfego para suas mídias sociais e garantir que as pessoas se engajem com seu conteúdo.

Figura 12.16 – Imagens de *mobile tags* das redes sociais do Rafael Kiso.

Entretenimento

A área de entretenimento pode se beneficiar do uso de *mobile tags* para comunicação, facilitando os processos de relacionamento com públicos específicos, criação de jogos e experiências interessantes.

Durante um episódio de "Songland", em outubro de 2019, da NBC[9] – um programa no horário nobre com compositores aspirantes que competem para criar canções de sucesso –, os espectadores foram surpreendidos com uma nova forma de publicidade. No meio do episódio, enquanto o cantor Ryan Tedder tocava com um teclado chamado Lumi, um código QR apareceu na parte inferior da tela, com instruções de compra. Minutos depois que o código apareceu, segundo a NBC Universal, milhares de espectadores acessaram

---

9   Disponível em: https://www.washingtonpost.com/technology/2019/11/01/nbcs-latest-gamble-depends-idea-that-youll-want-shop-while-you-watch-tv/. Acesso em: 10 jun. 2020.

o *link* do QRCode, usando seus *smartphones* (Figura 12.17). A vantagem desse tipo de aplicação é dar aos espectadores a oportunidade de comprarem o que as pessoas estão usando dentro de programas de entretenimento. Eles chamaram isso de "ShoppableTV's QRCodes", um formato que aparece por 30 segundos enquanto passa o programa, sem intervalor ou fricção. Esse formato também já está sendo usado em transmissões ao vivo de partidas de Tênis na mesma emissora (Figura 12.18).

Figura 12.17 – Foto do episódio de "Songland", em outubro de 2019, da NBC, com o QRCode na tela para compra do produto Lumi.

Figura 12.18 – Foto de uma partida de tênis no canal da NBC com o QRCode na tela para compra do produto Lacoste que o tenista está vestindo.

Outro exemplo é o clipe musical *Integral*, do conjunto Pet Shop Boys, um excelente caso de uso de QRCodes integrados na linguagem do vídeo, de forma que as pessoas que queriam ler os QRCodes precisavam acessar o vídeo no YouTube ou em alguma mídia onde pudessem parar nas imagens para poder escanear os códigos. Como o clipe foi veiculado originariamente na TV e as pessoas precisavam ir para a Internet para decifrar o código no clipe, usando o celular para aí acessar outro destino, essa ação é um excelente exemplo de crossmídia, na qual a história começa no clipe da TV, continua no YouTube, na Internet e, depois, no celular. Foi uma ação tão interessante (e inovadora na época), que ganhou Leão em Cannes em 2008. A Figura 12.19 apresenta o *link* para assistir a esse vídeo no YouTube.

Figura 12.19 – Imagem e QRCode de acesso ao clipe *Integral*.
Fonte: Disponível em: https://www.youtube.com/watch?v=VckCoZkCEu8. Acesso em: 10 jun. 2020.

Área pública, artística e cultural

Nas áreas de arte e cultura, além do potencial estético e tecnológico dos diversos padrões de *mobile tags* para uso como fonte criativa, a sua aplicação em catálogos e sinalizações culturais pode trazer benefícios enormes.

Em museus, por exemplo, poderiam ser usados QRCodes ao lado de obras de arte para dar acesso a informações *on-line* detalhadas sobre cada trabalho. Esse processo informativo usando *mobile tags* é muito mais interessante e econômico do que os tradicionais audioguias de museus e monumentos, que, além de frequentemente funcionarem mal e muitas vezes obrigarem as pessoas a enfrentar filas para pegá-los e devolvê-los, são engessados em termos de uso. Com as *mobile tags*, além de cada visitante usar o próprio aparelho celular para acessar as informações da obra/local, poderá controlar o grau de profundidade que deseja em cada caso. As informações *on-line* podem conter, além de áudio, também vídeo e textos, com vários níveis de detalhamento. Assim, o processo tende a satisfazer, de forma muito mais eficiente e prazerosa, todos os tipos de públicos.

Do mesmo modo, o uso de *mobile tags* pode ser aplicado a monumentos, locais públicos, transportes públicos, permitindo até que as pessoas anotem comentários e sugestões *on-line*, além de informações digitais associadas a cada local.

Um projeto muito interessante, que visa conectar lugares físicos com suas informações na Wikipédia, é a Semapedia. No *site*, incentiva-se que as pessoas coloquem *tags* da Semapedia em todos os lugares que constam da Wikipédia, *linkando* as páginas com as informações relativas a eles. Dessa forma, cada local recebe uma nova camada de informação dinâmica proveniente do mundo digital *on-line*, acrescentando mais uma dimensão ao seu uso.

Na área pública, várias utilizações de *mobile tag* poderiam auxiliar a população a obter informações *on-line* sobre transportes que passam em cada local. Se cada ponto de ônibus tivesse um QRCode que desse acesso a todas as informações dinâmicas sobre rotas que passam por aquele local, informações sobre os próximos ônibus a passar e quanto tempo demorarão, isso seria excelente. O interessante é que essas informações *on-line* muitas vezes já existem e poderiam apenas ser integradas aos locais físicos por meio das *mobile tags*, estando ao alcance da população de forma bastante simples e eficiente.

Além da facilidade de acesso, a possibilidade da permanência da informação *on-line* tem o potencial de, ao longo do tempo, permitir que todo o acervo artístico e cultural da humanidade esteja catalogado *on-line* e acessível a qualquer instante pela *mobile tag* correspondente a cada item/local. Imagine podermos assistir a vídeos de autores de obras comentando seus próprios trabalhos, enquanto visitamos um museu (virtual ou não). Se isso existisse no passado, hoje poderíamos assistir a Van Gogh, Renoir, Michelangelo, Leonardo Da Vinci, entre muitos outros, apresentando suas ideias sobre cada obra que criaram.

Nesse sentido, o museu Sukiennice, na Polônia, adicionou uma nova dimensão às suas pinturas, para transformar cada uma delas em uma série de histórias para enriquecer a experiência do visitante. O museu usou atores para interpretar as obras e contar os "Segredos por trás das pinturas". Os visitantes acionavam essas histórias ao digitalizar o QRCode de uma pintura específica. Use o QRCode ou *link* da Figura 12.20 para assistir ao vídeo dessa ação.

Figura 12.20 – Imagem e QRCode de acesso ao vídeo do Museu Sukiennice.
Fonte: Disponível em: https://youtu.be/JNY-ogBkt4Q. Acesso em: 8 jun. 2020.

Área empresarial privada

Na área privada, existem infindáveis aplicações possíveis que se beneficiam das *mobile tags*. O uso é a criação de *links* para o *site* da empresa. Essas *tags* podem ser usadas em cartões de visita, folhetos, catálogos, fachadas de prédios, móveis etc.

Um exemplo interessante já em uso pela maioria das companhias aéreas, como a Azul (Figura 12.21), é a emissão de cartões de embarque *mobile* com as informações de *check-in* encriptadas em *mobile tags* que podem ser lidas diretamente da tela do celular, no momento do embarque.

Figura 12.21 – Cartão de embarque da Azul com QRCode.

Tickets de *shows* também poderiam usar esse mesmo processo e serem lidos diretamente da tela do celular, sem a necessidade de se imprimir e distribuir *tickets* físicos.

Área pessoal

Mobile tags, especialmente QRCodes, têm sido usados por pessoas em cintos, camisetas, tatuagens e cartões de visita. As *tags* fazem *links* para *sites* ou informações pessoais ou encriptam informações de contato.

Um uso particular de *mobile tags* no Japão é sua aplicação em túmulos. Algumas famílias têm usado QRCodes em lápides. Quando acessados, esses códigos linkam para vídeos e gravações de voz da pessoa falecida.[10] Pode ser um modo interessante de preservar a memória das pessoas.

Após a pandemia, o QRCode vem substituindo chaves e cartões de acesso em condomínios, empresas e eventos, proporcionando maior segurança e praticidade.

Educação

A área de educação talvez seja uma das que mais se beneficiem das *mobile tags*. A possibilidade mais óbvia é o que está sendo feito neste livro – usamos QRCodes com *links* para conteúdos digitais para proporcionar uma experiência mais rica ao leitor, acrescentando as camadas digitais ao conteúdo impresso. Esse mesmo processo pode ser usado em qualquer livro ou enciclopédia impressa.

Alguns exemplos interessantes e criativos, que vão além da funcionalidade usada neste livro, são apresentados a seguir:

- **Tabela periódica dos elementos** [http://bit.ly/tabela-periodica-qrcode]: um estudante italiano criou uma tabela periódica onde cada elemento é representado por um QRCode que dá acesso às suas características. Uma ampliação dessa ideia poderia ser de, em vez de apenas dar acesso às informações básicas dos elementos, cada QRCode mostrasse um vídeo sobre o elemento e suas características, ampliando a informação multimídia da tabela.
- **Prática em laboratórios com QRCodes**: para ensinar os alunos a como usar os materiais de laboratório de forma adequada, o professor Dr. Jo Badge, da Universidade Leicester, colocou um QRCode em cada instrumento do laboratório – o código dava acesso a um vídeo que explica como usar o equipamento.
- **Jogos educativos**: um professor de física na Austrália usou QRCodes para criar um jogo educativo para ensinar sobre orientação/navegação. Os alunos deveriam seguir as instruções obtidas em cada QRCode e operar a bússola para encontrar a pista final.[11]

Marketing

As possibilidades de uso de *mobile tags* em marketing são infinitas. Um dos mais óbvios é colocar QRCodes em todo tipo de embalagem para levar a informações *on-line* adicionais sobre os produtos, o que pode ser particularmente interessante em embalagens pequenas, que não têm espaço disponível para muita informação impressa.

Outro uso interessante para as *mobile tags* no marketing é fornecer *links* para *downloads* diretos de brindes digitais, como *e-books*, clipes de vídeo ou *games mobile*.

---

10 Veja vídeo da reportagem sobre o uso de QRCodes em tumbas (Schofield, 2008).
11 Mais informações sobre o QRCodeOrienteering Game em: http://mrrobbo.wordpress.com/2009/03/05/qr-code-orienteering/. Acesso em: 8 jun. 2020.

Mais uma utilização possível para enriquecer a relação entre consumidor-produto é o uso de *mobile tags* em menus de restaurantes, onde o cliente pode ver o prato (vídeo, por exemplo) e obter informações detalhadas sobre valores nutricionais e calóricos.

As *mobile tags* podem beneficiar qualquer dimensão estratégica do marketing – produto, preço, praça e promoção. Alguns exemplos interessantes são apresentados a seguir.

- **Calvin Klein**: a empresa usou um *outdoor* que dava acesso a um conteúdo censurado, por meio de um QRCode gigante (Figura 12.22).

Figura 12.22 – Imagem do *outdoor* da Calvin Klein dando acesso à propaganda censurada.
Fonte: QR Anywhere. Vídeo disponível em: https://youtu.be/r32RNUiamiI. Acesso em: 8 jun. 2020.

- **Google Reviews**:[12] sistema de *reviews* do Google que usa QRCodes para as pessoas poderem acessar e fazer *reviews* sobre estabelecimentos comerciais, como restaurantes.

Veremos a seguir como instalar leitores de *mobile tags* nos dispositivos móveis e como criar os vários padrões de *mobile tags*.

Criação de *mobile tags*

A criação de *mobile tags* é extremamente simples, gratuita e pode ser feita por meio de ferramentas *on-line*. Existem muitos modos de se criar os diversos padrões de *mobile*

---

[12] Para informações completas sobre o sistema de *review* de lugares no sistema Google, acesse https://support.google.com/maps/answer/6230175?co=GENIE.Platform%3DDesktop&hl=en. Acesso em: 8 jun. 2020.

tags. Apresentamos aqui algumas sugestões. Para criar o tipo de *mobile tag* desejado, basta acessar a URL do sistema referente ao seu tipo, via navegador do computador, como se segue:

- **QRCode Generator**: https://br.qr-code-generator.com/.
- **e-lemento**: https://e-lemento.com/ (cria QRCode personalizado).

As *tags* podem também conter informações dinâmicas, em função de necessidades específicas. Nesse caso, é necessário contratar serviços nesses *sites* para obter serviços de QRCodes dinâmicos e métricas de rastreamento.

Aplicativos móveis

Aplicativos móveis são programas computacionais específicos instalados nos dispositivos móveis, como celulares, *tablets* etc.

Apesar de fazerem parte do mercado *mobile* há anos, os aplicativos móveis foram alavancados apenas depois do surgimento do iPhone. A facilidade de compra e instalação de aplicativos nessa plataforma ajudou a disseminar a cultura da utilização de aplicativos *mobile*. Além disso, o modelo de negócios da Apple Store incentiva muito os desenvolvedores de aplicativos. Enquanto nas plataformas anteriores e de outros fabricantes de dispositivos móveis os desenvolvedores ficavam com uma porcentagem mínima da venda de seus aplicativos, na Apple Store ocorre justamente o oposto – a maior parte da receita vai para o criador do aplicativo.

Outro acontecimento importante que tende a impulsionar ainda mais a plataforma de aplicativos móveis foi o lançamento do iPad. O potencial dessa plataforma, tanto para livros e notícias como para aplicativos de todos os tipos, é imenso.

Dessa forma, o aumento da oferta de opções de *hardware mobile* e a quantidade de aplicativos disponíveis, aliados à crescente disseminação da cultura de seu uso, têm tornado os aplicativos móveis uma plataforma bastante interessante para o marketing, tanto como produto (aplicativos próprios de marcas) como mídia (*banners* em aplicativos de terceiros). O mercado de aplicativos móveis movimentou cerca de US$ 196,08 bilhões em 2023. A projeção futura indica um crescimento significativo, com previsão de atingir aproximadamente US$ 1.384 trilhões até 2033. Esse crescimento é impulsionado por diversos fatores, como a expansão do setor de comércio eletrônico, o aumento do foco em aplicativos de realidade aumentada e a crescente demanda por aplicativos inovadores em setores como compras, pagamentos e transações.[13]

Desenvolvimento de aplicativos

O desenvolvimento de aplicativos requer contratação de empresas ou programadores especializados. Da mesma forma que para desenvolver um *software* para os sistemas

---

[13] Fonte: https://www.precedenceresearch.com/mobile-application-market. Acesso em: 18 maio 2024.

operacionais Mac, Windows ou Linux, é necessário contratar programadores especializados, para o desenvolvimento de aplicativos para os sistemas operacionais *mobile* também.

Os principais sistemas operacionais móveis são iOS (Apple) e Android (Google). Segundo a StatCounter,[14] o sistema operacional Android detém a maior fatia de *market share*, com 71,3% do mercado, seguido pelo iOS, com 27,9%.

A escolha do tipo de aplicativo a desenvolver e para quais plataformas depende de diversos fatores, como objetivo de negócios e de marketing, público-alvo, difusão dos sistemas operacionais nos mercados-alvo etc.

Mobile TV

De forma ampla, *Mobile* TV (ou televisão móvel) é qualquer tecnologia que permita assistir à televisão em dispositivos móveis. A primeira televisão de bolso foi vendida publicamente em 1977, por Clive Sinclair, e era chamada de Microvision.[15]

Enquanto até recentemente os dispositivos de TV móvel eram aparelhos dedicados a captar TV e rádio apenas, na última década, no entanto, os avanços tecnológicos nos dispositivos móveis em geral – como telefones celulares, *tablets* etc. – e a sua popularização ao redor do planeta fizeram com que hoje a plataforma móvel tenha se tornado um dos formatos emergentes e promissores para a *Mobile* TV, ou Televisão Móvel.

Segundo Leonardo Xavier,[16] especialista no mercado *mobile* no Brasil, existem quatro tipos de tecnologias, ou plataformas, para a *Mobile* TV:

- **TV móvel aberta**: acesso aos conteúdos abertos e gratuitos da TV em padrão digital, por meio de aparelhos compatíveis com essa tecnologia. Vantagens: conteúdo gratuito e boa definição. Desvantagens: pouca difusão de aparelhos com essa tecnologia no mercado, faltando ainda maior popularização.
- **TV móvel paga**: acesso aos conteúdos disponíveis nos diversos canais tradicionais de televisão por assinatura, por meio de um aplicativo disponibilizado pelas operadoras de telefonia móvel e pelas próprias emissoras. Vantagens: grande quantidade e variedade de canais disponíveis. Os preços de acesso estão cada vez mais acessíveis e o volume de assinantes vem crescendo de forma consistente. Desvantagens: o acesso é pago.
- **TV móvel *Web***: acesso ao conteúdo de áreas de vídeos de *sites* móveis de grandes portais na Internet. Vantagens: abundância de conteúdo produzido originariamente para a *Web*, bem editado, geralmente curto e bem catalogado. Desvantagens: alto consumo de banda larga móvel, que, apesar de estar se tornando mais acessível e popular, ainda tem problemas de velocidade de acesso e falta de difusão em meio à população devido ao custo. Excelente para o acesso em ambientes de rede Wi-Fi.

---

14 Disponível em: https://gs.statcounter.com/os-market-share/mobile/worldwide. Acesso em: 18 maio 2024.
15 Mais informações em http://en.wikipedia.org/wiki/Mobile_television. Acesso em: 8 jun. 2020.
16 Xavier, 2010.

- **OTT** (*Over The Top*): acesso aos conteúdos transmitidos *on-line* por um provedor que oferece *streaming* de mídia como um produto independente. O termo é comumente aplicado a plataformas de vídeo sob demanda como o Netflix, Amazon Prime, Max, Globoplay, Disney Plus e SBT Vídeos. Os serviços OTT normalmente são monetizados por meio de assinaturas, mas há exceções. Por exemplo, algumas empresas como a Martins possuem seu próprio OTT para treinamentos do mercado.

Considerações e recomendações adicionais

Conforme comentado no início deste capítulo, a mobilidade é uma das principais tendências humanas que não apenas vem sendo satisfeita pelas tecnologias emergentes, mas também tem sido alavancada e impulsionada. No entanto, o grau de disseminação e popularização de cada tecnologia móvel é bastante distinto entre as culturas e locais diferentes. Exemplo disso é o contexto tecnológico do Japão, com uma difusão *mobile* e 5G altíssima em contraste com diversos países da África ou mesmo da Europa e locais no Brasil, que ainda estão galgando etapas para atingir uma situação mínima suficiente para a difusão *mobile* de várias das tecnologias aqui apresentadas. Ainda, algumas tecnologias ainda têm sido utilizadas em áreas restritas, mas com grande potencial de ampliação do campo de uso, como o RFID.

Dessa forma, a escolha das tecnologias e plataformas móveis a serem utilizadas em ações de marketing requer análise e planejamento criterioso, que leve em consideração os objetivos do projeto e o contexto de difusão das tecnologias nos mercados-alvo. No Capítulo 22, discutiremos o uso estratégico das tecnologias *mobile* no marketing. O intuito do presente capítulo foi, principalmente, apresentá-las para poderem ser usadas como ferramentas estratégicas.

Para conhecer conteúdo adicional e atualizado referente a este capítulo, acesse o QRCode a seguir:

www.martha.com.br/livro-MED/saibamais12.html

Redes sociais e mídias sociais são termos frequentemente usados de forma intercambiável, mas eles têm significados distintos e desempenham papéis diferentes no ecossistema digital. Redes sociais referem-se às plataformas que facilitam a criação de conexões e interações entre indivíduos, permitindo a formação de comunidades baseadas em interesses comuns. Exemplos de redes sociais incluem Facebook, LinkedIn, Instagram e X (Twitter), nos quais os usuários podem estabelecer perfis, adicionar amigos ou seguidores e participar de conversas. Inicialmente, você entra nessas redes sociais digitais em função da conexão com as pessoas e não em função do conteúdo.

Por outro lado, as mídias sociais englobam uma gama mais ampla de plataformas digitais que permitem a criação, o compartilhamento e a interação com diversos tipos de conteúdo, incluindo textos, fotos, vídeos e áudios, distribuídos pelo efeito de rede. As mídias sociais estão contidas não apenas nas redes sociais, mas também em *blogs*, fóruns, *wikis* e plataformas de compartilhamento de conteúdo, como YouTube, Pinterest e TikTok. Enquanto as redes sociais se concentram nas conexões entre pessoas, as mídias sociais se concentram na disseminação e no consumo de conteúdo. Portanto, toda rede social digital tem mídias sociais, mas nem todas as plataformas de mídia social são redes sociais.

A diferença essencial entre redes sociais e mídias sociais reside no foco das interações. Redes sociais digitais são estruturadas em torno das relações pessoais e profissionais, facilitando a construção de uma rede de contatos. Mídias sociais, por sua vez, são voltadas para a distribuição de conteúdo, permitindo que os usuários compartilhem informações, expressões artísticas e opiniões com um público amplo. Por exemplo, LinkedIn é uma rede social que conecta profissionais, enquanto o TikTok é uma plataforma de mídia social na qual os usuários compartilham e consomem vídeos.

Embora as redes sociais e as mídias sociais estejam interligadas, elas servem a propósitos distintos. Entender essa diferença é crucial para aproveitar ao máximo as ferramentas disponíveis no ambiente digital, seja para fins pessoais, profissionais ou de marketing.

Portanto, atualmente, as redes sociais no marketing são comumente definidas pelo uso de plataformas de mídias sociais para estabelecer conexão com públicos de interesse por meio de conteúdo e interações. Esses canais de relacionamento se tornaram uma base significativa para os profissionais de marketing que desejam envolver os clientes ao longo da sua jornada.

Os profissionais de marketing usam esses canais sociais para aumentar o reconhecimento da marca e incentivar novos negócios. As mídias sociais tornam uma empresa mais acessível a novos clientes e mais reconhecida pelos clientes existentes, elas ajudam a promover a voz e o conteúdo de uma marca.

Este capítulo visa conceituar as plataformas de mídias sociais e apresentar os seus diversos tipos no ambiente *on-line* digital, discutindo suas características, de forma a serem consideradas como plataformas estratégicas de marketing. As redes sociais digitais são uma das formas de comunicação que mais crescem e difundem-se globalmente, modificando comportamentos e relacionamentos. Assim, compreender a dinâmica, as possibilidades e ameaças que as redes sociais digitais apresentam é essencial para sua utilização de forma bem-sucedida.

Da fogueira ao cérebro social

Apesar de parecer um assunto novo, redes sociais existem há pelo menos três mil anos, quando homens se sentavam ao redor de uma fogueira para conversar sobre assuntos de interesse em comum. O que mudou ao longo da história foi a abrangência e a difusão das redes sociais, conforme as tecnologias de comunicação interativas foram se desenvolvendo: escrita, correios, telégrafo, telefone, computador, telefone celular etc.

Na era computacional, podemos destacar algumas tecnologias que, particularmente, pavimentaram o caminho para o cenário de redes sociais *on-line* que temos hoje: BBS (*Bulletin Board System*) e primeiras comunidades *on-line*, *e-mail*, *chat*, sistemas de *instant messenges* (ICQ sendo o pioneiro), *Web* 2.0 e sistemas de redes sociais *on-line* como o Facebook. A plataforma participativa da

Web 2.0, possibilitada pela difusão da banda larga em grande escala e do barateamento do *hardware* de acesso (computadores, *notebooks* etc.), forneceu o ambiente propício ao florescimento das redes sociais *on-line*. Sem a possibilidade de estarem conectados e interagirem o tempo todo para poderem compartilhar conteúdos de forma natural, os indivíduos não poderiam manter uma rede social *on-line*. Sistemas de redes sociais *on-line* existiam antes da *Web* 2.0, como o Classmates.com, em 1995. No entanto, esses sistemas não conseguiram massa crítica de público para prosperar. O primeiro *site* de redes sociais a realmente se tornar popular foi o Friendster, em 2003, que pode ser considerado um salto evolutivo nos sistemas de redes sociais, influenciando as que o seguiram. Veja no QRCode da Figura 13.1 uma linha do tempo das mídias sociais, uma jornada através da conexão humana.

Figura 13.1 - QRCode com a linha do tempo das mídias sociais.
Fonte: Disponível em: https://en.wikipedia.org/wiki/Timeline_of_social_media. Acesso em: 18 maio 2024.

A introdução da mobilidade, especialmente por meio dos *smartphones*, permitindo que as interações nas mídias sociais sejam em tempo real (*real time*), em qualquer lugar, tem incentivado também, sensivelmente, a participação nas redes sociais digitais.

Portanto, redes sociais são estruturas sociais que existem desde a antiguidade e vêm se tornando mais abrangentes e complexas devido à evolução das tecnologias de comunicação e informação. No entanto, é importante ressaltar que redes sociais têm a ver com pessoas, relacionamento entre pessoas, e não com tecnologias e computadores. Tem a ver com "como usar as tecnologias" em benefício do relacionamento social. A essência das redes sociais é a comunicação, e as tecnologias são elementos catalisadores que facilitam as interações e o compartilhamento comunicacional.

Enquanto as redes sociais primitivas eram limitadas no tempo, pela linguagem oral, e no espaço, pela geografia, hoje as redes sociais digitais *on-line* colapsaram as barreiras de tempo e espaço, podendo teoricamente abranger um número ilimitado de "amigos", seguidores ou relacionamentos. Se, por um lado, os limites técnicos estão desaparecendo, por outro lado, surgem os limites humanos de gestão de relacionamento. Um estudo de 1992 mostra que o cérebro humano é capaz de administrar, no máximo, 150 amigos. Esse limite ficou conhecido como *Dunbar's number* em homenagem ao autor do estudo, Robert Dunbar.[1] Existem correntes de pesquisadores que acreditam que a capacidade cognitiva do ser humano tenha aumentado nas últimas décadas e que a Geração Y seja

---

1 Wikipédia, 2010-2016.

capaz de administrar um número maior que 150 amigos nas redes *on-line*. Don Tapscott, no seu livro *Grown Up Digital*,[2] acredita que não apenas o Dunbar's number tenha sido derrubado, como também a teoria dos "seis graus de separação".[3] No entanto, Robert Dunbar declarou em uma entrevista ao *Times On-line*, em 2010, que "*o interessante é que você pode ter 1.500 amigos, mas quando você realmente observa o tráfego nos sites, você vê que as pessoas mantêm o mesmo círculo íntimo de 150 pessoas que nós observamos no mundo real*".[4] Podemos observar isso também no Instagram, por exemplo, no qual um perfil pode ter milhares ou milhões de seguidores, mas apenas uma parcela disso realmente irá ver o seu conteúdo, muito em função da capacidade de relacionamento e engajamento.

Outra questão muito interessante relacionada com o tamanho das redes sociais é a mudança do comportamento das pessoas que fazem parte dela, conforme o número cresce. No artigo *In praise of online obscurity*,[5] Clive Thompson discute o que acontece quando uma rede social passa de centenas para milhares de amigos. Enquanto em grupos pequenos existe realmente uma conversação que domina a relação e a mantém social, em grupos grandes o fator social normalmente se quebra em razão do aumento de escala e, a partir de então, a característica dominante passa a ser o *broadcast*. Esse é um dos motivos pelos quais a taxa de engajamento de pessoas com muitos seguidores nas redes sociais é mais baixa do que as que tem poucos seguidores.

Isso sugere novamente, como no caso do Dunbar's number, que o tamanho efetivo das redes sociais de um indivíduo hoje passa a ser limitado muito mais pelos fatores humanos do que por quaisquer outros, como fatores tecnológicos, distância, diferença de fusos horários etc. Enquanto ao longo da história fatores como tempo, espaço e os meios de comunicação limitavam o tamanho das redes sociais humanas, atualmente essas barreiras foram amplamente diminuídas pelas tecnologias de comunicação e informação. As limitações mais determinantes agora são humanas.

O modo como o cérebro humano se modificará em função das novas tecnologias de comunicação e informação é outra questão interessante. Termos como *cérebro global*, *inteligência coletiva* e *cérebro social* tornam-se cada vez mais comuns. Uma especulação interessante levantada por Nova Spivack[6] é que a *Web* seria uma nova camada no cérebro humano – o metacórtex – e essa camada digital e social transcende o cérebro individual, funcionando como um cérebro global que conecta todos os nossos cérebros. Paul Buchheit (criador do Gmail e Friendfeed) chama isso de "o cérebro social". Como o cérebro individual evoluirá em função do cérebro social e vice-versa é um assunto pesquisado por várias áreas do conhecimento e foge ao escopo deste livro. No entanto, sabemos que as transformações que isso implica geram impactos no modo como as pessoas vivem e relacionam-se, afetando de forma cada vez mais rápida e intensa o

---

2 Tapscott, 2008.
3 Wikipédia, 2010-2017.
4 Gourlay, 2010.
5 Thompson, 2010.
6 Spivack, 2010.

mercado. Isso significa que as regras do jogo estão mudando rapidamente e é preciso agilidade para compreendê-las e utilizá-las apropriadamente para se construir ações estratégicas bem-sucedidas.

Plataformas de mídias sociais: conceito e tipos

Podemos definir uma rede social como

> estrutura social formada por indivíduos (ou empresas), chamados de nós, que são ligados (conectados) por um ou mais tipos específicos de interdependência, como amizade, parentesco, proximidade/afinidade, trocas financeiras, ódios/antipatias, relações sexuais, relacionamento de crenças, relacionamento de conhecimento, relacionamento de prestígio etc.[7]

Dessa forma, tanto *on-line* quanto *off-line*, há diversos tipos de redes sociais, conforme o tipo de interdependência que elas desenvolvem.

Concomitantemente a isso, existem milhares de *sites* de mídias sociais na Internet, conectando pessoas e interesses dos mais diversos tipos. Veja na Tabela 13.1 os principais exemplos de *sites* de mídias sociais *on-line* em função do seu foco principal de inter-relacionamento, dos interesses em conteúdo ou das características dos seus membros.

Uma lista atualizada de *sites* ativos de mídias sociais é compilada na Wikipédia em https://en.wikipedia.org/wiki/List_of_social_networking_services (acesso em: 14 abr. 2025). *Sites* "defuntos" de mídias sociais, que foram populares no passado, mas não existem mais, também são listados na Wikipédia em: http://en.wikipedia.org/wiki/List_of_defunct_social_networking_websites (acesso em: 14 abr. 2025).

Tabela 13.1 – Principais tipos e exemplos de plataformas de mídias sociais

Foco principal	Sites
Amizade, informação, geral	Facebook (www.facebook.com) Badoo (http://badoo.com/) BeReal (https://bereal.com/en/) Instagram (www.instagram.com/) Snapchat (www.snapchat.com) Threads (https://www.threads.net/?hl=pt-br) X (Twitter) (www.x.com)
Apresentações	SlideShare (www.slideshare.net)
Arte	DeviantArt (www.deviantart.com/) Behance (https://www.behance.net/)
Áudio	Clubhouse (https://www.clubhouse.com/)
Bookmarks	Pinterest (https://br.pinterest.com/)
Caronas	BlaBlaCar (https://www.blablacar.com.br/)
Conhecimento	Wikipédia (https://en.wikipedia.org/) Quora (https://pt.quora.com/)
Corporativo	Yammer (https://www.yammer.com/) Workplace (https://work.workplace.com/)

(continua)

---

7   Wikipédia, 2010-2015.

(continuação)

Foco principal	Sites
Crianças	Habbo (https://www.habbo.com.br/)
Gastronomia	Kekanto (https://kekanto.com.br/)
Localização geográfica	Foursquare (http://foursquare.com/)
Namoro	Tinder (https://tinder.com/) Happn (https://www.happn.com/pt-br/) Grindr (https://www.grindr.com/br/)
Notícias	Digg (http://digg.com/) Reddit (www.reddit.com/)
Mensagens	WhatsApp (https://www.whatsapp.com/) Messenger (https://www.messenger.com/) Telegram (https://telegram.org/) WeChat (https://www.wechat.com/pt/) Discord (https://discordapp.com/)
Profissional (relações de trabalho e profissões)	LinkedIn (www.linkedin.com)
Viagens	TripAdvisor (https://www.tripadvisor.com.br/)
Vídeos	YouTube (www.youtube.com) Vimeo (www.vimeo.com) TikTok (www.tiktok.com/) Twitch (https://www.twitch.tv/)

Além dos *sites* de mídias sociais existentes, é possível criar de forma muito simples e fácil um *site* de rede social específico, como para empresas, eventos, congressos ou qualquer outra necessidade particular. O Ning é uma plataforma *on-line* gratuita para criar redes sociais, que oferece a maior parte das funcionalidades estruturais de que um *site* de rede social precisa, e permite a customização do ambiente. Muitas redes sociais são construídas com o Ning.

É interessante notar que, da mesma forma que as pessoas participam de vários grupos sociais *off-line*, também tendem a participar de mais de um *site* de redes sociais *on-line*. Assim, é muito comum que uma pessoa que tenha perfil no Facebook também tenha conta no Instagram e no LinkedIn, por exemplo. Essa proliferação de perfis em redes sociais gera um problema de gestão das diversas contas *on-line* e, por isso, ferramentas como a mLabs centralizam a gestão de várias plataformas de mídias sociais no mesmo lugar. No caso da mLabs, é possível centralizar Facebook, X (Twitter), Instagram, Google Meu Negócio, LinkedIn, Pinterest, TikTok e YouTube.

Organização e estrutura das redes sociais

Como mencionado anteriormente, redes sociais são um assunto antigo, inerente ao ser humano. Os primeiros estudos sobre o tema começaram apenas no final do século XIX e evoluíram até a atual Teoria das Redes Sociais.[8]

Segundo a Teoria das Redes Sociais, uma rede social é composta de atores (*nodes*, ou nós) e laços (*ties*). Os nós são as pessoas ligadas pelos laços. O gráfico resultante

---

8 Veja detalhes sobre a Teoria das Redes Sociais em: http://en.wikipedia.org/wiki/Social_network_theory. Acesso em: 8 jun. 2020.

dos laços entre as pessoas normalmente é bastante complexo e envolve muitos tipos de ligações entre eles. Teorias matemáticas antigas, como a Teoria dos Grafos,[9] de 1736, por exemplo, são usadas para estudar as redes sociais. A Teoria dos Grafos é um ramo da matemática que estuda as relações entre os objetos de determinado conjunto e pode ser aplicada às redes sociais como um conjunto de pessoas, que são os objetos que dela participam. Muitos *softwares* de análises de redes sociais usam hoje a Teoria dos Grafos em seus algoritmos.

Um dos primeiros escritores a descrever a natureza dos laços entre pessoas foi o cientista e escritor alemão Johann Wolfgang von Goethe em 1809, na sua clássica *Elective Affinities*.[10]

O estudo dos laços em redes sociais é bastante importante para a análise do capital social de cada nó (indivíduo) – o valor que cada indivíduo recebe da rede social. A qualidade dos laços interpessoais de um nó e as informações que esses laços circulam determinam o capital social desse nó.

Os laços interpessoais podem ser de três tipos: fortes (amigos, famílias, pessoas com quem mantemos relações próximas), fracos (conhecidos, pessoas com quem mantemos relações mais superficiais) ou ausentes (pessoas que não conhecemos ou não nos relacionamos). Em 1973, no artigo *A força dos laços fracos*,[11] Mark Granovetter demonstra que tanto em marketing quanto em política os laços fracos permitem alcançar populações e audiências que não são acessíveis por meio dos laços fortes.

Os laços fracos são responsáveis pela maior parte da estrutura das redes sociais, ou seja, constituem a maior parte das ligações entre nós. Os laços fracos também são responsáveis pela maior parte da transmissão de informações entre as redes, ou seja, mais notícias e novidades fluem para os indivíduos por meio dos laços fracos do que pelos laços fortes. Isso provavelmente ocorre porque os amigos próximos (laços fortes) tendem a frequentar os mesmos círculos que nós, e as informações que eles recebem se sobrepõem consideravelmente ao que já sabemos. Conhecidos (laços fracos), por sua vez, conhecem pessoas que não conhecemos e, portanto, recebem mais informações novas.

Esse fenômeno faz com que as maiores oportunidades e ameaças se concentrem nos laços fracos em uma rede social, os quais podem ampliar ou reduzir o capital social de um nó em função das informações que circulam. No ambiente digital, devido à alta velocidade de circulação de informações, o papel dos laços fracos torna-se ainda mais crítico. Assim, a habilidade de mapeamento dos laços fracos nas redes sociais é essencial para qualquer estratégia de atuação nelas.

Um livro bastante interessante, que analisa as influências das relações humanas e o seu poder na configuração das redes sociais, é *Connected: the surprising power of our*

---

9 Wikipédia – Teoria dos Grafos. Disponível em: http://en.wikipedia.org/wiki/Graph_theory. Acesso em: 8 jun. 2020.
10 Mais informações em: http://en.wikipedia.org/wiki/Interpersonal_ties. Acesso em: 8 jun. 2020.
11 Granovetter, 1973.

social networks and how they shape our lives,[12] de Nicholas Christakis e James Fowler. O livro trata das influências invisíveis que um nó exerce além dos nós imediatamente conectados a ele e como a rede em si é afetada. Na Figura 13.2, o QRCode dá acesso a um vídeo de 18 minutos no qual um dos autores, Christakis, fala dessas influências sociais durante um TED Talks nos Estados Unidos.

Figura 13.2 – QRCode de acesso ao vídeo do TED Talks com Nicholas Christakis: *The Hidden Influence of Social Networks*.
Fonte: Disponível em: https://youtu.be/2U-tOghblfE. Acesso em: 18 maio 2024.

Capital social

Capital social é o valor que cada nó, indivíduo, adquire, por meio das redes sociais a que pertence. O capital social é composto de vários valores decorrentes das relações entre nós (capital social relacional) e das percepções que os nós têm sobre os outros (capital social cognitivo).

Segundo Raquel Recuero,[13] alguns dos valores mais comumente relacionados aos *sites* de redes sociais e sua apropriação pelos nós (indivíduos), em termos de capital social, são visibilidade, reputação, popularidade e autoridade:

- **Visibilidade**: valor decorrente da presença do ator na rede social. Quanto mais laços um nó tem, maior sua visibilidade. Além de ser um valor em si só, a visibilidade é também matéria-prima para a criação de outros valores de capital social. A visibilidade é um capital social relacional.
- **Reputação**: percepção construída de um nó pelos demais atores da rede, que implica três elementos: "eu", o "outro" e a relação entre ambos. A reputação de um nó é consequência de todas as impressões dadas e emitidas sobre esse nó. Assim, a reputação pode ser influenciada pelas ações do indivíduo, mas não depende somente delas, mas também das construções dos outros sobre essas ações. A reputação não está associada à quantidade de conexões de um nó em uma rede social, mas às impressões que as conexões têm sobre esse nó. Por isso, a reputação é um capital social relacional cognitivo.
- **Popularidade**: valor relacionado à audiência de um nó – medida quantitativa da localização de um nó na rede. Quanto mais conexões um nó tem, mais popular é e mais centralizado na rede se torna. Nós populares tendem a ser mais influentes

---

12 Christakis e Fowler, 2009.
13 Recuero, 2009, p. 107.

na rede. A popularidade é um valor mais relacionado com os laços fracos do que fortes, porque a percepção do valor da popularidade está associada à quantidade de conexões e não à qualidade delas. A popularidade é um capital social relacional.

- **Autoridade**: poder de influência de um nó na rede, do qual depende a sua reputação. A autoridade não é decorrente apenas do capital social relacional, mas também do capital social cognitivo.

É importante conhecer os diversos tipos de capitais sociais em uma rede, pois constituem elementos importantes para se traçar estratégias nessas redes.

Sistemas de monitoramento em mídias sociais tentam mensurar da melhor forma possível as influências e os tipos de capitais sociais dentro de uma rede para detectar possíveis oportunidades e ameaças e traçar estratégias apropriadamente. Abordaremos a parte de estratégias no Capítulo 24.

Nas redes sociais digitais, muitas vezes o termo *Whuffie* é utilizado como sinônimo de capital social. O termo originou-se do livro de ficção científica de 2003, *Down and out in the Magic Kingdom*, de Cory Doctorow, em que Whuffie é a moeda de uma economia baseada em reputação. A conta de Whuffies de uma pessoa, nessa sociedade, é visível a qualquer um, pois todos possuem um implante cerebral que lhes dá uma *interface* com a rede.[14] A analogia entre os Whuffies e o capital social em redes sociais é tão adequada que, em 2016, a Netflix lançou um episódio chamado "Nosedive" na terceira temporada da série *Black Mirror*. O episódio se passa em um mundo onde as pessoas podem se classificar de uma a cinco estrelas para cada interação que tiverem, o que pode afetar seu *status* socioeconômico. Todo mundo consegue ver a classificação do outro, criando um parâmetro social para tudo na sociedade, desde onde as pessoas podem morar até mesmo com quem elas podem se relacionar. Quanto mais perto de cinco é a sua pontuação, mais descontos, privilégios e prestígio o cidadão tem, determinando assim o seu capital social. Nesse mundo ficcional, aumentar o capital social depende da capacidade do cidadão em mobilizar sua rede social a seu favor.

A China está implantando rapidamente seu próprio modelo de capital social e já tem monitorado 24 horas por dia seus cidadãos para usar esse indicador como base da sua economia. O plano do Partido Comunista é que cada um de seus 1,4 bilhão de cidadãos esteja sob um sistema de crédito social. Os pontos são perdidos e obtidos com base nas leituras de uma sofisticada rede de 200 milhões de câmeras de vigilância com reconhecimento facial, varredura corporal e rastreamento geográfico. Os dados são combinados com informações coletadas dos registros governamentais, incluindo informações médicas, educacionais, histórico financeiro e de navegação na Internet. As

---

14 Para mais detalhes sobre Whuffies e outros sistemas similares de capital social ficcional, veja: http://en.wikipedia.org/wiki/Whuffie. Acesso em: 8 jun. 2020.

pontuações gerais podem subir e descer em tempo real, dependendo do comportamento da pessoa, mas também podem ser afetadas pelo comportamento das pessoas com as quais se relaciona. O sistema obrigatório de crédito social foi anunciado pela primeira vez em 2014, em uma tentativa de reforçar o exemplo de cidadãos modelo. Os benefícios de ser bem classificado incluem tratamento VIP em aeroportos, empréstimos com desconto, prioridade em empregos e universidades de maior prestígio.

Considerações e recomendações adicionais

Este capítulo teve como intuito apresentar os conceitos e o cenário das redes e mídias sociais no Brasil e no mundo. As estratégias em mídias sociais são discutidas no Capítulo 24.

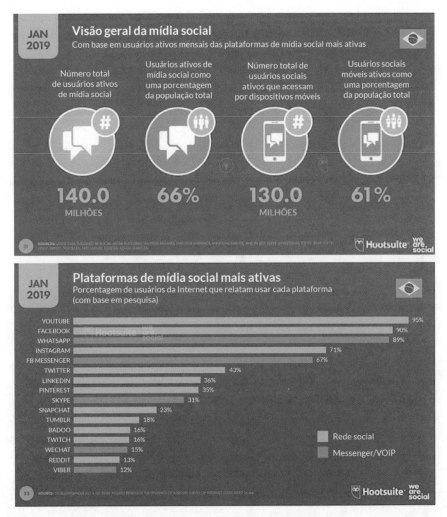

Figura 13.3 – Panorama das mídias sociais no Brasil. **Fonte:** We Are Social e Hootsuite. Disponível em: https://rockcontent.com/blog/redes-sociais-mais-usadas-no-brasil/. Acesso em: 23 jun. 2020.

Para conhecer conteúdo adicional e atualizado referente a este capítulo, acesse o QRCode a seguir:

www.martha.com.br/livro-MED/saibamais13.html

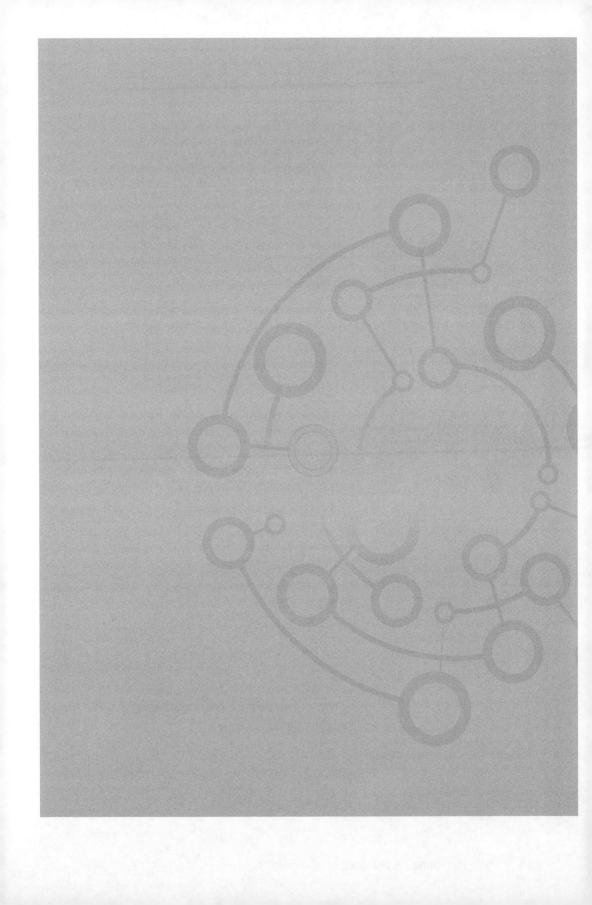

CAPÍTULO 14

O conceito geral de comunidade pode ser descrito como um conjunto de pessoas unidas por interesses comuns, valores, cultura ou práticas que as façam se sentirem próximas umas das outras. No contexto digital, essas interações são mediadas por tecnologias, como redes sociais, fóruns, e ferramentas de comunicação.

As comunidades possibilitam interações sociais entre pessoas de diversas culturas e países, ultrapassando fronteiras como a própria internet, sem restrições geográficas. Exceto as restrições que os próprios participantes definem como relevantes. Existem comunidades digitais em diversos campos, como saúde, emprego, finanças, educação e meio ambiente.

Empresas ou grupos que desejam engajar autenticamente com seu público encontram nas comunidades digitais uma ferramenta moderna e eficaz. Os membros não apenas produzem conteúdo, mas também atuam como divulgadores desse material.

O tráfego global de dados aumentou 23%, atingindo 59 exabytes em 2023,[1] o que reflete o aumento contínuo no volume de dados que produzimos anualmente. A produção de vídeos e conteúdos tem crescido exponencialmente, especialmente com o advento da inteligência artificial generativa, que amplia ainda mais nossa capacidade de criação. Somos todos produtores de conteúdo. Agora mesmo, enquanto você está lendo este livro, seu celular está enviando informações da sua localização para a rede, suas fotos estão fazendo *backup*, mensagens e *e-mails* estão sendo recebidos etc.

A verdade é que tudo, de uma forma ou de outra, acaba na Internet. Ser encontrado é o jogo e isso está ligado à produção intensa de conteúdo. A combinação entre qualidade e quantidade é crucial para a visibilidade *on-line*, e demonstraremos como alcançar isso por meio das comunidades digitais.

---

1 https://www.datacenterdynamics.com/br/not%C3%ADcias/trafego-global-de-dados-aumenta-23-atingindo-59-exabytes-em-2023/. Acesso em: 13 dez. 2024.

COMUNIDADES DIGITAIS

por Luciano Kalil

Em 2024, estimava-se que cerca de 7,5 milhões de *posts* de *blog* eram publicados diariamente.[2] Além disso, eram enviados 500 milhões de *tweets*, 294 bilhões de *e-mails*, 65 bilhões de mensagens no WhatsApp e são feitos 5 bilhões de buscas na internet. Até o fim de 2025, espera-se que tenham sido criados 463 exabytes de dados por dia globalmente, o equivalente a 212,765,957 DVDs por dia.[3]

Esses dados indicam que, para alcançar relevância *on-line*, é essencial combinar qualidade com quantidade de conteúdo. Comunidades digitais facilitam isso, melhorando a visibilidade dos temas no Google. E o empresário que souber trabalhar com as pessoas, além de ser encontrado, vai entender melhor como atender seus clientes. Quando for estruturar o seu plano de marketing, considere a opção da criação de uma comunidade.

Em vários países, muitos negócios já têm comunidades que ajudam no suporte e na divulgação de marcas, debatem e contribuem sobre a formação de produtos e serviços, construindo juntos.

Lego Ideas é a comunidade da Lego[4] na qual seus participantes sugerem novos produtos. Se a ideia que a pessoa sugerir tiver a aprovação de 10 mil pessoas,[5] a empresa avaliará o *design* e a funcionalidade, podendo tornar-se o novo produto, cocriado, produzido e enviado para as lojas com o selo Lego Ideas. A ideia da mini Big Bang Theory, por exemplo, levou 10 meses para ir do *site* à produção. É um processo diversificado e rico que a comunidade Lego Ideas propicia.

Lançada em 2003 e ainda ativa em 2025, **Couchsurfing** continua sendo uma comunidade vibrante. Algumas pessoas buscam e outras oferecem um lugar para os participantes se hospedarem, mesmo que seja no sofá da sala. São 14 milhões de participantes registrados,

---

2 https://masterblogging.com/blog-posts-published-per-day/. Acesso em: 13 dez. 2024.
3 https://www.weforum.org/agenda/2021/05/world-data-produced-stored-global-gb-tb-zb/. Acesso em: 13 dez. 2024.
4 https://ideas.lego.com/community. Acesso em: 13 dez. 2024.
5 https://ideas.lego.com/blogs/a4ae09b6-0d4c-4307-9da8-3ee9f3d368d6/post/c0cadb4e-431d-41ad-9e03-e4b0408fb31c. Acesso em: 13 dez. 2024.

presentes em 200 mil cidades.[6] Além disso, a comunidade promove o encontro entre as pessoas. Pessoas podem viajar para a cidade do Porto, sem nunca antes terem ido lá, marcar um encontro em um café com alguém que mora lá e conversar sobre o que tem de bom para ver. É uma forma rápida de trocar ideias sobre a cidade e fazer amigos em cada lugar para onde se viaja.

Essas comunidades têm pessoas que querem viajar e outras que querem receber. Assim como no Uber há pessoas que querem dirigir e pessoas que precisam se locomover. Quando se resolve uma necessidade, encontrou-se o caminho para a sua comunidade.

A **Salesforce**, uma empresa líder em soluções de CRM baseada nos Estados Unidos, destacou-se ao construir uma vibrante comunidade em torno de sua marca e dos conhecimentos relacionados aos seus produtos e serviços. Para abordar a crescente demanda por capacitação de clientes e colaboradores, a Salesforce lançou a iniciativa Trailblazer.[7] Esse programa posiciona seus participantes no cerne das operações, empoderando-os para que se tornem solucionadores proativos dos desafios apresentados pelo mercado de tecnologia.

Os Trailblazers são pioneiros, inovadores que não apenas aprendem a utilizar as soluções da Salesforce, mas também contribuem ativamente para a comunidade, ajudando outros a alcançar o sucesso em suas carreiras. Eles desempenham um papel crucial na criação de um ecossistema de aprendizado e compartilhamento, transformando o conhecimento em um bem coletivo.

O desafio: diante da dificuldade em encontrar profissionais qualificados para cargos cruciais como desenvolvedores e administradores, Marc Benioff, CEO da empresa, lançou um desafio audacioso para motivar a equipe: "Encorajamos você a um voo à Lua para criarmos 5 milhões de aprendizes nos próximos anos." Essa meta ambiciosa busca expandir a comunidade de Trailblazers, preparando milhões de profissionais para as demandas futuras do mercado de trabalho em tecnologia.

O surgimento da **Wikipédia**,[8] espaço colaborativo de criação de conteúdo, traz a essência do que é produzir coletivamente que a web 2.0 nos propiciou. É o sétimo *site* mais acessado do mundo, segundo SimilarWeb,[9] com mais de 1 milhão e 100 mil artigos em português.[10] Essa é a força do conteúdo colaborativo.

Se procurar conteúdo acadêmico, você encontrará ambientes virtuais nos quais há Comunidades Científicas em que cada estudioso, pesquisador ou cientista amplia a análise de certos temas, divulga e colabora. Só que os filtros mostram conteúdos complementares, mas os autores, ou grupos de autores, são os únicos responsáveis por seus textos.

---

6 https://about.couchsurfing.com/about/about-us/. Acesso em: 13 dez. 2024.
7 https://www.salesforce.com/company/be-a-trailblazer/?sfdc-redirect=387. Acesso em: 13 dez. 2024.
8 https://pt.wikipedia.org/. Acesso em: 13 dez. 2024.
9 https://www.similarweb.com/pt/top-websites/. Acesso em: 13 dez. 2024.
10 https://pt.wikipedia.org/wiki/Wikip%C3%A9dia:Estat%C3%ADsticas. Acesso em: 13 dez. 2024.

Esses portais acadêmicos são diferentes da construção coletiva da informação feita dentro do Wikipédia, onde uma pessoa edita o artigo da outra, sem nem conhecê-la. **A contribuição é livre, comprometida, totalmente voluntária.**

É difícil olhar a Wikipédia e não se dar conta de que deixar as pessoas livres e estimuladas para criar abre um mundo infinito de possibilidades. É o mundo das comunidades.

Vale a pena observar, porém, que não se estabelecem diálogos na Wikipédia e sim a produção, é uma comunidade de conteúdo. A satisfação que os participantes têm nessa comunidade é ver o verbete cada vez mais claro e completo, pela construção colaborativa. Cada um que entra acrescenta uma informação nova e relevante.

Nela, o sentido de comunidade vem do agradecimento que recebe quando envia revisão de uma tradução para compor o estoque de textos; vem, ainda, da expansão progressiva de um texto com o qual contribuiu e que se tornou referência de uso geral. **Wikipédia é prova incontestе de como as pessoas adoram contribuir, fazer algo que tenha sentido, juntas.**

A **Sephora**[11] é conhecida por sua comunidade vibrante e engajada, conhecida como "Beauty Insider". Esse programa de fidelidade é mais do que apenas um sistema de pontos; ele cria um espaço para que os amantes da beleza se conectem, compartilhem e aprendam uns com os outros. Os membros podem discutir produtos, compartilhar dicas de beleza, fazer perguntas e oferecer respostas. É uma maneira de os consumidores se envolverem diretamente uns com os outros e com a marca.

Os membros da comunidade Sephora frequentemente têm acesso antecipado a novos produtos ou coleções exclusivas, o que é um grande atrativo para os entusiastas da beleza. A comunidade é um exemplo de como marcas podem criar valor agregado ao redor de seus produtos e serviços, fomentando um ambiente de engajamento e lealdade.

O Google e as comunidades

Continuando a inovar, o Google tem liderado a era da Inteligência Artificial (IA), adaptando suas ferramentas de busca para serem mais preditivas e personalizadas. Consolidou-se como mecanismo de busca imbatível com o uso da tecnologia do *pagerank*,[12] que dava relevância aos *sites* que tinham *links* apontados para ele.

Para resumir bem, quanto mais *links* de qualidade apontando para o seu *site*, melhor seu posicionamento. *Links* de qualidade são aqueles que ficam em portais com ótimo conteúdo e autoridade. **Quando se cria uma comunidade, as pessoas que participam dela criam *links* em seus *blogs*, *sites* e redes.**

---

11 https://community.sephora.com/. Acesso em: 13 dez. 2024.
12 https://pt.wikipedia.org/wiki/PageRank. Acesso em: 13 dez. 2024.

O aprimoramento do Google Trends[13] e a introdução de novas ferramentas de análise de tendências têm facilitado ainda mais a vida dos profissionais de marketing. Ele foi criado para saber quais verbetes ou palavras-chave as pessoas estavam mais procurando. Essas ferramentas, como Google Trends, Google Search Console[14] e Google Analytics,[15] estão agrupadas no Google Marketing Platform,[16] oferecendo *insights* preditivos e personalizados para profissionais de marketing.

É importante entender que, quanto melhor for sua página para determinada palavra-chave, melhor ela será achada no Google organicamente e mais barato será o anúncio para ela. Se fizer um anúncio para uma página e ela estiver bem planejada e posicionada no SEO, esse anúncio tende a custar mais barato. Essa métrica, conhecida como Quality Score,[17] continua sendo um fator crucial para a eficiência de campanhas publicitárias no Google Ads.

A força das redes

Com a evolução do marketing digital, as *fanpages* do Facebook emergiram como uma ferramenta estratégica essencial. Inicialmente, o foco das empresas estava em acumular curtidas, possibilitando uma comunicação centralizada com os clientes diretamente na plataforma, sem a necessidade de recursos adicionais. Esse cenário ideal permitia às empresas engajar diretamente todo o seu público por meio de suas páginas no Facebook. Entretanto, uma mudança significativa ocorreu a partir de 2018, quando o Facebook alterou seus algoritmos. A plataforma passou a limitar a visibilidade orgânica dos *posts*, o que obrigou as empresas a investirem em anúncios pagos não apenas para alcançar novos seguidores, mas também para engajar aqueles que já haviam curtido suas páginas. Esse novo modelo forçou as empresas a pagar duplamente: primeiro para construir sua base de seguidores e, posteriormente, para continuar alcançando-a por meio de anúncios.

Atualmente, a estratégia eficaz envolve a criação e a distribuição de conteúdo de alta qualidade, permitindo um crescimento orgânico do público nas redes sociais. Além disso, é crucial investir em anúncios que direcionam diretamente para ambientes controlados pela empresa, como seus *sites*, comunidades ou plataformas de *e-commerce*.

A importância de conteúdo de qualidade continua crescendo, especialmente em redes dinâmicas como o TikTok e em formatos populares como os *reels* do Instagram. Essas plataformas são projetadas para promover conteúdo que ressoe bem com os interesses do público, ampliando significativamente o alcance de publicações que engajam os usuários.

Quando se colocam conteúdos sobre um produto ou serviço nas redes sociais, é possível conquistar centenas de seguidores, mas você não consegue ter acesso a esses

---

13 https://trends.google.com.br/. Acesso em: 13 dez. 2024.
14 https://search.google.com/search-console/about. Acesso em: 13 dez. 2024.
15 https://analytics.google.com/. Acesso em: 13 dez. 2024.
16 https://marketingplatform.google.com/. Acesso em: 13 dez. 2024.
17 https://support.google.com/google-ads/answer/140351?hl=pt-BR. Acesso em: 13 dez. 2024.

seguidores (dados de contato, *e-mail* ou telefone). Nesse contexto, sua melhor estratégia é montar uma *landing page* fora da rede social.

Landing page é a página de destino, na qual as pessoas aterrissam. Pode ser uma página única, ou uma página específica do seu *site* ou comunidade. Elas normalmente entregam informação relevante à pessoa e nelas a ideia é trocar os dados da pessoa por conteúdo.

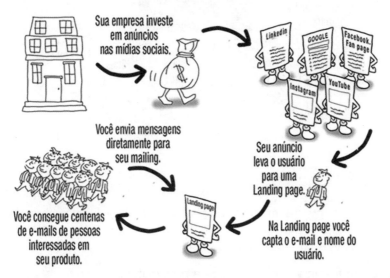

Figura 14.1 – Fonte: KALIL, L.; OLIVEIRA, M. de. *Community hacking*: crie uma web community e use o marketing de engajamento para exponenciar seus resultados. Curitiba: Brazil Publishing, 2019.

Ao levar um cliente para sua *landing page* – dentro de um *site* ou de uma comunidade – você pode capturar o *e-mail* dessa pessoa. Pode, alternativamente, deixar um *cookie* (pequeno arquivo de dados) no computador do usuário para fazer depois anúncios direcionados, o chamado remarketing. Também pode pedir aprovação para mandar *push notification* ou para ela se cadastrar em um canal no WhatsApp ou Instagram para receber novidades.

É interessante fazer esse trabalho em uma comunidade, pois ela permite uma criação de conteúdo colaborativo em um espaço que contém dezenas de *posts*. Todos eles feitos e postados pelos próprios participantes, que com certeza vão motivar a entrada de novos integrantes. **Em uma comunidade, cada conteúdo é uma *landing page*!**

Adaptação da campanha ao canal

Em cada rede social, nós falamos com o público que nela navega. Observe que os seus clientes estão navegando nessas redes e você tem que entender quais são as melhores para apresentar o seu negócio. Selecione e escolha as que mais ajudam a exponenciar os resultados de sua comunidade. **Na hora de montar sua estratégia, você deve distribuir conteúdos diferentes e adequados para cada tipo de ambiente em uma rede social.**

Figura 14.2 – Fonte: KALIL, L.; OLIVEIRA, M. de. *Community hacking*: crie uma web community e use o marketing de engajamento para exponenciar seus resultados. Curitiba: Brazil Publishing, 2019.

Muitas pessoas só pensam na estratégia de marketing digital lembrando do *post* na *timeline* do Instagram. Porém, o trabalho é muito mais amplo, são diferentes formatos em cada rede e diferentes redes. Por exemplo:

- *Stories* no Instagram, no Facebook e no WhatsApp.
- *Reels* no Instagram.
- Imagens no Pinterest.
- Vídeos no TikTok.
- *Playlists* do YouTube.
- O X, que pode ser muito interessante em alguns nichos.
- Canais no Instagram, no WhatsApp e no Telegram.
- *Posts* e artigos no LinkedIn.
- Grupos no Facebook e no LinkedIn.
- Fóruns Reddit e Quora.
- *Podcasts, webinars, workshops.*
- Plataformas de eventos.
- Outros.

Ainda sobre as redes, um erro comum é a utilização da mesma campanha em todas as redes. Esse é um erro duplo: pelo conteúdo e pelo formato.

Em resumo, não é só criar conteúdo. **É importante adaptar o seu conteúdo para cada mídia e para o tipo de público que navega naquele ambiente**. A ideia, quando se fala de uma comunidade, é que o conteúdo que está nas redes é uma ponte para levar ao ambiente que você controla.

Cabe ainda citar outras duas ferramentas que temos de destacar para entrega de conteúdo: Taboola e Outbrain, que entregam **anúncios nativos** que parecem conteúdo jornalístico nas páginas de conteúdo. Essas matérias parecem levar para outros conteúdos relacionados com o que você buscava, mas eles são, na verdade, anúncios e vão tentar lhe vender um serviço ou produto. Os anúncios nativos são uma ferramenta interessante de divulgação de conteúdo de uma comunidade.

Influenciadores, a nova mídia

Uma etapa importante do marketing digital é a **utilização do poder das pessoas**. Essas pessoas começaram a se manifestar de forma autônoma, com forte capacidade de criar aderência e conquistar seus próprios fãs. Acabaram se tornando influenciadores (*influencers*) com grande poder em redes como Instagram, TikTok e YouTube. Você vai encontrar *influencers* entre *experts* de certa área, celebridades, blogueiros, jornalistas com forte poder de influenciar organicamente outras pessoas.

Desde sempre as pessoas ligaram para a opinião de amigos, vizinhos, parentes e membros da comunidade. Sobre os mais diversos assuntos, principalmente quando estão relacionados com algum tema que desperte interesse. Um dos principais fatores do sucesso de um influenciador digital é a naturalidade com que ele se relaciona com o público, principalmente por meio do uso de uma linguagem mais informal e livre. Ele ensina e transforma sua audiência. Além disso, a autenticidade do *influencer* é essencial para o seu sucesso e a contínua identificação dele com o público. É aquilo que o torna único.

Quando uma empresa contrata um *digital influencer*, ela está procurando por alguém que possa falar com mais naturalidade sobre o produto ou serviço que a empresa pretende destacar. O objetivo é usar da proximidade e da identificação que existe entre público e *influencer* para entregar a mensagem da marca, com mais autenticidade.

Os *influencers* surgiram no momento em que se começou a falar em engajamento. Todo mundo queria essa adesão irrestrita, orgânica, verdadeira das pessoas, que passamos a denominar "engajamento". O uso cada vez mais frequente dos influenciadores é **prova consistente de que sua estratégia de marketing deve envolver as pessoas** por meio da criação de uma comunidade.

Trabalhar com influenciadores digitais realmente se consolidou como uma estratégia central no marketing digital. Em 2024, o mercado de marketing de influência foi avaliado em aproximadamente 24 bilhões de dólares. Esse valor reflete um crescimento significativo, indicando a eficácia contínua dessa estratégia na criação de comunidades engajadas e na promoção de produtos e serviços.[18] A Influencer Marketing Hub destaca que, desde 2016, quando o mercado valia apenas 1,7 bilhão de dólares,[19] houve uma expansão exponencial, impulsionada pela crescente popularidade das plataformas de mídia social como Instagram e TikTok, que dominam as campanhas de influenciadores.

---

18 https://influencermarketinghub.com/influencer-marketing-benchmark-report/. Acesso em: 13 dez. 2024.
19 https://www.oberlo.com/statistics/influencer-marketing-market-size. Acesso em: 13 dez. 2024.

Além disso, a tendência de trabalhar com nano e microinfluenciadores tem se mostrado eficaz devido ao seu alto engajamento e autenticidade, o que atrai marcas que buscam uma conexão mais genuína com seus públicos-alvo.

Muitas pessoas já estão comprometidas com o que o *influencer* pensa, fala e acredita. Quanto mais isso tiver a ver com sua comunidade, melhor ainda! Os novos participantes, advindos de um *influencer*, estarão entrando com boas expectativas sobre o que encontrarão na sua comunidade, pois o *influencer* que os levou já explicou do que gostou ou como a sua comunidade tem relevância em determinados temas ou enfoques.

Se estiver iniciando a comunidade, considere a possibilidade de trabalhar com pessoas de forte adesão a seu ideário ou discurso, mesmo que ainda não estejam listadas entre os *influencers* que já povoam os *sites* específicos para encontrá-los. Alinhe-se aos nanoinfluenciadores, que têm menos de 5 mil seguidores, ou com os microinfluenciadores, com menos de 100 mil seguidores.

Entenda que todos os membros da sua comunidade são influenciadores também. E pense bem na estratégia de como se engajar no crescimento da sua comunidade.

Quando tiver prática nesse relacionamento, então comece a conhecer os megainfluenciadores – pessoas com milhões de seguidores. Sozinhas, essas verdadeiras celebridades acionam milhões de fãs e uma palavra delas sobre sua comunidade pode fazer um barulho grande. Boa sorte!

A gestão da jornada dos clientes

Depois de capturar e qualificar os *leads* na sua comunidade, você vai precisar **acompanhar esses clientes** e, efetivamente, fazer a venda do seu produto ou serviço. Empresas como Hubspot ou RDStation já têm o CRM (do inglês *Customer Relationship Management*), *software* de relacionamento integrado para isso.

Isso funciona assim: você vai entregando conteúdos para o cliente e verifica, depois, sobre quais ele tem interesse. A cada novo conteúdo entregue, você tem a oportunidade de pedir mais alguma informação para esse possível cliente até que entenda se ele é a pessoa certa e está preparado para receber a sua oferta.

Existem, ainda, ferramentas de **envio de conteúdos**, como Dinamize,[20] Mailchimp,[21] Keap[22] ou SendGrid.[23] Todos trabalhando com a **entrega de conteúdo**, mas cada um com sua peculiaridade na facilidade ou *performance* na criação das jornadas dos clientes.

---

20 https://www.dinamize.com.br/. Acesso em: 13 dez. 2024.
21 https://mailchimp.com/. Acesso em: 13 dez. 2024.
22 https://www.keap.com/. Acesso em: 13 dez. 2024.
23 https://sendgrid.com/. Acesso em: 13 dez. 2024.

Esse trabalho de **envio de e-mails** tem de ser alinhado com três outros:

- O primeiro é a utilização do Google Ads para **remarketing** na jornada, assim você impacta a pessoa na navegação pela Internet para os conteúdos que quer que ela leia.
- O segundo é a utilização de *push notification* para entregar os conteúdos. *Push notification* é uma tecnologia que mostra uma notificação no seu navegador de Internet (Chrome, Firefox, Safari) ou dispositivo móvel.
- O terceiro é a utilização de envio de conteúdos para **canais** no WhatsApp, Instagram, Telegram e outras plataformas de comunicação que permitam a criação desses ambientes.

O fato é que, após receber os dados desse *lead* (cliente), nós passamos a fazer uma jornada de entrega de conteúdos, para que ele vá caminhando em um funil. É a entrega consistente de conteúdo que permite que você descubra quem é um potencial cliente; o nome disso é *Inbound Marketing*. Esses conteúdos podem ser entregues em campanhas. Para isso, as empresas contratam profissionais para produzirem conteúdos em *sites* como Workana,[24] Fiverr[25] e junto a profissionais de comunicação. Também utilizamos cada vez mais as ferramentas de IA para apoiar nessa produção.

Com o auxílio da IA, é possível oferecer uma experiência altamente personalizada aos membros da comunidade. Algoritmos de recomendação podem sugerir conteúdo, discussões e conexões com outros membros que são mais prováveis de interessar ao usuário, baseando-se em suas atividades anteriores e preferências. Esse nível de personalização não apenas aumenta o engajamento, mas também fortalece o senso de pertencimento e satisfação dentro da comunidade.

Outro novo recurso, os *bots* de IA, é uma ferramenta excelente para ampliar o suporte e a interatividade dentro de uma comunidade. Eles podem ser programados para responder instantaneamente a perguntas frequentes, orientar novos membros e até mesmo facilitar discussões, assegurando que cada usuário receba uma resposta rápida e personalizada a qualquer hora do dia.

Uma forma simples de explicar uma jornada é pelo consumo de conteúdo. Se um cliente acessou determinado conteúdo, você pode apresentar um segundo até que ele, satisfeito com suas indicações, abra um conteúdo que você gostaria que ele recebesse sobre seu produto ou serviço. Você precisa estar o tempo todo observando seus passos, pois a entrega eficiente de toda experiência pode significar o sucesso ou o fracasso de seu trabalho. Nesse sentido, conteúdos colaborativos da comunidade são muito eficientes, pois são autênticos e escritos por especialistas no assunto.

---

24 https://www.workana.com/pt. Acesso em: 13 dez. 2024.
25 https://www.fiverr.com/. Acesso em: 13 dez. 2024.

Figura 14.3 – Fonte: KALIL, L.; OLIVEIRA, M. de. *Community hacking*: crie uma web community e use o marketing de engajamento para exponenciar seus resultados. Curitiba: Brazil Publishing, 2019.

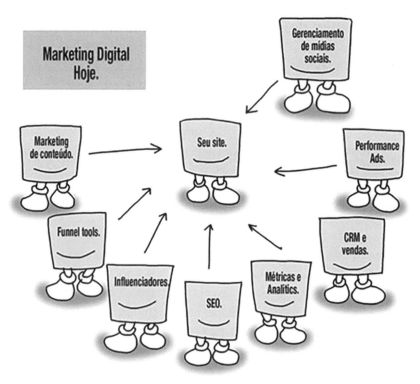

Figura 14.4 – Fonte: KALIL, L.; OLIVEIRA, M. de. *Community hacking*: crie uma web community e use o marketing de engajamento para exponenciar seus resultados. Curitiba: Brazil Publishing, 2019.

O funil da comunidade

No marketing digital, é comum se falar em funil para mostrar como é o processo de trazer pessoas para a sua comunidade e levá-las até o último passo que você deseja: escrever conteúdos de valor, comprar o que você oferece em termos de ideias, produtos ou serviços. Falamos da jornada do cliente, agora vamos apresentar um novo funil. A ideia do funil é que você passe por uma jornada que vai do descobrimento a ação e retenção do cliente. Vamos usar o funil do Dave McClure da 500 Startups,[26] AARRR[27] (Aquisição, Ativação, Retenção, Recomendação e Receita), para deixar explícita a importância do uso na comunidade.

Aquisição: pessoas chegando, que bom!

Pessoas chegam ao seu ambiente vindas de várias direções: algumas terão sido mobilizadas pelo conteúdo que outras pessoas escreveram de forma colaborativa e que está posicionado no Google. Outras terão sido movidas por alguém (autor ou leitor) que compartilhou esse conteúdo em sua rede social ou direto para amigos e conhecidos. Outros ainda por clicarem em um *banner* que foi criado como remarketing.

Nesse exato momento em que ele está no topo do funil tomando o rumo de sua comunidade, você estará pronto para mobilizá-lo a ir além e atingir o ponto médio do funil. No topo do funil, você já terá medido quantos estão entrando e de onde chegam, em função dos mecanismos de comunicação que utiliza na comunidade. Essa é a etapa em que você vai atrás de informações como a origem do tráfego, ou seja, de onde as pessoas vieram para o seu *site*, o perfil do visitante, o que ele está buscando, por quais palavras-chave pesquisou e outros dados.

Ativação: peça à pessoa para se apresentar

Para consumir esse conteúdo você solicita o cadastro da pessoa, transformando-a em pessoa conhecida, cujos dados você pode acessar, filtrar e com ela se comunicar. Você sabe que nunca esteve na comunidade antes e pede que abra a porta inserindo seu *e-mail* e nome. Como se todo conteúdo produzido de forma colaborativa fosse uma *landing page*. Uma pessoa escreve, divulga e os amigos dela que forem ler se cadastram para isso.

Para capturar um membro antes mesmo de ele ler o conteúdo, o *design* e a UX (do inglês *User Experience* – em português, "Experiência do Usuário") da página são essenciais. Por exemplo, o estudo de onde fica o botão que chama para a ação na página, CTA (do inglês *Call To Action*), para fazer o cadastro ou *login* é fundamental.

---

[26] https://500.co/. Acesso em: 13 dez. 2024.
[27] https://pt.slideshare.net/dmc500hats/startup-metrics-for-pirates-long-version. Acesso em: 13 dez. 2024.

Retenção: deixe-me te conquistar!

Ainda do lado do funil, você observa o que as pessoas estão lendo e envia a cada uma as novidades por *e-mail*, quando você dá um empurrãozinho na pessoa para que ela volte à comunidade e leia conteúdos similares; ou acesse algum outro conteúdo personalizado que desperte sua atenção.

Paralelamente, você pode mandar conteúdos específicos em campanhas para que elas passem pela jornada que você desenhou. Esses conteúdos podem também ir por *e-mail*, *push notification*, canais ou até mesmo pode impactar essas pessoas por meio de anúncios de remarketing.

Quando falamos de escalar uma comunidade, todo o gasto com anúncios deve ser pensado e todas as métricas de retorno sobre o investimento (ROI) devem ser analisadas. Em pouco tempo, você não deve mais depender de anúncios para o membro voltar à sua comunidade.

Recomendação: me apresenta para um amigo seu?

Como cada pessoa só recebe conteúdos personalizados pela fase anterior, da retenção, você sabe que ela poderá estar pronta a enviar conteúdo para pessoas de seu relacionamento. Procure estimular para que ela faça esse compartilhamento do conteúdo. Você também pode propor que a pessoa escreva um comentário ou até mesmo um conteúdo novo.

Quanto mais um cliente se transformar na comunidade, mais valor vai ver e irá contar para seus amigos e compartilhar em suas redes sociais. É a força do "boca a boca". O seu custo de aquisição de um novo membro é muito baixo quando as pessoas entendem sua proposta e elas tendem a ficar mais tempo em seu produto.

Receita: humm... você está prontinho para o que tenho!

Dave McClure chamou essa etapa do fundo de funil de "receita". O termo será válido quando você tiver coisas para vender, serviços para oferecer. Com as pessoas passando pelo funil (depois de deixarem os dados, retornarem e recomendarem), chegou a hora de ativá-lo de forma direta, ao vender um serviço, curso, assinatura ou produto.

Esse ciclo virtuoso de clientes, *flywheel*, contribuindo, compartilhando e trazendo amigos, é uma comunidade. O que os move é um sentimento de engajamento que foi construído dentro do funil.

De um lado, as pessoas compartilhando, comentando e recomendando a comunidade. De outro, o sistema disparando conteúdos (*e-mail*, WhatsApp, *push*, canais) de forma sistemática e personalizada para cada participante com foco em engajamento. Perceba que a busca não é só pela quantidade de membros na comunidade. Além disso, temos que pensar nas pessoas comentando, escrevendo, compartilhando, lendo e se engajando com a proposta.

Se no começo da comunidade o desafio é engajar pessoas, depois que ela cresce o desafio é moderar todo o conteúdo produzido para manter a qualidade. Ao criar uma comunidade, você tem de se arriscar, se expor. Às vezes será ineficiente, mas se mergulhar terá sucesso. As próprias pessoas que participam vão cuidar disso. O melhor de uma comunidade é que, quanto mais ela é usada, mais valor entrega para quem participa.

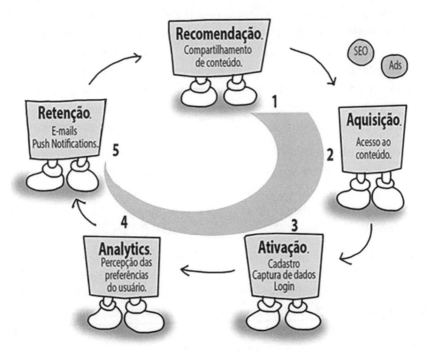

Figura 14.5 – Funil do Dave McClure da 500 Startups.
Fonte: KALIL, L.; OLIVEIRA, M. de. *Community hacking*: crie uma web community e use o marketing de engajamento para exponenciar seus resultados. Curitiba: Brazil Publishing, 2019.

A relevância do gerente de comunidade

A tendência é que a gestão de comunidades se torne ainda mais **estratégica e profissionalizada**. Os gerentes de comunidade terão um papel fundamental na **construção de comunidades resilientes e duradouras**, que **impulsionam o crescimento dos negócios e geram valor para as marcas**.

As oportunidades são promissoras e o mercado está em constante expansão. Com as habilidades e os conhecimentos certos, você poderá **fazer a diferença no futuro das empresas e marcas**.

Moderação

São pessoas andando lado a lado, interagindo, unidas por um tema. **Se as pessoas sentem que pertencem a uma comunidade, isso é o bastante para que ela cresça**

exponencialmente. Nesse caso, além de continuar criando *posts* no ambiente, a pessoa que criou a comunidade faz o papel de gerente da comunidade trabalhando para engajar novos participantes e fazendo a moderação do conteúdo. A moderação mantém a qualidade do conteúdo no ambiente.

Todos os conteúdos criados na comunidade só aparecem para o público após a sua moderação. A moderação visa garantir a qualidade, a adequação e evitar *fake news* ou textos essencialmente comerciais. É importante que o conteúdo seja relevante e ligado à proposta de valor da comunidade. Durante a moderação, o gerente da comunidade distribui o conteúdo, acionando a automação da plataforma para os participantes e, destes, para seus amigos. Faz isso junto ao autor do *post*, desde o primeiro passo, ao corrigir eventuais erros de ortografia, configurar as principais *tags* do conteúdo e fazer *links* entre conteúdos; termina ao colocar uma imagem e texto de compartilhamento.

A moderação só deve rejeitar textos que sejam diferentes do propósito da comunidade. Não se deve excluir um texto porque tem uma opinião diferente do moderador ou porque não foi profundo o bastante. Se todos os textos têm que ficar como o moderador deseja, estamos falando de um *blog* e não de uma comunidade. **A comunidade aceita o diferente**.

Além da moderação tradicional, a IA oferece ferramentas poderosas que podem revolucionar a gestão de conteúdo em comunidades. Algoritmos de IA podem ser treinados para identificar e agir sobre conteúdos problemáticos, como *fake news* ou discursos de ódio, com rapidez e precisão. Isso não apenas assegura um ambiente mais seguro e acolhedor para os usuários, mas também permite que os moderadores se concentrem em tarefas mais estratégicas dentro da comunidade.

A inteligência artificial também desempenha um papel crucial na análise de sentimentos e no monitoramento do engajamento. Ao empregarem IA para avaliar as reações e as interações dos membros, os gestores de comunidade podem obter *insights* detalhados sobre as preferências e o comportamento dos usuários, adaptando o conteúdo e as atividades da comunidade para melhor atender às suas necessidades e aumentar o engajamento.

Trabalhando com a cauda longa

O gerente da comunidade pode continuar escrevendo sobre os temas principais e receberá das pessoas em volta da comunidade assuntos diversos que trabalham na cauda longa. A ideia é que as pessoas da sua comunidade, ao criarem conteúdo, falem de assuntos específicos ligados ao tema da comunidade.

É que é difícil criar conteúdo para milhares de termos específicos relacionados aos serviços que você presta ou vende. Mas quando você tem uma comunidade, isso acontece naturalmente, porque as pessoas produzem conteúdo sobre diferentes temas. As páginas criadas pelas pessoas podem não ter milhares de visitas, mas terão visitas de alta qualidade porque são específicas. A competição por essas páginas vai ser baixa e pode até ter anúncios a baixo custo, só que com alta conversão!

Voltando à produção desse conteúdo, após a moderação, o autor do conteúdo deve ser incentivado a compartilhar em sua rede social e divulgar – o que ele provavelmente irá fazer. A comunidade funciona também como uma rede na qual as **pessoas podem seguir umas às outras e até conversar** por dentro do ambiente.

As pessoas, compartilhando o conteúdo como nanoinfluenciadores, têm forte relacionamento com seus seguidores e amigos, normalmente com profissões e gostos semelhantes. Os seguidores se identificam, projetam-se nesses nanoinfluenciadores como se eles fossem as suas próprias vozes se expressando.

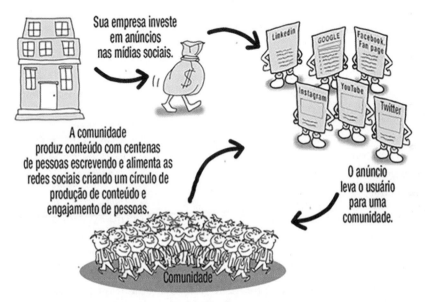

Figura 14.6 – Fonte: KALIL, L.; OLIVEIRA, M. de. *Community hacking*: crie uma web community e use o marketing de engajamento para exponenciar seus resultados. Curitiba: Brazil Publishing, 2019.

A pessoa que entra em sua comunidade fará uma jornada de progressiva aproximação e encantamento que passa por algumas fases.

Trabalhando em um nicho

Lembra-se de quando surgiram as redes sociais? Depois de desbravadas, elas nos acostumaram à interação com pessoas e grupos no espaço digital. Ali, encontramos a satisfação de compartilhamento ou criação de conteúdo e o exercício de nossa individualidade.

Se você fizer um esforço de memória, vai lembrar que, depois de aprender a interagir dentro das redes sociais, você começou a ver o que os seus amigos e parentes estavam fazendo durante quase todo o dia. Foi a chegada da "linha do tempo" que abriu os pequenos segredos diários de todos. Todas as pessoas viraram produtoras de conteúdo das coisas que gostavam ou não. O Facebook registrou todas as nossas viagens, namoros, nascimento, aniversários etc.

Nas comunidades *on-line*, esse modo de interação é exponenciado. Você mantém a interação e o compartilhamento, mas observa que, na comunidade, **o barulho das redes sociais é reduzido, capitalizando o que é positivo nelas – como o protagonismo e o conteúdo –, mas reduzindo fortemente as coisas sem sentido ou de pouca utilidade**. As comunidades superam as redes sociais? Cada uma tem seu papel e convida mais certos tipos de pessoas do que outras. Se o foco é a qualidade do conteúdo, o compartilhamento consciente e colaborativo, a escolha é a comunidade, que pode ser potencializada pelas redes sociais, pelos *influencers* e por todo mundo à sua volta.

Criando valor para as pessoas

Parte do processo de interação que ocorre na comunidade tem a ver com o conceito de aprendizagem social. **Na troca de informações sobre determinado tema, adquire-se o conhecimento efetivo**. As práticas profissionais, por exemplo, quando compartilhadas, ensinam de forma simples e direta.

Processos de aprendizagem social trazem: autoaceitação, autorreconhecimento, modelagem de comportamento, sentido de pertencimento e alegria pelo compartilhamento e pelo reconhecimento do valor da pessoa. Quem compartilha ganha, e quem recebe também.

Dezenas de filósofos e pensadores explicam esse fato de diversas maneiras, e independentemente da razão apresentada, uma coisa é inegável: o compartilhamento da vida e das experiências é intuitivo e faz parte da natureza humana. É a base da cultura. Compartilhar é legal e nós vivemos na Revolução do Compartilhamento. A cultura colaborativa, se ainda não é, definitivamente será a nova ordem da economia.

Uma comunidade de sucesso sempre vai manter o equilíbrio entre os interesses dos gerentes de comunidade e as necessidades das pessoas. Por isso, é sempre importante deixar claro para as pessoas o retorno do investimento, com a criação de autoridade de cada membro, por meio das contribuições na comunidade.

As plataformas de comunidade mais conhecidas são a Circle[28] e a Mighty Networks.[29]

Na fase de criação e planejamento, você, como gerente da comunidade, e seus colaboradores iniciais irão elencar os temas. No processo, surgirão questionamentos, por exemplo:

- Estamos fazendo isso para quem?
- Incluímos todas as pessoas ou será um grupo específico?

---

28   https://circle.so/. Acesso em: 13 dez. 2024.
29   https://www.mightynetworks.com/. Acesso em: 13 dez. 2024.

- O que motiva essas pessoas a contribuir?
- O que as pessoas ganham ao contribuírem?
- Por que essa é a comunidade certa para fazer isso?

Enfim, o grupo tem real interesse em formar uma comunidade e, com a cabeça aberta, não quer restringir, mas, antes, incluir. **Comunidades são como cidades: nascem e crescem espontaneamente**. O que você pode dirigir é a forma como irá se comunicar dentro dela e as definições iniciais sobre a que ela se destina. Essas **definições iniciais são fundamentais para direcionar o acesso dos novos e a formação de conteúdo**, que, em última instância, é o que inicialmente se deseja.

A comunidade tem uma energia própria. Imagine a estratégia do WhatsApp, Instagram ou TikTok. Você não baixou esses *apps* porque viu um anúncio. Certamente alguém do seu grupo ou comunidade te indicou. É isso que se busca em uma comunidade. Esse mesmo efeito viral que só aparece quando resolvemos uma necessidade de fato.

A comunidade oferece, ainda, um sentimento de pertencimento que dá segurança e identidade ao ser humano. O pertencimento se instala porque a comunidade faz sentido para a pessoa, faz sentido para o conhecimento e a informação que a pessoa busca. Além de formar relacionamentos, uma das grandes expectativas de quem entra em uma comunidade é essa: sentir-se parte de algo.

Analisando ferramentas × conteúdo

É possível ter uma comunidade em um grupo de WhatsApp. O desafio é ter participantes de sólido conhecimento em suas áreas de atuação; no entanto, se você quiser consolidar o conhecimento dessas pessoas, terá de copiar e colar tudo o que elas escreverem e ir formando aos poucos o conteúdo em outro ambiente. O mesmo acontece em outras ferramentas com os grupos do Facebook, ou Slack.[30]

É possível ainda citar ótimos fóruns, como o Stackoverflow,[31] ou ferramentas como as comunidades do Reddit[32] ou Quora,[33] em que você encontra respostas construídas por pessoas. Uma ferramenta muito boa para o compartilhamento de conteúdo é o Medium, no qual[34] é possível fazer um *blog* colaborativo com seus amigos. A questão é que ele, como as outras redes sociais, não te entrega os dados dos *leads* para campanhas específicas fora do ambiente.

---

30 https://slack.com/. Acesso em: 13 dez. 2024.
31 https://pt.stackoverflow.com/. Acesso em: 13 dez. 2024.
32 https://www.reddit.com/. Acesso em: 13 dez. 2024.
33 https://pt.quora.com/. Acesso em: 13 dez. 2024.
34 https://medium.com/. Acesso em: 13 dez. 2024.

Essas são ferramentas de apoio à sua comunidade. Você pode ter lá algumas discussões, mas para **trabalhar com o Google (SEO e Ads), captura de *leads* (dados dos clientes) e compartilhamento nas diversas redes, você vai precisar de um ambiente exclusivo que só uma comunidade lhe oferece.**

Você e as pessoas que pertencem à comunidade formam um coletivo, orgânico, vivo, que respeita sua individualidade. Como isso é possível se há tanta gente envolvida? Um gerente de comunidade assegura a integridade do conjunto como um maestro faz com sua orquestra.

Interesses compartilhados

Esse é o primeiro ponto que define a comunidade. Assim como, fisicamente, as pessoas se identificam porque são moradoras ou têm seus negócios em certa cidade, ou bairro, em uma comunidade as pessoas se identificam porque fazem parte.

As pessoas se identificam porque fazem parte de um grupo. Por exemplo:

- Quem tem filhos faz parte do grupo de mães ou pais.
- Quem cozinha pode fazer parte de pessoas que têm esse *hobby*.
- Profissionais: médicos, engenheiros, advogados e outros integram seus próprios grupos.

Os participantes de uma comunidade são recorrentes, estão sempre indo e voltando à comunidade. A própria palavra "participante" significa elemento de um conjunto. As pessoas se aglutinam nesse conjunto por pertencerem a ele. Fazem também certas atividades que ali as definem:

- Inscrevem-se como participantes e, nesse momento, começam a usufruir dos espaços e ter benefícios.
- Escrevem textos nos quais expõem suas ideias e posições sobre o tema da comunidade.
- Comentam em textos de outros participantes, aprovando-os, discutindo, perguntando.
- Constituem um ponto único e bastante individualizado ao redor de quem são agrupadas todas as contribuições da pessoa – esta é, inclusive, a base de dados que permite ao gestor e à equipe atuarem no sentido de estimular a pessoa a ser um ativo colaborador e crescer até assumir papéis diferenciados na comunidade.
- Convidam pessoas para aderirem à comunidade, estimulando-as de diversas formas.

As atividades em comum constroem as relações presentes em uma comunidade e lhes dão organicidade. A comunidade engloba todas essas interações e apresenta um produto dinâmico, inteligente, completo. Na comunidade, constrói-se o espírito da própria comunidade. Isso não tem preço!

Os cenários e as emoções na comunidade

Sabe quem cunhou o termo "comunidade virtual"? Foi Howard Rheingold,[35] que assim as chamou e as definiu como "agregações sociais que emergem da rede quando um número suficiente de pessoas empreende [...] discussões públicas por tempo suficiente, com suficiente sentimento humano, para formar redes de relacionamentos pessoais no ciberespaço".

Ele foi muito feliz ao descrever a totalidade de manifestações que ocorriam nas comunidades naquele momento: "[...] as pessoas trocam gracejos e discutem, envolvem-se em discursos intelectuais, fazem comércio, trocam conhecimentos, compartilham apoio emocional, fazem planos, brainstorm, fofocam, brigam, apaixonam-se, encontram e perdem amigos, disputam jogos, flertam, criam um pouco de grande arte e um monte de conversa à toa".

As características desse movimento podem ser vistas hoje tanto nas comunidades quanto nas redes sociais, guardadas as diferenças entre as ferramentas. Mostram um mundo tão vivo quanto o mundo físico e, por isso, asseguram um espaço de compartilhamento e pertencimento, que envolve as pessoas de forma definitiva.

Se você já consegue definir quais adjetivos quer integrar na comunidade que está criando, ou que visualiza na comunidade que já conduz, tem meio caminho andado para definir quem é seu público e com que personas estará interagindo. Vamos falar disso adiante.

O que não é uma comunidade digital

Um *blog* não é uma comunidade. O *blog* está no meio digital e as pessoas comentam nos *posts*, mas as interações são parciais – respondem ao *post*, criticam seus argumentos ou teses, complementam o que antes foi exposto em um *post*.

Eventualmente, o blogueiro aceitará ou vai convidar alguém para fazer um *guest post* (*post* de um convidado), mas é uma ação pontual. A contribuição coletiva está limitada aos comentários em *posts*. O *guest post* é uma circunstância e não uma configuração que integra o *blog*.

Muitas vezes, o *blog* também tem suas páginas nas redes sociais, como Facebook, Instagram, LinkedIn e outras. Mesmo com estes *links* das redes sociais, o *blog* não é comunidade. Falta-lhe uma coisa essencial, que é o sentido de comunidade, o movimento colaborativo da construção, o **pertencimento**, o guarda-chuva da coletividade pairando sobre todos. No *blog*, o que paira sobre todos é o autor, ou um grupo de autores.

---

35   Rheingold, 1993.

Figura 14.7 – Diferença entre *blog* e comunidade.
Fonte: KALIL, L.; OLIVEIRA, M. de. *Community hacking*: crie uma web community e use o marketing de engajamento para exponenciar seus resultados. Curitiba: Brazil Publishing, 2019.

Menos conteúdo e mais engajamento

Já vimos mais de um exemplo de pessoa que criou uma comunidade e se preocupou mais com a criação de conteúdo que ela própria apreciava do que com o envolvimento das pessoas: acabou transformando a comunidade em um *blog*.

O gerente de comunidade é fundamental no processo, mas o **primeiro participante** irá validar sua função de gestor. Em apresentações, costumo mostrar no início da palestra o vídeo "Como iniciar um movimento",[36] no qual uma pessoa em um campo começa a

---

36   https://www.ted.com/talks/derek_sivers_how_to_start_a_movement?language=pt-br. Acesso em: 13 dez. 2024.

dançar sozinha, estimulando outros a fazê-lo. Como gosto de dizer: "O primeiro seguidor é quem transforma um maluco solitário em um líder", e "precisa coragem" para chamar seus amigos quando está ali, sozinho. Por isso, você, como gerente de comunidade, deve se empenhar em trazer esse primeiro participante e estimulá-lo a uma ação de chamada de amigos. Só assim estará validando sua contratação e sua posição de gestor comunitário.

Outro cuidado aqui é com o **estilo do conteúdo**. Ao convidar um novo participante para a comunidade, a primeira coisa que ele fará é ler dois ou três textos da comunidade antes de escrever. Se ele chegar a um ambiente com textos escritos por profissionais da escrita, "duros" ou trazendo citações, fontes e outros aspectos não comuns para uma escrita informal, teremos muito mais dificuldade em fazer o novo participante escrever.

Um caso de nossa experiência é uma comunidade que ia muito bem, com **crescimento exponencial, orgânico**. Colocaram profissionais para escrever e mudou o estilo dos textos, perdendo os participantes progressivamente. Quer dizer que profissionais fazem mal? Eles podem ser participantes fantásticos quando, com brilho, expressam-se ao fazerem o diagnóstico de uma situação ou trazerem questionamentos. Porém, se são prevalentes, afastam as pessoas, principalmente se ganham ascendência hierárquica sobre os participantes da comunidade por serem colaboradores contratados, postos em posição de dar tom e voz à comunidade.

Em uma comunidade de jornalistas, tudo correrá bem, mas em outras comunidades é melhor que o tom e a voz da comunidade sejam uma diretiva aberta, fruto do espírito da comunidade e da proposta de valor que ela entrega.

Força de marca sem forçar a marca

Aqui também existe um aspecto importante da moderação. Quando uma comunidade tem explícita a sua proposta de valor, fica fácil entender se um texto é adequado ou não ao tema. **Quanto mais claras a essência da comunidade e sua proposta de valor, menos necessária é a moderação.**

Progressivamente, com o crescimento da comunidade, você pode escolher algumas pessoas para serem moderadores de grupos específicos, assim você vai criando a cultura de comunidade entre os membros.

As marcas, por exemplo, desenvolvem com facilidade conteúdo em seus *sites* ou *blogs*. Trata-se de um discurso contínuo, sempre alinhado a determinados parâmetros, como que acumulando informações em uma certa direção, no mesmo modo como a propaganda de massa funciona.

Isso está há anos luz do que é a variedade de pessoas produzindo conteúdos, com sua forma peculiar de ser, pensar, escrever, comentar, criando ângulos muitas vezes inusitados sobre os produtos da marca ou temas afins. Uma reflexão sobre o que é democracia em amplo sentido nos dará uma ideia de como funciona o processo orgânico da comunidade. Não funciona a comunicação autoritária de cima para baixo. A marca se coloca de mãos dadas com os participantes da comunidade e, exatamente por isso,

a comunidade dá força à marca, falando de forma realista e autêntica sobre ela, seus produtos e serviços, ou sobre a temática que ela endossa.

É preciso encontrar o **propósito** do ambiente colaborativo. As comunidades de marcas, como as que usamos como exemplos no início do livro, estão muito mais ligadas ao impacto que causam por meio do conteúdo criado pelas pessoas do que um ambiente de fãs.

O compartilhamento na comunidade

Olhando a adesão orgânica por outro ângulo, o compartilhamento e a convivência que vão acontecer têm de deixar você à vontade e realmente fazê-lo se sentir parte de algo importante para você.

A comunidade só começa quando conversamos ativamente sobre um ou mais temas e completamos as ideias uns dos outros – cinema, notícias no jornal, pratos do restaurante por quilo. Votamos, criticamos, criamos *slogans* sobre os temas, desenvolvemos conceitos e ideias, analisamos os filmes a que vamos assistir em grupo ou mesmo assistir em nossas próprias casas, compartilhamos depois o conteúdo, as informações, fazemos sínteses ou simplesmente expomos nossos motivos sobre a apreciação, ou não.

A comunidade transforma conceitos e ideias; ali você se expressa e é impactado pela opinião de outras pessoas.

Na configuração típica da comunidade, **algumas externalidades** também constroem o que é o sentido da comunidade; vale alinhar aqui, para complementar essa visão que está sendo construída com você:

- É definido um endereço eletrônico e, nele, há um espaço coletivo do qual nos apropriamos assim que entramos com nossa identidade e nos registramos como participantes; esse lugar coletivo nos incita à leitura e à troca de ideias sobre um tema de interesse comum.
- A minha identidade é o resultado de todas as minhas interações na comunidade e elas incluem certos participantes, certas áreas, certas contribuições, desde comentários até *posts*, ou seja, eu passo a ter uma identidade com memória de minha produção, localizável na comunidade e acessível por arquivos cronológicos ou por filtros.
- Na comunidade, eu posso fazer parte de estatísticas, **mas não sou estatística, nem consumidor, espectador ou leitor – sou um participante ativo dentro dela–, pessoa viva, atuante.**

Observe que, neste último tópico, vem uma diferença central entre comunidade e *blog*. Eu não sou um leitor que endereço comentários a *posts* de terceiros. Eu sou uma pessoa atuante e tenho diferentes contribuições, que acabam por **construir, na comunidade digital, a minha reputação.**

Existe um momento em que, familiarizadas com as comunidades, as pessoas identificam que ali estão todas as ferramentas democratizadas para **construir protagonismo**. Como visualizou Andy Warhol: "No futuro, todos terão seus quinze minutos de fama."

A visão socioemocional da comunidade

Pessoas formam uma identidade social conforme seus valores, atitudes e comportamentos. Isso tem a ver com o ambiente do qual provêm – como família, escola, país e cidade. Também a vocação, como profissão formal ou prática de talentos, como o caso do artista, especifica uma pessoa como diversa da outra.

Figura 14.8 – Ciclo da comunidade de aprendizado.
Fonte: KALIL, L.; OLIVEIRA, M. de. *Community hacking*: crie uma web community e use o marketing de engajamento para exponenciar seus resultados. Curitiba: Brazil Publishing, 2019.

Todos esses ângulos que formam uma pessoa e sua identidade social são aceitos em uma comunidade. Se não o forem, e houver rejeições, os Guias de Boas Práticas ou instrumentos similares estabelecerão os limites e poderão até banir o preconceituoso. O resultado é que, todos sendo aceitos em suas singularidades, reforça-se o sentido de pertencimento, companheirismo e encorajamento, além, é lógico, da ajuda instrumental que a pessoa terá com os conteúdos e com as trocas na comunidade.

Outro aspecto relevante é que, nas comunidades, entretenimento e formação de amizades são dois fatores de participação importantes do ponto de vista emocional. Os grupos que, informalmente, vão se organizando dentro da comunidade criam aproximações importantes que o gerente de comunidade deverá reconhecer e estimular. Na Comunidade Sebrae,[37] por exemplo, formaram-se grupos de tendências, inovação e liderança, aproximando as pessoas que querem falar mais sobre esse assunto.

---

37 https://comunidadesebrae.com.br/. Acesso em: 13 dez. 2024.

As pesquisas existentes e os estudos sugerem que os gerentes de comunidade devem enfatizar não apenas o conteúdo, mas também incentivar os aspectos de amizade e apoio social, se quiserem aumentar o sucesso de sua comunidade virtual. Os eventos são uma forma de atuar nessa direção. A ideia é congregar, se for o caso, abrindo espaço para os grupos – comunidades dentro de comunidades.

Na comunidade, não se deve abrir demais o leque de conteúdos para não perder o foco. No entanto, como a comunidade é algo vivo, ela irá formar seus movimentos espontâneos e, nestes, o gerente de comunidade deverá encontrar novos núcleos de conteúdo relevantes para a continuidade saudável do interesse dos participantes pela comunidade.

Tipos de comunidade

Existem vários tipos de comunidades e diversos enfoques. Porém, acima dessas características específicas, cabe considerar que elas nascem **ligadas a negócios** – marcas, produtos, serviços – ou **ligadas a pessoas** – causas, temas de interesse e assim por diante.

É importante que você entenda quais os tipos de comunidade para definir suas ações e aonde você quer chegar. Empresas dedicadas a comunidades conceituaram, em detalhe, os vários tipos de comunidades. Selecionamos as definições de CMX e FeverBee, como uma primeira referência.

Richard Millington, o *expert* em comunidade ligado à FeverBee, define os tipos de comunidade conforme o Quadro 14.1.

Quadro 14.1 – Tipos de comunidade segundo a classificação de Richard Millington

Tipo de comunidade	Definição
Comunidade de interesse	Comunidades de pessoas que compartilham interesses ou paixões.
Comunidade de ação	Comunidades de pessoas que querem realizar uma mudança.
Comunidade de lugar	Comunidades que integram as pessoas a partir de limites geográficos.
Comunidade de prática	Comunidades de pessoas da mesma profissão ou que desenvolvem as mesmas atividades.
Comunidade de circunstâncias	Comunidades de pessoas que se aproximam em função de um evento ou situações externas.

Fonte: https://www.feverbee.com/different-types-of-communities/. Acesso em: 22 jul. 2020.

Já a CMX, especializada em treinamento de gestores de comunidades, indica a classificação do Quadro 14.2.

Quadro 14.2 – Tipos de comunidade segundo a classificação da CMX

Tipo de comunidade	Definição
Comunidade de suporte/sucesso	Comunidade que oferece suporte para produtos e serviços, aumentando o sucesso de seu uso e as vendas do produto/serviço.
Comunidade de conteúdo	Comunidade voltada ao estímulo à produção de conteúdo, promovendo a consequente redução de custos com criação de conteúdo.
Comunidade de engajamento	Comunidade que busca criar lealdade e gerar vendas, fortalecendo retenção de participantes.
Comunidade de produto	Comunidade que integra participantes visando melhorar produto ou serviço, assim como promover inovações a partir de *feedback* dos participantes.
Comunidade de aquisição	Comunidades com foco na área de marketing e formação de embaixadores/evangelizadores, estimulando ainda indicações (*referrals*).

Compreender a classificação mais adequada à sua comunidade ajudará a definir claramente a estratégia da comunidade. Seu foco primário estará na produção de conhecimento visando às trocas informacionais entre os participantes ou será a captação de novos participantes? Se decidir por ambos os tipos, será fundamental alocar recursos em proporção justa para a ênfase que deseja dar a cada foco.

Pessoas: essência da comunidade

Pessoas constituem o ponto essencial de uma comunidade. Seu trabalho, ao iniciar a comunidade, será atraí-las. Independentemente de sua comunidade ser do tipo aquisição, ela precisa formar massa crítica de pessoas para se definir e se apresentar ao público como uma comunidade.

O ponto zero da comunidade, não raro, é aquele formado por duas a três pessoas. Uma delas, em geral, é a que teve a ideia e, como líder, estimula o "ir adiante", tornando o "vamos fazer" a palavra de ordem. Quantas pessoas você tem ou tinha quando começou a comunidade?

Você pode ter dado sorte e estar no meio de um grupo que tem 15 a 20 pessoas interessadas em formar a comunidade. Porém, não é sempre que acontece dessa forma, embora possa ocorrer quando, por exemplo, um grupo de corrida se organiza para montar a comunidade e compartilhar informações sobre tênis e roupa para correr, locais onde encontrar bonés diferenciados, organizar *meetups* no mundo real e outras ações similares. O que acontece muito, porém, é que o grupo inicial tinha você, que criou a comunidade, e mais uma ou duas pessoas muito próximas que aceitaram colaborar no processo.

O fundador da comunidade é fundamental, mas quando ele obtiver um ou dois participantes, estará começando a construir a essência da comunidade – seus participantes. Esse pequeno grupo inicial irá alinhar as ideias e já formará um elo interessante, a partir do qual irá buscar mais gente.

Criar uma comunidade depende da quantidade de usuários. No livro *Blitzscaling*,[38] os autores explicam que, quando nosso modelo de negócios depende de ter muitos membros, o melhor é crescer rápido e pegar *feedbacks* dos clientes antes dos concorrentes. Isso pode fazer toda a diferença.

Figura 14.9 – Papel do gerente da comunidade.
Fonte: KALIL, L.; OLIVEIRA, M. de. *Community hacking*: crie uma web community e use o marketing de engajamento para exponenciar seus resultados. Curitiba: Brazil Publishing, 2019.

---

38   Hoffman e Yeh, 2019.

A matemática do compartilhamento

Faça as contas do que pode ser o conceito de compartilhamento de uma pessoa com sua rede de 100 pessoas. A ideia do marketing de engajamento se baseia na possibilidade de cada um de seus fãs compartilhar para uma rede mínima de 100 pessoas. Ou que uma pessoa escreva na comunidade e divulgue em sua rede particular de forma extensiva. Um ou outro caminho leva à mesma matemática.

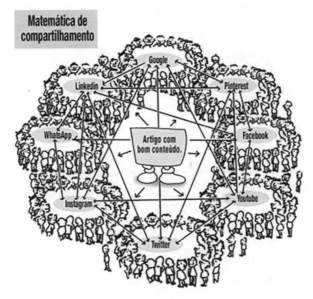

Figura 14.10 – Fonte: KALIL, L.; OLIVEIRA, M. de. *Community hacking*: crie uma web community e use o marketing de engajamento para exponenciar seus resultados. Curitiba: Brazil Publishing, 2019.

Pense que, se esse texto for muito bom e a plataforma em que a comunidade estiver hospedada tem um SEO tão preciso que rapidamente leva o Google a indexar o texto, outra pessoa vai conhecer o texto e a comunidade sem que você tenha feito qualquer esforço de divulgação.

Curva de Comprometimento

Outra questão relevante é buscar a Curva de Comprometimento que Douglas Atkin, em 2014, formulou em um *summit* da CMX. Mas isso não começou ali. Um ano antes, Ayelet Baron falou da curva, destacando sua relevância para a mudança organizacional e, diríamos, para a cultura organizacional, especialmente nas comunidades. O esquema era assim:

Figura 14.11 – Curva de Comprometimento de Douglas Atkin.
Fonte: KALIL, L.; OLIVEIRA, M. de. Community hacking: crie uma web community e use o marketing de engajamento para exponenciar seus resultados. Curitiba: Brazil Publishing, 2019.

Consciência

O que estamos fazendo aqui?

A pessoa entra em sua comunidade e não entende direito o que ela tem ali. E por que está ali. Ela sente uma certa curiosidade, mas ainda está confusa.

Compreensão

Por que necessito disso? Por que isso me ajudará?

Você entra em uma comunidade com o objetivo de **discutir estratégia no marketing digital**, pois o tema atrai você. Entretanto, por que essa comunidade específica lhe dará os resultados que espera? A resposta pode estar na ação que o gerente de comunidade terá criado para informar, a quem entra, o que se faz ali: "construção do caminho do profissional do marketing digital com foco em estratégia".

Tradução

Como eu devo participar aqui? Sei fazer isso nesta comunidade? Quem pode me ajudar?

Quando você entra na comunidade Kickstarter para fazer um projeto com apoio de dezenas de investidores, o famoso *crowdfunding*, pode utilizar o Guia de Orientação à formulação do projeto pelos criadores. Ali é traduzido na prática o que deve fazer e quais os passos, assim como se coloca à disposição um sistema de pergunta e resposta a cada dúvida.

Adoção

Ah! Agora entendi como devo fazer!

Essa é a fase de adoção. Ainda faltam passos de compreensão, mas já cheguei ao ponto em que realmente vou começar a agir e instalar meu projeto dentro da comunidade.

Internalização

Legal! Todos aqui estamos vivendo o mesmo processo!

Nesse ponto, você não só está ciente do que se faz ali como também dança entre as áreas como se fosse sua música conhecida. Ajuda outros e chama pessoas para entrarem também. O melhor dos mundos!

Engajamento

Quando internalizamos essas etapas, compreendemos melhor ainda a curva de Atkin, que define a evolução dos participantes de uma comunidade do momento em que entram – iniciação – até o momento em que se transformam em líderes.

Figura 14.12 – Fonte: KALIL, L.; OLIVEIRA, M. de. *Community hacking*: crie uma web community e use o marketing de engajamento para exponenciar seus resultados. Curitiba: Brazil Publishing, 2019.

O participante iniciante que está quase sempre só consumindo conteúdo é relativamente passivo e, se não for acionado, irá se mover para a condição de passividade e, depois, inatividade.

Quanto mais um participante investe na comunidade, mais sente que pertence a ela. É vital, portanto, estimular na comunidade esse progressivo engajamento. Entre bombardear o iniciante com perguntas e estímulos para agir ou não reconhecer a sua presença, opte sempre pela primeira ação. Se não, ele navega um pouco e nunca mais volta.

Construa, primeiramente, uma base segura, ou seja, com os mais próximos, seus amigos. Entrar e sair de uma comunidade acontece em um segundo se o que a pessoa encontra não tem nada a ver com ela ou, mesmo tendo a ver, ela não encontra interação humana.

Essas pessoas vão promover a comunidade para outras, colocando *links*, compartilhando conteúdos e trazendo novos membros.

O esforço central de uma comunidade nunca é em mídia ou conteúdo, e sim em engajamento.

Para conhecer o conteúdo adicional e atualizado referente a este capítulo, acesse o QRCode a seguir:

www.martha.com.br/livro-MED/saibamais14.html

A busca é uma atividade intrínseca ao ser humano, presente desde os primórdios da civilização. No entanto, a forma como buscamos e sua influência no cotidiano passaram por transformações profundas ao longo do tempo. Se na Pré-história o ser humano buscava alimento por instinto, utilizando ferramentas rudimentares de pedra e metal, hoje, as buscas acontecem predominantemente no ambiente digital, impulsionadas por tecnologias avançadas, motores de busca e, mais recentemente, assistentes de inteligência artificial em tempo real.

Os mecanismos de busca digitais permitem aos usuários acessar uma vasta gama de informações na Internet, abrangendo conteúdos de redes sociais, *blogs*, *sites* e até dados criados por IA generativa. Por meio de palavras-chave ou consultas mais complexas, os usuários recebem respostas organizadas em uma SERP (página de resultados do mecanismo de busca), que apresenta *links*, imagens, vídeos e até respostas diretas em áudio ou texto processado por IA.

Atualmente, o Google e o Bing, da Microsoft, dominam o mercado de busca tradicional. No entanto, as redes sociais têm seus próprios mecanismos de busca, que representam uma parcela significativa desse mercado. Além disso, assistentes baseados em IA generativa, como ChatGPT, Gemini e Perplexity, estão emergindo como plataformas alternativas de busca, oferecendo respostas em um formato conversacional e contextualizado, moldando a forma como consumimos informações.

Este capítulo aborda a crescente relevância da busca no cenário contemporâneo, seu impacto no mercado e como diferentes plataformas digitais podem ser utilizadas estrategicamente no marketing.

A busca e o contexto atual

Em 1965, o cofundador da Intel, Gordon E. Moore, preconizou o que ficou conhecido posteriormente como a famosa Lei de Moore, declarando que o número de transistores que podem ser colocados em um circuito integrado crescia exponencialmente, dobrando a cada dois anos. Desde então, por mais de 50 anos, essa tendência tem se provado verdadeira não apenas para os transistores, mas para quase todas as mensurações de capacidade dos dispositivos eletrônicos digitais, até mesmo a quantidade de conteúdo produzido e armazenado no mundo.

A Lei de Moore descreve uma das forças impulsoras das mudanças tecnológicas e sociais do final do século XX e início do século XXI, talvez tendo na *Web* o seu representante mais proeminente.

O crescimento contínuo da *Web* e o consequente aumento de sua complexidade tornam o contexto atual extremamente propício para nos conduzir a uma era da busca. Como visto anteriormente no início do livro (Capítulo 3), fatores como a plataforma colaborativa da *Web* 2.0 e a expansão da computação ubíqua (alavancada pelas plataformas móveis e sensores) colaboram para a explosão da quantidade de conteúdo *on-line*, resultando no fenômeno da cauda longa (*long tail*). No entanto, por outro lado, conforme a quantidade e a complexidade do conteúdo disponível aumentam, maiores se tornam a dificuldade e a angústia do ser humano em encontrar o que precisa, conforme discutido no paradoxo da escolha (veja o Capítulo 3 para mais detalhes sobre o contexto atual e o impacto do digital). Dessa forma, a solução para conseguirmos lidar com o volume gigantesco de informações é por meio da busca, que tem permeado cada vez mais todas as plataformas digitais, conduzindo-nos para a era da busca.

Mecanismos de busca na *Web*

As buscas no ambiente digital são realizadas principalmente por meio de *search engines*, termo traduzido para o português como "mecanismo de busca" ou "buscador". Esses sistemas de recuperação de informações auxiliam na localização de dados armazenados em ambientes computacionais. A relevância e a rapidez na entrega dos resultados tornam um buscador mais útil e valioso para os usuários.

Desde o lançamento do primeiro mecanismo de busca na *Web*, o Yahoo, em 1994, diversos buscadores surgiram e desapareceram, culminando no domínio atual do Google, criado em 1998. Este é amplamente reconhecido como o mais usado e influente buscador da *Web*. Porém, o cenário está se diversificando com o surgimento de novas ferramentas baseadas em inteligência artificial.

Milhões de pessoas dependem de mecanismos de busca para tomar decisões cotidianas, como escolher escolas, cursos, produtos ou destinos de viagem. Essa dependência reflete o impacto crescente dos buscadores na sociedade. Segundo dados recentes, o Google processa cerca de 96.335 buscas por segundo,[1] o que equivale a mais de 8,5 bilhões de buscas por dia. Ferramentas como o ChatGPT e o Gemini estão ampliando esse cenário, permitindo interações mais conversacionais e contextualizadas, revolucionando a forma como buscamos informações.

O uso de dispositivos móveis transformou ainda mais o comportamento de busca. Em 2023, mais de 63%[2] de todas as buscas no Google ocorreram em dispositivos móveis. Essa mudança reflete a transição para uma sociedade mais conectada e móvel, na qual a busca é realizada em qualquer lugar e a qualquer momento.

Além disso, novas opções de busca ampliaram as possibilidades, indo além do texto. Hoje, é possível buscar utilizando imagens, trechos de áudio e até mesmo voz, graças ao avanço das tecnologias de reconhecimento e IA. Ferramentas como Pinterest Lens, Shazam e assistentes de voz como Google Assistant e Alexa tornam o processo de busca mais intuitivo e acessível.

A chegada de sistemas baseados em inteligência artificial, como ChatGPT e Gemini, introduziu uma abordagem disruptiva. Em vez de apresentarem apenas uma lista de *links*, essas ferramentas fornecem respostas detalhadas e contextualizadas, adaptadas ao histórico e às intenções do usuário. Essa mudança impacta diretamente o comportamento de busca, levando as pessoas a realizarem consultas mais complexas e aprofundadas.

Plataformas tradicionais, como Google e Bing, continuam refinando suas interfaces para melhorar a experiência do usuário. Porém, o mercado está sendo pressionado a integrar IA generativa, que está rapidamente redefinindo expectativas. Um exemplo é a introdução do Bing Chat, que combina o mecanismo de busca da Microsoft com as capacidades de conversação do ChatGPT.

No contexto das redes sociais, os mecanismos de busca também desempenham um papel essencial. O YouTube, considerado o segundo maior buscador do mundo, plataformas como TikTok, Instagram e Pinterest têm se consolidado como *hubs* de busca visual e social, atendendo a novas demandas por descobertas visuais e contextuais.

Por fim, a busca digital evoluiu para um ecossistema complexo e multifacetado, no qual mecanismos tradicionais coexistem com novas plataformas baseadas em IA, alterando não apenas o comportamento dos usuários, mas também as estratégias de marketing digital.

---

1 How Many Google Searches Are There Per Day? Oct. 2024. Disponível em: https://explodingtopics.com/blog/google-searches-per-day. Acesso em: 25 jan. 2025.

2 General Google Search Statistics. Disponível em: https://www.semrush.com/blog/google-search-statistics/. Acesso em: 25 jan. 2025.

Oráculos digitais

Em razão da crescente importância e da influência que os buscadores *Web* têm adquirido no cotidiano das pessoas e das empresas, fazemos aqui uma analogia entre eles e os oráculos antigos.

Segundo a Wikipédia, um oráculo é *"uma pessoa ou ação considerada fonte de conselho sábio ou opinião profética; uma autoridade infalível, normalmente de natureza espiritual"*. Ainda, podemos definir um oráculo como:

> Oráculo – Palavra de múltiplo sentido, indicando, fundamentalmente, a resposta da divindade a uma consulta formulada. Essa resposta era dada pela boca de um sacerdote, da pitonisa ou da sibila. Além disso, designava, também, os santuários a que acorriam os devotos para suas consultas. A busca do oráculo constituía uma prova de submissão do mortal aos desígnios divinos. Conhecendo a vontade dos deuses, o homem tomava suas decisões em função dela. [...] Constituíam-se de expressões vagas e indeterminadas, sujeitas a várias interpretações.[3]

Desde a antiguidade, como na Grécia e Roma antigas, os oráculos têm sido usados pelos homens para ajudar em suas escolhas, caminhos e decisões. Se observarmos atentamente, essa característica fundamental dos oráculos – de indicar o caminho a ser seguido – tem sido usada mais do que nunca na era digital em que vivemos nos conduzindo à era da busca. Mecanismos de busca (como ChatGPT Search, Perplexity, Bing, Google etc.) são usados diária e frequentemente ao redor do mundo para auxiliar os humanos a encontrar caminhos e informações na infinidade de pontos e rotas da teia computacional da *Web*. Ao oferecerem respostas, informações e muitas vezes sugestões sobre o que buscamos e nos ajudando a tomar decisões, os mecanismos de busca na *Web* funcionam como verdadeiros "oráculos digitais".

Da inegável utilidade e importância desses oráculos digitais, sem os quais nossas capacidades de acesso e difusão na *Web* seriam muito restritas, provém também o grande poder que eles exercem sobre nós e a sociedade como um todo. A partir do momento em que usamos tais mecanismos e acreditamos no resultado recebido, ouvindo sua voz, damos a eles poder e credibilidade.

Assim como as pessoas, na antiguidade, usavam os oráculos submetendo-se a seu poder, muitas vezes sendo determinante para o destino de nações inteiras, sugere-se aqui que os usuários dos buscadores – oráculos digitais atuais – também se submetam a eles. No entanto, enquanto na antiguidade o poder divino ou místico dos oráculos era do conhecimento de seus usuários, no caso dos oráculos digitais talvez as pessoas pensem que estão no controle de suas buscas sem perceber o poder que os oráculos exercem. Apesar de os mecanismos de busca na *Web* serem entidades digitais, e não espirituais ou divinas, talvez seus "conselhos" sejam tão poderosos quanto ou até mais influentes que os dos oráculos da antiguidade.

---

[3] Abrão e Coscodai, 2000 (p. 222).

Importância e poder dos buscadores

Conforme pesquisa da Pew Internet e American Life Project, cada vez mais pessoas usam os mecanismos de busca *on-line*, e quanto mais experiente um usuário se torna na *Web*, mais ele usa esses mecanismos. Portanto, podemos dizer que os buscadores tendem a exercer influência cada vez maior, já que cada vez mais pessoas se tornam usuários da *Web*, ficando mais experientes ao longo do tempo.

Assim, se as pessoas frequentemente utilizam em seu cotidiano os resultados obtidos nos buscadores, podemos supor que eles afetam não apenas o cotidiano individual dessas pessoas, mas também a sociedade na qual estão inseridas, que, consequentemente, participa da *Web* e da vida digital.

O poder dos buscadores em determinar nossos caminhos ou escolhas está intimamente ligado à confiança que atribuímos a eles. Na antiguidade, o poder divino atribuído aos oráculos avalizava suas respostas. Na Internet, a crença de que estamos obtendo respostas corretas para nossas buscas é o poder que avaliza os oráculos digitais. Poderíamos ainda acrescentar que o poder dos mecanismos de busca se amplifica devido a dois fatores importantes que não estavam presentes nos oráculos antigos: disponibilidade e facilidade de uso, ou seja, conveniência.

Ao contrário dos oráculos antigos, estamos frequentemente a apenas um clique de distância de qualquer oráculo digital, e sua resposta normalmente é instantânea e clara, não necessitando que decifremos "expressões vagas e indeterminadas, sujeitas a várias interpretações".

Por trás dos buscadores

Por meio de seus algoritmos, os mecanismos de busca determinam, dentro da base indexável, quem ou quais *websites* e documentos podem ou não ser adicionados a ela. Os critérios de filtragem visam alcançar relevância máxima para o usuário nos resultados que serão entregues a cada busca, ou seja, procuram evitar *spam* nas bases de dados e objetivam fornecer a melhor resposta para a busca do usuário. No entanto, ainda assim, quem determina o que deve ou não ser apresentado são os buscadores. Ademais, eles possuem o poder de "apagar" ou "eliminar" e o poder de "controlar" ou "filtrar" todos os resultados que consumimos.

Esses poderes podem determinar quem "vive" ou "morre" na vida digital, e isso certamente tende a ter consequências na sociedade *off-line* também, conforme ela se torna mais dependente e alimenta-se cada vez mais das informações providas pelos mecanismos de buscas. As percepções e certezas das pessoas têm dependido cada vez mais das buscas *on-line*. Um exemplo disso foi relatado por um amigo que é executivo em São Paulo. Ele precisava urgentemente de um material específico de escritório e pediu para a sua secretária recém-contratada ir comprá-lo em uma papelaria próxima. Ela retornou com a resposta de que não existiam papelarias naquela região. Ele insistiu dizendo que conhecia uma papelaria no bairro. Ela respondeu que isso era impossível, porque ela havia checado no Google e não existiam papelarias no bairro. O modo como as pessoas percebem e relacionam-se com o mundo está mudando, tornando-se cada vez mais mediado pelo digital.

Não figurar entre os primeiros resultados listados ou não ser referenciado em uma resposta no ChatGPT em determinada busca pode significar "não existir". Em razão disso, cada vez mais pessoas e empresas se esforçam para encontrar técnicas de otimização de posicionamento nos mecanismos de busca para aplicar em seus *websites* e conteúdo nas mídias sociais na tentativa de colocá-los e mantê-los no topo dos resultados de busca. Essas técnicas são chamadas "SEO" (*Search Engine Optimization*) e "SEM" (*Search Engine Marketing*), e são traduzidas para o português como "marketing de busca". Na quarta parte deste livro, o Capítulo 23 enfoca as estratégias de marketing de busca. Isso traz à tona uma importante questão existencial que interliga os mundos *on-line* e *off-line*: "o que não é encontrado não existe". Assim, fica claro que a influência e o poder dos buscadores podem ir além do domínio dos usuários que os consultam, atingindo também a sociedade e os elementos externos a ele.

Em uma matéria *on-line* na revista *Galileu*[4] sobre o impacto da Internet no cérebro humano, o cientista Michael Merzenich, pioneiro no campo de neuroplasticidade, disse que em razão do uso da busca *on-line*, o homem deixou de exercitar várias habilidades cognitivas no processo de pesquisa de informação, o que é perigoso e pode nos levar à senilidade precoce. A pesquisa nos buscadores online é feita pelo computador e não pelo cérebro. Ele ressaltou que, agora, recebemos respostas prontas dos buscadores para fazermos um julgamento, para comprar uma viagem ou produto. Não estamos pensando neles. Procuramos uma conclusão tomada por alguém para escolhermos a direção a tomar. Muitas pessoas estão tão imersas nisso que não percebem o que está acontecendo.

Domínio dos buscadores e questões relacionadas

Informação realmente é poder. No entanto, no momento em que usamos os buscadores para obtermos informações que nos trarão algum tipo de poder, também estamos fornecendo informações a eles em troca e, assim, dando-lhes poder também. Para começar, informações como o endereço IP do usuário, data e horário da busca, o que está sendo procurado etc. estão prontamente disponíveis nos mecanismos de busca. Portanto, esse poder associado a informações vale para os dois lados. Muitas vezes, inadvertidamente, estamos fornecendo informações sobre nossos gostos, necessidades, preferências, interesses, tendências políticas, religiosas, sexuais etc. Essas informações, usadas isoladamente ou em conjunto com a massa de informações fornecidas por todos os usuários dos mecanismos de busca, podem ser utilizadas para determinar tendências, mapear e filtrar informações e até policiar e restringir. Esse é um grande poder, sem dúvida, independentemente de ser usado ou não.

---

4   Pontes, 2010.

Busca vertical e buscadores além do Google

No *site* NetMarketShare, é possível acompanhar a evolução do *market share* dos diversos buscadores por período e atualizado continuamente: [https://gs.statcounter.com/search-engine-market-share].

Além dos buscadores horizontais, como Google, Bing etc., que indexam de forma geral toda a *Web*, existem vários mecanismos de busca vertical, que têm foco especializado e indexam informações referentes apenas a uma área específica, por exemplo, veterinária, odontologia etc.

Fazendo uma comparação com os canais de televisão, os mecanismos de busca vertical seriam a TV a cabo, enquanto os buscadores amplos (Google, Bing etc.) seriam a TV aberta. Alguns especialistas acreditam que os buscadores verticais impactarão os buscadores amplos da mesma forma que a TV a cabo impactou e tem impactado a TV aberta, roubando boa parte de sua audiência.

Alguns buscadores verticais, com focos específicos e muito interessantes, são relacionados a seguir:

- **Trivago**: focado em comparação de preços de hotéis e acomodações.
- **Zillow**: especializado em imóveis, permitindo busca e comparação de propriedades.
- **Pinterest**: plataforma de busca visual que permite encontrar imagens e ideias criativas.
- **Yelp**: focado em avaliações de restaurantes e serviços locais.
- **Airbnb**: especializado em aluguel de acomodações para viagens.
- **Google Notícias**: agrega notícias de várias fontes com foco em temas específicos.
- **Google Compras**: permite comparar preços e produtos de diversas lojas *on-line*.
- **YouTube**: buscador vertical que pesquisa apenas conteúdo em vídeo.
- **Buscapé**: comparador de preços para produtos diversos no Brasil.
- **Catho**: focado na busca de empregos e currículos.

Além de todas as opções de buscadores já existentes, qualquer empresa ou pessoa pode criar seu próprio buscador personalizado, conforme explicado a seguir, usando, por exemplo, o próprio Google, por meio das CSEs (*Custom Search Engines*).

Criação de um Mecanismo de Pesquisa Programável

O Mecanismo de Pesquisa Programável do Google, anteriormente conhecido como "Google Custom Search Engine" (CSE), é uma ferramenta poderosa para a criação de buscadores personalizados. Projetado para oferecer experiências de busca específicas e altamente relevantes, ele utiliza a robusta tecnologia de busca do Google, adaptando-a às necessidades de nichos ou domínios especializados.

O Mecanismo de Pesquisa Programável do Google permite que indivíduos e organizações criem motores de busca que limitam os resultados a um conjunto predefinido de *sites* ou fontes confiáveis. É ideal para quem busca precisão e relevância em um universo digital cada vez mais amplo e diversificado.

Principais funcionalidades:

- **Busca personalizada**: limita as consultas a *sites* selecionados, eliminando informações irrelevantes.
- **Interface customizável**: integração com *design* e identidade visual da marca, garantindo consistência na experiência do usuário.
- **Refinamento de resultados**: possibilidade de aplicar filtros e categorias para organizar as respostas.
- **Monetização**: integração com Google AdSense para geração de receita a partir de anúncios relevantes.
- **Incorporação de IA**: utiliza algoritmos avançados de inteligência artificial para melhorar a relevância e a precisão dos resultados.

Exemplos de uso:

- **Instituições educacionais**: universidades podem criar buscadores que acessem apenas conteúdos acadêmicos, como artigos, publicações e bases de dados.
- **E-commerce**: lojas podem oferecer buscas direcionadas para produtos ou categorias específicas de seu inventário.
- **Empresas e consultorias**: facilitam o acesso a fontes confiáveis para pesquisas de mercado ou estudos de caso.

Ao permitir que empresas e organizações configurem suas próprias experiências de busca, o Mecanismo de Pesquisa Programável torna-se uma ferramenta estratégica. Ele reduz o ruído informacional, melhora a precisão das consultas e eleva o engajamento do usuário. Além disso, ao oferecer a possibilidade de monetização com anúncios, apresenta-se como uma solução eficaz e acessível para aprimorar a experiência digital. Para criar o seu, acesse: https://programmablesearchengine.google.com/about/ (acesso em: 14 abr. 2025).

Busca semântica e inteligência artificial: o futuro da busca

A evolução da busca digital é marcada por avanços em semântica e inteligência artificial, que transformam a maneira como os usuários encontram e interagem com informações. Cada vez mais os buscadores têm incorporado a semântica a seus algoritmos. Busca semântica é um processo para melhorar as buscas *on-line* usando dados de redes semânticas para eliminar ambiguidades nos termos de busca e textos na *Web* visando gerar resultados mais relevantes.

Assim, em vez de usar algoritmos como o antigo PageRank, do Google, para prever relevância, a busca semântica usa o significado dos termos na linguagem para produzir os resultados de busca relevantes. A meta é entregar a informação solicitada pelo usuário, em vez de uma lista de resultados com palavras-chave soltas relacionadas.

A busca semântica muda completamente o modo como os resultados de busca são produzidos e apresentados, o que afeta de forma profunda as estratégias de SEM, que hoje são baseadas em palavras-chave e, com o advento das IAs generativas, precisam se basear em significados, na semântica. Normalmente, a busca semântica envolve o uso de algoritmos de inteligência artificial e, assim, torna-se bastante complexa.

Vamos explorar os principais desenvolvimentos nessa área e como essas inovações estão redefinindo o futuro das buscas.

Busca semântica: relevância no contexto

A busca semântica utiliza dados estruturados e algoritmos de inteligência artificial para interpretar o significado de palavras dentro de um contexto, eliminando ambiguidades e oferecendo resultados mais precisos.

Em 2019, o Google criou o BERT (*Bidirectional Encoder Representations from Transformers*), que é um algoritmo de aprendizado profundo relacionado ao processamento de linguagem natural. O BERT ajuda a entender o que as palavras de uma frase significam, mas com todas as nuances do contexto, incluindo o que o usuário estava buscando antes. A atualização do Google com a introdução do BERT melhora a maneira como o buscador entende as consultas de pesquisa. O BERT analisa consultas de pesquisa, não somente páginas da *Web*. O Google chama o BERT de "profundamente bidirecional" porque as representações contextuais das palavras começam "do fundo de uma rede neural profunda". De forma simplificada, as redes neurais de algoritmos são projetadas para reconhecimento de padrões. Categorizar o conteúdo da imagem, reconhecer a caligrafia e até prever tendências nos mercados financeiros são casos comuns do mundo real para redes neurais.

Outro exemplo de sistema de busca semântica é o Wolfram|Alpha, que responde às perguntas dos usuários em linguagem natural e sem se basear em palavras-chave. No TED Talk 2010, Stephen Wolfram, criador do Wolfram|Alfa, explica a evolução do algoritmo que originou o sistema semântico.

Busca generativa por inteligência artificial

Os buscadores tradicionais estão adotando IA generativa, que fornece respostas completas e personalizadas, substituindo listas tradicionais de *links*.

- Google Search Generative Experience (SGE):[5]
    - Respostas detalhadas com *links* para aprofundamento.
    - Exemplo: "Melhores *laptops* para *design* gráfico em 2024" gera recomendações personalizadas baseadas no histórico do usuário.
- ChatGPT e Gemini como buscadores:
    - Plataformas de IA oferecem respostas interativas e conversacionais, personalizando ainda mais a experiência.

---

5   https://blog.google/products/search/generative-ai-search/. Acesso em: 17 abr. 2025.

Busca visual e aural: expansão dos sentidos

Com o avanço da tecnologia, buscas baseadas em imagens, som e voz estão cada vez mais populares, ampliando as possibilidades de interação com o digital. Conforme as tecnologias de reconhecimento de imagem e som se aperfeiçoam, soluções cada vez mais interessantes começam a surgir para a busca por imagens e músicas/sons/voz.

Um exemplo de busca por reconhecimento de imagens é o Pinterest Lens, que permite que uma imagem capturada pela câmera do celular seja enviada para reconhecimento e busca de informações sobre o que foi fotografado. Com a busca pela câmera, as pessoas podem descobrir informações daquilo que as inspira, que pode ser um prato de comida ou um *look* de moda, por exemplo.

Quanto à busca por música, podemos citar os ótimos Shazam[6] e SoundHound, para plataformas *mobile*, e o Midomi, para plataformas *desktop*. Esses sistemas permitem buscar uma música (*music recognition*) que esteja tocando ou sendo cantarolada, devolvendo informações como o nome da música, artista etc.

Busca por voz e IA conversacional

Busca por reconhecimento de voz também já é presente em nosso dia a dia e deve se tornar cada vez mais popular conforme o desempenho do reconhecimento melhore e os assistentes de voz se proliferem. Em 2016, o Google lançou o Google Assistant, um assistente *mobile* que oferece comandos de voz, pesquisa por voz e controle de dispositivo ativado por voz, permitindo que você conclua várias tarefas depois de dizer as palavras de ativação "OK Google" ou "Ei, Google". Ele foi projetado para fornecer interações de conversação. Essa é uma das razões pelas quais o Google introduziu o BERT, pois, com a distribuição dos assistentes de voz por meio de dispositivos como o Google Home e a proliferação do Android em dispositivos móveis, a busca por voz usando a linguagem natural irá crescer exponencialmente. O assistente de voz do Google já está presente em relógios, celulares, TVs, computadores, carros, dispositivos de automação residencial, e o número de dispositivos deve crescer conforme a Internet das Coisas também avança.

A busca semântica e a inteligência artificial representam a próxima etapa na evolução digital, criando experiências mais relevantes, personalizadas e acessíveis. Essas inovações não apenas moldam o comportamento dos usuários, mas também impactam estratégias de marketing, exigindo adaptação constante de profissionais e empresas.

Personalização de resultados de busca

Mais uma tendência dominante na área de busca é a personalização dos resultados em função do comportamento do usuário (*behavioral targeting*). O Google já utiliza a personalização por comportamento para todos os usuários que estiverem logados em algum serviço do Google ou que estejam com os *cookies* ativados. A personalização dos resultados, portanto, ocorre de duas formas:

---

[6] http://www.shazam.com/music/web/home.html. Acesso em: 23 jun. 2020.

- **Signed-in personalization**: personaliza os resultados de busca de quem está logado em qualquer serviço do Google, baseando-se na *Web History* do usuário.
- **Signed-out customization**: personaliza os resultados de busca para quem não está logado em nenhum serviço do Google, baseando-se na informação das buscas passadas no navegador do usuário, usando um *cookie*.

Dessa forma, atualmente, quando dois usuários diferentes fazem a busca pela mesma palavra-chave no Google, eles podem receber resultados bastante diferentes. O objetivo da personalização dos resultados é aumentar a relevância dos *links* para os usuários da busca.

Em setembro de 2010, o Google lançou o Google Instant Streaming, que vai apresentando sugestões de busca em tempo real conforme o usuário vai digitando os termos de busca no campo. Antes de lançar o Google Instant, o Google sugeria, via Google Suggest, o que digitar na busca, baseado no volume de busca das palavras-chave, ou seja, a sugestão apontava para os termos mais populares de busca. Com a introdução do Google Instant, as sugestões em tempo real são de resultados de busca em tempo real, ou seja, a sugestão agora aponta para os termos mais populares na busca, já considerando a personalização para você. Com isso, a busca, além de personalizada, ficou mais rápida e em tempo real, com sugestões do que buscar.

Apesar de o Google Instant não afetar os resultados das buscas em si (já que sugere os resultados para a busca da mesma forma que antes, calculando relevância e apresentando-os em função disso), pode afetar a intenção de busca, já que vai apresentando os resultados sugeridos em tempo real conforme a pessoa digita as palavras.

Na apresentação de lançamento do Google Instant Streaming, em 8 de setembro de 2010, Sergey Brin, um dos fundadores do Google, declarou que *"we want to make Google the third half of your brain"* ("Nós queremos tornar o Google a terceira metade do seu cérebro"). Ele certamente tinha razão, e hoje nós deixamos o Google pensar por nós o que será mais relevante buscar.

Considerações e recomendações adicionais

Este capítulo teve como objetivo apresentar a busca, sua importância e as diversas plataformas digitais disponíveis. As estratégias que envolvem a busca serão tratadas no Capítulo 23.

Para conhecer conteúdo adicional e atualizado referente a este capítulo, acesse o QRCode a seguir:

www.martha.com.br/livro-MED/saibamais15.html

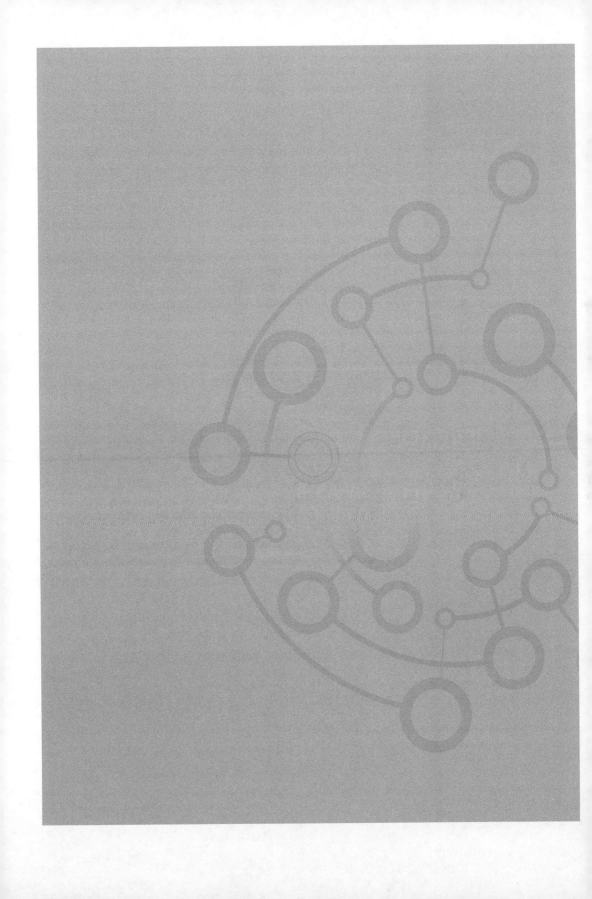

Ao criar *sites*, aplicativos móveis ou *softwares*, as empresas geralmente se concentram no *design* visual, tecnologias para otimização de velocidade ou em garantir que o produto seja compatível com todos os dispositivos. Como resultado, a acessibilidade digital geralmente é negligenciada.

A Internet precisa ser acessível para todos, principalmente para pessoas com limitações motoras, visuais e auditivas. Segundo o IBGE,[1] mais de 18 milhões de brasileiros sofrem de algum tipo de deficiência. O IBGE apresenta dados detalhados sobre as diferentes categorias de deficiência:[2]

- Deficiência física: 7,8 milhões de pessoas (3,8% da população).
- Deficiência visual: 3,4 milhões de pessoas (1,7% da população).
- Deficiência auditiva: 1,1 milhão de pessoas (0,5% da população).
- Outras deficiências: 6,3 milhões de pessoas (3% da população).

O objetivo deste capítulo é conscientizar e apresentar uma série de recursos que possibilitam a navegação, a compreensão e a interação de qualquer deficiente no ambiente digital.

O que é acessibilidade digital?

Acessibilidade digital é o processo de tornar produtos digitais (*sites*, aplicativos móveis, *softwares* e outras ferramentas e tecnologias digitais) acessíveis a todos. Trata-se de fornecer a todos os usuários acesso às mesmas informações, independentemente das deficiências que possam ter.

De acordo com o W3C (a organização que gerencia os padrões da *Web*), seu objetivo de acessibilidade na *Web* é: levar a *Web* a todo o seu potencial para ser

---

[1] Disponível em: https://www.gov.br/mdh/pt-br/assuntos/noticias/2023/julho/brasil-tem-18-6-milhoes-de-pessoas-com-deficiencia-indica-pesquisa-divulgada-pelo-ibge-e-mdhc. Acesso em: 18 maio 2024.

[2] Disponível em: https://agenciadenoticias.ibge.gov.br/agencia-noticias/2012-agencia-de-noticias/noticias/37317-pessoas-com-deficiencia-tem-menor-acesso-a-educacao-ao-trabalho-e-a-renda. Acesso em: 18 maio 2024.

acessível, permitindo que pessoas com deficiência participem igualmente na *Web*. A *Web* deve estar acessível para fornecer acesso igual e oportunidade igual para pessoas com habilidades diversas. De fato, a Convenção das Nações Unidas sobre os Direitos das Pessoas com Deficiência reconhece o acesso às tecnologias de informação e comunicação, incluindo a *Web*, como um direito humano básico.

O objetivo é uma rede na qual todos possam participar, uma vez que o acesso à informação e comunicação é, segundo a ONU, um direito humano básico. Um exemplo simples de entender a acessibilidade é pensar em imagens "*alt text on*". É assim que as pessoas que não conseguem ver navegam em um *site* e entendem uma imagem. Ao fornecer *tags alt* relevantes para todas as suas imagens, você contribui para tornar a *Web* mais acessível para as pessoas que não podem ver.

Então, por que a acessibilidade digital é importante? Estamos vivendo em um mundo digital, onde mais e mais produtos e serviços estão se tornando digitais. As empresas que negligenciam a acessibilidade precisam entender que já estão perdendo clientes e continuarão a perdê-los. Além disso, a boa usabilidade melhora a experiência digital para todos os usuários (não apenas aqueles com deficiências).

Veja alguns requisitos para tornar um produto digital acessível:

- Ter *plug-ins* com leitores de tela que analisam um *site* para um usuário com deficiência visual.
- Legendar vídeos para indivíduos com deficiência auditiva.
- Incluir "texto alternativo" nas imagens e nos vídeos, para indivíduos com deficiência visual.
- Aumentar o contraste e a legibilidade das fontes.
- Fazer marcação semântica de forma aprimorada, para facilitar para pessoas com deficiência visual e outras pessoas que usam leitores de tela, melhorar a função de pesquisa e tornar todo o *site* mais amigável para SEO, para todos.
- Fazer os *sites* navegáveis por teclado para usuários que talvez não consigam operar um *mouse*.

Esses exemplos demonstram apenas um subconjunto de como *sites* ou aplicativos móveis podem incorporar a acessibilidade digital. Para a lista completa de diretrizes de acessibilidade digital, existe um padrão global conhecido como *Diretrizes de Acessibilidade para Conteúdo da Web* (WCAG). A WCAG cobre ampla gama de recomendações para tornar o conteúdo da *Web* mais acessível. Para saber mais, visite as diretrizes no seguinte *link*: https://www.w3.org/WAI/standards-guidelines/. Acesso em: 18 maio 2024.

Acesse o QRCode ou o *link* da Figura 16.1 a seguir ou o *link* para assistir ao vídeo de introdução à acessibilidade da *Web* e aos padrões do W3C.

Figura 16.1 – QRCode de acesso ao vídeo de introdução à acessibilidade da *Web* e aos padrões do W3C.
Fonte: Disponível em: https://www.w3.org/WAI/videos/standards-and-benefits/. Acesso em: 9 jun. 2020.

Padrões

Conhecidas como WCAG (diretrizes de acessibilidade de conteúdo da *Web*), as recomendações para tornar a *World Wide Web* acessível foram emitidas em 2008 pelo *World Wide Web Consortium* (W3C), por meio da *Web Accessibility Initiative* (WAI), e atualizadas em junho de 2018.

A versão 2.1 das diretrizes de acessibilidade de conteúdo da *Web* estabeleceu três níveis de acessibilidade cuja usabilidade vai evoluindo conforme os níveis: A, AA e AAA.

Além desses três níveis de prioridade, o WCAG 2.1 definiu que se uma tecnologia não suportar acessibilidade na *Web*, uma alternativa em HTML deverá ser organizada, mas uma única versão totalmente acessível será sempre preferida. Os padrões WCAG na versão 2.2 — versão atual — são uma extensão da versão 2.1, que, por sua vez, é uma extensão da versão 2.0, o que significa que, se o seu *site* for construído respeitando o WCAG 2.2, ele também estará em conformidade com o WCAG 2.1 e o WCAG 2.0. As auditorias de acessibilidade precisam estar em conformidade desde junho de 2018. Essa versão possui 17 novas atualizações em três níveis (A, AA e AAA). Eles se referem principalmente a interfaces móveis, algumas ferramentas de voz, deficiência visual e várias deficiências cognitivas. Veja nas Tabelas 16.1, 16.2 e 16.3.

Tabela 16.1 – Requisitos simples de nível A

Critério	Diretriz de acessibilidade
1. Atalhos alfanuméricos do teclado O uso de atalhos de teclado compostos por uma única tecla de caractere pode ser confuso para os usuários da entrada de fala, que podem desencadear acidentalmente uma ação ou uma série de ações, expressando uma frase ou comandos específicos. Também pode afetar algumas pessoas com deficiências motoras que podem iniciar uma ação pressionando acidentalmente uma tecla	• Configurar um mecanismo para desativar o atalho • Configurar um mecanismo para reprogramar o atalho • O atalho ficar ativo apenas quando for atribuído a um destino específico
2. Etiquetas ou *tags*	Consiste em garantir que o rótulo do componente corresponda ao rótulo acessível para ativar efetivamente esse elemento por meio do comando de voz
3. Cancelar uma ação O objetivo deste critério é garantir que as ações não possam ser acionadas acidentalmente	Um exemplo de como aplicar esse critério seria fornecer ao usuário um mecanismo para cancelar uma ação
4. Funcionalidades complexas dos gestos Usuários com deficiências motoras podem ser incomodados quando um recurso exige o uso de um gesto complexo (vários dedos, por exemplo)	Forneça uma alternativa fácil de usar, como *links* e botões
5. Detecção de movimento Ative alguns recursos em dispositivos móveis por meio da detecção de movimento	Garanta que: • Existe uma alternativa acessível para ativar o recurso • Existe um mecanismo para desativar a detecção de movimento

Tabela 16.2 – Requisitos de nível AA

Critério	Diretriz de acessibilidade
6. Orientação Detecte a orientação da tela para facilitar a experiência de visualização do usuário	Verifique se a orientação do dispositivo não está bloqueada; o usuário deve poder alternar do modo retrato para o modo paisagem e vice-versa
7. Entrada fácil O preenchimento de um formulário não deve exigir um esforço contínuo de memorização	Isso é para garantir que um processo de autenticação não dependa apenas da capacidade do usuário de lembrar sua senha, por exemplo, fornecendo uma maneira alternativa de recuperar sua senha ou de se autenticar de outra forma
8. Redesenhar conteúdo	• No *desktop*, verifique se o conteúdo permanece visível e nítido com mais de 200% de *zoom* • Em dispositivos móveis, verifique se o conteúdo permanece visível e nítido nas telas menores (320px por 256px)
9. Contraste em *design* gráfico Defina a taxa de contraste correta para aprimorar a experiência visual do usuário	São necessárias duas taxas de contraste: 4,5 em geral e 3 para elementos gráficos com dimensões pelo menos iguais a 3 *pixels*
10. Contraste no *design* da interface do usuário É uma etapa necessária para garantir que haja contraste suficiente nos componentes interativos: *links*, botões, ícones, imagens etc.	São necessárias duas taxas de contraste: 4,5 em geral e 3 para elementos com dimensões pelo menos iguais a 3 *pixels*
11. Ajustando o texto	Isso é para garantir que nenhum conteúdo seja perdido quando o usuário personalizar certos recursos de texto
12. Conteúdo exibido quando o *mouse* passa sobre ele	O conteúdo exibido quando o cursor ou o foco do *mouse* está posicionado em um elemento deve ser: • Ignorável: um mecanismo é fornecido para ignorar o conteúdo exibido • Clicável: este conteúdo pode ser selecionado • Persistente: o conteúdo é exibido quando recebe o foco ou o cursor do mouse e desaparece quando não os recebe (no caso de títulos personalizados, por exemplo)

Tabela 16.3 – Requisitos de nível AAA

Critério	Diretriz de acessibilidade
13. Expiração de uma ação do usuário	Quando uma ação tem uma vida útil limitada, verifique se há um mecanismo para notificar o usuário
14. Animações interativas	Deve haver uma maneira de desativar animações interativas, a menos que contenham informações
15. Tamanho do cursor	O tamanho do cursor ou ponteiro deve ser de pelo menos 44 px, exceto quando é proposto um mecanismo alternativo, como um *link* ou botão
16. Mecanismos concorrentes	Isso garante que o usuário tenha várias maneiras de ativar um recurso. Este critério abrange o comando de voz e a ativação do teclado e do *mouse*
17. *Status* da mensagem Isso se aplica a mensagens que relatam uma atualização de *status*, por exemplo, no final de uma ação	Verifique se a mensagem está clara sem a necessidade de se concentrar

No Brasil, há um movimento chamado Web para Todos, que se propõe a ser o ponto de encontro entre as organizações, desenvolvedores e pessoas com deficiência com o objetivo de mobilizar a sociedade para a causa da acessibilidade digital, e contribuir para transformar a *Web* brasileira em um ambiente inclusivo para todos. O movimento foi idealizado em 2017 por Simone Freire, também fundadora da Espiral Interativa, uma agência especializada em causas sociais, em parceria com o W3C Brasil.

Acesse o QRCode ou o *link* da Figura 16.2 para assistir ao vídeo da campanha do movimento na versão acessível.

Figura 16.2 – QRCode de acesso ao vídeo da campanha Web para Todos veiculado na TV aberta e Internet.
Fonte: Disponível em: https://youtu.be/ah79TAO8IH0. Acesso em: 10 jun. 2020.

O *site* do movimento Web para Todos mantém uma página de boas práticas de acessibilidade digital. A partir do conteúdo dessa página, você conseguirá entender melhor sobre o que é acessibilidade digital na prática. São dicas rápidas que você pode incorporar ao dia a dia. Acesse pelo QRCode ou o *link* da Figura 16.3.

Figura 16.3 – QRCode de acesso ao *site* do movimento Web para Todos, com as boas práticas de como incorporar a acessibilidade digital em seu dia a dia.
Fonte: Disponível em: https://mwpt.com.br/acessibilidade-digital/boas-praticas/. Acesso em: 10 jun. 2020.

Benefícios de um *site* acessível para as organizações

Para as organizações, os benefícios de um *site* com acessibilidade são os seguintes:

- **Fortalece sua imagem de marca**: no momento em que as organizações procuram maximizar a imagem de sua marca, a implementação da acessibilidade é uma maneira importante de destacar sua responsabilidade cívica para com seus acionistas, funcionários e público em geral. A certificação é uma maneira estratégica de reforçar ainda mais a imagem da sua marca e comunicar essa responsabilidade. O movimento Web para Todos certifica *sites*, aplicativos, produtos digitais etc.
- **Melhora seu SEO**: a acessibilidade digital facilita o acesso ao conteúdo para todos os usuários, incluindo os mecanismos de pesquisa. Obviamente, a acessibilidade na *Web* por si só não garante uma boa classificação nos mecanismos de pesquisa. Porém, removerá todas as barreiras à indexação e oferecerá conteúdo de texto semanticamente correto, e, portanto, mais otimizado.
- **Maximiza o desempenho do seu *site***: o desempenho do *site* depende muito da compatibilidade com os navegadores das versões *desktop* e *mobile*. Além disso, sua usabilidade em outros dispositivos (*smartphones*, *tablets*, quiosques interativos etc.) está se tornando cada vez mais crucial. A questão central para tornar seu *site* acessível é garantir que ele esteja em conformidade com os padrões de acessibilidade da *Web* e as diretrizes de acessibilidade móvel existentes. A verificação dessa conformidade é uma oportunidade para avaliar a usabilidade do seu *site*. Vale ressaltar que o *design* responsivo da *Web* também pode ser acessível.
- **Reduz custos de manutenção**: uma diretriz de acessibilidade digital é manter separação entre o conteúdo e o *design* de interface, o que gera duas vantagens principais: menos tempo será necessário para o desenvolvimento e mais flexibilidade será possível no *design*. Atualmente, podemos alterar a aparência inteira de um *site* em alguns minutos, simplesmente alterando a folha de estilos associada a ele. Isso é impossível em *sites* anacrônicos, onde o conteúdo e o contêiner são a mesma coisa.

Benefícios de um *site* acessível para a sociedade

A acessibilidade digital traz benefícios para todo mundo, principalmente para as pessoas com deficiência e mobilidade reduzida, além de idosos, leigos no uso do computador e analfabetos funcionais (pessoas com baixo letramento, incapazes de interpretar um texto). Quando um *site* está acessível, os benefícios são muitos. Veja a seguir alguns deles, segundo o movimento Web para Todos:

- Pessoas com baixa visão – que usam, ou não, programas ampliadores de tela – não têm dificuldade com o contraste, nem para identificar e clicar em *hiperlinks*, barras e botões, ou para aumentar o tamanho das letras.
- Pessoas com deficiência auditiva ou surdas acessam informações em áudio e vídeo com transcrições, legendas e traduções em Libras (Língua Brasileira de Sinais).

- Pessoas com deficiência motora e mobilidade reduzida que usam apenas o teclado para acessar os conteúdos conseguem navegar com facilidade por todos os menus e seus subitens, serviços, formulários e informações disponíveis.
- Pessoas que não conseguem identificar algumas cores não se confundem nem perdem informações, porque todas as informações apresentadas por meio de cores são transmitidas, também, de outras formas.
- Pessoas com deficiência visual que utilizam programas leitores de tela no computador navegam sem dificuldade pelos *sites*, preenchem formulários, acionam botões por meio de comandos do teclado e conseguem acessar, inclusive, as informações que estão em imagens, por meio de textos alternativos.
- Pessoas com deficiência intelectual ajustam a velocidade das animações e têm acesso a conteúdos em texto, áudio e vídeo para aprimorarem seus estudos.
- Pessoas com baixa experiência computacional aprendem, com facilidade, a utilizar serviços fundamentais para seu dia a dia e encontram, com rapidez, todas as informações de que necessitam.
- Pessoas com idade avançada conseguem encontrar todas as informações de que necessitam devido ao bom contraste, assim como pelo tamanho dos textos, navegabilidade e baixa complexidade das interações.
- Pessoas com problemas de conexão com a Internet acessam as páginas *Web* com facilidade e navegam com ótimo desempenho.
- Pessoas com dispositivos móveis acessam serviços e informações na *Web*, mesmo utilizando telas e teclados muito pequenos e com velocidade de conexão e capacidade de processamento e armazenamento reduzidas.

A W3C também mantém uma página com as perspectivas de acessibilidade da *Web*, onde você pode conferir o impacto e os benefícios para todos. Acesse o QRCode da Figura 16.4 para aprender sobre o impacto da acessibilidade e os benefícios para todos em uma variedade de situações.

Figura 16.4 – QRCode de acesso aos vídeos sobre as perspectivas e impactos da acessibilidade digital em diversas situações.
Fonte: Disponível em: https://www.w3.org/WAI/perspective-videos/. Acesso em: 10 jun. 2020.

Atingindo o mercado sênior

Uma interface acessível geralmente se mostra mais intuitiva e confortável para seus usuários – que obviamente também incluem pessoas sem deficiência. Ele pode ser acessado e usado por todos, incluindo centenas de milhões de idosos em todo o mundo com incapacidades temporárias ou permanentes.

Os idosos (pessoas acima de 65 anos) representam mais de 22,2 milhões[3] de pessoas no Brasil, 10,9% da população do país. Segundo dados do Ministério da Saúde,[4] em 2030, o Brasil terá a quinta população mais idosa do mundo.

Considerações e recomendações adicionais

Para conhecer conteúdo adicional e atualizado referente a este capítulo, acesse o QRCode a seguir:

www.martha.com.br/livro-MED/saibamais16.html

---

3   Disponível em: https://agenciadenoticias.ibge.gov.br/agencia-noticias/2012-agencia-de-noticias/noticias/38186-censo-2022-numero-de-pessoas-com-65-anos-ou-mais-de-idade-cresceu-57-4-em-12-anos. Acesso em: 18 maio 2024.
4   Disponível em: https://jornal.usp.br/atualidades/em-2030-brasil-tera-a-quinta-populacao-mais-idosa-do-mundo/. Acesso em: 23 jul. 2020.

CAPÍTULO 17

Com o amadurecimento das tecnologias digitais, veio também o seu potencial de automação nos processos de marketing e negócios. Inteligência artificial, IoT (*Internet of Things*), *Big Data*, *Cloud*, entre outras tecnologias, trazem inúmeras oportunidades para alavancar a inteligência e os resultados do negócio.

A automação do marketing resume-se ao uso de *softwares* para automatizar processos de marketing, como qualificação de *leads*, segmentação de clientes, *upselling*, *cross-selling*, enriquecimento de base de dados de clientes e otimização de campanhas. O uso da automação de marketing torna muito mais eficientes os processos que, de outra forma, teriam sido executados manualmente e possibilita o maior sucesso de todas as estratégias de marketing em ambiente digital que veremos na Parte IV, principalmente as seguintes estratégias: *Social Media Marketing* (SMM), *inbound* marketing, *omnichannel*, e-mail marketing e marketing de *performance*. Este capítulo trata das questões da automação de marketing e suas possibilidades.

O que é a categoria de automação de marketing

A automação de marketing é uma categoria de tecnologia que reúne plataformas e *softwares* que fazem a automação de processos das estratégias de marketing em ambiente digital e permite que empresas criem fluxos de ações com base em gatilhos, otimizem campanhas, meçam os resultados de forma mais rápida, para que possam aumentar a eficiência operacional e aumentar também a receita.

A categoria de automação de marketing cresce consideravelmente em meio a uma demanda crescente dos negócios para automatizar seus fluxos de trabalho de marketing e poder captar e reter melhor seus clientes. O mercado de *software* de automação de marketing foi estimado em US$ 6,85 bilhões em 2024 e deverá ser de US$ 15,36 bilhões[1] em 2029.

---

1 Disponível em: https://www.mordorintelligence.com/industry-reports/digital-marketing-software-market. Acesso em: 18 maio 2024.

As grandes empresas geralmente enxergam mais valor na tecnologia, mas a automação de marketing não é apenas para grandes empresas. Milhares de pequenas empresas também estão usando automação. Da mesma forma, empresas de todos os setores estão usando. Toda empresa tem uma coisa em comum: o desejo de obter maior receita e crescimento mais rápido. Mas muitas empresas lutam diariamente para alinhar pessoas, processos e tecnologia para alcançar esses objetivos. O objetivo central de todas as empresas ao adotar *softwares* de automação de marketing deve ser criar experiências únicas que agregam valor ao consumidor, que por sua vez é superconectado, tornando o funil cada vez mais dinâmico. Nesse contexto, a automação de marketing atuará como um catalisador para que tudo aconteça dentro do esperado na jornada do cliente.

Dentro das estratégias digitais de marketing, a tecnologia é essencial para poder tornar qualquer negócio mais eficiente e escalável. E, com o crescente número de canais que os profissionais de marketing precisam gerenciar, o trabalho se torna praticamente impossível sem usar *softwares* de automação de marketing. Em particular, todos esses processos exigem:

- Um local para todos os seus dados de marketing, incluindo interações e comportamentos detalhados de *leads* em potencial e clientes, para que você possa segmentar e direcionar a mensagem certa para cada um dentro da jornada.
- Um ambiente para criação, gerenciamento, automação de processos e conversas de marketing nos canais *on-line* e *off-line*.
- Uma maneira de testar, medir e otimizar o ROI do marketing e o impacto na receita. Pense nisso como o lugar para entender o que funcionou, o que não funcionou e onde você pode melhorar.

A maioria dos *softwares* nessa categoria de automação de marketing possui recursos como marketing por *e-mail*, *landing pages* e formulários, gerenciamento de campanhas, marketing de engajamento, previsão e pontuação de *leads*, gerenciamento do ciclo de vida do cliente, integração de CRM, recursos de marketing em mídias sociais, recursos de marketing *mobile* e análise de marketing.

As empresas podem esperar três benefícios principais ao adotar a automação de marketing: mais *leads* qualificados, vendedores mais produtivos, eficiência operacional, experiência mais personalizada para o cliente, e, consequentemente, maior receita.

Veja a seguir quais são as táticas mais eficazes para otimizar a automação de marketing.

1. Segmentação de público

- Segmentação de *Leads*: um estudo da Eloqua revelou que empresas que segmentam seus *leads* por interesse e comportamento *on-line* obtêm um aumento de 79% na taxa de conversão.
- Personalização de Conteúdo: de acordo com a Marketo, empresas que personalizam o conteúdo de seus *e-mails* com base em dados de clientes obtêm uma taxa de cliques 400% maior e uma taxa de conversão 3x maior.

2. Testes A/B e otimização

- Testes A/B de Títulos: a HubSpot realizou um teste A/B com diferentes títulos de *e-mail* e descobriu que um título específico resultou em aumento de 22% na taxa de abertura.
- Otimização de CTAs: um estudo da Acquia revelou que CTAs com linguagem mais forte e direcionada geram um aumento de 42% nas conversões.

3. Nutrição de *leads*

- Campanhas de *E-mail Drip* (consiste no envio de uma série de *e-mails* pré-escritos e preagendados para *leads* e clientes ao longo de determinado período): de acordo com o MarketingSherpa, *e-mails drip marketing* nutridos por 30 dias ou mais resultam em uma taxa de conversão 5x maior do que *e-mails* enviados apenas uma vez.
- Automação de Fluxo de Trabalho: a Marketo afirma que empresas que automatizam seus fluxos de trabalho de nutrição de *leads* obtêm aumento de 50% na taxa de qualificação de *leads*.

4. Personalização da Experiência do Cliente

- Recomendações de Produtos: a Amazon utiliza dados de compras e navegação para recomendar produtos relevantes aos seus clientes, o que resulta em um aumento de 35% nas vendas.
- Ofertas Personalizadas: a Netflix analisa o histórico de visualizações de seus usuários para oferecer filmes e séries personalizados, o que leva a um aumento de 20% no tempo de engajamento.

A automação de marketing agrega valor e ROI aos esforços de marketing, principalmente nas estratégias digitais. Adotar o conjunto de *softwares* de automação de marketing certo, combinada com o alinhamento inteligente de processos, possibilita conectar os pontos entre os diversos canais, jornadas e ações.

Geralmente, a automação de marketing conecta-se ao sistema de CRM da empresa, que atualmente são todos baseados em nuvem e podem possuir um serviço de automação de marketing nativo, como é o caso da Salesforce Pardot e Oracle Eloqua. Há no mercado muitas soluções independentes, como a Adobe Marketo, que pode ser integrada a diversas plataformas de CRM, como Salesforce, Oracle, Microsoft, entre outros sistemas. O HubSpot e o RD Station Marketing também são plataformas populares de automação de marketing, mas que possuem seu produto de CRM separado. Isso é bom, pois essas plataformas permitem que os processos de marketing continuem, independentemente do CRM da empresa, usando como base uma lista de *e-mails*, por exemplo.

Tratamento da base de contatos

A automação de marketing é construída em torno de gatilhos e *feedbacks* automáticos. A cada ação, há uma reação direcionada para qualificar *leads*, gerenciar o relacionamento com clientes, personalizar experiências, entre outros. Em todos os casos de uso da automação de marketing, a chave é o contato, mais conhecido como *lead* e cliente.

Geralmente, os *leads* que chegam ao funil dinâmico de marketing vão parar numa base de contatos. Essa base precisa conter dados que permitam segmentar e identificar a maturidade do *lead* dentro dos parâmetros de qualificação. Embora isso possa parecer óbvio, muitos profissionais de marketing ignoram a segmentação da sua base e tratam todos como se fossem iguais no funil de vendas. Saber disso é importante, pois você deve segmentar sua base para evitar o envio da mesma mensagem para todos. Para ter um bom desempenho e fazer os *leads* avançarem no funil, a segmentação dos *leads* é fundamental. Uma maneira bastante comum de segmentar a base de *leads* é por dados demográficos, interesses, comportamentos e origem dos *leads*. Mas, para ter melhores resultados, é necessário identificar os *leads* a partir de perguntas-chave para conseguir qualificá-los de acordo com o que é mais importante para o seu negócio. As perguntas precisam refletir as características que determinam o melhor *lead* possível, ou seja, o *lead* qualificado. Veja algumas possíveis perguntas: Qual é o seu ramo de atividade? Qual é o tamanho do seu negócio? Qual é o seu maior desafio de negócio?

É recomendado que as perguntas tenham respostas predefinidas para que seja mais fácil segmentar a base de dados. As perguntas te ajudarão a identificar o *lead* ideal para seu produto ou serviço, assim como ajudar o processo de vendas ser mais eficiente.

Aliado à estratégia de *inbound* marketing, você pode usar uma plataforma de automação de marketing para continuar alimentando os *leads* não qualificados com conteúdo que os ajude a amadurecer no processo de vendas, assim como enriquecer a base de dados com mais dados importantes para tratar o *lead* de forma cada vez mais personalizada, aumentando, assim, as taxas de conversão.

Por outro lado, você precisa monitorar seus *leads* para identificar aqueles que estão inativos ou sem valor. Muitas ferramentas de automação de marketing cobram por número de contatos na base ou por *e-mails* disparados. Em ambos os casos, ter um *lead* inativo – *e-mail* inexistente, *e-mail* escrito errado, telefone mudou ou inerte às comunicações – é ruim para o bolso e para as métricas de controle, como taxa de abertura de *e-mail* e conversão.

Provavelmente, muitas pessoas se inscreveram na sua *landing page* para baixar um *e-book* ou na sua lista de *e-mails* para receber *newsletter*, mas não se envolveram de maneira significativa ao longo do tempo com outras comunicações. Muita gente continua recebendo as comunicações e não se interessa mais pelo conteúdo ou pela sua empresa, mas não pedem para cancelar a inscrição. É essencial tirá-los da base de contatos ou limpar a sua lista de *e-mails*. Quando as comunicações são enviadas por *e-mail*, tendo uma lista limpa, você aumenta a taxa de entrega e reputação dentro dos provedores.

Muitas vezes, o *e-mail* do contato está escrito errado. Para evitar isso, peça dupla confirmação do *e-mail* no momento do cadastro ou valide o *e-mail* por meio do envio de um *link* parametrizado para o *e-mail* cadastrado. Para casos de ter uma base de *e-mails* sem autenticação e/ou validação, remova ou corrija os domínios incorretos – às vezes, os *leads* escrevem incorretamente os domínios como gmail.com ou hotmail.com. Às vezes, isso acontece por acidente e outras vezes as pessoas inserem nomes de domínio incorretos de propósito. Use verificadores de domínios no momento do cadastro; essas ferramentas verificam se o nome de domínio está correto. Independentemente disso, identifique os contatos incorretos para removê-los ou corrigi-los.

Crie mecanismos para que os próprios *leads* se descadastrem da sua base de contatos. Principalmente se eles marcaram seu *e-mail* como *spam*.

Remova endereços inativos ou inexistentes. Por exemplo, se um *lead* não abrir seus *e-mails* em três meses, remova-o.

Ao usar uma plataforma de automação de marketing, você também pode limpar automaticamente os *leads* com base em critérios qualitativos como: O contato tem potencial para comprar? O contato planeja comprar a curto ou médio prazo? O contato se encaixa na *persona* ideal para o meu negócio?

Os *leads* que você deseja que seus vendedores evitem são os *leads* desqualificados. Esses são os *leads* que não têm a *persona* saudável para o negócio ou não têm potencial de compra. Esses *leads* vão desperdiçar seu tempo e dinheiro.

Principais casos de uso de automação de marketing

Os casos de uso são inúmeros, mas há alguns que são mais triviais e importantes na jornada do cliente. A seguir, veremos os principais casos de uso de automação de marketing divididos entre os benefícios para o marketing e os benefícios para vendas.

- **Refinar o processo do funil dinâmico de marketing**: a automação de marketing lhe permite criar vários processos que identificam e amadurecem os *leads* ao longo do funil de vendas. A maioria das plataformas têm a capacidade de visualizar os *leads* dentro da sequência do funil e adaptá-lo sempre que necessário para torná-lo mais eficiente.
- **Segmentar contatos por estágio da jornada do cliente para comunicação personalizada em vários canais**: você pode identificar e interagir com os contatos em um nível mais personalizado de acordo com a jornada do cliente, que pode

estar *on-line* ou *off-line* por meio de canais como redes sociais, SMS, telefonemas, *e-mail*, notificações *push* em celular, mensagem em WhatsApp, grupo no Telegram etc.

- **Fazer testes A/B em campanhas**: fazer testes automáticos e dinâmicos em todas as fases do funil de vendas aumenta muito a eficácia das conversões.
- **Fazer *upsells* e *cross-sells***: você pode automatizar o processo de *upselling* e *cross-selling*, determinando quais clientes se enquadram em uma das duas categorias de venda. Isso aprimora o processo de vendas, o que, por sua vez, melhora o LTV (*Life Time Value*) do cliente.
- **Criar listas segmentadas de contatos para uso em campanhas de *performance***: é possível criar listas de *e-mail* com base em comportamentos ou estágios dos contatos no funil de vendas, para que possam ser usadas em sistemas de anúncios pagos como o Facebook Ads. Essas listas criam uma audiência customizada para remarketing ou para criar um novo público semelhante nas campanhas de marketing.
- **Economizar tempo gerenciando as mídias sociais**: há uma subcategoria de gestão de redes sociais dentro da automação de marketing que lhe permite gerenciar todas as atividades de mídia social relacionadas ao seu negócio a partir de um único ponto central. Esse ponto central permite agendar a publicação de *posts*, criar *workflows* de aprovação de conteúdo, responder mensagens diretas de consumidores nas redes sociais, entre outros.
- **Reduzir o tempo de criação de campanhas**: há uma subcategoria de gestão de campanhas e mídia programática dentro da automação de marketing que lhe permite gerenciar anúncios pagos mais rapidamente e otimizar automaticamente suas campanhas de marketing. A mídia programática é o uso da automação de marketing para compra de mídia, em oposição aos métodos tradicionais (geralmente manuais) de publicidade digital. A compra de mídia programática utiliza informações e algoritmos para veicular anúncios para o usuário certo, na hora certa e pelo preço certo. Veremos mais sobre isso no Capítulo 29, sobre marketing de *performance*.
- **Reaproveitar o conteúdo existente para nutrir *leads***: você pode manter uma série de conteúdos ricos, como *e-books* e webinários, já disponibilizados anteriormente, em uma régua de nutrição de novos *leads*. Você pode dividir esses conteúdos de acordo com o estágio em que o *lead* está no funil ou de acordo com algum ponto de dor apresentado nas perguntas de qualificação do *lead*. Isso ajudará a qualificar ainda mais o *lead*, caso ele consuma o conteúdo, tornando-o cada vez mais maduro para a conversão.
- **Dispor de relatórios sobre o que está funcionando e o que não está**: você pode dizer com precisão quais campanhas de marketing foram bem-sucedidas ou não e os tipos de *leads* que foram convertidos com sucesso em clientes. Algumas plataformas de automação de marketing mostram o modelo de atribuição do cliente, o que significa que é mais fácil identificar quais contatos ou canais foram importantes para que o *lead* convertesse em cliente. Muitas vezes, um *post* no

Instagram fez com que o *lead* buscasse a empresa no Google dias depois. O modelo de atribuição pode mostrar que o Instagram foi importante para fazer o *lead* converter no final do funil. Isso te dará mais certeza de em quais canais investir mais nas campanhas de marketing.

- **Recompensar os clientes mais fiéis com um programa de indicação**: alguns *softwares* de automação de marketing, como a Infusionsoft, permitem estabelecer programas de referência para clientes que ajudam a promover sua marca, produto ou serviço. É uma ação em que todos saem ganhando, conhecida também como "*member-get-member*". Esse processo de beneficiamento de quem indicou e quem comprou por meio do indicador tem que ser automático para ser escalável.

- **Eliminar as suposições da qualificação de *leads***: padrões e diretrizes de qualificação devem ser criados ao configurar sua ferramenta de automação de marketing. O objetivo é ativar um sistema de pontuação automática de *leads*. Assim, os *leads* com uma pontuação acima de determinado valor são priorizados e depois categorizados como *leads* qualificados para o marketing (MQLs) ou *leads* qualificados para vendas (SQLs), que são os *status* mais importantes para os processos do *inbound* marketing. Veremos mais sobre *inbound* marketing no Capítulo 28.

- **Criar um *pipeline* de vendas**: isso pode ser feito com base na distribuição automática dos *leads* no funil de vendas, dando para o time de vendas ou gestores a visão do trabalho comercial. Uma vez que você é capaz de identificar os *leads* por estágio e saber quais estão mais maduros para comprar sua solução, isso ajuda bastante a aumentar a eficiência comercial e a taxa de conversão.

- **Manter os dados do CRM atualizados**: o estabelecimento de uma conexão entre o CRM e a ferramenta de automação de marketing permite obter informações atualizadas sobre os contatos, sincronizando os dados principais.

- **Saber exatamente quando entrar em contato**: a automação de marketing amplia muito os recursos da força de vendas. A maioria das ferramentas permite acompanhar o comportamento dos *leads* nos diversos canais de contato, principalmente em no *site* da empresa. É possível configurar alertas que são disparados de acordo com o comportamento em tempo real do *lead* em determinada página do *site*, por exemplo, ficar muito tempo na página de planos e preços. Consequentemente, um contato feito corretamente dentro do contexto pode converter o *lead* quando ele está mais interessado no que sua empresa tem a oferecer. Isso poderia ser feito por meio de um *chat on-line* na página de planos e preços, por exemplo.

- **Fidelizar clientes**: isso é importante porque uma empresa só pode ser sustentável se tiver retenção de clientes. O crescimento é alcançado com a aquisição de novos clientes. No entanto, os clientes existentes devem ser mantidos. Assim, um equilíbrio deve ser alcançado entre os dois objetivos. Esse objetivo é alcançado pela inteligência de marketing, que envolve a coleta e a análise de dados valiosos sobre o comportamento existente do cliente. Muitas vezes, o cliente está dando sinais de que irá cancelar o contrato. Esses sinais podem ser automatizados? Se a resposta for sim, a automação de marketing irá te ajudar a entrar em contato com esse cliente antes que seja tarde demais. A automação também pode te ajudar a entender quem são os melhores clientes e beneficiá-los de alguma forma, ou ainda identificar quem está perto da renovação de contrato.

Evolução da automação de marketing

Estamos em uma nova década, portanto, profissionais de marketing e empresários devem pensar suas estratégias sabendo o que está sendo desenvolvido e evoluindo. A seguir, veremos algumas tendências sobre o futuro da automação de marketing.

Marketing de conversação

Embora você possa achar que os usuários da Internet não estão dispostos a interagir com os robôs, os dados da Oracle[2] mostram que 80% dos consumidores já utilizam *chatbots* e 64% os consideram úteis para resolver problemas de atendimento ao cliente. Isso só tende a evoluir com a ascensão das inteligências artificiais generativas baseadas em linguagem natural.

A chave para uma automação eficaz é o marketing de conversação. Lembre-se da comunicação bidirecional, ouvindo as necessidades dos clientes e interagindo com os consumidores de maneira rápida e compreensiva. Aproveite ao máximo as ferramentas de IA que usam processamento de linguagem natural e aprendizado de máquina para melhorar a experiência do cliente 24x7. Atualmente, é possível ter um *chatbot* em canais como WhatsApp, Facebook Messenger, no *website* por meio de soluções como Intercom, entre outros. Ferramentas como o Manychat e Chatfuel permitem criar *chatbots* em minutos, sem saber programar, apenas clicando e arrastando fluxos lógicos.

Personalização

A personalização tem tudo a ver com a identificação de comportamentos específicos e a preferência do *lead* ou cliente. Pode ser tão simples quanto não enviar *e-mails* para pessoas que não os abrem ou tão complexo quanto enviar um desconto específico para pessoas que visitaram a página do produto mais de cinco vezes no mês passado. Por isso a importância da segmentação da base de contatos, pois é uma estratégia de conversão comprovada, e cada vez mais usuários esperam vê-lo. Suas páginas de destino (*landing pages*) e formulários precisam ficar mais inteligentes para que você possa identificar *leads* qualificados e de alto valor, e dar a eles a atenção que merecem. Personalize todas as etapas do seu funil com conteúdo relevante de acordo com os sinais que o contato te deu para criar uma experiência mais individual. Plataformas como a www.involve.me/ (acesso em: 14 abr. 2025) permitem criar conteúdo interativo para cada etapa da jornada do cliente.

---

[2] Disponível em: https://www.oracle.com/chatbots/. Acesso em: 18 maio 2024.

Teste A/B usando inteligência artificial

As plataformas de automação de marketing continuarão implementando inteligência artificial (IA) e aprendizado de máquina em suas plataformas. Uma das primeiras maneiras pelas quais os profissionais de marketing verão isso impactar suas campanhas será com o teste A/B automatizado. As plataformas de automação começarão a testar mensagens, segmentação, fluxos de trabalho e muito mais, à medida que continuam aprendendo sobre uma *persona* específica. Quanto mais dados essas plataformas coletarem, melhores os testes A/B serão executados e, finalmente, teremos campanhas mais otimizadas.

Sistemas de resposta de voz interativa (IVR) ativados por IA e *bots* de voz

A voz que pede "Pressione 1" ou "Fique na linha" fará muito mais do que isso para quem adotar a inteligência artificial. Com a evolução da linguagem natural na IA, teremos avanços significativos nas ferramentas de *call center* para melhorar seus esforços de marketing. O lançamento do Google Duplex em maio de 2018 mostrou como o serviço de voz orientado por uma IA pode ajudar pessoas a marcarem consultas por telefone sem nenhuma interação do usuário. Veja o vídeo por meio do QRCode ou do *link* da Figura 17.1.

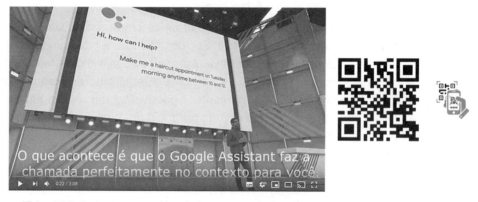

Figura 17.1 – QRCode de acesso ao vídeo do lançamento do Google Duplex em maio de 2018.
Fonte: Disponível em: https://www.youtube.com/watch?v=Nqhyc8_dwvE. Acesso em: 8 jun. 2020.

Veja uma versão da ligação do Google Duplex aqui no Brasil: https://drive.google.com/file/d/1KeZGhkYsLMvzGm5c81WTgmyzsqBf68zF/view. Acesso em: 14 abr. 2025.

Durante os períodos de *lockdown* da Covid-19, o Duplex foi utilizado em alguns países para atualizar com agilidade e em grande volume informações sobre os tipos de serviços e as formas de entrega que os estabelecimentos passariam a oferecer.

Por meio do Processamento de Linguagem Natural (PNL) e dos programas de aprendizado de máquina, essas ferramentas de *call center* com inteligência artificial terão a capacidade de entender solicitações e satisfazer totalmente as necessidades do cliente. De acordo com uma pesquisa recente, 92% dos gerentes de *call center* reconheceram que URAs e *bots* de voz foram muito eficazes para pacificar clientes irritados e melhorar a experiência do cliente. Se implantadas corretamente, as URAs com IA se tornarão ferramentas indispensáveis de atendimento ao cliente e automação de marketing.

Visão única do cliente

Se você deseja realizar uma automação de marketing avançada, precisará ter uma única visão do cliente (SCV – *Single Customer View*). Então, o que exatamente é um SCV? Uma visão de cliente único é uma imagem completa de cada um de seus clientes individuais, criada a partir do enriquecimento de dados, provavelmente mantidos em uma plataforma de automação de marketing. Ele mostra dados transacionais (o que eles compraram), dados comportamentais (o que eles clicaram), dados de contato (endereços de *e-mail* e histórico de mensagens), dados de comunicação (que campanhas eles receberam) e muito mais. O SCV é importante, pois permite casos de uso avançado de automação de marketing, como, por exemplo, o tempo ideal para o envio de uma mensagem.

Efeitos da LGPD na automação de marketing

A partir da Lei Geral de Proteção de Dados Pessoais, há um grande impacto na maneira como as empresas e os times de marketing podem gerenciar os dados dos contatos. Qualquer organização que use automação de marketing deve se adequar à legislação, solicitar explicitamente o consentimento do consumidor para a manipulação e uso dos dados e ter transparência sobre como os dados serão usados e processados. A *Dinamize* publicou um artigo que mostra como o marketing deve se adequar. Acesse pelo QRCode ou pelo *link* da Figura 17.2.

Figura 17.2 – QRCode de acesso ao artigo da *Dinamize*, que mostra como o marketing deve se adequar à LGPD.
Fonte: Disponível em: https://www.dinamize.com.br/blog/lgpd/. Acesso em: 24 mar. 2025.

Considerações e recomendações adicionais

Para conhecer conteúdo adicional e atualizado referente a este capítulo, acesse o QRCode a seguir:

www.martha.com.br/livro-MED/saibamais17.html

As plataformas digitais, os *sites* e os aplicativos que competem pelo nosso precioso tempo de tela invadiram com sucesso o território tradicional de muitos setores da "velha economia". Eles se tornaram o novo normal para muitos tipos de comportamento humano, desde a compra de um lanche até um *test-drive* de um carro. Os consumidores passam a fazer parte da ação de marketing de uma maneira que antes não era possível, mudando a forma como valorizamos produtos e serviços.

À medida que novas plataformas surgem pelo cenário digital, como NFTs, *displays* com realidade aumentada, vídeos imersivos e bens virtuais, eles aumentam a complexidade geral do marketing. A velocidade em que os mercados são redefinidos é acelerada por profissionais de marketing que criam nova experiências a partir das plataformas digitais.

O objetivo deste capítulo é apresentar algumas plataformas que, apesar de existirem há bastante tempo no mundo *off-line*, ganham impulso no ambiente digital *on-line*, tornando-se plataformas digitais populares e interessantes para serem consideradas nas estratégias de marketing. Essas plataformas são *podcasts*, *displays*, *games* e conteúdos de entretenimento, como veremos a seguir.

NFTs – *Tokens* não fungíveis

As tecnologias disruptivas têm transformado o marketing digital de maneiras antes inimagináveis, e entre as mais revolucionárias estão o *blockchain*, as criptomoedas e os NFTs.

O *blockchain*, uma estrutura de dados descentralizada e imutável, oferece segurança e transparência em transações digitais, tornando-se essencial para a garantia da autenticidade e rastreabilidade de produtos e conteúdos. As criptomoedas, por sua vez, são moedas digitais que utilizam criptografia para assegurar transações, permitindo pagamentos rápidos e seguros que transcendem fronteiras e regulamentações tradicionais. Já os NFTs, ou *tokens* não fungíveis, representam ativos digitais únicos que conferem propriedade e exclusividade a itens específicos, como obras de arte, músicas e outros conteúdos digitais.

Ao integrarem essas tecnologias, as marcas estão não apenas inovando em seus modelos de negócios, mas também criando novas formas de engajamento e monetização que ressoam profundamente nas expectativas e nos comportamentos dos consumidores modernos.

Em 2019, a Nike introduziu a tecnologia "CryptoKicks" (Figura 18.1), uma inovação que utiliza NFTs para autenticar a propriedade de calçados digitais. Com a compra de um par de tênis físico, os clientes recebem um NFT correspondente, garantindo a autenticidade do produto. Esse modelo não apenas combate a falsificação, mas também proporciona aos consumidores uma experiência digital única, permitindo a troca e a coleção de ativos digitais. A iniciativa da Nike exemplifica como as marcas podem utilizar NFTs para agregar valor e fidelizar seus clientes por meio de novas formas de interação e autenticidade.

Figura 18.1 – Imagem e QRCode de acesso ao vídeo de *unboxing* do tênis da Nike RTFKT Cryptokicks IRL.
Fonte: Disponível em: https://www.youtube.com/watch?v=sPidXWrCnyQ. Acesso em: 18 maio 2024.

Em 2021, a Coca-Cola lançou uma série de NFTs em um leilão para caridade (Figura 18.2), incluindo itens como uma "máquina de venda automática de amizade" virtual, que apresentava sons e visuais exclusivos. O leilão arrecadou mais de US$ 500.000, demonstrando como os NFTs podem ser usados para criar engajamento social e valor para causas beneficentes. Esse caso de sucesso mostra como uma marca global pode integrar inovação tecnológica em suas estratégias de marketing para alcançar um impacto significativo tanto em termos de *branding* quanto de responsabilidade social.

Figura 18.2 – Imagem e QRCode de acesso ao vídeo que demonstra os NFTs da Coca-Cola.
Fonte: Disponível em: https://www.youtube.com/watch?v=3KRqCpI9w3Y. Acesso em: 18 maio 2024.

Um dos primeiros grandes sucessos no uso de *blockchain* para entretenimento foi o jogo CryptoKitties (Figura 18.3). Nesse jogo, os usuários podem comprar, vender e criar gatinhos digitais únicos, cada um representado por um NFT. A popularidade do jogo não só difundiu o conceito de propriedade digital, mas também mostrou como os NFTs podem ser integrados em estratégias de marketing para jogos e entretenimento. Esse caso destaca a capacidade dos NFTs de criar mercados inteiramente novos, nos quais a exclusividade e a personalização são altamente valorizadas.

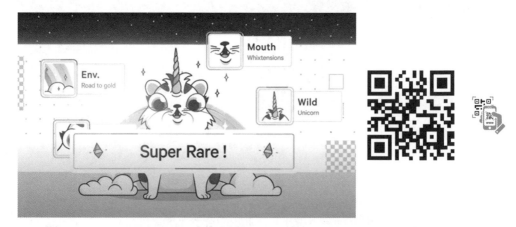

Figura 18.3 – Imagem e QRCode de acesso ao vídeo que demonstra o jogo CryptoKitties.
Fonte: Disponível em: https://www.youtube.com/watch?v=3PTstAK-cH8. Acesso em: 18 maio 2024.

Esses exemplos ilustram como as tecnologias de NFTs, *blockchain* e criptomoedas estão sendo adotadas de forma criativa e eficaz no marketing, permitindo que as marcas se destaquem em um mercado cada vez mais competitivo e digital. Ao explorarem e implementarem essas inovações, as empresas podem oferecer experiências únicas, autênticas e altamente personalizadas para seus consumidores, redefinindo o futuro do engajamento e da monetização digital.

Displays digitais *on-line*

Display advertising refere-se às práticas de apresentação de conteúdos ao público-alvo, inseridos nas mídias e nos ambientes que esse público frequenta. Na Internet, as ações de *display* são bastante antigas, e as mais comuns são os *banners* e *pop-ups* que populam *sites*. Com o passar do tempo, os *banners* passaram a ser incorporados também em jogos *on-line*, aplicativos móveis, vídeos imersivos etc.

As estratégias que envolvem *displays* digitais *on-line* podem ter por objetivo desde a simples exibição de mensagens para criar conscientização ou reforço de marca até ações interativas de compra. Desse modo, existem diversas métricas associadas à mensuração das estratégias de *display*, como impressões, CTR (*Click Through*), CPC (Custo por Clique), CPA (Custo por Aquisição) etc. A análise e o controle de ações de *display* são um assunto específico que foge do escopo deste livro. O foco aqui é apresentar as novas possibilidades na plataforma de *display* em função das tecnologias digitais emergentes.

A evolução nas tecnologias de *hardware* de *display* (sensores, câmeras, *software* de reconhecimento, realidade aumentada etc.) e a infraestrutura de conexão com a Internet oferecem soluções digitais *on-line* e interativas, além dos domínios dos *banners* dentro de *sites*. Além de aumentarem as possibilidades para o *display* dentro de qualquer outro conteúdo digital, como jogos e aplicativos *mobile*, as tecnologias digitais de integração com o mundo físico (como a realidade aumentada) ampliam bastante o campo de aplicação dos *banners* digitais. *Outdoors* com sensores e câmeras podem interagir com as pessoas ao redor e a sua conexão com a Internet permite ações integradas em tempo real.

Apresentaremos a seguir alguns *cases* interessantes que envolvem o uso de tecnologias emergentes em *displays*.

Display com realidade aumentada

A rede de *fast-food* Burger King criou uma campanha chamada *Anúncio Grelhado* que transformou seu aplicativo *mobile* em um dispositivo de marketing de guerrilha ao adicionar uma função de Realidade Aumentada que convida os clientes a "queimar" a publicidade dos concorrentes. Ao apontar a câmera do celular em um anúncio de rua do McDonald's, por exemplo, o aplicativo o incendiava, dando logo em seguida um *voucher* para um Whopper gratuito. A ideia foi criada para promover o BK Express, que permite que os clientes encomendem suas refeições sem as filas do mundo real. O vídeo que mostra o funcionamento da ação pode ser visto pelo QRCode da Figura 18.4.

Figura 18.4 – Imagem e QRCode de acesso ao vídeo da ação com realidade aumentada do Burger King.
Fonte: Disponível em: https://www.youtube.com/watch?v=WZaJMJGNbOQ. Acesso em: 18 maio 2024.

Outro *case* interessante é o uso de realidade aumentada em cardápios de restaurantes, permitindo que os consumidores vejam com mais detalhe os pratos. O QRCode da Figura 18.5 dá acesso ao vídeo de demonstração.

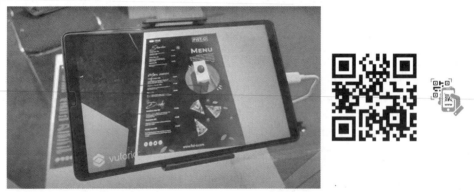

Figura 18.5 – Imagem e QRCode de acesso ao vídeo de demonstração de realidade aumentada em cardápios de restaurantes.
Fonte: Disponível em: https://www.youtube.com/watch?v=Zdilqeki8so. Acesso em: 18 maio 2024.

Displays digitais personalizados

Outra tecnologia interessante para *displays* digitais foi utilizada em Tóquio. *Displays* com câmera escaneavam as pessoas que passavam e mostravam os anúncios de acordo com a idade e o sexo delas. O QRCode da Figura 18.6 dá acesso à matéria (em inglês) com uma das imagens exibidas pelo *display*.

Figura 18.6 – Imagem e QRCode de acesso à matéria *Camera-equipped digital billboards scan humans in Tokyo, serve up tailored ads*.
Fonte: Disponível em: http://goo.gl/7NUh. Acesso em: 8 jun. 2020.

Ainda estamos no início das experimentações e do uso de tecnologias de reconhecimento de padrões humanos por grupos e, futuramente, por reconhecimento individual. No entanto, conforme essas tecnologias evoluam, possibilitarão diversos graus de personalização do conteúdo do *display* para ser apresentado ao público-alvo. Isso representa um potencial de segmentação jamais possível antes, trazendo benefícios consideráveis às estratégias de marketing.

Displays sociais

Uma das principais tendências no mercado é a socialização de tudo, ou seja, tudo que puder se tornar social, será. Os *displays* não são exceção disso.

Uma ação interessante e impactante que inclui a dimensão social nos *displays* foi a campanha *Volvo Live Review*, da agência GREY, para o lançamento do modelo XC60, em São Paulo, em 2017. A Volvo transformou a opinião dos motoristas na campanha de lançamento do carro em tempo real enquanto eles faziam *test drive*.

Microcâmeras dentro do carro capturavam ao vivo as reações de quem fazia um *test drive* do Novo XC60. Em poucos minutos, as imagens se espalhavam em forma de anúncios em 1.000 painéis de mídia exterior espalhados por São Paulo. Além disso, as reações também eram exibidas na *home* do UOL e nas redes sociais da Volvo. Para fazer isso acontecer, mais de 30 profissionais trabalharam em um *war room*, acompanhando ao vivo o *test drive* e produzindo as peças em tempo recorde.

A campanha conquistou recorde de *test drives* nos dias da ação e teve o maior número de visitas ao *site* em 2017, totalizando mais de 40 milhões de impactos.

A Figura 18.7 apresenta o *outdoor* da campanha contendo a opinião de um motorista em tempo real. O QRCode dá acesso ao vídeo do *case* da campanha.

Figura 18.7 – Imagem do *outdoor* digital da campanha *Volvo Live Review* e QRCode de acesso ao vídeo da campanha.
Fonte: Disponível em: https://youtu.be/ViD5FxPr970?si=wpuwJGo_Oh3EILtM. Acesso em: 18 maio 2024.

Re-targeting

Em razão da facilidade de mensuração e rastreamento inerentes ao meio digital, uma forte tendência na área de *displays* é o *re-targeting*, que consiste na prática de apresentar um anúncio de um produto a um consumidor individual após ele ter manifestado algum tipo de interesse nesse produto em ocasiões anteriores.

O *re-targeting* usa, entre outras tecnologias, o *behavioral targeting*, discutido no início deste livro, ou seja, analisa o comportamento de um indivíduo em relação a um produto/marca e oferece a ele o conteúdo de comunicação mais relevante em cada momento.

Quando uma pessoa visita um *site* usando tecnologia de *re-targeting*, ela é marcada por meio de um *cookie*[1] anônimo que rastreia os produtos pelos quais ela demonstra interesse. Quando essa pessoa sai desse *site*, a empresa de *re-targeting* descobre quando ela entra em qualquer outro *site* de seus parceiros de publicidade e apresenta uma propaganda personalizado a ela, com conteúdo baseado no seu histórico de navegação. Os anúncios podem apresentar conteúdos relacionados a algum item de um carrinho de compras abandonado em uma compra *on-line*.

Algumas empresas de *re-targeting*, como a Criteo, podem até combinar o *behavioral targeting* com um algoritmo de recomendação para, em vez de apresentar um anúncio sobre o produto pelo qual o consumidor demonstrou interesse, apresentar um produto recomendado com relevância.

O *re-targeting* não é novidade e tem sido usado há anos no *e-commerce*. No entanto, o seu uso era limitado a opções engessadas de uma quantidade fixa de anúncios apresentados. A personalização que a tecnologia proporciona hoje permite que os anunciantes

---

[1] Arquivo de dados que reside nos computadores dos usuários e associa-se aos programas de navegação na Internet (navegadores) para permitir armazenar preferências e dados específicos desse usuário, como histórico de navegação, por exemplo.

criem peças dinamicamente em tempo real, otimizando a sua localização, conteúdo e produtos, dependendo de cada jornada, comportamento de cada indivíduo, criando cada vez um anúncio completamente diferente. Isso ajuda a aumentar as taxas de cliques.

As tecnologias de *re-targeting* visam aumentar a relevância dos conteúdos de *display* e *posts* patrocinados nas redes sociais da mesma forma que o sistema do Google Ads consegue fazer com a busca – ele se baseia no que as pessoas estão buscando em dado momento.

Apesar da alta eficiência das técnicas de *re-targeting*, estamos diante de uma mudança crucial no cenário digital: o fim dos *cookies* de terceiros no Google.

Os *cookies* de terceiros têm sido a espinha dorsal das campanhas de *re-targeting*, permitindo que rastreemos os comportamentos dos usuários na *Web* e personalizemos os anúncios com base em suas interações anteriores. Com a decisão do Google de eliminar gradualmente esses *cookies* até 2024, as estratégias de *re-targeting* precisarão se adaptar para continuar sendo eficientes. Assim, o ideal é que o uso de *re-targeting* e *behavioral targeting*, para serem éticos, conte com a autorização das pessoas para o rastreamento dos seus dados. As empresas precisarão se concentrar mais na coleta e na utilização de dados de primeira parte (aqueles obtidos diretamente dos clientes). Isso inclui informações coletadas por meio de interações diretas em *sites*, *apps* e plataformas próprias.

Para mitigar a perda dos *cookies*, novas tecnologias como o FLoC (*Federated Learning of Cohorts*) do Google estão sendo implementadas. Essas soluções visam agrupar usuários com base em interesses semelhantes, preservando a privacidade, mas ainda permitindo algum nível de personalização de anúncios.

Entretenimento – *branded entertainment*

O entretenimento é uma plataforma estratégica usada há décadas para a divulgação e criação de identidade de marcas, por meio da inserção de mensagens em seu conteúdo. Essa prática é chamada de *branded entertainment*, e existem duas formas para sua utilização: o *advertainment* e o *product placement*:

- **Advertainment**: criação de conteúdo próprio de entretenimento que alavanque uma marca ou produto, de forma que a marca/produto faça parte dele, se misturando, se confundindo com o próprio conteúdo.
- **Product placement** (também chamado de *merchandising*): inserção adequada de produtos no enredo ou narrativa do entretenimento de forma a alavancá-los.

As estratégias de *branded entertainment* podem assumir diversas formas e apropriar-se de qualquer conteúdo de entretenimento – filmes, vídeos, jogos, *podcasts*, eventos, espetáculos etc. O seu objetivo principal é promover as marcas (identidade de marca, produtos ou serviços) em meio ao seu público-alvo de modo relevante e impactante para ele, minimizando interrupções. Enquanto no formato tradicional de propaganda e publicidade a interrupção do conteúdo é a estratégia utilizada, no *branded entertainment* as ações de propaganda e publicidade se incluem ou se misturam ao conteúdo, fazendo parte dele, sem interrupções significativas.

Podemos citar como um dos primeiros casos de *advertainment*, com o uso intencional do conteúdo de entretenimento pela publicidade, a criação do personagem Marinheiro Popeye, no final da década de 1920, nos Estados Unidos. O cartunista Elzie Crisler Segar criou Popeye por encomenda de uma associação de agricultores de espinafre no estado do Texas, e as primeiras tirinhas com o personagem começaram a ser publicadas em jornal em 1929.[2] O espinafre faz parte da narrativa de todas as histórias de Popeye como elemento essencial, já que funciona como um alimento mágico que traz a "energia" que resolve as situações complicadas do marinheiro. As histórias dependem do espinafre em suas narrativas.

Um exemplo mais recente e bastante interessante de *advertainment* é o filme *Náufrago*, de 2000. Estrelado por Tom Hanks, é considerado por alguns críticos o maior comercial da história. A narrativa baseada no livro *Robinson Crusoé* mostra a dedicação de um executivo da empresa de entregas expressas americana FedEx em proteger os valores corporativos da empresa, como confiabilidade das entregas e confidencialidade. Outra marca participante do filme é a fabricante de materiais esportivos Wilson. A participação das marcas FedEx e Wilson foi essencial para construir a narrativa do filme, misturando-se e incorporando-se a ele.

Em 2001, a BMW criou a primeira grande ação de *advertainment* na Internet lançando *The hire*,[3] uma série de oito filmes de curta-metragem dirigida por diretores de cinema renomados, como John Woo e Tony Scott, e estrelada por Cliven Owen como o "motorista". Os filmes tiveram a participação de estrelas como Madonna, Forest Whitaker, Mickey Rourke, James Brown, Gary Oldman, entre outros, e as narrativas se passavam de modo a destacar os aspectos de *performance* de vários automóveis BMW. A Tabela 18.1 apresenta as URLs e os QRCodes para acessar os oito filmes da série *The hire* disponíveis no YouTube.

Tabela 18.1 – Relação dos filmes de curta-metragem na Internet da série de filmes *The hire*, produzida pela BMW, com as respectivas URLs e os QRCodes para serem vistos no YouTube

Nome do filme	Detalhes/URL	QRCode
Ambush	Com Tomas Milian, dirigido por John Frankenheimer, destacando o BMW 7 Series **Fonte**: Disponível em: https://youtu.be/PKYUtUw-8ig. Acesso em: 8 jun. 2020.	
Chosen	Dirigido por Ang Lee, destacando o BMW 5 Series **Fonte**: Disponível em: https://youtu.be/s9QCX606Aw8. Acesso em: 8 jun. 2020.	

(continua)

---

2 Ribaric, 2009.
3 Mais informações em: http://en.wikipedia.org/wiki/The_Hire. Acesso em: 19 jun. 2020.

(continuação)

Nome do filme	Detalhes/URL	QRCode
The Follow	Com Forest Whitaker, Mickey Rourke e Adriana Lima, dirigido por Wong Kar-wai, destacando o BMW 3 Series e Z3 **Fonte:** Disponível em: https://youtu.be/rIHGT8vWIeQ. Acesso em: 8 jun. 2020.	
Star	Com Madonna, dirigido por Guy Ritchie, destacando o BMW M5 **Fonte:** Disponível em: https://youtu.be/nRfjW1cj2E0?si=QR06OO1KYbg1_c8m. Acesso em: 14 abr. 2025.	
Powder Keg	Com Stellan Skarsgård e Lois Smith, dirigido por Alejandro González Iñárritu, destacando BMW X5 **Fonte:** Disponível em: https://youtu.be/FgOOU0z_Pik. Acesso em: 8 jun. 2020.	
Hostage	Com Maury Chaykin e Kathryn Morris, dirigido por John Woo, destacando BMW Z4 **Fonte:** Disponível em: https://youtu.be/Dcmn32s6ZSQ. Acesso em: 8 jun. 2020.	
Ticker	Com Don Cheadle, Ray Liotta, F. Murray Abraham, Robert Patrick, Clifton Powell e Dennis Haysbert, dirigido por Joe Carnahan, destacando BMW Z4 **Fonte:** Disponível em: https://youtu.be/zBdOaliz60I. Acesso em: 8 jun. 2020.	
Beat The Devil	Com James Brown, Gary Oldman, Danny Trejo e Marilyn Manson, dirigido por Tony Scott, destacando BMW Z4 **Fonte:** Disponível em: https://youtu.be/3nxV1Iw6PFI. Acesso em: 8 jun. 2020.	

No caso de *product placement*, podemos citar como exemplo clássico os filmes do agente secreto britânico James Bond, na série 007. Os carros e os relógios usados pelo agente nos filmes sempre se tornam referências após sua veiculação no cinema. Exemplos mais recentes de *product placement* são:

- *Top Gun: Maverick* (2022) – Porsche: a marca alemã de carros esportivos teve um papel importante no filme, com o protagonista Pete "Maverick" Mitchell pilotando um Porsche 911 Carrera S em cenas memoráveis. A parceria rendeu à Porsche grande visibilidade e reforçou sua imagem de marca sofisticada e desejável.
- *Doutor Estranho no Multiverso da Loucura* (2022) – Pizza Hut: a rede de pizzarias americana teve uma aparição sutil, mas memorável, no filme. Em uma cena, o Doutor Estranho e Wong pedem uma pizza da Pizza Hut enquanto discutem

o multiverso. A marca aproveitou a oportunidade para lançar uma campanha temática do filme, aumentando o engajamento do público.

- *Jurassic World: Domínio* (2022) – Samsung: a marca sul-coreana de eletrônicos teve seus *smartphones* e *tablets* utilizados pelos personagens do filme. A Samsung também patrocinou o *site* oficial do filme e criou uma campanha de marketing digital para promover a parceria.
- *Missão Impossível – Dead Reckoning Parte Um* (2023) – BMW: a BMW teve um papel importante no filme, com o protagonista Ethan Hunt pilotando uma BMW M5 em cenas de ação eletrizantes. A parceria reforçou a imagem da BMW como marca de carros esportivos e confiáveis.
- *Barbie* (2023) – Diversas marcas de moda e beleza, como Versace, Lancôme e Mattel, fizeram aparições no filme. A parceria com essas marcas contribuiu para a estética vibrante e colorida do filme, além de atrair o público-alvo da Barbie.

Novelas brasileiras usam com frequência o *product placement*, inserindo produtos como serviços bancários, produtos de beleza, refrigerantes etc. na narrativa, sendo utilizados pelos personagens.

Por utilizar a credibilidade que o personagem dá ao produto/marca associada à apresentação dele, o *branded entertainment*[4] é considerado uma ação híbrida entre publicidade e relações públicas, pois potencializa as forças de ambos: permite o controle sobre a mensagem (publicidade) e a credibilidade (relações públicas) em função da narrativa e dos personagens.

Em razão do crescimento gigantesco do volume informacional e publicitário, a interrupção como estratégia tem sido cada vez menos eficiente. Assim, uma das formas mais impactantes e efetivas de se fazer propaganda hoje é transformá-la em entretenimento e vice-versa: transformar o entretenimento em propaganda. É isso que o *branded entertainment* se propõe a fazer. Isso se torna particularmente interessante nos conteúdos de entretenimento digital, como jogos e vídeos digitais imersivos, aplicativos digitais etc. O ambiente digital nos oferece uma nova gama de possibilidades que alavancam a atuação do *branded entertainment* como solução alternativa ao *display* interruptivo.

Combinando o conteúdo dos formatos com os objetivos das marcas, o *branded entertainment* cria e estimula laços entre as empresas e os consumidores, ativando a comunicação por meio do entretenimento.

"O branded entertainment gera o share of heart, contrapondo-se ao conceito de share of mind gerado pela propaganda convencional."

Adir Assad

---

4   Balasubramanian, 1998.

Abordaremos a seguir as principais plataformas de conteúdos para *branded entertainment* disponíveis no meio digital: aplicativos, vídeos e jogos.

Aplicativos

Aplicativos (programas computacionais específicos), tanto *desktop* como *mobile*, podem ser usados como plataformas de *display* e *advertainment*.

Potencialmente, qualquer aplicativo é uma plataforma de *display*, visto que permite inserir *banners* em qualquer área do programa, e conforme as pessoas navegam no aplicativo, deparam-se com os *banners*. Quanto maior a adequação dos conteúdos dos anúncios dentro dos aplicativos, maior tenderá a ser sua relevância.

Muitos aplicativos móveis apresentam *banners* promocionais, principalmente os gratuitos. Esses *banners* podem ser controlados pelo desenvolvedor do aplicativo ou participar de plataformas de distribuição de anúncios, como o Google Display Network e Meta Audience Network.

O *advertainment* com aplicativos ocorre quando a marca desenvolve o programa em vez de apenas incluir *banners* ou inserções nele. Um exemplo interessante disso foi a ação criada pela agência Focusnetworks para a marca de preservativos Prudence, onde foram distribuídas diversas amostras de preservativos em São Paulo contendo um QRCode para *download* de um *advergame social mobile* de combate à AIDS. A campanha chamada *Esquadrão Prudence* ocorreu no dia 1º de dezembro de 2012, e a cada jogador um preservativo era doado para uma ONG que tinha projetos de planejamento familiar e combate à AIDS. A Figura 18.8 mostra imagem do vídeo que apresenta e explica o *case*.

Outro exemplo interessante de *advertainment* via aplicativo é o Volkswagen Road Tales, um aplicativo com audiolivros interativos baseados em geolocalização que transformam objetos comuns na estrada em personagens mágicos de uma história. O principal objetivo do aplicativo era fazer com que as crianças voltassem a olhar para fora enquanto andam de carro, assim como oferecer aos pais uma boa alternativa para o uso dos celulares nas mãos das crianças. Para permitir que as histórias reajam ao meio ambiente, a agência ACHTUNG!, desenvolvedora do aplicativo, examinou todas as rodovias holandesas para identificar objetos como pontes, moinhos de vento, árvores, postos de gasolina e outros objetos principais para transformá-los em elementos da história. A Figura 18.9 apresenta o QRCode de acesso ao vídeo que apresenta o *case*.

Figura 18.8 – Imagem do vídeo do *case* da campanha *Esquadrão Prudence*.
Fonte: Disponível em: https://youtu.be/Vrk1tRav744. Acesso em: 8 jun. 2020.

Figura 18.9 – QRCode de acesso ao vídeo do aplicativo Volkswagen Road Tales.
Fonte: Disponível em: https://youtu.be/bcE-H9rTl7I. Acesso em: 8 jun. 2020.

Vídeos

Uma das principais tendências é o vídeo. A evolução nas tecnologias de vídeo na *Web* associada à disseminação de plataformas de publicação (como o YouTube, Instagram Stories, Instagram Reels, TikTok, Twitch e Facebook Watch) e consumo (como os celulares) tem alavancado a participação dos vídeos no ambiente digital. Além das opções tradicionais de *product placement* e *advertainment* em vídeos (como eram utilizados em filmes e na televisão), algumas novas tecnologias trazem possibilidades inusitadas ao uso de *display* ou *advertainment* em vídeos, como:

- Vídeo imersivo.
- *Game* em vídeo.
- *Ad overlay.*
- *Full screen.*

Veremos cada caso a seguir.

Vídeos imersivos

A Figura 18.10 mostra um caso de vídeo imersivo usando óculo de realidade virtual que permite os usuários cozinharem em uma cozinha nova da IKEA (como se fosse um *videogame* usando controles e sensores). O QRCode dá acesso ao vídeo dessa simulação imersiva. As possibilidades de *display* e *product placement* nesse tipo de vídeo são imensas, além de ser possível criar vídeos de *advertainment* completos para marcas e produtos.

Figura 18.10 – Imagem e QRCode de acesso ao vídeo imersivo que permite cozinhar em uma cozinha da IKEA e explorá-la.
Fonte: Disponível em: https://youtu.be/c-NUbGtAeYU. Acesso em: 8 jun. 2020.

Vídeos interativos

Novas possibilidades de interação com vídeo em anúncios surgem constantemente. O vídeo interativo é um tipo de mídia que gera maior retenção e que 93% dos profissionais de marketing dizem ser eficaz na educação do comprador (estudo da Magna).[5]

Ao contrário dos vídeos lineares tradicionais, em que as únicas opções disponíveis para o público são reproduzir, pausar, avançar e retroceder, o vídeo interativo oferece

---

5 Disponível em: https://www.magnaglobal.com/wp-content/uploads/2017/10/Tremor-IPG-Media-Trial.pdf. Acesso em: 8 jun. 2020.

ao espectador a capacidade de interagir e até controlar o conteúdo como se jogando *videogame*. Os vídeos podem ser manipulados com movimentos simples, como clicar, arrastar e rolar. Esse tipo de mídia transforma totalmente a maneira como as pessoas experimentam vídeos, tornando-os mais divertidos, interessantes, envolventes e, o mais importante, memoráveis. No mesmo estudo da Magna, para o caso de vídeo interativo na publicidade, a simples opção de interagir torna o anúncio 32% mais memorável do que os anúncios não interativos, gerando um impacto nove vezes maior na intenção de compra. Confira um vídeo com alguns exemplos de vídeos interativos na publicidade acessando o QRCode ou a URL da Figura 18.11.

Figura 18.11 – QRCode de acesso ao vídeo com exemplos de vídeos interativos.
Fonte: Disponível em: https://www.youtube.com/watch?v=KSwF6Ji-m_w. Acesso em: 18 maio 2024.

Outros casos de uso para os vídeos interativos incluem:

- **Demonstração de produtos:** é uma maneira mais eficaz de demonstrar ou explicar como algo funciona. Por exemplo, se o produto for complicado, é possível visualizá-lo de vários ângulos, oferecendo o entendimento mais abrangente possível.

- **Vídeos educacionais:** vídeos interativos de treinamento são uma ótima ferramenta para ensinar as pessoas de uma maneira que não apenas funciona, mas também torna a experiência envolvente. É possível criar um vídeo em torno de um cenário e dar ao espectador o poder de fazer escolhas. Dessa forma, ele pode ver as possíveis consequências.

- **Feedback do cliente:** vídeos interativos são a melhor maneira de coletar *feedback* sem irritar os clientes, como é o caso de uma pesquisa padrão. Pense em uma história em torno do seu produto, criando interações que incluem *feedbacks* dos clientes de maneira natural.

- **Entretenimento:** a Netflix lançou uma série de vídeos interativos que permitem os espectadores escolherem suas próprias aventuras e tomarem decisões pelos personagens. Um dos *cases* mais emblemáticos foi o lançamento do filme *Bandersnatch*, da série Black Mirror, com cinco finais possíveis. Esse tipo de aplicação abre muitas portas para o futuro do entretenimento.

- **Recrutamento:** como ferramenta de recrutamento, vídeos interativos podem economizar muito tempo e até a ansiedade de um candidato. A Deloitte criou um vídeo de recrutamento interativo para seu escritório na Nova Zelândia, intitulado *Você se encaixa na Deloitte?*, como uma experiência em primeira pessoa apresentando o espectador à cultura da empresa e educando-o sobre o que é esperado dos funcionários. Interaja com esse vídeo: http://www.raptmedia.com/customers/deloitte/. Acesso em: 14 abr. 2025.

Bens virtuais

Bens virtuais existem há bastante tempo em jogos e mundos virtuais, como o Second Life, sendo responsáveis por boa parte do movimento da economia de alguns desses ambientes. No caso do Sansar, dos mesmos criadores do Second Life, os bens virtuais se estendem de roupas a qualquer outro tipo de ativo que possa acrescentar valor à vida digital dos avatares. Dentro da loja do Sansar, há uma categoria chamada "Emotes", no qual o usuário pode comprar gestos e trejeitos para seus avatares. A comercialização de corpos e acessórios para avatares, por exemplo, é bastante popular. Normalmente, bens virtuais são elementos digitais desejados pelos participantes de ambientes digitais e precisam ser conquistados ou comprados.

Uma nova vertente de entretenimento, os jogos sociais (vistos adiante neste capítulo) como o Fortnite, por exemplo, associada à difusão *mobile*, tem alavancado o interesse por bens virtuais. Enquanto o Sansar e os jogos tradicionais contam com públicos mais restritos, os jogos sociais ampliaram enormemente a difusão dos jogos por meio das plataformas de redes sociais, e têm popularizado os bens virtuais. Assim, além do interesse econômico óbvio decorrente da comercialização dos bens virtuais dentro das redes sociais, a sua popularização também os torna plataformas interessantes para as marcas como veículos de propaganda – *product placement* e *advergaming*.

Por exemplo, a NFL fez uma parceria com o popular jogo Fortnite para oferecer uma camiseta de edição limitada e *skins* de jogadores para avatares. A Forbes estima que a receita total do Fortnite em 2023 tenha chegado a US$ 9,3 bilhões, com grande parte desse valor vindo da venda de itens virtuais como *skins*, V-Bucks e passes de batalha.[6] Isso não apenas beneficia os resultados das marcas, mas também aumenta a popularidade do jogo, ajudando ambos a alcançar um novo público-alvo.

Uma pesquisa da Andoir Market Research[7] estima que o valor de mercado global de bens virtuais atinja US$ 189,76 bilhões até 2025, impulsionado pelo rápido crescimento da população de jogos em todo o mundo. Somente para efeitos comparativos, em 2017 esse mercado havia sido avaliado em US$ 38 bilhões.

Jogos (*Advergaming/In-Game Advertising*)

Os jogos são excelentes plataformas para ações de *branded entertainment*, pois normalmente os jogadores permanecem bastante tempo interagindo com seus jogos preferidos, além de retornar a eles frequentemente. Por serem um tipo bastante específico de conteúdo de entretenimento, estamos tratando os jogos nesta seção à parte.

Da mesma forma que temos *advertainment*, para criar conteúdo próprio de entretenimento e *product placement* para inserir produtos/marca nos conteúdos de entretenimento,

---

6 Disponível em: https://www.forbes.com/sites/mattcraig/2023/11/10/epic-games-unreal-engine-fortnite-game-developers-sypherpk/?sh=294d1c6f5fd2. Acesso em: 18 maio 2024.
7 Disponível em: http://www.appssavvy.com/virtualgoods/. Acesso em: 8 jun. 2020.

essas ações são chamadas de *advergaming* e *in-game advertising*, respectivamente, quando o conteúdo de entretenimento são jogos.

Um exemplo de *advergaming* é o "Doritos VR Battle", que usa a tecnologia de realidade virtual que vimos no Capítulo 11. O jogo coloca o usuário em um universo altamente geométrico e imersivo, cheio de desafios, cujo objetivo é achar os grandes Doritos. Veja como funciona esse jogo por meio do QRCode ou URL da Figura 18.12. É possível comprar e jogar o Doritos VR Battle neste *site*: http://bit.ly/doritos-vr-battle. Acesso em: 25 abr. 2025.

Já como exemplos de *in-game advertising*, podemos citar a ação *Keeping Fortnite Fresh* da Wendy's dentro do Fortnite – um avatar digital da Wendy foi criado no jogo de batalhas *multiplayer* para combater os males da carne congelada. Esse personagem apareceu no jogo e imediatamente começou a ignorar todos os outros jogadores, geralmente os principais alvos. Em vez de batalhar, ela entrou em lanchonetes dentro do jogo, localizou *freezers* e os destruiu. O objetivo era passar a mensagem de que a Wendy's nunca usa carne congelada em seus lanches. Essa ação foi transmitida pelo *site* Twitch, onde milhões de pessoas podiam assistir. Algum tempo depois, os desenvolvedores do jogo trocaram todos os *freezers* por instalações para hambúrgueres frescos. Assista ao vídeo do *case* pelo QRCode ou pela URL da Figura 18.13.

Em agosto de 2021, a Coca-Cola lançou uma campanha inovadora dentro do popular jogo *on-line* Roblox, considerado um metaverso, aproveitando a plataforma para interagir com um público jovem e altamente engajado. A Coca-Cola criou um evento de lançamento virtual dentro do Roblox, em que os jogadores podiam participar de uma experiência imersiva. Esse evento incluiu jogos, desafios e recompensas digitais que os jogadores podiam colecionar e usar dentro do jogo. A marca disponibilizou uma linha de produtos virtuais exclusivos, como roupas e acessórios temáticos da marca, que os jogadores podiam adquirir para personalizar seus avatares. Esses itens eram inspirados em produtos reais da Coca-Cola e foram altamente procurados dentro da comunidade do Roblox.

As ações de *advergaming* e *in-game advertising* podem se beneficiar de quaisquer tecnologias que se apliquem a jogos, como metaverso, plataformas de redes sociais, realidade aumentada, mobilidade ou qualquer outra. Ao criarem experiências digitais imersivas e interativas, as marcas podem engajar seus públicos de novas maneiras, reforçando a inovação e criando conexões mais profundas. O mercado de *games* movimentou US$ 211,5 bilhões em 2023 e deve chegar a US$ 257,9 bilhões em 2026, de acordo com a Newzoo, e tem sido fortemente impactado pelas plataformas sociais e móveis e se beneficiado da realidade aumentada.

No que se refere às plataformas sociais, elas têm impulsionado o mercado de jogos, pois ampliam o seu mercado aos usuários comuns de redes sociais. O mercado tradicional de jogos tem um público fiel, mas relativamente estagnado. O Facebook possibilita que as pessoas utilizem sua rede social nesses sites para jogar, incentivando a prática. Jogos como FarmVille e Mafia Wars são sucessos no Facebook. Esses jogos em plataformas de redes sociais são chamados *social games* ou jogos sociais.

Figura 18.12 – Imagem e QRCode de acesso ao jogo Doritos VR Battle.
Fonte: Disponível em: https://youtu.be/Prf93PpKIbs. Acesso em: 8 jun. 2020.

Figura 18.13 – Imagem representativa da ação da Wendy's no Fortnite. QRCode para assistir ao *case*.
Fonte: Disponível em: https://youtu.be/DhdQmDKTBgI. Acesso em: 8 jun. 2020.

O jogo social traz uma nova dimensão tanto às redes sociais quanto aos *games* – estamos vivenciando uma "gameficação" das redes sociais e uma socialização dos *games*. Ao pensar do lado dos jogos, uma das principais limitações dos *games* tradicionais de computador é a necessidade de uma máquina mais poderosa para se jogar de forma confortável e com boa *performance*. Os *games* sociais, no entanto, funcionam em máquinas bem mais simples, possibilitando que virtualmente qualquer pessoa que tenha acesso às plataformas de redes sociais *on-line* também possa jogar um *game* social. Isso amplia, portanto, o público que pode jogar. Ao enfocar o lado das plataformas de redes sociais *on-line*, antes dos jogos sociais, as pessoas tinham como atividade apenas as trocas de informações, a competição se restringia somente à comparação da quantidade de amigos que as pessoas tinham em seus perfis. Com os jogos sociais, as pessoas competem e colaboram umas com as outras, em uma atividade contínua e viciante. Estudos mostram que muitos usuários desses jogos acordam de madrugada para manterem as atividades no *game*. Dessa forma, os jogos sociais não apenas ampliam o público de *games*, mas também modificam a rotina dos usuários nas redes sociais, alavancando engajamento.

Podemos questionar se esse tipo de comportamento emergente decorrente dos jogos sociais é bom para a sociedade, mas podemos afirmar que é altamente benéfico para o negócio de *games* e transforma-se em uma plataforma altamente valiosa tanto para o *in-game advertising* quanto para o *advergaming*, com as empresas criando jogos próprios nas plataformas sociais, como é o caso do Twitorama, que a Estrela criou no X (Twitter). Nesse jogo, as pessoas tuitavam termos específicos para moverem o seu carrinho em um autorama digital *on-line*, onde competiam com outros usuários do X.

Com base em dados de engajamento, avaliações e buscas, podemos destacar alguns dos jogos sociais que ainda se destacaram no Facebook em 2023 e 2024:

- Perguntados.
- Candy Crush Saga.
- Wordscapes.
- FarmVille 2.
- Township.
- Solitaire.
- Bingo Blitz.
- Gardenscapes.
- Coins Master.
- Homescapes.

Os jogos sociais alavancam a economia de bens virtuais associada a eles. As pessoas conseguem bens virtuais para avançar nas etapas dos jogos usando dois tipos de moeda: (a) mérito e habilidade do jogador, que geram dinheiro virtual para comprar bens virtuais; (b) cartão de crédito internacional que permite comprar bens virtuais gastando alguns dólares. Estimou-se que o mercado global de jogos sociais atingisse US$ 17,8 bilhões até 2024.[8]

A evolução e a difusão da tecnologia móvel estão revolucionando o mercado de *games*, pois ampliam também a plataforma de utilização dos jogos. Enquanto os dispositivos móveis do passado apresentavam diversas restrições de *hardware* e era raro que se conectassem à Internet, a disseminação atual dos *smartphones* associada a difusão e melhorias na banda larga móvel tem alavancado o uso de jogos nos celulares, via aplicativos que se conectam com a plataforma *on-line*, permitindo assim, também, a socialização desses jogos.

---

8 Disponível em: https://newzoo.com/. Acesso em: 18 maio 2024.

Considerações e recomendações adicionais

Como vimos neste capítulo, novas possibilidades de se utilizar *display* e entretenimento como plataformas de marketing surgem todos os dias. Cada vez mais se torna essencial para as marcas estar onde o seu público-alvo está, de forma natural nas atividades desse público, sem interrompê-las. A fórmula da interrupção está cada vez mais desgastada, pois sua lógica só funciona em cenários com volumes menores de concorrência e comunicação.

Dessa forma, a tendência é de que cada vez mais a propaganda e a comunicação das marcas/produtos se tornem conteúdos interessantes e relevantes ao público-alvo e os conteúdos se tornem propagandas e comunicações de marcas/produtos.

Para conhecer conteúdo adicional e atualizado referente a este capítulo, acesse o QRCode a seguir:

www.martha.com.br/livro-MED/saibamais18.html

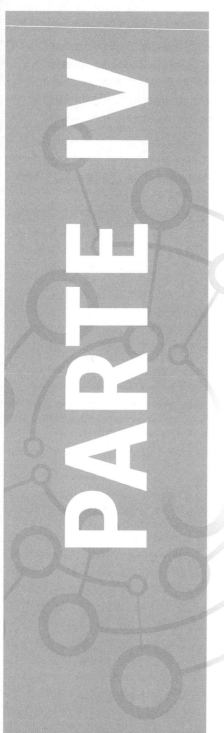

PARTE IV

Capítulo 19 – Presença digital

Capítulo 20 – Marketing de conteúdo

Capítulo 21 – *E-mail* marketing

Capítulo 22 – *Mobile* marketing

Capítulo 23 – *Search Engine Marketing* (SEM)

Capítulo 24 – *Social Media Marketing* (SMM)

Capítulo 25 – Marketing de influência

Capítulo 26 – Marketing de afiliados

Capítulo 27 – *Omnichannel*

Capítulo 28 – *Inbound* marketing

Capítulo 29 – Marketing de *performance*

A quarta parte apresenta diversos tipos de estratégias possíveis envolvendo as plataformas digitais abordadas na terceira parte do livro. No entanto, é importante ressaltar novamente que marketing digital não existe. Existe apenas marketing, que pode se apropriar das estratégias digitais ou não, em combinação com estratégias tradicionais, em função dos objetivos e do público-alvo.

Assim, antes de qualquer ação de marketing, é essencial que seja desenvolvido um plano estratégico de marketing, assunto discutido no Capítulo 2, na primeira parte do livro. Uma vez desenvolvido o plano de marketing, ele determinará quais estratégias devem ser implementadas e quais plataformas utilizar – *on-line* e *off-line*.

Elencamos nesta parte do livro as principais estratégias que utilizam plataformas digitais: presença digital, marketing de conteúdo, *e-mail* marketing, *mobile* marketing, marketing de busca, marketing em mídias sociais, marketing de influência, marketing de afiliados, *omnichannel*, *inbound* marketing e marketing de *performance*. É importante destacar que muitas dessas estratégias misturam mais de uma plataforma digital. Por exemplo, estratégias de marketing de conteúdo normalmente utilizam plataformas de busca e de mídias sociais. Estratégias de *mobile* marketing podem usar realidade aumentada ou enfocar plataformas de busca. Estratégias de presença digital com advergames podem envolver plataformas de mídias sociais ou aplicativos *mobile*.

Desse modo, fica claro que a divisão das estratégias digitais como propostas nos próximos capítulos desta parte do livro é apenas didática para auxiliar na metodologia do desenvolvimento de ações de marketing. Portanto, cada capítulo a seguir tem foco predominante em um tipo de ação, que, em um planejamento estratégico de marketing, deverá fazer parte de um cenário maior, que envolva todos os pontos de contato da marca com o público-alvo. Justamente por isso, iniciamos esta parte estratégica do livro com o capítulo sobre presença digital, que, em termos mais amplos, engloba todos os demais capítulos, já que todos são, de algumas forma, pontos de contato com o público-alvo, tornando a marca presente para ele de diversas formas – *e-mail*, busca, *mobile*, *games*, mídias sociais etc.

ESTRATÉGIAS DIGITAIS DE MARKETING

A seguir, conheça-os:

- **Capítulo 19 – Presença digital.** Todas as estratégias de marketing no ambiente digital *on-line* usam, de alguma forma, ações de presença *on-line*. É por meio dos pontos de presença das marcas em meio ao público-alvo que as ações de marketing acontecem. Esse capítulo aborda a presença *on-line* e seus diversos tipos de estratégias, incluindo presenças paga, própria e ganha.
- **Capítulo 20 – Marketing de conteúdo.** A presença digital não tem vida sem conteúdo – de que adianta um *blog* que não se atualiza, ou um perfil em mídias sociais que não publica *posts*, sem interação ou fluxo? Estratégias digitais sem conteúdo são como um coração sem sangue. Esse capítulo aborda as estratégias de marketing de conteúdo para fluir e dar "vida" às plataformas digitais.
- **Capítulo 21 – *E-mail* marketing.** Apesar de ser uma das mais antigas estratégias digitais de marketing, o *e-mail* marketing continua sendo extremamente importante, principalmente em ações de marketing de relacionamento. O objetivo desse capítulo é apresentar os principais conceitos e estratégias que envolvem essa plataforma.
- **Capítulo 22 – *Mobile* marketing.** Várias das plataformas tecnológicas abordadas na Parte II deste livro podem ser utilizadas como ações de *mobile* marketing, como realidade aumentada, aplicativos e vídeos móveis etc. Esse capítulo discute os diversos usos do *mobile* marketing, incluindo a aplicação de geolocalização.
- **Capítulo 23 – *Search Engine Marketing* (SEM)** – marketing de busca. O uso de estratégias de busca associado a ações em mídias sociais é uma das principais estratégias de marketing para alavancar tráfego e presença *on-line*. O capítulo apresenta e discute as diversas estratégias de marketing de busca.
- **Capítulo 24 – *Social Media Marketing* (SMM)** – marketing em mídias sociais. O objetivo desse capítulo é apresentar os diversos tipos de estratégias de marketing que podem ser desenvolvidas em mídias sociais. Por possuírem estrutura descentralizada, as mídias sociais funcionam de forma distribuída e diferente. Aspectos como influência, engajamento e mensuração específicos também são abordados nesse capítulo.
- **Capítulo 25 – Marketing de influência.** A ascensão das plataformas sociais deu origem a uma nova forma de mídia: as plataformas digitais pessoais. Pessoas comuns empoderadas pelas tecnologias digitais passaram ter sua influência social alavancada a graus que muitas vezes ultrapassam o alcance e engajamento das mídias oficiais e das marcas. Nesse contexto, a criação de estratégias de marketing para a utilização dessa forma de mídia de influência, compondo e complementando as outras formas de mídia, torna-se cada vez mais eficiente, especialmente em ações para nichos. A articulação dessas estratégias é discutida nesse capítulo.
- **Capítulo 26 – Marketing de afiliados.** O objetivo desse capítulo é apresentar um tipo de estratégia comercial que vem ganhando muita força, em que o afiliado é um agente divulgador de produtos digitais em troca de uma comissão por cada venda realizada. Esse modelo comercial é uma alternativa de divulgação

de produtos digitais (cursos *on-line*, infoprodutos, comunidades, *kits* de *template*, entre outros) por meio de produtores de conteúdo que possuem audiência qualificada.

- **Capítulo 27 – *Omnichannel***. A experiência de compra do consumidor na era digital é focada em reduzir as fricções entre os pontos de contato ao longo da jornada dele. O *omnichannel* é uma estratégia de integração dos diferentes canais de compra e comunicação, com o objetivo de convergir a experiência entre o *on-line* e o *off-line*. Nesse contexto, o objetivo desse capítulo é demonstrar como o *omnichannel* tem se tornado requisito básico do comércio varejista e quais são seus benefícios.
- **Capítulo 28 – *Inbound* marketing**. O objetivo desse capítulo é apresentar a concepção do marketing de atração, como também é chamado o *inbound* marketing. Essa estratégia possibilita atração, conversão e retenção dos clientes por meio da junção das estratégias: marketing de conteúdo, SEO e SMM.
- **Capítulo 29 – Marketing de *performance***. Essa modalidade de estratégia baseada em mídias de *performance* focadas em conversão (vendas, *downloads*, *leads*, instalações de *apps* etc.) é fundamental para qualquer negócio que quer ter resultados tangíveis no ambiente digital. Esse capítulo apresenta as principais plataformas de mídia, geralmente pagas, que proporcionam uma forma eficaz de mensuração de retorno sobre investimento.

CAPÍTULO 19

A maneira como uma empresa se apresenta é um fator vital para obter sucesso e, com o advento da Internet e mais recentemente das mídias sociais, estabelecer uma imagem positiva e criar uma marca em ambiente digital é tão importante quanto no ambiente tradicional.

Muitas empresas cometem o erro de pensar que ter um *site* ou perfil em rede social não é tão necessário, ou que liberar o acesso às mídias sociais dentro da empresa é um problema. No entanto, está se tornando cada vez mais aparente que a presença digital também passa pela presença dos líderes e funcionários por trás dos negócios. Atualmente, isso é tão crucial quanto o próprio negócio ter uma presença digital.

Os negócios que não tentam estabelecer ativamente uma presença *on-line* mais forte, incluindo a dos seus líderes, certamente estão perdendo vendas e clientes.

O objetivo deste capítulo é apresentar as estratégias de presença digital em seus vários tipos. É por meio da presença digital que se estabelecem pontos de contato entre o público-alvo e a marca. Desse modo, da mesma forma que uma empresa planeja sua estratégia de presença no mundo físico, deve fazê-lo também no mundo digital.

Presença digital

Podemos definir presença como o estado de algo que está presente em algum lugar, ou seja, existir em determinado momento, em determinado lugar. Presença digital, portanto, refere-se à existência de algo (seres humanos, marcas, empresas, coisas etc.) no ambiente digital.

A presença digital ocorre por meio de conteúdos digitais que representem algo. Assim, o *site* de uma empresa é um ponto de presença digital, assim como um *banner* de anúncio dessa empresa em um portal ou em um aplicativo de celular, ou, ainda, em um *display* digital no metrô. Portanto, para ter presença digital, é preciso ter conteúdo digital.

Não ter presença digital significa não existir no mundo digital, na Internet. Para alguns tipos de negócios, isso é o mesmo que não existir realmente. Se fizéssemos uma analogia com o mundo físico, uma empresa que não tem presença digital equivale a uma empresa sem endereço, sem telefone, sem marca, ou seja, que não existe.

Existem três tipos de presença digital:

- **Presença própria**: ativos (conteúdos) digitais com a marca da empresa construídos e mantidos pela própria entidade, como *website* da empresa, *website mobile*, *blog*, perfis construídos em plataformas de mídias sociais (canal no YouTube, perfil no Instagram, LinkedIn, Google Meu Negócio, TikTok etc.), jogos, aplicativos ou filmes de entretenimento construídos com a marca da empresa.
- **Presença gratuita (ou ganha)**: ativos digitais com a marca da empresa gerados e ganhos de forma orgânica na Internet, como fazer parte dos resultados de busca orgânica nos buscadores (Google, Yahoo, Bing etc.) e comentários e conteúdos gerados nas mídias sociais, originando mídias digitais sobre a empresa/marca.
- **Presença paga**: ativos digitais com a marca da empresa comprados, pagos, pela empresa, como:
  - anúncios em *banners* de *sites*, *blogs*, mídias sociais, jogos, aplicativos, conteúdos de entretenimento, *mobile* TV etc.;
  - *links* patrocinados;
  - qualquer outro tipo de conteúdo pago.

A presença digital determina os pontos de contato do público com a marca/empresa. Dessa forma, a estratégia consiste em determinar a distribuição de esforços entre os tipos de presença digital existentes mencionados anteriormente – quanto se deve alocar em presença própria, gratuita e paga?

A presença digital, da mesma forma que a presença da empresa/marca no mundo físico, deve estar totalmente alinhada com o posicionamento da marca/produto e oferecer a melhor relação possível entre experiência para o público-alvo e o retorno para a marca. Assim, antes de desenvolver uma ação de *mobile* marketing, a sua marca/produto/empresa precisa ter uma presença *mobile*, um *site*/página que tenha sido desenvolvido para dispositivos móveis que, quando acessado por um telefone celular ou *smartphone*, proporcione uma experiência rica e engaje o público que ali chegou.

É interessante observar que muitas empresas têm se preocupado em atuar nas mídias sociais, usar *mobile* marketing, realidades aumentadas e outras tendências de marketing quando não possuem ainda uma presença digital básica bem definida. De que adianta uma empresa atuar nas mídias sociais, busca, *mobile*, se a experiência do público no acesso ao seu *site*, *blog* etc. é péssima, ou, pior, inexistente, e se esse público não conseguir encontrar a marca/produto? Embora pareça óbvio ser necessário primeiro ter uma presença *on-line* adequada para depois poder atuar no ambiente *on-line* com eficiência e diferencial competitivo, muitas empresas estão fazendo o contrário, gerando desperdício financeiro e resultados negativos.

As possibilidades de presença digital são inúmeras: tantas quantas forem as possibilidades de criação de conteúdos digitais. Veja a seguir os principais tipos de conteúdos de presença digital:

- Páginas digitais para *web desktop* e *mobile* (presença própria) – Exemplos: *sites*, *minisites*, *hotsites*, portais, *blogs* etc.
- Páginas em plataformas de mídias sociais (presença própria) – Exemplos: perfis e canais no Facebook, Instagram, LinkedIn, X (Twitter), TikTok, YouTube, Google Meu Negócio etc.
- Constar do resultado de buscas orgânicas (presença gratuita) – Exemplos: Google, Yahoo, Bing etc.
- *Banners* e anúncios em páginas de terceiros, buscadores, aplicativos móveis, *e-mail* e mídias sociais (presença paga) – Exemplos: anúncios em portais (como UOL, Terra etc.), *blogs*, buscadores (*links* patrocinados no Google, Yahoo etc.), jogos digitais (*in-game advertising*) e demais conteúdos de entretenimento (*advertainment*).
- Comunicados e *newsletters* digitais enviados pela empresa (*e-mail* marketing) (presença própria).
- *Games* criados com a marca da empresa ou produto (*advergaming*) (presença própria).
- Conteúdos de entretenimento gerados com a marca da empresa ou produto (*advertainment*) (presença própria).
- Aplicativos móveis criados com a marca da empresa ou produto (presença própria).
- Qualquer tipo de conteúdo digital criado com a marca da empresa ou produto (presença própria) – *podcastings*, *videocasting* etc.
- *Buzz* em mídias sociais, gerados espontaneamente (presença ganha).
- *Posts* impulsionados ou patrocinados nas plataformas de mídias sociais como Facebook e Instagram (presença paga).

Em termos de controle, a presença própria e paga são muito mais controláveis pela empresa/marca do que a presença gratuita, ganha nas mídias sociais ou nos resultados de buscas orgânicas. No caso das mídias sociais, apesar de as ações serem planejadas para se obter mídias espontâneas positivas, não é possível garantir que rumo das ações resultarão no objetivo desejado. Não se tem controle sobre as mídias sociais. A presença em mídias sociais é uma situação que pode gerar tanto oportunidades como ameaças. Um *buzz* positivo em mídias sociais pode alavancar consideravelmente uma marca em razão de sua abrangência. Por outro lado, um *buzz* negativo pode trazer prejuízos sensíveis à marca. No caso de marcas famosas, populares, não existe mais a opção de "estar" ou "não" nas mídias sociais – certamente já estão, pois as pessoas falam delas nesses ambientes, portanto existe a presença gratuita (que pode ser positiva ou negativa, espontaneamente), quer se queira ou não. Nesses casos, o que resta fazer é atuar da melhor forma possível, planejar as ações dentro desses ambientes para aumentar a probabilidade de que o *buzz* seja (ou se torne) positivo, favorável à marca. Veremos estratégias em mídias sociais no Capítulo 24.

No caso de presença digital gratuita por meio dos resultados de busca orgânica nos buscadores (como Google, Bing etc.), também se pode planejar para se otimizar a presença nesses resultados. No entanto, o controle também é limitado, pois não depende apenas das ações e dos planejamentos da empresa/marca. Especialmente a busca vem se tornando um elemento cada vez mais essencial de presença digital, porque permeia todas as plataformas – mídias sociais, *web*, mapas, *mobile* etc. – e também porque é usada não apenas para buscar, como atividade, mas também para navegar (pessoas acessam *sites* de empresas via busca no Google) e localizar (*geo-location search*). Neste último caso, a busca digital é a ponte entre a presença digital e a física das empresas. Veremos adiante mais sobre marketing de busca (Capítulo 23), analisando as estratégias possíveis tanto para a busca orgânica (presença gratuita) quanto para a busca paga (*links patrocinados*, presença paga).

A escolha das melhores plataformas para estabelecer a presença digital depende intrinsecamente do tipo de negócio/produto/empresa/marca e do seu posicionamento.

Por exemplo, grandes corporações com estrutura variada de produtos e serviços normalmente necessitam de um ou mais *sites* onde as informações possam ser estruturadas e encontradas facilmente, onde detalhes de produtos possam ser obtidos com confiabilidade. Já empresas pequenas ou profissionais liberais podem eventualmente se utilizar apenas de um *blog*, onde o foco maior é o relacionamento com o público. Para empresas B2C (*Business to Consumer*), pode ser interessante ter presença no Instagram. Já empresas B2B (*Business to Business*) podem preferir o LinkedIn. Em outros casos, empresas e produtos intrinsecamente dependentes de local (restaurantes, cinemas, teatros etc., que têm grandes chances de serem encontradas por meio de busca *mobile* das pessoas que estão nos arredores) podem necessitar de um *site mobile* como principal elemento de presença digital.

O modo mais simples para indivíduos criarem sua presença digital é por meio de *blogs* e/ou páginas de perfis em plataformas de mídias sociais, que são processos bastante simples de ser executados, não exigindo conhecimentos técnicos ou habilidades de *design* específicas. Como visto no Capítulo 9, cada categoria de página tem suas características e funções estratégicas. Assim, indivíduos que gostem de se relacionar socialmente, em geral preferirão ter perfis em *site* de mídias sociais com que se identifiquem. Já jornalistas e indivíduos que gostem de se expressar por escrito e interagir em torno de ideias e reflexões se beneficiarão com um *blog*.

No caso de empresas, além de seus *sites* e *blogs*, pode ser estratégico criar também presença digital em mídias sociais nas quais os seus públicos estão presentes. Nesse caso, podemos comparar a ação de presença digital com a ação de um pescador – estar onde os peixes estão.

Dessa forma, recomenda-se que o primeiro passo em direção ao mundo digital seja determinar a estratégia de presença digital *on-line*. É importante ressaltar que uma boa presença digital depende da combinação multidisciplinar de três áreas: marketing + tecnologia + *design*.

Marketing é a disciplina responsável por determinar posicionamento e objetivos da presença digital. A tecnologia fornece a estrutura ideal para que os objetivos de marketing sejam implementados na presença digital. O *design* é responsável por garantir a experiência ideal para o público-alvo.

Nos próximos capítulos, veremos estratégias de presença digital específicas – marketing de conteúdo, *e-mail* marketing, *mobile* marketing, marketing de busca, marketing em mídias sociais, marketing de influência, marketing de afiliados, *inbound* marketing, *omnichannel* e marketing de *performance*. Todas essas estratégias, em algum grau, acabam se utilizando de *landing pages* (veja o Capítulo 9 para conceituação), por isso acreditamos ser adequado abordar mais a fundo neste capítulo as análises e considerações estratégicas desse tipo de página.

Landing pages

"Você pode conduzir um cavalo até a água, mas não pode forçá-lo a beber."
John Heywood

Landing page é a página que aparece para uma pessoa quando ela clica um anúncio, *link* de um resultado de busca (orgânica ou *links* patrocinados), *link* em uma peça de *e-mail* marketing, ou seja, é a página onde a pessoa vai "aterrissar" na *Web* depois de clicar um *link* com algum tipo de anúncio.

Essa página deve mostrar um conteúdo que é uma extensão do anúncio ou *link* clicado, pois, caso contrário, a pessoa não reconhece a conexão com o que está buscando e não permanece na página. Por isso, a função da *landing page* não é apenas atrair o público-alvo, mas também, principalmente, realizar o objetivo de marketing da página, convertendo visitantes em usuários ou em potenciais clientes (*leads*), de acordo com o plano estabelecido.

Em campanhas de SEM (*Social Media Marketing*), *e-mail* marketing, *press releases* e qualquer ação de marketing *on-line*, as *landing pages* são essenciais. Inúmeros estudos comprovam a importância do *design* da página de entrada, por exemplo, uma pesquisa da Universidade Stanford avalia que os julgamentos na credibilidade de uma organização são 75% baseados no *design* do seu *website*.[1]

Considerando-se os três objetivos principais do marketing de relacionamento *on-line* – aquisição, conversão e retenção –, pode-se dizer que enquanto várias ações de marketing atuam na aquisição do público-alvo (como marketing de busca, por exemplo), as *landing pages* são responsáveis por sua conversão, ou seja, persuadir esse público-alvo a tomar determinadas ações planejadas. Já a retenção desse público-alvo depende do aprofundamento do relacionamento visando ao aumento do *lifetime value* desse público e envolve o desenvolvimento de ações específicas de marketing de relacionamento (que pode incluir busca, *e-mail* marketing e diversos outros tipos de ação). O uso de técnicas de *behavioral targeting* pode também ser bastante útil nos estágios de conversão e retenção, pois permite aumentar a relevância das informações apresentadas na *landing page* após o clique do usuário que conduziu a ela.

Tipos de *landing pages*

Os pontos nos quais um visitante *on-line* aterrissa no *website*, ou seja, as *landing pages*, podem ser de três tipos:

- Uma página isolada sem conexões com o *website* principal.
- *Microsites* ou *hotsites* especializados que enfocam um público específico e resultado desejado.
- Uma página específica profunda no *website*.

O tipo de *landing page* usado em cada caso depende do objetivo dela no planejamento de marketing. *Landing pages* para campanhas temporárias de *links* patrocinados, por exemplo, muitas vezes são páginas isoladas sem conexões com o *website* principal ou *hotsites* especializados em uma campanha específica. Por outro lado, as *landing pages* das estratégias de otimização orgânica de busca tendem a ser páginas específicas profundas no *website*.

---

1 Disponível em: https://parqamarketing.com/blog/why-your-websites-design-is-important-stats-that-prove-it/. Acesso em: 22 jul. 2020.

Conversão

Conversão é uma ação (do visitante do *website*) que tem valor mensurável para o negócio. É a medida fundamental que determina se as ações de marketing estão indo bem ou não.

O objetivo da conversão pode ser qualquer ação que se deseje que o visitante faça na página: conhecimento sobre a empresa/produto, compra, *download*, preenchimento de formulário, um simples clique para ir a outra página do *site*, interação com alguma parte específica do *site* (por exemplo, demo de produtos), interação com a marca (via navegação no *site*), entre outras.

Quando as conversões estão relacionadas a vendas, podem ser divididas em dois tipos:

- **Conversão de receita**: envolve diretamente a venda, onde uma venda é a meta. A medição desse tipo de conversão é dada pela quantidade de vendas.
- **Conversão pré-receita**: envolve todos os outros passos no ciclo de venda, atividades que levam à venda, como preenchimento de formulário solicitando informações, assinatura para receber *newsletter* etc. Essas conversões precisam ser mensuradas e rastreadas por meio de indicadores.

A principal meta de conversão para empresas B2B é a geração de *leads* (criação de interesse no público-alvo), enquanto nas empresas B2C a principal meta é vender. Veja o que incluem metas comuns de conversão em programas de marketing *on-line*:

- *E-commerce*: na maioria dos casos, enfoca fazer uma venda com o visitante clicando um *link* da *landing page* que leva a um formulário que solicita informação de pagamento.
- *Lead generation*: visa atrair o interesse e/ou reunir informações dos visitantes *prospects* por meio de ofertas de relatórios e artigos, de modo que eles precisem se cadastrar para recebê-los. Muito usado por empresas B2B.
- *Branding*: busca a promoção das marcas, sendo usado tanto por empresas B2B como B2C.
- **Educacional**: enfoca a educação do público-alvo de empresas B2B e B2C, oferecendo informação educacional que apoie o uso de seus produtos.

O ponto importante é que a ação de conversão, seja qual for, precisa ser rastreável e seu valor, calculado ou estimado. Caso contrário, torna-se impossível mensurar a eficiência da *landing page* para a conversão desejada.

Estratégias de conversão

Todas as estratégias e táticas específicas para conversão são baseadas em influenciar as emoções humanas básicas e mover os visitantes de sua zona de conforto. Segundo Ash e Kay,[2] os conceitos-chave que motivam as pessoas a agir são medo, ganância, culpa,

---

[2] Ash e Kay, 2012.

exclusividade, raiva, salvação ou elogio. Nenhum desses motivadores é racional: todos estão enraizados em nossa natureza emocional fundamental e imutável.

Esses conceitos-chave são traduzidos nas escalas hierárquicas de *websites* apresentadas a seguir:

- **Ansiedade × confiança**: não se pode esperar que alguém aja sem que primeiro se garanta a sua segurança.
- **Confusão × clareza:** enfatizando-se muitos itens em uma página, destrói-se a habilidade de o visitante encontrar as informações essenciais, criando confusão e paralisando-o para tomar decisões. A clareza é necessária para que o visitante tome a ação desejada.
- **Alienação × afinidade**: o sentimento de pertencer e ser compreendido é um motivador poderoso para as pessoas permanecerem na página e agirem.

Assim, esses conceitos-chave devem embasar as estratégias de conversão nas *landing pages*, como o que acontece nos três componentes principais de um *site* de qualidade, segundo o Google: conteúdo relevante e original (conceito: afinidade), transparência (conceito: confiança) e facilidade de navegação (conceito: clareza).

Todas as táticas de estratégias de conversão transmitem, de algum modo, os conceitos-chave de ação.

Otimização de *landing pages*

Como mencionado anteriormente, algumas estratégias de marketing (marketing de busca, *e-mail* marketing, *social media* marketing, ações em *displays* etc.) podem aumentar o tráfego (visitação) nas páginas de um *site* (*landing pages*), mas não necessariamente as taxas de conversão de visitante em clientes. Excelentes campanhas de *links* patrocinados, por exemplo, podem atrair grande quantidade de visitantes para o *site*, mas estes só permanecerão se encontrarem o que desejam na *landing page*.

Um dos erros mais comuns nas estratégias de marketing é não prestar atenção adequada às *landing pages*. Elas devem ser desenvolvidas e otimizadas especificamente para converter o visitante em cliente, com o tipo de conversão que se espera dele.

Assim, as estratégias de otimização de uma página como *landing page* visam melhorar seu conteúdo, código, estrutura e *design*, de modo a aumentar a taxa de conversão de seus visitantes. Isso envolve um trabalho integrado entre as equipes de marketing, tecnologia da informação (TI) e *design*.

Táticas para otimização de *landing pages* para conversão

Algumas táticas interessantes sobre como desenvolver *landing pages* para otimizar as taxas de conversão de visitantes são apresentadas por Larry Chase:

- **Saiba quando manter a página simples:** isso depende do público-alvo. B2B é diferente de B2C, por exemplo.

- **Informe onde o visitante está**: se a pessoa não se localizar e se sentir perdida, provavelmente não ficará na página.
- **Não tire o controle do usuário com pirotecnia e excesso de tecnologia**: animações, efeitos e sistemas que tiram o controle do usuário enquanto carrega ou acontece tornam-se desinteressantes para eles.
- **Ofereça múltiplos *calls to action* (incentivos para agir)**: isso possibilita que usuários com perfis diferentes em termos de tipo de ação que preferem tomar (preencher formulário, telefonar, participar de promoções etc.) encontrem o caminho para agir. Isso aumenta as chances de conversão.
- **Faça experiências com seus formulários**: o senso comum é que durante o preenchimento de um formulário, para cada campo de registro preenchido, perdem-se 30% das pessoas que estão respondendo. Existem várias linhas de pensamento quanto ao que fazer nesses casos. Uma das sugestões interessantes é perguntar ao usuário apenas o que ele acredita que seja necessário em função do que está relacionado ao formulário (por exemplo: fazer *download* de um arquivo, comprar, cadastrar para receber notícias etc.).
- **Reanalise sua *encore page***: é a página que o usuário recebe de volta quando realiza a ação na *landing page*. Por exemplo, depois de preencher um formulário ou baixar um arquivo PDF, é apresentada a *encore page* com algum tipo de confirmação ou informação sobre a ação executada. Essa página deveria dar ao usuário mais oportunidades de agir no *site* (*calls to action*), e não apenas oferecer um *link* para a *home page* ou um botão para voltar (como ocorre na maioria das *encore pages*).
- **Não presuma que está tudo entendido**: o que é óbvio para você provavelmente não é tão óbvio para outras pessoas, principalmente se são de outras empresas ou países.
- **Teste múltiplas *landing pages***: o teste de diferentes *landing pages* permite aplicar diferentes variáveis, como título das páginas, quantidades de campos nos formulários, tamanho das páginas etc.
- **Permaneça no ar**: para quem segue um *link* para uma *landing page*, é mais interessante que esse *link* seja válido e a página esteja no ar do que receber um *"file not found"*. Mesmo que a oferta ou informação na página refira-se ao passado (é sempre bom que isso esteja claro na página), continua sendo referência sobre a sua página e seu *site*.
- **Siga os olhos dos usuários**: observe alguém que está olhando para sua página pela primeira vez e acompanhe o movimento que ele faz com os olhos. Existem também tecnologias de *eye-tracking*, como o Hotjar, que podem auxiliar nesse processo, mas a simples observação a olho nu já é bastante útil. Apesar de muita coisa que funciona na mídia tradicional funcionar também *on-line*, há outras que não funcionam do mesmo jeito, e este é o modo de descobrir.
- **Dica extra: "Não sabemos tudo"**: além de descobrir o que funciona ou não no marketing na Internet e, especificamente, nas *landing pages*, devemos perceber

que elas são alvos em movimento e não temos como saber tudo o tempo todo. Precisamos estar constantemente em movimento também para acompanhá-las.

Outra boa fonte de informações sobre o funcionamento e desenvolvimento de *landing pages* é o livro *MarketingSherpa's landing page handbook*, que apresenta diversos exemplos reais e estatísticas interessantes para desenvolvedores, como:

- Aumentar o tamanho do botão da *"call to action"* pode elevar conversões.
- Clientes que entram no *site* para comprar algo adiam suas compras em média por 34 horas e 19 minutos. Isso pode afetar as medidas de taxa de conversão baseadas em períodos de 24 horas.
- Uma tática útil de conversão é convidar a participar da página, como "Responda a cinco perguntas para saber seu perfil profissional".
- O uso de personagens que falam na *landing page* pode aumentar as taxas de conversão em até 30%, dependendo do tipo de página.

Mais um estudo sobre *landing pages* que merece atenção é o relatório *8 Seconds to capture attention*, da Silverpop, que apresenta, por exemplo, os seguintes pontos importantes:

- Perguntar muitas informações pode levar o usuário a se cansar e frustrar-se de forma que abandone o processo. Mesmo assim, 45% das *landing pages* incluem formulários que contêm mais de 10 campos a serem preenchidos.
- A presença de barras de navegação em uma *landing page* pode ser uma distração que manda os visitantes para longe da meta principal de conversão. No entanto, aproximadamente sete em cada dez *landing pages* usam barras de navegação.
- Uma URL de *landing page* legível reforça o *branding*. Além disso, a ausência de traços e números, quando possível, pode ajudar a melhorar o reconhecimento por parte do visitante sobre os produtos ou empresa que a página representa.

Teste de múltiplas *landing pages*

Em alguns casos, podem-se usar códigos específicos nas URLs da página para se rastrear de onde vieram os cliques. Em outros, é necessário desenvolver *landing pages* diferentes.

Além das táticas apresentadas anteriormente, existem ótimas ferramentas que podem ser usadas como auxílio para melhorar os índices de conversão de visitantes em *websites* como VWO (https://vwo.com/) e Optimizely (https://www.optimizely.com/).

A velocidade de carregamento das páginas e a validação de conexão entre *link*s são também fatores importantes para que as pessoas permaneçam nas *landing pages*, interagindo com elas. Estudos no *e-commerce* mostram que, a cada segundo adicional de carregamento de uma página, perdem-se 5% das vendas.[3] Dessa forma, veja outras ferramentas interessantes para otimizar funcionalidades e *performance* de *landing pages*:

---

[3] Segundo Igor Senra, da MoIP, no Seminário Marketing 2.0 em 27 de agosto, em Curitiba.

- **Google Page Speed**: *site* que analisa a *performance* de páginas *Web* dando sugestões para melhorá-las.
- **W3C – Validator**:[4] ferramenta de validação dos códigos das páginas segundo os padrões do W3C, e Link Checker,[5] ferramenta de verificação de conexão entre *links*.

Portanto, apenas trazer pessoas para a página não é suficiente. É necessário trazer as pessoas certas para o tipo de meta que a página e o *site* como um todo apresentem.

Considerações e recomendações adicionais

Veja o artigo *Why every marketing mix should include paid, owned & earned content*.[6]

Para conhecer conteúdo adicional e atualizado referente a este capítulo, acesse o QRCode a seguir:

www.martha.com.br/livro-MED/saibamais19.html

---

4 Disponível em: http://validator.w3.org/. Acesso em: 10 jun. 2020.
5 Disponível em: http://validator.w3.org/checklink/. Acesso em: 10 jun. 2020.
6 Disponível em: http://bit.ly/3925iDn. Acesso em: 10 jun. 2020.

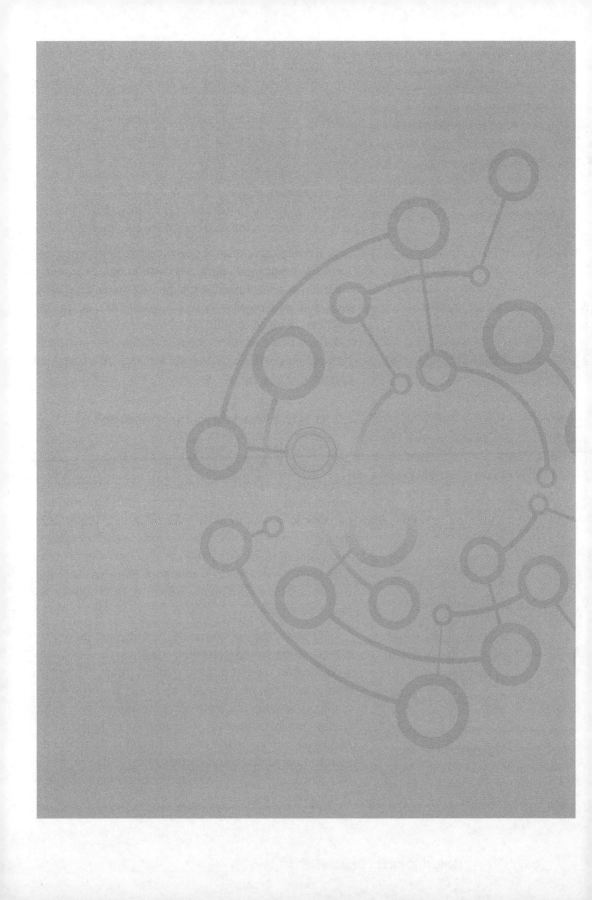

A presença digital não tem vida sem conteúdo. De que adianta um *blog* que não se atualiza, ou um perfil em redes sociais que não publica *posts*, sem interação ou fluxo? Estratégias digitais sem conteúdo é como um coração sem sangue. Independentemente do tipo de estratégia de marketing que você irá usar, o marketing de conteúdo deve fazer parte do seu processo. Conteúdo de qualidade faz parte de quase todas as formas de estratégias digitais: presença *on-line*, *Social Media Marketing* (SMM), *Search Engine Marketing* (SEM), marketing de influência, *inbound* marketing e *e-mail* marketing.

Em vez de apresentar seu produto ou serviço em forma de propaganda pura, pelo marketing de conteúdo você fornece informações realmente relevantes e úteis para seu público-alvo potencial e clientes, a fim de ajudá-los a resolver seus problemas ou a cumprir com objetivos pessoais. Este capítulo aborda as estratégias de marketing de conteúdo para fluir e dar "vida" às plataformas digitais.

O que é marketing de conteúdo?

Marketing de conteúdo é o processo de criação de conteúdo de valor e relevante para atrair, adquirir e envolver seu público de interesse. Uma estratégia de marketing de conteúdo bem elaborada coloca sua empresa na posição de autoridade, influenciando a preferência pela sua marca, ao informar e educar os compradores. Fornecer conteúdo útil e relevante pode estimular uma relação de credibilidade e confiança entre sua marca e os clientes, que continua a crescer e se fortalecer ao longo do tempo.

O marketing de conteúdo permite que os profissionais de marketing se tornem criadores, possibilitando a construção do seu próprio público, atraindo atenção para os seus canais. Ao criar e distribuir conteúdo que o público-alvo acha útil, você aumenta as vendas e reduz custos com investimento em mídia paga no longo prazo. Aliado ao *inbound* marketing, o marketing de conteúdo se tornou uma das técnicas mais eficazes da era digital para encontrar clientes em potencial e manter os que já compraram algo.

Ter uma boa estratégia de conteúdo é a principal chave para o sucesso segundo 73% dos profissionais de marketing (DemandGen Report, 2024). Mas, para ter sucesso, não basta criar conteúdo aleatoriamente e distribuir em canais digitais. É preciso produzir conteúdo personalizado dedicado a cada estágio da jornada do cliente. Conforme vimos no Capítulo 8, o funil de marketing agora é dinâmico, portanto, é necessário apresentar vários caminhos em direção à solução, em vez de apenas tentar fazer essa escolha pelo *lead* ou cliente. Ter uma estratégia de conteúdo personalizada para cada etapa da jornada mostra a eles que você valoriza sua capacidade de avaliar e tomar decisões por si.

Canais de distribuição

O marketing de conteúdo não se resume apenas em criar um conteúdo relevante para o público-alvo, mas também saber distribuí-lo conforme a estratégia digital mais adequada:

- **Presença *on-line***: todos os projetos *Web*, como aplicativo, *site* e *blog*, são dependentes de conteúdo. O conteúdo é a melhor maneira de transmitir a identidade, os valores da sua empresa e suas especialidades.
- ***Social Media Marketing*** **(SMM)**: a estratégia de marketing de conteúdo é premissa à sua estratégia de mídia social. *Posts* com conteúdo de valor ganham mais relevância dentro das plataformas de mídias sociais e ajudam a atrair e engajar clientes em potencial. Distribuir seu conteúdo nos canais de mídia social da própria marca, como Instagram, Facebook, LinkedIn, YouTube, TikTok e Pinterest, é uma oportunidade rápida para se conectar ao seu público-alvo.
- ***Search Engine Marketing*** **(SEM)**: os mecanismos de pesquisa beneficiam os *sites* que publicam conteúdo consistente e de qualidade. A criação de artigos em *blog* para o seu público-alvo, aliada à utilização de técnicas de *Search Engine Optimization* (SEO), ajudam a favorecer sua posição nos primeiros resultados nas pesquisas do Google ou mesmo na recomendação feita

pela inteligência artificial. Tendo em mente que o YouTube é o segundo maior buscador da Internet, faz sentido também adotar esse canal para distribuição de conteúdo estratégico de SEM.

- **Marketing de influência**: estratégias bem-sucedidas com influenciadores digitais abordam questões com as quais os seguidores deles se preocupam. Cocriar conteúdo com valor em suas redes sociais, com a linguagem do influenciador, é o melhor caminho.
- **Inbound marketing**: o conteúdo é essencial para gerar tráfego e *leads* em todas as etapas do funil dinâmico de marketing. No *inbound* marketing, a distribuição do conteúdo é feita por meio de *landing pages*, que são páginas únicas no *site* com o propósito de capturar o *lead* em troca de conteúdo de valor como *e-books*, webinários, *lives* e *kits* (arquivo contendo planilhas, *templates*, *e-books* etc.).
- **E-mail marketing**: a estratégia de conteúdo faz parte da maioria das estratégias de *e-mail* marketing, podendo ser por meio do *copy* (produção de conteúdo focada em convencer o leitor a realizar uma ação), da divulgação de *newsletter* ou do fluxo de automação de *inbound* marketing.
- **Marketing de conversação**: atualmente, as pessoas são altamente dependentes de canais como WhatsApp, Facebook Messenger, Telegram e até mesmo o *inbox* do Instagram para se comunicarem. Distribuir conteúdo personalizado nesses canais, por meio de conversas com *leads* e clientes, é uma das formas mais eficazes de aumentar o nível de relacionamento com eles, aumentando também a lembrança de marca e a intenção de compra.

Tipos e formas de conteúdo

O marketing de conteúdo pode assumir várias formas e, para fazer o certo, você precisa determinar que tipos de conteúdo seus compradores em potencial preferem consumir. A seguir, veja os tipos mais comuns de conteúdo.

- **Postagens em *blog***: o *blog* da empresa pode e deve ser usado para promover conteúdo. Alie a estratégia de conteúdo com a estratégia de SEO, pois isso te ajudará a manter as postagens em uma programação consistente. Empresas que têm *blogs* geram 97% mais *leads* do que aquelas que não têm (HubSpot, 2023), e 61% dos consumidores afirmam que os *blogs* influenciam sua decisão de compra (ImpactBND, 2024).
- **E-books**: o conteúdo do *e-book* deve seguir algum tipo de estrutura narrativa e ter um bom *design* visual. O objetivo de um *e-book* é educar, mas é importante manter o texto consistente com a voz da sua marca. Semelhante a um *post* de *blog*, os *e-book*s também têm um melhor resultado de leitura ao organizar o texto com subtítulos que dividem o assunto em seções específicas. Um *e-book* pode ser salvo em PDF, ePUB (*Electronic Publication* é o formato de *e-book* mais flexível para dispositivos móveis) e AZW (específico para o dispositivo Kindle, da Amazon). Um *e-book* relevante deve refletir algum ponto de dor do público-alvo, seja para ajudá-lo a comprovar algo de forma mais profunda, seja para ensiná-lo

a fazer algo com base na sua especialidade. São algumas ideias de *e-book*: estudos de casos, pesquisas, demonstração do produto (como extrair valor do seu produto e não uma brochura de propaganda), *playbook* (algo replicável para se atingir determinado objetivo com boas práticas sobre um assunto), curso rápido (educação sobre algum assunto).

- **White papers e relatórios**: esses materiais são semelhantes aos de um *e-book*, pois são principalmente educacionais, mas os relatórios e documentos técnicos geralmente são menos visuais graficamente e usam uma linguagem mais profissional. Em termos estratégicos, esse tipo de conteúdo pode criar oportunidades de parceria com outras organizações.

- **Vídeo**: para usar efetivamente o vídeo como parte de uma estratégia de conteúdo, tente mantê-lo o mais atemporal possível, para que você consiga extrair o máximo de valor ao longo do tempo. Caso você queira focar no YouTube como canal de distribuição de vídeos, uma recomendação estratégica seria criar vídeos sobre assuntos que as pessoas já estão procurando em seu segmento. Use o Google Trends para isso ou ferramentas como o Alsoasked.com para entender quais são as perguntas mais frequentes em torno do seu segmento de negócio. Os tipos mais comuns de conteúdo usando o formato vídeo são: *webinars* (seminário transmitido pela Internet), *stories/reels/tiktoks/shorts* (vídeos verticais curtos de até 90 segundos nas mídias sociais 9:16), *posts* de vídeo acima de 90 segundos em mídias sociais, publicações 16:9 no YouTube.

- **Infográficos**: é uma forma de comunicação visual destinada a capturar a atenção e melhorar a compreensão das pessoas sobre um assunto de forma rápida. Geralmente, um infográfico contém dados de pesquisa, texto curto, esquemas de como algo funciona etc. Idealmente, um infográfico deve ter o mínimo de texto possível, ser visualmente atraente, deixar as imagens contar a história, conter um assunto atraente para seu público-alvo e ser apoiado por um conteúdo de análise em seu *blog* e canais sociais. Adicionar um infográfico em seu *blog* ou Pinterest pode ser uma das estratégias mais eficazes para gerar tráfego e autoridade de domínio para o seu *site*, já que muitas pessoas podem replicar o infográfico em seus próprios *sites*, fazendo referência ao seu.

- **Podcasts**: os *podcasts* são episódios de conteúdo em áudio ou vídeo, todos focados em um tópico ou tema específico. O objetivo é fazer as pessoas seguirem o programa, seja em um canal no YouTube, seja em um aplicativo como o Spotify, e ouvir episódios sempre que quiser, mas principalmente em momentos de deslocamento ou quando se está fazendo alguma outra coisa rotineira. Os *podcasts* podem ter de um minuto a três horas, dependendo do conteúdo e da jornada do seu público-alvo. Se ele se desloca muito, porém são deslocamentos curtos, o recomendado é fazer episódios de 15 minutos, por exemplo. Em relação à frequência de publicação, você pode distribuir diariamente, semanalmente ou mensalmente; mais do que isso descaracteriza o formato de episódios. Geralmente, os *podcasts* de distribuição diária são mais curtos, com conteúdo mais perecível, como notícias ou fatos. Já os *podcasts* distribuídos mensalmente são mais perenes. No Brasil, mais de 39,7% dos internautas de 16 a 64 anos ouvem *podcasts* todas as semanas (Global Web Index, 2024), fazendo do país o que mais consome *podcasts* no mundo. Os principais canais de distribuição de *podcasts* são: YouTube, Spotify, Google Podcasts, Apple Podcasts, Deezer e SoundCloud.

- **Apresentações, *decks* e *slides***: as apresentações são um ótimo formato para dividir ideias complexas em poucos *slides*. Para quem é palestrante, uma das principais estratégias de capturar *leads* e entender a satisfação da plateia é disponibilizar a apresentação para *download* em alguma *landing page* ou por meio de uma automação no *direct* do Instagram, mediante o envio de uma palavra-chave, resguardada por uma pesquisa de satisfação como condição da liberação do, resguardada por uma pesquisa de satisfação como condição da liberação do *link*. Você também pode distribuir a sua apresentação no Slideshare, maior *site* de apresentações comprado pelo LinkedIn em 2012, no qual há ferramentas de captura de *lead*.

- **Estudos de caso e casos de sucesso**: crie estudos de caso com números reais e histórias de cada *persona* do seu público-alvo. Isso ajudará a manter o conteúdo focado no valor e nos resultados, não na marca, além de fazer o *lead* ou cliente se identificar com a *persona* da história. Geralmente, esse tipo de conteúdo é distribuído no *site* da empresa, em fluxo de *e-mail* no *inbound* (fundo de funil) ou em conversas diretas com algum vendedor. Os principais formatos usados para compilar esse conteúdo são os PDFs e os vídeos. Os casos de sucesso são excelentes para ajudar a quebrar algum tipo de objeção do *lead* no estágio de conversão.

- **Demonstrações**: é uma avaliação em vídeo que pode ser gravado ou ao vivo. Esse tipo de conteúdo funciona bem para iniciar o diálogo e começar a qualificar melhor seus *leads*. Se você possui um produto baseado em SaaS (*Software as a Service*), pode usar a demonstração como conteúdo de "on-boarding" (processo de familiarização do usuário com o produto) no período de teste.

- ***E-mail***: esse é um dos tipos de conteúdo mais antigo e difundido da Internet. O *e-mail* está contido na estratégia de *e-mail* marketing, que contempla *newsletter* (boletins informativos periódicos), promoções, informações transacionais (*e-commerce*, por exemplo), *cold e-mails* (*e-mails* personalizados de automação, usados na estratégia de *inbound* marketing). O *e-mail* é uma excelente forma de manter seu público informado sobre seu conteúdo, além de divulgar seu negócio.

- **Áudio**: com a proliferação de canais de conversação como WhatsApp, Telegram, Facebook Messenger, canal de transmissão no Instagram ou mesmo o *direct* do Instagram, o envio de conteúdo em áudio é uma das formas mais eficientes de passar uma mensagem em um tom mais informal e próxima com as pessoas. A Meta vem investindo cada vez mais em canais de conversação, entendendo que o futuro do marketing é conversacional por conta também do advento das inteligências artificiais, como o ChatGPT e o Google Gemini.

- **GIF (*Graphics Interchange Format*)**: esse é um dos tipos de conteúdo mais viralizados da Internet, pois atualmente tem sido usado para expressar algum sentimento ou humor. Os GIFs são excelentes para comunicação, pois são fáceis de consumir e levam muito pouco tempo para serem interpretados, oferecem capacidade de "*call to action*" e proporcionam um impacto emocional que pode conectar sua empresa ao seu público. De acordo com uma pesquisa publicada na revista *Time*, quase dois terços dos *millennials* entrevistados disseram que os GIFs comunicavam seus pensamentos e sentimentos melhor do que palavras. E isso os torna um tipo de conteúdo poderoso para empresas que desejam se conectar e se envolver com seu público-alvo. Geralmente, os memes da Internet são no formato em GIF. Os memes são conteúdos que imitam algum comportamento dentro de uma cultura. Além de poder distribuir GIFs em qualquer canal da Internet, incluindo em *e-mail*, canais como Giphy também permitem que empresas façam *upload* de seus GIFs. O Giphy também cria GIFs e mantém um banco de dados pesquisável. Uma forma de usar GIFs em sua estratégia digital é disponibilizar GIFs da sua empresa para que os seus clientes se expressem em canais como o Instagram Stories, WhatsApp e Telegram. Você também pode permitir que seus clientes criem GIFs para sua marca no *site* MakeAGIF.com. Podem ser criados concursos para o melhor GIF gerado pelo usuário, aquele que melhor representa a marca, por exemplo.

Planejamento do marketing de conteúdo

O marketing de conteúdo é uma estratégia de longo prazo, portanto, é importante fazer um planejamento adequado baseado em objetivos, *personas*, tom de voz, frequência, canais e editoriais. Isso é fundamental para que você tenha uma base sólida para colher resultados no futuro. A seguir, estão listados os passos para você entender os fundamentos do planejamento de marketing de conteúdo.

- **Passo 1** – Crie sua *persona* principal. Que tipo de conteúdo essa *persona* precisa? O que ela busca no Google? Quais são seus desafios, perguntas, necessidades e o tipo de conteúdo que eles gostam de consumir? Faça essas perguntas em cada estágio da jornada do cliente. Isso lhe ajudará a pensar que tipo de conteúdo criar para essa *persona*.

- **Passo 2** – Entenda a jornada do cliente. Mapeie todos os pontos de contato do *lead* com a sua marca, como ele te descobre, em quais canais ele se aprofunda para saber mais sobre os assuntos relacionados ao seu negócio, como é o processo de tomada de decisão dele durante uma compra, como é a experiência dele após a compra. Esse mapeamento irá te ajudar a determinar os tipos de conteúdo, canais de distribuição e os assuntos necessários para criar a menor fricção possível ao longo da jornada. Esse mapeamento deverá ser feito para cada *persona* criada. Diferentes *personas* podem exigir diferentes tipos de conteúdo. Como resultado, você pode ter uma estratégia de conteúdo que fala diretamente com cada *persona*, independentemente do estágio em que estejam.

- **Passo 3** – Crie as suas linhas editoriais e categorias de conteúdo. Criar um conteúdo não é apenas um trabalho de mapeamento dos assuntos que mais interessam às *personas*. É necessário definir as linhas editoriais e as categorias do seu conteúdo. A linha editorial é a direção que todas as categorias de conteúdo devem seguir. Por exemplo, no caso de uma academia, podemos ter como linha editorial a "alimentação saudável" e, como categorias de conteúdo, "receitas, mitos e verdades". Outra linha editorial poderia ser "aulas" e ter categorias de conteúdo como: corrida, musculação, *crossfit*, judô etc. Outra forma de pensar as linhas editoriais, que é a mais recomendada, é fazer das etapas da jornada do cliente as suas linhas editoriais. Nesse caso, ficaria assim:

- **Consciência**: linha editorial cuja direção é fazer a *persona* descobrir a marca. Nessa etapa, a *persona* é estimulada e pensar que tem um problema ou desejo. As categorias de conteúdo devem ser menos profundas e mais amplas.
- **Interesse**: nesta linha, a direção é fazer a *persona* reconhecer o problema ou desejo e buscar mais informações para posicionar a marca. Nessa etapa, a *persona* começa a buscar mais informações sobre os assuntos nos quais ela foi estimulada. As categorias de conteúdo devem ser mais customizadas para os assuntos de interesse e menos amplas.
- **Consideração**: linha editorial cuja direção é fazer a *persona* buscar uma solução para os problemas ou desejos instaurados. Nessa etapa, a *persona* passa a se interessar pelo conteúdo de uma possível solução. As categorias de conteúdo devem ser mais customizadas para aproximar a *persona* de uma solução oferecida pela sua marca. Já é possível introduzir os produtos ou serviços no contexto do conteúdo com uma profundidade média.
- **Conversão**: nesta linha, a direção é fazer a *persona* valorizar ao máximo sua solução. Nessa etapa, a *persona* passa a buscar alternativas de solução para filtrar as opções de mercado. As categorias de conteúdo devem ser mais personalizadas de acordo com as possíveis objeções de compra, para quebrar tais objeções e levar a *persona* mais próximo a conversão. O conteúdo aqui é mais profundo.
- **Pós-venda**: linha editorial cuja direção é fazer a *persona* ter uma boa experiência com a solução. Nessa etapa, a *persona* tem dúvidas de uso ou consumo e dá *feedbacks* da sua experiência. As categorias de conteúdo devem ser mais ser pautadas para melhorar a experiência da *persona* e aumentar a probabilidade de recompra.

Como exemplo desse formato, veja na Tabela 20.1 como são as linhas editoriais e categorias de conteúdo da mLabs para a *persona* de analista de mídias sociais.

- **Passo 4** – Definição de assuntos para as categorias de conteúdo. Depois de definidas as linhas editoriais e as categorias de conteúdo para a *persona*, é hora de pensar nos assuntos a serem abordados. Esse passo é cíclico e repete-se conforme o esgotamento e a necessidade de novos assuntos. A prática de *brainstorming* é recomendada para ter ideias de assuntos, pois é uma das tarefas mais desafiadoras e importantes da criação de conteúdo. Você precisará de um ambiente receptivo e de toda a equipe para tentar coisas novas o tempo todo.

Tabela 20.1 – Linhas editoriais e categorias de conteúdo da mLabs

Consciência	Interesse	Consideração	Conversão	Pós-venda
• Listas de ferramentas • Data *insights* de mercado (pílulas de pesquisa) • Notícias sobre marketing digital	• Dicas de redes sociais • Estudos e análises • *Review* de eventos	• Planejamento de redes sociais com a mLabs • Produtividade com a mLabs • *Data insights* mLabs	• Funcionalidades • Casos de sucesso • Depoimentos	• Conselho rápido de clientes • UGC (*User Generated Content*) • Q&A (Perguntas mais Frequentes) • Mood mLabs

- **Passo 5** – Criação do calendário editorial. Depois de definidas as ideias de assuntos para cada categoria de conteúdo ao longo da jornada do cliente, é hora de montar um calendário editorial baseado em um período que faça sentido para o seu negócio. Para negócios cujo ciclo de compra é mensal, faz sentido montar um calendário mensal. A mesma lógica se for semanal. Criar um calendário editorial garante que você produza e distribua seu conteúdo no melhor momento e canal possível para cumprir com os objetivos de negócio de acordo com a jornada do cliente e seu ciclo de compra. Dessa forma, toda a equipe ficará alinhada com as datas de publicação e poderão se adiantar para manter pelo menos um ciclo de conteúdo adiantado e agendado.

- **Passo 6** – Produção e otimização do conteúdo. Se você está comprometido em fazer um conteúdo original e de alta qualidade, provavelmente irá investir tempo e dinheiro para criar. Portanto, é importante ter duas coisas em mente: fazer um conteúdo épico que possa ser desdobrado em vários pequenos conteúdos e manter os conteúdos já publicados sempre atualizados, principalmente os *posts* de *blog*, que fazem parte da estratégia de SEM. Um conteúdo desatualizado perde a relevância nos buscadores e ainda prejudica a credibilidade da sua marca. Para garantir que você aproveite ao máximo seu marketing de conteúdo, lembre-se de que para cada etapa da jornada do cliente há um nível de profundidade de conteúdo. Portanto, faça sempre um conteúdo épico primeiro (um conteúdo grande, profundo e muito completo), e depois quebre esse conteúdo em diversos tipos, como *e-books*, *posts* de *blog*, infográficos, vídeos para *stories*, vídeos para *posts* etc. Assim você consegue distribuir esses substratos de conteúdo conforme a etapa e o canal mais adequados. Sempre que um conteúdo tiver um desempenho alto, coloque-o numa planilha para atualização futura e republique-o. Para os conteúdos perecíveis, que refletem um momento, fato ou notícia, e não têm como ser atualizados, é melhor usá-los apenas em mídias sociais e descartá-los no caso de *blog*, pois isso pode prejudicar a sua autoridade.

- **Passo 7** – Definição de métricas e indicadores de sucesso. O conteúdo de cada etapa da jornada deve ser medido de maneira diferente, pois cada etapa tem objetivos diferentes, como já vimos. As métricas das etapas iniciais devem medir reconhecimento de marca e não receita. Já na conversão é importante medir as oportunidades e ações que geram receita, após a venda, e medir satisfação e envolvimento com a marca. A Tabela 20.2 apresenta métricas e indicadores básicos.

Tabela 20.2 – Métricas e indicadores básicos de sucesso de acordo com a jornada do cliente

Etapa	Consciência	Interesse	Consideração	Conversão	Pós-venda
• Métricas	• Alcance • Frequência	• Ações de engajamento • Visualizações • Quantidade de palavras-chave ranqueadas na primeira página do Google	• Sessões no *site* • *Leads* • *Downloads*	• Instalações • Vendas	• NPS • Menções à marca
• KPIs (indicadores de sucesso)	• *Brand lift* (reconhecimento de marca) • CPM (custo por mil impressões)	• Taxa de engajamento • *Share of engagement* (comparativo de engajamento com os concorrentes)	• Taxa de rejeição no site/blog • Taxa de *leads* qualificados	• CAC (custo de aquisição do cliente) • Taxa de conversão • ROAS (retorno sobre investimento em mídia)	• Taxa de cancelamento • Taxa de recorrência • LTV (*Life Time Value*) • ROI (retorno sobre investimento) • Sentimento de marca

Regularidade e frequência de publicação

Uma das principais definições do marketing de conteúdo é a regularidade de criação e publicação de conteúdo diante das etapas da jornada do cliente, linhas editoriais e categorias de produtos. Para facilitar essa definição em nível estratégico, vamos ver a frequência de publicação de acordo com as estratégias relacionadas com marketing de conteúdo.

- **Presença *on-line*:** um *site* deve ter seu conteúdo criado em tempo de projeto e atualizado constantemente conforme a necessidade. O *blog* será tratado dentro da estratégia de SEM a seguir.
- **Search Engine Marketing (SEM):** o *blog* é o principal canal para o SEO, e, por definição estratégica, quanto mais oportunidades de corresponder uma busca do público-alvo, melhor, obviamente dentro do contexto da solução que o negócio vende. Portanto, use ferramentas como o SEM Rush, Uber Suggest ou mesmo o próprio Google, para descobrir quais são as principais palavras-chave usadas pelo seu público-alvo e seus volumes de busca mensal. Tente criar o máximo de artigos relevantes no menor período viável dentro das palavras-chave que são fundamentais para você se posicionar. Não se esqueça de atualizar os artigos antigos sempre que necessário. Faça isso toda semana.
- **Social media marketing (SMM):** as plataformas de mídias sociais são os canais mais complexos quando o assunto é frequência. Para o caso da jornada do cliente, o importante é medir a frequência de impactos em cada pessoa dentro do seu público-alvo e não quantos *posts* são publicados por semana ou por mês. A frequência de impacto é o que definirá o reconhecimento de marca na hora da decisão de compra. Isso é mais fácil de controlar por meio de *social ads*, que veremos no Capítulo 29. Isso significa que é possível fazer menos ou mais publicações em redes sociais, desde que a frequência de impactos sobre

a mesma pessoa dentro do público-alvo seja adequada. Já no caso de pessoas que queiram virar influenciadores digitais ou não têm verba para controlar a frequência de impacto usando *social ads*, o nome do jogo é volume. Quanto mais postagens, melhor para ganhar visibilidade e crescer nas mídias sociais. O recomendado nesse caso é pelo menos uma publicação por dia.

- **Marketing de influência**: você pode fazer uma campanha ou fechar um contrato de longo prazo com um influenciador digital. No caso de um contrato de longo prazo, a recomendação é que seja estipulado um escopo de entrega de acordo com o calendário editorial. O influenciador digital pode ser responsável por uma categoria de conteúdo ou simplesmente produzir uma das ideias de conteúdo.

- *Inbound* **marketing**: a frequência de criação de conteúdo para suprir a estratégia de *inbound* vai depender da meta de *leads* definida na estratégia. Para bater a meta, há duas possibilidades: aumentar a verba de mídia para alcançar mais pessoas dentro do público-alvo ou criar um conteúdo novo que possa ser mais atraente para a *persona* da estratégia.

- *E-mail* **marketing**: o *e-mail* marketing tem três vertentes: *newsletter*, ofertas e automação de *inbound* marketing. No caso de *newsletter*, a frequência pode ser diária, semanal ou mensal, vai depender da sua capacidade de criar conteúdo e da preferência do usuário. Já no caso de ofertas, não há uma frequência máxima. Você terá que tomar cuidado para não ser encarado como "*spam*". A recomendação nesse caso é zelar pela sua base de *e-mails* e só mandar uma oferta quando realmente há algo muito bom e relevante para o usuário. O último caso se trata de *e-mails* automáticos configurados na régua de relacionamento do *inbound* marketing, portanto, a frequência é predefinida de acordo com a quantidade de contatos necessários para efetuar uma conversão.

Considerações e recomendações adicionais

Para conhecer conteúdo adicional e atualizado referente a este capítulo, acesse o QRCode a seguir:

www.martha.com.br/livro-MED/saibamais20.html

Este capítulo apresenta as principais características estratégicas do *e-mail* marketing que, apesar das diversas novidades nas tecnologias de comunicação (como mídias sociais, *instant messengers* etc.), continua tendo papel importante no cenário de marketing, principalmente quando se trata de compartilhar assuntos longos ou se precisa fazer conexões de comunicações com bancos de dados para possibilitar rastreamento e continuidade de ações que geram o relacionamento. Talvez, por não serem mais novidade há muitos anos, muitas vezes os eventos sobre estratégias digitais de marketing acabam deixando o *e-mail* de lado, como se fosse uma ferramenta ultrapassada. No entanto, novas tecnologias nem sempre causam a obsolescência das tecnologias antigas, mas uma coexistência entre elas, de forma que cada uma ocupe o seu espaço ideal no *mix*, que seja, compatível com sua essência.

E-mail marketing: conceitos e cuidados

Podemos definir *e-mail* marketing como a prática que utiliza eticamente o envio de mensagens por *e-mail* para atingir objetivos de marketing. Veja a seguir as características principais do *e-mail* marketing:

- **Permissão e ética (*opt-in* e *opt-out*):** para que uma ação seja considerada *e-mail* marketing, e não *spam*, é essencial que respeite as práticas éticas para obter *opt-in*[1] e ofereça também, da mesma forma, *opt-out*.[2] Assim, o *e-mail* marketing só acontece no âmbito da permissão, que é a base do marketing de relacionamento.

---

1 *Opt-in* é o ato em que uma pessoa opta por receber as mensagens de *e-mail* de determinado remetente. Normalmente, as práticas de *opt-in* envolvem a captura de cadastros em eventos, *sites*, situações de compra e relacionamentos em geral, pedindo permissão para o envio de mensagens de *e-mail*. Outra prática bastante comum é o uso de listas de cadastros que já possuem a permissão para receber mensagens de tipos de conteúdos previamente autorizados pelos cadastrados ou conteúdos de empresas parceiras aos detentores dos cadastros.

2 *Opt-out* é o ato em que uma pessoa opta por não querer receber mais mensagens de *e-mail* de determinado remetente. O *opt-out*, para ser ético, deve ser tão simples de fazer como o *opt-in*, e todas as mensagens enviadas a um determinado receptor devem ter sempre a opção de *opt-out* disponível.

- **Segmentação e personalização**: justamente porque o *e-mail* marketing acontece por meio de permissão, possibilita estabelecer um relacionamento contínuo e crescente em grau de detalhamento com os públicos-alvo. A cada mensagem enviada de *e-mail* marketing, podem-se e devem-se criar ações de *call to action*[3] que levem o relacionamento a uma proximidade maior, que traz mais informações sobre a pessoa. Essas informações acumuladas ao longo do tempo vão fornecendo possibilidades de segmentação e personalização cada vez mais precisas e eficientes nas ações de *e-mail* marketing.
- **Mensuração**: por acontecer no ambiente digital e normalmente estar associado a bancos de dados, o *e-mail* marketing permite um forte grau de mensuração das atividades dos seus receptores, como quem recebeu a mensagem, quem abriu essa mensagem, quando, quantas vezes etc. Essa mensuração fornece dados valiosos para a análise do comportamento do público-alvo e o ajuste das ações de marketing.
- **Rastreamento**: como as mensagens de *e-mail* não possuem limitações de tamanho nem de contexto (como acontece em mídias sociais, por exemplo, que podem ter limite de tamanho das mensagens ou só permitem que as mensagens fiquem no seu próprio ambiente), o *e-mail* marketing permite o encadeamento de assuntos, rastreando as interações entre empresa/consumidor-cliente desde a primeira mensagem enviada em cada ação, o que favorece o relacionamento e a solução de problemas.
- **Integração entre plataformas**: o *e-mail* marketing permite que as *call to action* direcionem ações às mais diversas mídias – telefone, *sites*, televisão, mídias sociais etc. Além disso, é uma das principais opções para recebimento de mensagens de assinaturas em RSS *feeds* de *sites* e *blogs*. Isso faz com que o *e-mail* marketing seja uma

---

3 ***Call to action*** é o termo usado para designar ações que façam determinada pessoa agir. Por exemplo, as frases "Ligue para obter mais informações", "Cadastre-se no *site* para receber descontos especiais", "Compre agora", "Agende uma visita" etc. são ações de *call to action*.

excelente opção para "costurar" assuntos e criar conexões crossmídia, envolvendo as demais mídias.

- **Assincronicidade**: o *e-mail* permite a leitura e a resposta em tempos distintos, além da leitura em momento diferente do envio/recebimento. Isso favorece a interação com diversos perfis distintos de públicos – enquanto há pessoas que gostam de interagir instantaneamente, há outras que precisam de vários dias para agir. Dessa forma, o *e-mail* atende aos mais diversos perfis.
- **Permanência**: uma vez recebido por uma pessoa, o *e-mail* pode ser guardado (e os relevantes têm alta probabilidade de sê-lo) e permanece com o público-alvo, permitindo que seja lido mais de uma vez em situações distintas.
- **Difusão digital**: no ambiente digital, o *e-mail* é uma das plataformas mais maduras e disponíveis, com altíssima difusão entre os usuários *on-line*.
- **Preço baixo (*per capita*)**: o custo de envio de produção e envio de *e-mail* marketing é barato quando comparado ao de outras formas de comunicação direta, como mala-direta por correio, por exemplo.
- **Mensagens multimídia**: o *e-mail* permite não apenas o uso de textos, mas também de imagens e até mesmo vídeos, possibilitando o emprego da forma mais adequada de comunicação que impacte os diversos tipos de públicos.
- **Envio único**: por sua característica de personalização e permissão, não se admite que uma mesma mensagem de *e-mail* seja enviada mais de uma vez a cada pessoa. Diferentemente da propaganda com caráter interruptivo, em que a maior frequência de comunicação da mesma mensagem resulta em maior impacto, no caso do *e-mail* marketing, o envio de uma mesma mensagem mais de uma vez é percebido como invasão e pode ser considerado *spam*.
- **Possibilita riqueza de conteúdo**: a segmentação com precisão permite aprofundar o conhecimento de cada pessoa para a qual a mensagem será enviada. Dessa forma, em razão da especificidade da audiência, é possível detalhar as mensagens de *e-mail* marketing de uma forma mais rica e personalizada que nas demais plataformas de comunicação, que atingem audiências mais amplas e gerais. A inexistência de limitação de tempo para ler (como na televisão) ou de tamanho de mensagem (como no X) possibilita também que o grau de detalhamento da mensagem seja tão grande quanto o necessário.
- **Capacidade de viralização**: a facilidade de repassar uma mensagem de *e-mail* é bastante grande. Por isso, o *e-mail* marketing tem alta capacidade de viralização, favorecendo promoções de propagação de descontos, promoções e informações relevantes.
- **Relacionamento**: por todas as características apresentadas anteriormente, o *e-mail* marketing é a plataforma mais precisa para ações de relacionamento. Seja por meio de integração com banco de dados, mídias sociais, transações de *behavioral targeting* no *e-commerce*, assinatura de *RSS feeds*, as ações de *e-mail* marketing envolvem permissão e interação um a um com o público-alvo, que são a base do relacionamento: duas vias de comunicação e conhecimento entre as partes.

As características anteriores indicam a importância do *e-mail* marketing como principal ferramenta do marketing de relacionamento. No entanto, para que as ações de *e-mail* marketing sejam eficientes, é necessário tomar alguns cuidados, como ética, relevância, filtros e *landing pages*, como veremos a seguir.

Ética e códigos de regulamentação

Um dos maiores problemas do *e-mail* marketing são as ações antiéticas que causam *spam* e tiram a credibilidade da plataforma. As pessoas hoje gastam muito tempo gerenciando suas caixas de *e-mail* e fugindo das mensagens indesejadas. Dessa forma, a primeira ação a considerar antes de qualquer ação de *e-mail* marketing é ter ética e procurar atender aos códigos de regulamentação.

No Brasil, várias entidades envolvidas com *e-mail* marketing (Cgi.br, ABEMD, Abradi, Abranet, Abrarec, Fecomercio, IAB Brasil, Serpro [RS], entre outras) desenvolveram um código de autorregulamentação para a prática do *e-mail* marketing [https://abemd.org.br/regulamentacao/capem/], que sugerimos que seja lido por qualquer empresa brasileira que pretenda praticar, ou que já pratique, ações de *e-mail* marketing.

Relevância

Por mais que as ações de *e-mail* marketing sejam éticas e respeitem todas as premissas de personalização e permissão, é essencial que os conteúdos das mensagens sejam desenvolvidos de forma a serem relevantes para quem os recebe. Uma mensagem sem relevância tem pouca probabilidade de ser aberta, acontecer alguma interação ou ser repassada pelo receptor. É preciso considerar que, em razão da obesidade informacional em que vivemos, cada vez mais as pessoas economizam atenção (como vimos no Capítulo 3). Assim, cada mensagem enviada não está concorrendo apenas com as demais mensagens que o receptor tem em sua caixa de entrada, mas também, principalmente, com todas as demais atividades que essa pessoa tem para fazer em todos os outros ambientes sociais. Desse modo, a única forma de obter visibilidade e interação para uma mensagem de *e-mail* marketing é conseguir criá-la com relevância para o público-alvo.

Filtros

Em razão da grande quantidade de mensagens de *spam* enviadas diariamente, cada vez mais os servidores e sistemas clientes de *e-mail* bloqueiam e filtram mensagens que consideram *spam*. Essas regras de filtro impedem a entrega de uma quantidade enorme de *e-mails* enviados de forma ética, devido a problemas de generalizações desses filtros. Assim, para garantir o sucesso de uma ação de *e-mail* marketing, é essencial fazer a análise do seu conteúdo para evitar que este seja bloqueado nos filtros *antispam*. Para isso, é necessário conhecer as principais regras de bloqueios nos servidores e sistemas clientes de *e-mail*, para poder criar as mensagens adequadamente. As principais ferramentas profissionais de envio de *e-mail* marketing possuem funcionalidades que verificam o grau de probabilidade de a mensagem ser barrada pelos filtros.

Além dos conteúdos, as ferramentas de envio de mensagens também influenciam os filtros a reterem. Mensagens enviadas para grandes lotes de endereços de *e-mail* usando programas de *e-mail* pessoais, como o MS Outlook, por exemplo, são bloqueadas pela maior parte dos filtros. Assim, o uso de uma ferramenta profissional, instalada em servidores na *Web* (e não no *desktop* de quem faz o envio), é a base para ter sucesso nas campanhas de *e-mail* marketing.

Para uma ação profissional de *e-mail* marketing, é necessário fazer mensurações a cada envio. Isso só é possível com ferramentas profissionais, e não sistemas de uso individual.

Landing pages

Como visto no Capítulo 9, as *landing pages* são as páginas a que o usuário chega após clicar em um *link* digital, esteja esse *link* em um *banner*, em um resultado de busca ou em um *e-mail* marketing.

As ações de *e-mail* marketing nem sempre têm como *call to action* as interações em páginas *Web*, como é o caso de ações que convidam o receptor a ligar por telefone ou ir pessoalmente a um ponto de venda para trocar cupons, por exemplo. No entanto, as ações de *e-mail* marketing que almejem continuar ações no ambiente digital por meio de *links* para páginas na *Web* devem necessariamente criar *landing pages* que sejam continuação da mensagem. Dessa forma, para alcançar conversões pelo *e-mail* marketing em plataformas digitais, é essencial otimizar e testar continuamente as *landing pages* para conseguir maximizar as conversões (veja o Capítulo 9).

O contexto atual do uso do *e-mail*

O *e-mail* continua sendo uma das principais ferramentas de relacionamento e compartilhamento de informações. Em 2024, os usuários globais de *e-mail* totalizaram 4,48 bilhões (Statista). Esse número deve crescer 2,5% ao ano. Isso é metade da população do mundo. Essa estatística mostra claramente que o *e-mail* ainda é uma das principais ferramentas e é uma oportunidade de marketing que você não deve perder.

Se você faz negócios no mundo desenvolvido, seus clientes estão usando *e-mail*, e você também deve. Não importa quão pequena seja sua empresa, você tem o poder de alcançar pessoas por *e-mail* 24 horas por dia, 365 dias por ano. Esse benefício do *e-mail* pode ajudá-lo a se conectar ao seu público em um instante.

Ao longo dos anos, surgiram muitas novas formas de comunicação. Apesar disso, o *e-mail* permaneceu forte e continua a crescer. Com essa estatística de *e-mail* em mente, é difícil ignorar o potencial de uma ótima campanha de *e-mail* marketing.

Um exemplo são os carrinhos abandonados em *e-commerces*. Um *e-mail* de carrinho abandonado é um *e-mail* enviado a alguém que adicionou itens ao carrinho, mas saiu do *site* sem comprar. Esse tipo de ação por *e-mail* tem o potencial de recuperar a compra. Esse tipo de *e-mail* de comércio eletrônico é um dos mais eficazes para aumentar a receita.

Ao analisar os canais mais eficazes para receber ofertas personalizadas, o *e-mail* fica em primeiro lugar, antes mesmo do WhatsApp (Opinion Box e Octadesk, 2024). Essa estatística de *e-mail* marketing é especialmente útil quando você se preocupa em enviar *e-mails* para seus clientes baseados no comportamento de compra. Seu público-alvo gosta de receber ofertas por *e-mail*, principalmente se forem personalizadas de acordo com seus interesses e seu histórico de compra.

Níveis de comunicação

As redes sociais *on-line* ampliaram o espectro de possibilidades de canais de comunicação *on-line*. Enquanto no passado tínhamos o *chat* e o *e-mail* apenas, depois os sistemas de *instant messages* (ICQ, MSN etc.), hoje temos diversas plataformas de mídias sociais e aplicativos de conversação que permitem novas formas de respostas públicas e envio de mensagens diretas, como o WhatsApp, Facebook Messenger e o Telegram. Nesse sentido, podemos dividir a comunicação atual em cinco níveis:[4] mensagem social pública, mensagem instantânea, mensagem de *e-mail*, conversa por telefone e contato pessoal. O grau de envolvimento e privacidade normalmente aumenta conforme a interação passa das mensagens sociais públicas para o contato pessoal. A gestão de cada nível de comunicação é essencial para se traçar estratégias de marketing, e cada um tem o seu papel, a saber:

- **Mensagem social pública**: esse tipo de comunicação ocorre de forma aberta nas mídias sociais, visível publicamente, fornecendo um canal transparente para as pessoas interagirem com personalidades públicas, marcas, entre si, sem a pressão da resposta que está implícita no *e-mail*. As interações públicas são excelentes pontos de início para engajamento, que, se feitas de forma adequada, podem levar a uma comunicação direta mais personalizada.

- **Mensagem direta e/ou instantânea**: uma vez que o relacionamento é estabelecido por meio de comunicação pública, o passo seguinte normalmente é o uso de mensagens diretas ou instantâneas por meio de redes sociais *on-line* e *apps* de mensagens. As mensagens diretas – *Direct Message* (DM) no Instagram ou uso do WhatsApp – estabelecem uma conexão privada sem criar um canal muito amplo, como o *e-mail*. A limitação de caracteres e/ou a sincronicidade favorecem um relacionamento mais próximo do que as mensagens públicas, mas menos envolvente que o *e-mail*, que se torna o canal de comunicação seguinte conforme o relacionamento avance.

- **Mensagem de *e-mail***: o *e-mail* permite uma comunicação com mais profundidade, que pode ser facilmente encaminhada e enviada a várias pessoas simultaneamente. No entanto, quando não usado efetivamente, o *e-mail* pode se tornar um dreno de tempo. Assim, o *e-mail* deve ser o passo seguinte para aprofundar comunicação direta e privada, de forma sucinta e significativa, relevante.

---

4 Baseado em: http://mashable.com/2010/02/08/communication-social-media/. Acesso em: 10 jun. 2020.

- **Conversa telefônica**: muitas vezes, a comunicação textual assíncrona pode demorar muito a dar resultados. Apesar de a comunicação textual permitir que se tenha mais tempo para pensar no que é falado e enviado, a comunicação telefônica permite perceber melhor o interlocutor, traz mais atributos não verbais ao relacionamento e permite uma interação mais imediata em duas mãos e aprofundamento maior no relacionamento.
- **Contato pessoal**: o grau mais íntimo de relacionamento é o contato pessoal, que envolve uma comunicação de duas mãos. Além do verbal, o contato pessoal permite uma gama imensa de comunicação não verbal que pode ser usada estrategicamente para ações de negociação e compreensão da outra parte. Em alguns casos, é a forma mais adequada de comunicação.

Assim, o *e-mail* é uma forma importante de comunicação que permite alavancar o engajamento com o público-alvo.

Estratégias de *e-mail* marketing

As mídias sociais integradas ao *e-mail* marketing vêm delineando uma nova forma de comunicação. Enquanto as mídias sociais são oportunidades para as empresas saberem o que fazer, ouvindo e mensurando as necessidades e desejos do seu público-alvo, a integração delas com o *e-mail* marketing oferece oportunidades fantásticas para atender esse público, do modo que ele deseja. O *e-mail* marketing começa a ser aplicado como ferramenta de segmentação para relacionamento, indo muito além da venda em si. Quando realizado com base nas boas práticas de comunicação, de acordo com princípios éticos de responsabilidade e adequação de conteúdo em meio ao público-alvo, o *e-mail* marketing traz resultados que aumentam o ROI (retorno sobre o investimento).

Assim, o planejamento das estratégias de *e-mail* marketing deve considerar os aspectos a seguir:

- Objetivo de marketing e integração com as demais estratégias da empresa.
- Características do público-alvo e do produto/marca/empresa: isso determina o tipo de mensagem, linguagem, o uso de textos mais longos ou curtos, mais detalhados ou superficiais, o uso de imagens ou vídeos etc.
- Características da plataforma-alvo: cada *software* cliente de leitura de *e-mail* tem características específicas, como leitura em aparelhos celulares, programas de *webmail*, filtros *antispam* etc. Isso determina características da mensagem, como tamanho de mensagens, tempo de carga, possibilidade de visualização de imagens e vídeos etc.
- Determinação das ações para obter cadastros e *opt-in* e criação de política de uso e privacidade da base de endereços de *e-mail*.
- Relevância do conteúdo.
- Data e horário do dia para envio (o "quando" enviar a mensagem é tão importante quanto "o que" é enviado).

- Janela de visualização.[5]
- Frequência de envio: quem deve determinar a frequência é o público-alvo.
- Ferramenta de envio dos *e-mails*.
- Criação de *landing pages* apropriadas a cada ação.

As peças devem ser criadas com o planejamento estratégico em mente, e os resultados de cada ação devem ser mensurados e analisados para balizarem os ajustes das ações futuras.

Integração entre *e-mail* marketing e mídias sociais

Conforme o cenário social se mescla com o *e-mail* marketing, algumas dicas para fazer essa integração, aproveitando e criando oportunidades de marketing de forma que uma plataforma se alimente e, ao mesmo tempo, estimule a outra, são:

- Promova, via *e-mail*, jogos, aplicativos e competições no Instagram e no Facebook.
- Divulgue, na sua *newsletter* por *e-mail*, os vencedores de competições no Instagram.
- Crie *stories* sobre conteúdos exclusivos que estão disponíveis apenas para assinantes de *e-mail*.
- Crie ofertas exclusivas no Facebook e Instagram, mas que sejam disponíveis apenas aos assinantes de *e-mail*.
- Poste *links* no *stories* apontando para as versões na *Web* dos seus melhores *e-mails*.
- Inclua os botões "Like" e "Follow" nas *newsletters* e promoções por *e-mail*.
- Inclua nas *newsletters* por *e-mail* os *links* para as páginas da empresa nas mídias sociais.
- Capture endereços de *e-mail* nos momentos de conversão para consumidores que chegaram ao seu *site* por meio de *links* no Facebook, Instagram, LinkedIn ou TikTok.
- Crie um segmento de *e-mails* contendo os seus seguidores no Instagram e forneça a eles informações adicionais via *e-mail*.
- Inclua, nos seus *e-mails*, questões postadas no Instagram Stories e Facebook e, então, responda a elas.
- Encoraje os assinantes de *e-mail* a postarem questões no *direct* do Instagram.
- Hospede vídeos na sua página no YouTube e inclua os *links* em seu *e-mail*.
- Crie uma *newsletter* no LinkedIn e o faça disparar *e-mails* e notificações para a sua base quando houver uma nova edição.

---

5 Janela de visualização é o período entre quando o consumidor recebe uma mensagem e quando ele reage. Essa janela é de aproximadamente 24 horas após o recebimento.

E-mail marketing e o e-commerce

A maioria dos visitantes de um *site* de *e-commerce* sai sem comprar nada em sua primeira visita. Mas se o *site* possibilitar o *opt-in*, ou seja, um modo do visitante se cadastrar na primeira visita para receber informativos e/ou ofertas, inicia-se um relacionamento para compras futuras. Estudos mostram que a taxa média de abertura de *e-mails* de *e-commerce* geralmente é de cerca de 26,8% (GetResponse), mas *e-mails* acionados por abandono de carrinho alcançam cerca de 45% (Sendpulse).

Assim, a criação e a manutenção de uma base de dados com endereços de *e-mail* e informações de clientes e *prospects* permitem desenvolver estratégias de *e-mail* marketing que podem alavancar vendas e resultados no *e-commerce*.

Métricas

Como mencionado anteriormente, as métricas são uma das principais características de ações de *e-mail* marketing, e a sua análise apropriada proporciona os ajustes que vão refinar e otimizar ações futuras.

Normalmente, as ferramentas profissionais de envio de *e-mail* marketing possuem métricas sofisticadas para permitir análises e adequações. Outra mensuração interessante pode ser obtida por meio da integração das campanhas de *e-mail* marketing com ferramentas de *web analytics*, como o Google Analytics, por exemplo, que é bastante popular.

Para quem tiver interesse, o artigo *Use o Google Analytics com suas campanhas de email* traz informações técnicas de como fazer essa integração.[6]

Ferramentas

Existem diversas ferramentas profissionais gratuitas e pagas para enviar *e-mail* marketing. Algumas das principais no exterior são ActiveCampaign, MailChimp, Get Response, RD Station, ConvertKit, Keap, AWeber, Keap, SendIn Blue e Constant Contact. Essas ferramentas são analisadas e comparadas em [http://bit.ly/ferramentas-emailmkt].

No Brasil, as principais ferramentas profissionais que incluem *e-mail* marketing são Dinamize, RD Station Marketing, Lead Lovers e Email Marketing Locaweb.

Considerações e recomendações adicionais

O presente capítulo abordou a importância, o contexto e os aspectos estratégicos do *e-mail* marketing. Portanto, o foco aqui não é o aprofundamento em detalhes operacionais, mas a análise estratégica e a integração dessa estratégia de marketing com as demais, por meio de planejamento alinhado.

---

[6] Disponível em: https://help.activecampaign.com/hc/pt-br/articles/222794867-Use-o-Google-Analytics-com-suas-campanhas-de-email#use-o-google-analytics-com-suas-campanhas-de-email-0-0. Acesso em: 18 maio 2024.

Para informações operacionais mais específicas, sugerimos a leitura de bibliografia especializada e as referências adicionais a seguir:

- Artigo *7 Up-and-coming Email Marketing Trends*.[7]
- Artigo *Email Marketing Best Practices in 2025*.[8]
- Vídeo do episódio *Spam*, criado pelo grupo inglês Monty Python, que originou o termo *spam* como algo chato, empurrado às pessoas. O vídeo pode ser visto por meio do *link* ou QRCode da Figura 21.1.

Figura 21.1 – QRCode de acesso ao vídeo do episódio *Spam*, do Monty Python.
Fonte: Disponível em: https://youtu.be/_bW4vEo1F4E. Acesso em: 8 jun. 2020.

Para conhecer conteúdo adicional e atualizado referente a este capítulo, acesse o QRCode a seguir:

www.martha.com.br/livro-MED/saibamais21.html

---

7 Disponível em: https://sendgrid.com/en-us/blog/email-marketing-trends-2024. Acesso em: 18 maio 2024.
8 Disponível em: https://useinsider.com/email-marketing-best-practices/. Acesso em: 14 abr. 2025.

CAPÍTULO 22

O *mobile* marketing é uma estratégia de marketing digital multicanal que visa atingir um público-alvo em seus *smartphones*, *smartwatches*, *tablets* e/ou outros dispositivos móveis, por meio de *sites*, *e-mail*, *bluetooth*, NFC, SMS, mídias sociais e aplicativos.

Os dispositivos móveis estão "disruptando" a maneira como as pessoas se envolvem com as marcas. Tudo o que podia ser feito em um computador *desktop* está agora disponível em um dispositivo móvel.

A mobilidade é uma das principais tendências digitais e sociais e, portanto, uma das principais tendências de marketing também. O ser humano é móvel e nômade por natureza, e as tecnologias que favorecem a mobilidade tendem a ser abraçadas pelo mercado. O objetivo deste capítulo é discutir a importância crescente do *mobile* marketing no cenário e abordar as suas estratégias.

Cenário *mobile*

Como visto no Capítulo 12, os dispositivos móveis vão muito além dos telefones celulares e englobam consoles de *games* (Switch da Nintendo, por exemplo), *tablets* e *e-book readers* (como iPad e Kindle, por exemplo) e tendem a incluir cada vez mais dispositivos, como óculos, relógios, carros, brinquedos etc. O acesso à Internet por meio de dispositivos e coisas além de computadores deve ser cada vez maior, trazendo à ubiquidade computacional e de conexão – Internet das Coisas.

Nesse sentido, o celular é um dos primeiros dispositivos a integrar a Internet das Coisas, participando dos mais diversos tipos de conexões entre aparelhos, aparelhos e Internet (e vice-versa), e assim por diante.

Além disso, o avanço tecnológico contínuo nos dispositivos móveis oferecendo cada vez mais funcionalidades, somado ao crescimento da banda larga móvel ubíqua, tende a alavancar o consumo de conteúdos móveis de *games*, música e vídeo. O acesso móvel é responsável por mais da metade do tráfego da *Web* mundial – os dispositivos móveis (excluindo *tablets*) têm mantido consistentemente essa marca desde 2017.[1]

---

1 Disponível em: https://www.statista.com/statistics/277125/share-of-website-traffic-coming-from-mobile-devices/. Acesso em: 22 jul. 2020.

A mobilidade está relacionada ao acesso constante e disponível, 24 horas durante 7 dias da semana. A plataforma móvel é para a *Web* tradicional o que a televisão foi para o cinema – diminuição do tamanho de tela, portabilidade, mudança de linguagem e disponibilidade constante e distribuída. Da mesma forma que a televisão vai muito além de apenas disponibilizar filmes de cinema, a mobilidade não significa apenas "encolher" um *site* para caber em uma tela pequena – trata-se de um paradigma totalmente novo.

O movimento de migração do *desktop* para a plataforma *mobile* é tão significante quanto o movimento de migração do *mainframe* para o *desktop*. Ambos – *mainframe* e computador *desktop* – continuam a ter seu espaço em função do tipo de uso e de processamento necessário, no entanto, o computador *desktop* popularizou a computação e a tornou parte do cotidiano das pessoas. A mobilidade tende a avançar ainda mais nesse caminho de difusão computacional, permitindo que o ser humano literalmente "use" o computador aonde quer que vá, como extensão do próprio corpo, do cérebro. Contudo, algumas atividades continuarão sendo mais apropriadas e mais bem realizadas em um *site* tradicional na *Web*, enquanto outras serão mais adequadas para a *Web mobile*.

Segundo a pesquisa da Kepios em abril de 2024, no mundo há 5 bilhões de usuários ativos nas mídias sociais por meio de aplicativos *mobile*. Isso representa 62,5% do total da população mundial.

Comportamento do consumidor *mobile*

Para os usuários de *desktop*, o acesso a *e-mail* está ficando em segundo plano, perdendo para as mídias sociais. Nos dispositivos móveis, as mídias sociais são a atividade número um. Uma pesquisa da Mobile Time em 2024 no Brasil revelou que os aplicativos de mídias sociais e de mensagens estavam entre os tipos de aplicativos que os brasileiros mais acessavam. Veja na Figura 22.1.

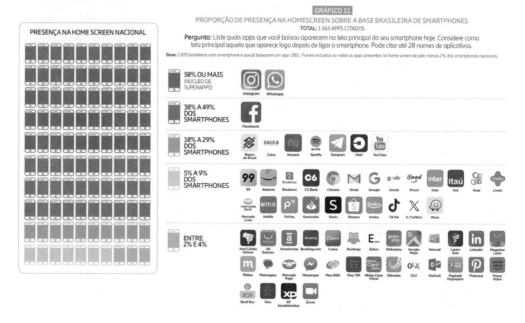

Figura 22.1 - Aplicativos mais acessados pela população brasileira.
Fonte: Disponível em: https://www.mobiletime.com.br/pesquisas/download/35463/?tmstv=1717006212. Acesso em: 18 maio 2024.

O crescimento na adoção de *smartphones* significa que mais pessoas estão navegando na *Web* para acessar os *sites* e informações de produtos e empresas. No entanto, os objetivos de navegação para quem acessa os *sites* por meio da *Web desktop* normalmente são diferentes daqueles de quem acessa via *Web* móvel. Os tipos de informação que as pessoas procuram quando em mobilidade são:

- Localizar lojas e horários de funcionamento.
- Preços e detalhes sobre produtos.
- Promoções.
- Informação de contato.

Portanto, é necessário que as empresas tenham os seus *sites* para o acesso móvel e com esses tipos de informações disponíveis.

A adoção de aplicativos de mensagem é ampla e muito significativa; o WhatsApp tem mais de 2 bilhões de usuários ativos, colocando-o como um dos aplicativos mais populares do mundo. O Facebook Messenger tem mais de 1 bilhão de usuários ativos mensais e o WeChat está logo atrás, também com 1 bilhão de usuários ativos mensais. Desde o surgimento do *smartphone* e a subsequente explosão de aplicativos, os *apps* de mensagens sociais gratuitos se mostraram uma alternativa às mensagens de texto baseadas em SMS. Muitos aplicativos de mensagens oferecem recursos como bate-papos em grupo, troca de imagens, vídeo, mensagens de áudio, além de adesivos ou *emoticons*.

A habilidade de interagir com amigos e contatos por meio das aplicações móveis e *sites* de mídias sociais já faz parte do nosso dia a dia. Portanto, em vez de enfocar as redes sociais móveis como um canal de marketing separado, elas deveriam ser consideradas uma extensão da *Web social*.

Os consumidores que possuem *smartphones* utilizam aplicativos, jogos, assistem a vídeos e navegam na *Web*. Isso representa uma nova gama de canais para *display* e *brand entertainment*. Conforme a adoção de dispositivos móveis cresce, os anúncios móveis oferecem o potencial para impactar melhor um público mais engajado. Portanto, experimentar e testar anúncios nos diversos canais móveis é uma grande oportunidade para as empresas e marcas, devendo ser explorada.

Dessa forma, conforme a difusão das tecnologias e dispositivos móveis cresça, alavancando a plataforma *mobile*, um novo paradigma se delineia, tanto no que se refere ao comportamento dos consumidores como quanto às possibilidades e às necessidades de mudanças nas estratégias de marketing para lidar com essas transformações sociotecnológicas.

Mobile marketing e estratégias de marketing

Apesar de existirem várias definições para *mobile* marketing, nenhuma delas é totalmente aceita. De forma mais ampla, o termo é utilizado para definir ações de *marketing* realizadas por meio de dispositivos móveis. Nesse sentido, qualquer ação de marketing (produto, preço, praça ou promoção) que utilize as plataformas e tecnologias móveis seria uma ação de *mobile* marketing.

Assim, os dispositivos e as plataformas móveis são mais um tipo de mídia ou plataforma digital, e não uma forma de marketing. Como mencionado diversas vezes ao longo deste livro, as estratégias de marketing são definidas por meio de um plano de marketing que, em função de seus objetivos e características do público-alvo, pode se beneficiar com o uso de ações específicas, que podem ser em qualquer tipo de plataforma, seja móvel ou não. Portanto, não podemos pensar no *mobile* marketing como uma estratégia isolada, mas como parte da estratégia de marketing como um todo. Assim como qualquer tipo de mídia tem características próprias e particularidades, a plataforma móvel também tem suas especificidades que a tornam única para fins estratégicos.

Uma característica importante dos dispositivos móveis é que, diferentemente dos cinco primeiros canais de mídia de massa (imprensa, gravadores, cinema, rádio e TV), eles também são ferramentas de comunicação pessoal e processamento, como a Internet (sexto canal). No entanto, a plataforma móvel se entrelaça com a Internet e todas demais formas de mídia de massa anterior, e os dispositivos móveis são pontos de convergência dessas mídias. Isso faz com que a plataforma móvel não seja apenas mais uma mídia de massa, e, sim, uma combinação de ferramenta de comunicação + processamento e canal de mídia de massa. Considerando-se que:

- O canal *mobile* é o mais novo entre os canais de massa.
- Várias das tecnologias que alavancam a mobilidade como canal de mídia de massa surgiram apenas nos últimos anos.

Podemos dizer que, no momento, a plataforma móvel é o canal menos compreendido pelos profissionais. É muito comum ver soluções no canal *mobile* que foram importadas dos conceitos das demais mídias de massa mais tradicionais. Entretanto, em razão de sua natureza específica, para se aproveitar realmente o canal móvel, é preciso conhecer as suas especificidades.

Veja a seguir algumas das principais características da plataforma móvel, em termos de possibilidades técnicas e funcionais:

- **Mobilidade**: o celular (e outros dispositivos móveis) está o tempo todo com o consumidor, onde quer que ele vá ou esteja, tendendo a participar da vida dele durante as 24 horas do dia – isso permite presença constante e intimidade com o consumidor que nenhuma outra mídia possui.
- **Geolocalização**: uma grande parte dos dispositivos móveis possui tecnologias de localização embarcadas no aparelho – isso possibilita conhecer a localização exata do consumidor para aumentar a relevância das ações que o impactam baseadas em local e trajeto.
- **Convergência**: especialmente os aparelhos celulares de telefonia possibilitam a convergência de diversas mídias e *hardware*, como telefone, computador, vídeo, aplicativos (*games*, realidade aumentada, localização etc.), navegador *Web*, câmera (que pode ser usada para escanear códigos, pagar, fotografar, filmar, fazer videoconferência), áudio, texto, relógio, GPS etc. A integração de todas essas mídias convergentes em um dispositivo *mobile* permite combinar inúmeras possibilidades de engajamento do público-alvo. A convergência faz com que o celular seja um dispositivo com "olhos" (câmera), "ouvidos" (microfone) e "boca" (*speaker*), além de, em alguns casos, também possuir sensores de localização (GPS, por exemplo), movimento etc. Essa convergência no *hardware* alavanca opções diferenciadas, tornando o celular um "canivete suíço" das ações de marketing.
- **Transmídia (*crossmedia*)**: se, por um lado, a plataforma móvel possibilita a convergência, por outro, também é um grande catalisador da transmídia. Por meio do celular, é possível dar continuidade às ações que começam nele ou em outra mídia, propagando a história por outras plataformas. Exemplo disso é o uso dos QRCodes, que podem ser lidos em diversas mídias (*outdoor*, televisão, revistas, *Web* etc.) e levam o usuário a outras plataformas, como *Web*, vídeo, textos e até mesmo para dentro do próprio aparelho, como aplicativo, sem contar o uso da voz para dar continuidade ao processo de *story telling*. Outro exemplo é o uso do celular no X (Twitter) ou no Threads, comentando assuntos veiculados na televisão ou ações físicas de marcas, propagando via *Web* etc. Isso faz com que o celular seja a principal mídia de conexão entre as diversas mídias, um "conector".
- **Interatividade**: os dispositivos móveis permitem a interação em mão dupla, em virtualmente qualquer lugar e a qualquer instante. Apesar de terem capacidade

de processamento menor, os celulares conseguem ser mais interativos que o computador, pois agregam a possibilidade de se responder por telefone e usar realidade aumentada para ampliar possibilidades locais, ações que, apesar de serem possíveis no computador, apresentam limitações.

Essas possibilidades alavancaram a plataforma móvel de tal maneira, que atualmente o *share* de mercado *mobile* é maior que o de *desktop*.[2] No entanto, é importante salientar que a utilização da plataforma da Internet móvel pelo usuário é diferente da utilização da Internet em um *desktop* e que cada tipo de uso tem seu espaço: um não anula o outro. Isso deve ser considerado em qualquer estratégia de marketing *mobile*: o comportamento do usuário nos diversos cenários para analisar qual é o mais adequado a cada tipo de ação. Da mesma forma que o cinema não eliminou o livro, que o rádio não suprimiu os discos, que a televisão não anulou o cinema, que o vídeo não aniquilou a televisão e que o computador pessoal não acabou com o *mainframe*, o *smartphone* não elimina o computador pessoal.

Tomi Ahonen, autor de 12 livros sobre mobilidade, usa a metáfora dos 30min/30seg[3] para demonstrar a importância da coexistência das plataformas *mobile* e de computadores pessoais, mostrando que cada um tem o seu espaço importante em nossas vidas. O contexto "30 minutos" é quando você precisa fazer uma atividade que dure algum tempo e requeira a sua atenção de forma enfocada (por exemplo, escrever um artigo, preparar um relatório, atualizar o perfil nas redes sociais etc.). Nessas situações, você provavelmente preferirá uma tela grande, em um lugar confortável, para desenvolvê-la, como um computador *desktop* com teclado e *mouse*. Já o contexto "30 segundos" são aquelas situações em que você é interrompido por algo que requer sua atenção e reação com urgência (uma ligação, uma mensagem no WhatsApp etc.) ou algo que aconteça em trânsito e você precise agir rapidamente. Nessas situações, o dispositivo móvel é o mais adequado. As situações "30 segundos" são mais do tipo reação do que criação. Já as ações "30 minutos" favorecem atividades de criação. Logicamente, existem situações em que não há escolha entre um dispositivo e outro, independentemente do que se precise fazer e, nesses casos, usa-se o que for possível. No entanto, quando há os dois tipos de dispositivos disponíveis, o usuário tende a optar por um ou outro, dependendo da conveniência de cada atividade.

Outra situação que demonstra que as duas plataformas de dispositivos – *mobile* e *desktop* – devem coexistir e o planejamento de ações deve ser pensado de acordo com o contexto do usuário são os tempos de duração do vídeo a que as pessoas assistem confortavelmente em cada tipo de dispositivo. Segundo Edson Mackeenzy, criador do serviço Videolog, a duração máxima que um vídeo deve ter para ser visto confortavelmente em uma tela depende do tamanho da tela e da distância máxima que a visualizamos, segundo a seguinte fórmula prática:[4]

---

2 Disponível em: https://gs.statcounter.com/platform-market-share/desktop-mobile-tablet. Acesso em: 18 maio 2024.
3 *The Internet, the Mobile Internet, and Nothing but the Internet? No. Actually.* Disponível em: http://goo.gl/mUDd. Acesso em: 10 jun. 2020.
4 *Vídeo a seu Favor.* Disponível em: https://pt.slideshare.net/slideshow/imrs-2010-vdeo-a-seu-favor-edson-mackeenzy/4844620?from_search=0#google_vignette. Acesso em: 30 maio 2024.

Duração do vídeo (min) = [Tela (em polegadas)/4] * distância máxima de visualização

Por exemplo, em um celular com tela de 4 polegadas, a distância máxima que se consegue enxergar é de 1 metro. Assim, nesse caso, a duração máxima confortável de um vídeo para ser assistido é de [(4 pol/4) * 1m], resultando em 1 minuto. Não por acaso, os vídeos curtos nas mídias sociais têm em torno de 1 minuto. Já em um computador com tela de 17 polegadas, a distância máxima de visualização também é de 1 metro. Nesse contexto, a duração máxima do vídeo seria de [(17 pol/4) * 1m], portanto, 4,25 min, ou 4 minutos e 15 segundos.

Dessa forma, fica claro que o uso de qualquer funcionalidade convergente ou de mídia da plataforma móvel deve ser compreendido e avaliado em função dos objetivos de marketing, público-alvo e contexto de atuação desse público, antes de se desenvolver qualquer estratégia que as utilize, de forma a potencializar o melhor uso de cada plataforma.

App móvel versus Web móvel

Como visto no Capítulo 9, um aplicativo (*app*) móvel é um programa que roda em um dispositivo móvel e pode unir as funcionalidades de acessar a *Web* e usar as características específicas do *hardware mobile*, como o GPS e o acelerômetro (que permite, por exemplo, desenvolver interações de chacoalhar – *shake* –, algo impossível em um *site*).

Chamamos de *Web* móvel o acesso à *Web* via navegador dos dispositivos móveis, ou seja, o acesso a *sites* móveis na *Web*.

Conforme os aplicativos móveis tornam-se populares, um novo debate surge em termos de tendências e usos da plataforma móvel, levantando discussões sobre o futuro do acesso móvel e sobre o que seria mais interessante em termos estratégicos – desenvolver aplicativos móveis, *sites* móveis na *Web* ou *app* para assistentes de voz. Na prática, os três podem coexistir numa estratégia.

Aplicativos móveis nativos oferecem uma experiência mais rápida e responsiva em comparação com *sites* móveis. Um aplicativo móvel permite que você ofereça valor agregado a seus clientes por meio de um novo canal de serviço. Diferentemente de um *site* que é mais informativo, os aplicativos podem integrar recursos que permitem aos usuários interagir com serviços específicos do seu negócio. Com a proliferação dos assistentes de voz em dispositivos móveis, o Google, por exemplo, permite que empresas criem serviços que podem ser ativados por comandos de voz, usando o próprio assistente do Google. Os aplicativos de voz representam a próxima grande evolução no mercado móvel, assim como o comércio eletrônico e o comércio móvel mudaram o cenário do varejo, as compras por meio de assistentes de voz inteligentes prometem fazer o mesmo.

Independentemente de como isso evoluirá, pensando em termos estratégicos, podemos afirmar que nem todo usuário da plataforma móvel terá o aplicativo móvel da sua empresa no dispositivo dele ou o assistente de voz do Google, por exemplo, mas todo dispositivo móvel terá um navegador *Web*. Isso deve ser considerado. Certamente, os aplicativos terão o seu espaço ampliado, e as atividades mais populares no dia a dia das pessoas (como acesso a redes sociais, checar *e-mails* etc.) tenderão a ser mais acessadas por aplicativos. No entanto, a liberdade de poder navegar na *Web* como um todo também tende a continuar tendo seu espaço. O acesso a conteúdos que talvez não faça sentido ter constantemente no dispositivo, mas que podem ser importantes em determinado momento e acessados via um *site* móvel, pode ser essencial também. Assim, a melhor solução para aproveitar os dois mundos no que cada um pode oferecer é desenvolver um *site* móvel primeiro e aplicações móveis depois, de forma que o aplicativo híbrido nativo nos dispositivos se entrelace com o *site* móvel na *Web*. Dessa forma, a empresa/marca pode oferecer experiências que envolvam o usuário *mobile* em todas as dimensões.

Sites móveis

Ter um *site* móvel significa ter um *site* otimizado para celular, exibindo corretamente as informações em qualquer dispositivo móvel. Também conhecido como *site* responsivo, o *design* dos *sites* se adapta a qualquer dispositivo ou tela, seja um *smartphone* ou sua tela LED de 55". Isso proporciona uma experiência otimizada ao visualizar o *site*.

Segundo a Statista, o celular é responsável por mais da metade do tráfego da *Web* em todo o mundo. No terceiro trimestre de 2023, os dispositivos móveis (excluindo tablets) geraram 53,42% do tráfego global de *sites*.

Segundo uma pesquisa do Google,[5] 40% dos consumidores de dispositivos móveis acessaram o *site* de um concorrente após uma experiência insatisfatória na *Web* e 57% não recomendariam uma empresa com um *site* ruim para dispositivos móveis. Atualmente, o algoritmo do mecanismo de busca do Google filtra os resultados para o celular. *Sites* compatíveis com dispositivos móveis obtêm uma classificação mais alta do que os *sites* normais que não são otimizados para os dispositivos móveis.

Veja a seguir algumas recomendações para otimizar um *site* móvel:

- **Público-alvo, objetivos e plataforma móvel**: é essencial priorizar os usuários no momento de criar o *site*: tipos de telefones que eles possuem, os principais motivos pelos quais eles visitam o *site* móvel, se eles usam algum navegador preferencial etc. É importante reconhecer as vantagens e limitações de um dispositivo móvel em comparação com um *site* na *Web* tradicional. Simplesmente "encolher" um *site* da *Web* tradicional, transferindo-o para a plataforma móvel, trará uma experiência confusa e não otimizada. Elementos como navegação, *layouts* de páginas, tamanhos de botões, gerenciamento de imagens, fluxos de *checkout*, todos operam de forma diferente em um aparelho móvel e devem ser considerados de forma diferente.
- **Características específicas de um navegador móvel**: os dispositivos móveis possuem características únicas que podem criar experiências mais ricas para os

---

[5] Disponível em: https://www.slideshare.net/AdCMO/mobile-playbook-playbooks. Acesso em: 30 maio 2024.

usuários móveis, como a realidade aumentada e as possibilidades de *geo-location*. Pergunte que tipo de experiência um usuário está buscando em um dispositivo móvel quando acessa o seu *site*. Cuidado, no entanto, para não usar funcionalidades apenas por moda, que não acrescentem melhor navegação nem uso para o usuário.

- **Informações de contato**: enfatize as informações de contato, pois muitas vezes é isso que o usuário móvel está procurando: como entrar em contato via telefone, WhatsApp ou mídias sociais, como Instagram e LinkedIn.
- **Otimização para a busca (SEM e SEO)**: otimizar um *site* para busca móvel é uma demanda separada da otimização de busca de um *site* na *Web* tradicional. O mapa do *site* (*site map*) móvel, para a experiência móvel, pode ser submetido separadamente ao Google. O Capítulo 23 trata de marketing de busca (SEM e SEO) em detalhes.

Aplicativos móveis

Os aplicativos móveis permitem uma gama de experiências exclusivas e inovadoras na plataforma móvel, aproveitando as características específicas dos dispositivos. Veja a seguir algumas das possibilidades:

- **Câmera**: o uso da câmera permite desenvolver aplicativos que transformam o dispositivo móvel em um *scanner* para diversos tipos de usos, como códigos de barra linear (StickBits) ou bidimensionais (QRCodes e *mobile tags*) e reconhecimento de imagens, faces e cores (realidade aumentada), por exemplo.
- **Acelerômetro**:[6] é um instrumento capaz de medir a aceleração sobre objetos, e cada vez mais os dispositivos móveis vêm habilitados com acelerômetros. Esse recurso permite desenvolver jogos e aplicativos nos quais os objetos se movem na tela sem a necessidade de cliques ou toques, como acontece no vídeo da Figura 22.2, que mostra o jogo Rolando, para iPhone, que se baseia no acelerômetro do aparelho. Os acelerômetros permitem também os efeitos de *shake* (chacoalhar) nos dispositivos, que possibilitam desenvolver aplicativos como embaralhar músicas ou atirar em *games* por meio da movimentação do aparelho.
- **GPS**: com sistemas de GPS embutidos, os dispositivos móveis ganham inúmeras funcionalidades de localização em tempo real, que podem oferecer várias possibilidades combinadas com outras tecnologias móveis, como a realidade aumentada, por exemplo, baseada em localização (como o caso dos aplicativos para encontrar a estação de metrô ou o caixa eletrônico de banco mais próximo).
- **NFC**: é uma tecnologia de transmissão sem fio de curto alcance entre dispositivos compatíveis. Por conta do advento da Covid-19 e do crescimento de sistemas de pagamento como Samsung Pay, Apple Pay e Google Pay, o NFC tornou-se comum. Essa tecnologia vem embutida em *smartphones* e dispositivos de última

---

[6] Para saber mais sobre acelerômetros, acesse *O que é um Acelerômetro?*. Disponível em: http://www.baixaki.com.br/info/2652-o-que-e-um-acelerometro-.htm. Acesso em: 30 maio 2024.

geração, como câmeras de fotografia. Alguns dispositivos não eletrônicos incluem *tags* NFC, que podem enviar informações para outros dispositivos NFC sem a necessidade de uma fonte de energia própria, como acontece no vídeo da Figura 22.3, que mostra como as embalagens de produtos podem se tornar inteligente, permitindo à marca personalizar a experiência de consumo por meio de conteúdos baseados no comportamento dos sensores dessas embalagens.

Figura 22.2 – Imagem e QRCode de acesso ao vídeo de demonstração do jogo Rolando.
Fonte: Disponível em: https://youtu.be/XnXtr_3jAGo. Acesso em: 30 maio 2024.

Figura 22.3 – Imagem e QRCode de acesso ao vídeo de demonstração do uso de NFC em embalagens.
Fonte: Disponível em: https://www.youtube.com/watch?v=9wsZ_Ve0GiQ. Acesso em: 30 maio 2024.

Display

Tanto os *sites* móveis (*sites* de empresas, buscadores, redes sociais etc.) quanto os aplicativos (jogos, utilitários etc.) ou qualquer conteúdo móvel (vídeos, *mobile* TV etc.) tornam-se plataformas móveis de *display*. Dessa forma, as possibilidades para *display* aumentam consideravelmente.

Cap. 22 • *Mobile* marketing | 361

No entanto, é importante analisar, durante o desenvolvimento da estratégia que envolve *display* nas plataformas móveis, quais são os conteúdos mais relevantes para o público-alvo. Como temos visto ao longo deste livro, em razão da explosão da quantidade de conteúdo e plataformas, as pessoas tendem a prestar atenção apenas no que é relevante para si mesmas. Assim, buscar a relevância durante uma estratégia de *display* é essencial tanto na plataforma móvel quanto em qualquer outra.

Mobile commerce (m-commerce)

Mobile commerce é o nome que se dá a qualquer transação envolvendo a transferência de propriedade ou diretos de uso de bens e serviços, que é iniciada e/ou completada por meio de acesso móvel a redes de computadores, por meio de um dispositivo eletrônico.[7]

Todo aparelho celular é um instrumento de *mobile commerce* que amplia as possibilidades de pagamento e de alcance do *e-commerce*. Uma das modalidades mais interessantes de *e-commerce* na plataforma móvel é o serviço de micropagamento, que consiste em processos de pagamentos de pequenos valores que viabilizam microtransações. Isso permite que uma infindável variedade de bens e conteúdos de pequenos valores possa ser comercializada eletronicamente, como refrigerantes, salgadinhos, ingresso de cinema etc. Nesse sentido, os dispositivos móveis podem ser usados em qualquer *vending machine*, por exemplo, para efetuar compras. O potencial de expansão dos micropagamentos é gigantesco e irá alavancar uma gama enorme de produtos para a dimensão do *e-commerce*, via mobilidade.

As formas de pagamento *mobile* incluem:

- Pagamento via SMS.
- Cobrança na conta do telefone celular.
- Pagamento via site móvel, que pode utilizar débito via companhia operadora de telecomunicações, cartão de crédito e carteiras *on-line* (como PayPal, por exemplo).
- Pagamento via aplicativo móvel, que pode utilizar a câmera do celular para ler um QRCode e efetuar um pagamento *on-line*. Aplicativos como o Mercado Pago, PicPay e Iti do Itaú possuem essa função de pagar com um QRCode.
- NFC (*Near Field Communication*): o aparelho móvel vem habilitado com um *smartcard* (RFID) que se comunica com *vending machines*, máquinas de cartão e equipamentos físicos de venda, de forma que o pagamento é feito diretamente via RFID. Isso é particularmente útil para pagar tarifas de transporte, comprar *tickets* etc.

Tendências

Os avanços nas tecnologias móveis são constantes e alavancam esse mercado. Veja algumas tendências tecnológicas que devem ser consideradas para determinar estratégias futuras:

---

[7] *Mobile Commerce*. Disponível em: http://en.wikipedia.org/wiki/Mobile_commerce. Acesso em: 10 jun. 2020.

- **Ascensão dos dispositivos assistentes de voz**: depois dos *smartphones*, que revolucionaram o mercado móvel, a nova onda de dispositivos que deve impactar sensivelmente o modo como as pessoas consomem conteúdos e serviços é a introdução e ascensão dos dispositivos assistentes de voz. Segundo a Statista,[8] em 2024 existiam cerca de 8,4 bilhões de dispositivos assistentes de voz digital em uso em todo o mundo, um número praticamente igual à população mundial.
- **5G**: antes mesmo de o padrão 4G estar amplamente implementado, a geração 5G começou a ser disponibilizada, modificando radicalmente a forma de interagirmos com o mundo, pois foi possível ampliar de maneira massiva as aplicações de Internet das Coisas. Toda a rede celular ganhou atualização, aumentando exponencialmente a velocidade das conexões, permitindo uma experiência muito melhor de interação, consumo e criação de conteúdo.
- **Realidade aumentada**: os dispositivos móveis são o *habitat* natural para a realidade aumentada. As câmeras podem funcionar como gatilhos de visualização ou *scanners* de conteúdo, abrindo um leque infinito de possibilidades. Mesmo já usando com maior frequência essa tecnologia, ainda estamos caminhando para ver todo o potencial e as capacidades da realidade aumentada e virtual. O Google trouxe realidade aumentada aos seus resultados de pesquisa, permitindo aos usuários visualizar e colocar certos objetos 3D no espaço ao seu redor, conforme o vídeo da Figura 22.4.

Figura 22.4 – Imagem e QRCode de acesso ao vídeo de demonstração do Google AR Search.
Fonte: Disponível em: https://youtu.be/DR0F6Bp8bqU. Acesso em: 30 maio 2024.

Em termos de *mobile advertisement* (propaganda na plataforma móvel), uma das grandes tendências é a popularização do *social commerce* com tecnologia de busca visual por meio da câmera do celular, permitindo às marcas novas oportunidades de envolver os usuários em movimento. À medida que os consumidores continuam a evoluir seu consumo de mídia para dispositivos móveis, os profissionais de marketing deverão seguir o exemplo e integrar seu catálogo de produtos nativamente no conteúdo das redes sociais.

---

8   Disponível em: https://www.statista.com/statistics/973815/worldwide-digital-voice-assistant-in-use/. Acesso em: 10 jun. 2020.

O Google e o Pinterest já possuem tecnologia nativa de busca visual para compras. O Instagram possui o Instagram Shopping, que permite às marcas integrarem nativamente seu catálogo de produtos nos conteúdos. Essas tendências devem ser observadas de perto e as empresas devem se preparar para atuarem nesse cenário emergente.

Para conhecer conteúdo adicional e atualizado referente a este capítulo, acesse o QRCode a seguir:

www.martha.com.br/livro-MED/saibamais22.html

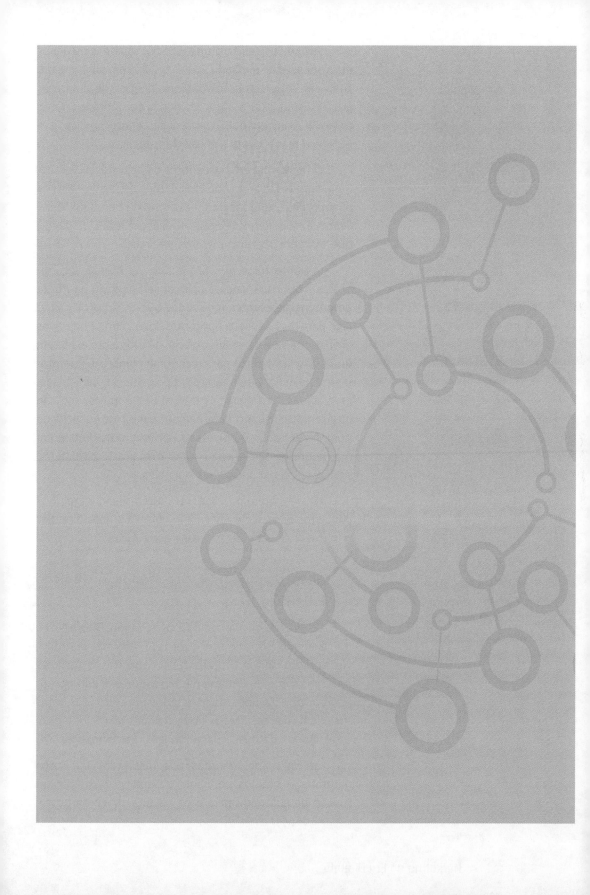

Search Engine Marketing (SEM) é uma das maneiras mais eficazes de expandir seus negócios em um mercado cada vez mais competitivo. Com milhões de empresas por aí disputando a atenção, nunca foi tão importante aparecer bem quando o potencial cliente precisa, e o SEM é a maneira mais eficaz de fazer isso.

O marketing em buscadores é a estratégia de fazer uma empresa aparecer nos resultados de busca, seja nas páginas de resultados do mecanismo de busca (SERPs – *Search Engine Results Pages*) ou usando anúncios pagos, que também aparecem nessas páginas.

O ponto forte do SEM é que ele oferece às empresas a oportunidade de colocar seu negócio na frente de potenciais clientes motivados que estão procurando algo para resolver seus pontos de dores, atingir objetivos profissionais ou pessoais, ou seja, no momento exato em que estão mais perto para fazer uma compra. Diferentemente da maioria dos canais tradicionais de publicidade, para alguns canais digitais o SEM não é intrusivo e não interrompe o usuário. Nenhum outro meio de publicidade pode fazer isso, e é por essa razão que o marketing em buscadores é tão eficaz e uma maneira incrivelmente poderosa de expandir seus negócios.

Neste capítulo, você terá uma visão geral dos conceitos básicos de SEM, bem como algumas direções para fazer o uso correto dessa estratégia.

Sites de busca e resultados orgânicos e pagos

Os *sites* de busca, como Google, Yahoo, Bing e MSN, por exemplo, são os principais protagonistas do SEM. No entanto, antes de introduzir conceitos e técnicas relacionados ao marketing em buscadores, é importante abordar os dois tipos de resultados apresentados pelos *sites* de busca: resultados de busca natural (ou orgânica) e resultados de busca paga (ou *links* patrocinados).

Os *links* apresentados nos resultados da busca natural são obtidos por meio da análise dos *sites* em função de sua relevância e da palavra-chave da busca, como veremos em detalhes mais adiante. Como esse resultado é decorrente do processo natural de seleção dos *sites*, denomina-se orgânico. Os resultados da busca orgânica, quando clicados, não geram custos para os donos das páginas ali apresentadas.

Os resultados de busca paga, por sua vez, aparecem na página de resultados de busca em função da palavra-chave buscada, sua relevância e, principalmente, o valor oferecido pelo anunciante pelo clique. Esse tipo de *link*, quando clicado por um usuário do *site* de busca, gera um custo ao dono do anúncio. Por isso, esse tipo de resultado é chamado de *link* patrocinado ou busca paga. As áreas da página de resultados reservadas à busca paga são sinalizadas como "anúncio" e "patrocínios" e ficam acima ou na lateral direita dos resultados da busca natural. Na Figura 23.1, podem-se ver as áreas de *links* patrocinados.

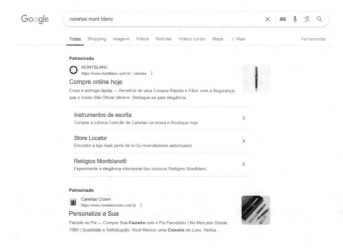

Figura 23.1 – Exemplo da área de *links* patrocinados.

Esses anúncios, geralmente conhecidos pelo termo anúncios *Pay-Per-Click* (PPC), vêm em vários formatos. Alguns são pequenos anúncios baseados em texto, enquanto outros, como anúncios de lista de produtos (PLAs – *Product Listing Ads*, também conhecidos como anúncios do *shopping*), são mais visuais e baseados em produtos que permitem aos consumidores ver informações importantes, como preço e comentários.

Search Engine Marketing (SEM) vs. Search Engine Optimization (SEO)

O SEM (*Search Engine Marketing*) é o processo que usa os *sites* de busca na *Web* para promover um determinado *website*, aumentar seu tráfego e vendas. O SEM envolve todas as ações internas (*on-page*) e externas (*off-page*) ao *site* com esses objetivos.

A parte do SEM que se refere às técnicas de otimização internas ao *site* recebe o nome de SEO (*Search Engine Optimization*). Assim, o SEM engloba técnicas que vão desde as ações de relações públicas e *links* patrocinados até o processo de SEO para otimização *on-page* de um *site*.

Embora o termo SEM por muito tempo tenha se referido tanto às atividades de *links* patrocinados quanto às de pesquisas orgânicas, como SEO, atualmente o mercado se refere ao termo SEM quase exclusivamente aos *links* patrocinados.

SEM e SEO devem ser partes fundamentais da sua estratégia de marketing digital. O SEO é uma maneira poderosa de direcionar o tráfego para a parte superior do funil de vendas (veremos mais sobre isso no Capítulo 28), enquanto os *links* patrocinados são uma maneira altamente eficiente de levar potenciais *leads* para a parte inferior do funil de vendas.

Uma estratégia bem planejada de marketing em buscadores pode aumentar consideravelmente o tráfego para as páginas. No entanto, é importante lembrar que o marketing em buscadores consegue trazer tráfego, mas não necessariamente conversão, que depende intrinsecamente da *landing page* aonde o usuário chega.

Palavras-chave: a fundação do Search Engine Marketing

As palavras-chave são a base do marketing em buscadores. Em primeira instância, tudo gira em torno das palavras-chave, seja para corresponder ao que os usuários estão procurando com um *link* patrocinado ou com uma página em seu *site* otimizada para tal busca. Portanto, não surpreende que as palavras-chave formem a base do marketing em buscadores. Veremos a seguir como entender melhor o uso das palavras-chave em sua estratégia.

Pesquisa de palavras-chave para *links* patrocinados

Antes de escolher quais palavras-chave usar em suas campanhas de *links* patrocinados, é necessário realizar uma pesquisa abrangente como parte de sua estratégia em SEM.

Primeiro, você precisa identificar palavras-chave relevantes para seus negócios e que os clientes em potencial provavelmente usarão ao pesquisar seus produtos e serviços. Uma maneira de fazer isso é usar a ferramentas como o Ubersuggest, SEM Rush, WordStream ou mesmo o próprio sistema do Google Ads.

Basta inserir uma palavra-chave relevante para sua empresa ou serviço e ver as sugestões de palavras-chave relacionadas que podem formar a base de várias campanhas de *links* patrocinados. Isso servirá também para ver o nível de concorrência para as palavras-chave em SEO, pois essas ferramentas fornecem uma variedade de informações valiosas, como o volume de pesquisas para cada palavra-chave no Google e sua competitividade geral tanto no orgânico quanto no pago.

Além de ajudar a encontrar palavras-chave nas quais você deveria estar cobrindo, uma pesquisa completa sobre palavras-chave também pode ajudar a identificar palavras-chave negativas – termos de pesquisa que você deve excluir de suas campanhas. Palavras-chave negativas não são termos com conotações negativas, mas termos irrelevantes que dificilmente resultarão em conversões. Por exemplo, se você for buscar uma pousada em Búzios/RJ, poderá excluir a palavra-chave "jogos de búzios", pois é improvável que os usuários que pesquisam "jogos de búzios" estejam procurando algo relacionado a turismo.

Esse conceito é conhecido como intenção de pesquisa ou a probabilidade de um possível cliente concluir uma compra ou outra ação desejada após pesquisar determinado termo. Algumas palavras-chave são consideradas com alta intenção comercial ou uma forte indicação de que o pesquisador deseja comprar algo. Exemplos de palavras-chave com alta intenção comercial incluem:

- Comprar.
- Desconto.
- Negócio.
- Cupons.
- Envio grátis.

É importante cobrir esses termos em suas campanhas de *links* patrocinados.

Palavras-chave e a estrutura de campanhas em *links* patrocinados

Outro aspecto crucial das palavras-chave essencial para o sucesso de uma campanha de *links* patrocinados é a estrutura da conta.

O agrupamento lógico de palavras-chave e a estrutura da campanha podem ajudá-lo a obter taxas de cliques (CTR) mais altas, Custos por Clique (CPC) mais baixos e desempenho geral mais alto.

As campanhas do Google Ads e do Bing Ads devem ser estruturadas, para obter melhores resultados, de acordo com a Figura 23.2.

Como você pode ver na Figura 23.2, uma campanha estruturada é composta por cinco elementos distintos:

1. Campanhas publicitárias.
2. Grupos de anúncios.
3. Palavras-chave.
4. Texto do anúncio.
5. Páginas de destino.

As campanhas podem e devem, em muitos casos, se concentrar em produtos ou serviços semelhantes. Por exemplo, se você tem uma pousada na praia, você pode fazer uma campanha para o Carnaval e outra para o Ano Novo.

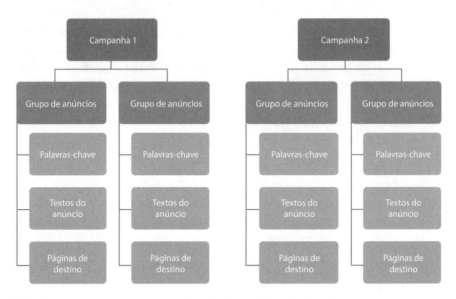

Figura 23.2 – Imagem da estrutura de campanhas do Google Ads e do Bing Ads.

Os grupos de anúncios permitem que cada campanha seja mais subcategorizada por relevância. No exemplo da pousada, um grupo de anúncios pode ser para famílias e outro pode ser para casais. Para a campanha de Carnaval, um grupo de anúncios pode se concentrar em falar da tranquilidade para as crianças, enquanto outro pode se concentrar em falar do agito do destino. Esse nível de organização pode demorar um pouco mais para ser configurado inicialmente, mas as recompensas – ou seja, CTRs mais altas a um custo menor – fazem esse esforço valer a pena a longo prazo.

Testar as melhores palavras-chave

Como os efeitos das ações de *links* patrocinados são imediatos (ao contrário dos efeitos das ações de SEO, que são lentos e trabalhosos), pode-se testar por meio deles as palavras-chave que dão melhores resultados e usá-las depois para a otimização orgânica (SEO).

Erros de digitação

Muitas vezes, as pessoas digitam palavras erradas na busca. Não se pode otimizar um *site* com palavras digitadas erradas para conseguir posicionamento atrativo nesses casos. No entanto, podem-se comprar as palavras-chave com erro de digitação, e, quando for feita uma busca por elas, os *links* patrocinados são apresentados (com o texto do anúncio aparecendo com a palavra correta).

Campanhas temporárias

Da mesma forma que não podemos otimizar um *site* com palavras digitadas de forma incorreta, também não podemos otimizar organicamente um *site* para campanhas temporárias. Assim, os *links* patrocinados são perfeitos para esse tipo de ação: podem ser ativados e desativados a qualquer momento, com a mesma duração que a campanha.

Otimizar para muitas palavras-chave

Em campanhas com *links* patrocinados, podem-se usar quantas palavras-chave se desejar. Existem casos de empresas que compram milhares de palavras-chave por meio de *links* patrocinados. Isso não é possível com o SEO, no qual a otimização só é possível para um leque reduzido de palavras que constam nas páginas.

Rapidez

Caso seja necessário conseguir resultados rápidos, o uso de *links* patrocinados é recomendado, pois, imediatamente após a compra das palavras-chave escolhidas, o *site* começa a aparecer nos resultados de busca. Essa é uma opção interessante enquanto se espera que as técnicas de SEO alcancem o posicionamento adequado para o *site* obter bons resultados na busca orgânica.

Palavra-chave muito concorrida

Existem palavras-chave genéricas muito concorridas e, muitas vezes, torna-se quase impossível a otimização com SEO para obter posicionamento nas duas primeiras páginas de resultados. Nesses casos, a compra da palavra-chave pode ser uma opção interessante para promover o *site* nas buscas.

Balanceando as palavras-chave genéricas e específicas

Estudos comprovam que em uma estratégia de SEM é necessário balancear o uso de palavras-chave genéricas e específicas, pois as pessoas que buscam palavras-chave mais genéricas estão "estudando" ou "analisando" algum assunto, enquanto pessoas que buscam palavras-chave mais específicas estão em um estágio mais avançado e têm intenções de compra ou relacionamento com o que buscam. Assim, pode-se balancear o uso de SEO e *links* patrocinados para se atingir todas as palavras necessárias para uma estratégia de sucesso.

Modelo mental de busca

É realmente necessário conhecer quais palavras e frases as pessoas provavelmente usarão para encontrar seu *site*. As páginas do *site* atrairão mais buscadores e receberão um *ranking* maior se for gasto algum tempo fazendo esse trabalho trivial, mas extremamente importante. Palavras-chave de qualidade equivalem a tráfego de qualidade – as páginas atrairão o tipo de tráfego compatível com suas palavras-chave. Atrair qualquer tipo de tráfego não é estratégia, é perda.

Quantidade de palavras usadas na busca

As estatísticas mostram que as pessoas estão usando cada vez mais palavras em suas buscas em vez de apenas uma palavra-chave. Você pode fazer o mesmo quando otimiza seu *site* (por exemplo, usar "curso de TI de banco de dados" em vez de apenas "curso de TI").

Estima-se que nas buscas via computadores *desktop* só 15% das palavras-chave usem apenas uma palavra. Assim, temos 85% das palavras-chave usadas nas buscas contendo duas ou mais palavras, e 32% usam duas palavras, 27%, três palavras, 15%, quatro palavras, e 11%, cinco palavras.

Uma análise interessante de tendência de uso dos termos de busca é acompanhar o Google Trends, que mostra de maneira ampla os padrões de busca, dia a dia, permitindo até que sejam checados padrões do passado.

Quando se digita mais de uma palavra para a busca, o buscador escolherá primeiro as páginas que apresentam todas as palavras digitadas, em vez das páginas que apresentam apenas algumas delas.

Relação entre palavras-chave e *ranking*

Em relação às palavras-chave, o posicionamento das páginas do *site* sobe e desce na busca orgânica com base em fatores como:

- Quantas vezes as palavras-chave são repetidas na página.
- Onde elas aparecem (*tags*, *metatags*, *body*, nome do domínio etc.).
- Em quais *tags* são usadas (h1, img/alt etc.).
- Como estão posicionadas comparativamente com as outras palavras da página.

Esses fatores serão analisados em detalhes adiante neste capítulo, quando tratarmos de técnicas de otimização *on-site* (SEO).

No caso da busca paga, no que se refere a palavras-chave, o posicionamento sobe e desce em função do valor ofertado pelo clique e o índice de qualidade do anúncio (calculado pelo buscador).

Seleção de palavras-chave para a cauda longa

É essencial que a otimização ocorra tanto para palavras-chave mais genéricas como para mais específicas. Conforme vimos anteriormente, isso é necessário porque as pessoas normalmente usam palavras mais genéricas quando começam a pesquisar um assunto e depois vão refinando as buscas com palavras mais específicas conforme fazem suas escolhas. Por exemplo, se a empresa vende carros esportivos de luxo na cidade de São

Paulo, a otimização provavelmente deverá ser feita tanto para as palavras-chave genéricas "carro esportivo" e "carros esportivos" quanto para as palavras-chave específicas "carro esportivo de luxo em São Paulo" e suas variações em função das palavras usadas pelo público.

Comparando os acessos de visitantes por palavras-chave, percebemos que a curva obtida forma uma cauda longa (*long tail*) (Figura 23.3).

Figura 23.3 – Gráfico formado pelo acesso às palavras-chave relacionadas a determinada área. Em *head* (cabeça), estão as palavras mais genéricas e, em *tail* (cauda), as mais específicas.
Fonte: Disponível em: liguesite.com.br. Acesso em: 20 jun. 2020.

Normalmente, os termos da cabeça da cauda longa são dominados por palavras e frases com nomes de marcas, atraem grande volume de tráfego, enfrentam grande concorrência, são mais caras no PPC (*Pay-Per-Click*) e mais curtas (menos quantidade de palavras no termo de busca). Essas palavras e frases, no entanto, geralmente são menos relevantes para o *website*.

Por outro lado, na parte da cauda, os termos são dominados por palavras e frases específicas, que atraem menor tráfego por busca, são menos caras no PPC e encontram menos competição. No entanto, apesar de atraírem menos tráfego, as palavras da cauda longa atraem público mais qualificado e relevante para o *website*.

O fenômeno da cauda longa mostra que a soma dos acessos de alguns termos da cauda resulta em volume de tráfego eventualmente maior do que o acesso a um termo da cabeça. Assim, o efeito combinado de otimizar a busca por várias palavras-chave da cauda, na parte mais longa, é uma estratégia que pode trazer bastante tráfego altamente qualificado. Além disso, a otimização para os termos genéricos (da parte da cauda mais próxima da cabeça) acontecerá naturalmente, em razão de sua inclusão nas palavras e frases mais específicas.

Outro aspecto interessante em se otimizar para termos da cauda longa é que, quanto mais distante da cabeça, menos concorrência enfrenta uma palavra-chave. Menos concorrência torna mais fácil alcançar posição privilegiada nos resultados de busca, tanto orgânica quanto paga. Portanto, encontrar termos específicos relacionados ao negócio e ao objetivo da página é o aspecto mais importante da seleção das palavras-chave.

Estratégias de *links* patrocinados

Como visto anteriormente, *links* patrocinados são estratégias decorrentes da compra de palavras-chave com o objetivo de um anúncio sobre o *site* aparecer em posição privilegiada no resultado de busca paga. Apenas quando clicado por um usuário, o *link* patrocinado gera um custo pelo clique ao anunciante. Por isso, as campanhas de *links* patrocinados são também conhecidas como campanhas de PPC.

As páginas que oferecem os maiores valores para as palavras-chave desejadas, associados à relevância dos anúncios, aparecem nas áreas de *links* patrocinados dos buscadores. O anunciante só paga quando é efetuado o clique por parte do usuário. Somente pelo fato de aparecer, um *link* patrocinado não paga nada. É importante ressaltar que os resultados da busca paga, ou seja, *links* patrocinados, não interferem nos resultados da busca natural.

Além de aparecer nas áreas de *links* patrocinados dos resultados nos buscadores, a compra de palavras-chave pode ser feita para que o *site* possa aparecer nas áreas de *links* patrocinados de *sites* parceiros ou afiliados – a rede de conteúdo dos buscadores (AdSense, do Google, por exemplo). Nesse caso, os *links* patrocinados aparecem nas páginas que apresentem conteúdo relacionado à palavra-chave comprada.

No Brasil, os principais serviços de *links* patrocinados são o Google Ads[1] e o Microsoft Advertising.[2] O Google Ads é na verdade duas redes: Rede de Pesquisa do Google e Rede de Display do Google. A primeira rede consiste exclusivamente em *sites* relacionados à pesquisa pertencentes ao Google, enquanto a segunda inclui propriedades como YouTube e Gmail. O Microsoft Advertising permite que os clientes comprem anúncios na rede de *sites* do Yahoo e na rede do Bing.

A compra de palavra-chave nas campanhas de *links* patrocinados se baseia no conceito de leilão de palavra, ou seja, o *site* que fizer o maior lance pelo clique na palavra e tiver qualidade mais alta de anúncio aparecerá nas primeiras posições dos *links* patrocinados. Assim, a ordem de apresentação dos anúncios de *links* patrocinados em uma página depende de dois fatores:

---

[1] Disponível em: https://ads.google.com/intl/pt_BR/home/. Acesso em: 20 jun. 2020.
[2] Disponível em: https://about.ads.microsoft.com/pt-br/h/a/microsoft-advertising. Acesso em: 20 jun. 2020.

1. Do valor ofertado pelo anunciante para a palavra-chave associada a esse *link* patrocinado.
2. Qualidade do anúncio do *link* patrocinado.

A qualidade de um anúncio de *link* patrocinado está relacionada à sua relevância para o usuário e também à quantidade de cliques que ele recebe. Anúncios mais frequentemente clicados e/ou mais bem elaborados ganham pontos e podem eventualmente aparecer em posição acima de um anúncio que está ofertando valor maior pela palavra, mas que não é tão relevante quanto o primeiro. Esse critério visa justamente a garantir, mesmo nos casos de *links* patrocinados, que os usuários dos buscadores recebam sempre retornos de busca ou anúncios da forma mais relevantes possível.

Alguns conceitos importantes relacionados às dinâmicas das estratégias de *links* patrocinados são definidos a seguir:

- **Bid (Oferta)**: é o valor ofertado pela palavra-chave que funciona como lance de leilão por ela.
- **CPC (Custo por Clique)**: é o valor monetário que o anunciante paga por clique efetuado no *link* patrocinado.
- **CTR (*Click Through Rate*)**: é a quantidade de cliques no anúncio dividida pela quantidade de vezes que ele foi apresentado nas páginas de resultados (impressões). Essa taxa normalmente é expressa em porcentagem e representa a relevância da palavra-chave (anúncio) para o usuário.
- **CPM (Custo por Mil Impressões)**: é o valor do para exibir mil vezes um anúncio (impressões de anúncio).
- **CPA (Custo por Aquisição)**: é o valor pago na campanha para cada conversão (cadastro, venda etc.).
- **ROI (*Return on Investment*)**: é o lucro obtido a partir da campanha (valor obtido com a campanha dividido pelo valor investido).
- **Visibilidade**: quantidade de cliques que podemos comprar com a verba disponível.
- **Índice de qualidade**: valor que, combinado ao CPC, define o posicionamento do anúncio.

Landing pages de *links* patrocinados

Um cuidado importante no uso de *links* patrocinados é que a página para onde eles apontam no *site* (*landing page*) deve estar otimizada corretamente com técnicas de SEO. Páginas com problemas estruturais ou de acesso, ou que não cumprem o que está comunicado no *link* patrocinado, podem causar punição com inatividade da palavra-chave comprada.

Por outro lado, *links* patrocinados não são usados apenas para criar tráfego para o *site*, e, sim, para criar tráfego para a mensagem estratégica correta. Assim, páginas que não apresentam o conteúdo adequado ao usuário ou que não são visualmente atrativas para atender aos objetivos de marketing não causam a conversão desejada. O uso de páginas genéricas que recebem o acesso de diversos *links* patrocinados diferentes é um dos erros mais comuns nas estratégias de *links* patrocinados.

Raramente, a *home page* de um *site*, que é normalmente sua página mais genérica, deve ser a *landing page* de *links* patrocinados. A otimização de *landing pages* e o processo de conversão devem ser realizados conforme indica o Capítulo 9.

Além da busca: rede de conteúdo

Conforme visto anteriormente, as estratégias de *links* patrocinados podem atuar também nas redes de conteúdo associadas aos *sites* de busca.

As redes de conteúdo incluem centenas de milhares de *sites*, páginas de notícias e *blogs* que fazem parceria com os *sites* de busca para exibir anúncios segmentados de *links* patrocinados (Ads e AdSense, no caso do Google). Nos sistemas dos provedores de *links* patrocinados, podem-se selecionar manualmente os *sites* da rede de conteúdo ou simplesmente deixar a segmentação de anúncios do sistema exibir seus *links* patrocinados ou *banners* nas páginas mais relevantes para seus produtos e serviços.

Como funciona? *Sites* e *blogs* se afiliam ao programa de *links* patrocinados (no caso do Google, o AdSense) e, de acordo com o conteúdo das páginas existentes nesses *sites* ou *blogs*, são apresentados os *links* patrocinados de assuntos correlatos nas laterais e em outras áreas determinadas. Por exemplo, se o *blog* afiliado é sobre desempenho de motores de carros, os *links* patrocinados que aparecerão em suas páginas provavelmente são ofertas relacionadas a carros, motores etc. Se o *site* é sobre dicas de tecnologia de desenvolvimento de *sites*, nos *links* patrocinados aparecerão ofertas de cursos, livros e outros assuntos relacionados. Quanto mais afinada a campanha de *links* patrocinados para a rede de conteúdo, melhor o resultado obtido.

Quando alguém clica em um *link* patrocinado dentro de um *site* da rede de conteúdo, o dono do *site* recebe uma porcentagem do valor do clique. Assim, *sites* com muito acesso podem obter uma fonte de renda atrativa via *links* patrocinados. Por isso, é interessante para uma página afiliada à rede de conteúdo estar bem posicionada também nos resultados de busca para suas palavras-chave estratégicas, para que mais pessoas a encontrem e possam clicar em seus *links* patrocinados. Assim, usar estratégias de SEO nas páginas da rede de conteúdo pode aumentar consideravelmente o retorno financeiro nos programas de AdSense, por exemplo.

Search Engine Optimization (SEO)

Otimização *on-page* (SEO) é a parte do SEM que engloba todas as técnicas envolvidas na manipulação do conteúdo, código e estrutura das páginas do *website*, de forma a melhorar o posicionamento delas na busca orgânica. O SEO apresenta as seguintes características:

- Técnicas e ferramentas desenvolvidas com base no funcionamento dos buscadores. Essas técnicas são experimentais, pois os buscadores funcionam com base em inteligência artificial e, mais recentemente, por meio de aprendizado de máquina, portanto são desenvolvidas por tentativas direcionadas, havendo hoje diversas ferramentas de apoio (sistemas) disponíveis para ajudar no processo.

- Os principais buscadores atuais baseiam-se em *robots* e *crawlers* (robôs), que visitam e analisam os códigos, conteúdos e estruturas das páginas da *Web* para classificação, indexação e *ranking*. Assim, o alimento dos buscadores consiste em códigos, conteúdos e estruturas das páginas e, portanto, as técnicas de SEO são enfocadas neles. Se o código, a estrutura e o conteúdo de uma página *Web* são desenvolvidos com SEO em mente, a probabilidade de se conseguir um bom *ranking* da página aumenta bastante. Da mesma forma que a qualidade do código genético determina o potencial de um ser vivo, um bom código de página aumenta a probabilidade de um bom resultado.
- Requer tempo e paciência: depois de otimizada, uma página pode demorar dias para ser indexada pelos buscadores. Portanto, fazer a otimização das páginas para os buscadores pode requerer meses até os resultados aparecerem.
- As técnicas de SEO dependem intrinsecamente das palavras-chave escolhidas para otimizar o posicionamento (*ranking*). Portanto, palavras-chave (*keywords*) são o coração do SEO.
- Além das palavras-chave, há também outro fator externo à página que afeta o posicionamento dela nas buscas, que é a sua relevância (*page rank*).

Dois fatores principais afetam o posicionamento de um *site* em uma busca na *Web*: sua relevância (*page rank*) e as palavras-chave (*keywords*) relacionadas a ele. Toda busca começa com uma palavra-chave (ou conjunto delas) digitada por uma pessoa. Os mecanismos de busca devolvem como resultados para a pessoa uma relação de *links* posicionados em ordem decrescente de importância nessa busca, e tal importância é calculada com base em uma combinação da "vocação" que as páginas têm em relação àquela palavra-chave com a relevância geral das páginas.

Se comparássemos uma página da *Web* a uma pessoa, a relevância seria o quanto essa pessoa é importante, independentemente da área em que atue ou de suas habilidades pessoais. A "vocação" da pessoa, relacionada a suas habilidades e personalidade, seriam as palavras-chave, independentemente de sua importância na sociedade. Assim, os mecanismos de busca procuram determinar:

- O quanto uma página é relevante em comparação a todas as outras páginas existentes, calculando seu índice de relevância.
- O quanto uma página é importante para as palavras-chave que estão sendo buscadas.

Várias ações, internas e externas, de uma estratégia de SEM visam aumentar esses fatores: a relevância e/ou a "vocação" da página para determinadas palavras-chave. No entanto, é importante observar que o sucesso de uma campanha de SEO só pode ser alcançado com o SEM em mente, ou seja, com foco no processo e nos objetivos de marketing, ações externas ao *site* que aumentem sua relevância, e não apenas na tecnologia usada no próprio *site*.

Veremos a seguir os principais aspectos que você precisa saber para ter uma estratégia de SEO de resultados.

Autoridade de domínio

Autoridade de domínio costumava ser apenas sobre *links*. Atualmente, não mais. O Google também avalia seu *site* com base em experiência, autoridade e confiabilidade, também conhecido como *Expertise, Authoritativeness, and Trustworthiness* (EAT). Apesar do EAT fazer parte das diretrizes há anos, o Google está enfatizando cada vez mais o EAT.

O Google quer classificar "fontes confiáveis". Para isso, você precisa ter alguém realmente especialista no assunto sobre o que você vende para escrever o conteúdo do *site* e do *blog*. Isso ocorre porque o Google deseja destacar o conteúdo escrito por especialistas legítimos em seu campo. Portanto, se você deseja que seu conteúdo seja bem classificado, ele precisa ser escrito por pessoas que conhecem o negócio.

A autoridade de domínio também é impactada pela transparência do conteúdo. Isso significa ter alguns elementos como:

- Sobre a página.
- Página de contato fácil de encontrar.
- Referências e *links* externos para fontes.
- Política de privacidade e termos de serviço.
- Nome do autor em todos os artigos.

A maior parte da avaliação do EAT feita pelo Google ocorre fora do seu *site*. O que faz sentido, já que qualquer pessoa aleatória pode se achar um especialista. Por isso é importante conseguir que outros *sites* concordem com você. Além de criar um *site* incrível, como você leva outras pessoas a mencionar você e seu *site* como uma fonte confiável? Isso significa que você precisa ser citado em muitos outros *sites* confiáveis para ganhar autoridade.

Busca visual

Mais e mais pessoas estão realizando pesquisas visuais usando o Google Lens. Segundo o próprio Google,[3] o Lens é usado 12 bilhões de vezes por mês. O Pinterest Lens recebe 600 milhões[4] de pesquisas visuais por mês. Sem contar com a busca por imagens do próprio buscador padrão do Google, com o qual todos nós já estamos acostumados.

---

3 Disponível em: https://blog.google/products/google-lens/google-lens-features/. Acesso em: 30 maio 2024.
4 Disponível em: https://newsroom.pinterest.com/en/post/celebrating-one-year-of-pinterest-lens. Acesso em: 20 jun. 2020.

Se você deseja aparecer como um resultado de pesquisa visual, o SEO da imagem é fundamental. Assim como no SEO "normal", é importante usar nomes de arquivo descritivos e escrever texto alternativo para cada imagem. Mas esse é apenas o primeiro passo. Segundo o Google, eles querem destacar os resultados de imagem vindo de *sites* com maior autoridade. Um fator importante é o frescor do conteúdo. Quanto mais atualizados o *site* e a imagem (data de atualização do arquivo), mais bem classificado será. A imagem em si deverá ser também o centro das atenções na página de destino, para ganhar relevância no modelo de classificação.

Vídeo

O vídeo atualmente é uma das respostas mais relevantes para uma busca. Se o vídeo não fizer parte dos seus planos de marketing digital, você perderá espaço. Você provavelmente notou mais "*snippets*" de vídeo em destaque nos resultados da pesquisa do Google. Veja um exemplo na Figura 23.4, incluindo vídeos disponíveis em mídias sociais.

Figura 23.4 – Resultado de busca do Google destacando os vídeos nas mídias sociais.

Além de colocar vídeos em destaque nos resultados de busca, o Google também está destacando trechos dos vídeos que podem corresponder à pesquisa do usuário. Veja na Figura 23.5.

Figura 23.5 – Resultado de busca do Google mostrando a minutagem dos capítulos dentro de um mesmo vídeo no YouTube.

A seguir estão as três coisas mais importantes para fazer o conteúdo do seu vídeo aparecer nos *snippets* em destaque.

1. **Organize o conteúdo do vídeo em capítulos**: criar seções claras no vídeo ajudam o Google a entender o conteúdo do seu vídeo. Isso facilita o uso de capítulos diferentes do seu vídeo em um *snippet*. Veja a Figura 23.6 para entender.

2. **Otimize seu vídeo para SEO**: o Google usa seu título, descrição, *tags* e legendas (no caso de Instagram e TikTok) para descobrir o que é o seu vídeo. Portanto, além de publicar vídeos com seções claras, você também precisa garantir que seu vídeo seja otimizado para SEO. De fato, um pequeno estudo da HubSpot com 165 *snippets* de vídeo em destaque descobriu que 80% deles continham a palavra buscada como palavra-chave no título.

3. **Coloque legenda no vídeo**: as legendas automáticas do YouTube são boas, mas não 100%. Para aumentar as chances de o YouTube e o Google entenderem cada palavra do seu vídeo, faça o *upload* de uma transcrição.

Além do próprio Google, é importante observar que o YouTube é o segundo maior buscador da *Web* e continua crescendo ano a ano. Portanto, se você deseja obter mais tráfego do SEO, é recomendado criar e otimizar o conteúdo especificamente para o YouTube.

Ao fazer isso, você deve ver resultados rapidamente, pois a maioria dos profissionais de marketing tem limitações para fazer vídeos. Conteúdo em vídeo tem 41% mais CTR e 50 vezes mais chances de aparecer no topo dos resultados de busca do que os *links* para um resultado de texto.[5] Portanto, os vídeos sofrem menos competição do que o conteúdo em *blogs* e *sites* e oferecem uma oportunidade para obter mais tráfego.

---

5 Disponível em: https://aioseo.com/seo-statistics/. Acesso em: 30 maio 2024.

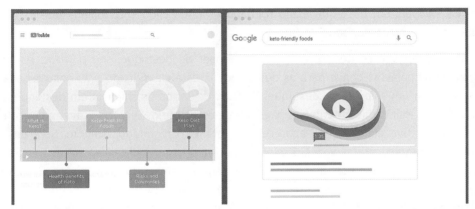

Figura 23.6 – Imagem representativa de como organizar as seções de um vídeo para leitura de *snippets*.
Fonte: Disponível em: https://backinko.com/. Acesso em: 15 fev. 2020.

Pesquisa por voz

A pesquisa por voz é um dos próximos grandes passos no marketing digital. A imensa popularidade dos *smartphones* e seus assistentes virtuais integrados, como o Siri ou o Google Assistant, levou a uma explosão no uso da pesquisa por voz. Em 2024, mais de 27% da população *on-line* mundial realizou pesquisas por voz em qualquer dispositivo móvel (DemandSage). Mais recentemente, as pessoas passaram a fazer a pesquisa por voz em alto-falantes inteligentes, como o Amazon Echo ou Google Home.

Sabendo disso, é importante otimizar parte de seu conteúdo para pesquisa por voz. De preferência, o seu conteúdo tem que aparecer entre as três primeiras posições do resultado de busca para poder ter chances de ser usado como uma das respostas da pesquisa por voz.

Uma forma de otimizar seu conteúdo para esse tipo de pesquisa é incluir uma pergunta direta e respondê-la. A grande maioria das pesquisas por voz é baseada em perguntas ("Como...?", "Quem...?", "Quando...?", "O que...?", "Onde...?"). Quando isso acontece, o Google geralmente escolhe uma página que contém a pergunta e a resposta.

Uma forma de fazer isso rapidamente é atualizar ou criar uma lista de perguntas mais frequentes em seu *site*. Os FAQs são ótimos para SEO em pesquisa por voz.

Resultado zero – *snippets*

Um *snippet* de destaque (ou "*featured snippet*") nos resultados de busca do Google é uma caixa especial que aparece na parte superior da página de resultados (SERP), geralmente abaixo dos anúncios pagos. Esse *snippet* fornece uma resposta direta e concisa à consulta do usuário, extraída de uma das páginas da *Web* listadas nos resultados de busca. Ele é projetado para oferecer uma resposta rápida e relevante sem que o usuário precise clicar em um *link* para obter a informação desejada.

Os *snippets* em destaque estão roubando muitos cliques da página que está em primeiro lugar nos resultados de busca.

Para fazer seu conteúdo aparecer no *snippet* de destaque, seu primeiro passo é encontrar as palavras-chave para as quais você já está classificado e as palavras-chave que possuem um *snippet* em destaque. 99,58% de todos os *snippets* em destaque são de páginas classificadas na primeira página para esse termo. Se você estiver aparecendo no *snippet*, provavelmente não aparecerá no primeiro resultado também. Será um ou outro. No entanto, muitas vezes o *snippet* não faz o usuário clicar, apenar ler. Isso tem reduzido o tráfego dos *sites* que apostaram em transformar tudo em *snippet*. Por isso é importante mapear as palavras que você já está classificado e as palavras que não, mas possuem um *snippet* em destaque. A oportunidade é ganhar os *snippets* onde você ainda não está em primeiro lugar no resultado orgânico das pesquisas.

Por outro lado, se você ainda não está entre os 10 primeiros para as palavras-chave selecionadas, provavelmente não terá chances de classificação para aparecer no *snippet* em destaque.

Ferramentas como o SEMRush e Ahrefs mostram as palavras-chave nas quais têm um *snippet* em destaque.

Ao otimizar o conteúdo para se tornar um *snippet*, é importante observar que o bloco de conteúdo deve ficar entre 40 a 60 palavras, projetado especificamente para ser classificado no *snippet* em destaque. A SEMRush[6] analisou quase 7 milhões de *snippets* em destaque. E eles descobriram que os trechos mais destacados têm entre 40 e 60 palavras.

Resumos Gerados por IA

Um dos avanços mais notáveis da IA e de impacto direto para profissionais de marketing é a integração da IA nos mecanismos de busca, particularmente no Google e no Bing. Com a implementação de algoritmos avançados e sistemas de aprendizado de máquina, o Google e o Bing agora podem fornecer respostas diretas às consultas dos usuários, uma mudança que está redefinindo a forma como as marcas se posicionam e interagem com seu público-alvo.

Historicamente, os mecanismos de busca funcionavam como intermediários, direcionando os usuários a *sites* nos quais poderiam encontrar as respostas para suas perguntas. No entanto, com a integração da IA, o Google passou a fornecer respostas instantâneas e precisas diretamente na página de resultados, por meio de recursos como *snippets* destacados, painéis de conhecimento e resultados de pesquisa por voz. Esse desenvolvimento é impulsionado por tecnologias como o BERT (*Bidirectional Encoder Representations from*

---

6 Disponível em: https://www.semrush.com/blog/large-scale-study-how-to-rank-for-featured-snippets-in-2018/. Acesso em: 20 jun. 2020.

Transformers) e o MUM (*Multitask Unified Model*), que permitem ao Google entender o contexto e a intenção por trás das consultas de forma mais sofisticada.

Portanto, os Resultados Gerados por IA (*AI Overview*) são um recurso que utiliza inteligência artificial para fornecer resumos abrangentes e informativos sobre tópicos específicos diretamente na página de resultados da pesquisa, geralmente acima dos resultados orgânicos, mas abaixo dos *links* patrocinados. Veja um exemplo na Figura 23.7.

Figura 23.7 – Resultado gerado automaticamente por IA no Google.

Em vez de simplesmente apresentar *links* para os *websites*, a funcionalidade *AI Overview* extrai e sintetiza informações de diversas fontes confiáveis, como artigos, estudos e páginas da *Web*, para criar um resumo completo e informativo sobre o tema pesquisado.

Para profissionais de marketing, essa mudança apresenta tanto desafios quanto oportunidades:

- Maior competição pela visibilidade: com a IA do Google fornecendo respostas diretas, as páginas *Web* tradicionais podem experimentar uma queda no tráfego orgânico. Isso significa que os profissionais de marketing precisam se esforçar ainda mais para otimizar seus conteúdos de forma a serem destacados como *snippets* ou aparecerem como *links* recomendados pela IA logo após o resumo
- A importância da autoridade e da relevância: a IA do Google prioriza fontes confiáveis e com maior autoridade para gerar suas respostas. Portanto, construir autoridade de domínio e relevância de conteúdo tornou-se mais crucial do que nunca.

Domine a intenção de pesquisa

A intenção de pesquisa é um tópico muito importante para o SEO por uma razão muito simples: o conteúdo que não corresponde à intenção de pesquisa simplesmente não é classificado.

E, à medida que o Google se aperfeiçoa em fornecer às pessoas os resultados exatos de pesquisa que eles desejam, a criação de conteúdo que seja uma correspondência de intenção de pesquisa é essencial para o SEO.

Cada palavra-chave usada no buscador tem uma intenção por trás. Talvez seja para conhecer, comprar ou comparar algo. Quanto melhor o seu conteúdo corresponder à intenção de pesquisa, melhor será a sua classificação.

Portanto, é importante descobrir a intenção de pesquisa da palavra-chave de destino. Mas geralmente não é tão óbvio. Portanto, para a maioria das palavras-chave, os resultados da pesquisa informarão tudo o que você precisa saber sobre o objetivo de pesquisa dessa palavra-chave. Por exemplo, use uma palavra-chave como: "agendamento de *post*". Alguém que procura esse termo pode querer uma ferramenta de agendamento de *posts* no Instagram. Ou talvez eles queiram aprender mais sobre isso. De acordo com a primeira página do Google para essa palavra-chave, fica evidente que a maioria das pessoas que pesquisam "agendamento de *post*" está procurando informações de ferramentas para Instagram.

Depois que você identificar o objetivo da pesquisa, é fundamental publicar algo que dê exatamente aos pesquisadores o que eles estão procurando ou otimizar alguma página existente para isso.

Um exemplo disso é a pesquisa por "campanha de SEO", onde a maioria não deseja um estudo de caso aleatório sobre o assunto. Os usuários pesquisadores querem uma lista de etapas. Nesse caso, uma página existente com um estudo de caso poderia ser transformada em um guia passo a passo fácil de seguir, correspondendo assim à intenção de busca.

Backlinks

Um dos itens fundamentais do SEO para construção de autoridade é a quantidade e a qualidade de *links* externos apontando para o seu *site*.

Há dois fatores para obter *backlinks*, sendo o primeiro e mais importante ter um conteúdo relevante no qual as pessoas irão querer referenciar. O segundo é sobre fazer um trabalho ativo de *"link building"*.

O *link building* é o processo de aquisição de *hiperlinks* de outros *sites* para o seu próprio *site* ou *blog*. Um *hiperlink* (geralmente chamado de *link*) é uma maneira de os usuários navegarem entre as páginas da Internet. Os mecanismos de busca usam *links* para rastrear a *Web*; eles rastrearão os *links* entre as páginas individuais do seu *site* e rastrearão os *links* entre *sites* de domínios diferentes. Depois que os mecanismos de busca rastreiam páginas na *Web*, eles podem extrair o conteúdo dessas páginas e adicioná-lo aos seus índices. Dessa forma, eles podem decidir se consideram que uma página tem qualidade suficiente para ser bem classificada por palavras-chave relevantes. Quando eles decidem isso, os mecanismos de busca não olham apenas para o conteúdo da página; eles também analisam o número de *links* externos que apontam para essa página e a qualidade desses *sites* externos. De modo geral, quanto mais *sites* de alta qualidade vincularem a você, maior a probabilidade de seu *site* ter uma boa classificação nos resultados de pesquisa. Existem muitas técnicas para fazer o *link building* e é uma das partes mais difíceis do trabalho de SEM. As principais técnicas são:

- **Guest post**: escrever artigos e *posts* em outros *blogs*, colocando *backlinks* no conteúdo para o seu *site*. Mas, tome muito cuidado para escolher o *blog* certo que tenha autoridade, pois escrever para qualquer *blog* pode ser considerado uma prática ruim para o Google.
- **Link dos concorrentes**: analisar o *link building* dos concorrentes, avaliar a autoridade dos *blogs* e conseguir colocar um *backlink* também.
- **Link dos clientes**: os *sites* dos seus clientes são mais fáceis de se conseguir um *backlink*, pois eles confiam em você.
- **Menções sem *links***: é muito comum sua empresa ou algum representante ser citado em outros *sites*. Use o Google Alerts para monitorar as citações, entre em contato com o *site* e peça para colocar um *backlink*, caso o domínio tenha uma boa autoridade.
- **Traduzir conteúdo**: muitas vezes, a página que está nas primeiras colocações para as palavras-chave do seu negócio são páginas estrangeiras. Nesse caso, entre em contato pedindo autorização para traduzir o conteúdo e que a página original faça um *link* para o seu conteúdo traduzido.

Há um atributo que às vezes pode ser aplicado a *links* chamados de atributo "*dofollow*" e "*nofollow*". Isso é importante para *links* externos que apontam para alguma página em seu *site*. Se adicionado, você não notará nenhuma diferença se for um usuário. Mas, se você olhar o código do *link*, ele parecerá um pouco diferente:

```
<a href="http://www.example.com" rel="nofollow"> Exemplo </a>
```

Observe a adição de rel = "nofollow". Isso indica ao Google para não usar esse *site* externo como referência de autoridade para o seu *site*. Na verdade, você está dizendo ao Google para não confiar neste *link* e não o contabilizar na indexação do seu *site*. Portanto, não deve ajudar o *site* de destino a ter uma classificação melhor.

Já o contrário é verdadeiro. Os *links* "*dofollow*" são aqueles que indicam ao Google e outros buscadores que contabilizem na indexação. Assim, toda vez que você insere um *link* "*dofollow*", ele pode apontar de volta para o seu *site*, o que fortalece a sua autoridade ao mostrar para os buscadores que outros *sites*, *blogs* e *posts* de qualidade estão *linkando* para você.

O principal motivo pelo qual um *site* pode usar o "*nofollow*" refere-se a cenários nos quais esse *site* não possui controle total sobre os *links* adicionados às suas páginas e/ou a qualidade do *site* é ruim para ser associado ao seu. Em outras palavras, você não quer dar ao Google um voto de confiança quando não sabe se o *site* externo é realmente confiante.

Outro uso para o atributo "*nofollow*" é o uso de *links* patrocinados. Portanto, se você comprar um *banner* em um *site* vinculado a você, o Google diz que o atributo "*nofollow*" deve ser adicionado para que eles não usem esse *site* na indexação. A ideia deles é que você não deve se beneficiar dos resultados orgânicos comprando anúncios que incluem *links* em outros *sites*.

Existem inúmeras ferramentas de *link building* para ajudar a fazer um bom trabalho, mas as principais são: Majestic, Open Site Explorer, Ahrefs e Google Search Console.

SEO local

Quando você procura uma empresa local que conserte seu ar-condicionado, venda a *pizza* que seu amigo recomendou ou faça um bolo com um tema especial para o aniversário do seu filho, como você o encontra?

Você provavelmente usa um mecanismo de pesquisa como todo mundo. Seus clientes não são diferentes. Quando procuram um produto ou serviço semelhante ao que a sua empresa local vende, eles usam os buscadores para encontrá-lo.

Você sabia que 98% dos consumidores fazem pesquisa sobre negócios locais em seus *smartphones*?[7] De fato, de acordo com o Google, em torno de 46% de todas as pesquisas no Google estão buscando informações locais.

Uma estratégia de SEO local é essencial para atrair mais pessoas para sua loja, independentemente de você ter uma só ou dez.

Residentes, novos habitantes e viajantes buscam o tempo todo algo sobre negócios locais, e acabam encontrando alguma menção perdida nas mídias sociais, uma avaliação no Google Meu Negócio, uma página sobre sua loja no Instagram, geralmente são conteúdos não reivindicados gerados por uma plataforma ou clientes.

É muito importante reivindicar tudo e dominar o SEO local. Veja alguns itens importantes para o Google:

- Ter conteúdo no *site* sobre o local, produtos, serviços e atributos da sua empresa.
- Ter um perfil completo no Google Meu Negócio.
- Ter um perfil de negócio local nos principais *sites* como Yelp, Trip Advisor, Reclame Aqui, Facebook Local e o que mais for importante para o seu segmento.
- Conteúdo em vídeo sobre o local no YouTube.
- Conteúdo de mídia social no Instagram.

---

[7] https://www.onthemap.com/blog/local-seo-stats/. Acesso em: 30 maio 2024.

Lembre-se, sem o seu conteúdo e o conteúdo de outras pessoas, o Google para negócios locais não existe. Os proprietários de empresas locais geralmente podem se sentir desconfortáveis com as avaliações dos clientes, mas é melhor estar lá assumindo o controle do canal do que deixar solto e sem resposta.

Quer a empresa que você está comercializando seja pequena ou grande, é importante traçar um plano claro para criar conteúdo que abrange todo o marketing local, incluindo seu *site*, *sites* de terceiros relevantes, plataformas e aplicativos.

Seu plano pode ser dividido conforme a Tabela 23.1.

Tabela 23.1 – Divisão de conteúdo para um negócio local em função da otimização para resultados de busca

Local		
Google Meu Negócio	Website	Terceiros
• Informações de contato • Avaliações • Imagens oficiais • Imagens dos clientes • Produtos e serviços • Ofertas • Eventos • *Posts* • FAQ (perguntas mais frequentes)	• Informações de contato • Produtos e serviços • Depoimentos • Casos de sucesso • Imagens e vídeos • Artigos • CTAs para promoções • *Landing page* para lista de *e-mail* • Botão de WhatsApp	• Informações de contato • *Posts* criados pelos próprios clientes em redes sociais (UGC) • *Snippets* no Google • Vídeos no YouTube • *Posts* no Instagram • Perfil no TripAdvisor, Yelp, Facebook Local etc. • Página no Reclame Aqui

Comece com uma base sólida de informações comerciais em seu *site*. Diga aos clientes tudo o que eles poderiam querer saber para escolher e fazer negócios com sua empresa. Cubra todos os locais, serviços, produtos e atributos desejáveis da sua empresa. Não há chance de você não escrever o suficiente quando leva em conta tudo o que seus clientes pedem diariamente e tudo o que você acredita que faz da sua empresa a melhor escolha no mercado local. Certifique-se de que o *site* seja carregado rapidamente, compatível com dispositivos móveis e sem erros.

Monitore e responda a todos os comentários o mais rápido possível em todas as plataformas. Eles equivalem à sua reputação *on-line* e são, talvez, o conteúdo mais importante sobre os seus negócios na Internet. Saiba que as críticas são uma conversa de mão dupla. Resolva os conflitos e peça aos clientes que editem as críticas negativas.

Monitore sua concorrência. Em mercados competitivos, fique atento e veja o que os concorrentes estão colocando *on-line*, assim como os clientes deles. Ao ver como os clientes dos seus concorrentes os avaliam, isso pode te dar *insights* promocionais, argumentos de vendas etc.

Otimização orgânica *vs. links* patrocinados

Uma pergunta muito frequente é quando se deve usar otimização orgânica ou *links* patrocinados. As principais diferenças entre as estratégias de otimização orgânica e *links* patrocinados são apresentadas na Tabela 23.2.

Quando devemos, então, usar otimização orgânica ou *links* patrocinados? Basicamente, devemos sempre otimizar o *site* para que apareça em bom posicionamento nas buscas orgânicas. No entanto, há situações em que apenas a otimização orgânica não consegue atender às necessidades ou aos objetivos de marketing e, nesses casos, é necessário o uso de *links* patrocinados.

Tabela 23.2 – Principais características das ações de SEO (otimização orgânica) e *links* patrocinados

Otimização orgânica	*Links* patrocinados
Posição do *site* controlada pelo buscador	Posição do *site* controlada pelo administrador da campanha
Apresentação do *site* na área de resultados orgânicos dos buscadores	Apresentação do *site* nas áreas de *links* patrocinados dos buscadores e *sites* parceiros e afiliados
Não existe Custo por Clique (CPC) no *link* para o *site*	Existe Custo por Clique (CPC) no *link* para o *site*
Recebe de 60% a 70% dos cliques, em média	Recebe de 30% a 40% dos cliques, em média
A comunicação apresentada nos resultados depende dos conteúdos dos *sites*/páginas	Pode-se criar a comunicação como se desejar, independentemente do conteúdo do *site*/página
Produz resultados em médio e longo prazos	Produz resultados imediatos
Os resultados dependem do conteúdo/código dos *sites* e dos buscadores e suas regras	Os resultados são proporcionais ao investimento feito na compra de palavras-chave e à sua comunicação nos textos dos *links*

Os *links* patrocinados, portanto, complementam as otimizações orgânicas e vice-versa, ou seja, o que a otimização orgânica não consegue atingir, os *links* patrocinados atingem.

Implantando o SEM: marketing e TI

A implementação prática do SEM envolve, devido à sua natureza multi e interdisciplinar, principalmente dois setores essenciais que precisam atuar de modo sincronizado com a área de negócios: marketing e TI. Assim, é necessária uma metodologia para desenvolver projetos de SEM que determinem o que deve ser feito, em que ordem e quem deve fazer o quê. Nesse contexto, sugerimos o desenvolvimento de um plano de marketing em buscadores. A elaboração desse plano determina os objetivos e indicadores de desempenho, estruturando estratégias e estabelecendo o processo no dia a dia das empresas tanto para sua implementação quanto para seu controle. Esse plano dá as diretrizes que permitem que o foco do marketing em buscadores seja mantido, visando ao melhor desempenho, evitando dispersão e desperdícios, otimizando o retorno sobre o investimento.

O processo deve iniciar em marketing e negócios, que determinarão os objetivos do projeto de SEM e as diretrizes para as otimizações, tanto *off-page* quanto internas (*on-page*). Durante o processo, a equipe de TI atua não apenas na implementação das otimizações *on-page*, mas também, de forma fundamental, no levantamento de informações estatísticas que são a base para o controle e ajustes das ações de marketing. Outras equipes, como redatores e *designers*, também são necessárias para atuar em partes específicas do processo, já que as ações de SEM têm especificidades que precisam ser consideradas no *design* e conteúdo, em um processo integrado com o marketing e a TI.

Monitoramento e controle

Para cada palavra-chave escolhida para otimizar o *website* da empresa, é necessário que um setor se encarregue de verificar regularmente qual a posição ocupada nos resultados da busca nos principais buscadores da *Web*. Essa função pode ser exercida por profissionais tanto da área de negócios como marketing ou TI, e o ideal é que seja exercida sempre pela mesma área que se tornar responsável por isso. Geralmente, o marketing fica com essa responsabilidade, pois a estratégia de SEM está ligada à estratégia de *inbound* marketing (veremos no Capítulo 28). As ações de marketing de busca podem levar um mês ou mais para começar a gerar resultados e serem incorporadas pelos buscadores. Além disso, o processo de posicionamento é dinâmico, e, mesmo depois que o *website* entra na base indexada dos buscadores, sua posição pode ir mudando ao longo do tempo. Portanto, é sempre necessário monitorar os resultados e registrá-los em relatórios periódicos que auxiliarão a gestão do processo e sua evolução no tempo.

Além de monitorar o posicionamento, várias outras mensurações devem ser feitas, de modo a garantir o sucesso do SEM. No plano de marketing em buscadores, é importante determinar os indicadores-chave de sucesso (KPI) que devem ser mensurados para que se calcular o desempenho do processo. Normalmente, esses indicadores incluem um controle essencial, que é o acompanhamento regular das estatísticas do *website*, onde obteremos informações, por exemplo, de:

- Quantidade de pessoas que acessam o *website* e em quais páginas.
- Quais *robots* e *crawlers* de buscadores visitaram o *website* e quando.
- Quantas visitas se originaram de cada buscador.
- Quais palavras-chave foram usadas para trazer as pessoas a partir dos buscadores e quais são mais efetivas.
- Qual a *bounce rate* (taxa de rejeição) das páginas.
- Quais os valores de CPC (Custo por Clique), CTR (*Click Through Rate*) e demais indicadores das campanhas de *links* patrocinados.
- Qual a taxa de conversão obtida.
- Qual o comportamento do funil de conversão, entre outras métricas essenciais. Essas informações fornecem dados valiosos sobre a eficiência do processo de SEM implementado e devem ser exaustivamente analisadas por uma equipe mista de marketing e TI, pois, além de informações de negócios, apresentam mensurações técnicas e estatísticas que requerem equipe técnica especializada para análise.

Normalmente, são usadas ferramentas para mensuração, análise e ajustes das campanhas de SEO/SEM, que vão desde simples leituras em *logs* de servidor e uso dos próprios *sites* de busca até ferramentas complexas de gerenciamento automático de leilão de palavras-chave ("*bid*" na busca paga) e otimização. No entanto, a experiência mostra que é menos importante a ferramenta e mais importante o processo de análise das métricas em si e quem o faz.

Ajustes

A etapa anterior mensura se os objetivos do projeto estão sendo alcançados ou não. Se estiverem, deve-se manter a estratégia e continuar o monitoramento constante para garantir a permanência no estado alcançado. Se os objetivos não estão sendo atingidos, é necessário voltar às etapas anteriores, fazendo ajustes.

Uma análise essencial para o controle do processo é saber quanto o objetivo de marketing foi afetado pelo plano de marketing em buscadores. Houve apenas aumento de tráfego ou também de conversão (aumento nos indicadores do objetivo de marketing)? Na análise de conversão ao longo do tempo, devemos procurar por várias coisas, incluindo aumento ou diminuição no número ou padrões de conversões. Tendência de mudança nas taxas de conversão são fatores importantes para direcionar ajustes.

Caso detectemos que os objetivos de negócios não estão sendo atingidos, apesar do aumento do tráfego no *website* proveniente dos buscadores, isso significará que estamos atraindo o público errado ou que o plano de marketing está com algum problema. Nesse caso, é necessário voltar às etapas anteriores e reanalisar objetivos e palavras-chave escolhidas, ou mesmo melhorar as otimizações ou *landing pages*. Caso os resultados de negócios estejam sendo satisfatórios com o aumento do tráfego, devemos ciclicamente monitorar de forma constante o processo e, então, controlar e fazer os ajustes quando necessário.

Assim, é muito importante lembrar que devemos estar sempre atentos ao fato de que o posicionamento privilegiado em uma busca pode garantir apenas o aumento de tráfego para o *website*, e não necessariamente vendas, fechamento de negócios ou relacionamento (conversão). A partir do momento em que uma pessoa clica um *link* resultante de uma ação de SEM (*link* patrocinado ou busca orgânica), ela deu o primeiro passo a caminho da conversão, que foi levantar o dedo e clicar o *link*, informando que "estou interessado, mostre-me mais". Contudo, a conversão só acontecerá realmente quando a pessoa chegar à *landing page*, se esta tiver o que ela precisa. Um exemplo que ilustra esse fato no mundo *off-line* seria uma loja com localização privilegiada: a boa localização ajuda a atrair mais público, mas isso não garante aumento nas vendas, que só acontece de fato quando o público encontra o que realmente foi procurar na loja, realizando o objetivo do negócio. A loja seria a *landing page* nesse caso.

Portanto, é importante salientar que o gerenciamento eficiente de um processo de SEM pode trazer visibilidade e vantagem competitiva aos *websites*, mas para que traga também resultados de conversão – vendas, fechamento de negócios ou relacionamento –, é necessário que esteja integrado e em sintonia com as demais estratégias de marketing do negócio.

Considerações e recomendações adicionais

Para conhecer conteúdo adicional e atualizado referente a este capítulo, acesse o QRCode a seguir:

www.martha.com.br/livro-MED/saibamais23.html

O SMM é uma maneira poderosa para empresas de todos os tamanhos alcançarem clientes em potencial e clientes atuais. Os clientes já estão interagindo com as marcas por meio das mídias sociais, e se você não está falando diretamente com seu público por meio das plataformas sociais, como Instagram, Facebook, LinkedIn, YouTube, TikTok, X (Twitter) e Pinterest, está definitivamente perdendo no jogo. Um ótimo marketing nas mídias sociais pode trazer um sucesso notável ao seu negócio, criando promotores de marca, gerando *leads* e vendas.

O marketing nas mídias sociais também fornece às empresas uma maneira de alcançar novos públicos, relacionar-se com clientes existentes, promover a cultura, a missão e os valores da marca.

Uma estratégia importante usada no SMM é desenvolver mensagens e conteúdo que as pessoas compartilharão com sua família, amigos e colegas de trabalho. Essa estratégia depende do boca a boca e traz vários benefícios que veremos neste capítulo, cujo objetivo é discutir o marketing usando as mídias sociais, caminho pelo qual usamos as plataformas dos *sites* de mídias sociais de forma estratégica para alcançarmos objetivos específicos de marketing.

Estratégias em mídias sociais

Como vimos no Capítulo 13, existem inúmeros *sites* de mídias sociais digitais, da mesma forma que há diversos canais de televisão, revistas, *sites*, rádios etc. Desse modo, para traçar estratégias de marketing que utilizem qualquer mídia, é necessário fazer um plano de marketing antes e, posteriormente, escolher as mídias adequadas que melhor alavanquem os objetivos de marketing com um determinado público-alvo. Dessa forma, o primeiro passo para desenvolver estratégias em mídias sociais é elaborar o plano de marketing, com determinação de objetivos, público-alvo, análise de ambientes, produto etc.

No que se refere especificamente às estratégias em mídias sociais, é essencial que se conheça cada plataforma, suas particularidades, públicos, atributos, para que possam ser utilizadas em qualquer plano de marketing. Assim, conhecimentos específicos e detalhados sobre LinkedIn, Facebook, Instagram, TikTok, YouTube, Slideshare, Pinterest, X e qualquer outra plataforma de rede social que possa ser relevante ao seu público são essenciais. Não se pode usar uma ferramenta sem conhecê-la e dominá-la com maestria.

O foco deste livro é estratégico, ou seja, discutiremos neste capítulo ações estratégicas que podem ser aplicadas em quaisquer plataformas de mídias sociais, de forma ampla. Não cabe aqui aprofundar cada uma das plataformas de forma detalhada e analítica, com refinamento de ações, pois cada uma necessitaria de um novo livro para abordar suas particularidades. Existem excelentes publicações no mercado sobre cada uma das principais plataformas de mídias, e, após a leitura deste capítulo, ou mesmo deste livro, recomenda-se aprofundar tais conhecimentos por meio de literatura específica. No final deste capítulo, há algumas sugestões de referências adicionais (*e-books*, estudos, apresentações etc.).

Assim, se considerarmos todos os tipos de ambientes sociais digitais *on-line* possíveis, veremos que se reduzem a alguns tipos apenas em função de duas características principais que interessam às estratégias de marketing: viralização e poder analítico. A capacidade de viralização do ambiente é importante quando a marca precisa alcançar e impactar o maior número possível de pessoas. O poder analítico do ambiente se torna essencial quando uma marca precisa ganhar relevância e credibilidade, que só são alcançadas com ambientes que propiciem ricas discussões e análises. Assim, em função dos objetivos que se deseja alcançar num plano de marketing, escolhem-se ambientes mais virais ou mais analíticos para as ações estratégicas. Discutiremos a seguir os ambientes sociais.

Ambientes sociais

Os ambientes sociais podem ser classificados em nove tipos em função das suas características e objetividade:

SOCIAL MEDIA MARKETING (SMM)

1. Redes sociais

    Os *sites* de rede social permitem que você se conecte com pessoas que têm interesses e origens em comum. São exemplos populares de *sites* de mídias sociais Facebook, Instagram e LinkedIn. Essas plataformas permitem que seus usuários criem conexões com profissionais, amigos, familiares e até marcas. Uma característica comum nesse tipo de ambiente social é o compartilhamento de momentos de vida, notícias, pensamentos e opiniões, em formatos de fotos e vídeos em uma linha do tempo chamada de "*feed* de notícias" ou em grupos de interesse.

2. *Sites* de mídias sociais

    Os *sites* de compartilhamento de mídia social permitem que seus usuários compartilhem diferentes tipos de mídia, sendo os dois principais o compartilhamento de imagem e vídeo. São exemplos populares o YouTube, o TikTok e o Pinterest. A maioria desses *sites* também oferece recursos sociais, como a capacidade de criar perfis, seguir alguém e a possibilidade de comentar as imagens ou vídeos enviados. Uma característica comum nesse tipo de ambiente social é o incentivo ao conteúdo gerado pelo usuário (UGC), onde qualquer pessoa pode criar, selecionar e compartilhar a sua criatividade. Diferentemente dos *sites* de redes sociais, nos quais o conteúdo é consumido mais no "*feed* de notícias", nos *sites* de compartilhamento de mídia social o usuário também consome conteúdo por meio de mecanismos de busca.

3. Notícias sociais

    Os *sites* de notícias sociais permitem que seus usuários publiquem artigos e notícias. A principal característica nesse tipo de ambiente social é o mecanismo de votos, onde os usuários votam nas notícias compartilhadas. As notícias com o maior número de votos são destacadas no *site*. São exemplos populares o Reddit e o Digg. Esses *sites* permitem a seus usuários fazerem parte de comunidades para fomentar o compartilhamento e as discussões em torno de um tópico.

4. *Bookmarking*

    Os *sites* de favoritos, conhecidos como "*bookmarking*", permitem aos usuários salvar e organizar *links* de *websites*. A principal característica desses *sites* é a "folksonomia", que dá a capacidade dos usuários de "taguear" os *links* favoritos, o que os torna mais fáceis de pesquisar e compartilhar com a comunidade. O *link* do *site* é a chave primária desse tipo de *site* de favoritos, onde todos os usuários que salvaram o mesmo *link*, de certa forma, ajudam a classificar e organizar tudo de forma natural por meio da inteligência coletiva. São exemplos de *sites* de favoritos o Mix (antigo StumbleUpon) e o Pocket.

5. *Microblogging*

    Os *sites* de *microblog* permitem que os usuários publiquem conteúdos curtos, que podem incluir fotos, vídeos e *links* externos. Assim como nos *sites* de mídias sociais, o conteúdo é consumido por meio de um "*feed* de notícias". O *site* de *microblog* mais usado é o X (Twitter), que permite até 280 caracteres (antigamente eram 140 caracteres). O Instagram lançou em 2023 o Threads, um *microblog* análogo ao X. Uma característica comum nesse tipo de ambiente social é o compartilhamento de pensamentos, expressão de sentimentos e escrever sobre eventos que estão acontecendo no momento.

6. *Blogs*

    Os *sites* de *blogs* permitem que os usuários publiquem conteúdos curtos ou longos, que podem incluir diversos tipos de mídia como texto, fotos, vídeos, GIFs e áudio. A maioria desses *sites* também oferece recursos sociais, como a capacidade de criar perfis, seguir alguém e a possibilidade de comentar os *posts*. São exemplos populares de *sites* de *blogs* o Medium e o Tumblr. No caso do Medium, as publicações são mais longas e parecidas com um *blog* comum hospedado em um *site* usando o gerenciador de conteúdo WordPress, por exemplo. O conteúdo do Medium também é indexado pelo mecanismo de busca do Google. O *site* de rede social LinkedIn também permite ao usuário criar artigos longos indexados pelo Google e, de certo modo, pode se encaixar aqui nesse caso de uso. Uma característica comum em *sites* de *blogs* sociais é a curadoria automática baseada em tópicos de interesse e pessoas que o usuário segue.

7. *Sites* de avaliação

    Os *sites* de avaliação permitem que os usuários façam críticas ou elogios sobre produtos ou serviços consumidos. Os exemplos mais populares de *sites* de avaliação são o Reclame Aqui, Google Meu Negócio, Yelp e o Foursquare. É comum que as avaliações dos usuários estejam presentes em todos os tipos de *sites* de consumo de produtos ou serviços, como, por exemplo, nos *sites* TripAdvisor e Booking.com, que mostram avaliações de membros da sua comunidade para todos os visitantes. Essa característica dos *sites* de avaliação mantém as pessoas mais seguras e permite que elas tomem melhores decisões. Mas não é somente os usuários que se beneficiam. As empresas também podem entender a perspectiva dos seus clientes para buscar melhorar seus produtos.

8. *Gig economy* (economia dos bicos/economia compartilhada)

    Os *sites* de economia compartilhada permitem que os usuários encontrem alternativas de consumo de serviços, onde o fornecedor é um outro consumidor (Modelo C2C). São exemplos populares de *sites* de economia compartilhada o Airbnb, Uber, BlaBlaCar e Dog Hero. Em *sites* como esses também há a caraterística de ambiente social, pois aproximam pessoas que têm algo que desejam compartilhar com as pessoas que precisam. É característica dos *sites* de economia compartilhada o mecanismo de avaliação bidirecional para qualificação da base de usuários.

9. *Sites* de discussão e Q&A (fórum)

    Os *sites* de discussão e perguntas frequentes (Q&A) permitem que os usuários participem de fóruns postando e respondendo a questões da comunidade em torno de tópicos. São exemplos populares de *sites* de discussão e perguntas frequentes o Yahoo Respostas e Quora. Na *Web*, há um número aparentemente interminável de *sites* com fóruns de discussão, principalmente porque muitos deles são baseados em nichos, diferentemente do apelo universal dos *sites* como o Yahoo Respostas (que encerrou suas atividades em 2021) e Quora, que têm características de ambiente social em geral. Geralmente, os conteúdos são indexados pelos mecanismos de busca e aparecem nos resultados do Google, por exemplo. Os *sites* de discussão e perguntas frequentes também são uma ótima maneira de encontrar pessoas que têm interesses semelhantes aos seus. Em *sites* de redes sociais como o Facebook e o LinkedIn, há grupos nos quais os usuários podem participar com perguntas, pedir ajuda ou mesmo discutir algum tópico.

Esse tipo de análise do posicionamento estratégico nos ambientes sociais permite escolher as plataformas sociais adequadas. Uma vez selecionado o ambiente social a atuar, devem-se escolher os *sites* específicos para ação, de acordo com o público-alvo. Por exemplo, se é necessário atuar em ambiente de mídias sociais em razão do posicionamento estratégico ideal indicado, a escolha entre Facebook, Instagram e LinkedIn, por exemplo, deve ser feita em função do público-alvo e do alinhamento com os objetivos de marketing.

Após definir o posicionamento estratégico e determinar os *sites* de atuação, a qualidade das ações desenvolvidas é essencial ao sucesso do plano. Essas ações devem considerar também o perfil do público-alvo e o da empresa, alinhando-os com os objetivos de negócios. Por exemplo, apenas escolher o Twitter Instagram como plataforma, mas não postar mensagens adequadas aos objetivos que o Twitter Instagram deve atender no plano de marketing, ou usar linguagem não adequada para engajamento do público-alvo, pode ser desastroso. Assim, todas as etapas estratégicas nas redes sociais devem ser estruturadas em função dos objetivos de marketing, do público-alvo e do *site* de rede mídia social escolhido.

Discutiremos, portanto, alguns aspectos importantes em relação ao comportamento humano e à estrutura organizacional das mídias sociais que afetam o planejamento estratégico.

Comportamento humano e descentralização

Antes de abordarmos qualquer técnica específica de ações nas mídias sociais, é importante lembrar que estratégias de marketing que as envolvam precisam entender perfeitamente o significado e a dimensão da palavra "social", que se refere a relações pessoa-pessoa. Não se refere a relações pessoa-empresa ou empresa-pessoa. Assim, a dimensão social deve ser abraçada e respeitada para se obter sucesso em estratégias que envolvam mídias sociais.

Como mencionado no Capítulo 13, redes sociais existem desde a antiguidade e envolvem o relacionamento entre pessoas em torno de um interesse comum. Assim, ao lembrarmos que o marketing tem foco no público-alvo, buscando atender às suas necessidades e desejos, é essencial analisarmos o comportamento humano nos relacionamentos sociais antes de tudo, para entender necessidades e desejos, e o cenário com suas oportunidades e ameaças.

Em linhas gerais, as estatísticas de acesso em redes sociais *on-line* demonstram dados como:

- Há mais mulheres que homens interagindo nas mídias sociais.
- Jovens interagem mais que idosos.
- De 10% a 20% dos usuários das redes sociais geram de 80% a 90% de todo o conteúdo produzido nelas.
- Mais da metade dos usuários do Instagram é considerada *"lurker"*, ou seja, consome o conteúdo sem interagir ativamente com ele. Esses usuários apenas visualizam postagens, *stories* e vídeos, sem necessariamente curtir, comentar ou compartilhar o conteúdo. Um estudo da Social Insiders em 2023 estimou que 60% dos usuários são *lurkers*.

Inicialmente, quando se olha para esses números, a primeira reação é estranhar que nas redes sociais digitais *on-line* ocorra a falta de participação das pessoas, já que apenas uma pequena parte gera conteúdo; a qualidade dos assuntos abordados, já que muito do que se fala é considerado bobagem; a desigualdade entre a participação das diversas faixas demográficas de sexo e idade. No entanto, se olharmos mais a fundo o comportamento humano em qualquer rede social presencial, desde sempre, esses números são iguais. Pense nas suas redes sociais *off-line*. Quem conversa mais ativamente? Homens ou mulheres? Jovens ou idosos? Quantas pessoas realmente falam em uma rodinha de amigos e quantos ouvem? A maior parte do que se fala são assuntos sérios e intelectuais ou relativos a situações mundanas?

Quanto às baixas taxas de retenção nos vídeos que supostamente são educativos e de maior qualidade nas mídias sociais, compare-as com as taxas de retenção de academias de ginástica ou cursos *on-line* em geral.

Em suma, o que fazemos nas redes sociais *on-line* é o mesmo que fazemos nas redes sociais e nos ambientes *off-line*. O ser humano é o mesmo. O que muda são as formas de se relacionar com novos recursos digitais que amplificam a sua atuação nessas redes, mas ele se comporta da mesma maneira. Logicamente, o comportamento humano muda ao longo do tempo. Não nos relacionamos da mesma forma que há 100 anos ou na pré-história. Pode ser que as redes sociais *on-line* afetem e modifiquem o cérebro humano como outras tecnologias fizeram no passado, principalmente o fogo. A questão é que a mudança do comportamento humano em geral ao longo de tempo se reflete em todas as dimensões da vida.

Assim, provavelmente o que fazemos aqui, fazemos lá. Se sabemos nos relacionar aqui, também sabemos nos relacionar lá. O ambiente digital amplia as nossas possibilidades de atuação e, dessa forma, ampliará o que fazemos de forma adequada e o que fazemos de forma inadequada também.

Uma das maiores mudanças que as redes sociais estão causando refere-se à percepção de contexto de atuação e participação por parte das pessoas no meio digital. No *Manifesto Cypherpunk*, Eric Hughes declara que *"privacidade é o poder de uma pessoa seletivamente revelar suas informações ao mundo"*. A revelação seletiva depende da habilidade de se controlar o ambiente e o contexto em que se atua no mundo. Assim, enquanto no ambiente *off-line* fica muito claro em que contexto estamos – num bar, no escritório, numa igreja, dentro de casa etc. –, nas redes sociais digitais perde-se a referência de contexto físico. Você pode estar interagindo nas redes sociais por meio de um computador no seu quarto, mas no ambiente digital você não está no seu quarto, você está em um ambiente populado por pessoas que vêm de diversos outros contextos físicos diferentes do seu, e estão todos compartilhando um espaço digital público (com exceção das redes privadas). Além disso, nos ambientes *off-line*, em cada contexto que se está, tem-se a exata percepção de quem está no mesmo ambiente que você e está interagindo com você a cada instante. Nos ambientes digitais *on-line*, é muito difícil analisar e controlar com quem estamos interagindo ou quem esteja participando da conversa, mesmo que apenas ouvindo. Some-se ainda a isso o fato de que nos ambientes *off-line*, o registro das conversas fica limitado normalmente às mentes das pessoas que participam do contexto, enquanto o ambiente digital por si só naturalmente tem o dom de registrar tudo o que se passa. Essa mudança entre o modo de interação *on-line* e o *off-line* tem causado muitos problemas de relacionamento, mau entendimento e falsas percepções sobre o que se pode ou não fazer.

Assim, dois itens principais devem ser considerados em qualquer estratégia de atuação nas redes sociais *on-line*: redes sociais *on-line* são espaços públicos, a menos que você se certifique de que está em uma rede privada e tenha a exata noção de quem participa dessa rede.

As leis valem também no ambiente digital tanto quanto nos ambientes *off-line*. Cada vez mais pessoas têm sido processadas e condenadas pelo uso indevido do ambiente *on-line*. Muitas pessoas imaginam que estão anônimas quando se relacionam em algumas situações *on-line*. No entanto, a menos que essas pessoas tenham conhecimentos técnicos para impedir rastreamento, normalmente são localizáveis. Recomendam-se as excelentes palestras de Dr. Renato Opice Blum (@OpiceBlum) a quem quiser saber mais sobre o direito aplicado ao ambiente digital e conhecer os diversos casos que ele apresenta. É essencial ter consciência que o ambiente digital é continuação do ambiente *off-line* e está também sujeito às leis.

Outro aspecto importante relacionado às redes sociais e que deve ser considerado antes de se traçar qualquer tipo de estratégia é a descentralização. As redes sociais (*on-line* ou *off-line*) são organismos descentralizados que, por sua vez, funcionam de forma completamente distinta de organismos centralizados. Portanto, discutiremos a seguir as principais características da descentralização e no que isso afeta futuras estratégias em mídias sociais.

Descentralização

Para entender o funcionamento de uma organização descentralizada e suas diferenças em relação a uma organização centralizada, recomenda-se a leitura do livro

The starfish and the spider[1] (*A estrela-do-mar e a aranha*), que faz uma analogia muito interessante e pertinente entre as estruturas organizacionais e os organismos desses animais. A aranha (*spider*), como o ser humano, é um animal com cérebro centralizado na cabeça, assim, cortando-se a sua cabeça, ela morre. Já a estrela-do-mar (*starfish*) é um animal que possui seu cérebro distribuído ao longo dos seus órgãos. Dessa forma, nesse tipo de organismo, não existe uma cabeça para ser cortada, e quando se corta alguma parte do corpo, provavelmente nascerá de novo. Se você corta uma das pernas da estrela-do-mar, a perna nasce novamente. Se você cortar a estrela-do-mar ao meio, talvez surjam duas – você não a mata, você a torna mais forte.

Seguindo essa analogia, o livro analisa as organizações descentralizadas desde a época da colonização espanhola na América chegando aos dias de hoje, apresentando os *cases* das organizações descentralizadas de sucesso, como a Associação dos Alcoólatras Anônimos (AAA), o sistema de funcionamento do Visa e as redes descentralizadas proporcionadas pela Internet, que não conseguem ser controladas nem vencidas pela centralizada organização da indústria fonográfica. O livro mostra, de maneira bastante simples, que a lógica de funcionamento de uma organização centralizada é completamente diferente da lógica de uma organização descentralizada. Desse modo, para atuar nesse tipo de organização, as estratégias que catalisam o sucesso são outras, bem diferentes da lógica da centralização, como:

- Interesse genuíno pelos outros.
- Inúmeras conexões fracas em vez de poucas conexões fortes.
- Habilidade de mapeamento social.
- Desejo de ajudar todos que encontra.
- Habilidade de ajudar as pessoas a ajudarem a si mesmas (ouvindo e compreendendo) em vez de dar conselhos.
- Inteligência emocional.
- Confiança nos outros e na rede descentralizada.
- Inspiração (para os outros).
- Tolerância para a ambiguidade.
- Abordagem *hands-off* – não interferir no comportamento dos membros da rede ou tentar controlá-lo.
- Desapego – depois de construir, ter a habilidade de passar para frente uma rede descentralizada em vez de tentar tomar o controle.

Outra abordagem interessante para compreender como os públicos interagem e engajam-se nas mídias sociais é a sua segmentação sociográfica, que discutiremos a seguir.

---

[1] Brafman e Beckstrom, 2008.

Socialgraphics e o engajamento

Socialgraphics[2] é um termo usado por Charlene Li e Jeremiah Owyang que propõe uma segmentação do comportamento das pessoas nas redes sociais *on-line* e dos relacionamentos entre elas. Assim, basicamente, *socialgraphics* é um tipo de segmentação sociográfica das pessoas que olha além da segmentação demográfica, geográfica e psicográfica e tenta compreender o comportamento sociográfico (*socialgraphic*) do público-alvo: como ele se comporta nas mídias sociais, por que se comporta desse modo e quem o influencia?

Para desenvolver o *socialgraphics*, deve-se responder às seguintes perguntas:

- Onde estão os seus consumidores *on-line*?
- Quais são os comportamentos desses consumidores *on-line*?
- Em que informações sociais e/ou pessoas esses consumidores confiam?
- Qual é a influência social dos seus consumidores? Quem confia neles?
- Como os seus consumidores usam tecnologias sociais no contexto dos seus produtos?

Em qualquer grupo social, algumas pessoas são mais ativas que outras, e a participação social tende a seguir o princípio 90-9-1,[3] em que 90% são audiência, 9% são editores e apenas 1% são criadores. Pesquisas comprovam essa teoria – 90% do volume de *tweets* é gerado por apenas 10% dos seus usuários; a quantidade de pessoas que publicam vídeos no YouTube é muito menor que a das que apenas assistem aos vídeos. Sabendo-se disso, podemos dizer que cada um desses tipos de públicos (audiência, editor ou criador) tem necessidades e desejos diferentes, comportamentos diferentes e, portanto, é necessária uma estratégia diferente para cada um deles.

Nesse sentido, em função dos tipos de participação dos públicos nas redes sociais *on-line*, a segmentação sociográfica propõe uma pirâmide de comportamento que, da base para o topo, envolve as seguintes etapas: assistir, compartilhar, comentar, produzir, fazer curadoria. Cada tipo de comportamento requer ações diferentes para conseguir engajá-lo. Vejamos:

- **Assistir**: pessoas que apenas consomem conteúdo (como visitar mídias sociais, ler *blogs*, ver vídeos, ouvir *podcasts*) para encontrar conteúdo social de entretenimento ou que as ajude a tomar decisões ou aprender com os outros. Para engajar esse tipo de público, é preciso:
  - conhecer que tipo de conteúdo ele consome;
  - criar conteúdos relevantes, que ele goste de ler, assistir ou ouvir;
  - criar conteúdos que engajem o ato de "assistir".

---

[2] Apresentação sobre *Socialgraphics*, por Charlene Li e Jeremiah Owyang. Disponível em: http://goo.gl/WFkp. Acesso em: 20 jun. 2020.

[3] Mais informações sobre o princípio 90-9-1 aplicado à Internet em *1% rule (Internet Culture)*, na Wikipédia: Disponível em: http://goo.gl/fbFG. Acesso em: 20 jun. 2020.

- **Compartilhar**: pessoas que atualizam perfis nas mídias sociais, publicam conteúdo existente, fazem *upload* ou compartilham fotos, vídeos, artigos etc. Esse tipo de perfil quer compartilhar informações com seus pares, tanto para ajudá-los como para demonstrar conhecimento.
- **Comentar**: pessoas que respondem aos conteúdos dos outros, com comentários em *blogs* ou notícias, *reviews* ou avaliações de produtos. Buscam participar ativamente, ajudar, dar ideias e opiniões, mas normalmente sem se envolverem. Para engajar esse tipo de público, deve-se:
  - permitir que toda página do seu *site* tenha funcionalidades para que os usuários possam comentar;
  - desenvolver uma política de comunicação;
  - fomentar um ambiente aberto e amigável (iniba *trolls* e *spammers*);
  - procurar fornecedores de sistemas de comunidades para instalar no seu *site*, como Khoros e LiveWorld.
- **Produzir**: pessoas que criam e publicam seu próprio conteúdo, por exemplo, *websites*, *blogs* ou *podcasts*. Elas desejam expressar identidade, conteúdo próprio, serem ouvidas ou reconhecidas. Para engajar esse tipo de público:
  - torne-se uma plataforma para seus consumidores serem ouvidos;
  - forneça reconhecimento público para os membros mais úteis da comunidade;
  - patrocine discussões, como Intel Cloud Insider Program, Microsoft MVP, Walmart Ambassadors.
- **Fazer curadoria**: pessoas que moderam ou estão fortemente envolvidas em comunidades *on-line*, como Wikipédia, páginas de fãs ou quadros de discussão. Elas estão interessadas em ter retorno ou serem reconhecidas por investirem no sucesso de um produto ou serviço. Para engajar esse público:
  - trate-o como conselheiro confiável e considere-o um parceiro não pago;
  - identifique os influenciadores ou construtores da comunidade e reconheça-os publicamente.

Outra abordagem bastante interessante para a segmentação sociográfica e similar à pirâmide de engajamento do sociographics é a escada sociotecnográfica[4] (*technographics ladder*), do *Forrester Research Inc.*, que também propõe comportamentos sociais diferentes de acordo com sua predisposição em participar. A Figura 24.1 apresenta a versão mais recente da escada sociotecnográfica, da *Forrester Research*, criada em 2010.

Na escada, vemos que há mais divisões que na pirâmide de engajamento. O degrau da base começa com os inativos, subindo para espectadores, adesores, colecionadores, críticos, conversacionais e criadores.

---

[4] Disponível em: http://forrester.typepad.com/groundswell/2007/04/forresters_new_.html. Acesso em: 20 jun. 2020.

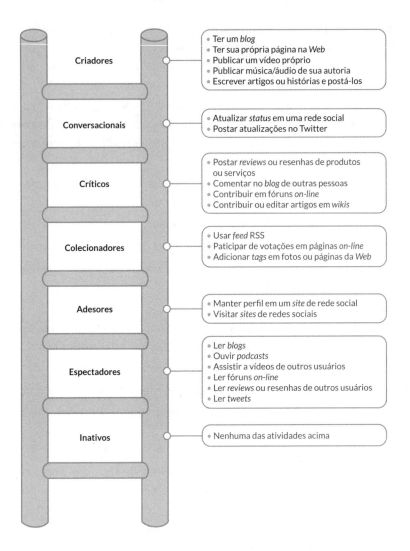

Figura 24.1 – Imagem demonstrando a escada sociotecnográfica, da Forrester Research Inc., de segmentação sociográfica.
Fonte: Disponível em: http://forrester.typepad.com/groundswell/2010/01/conversationalists-get-onto-the-ladder.html. Acesso em: 20 jun. 2020.

Comportamento do consumidor em relação às marcas

Além dos aspectos gerais relacionados ao comportamento das pessoas nas redes sociais, interessa-nos muito o comportamento das pessoas nas redes sociais especificamente em relação a marcas e empresas. Entender o que as pessoas pensam e por que se tornam seguidoras, curtem ou compartilham uma marca nas mídias sociais é essencial para direcionar estratégias. Uma pesquisa da *SproutSocial*[5] revelou os principais motivos

---

5   Disponível em: https://sproutsocial.com/insights/index. Acesso em: 30 maio 2024.

pelos quais as pessoas seguem uma empresa ou marca nas mídias sociais. O mais interessante da pesquisa é observar que para metade dos entrevistados, o principal motivo de uma pessoa seguir uma marca nas redes sociais é para aprender sobre produtos e serviços, e 45% seguem por conta do conteúdo educativo e que entretém. Os demais motivos também são balizadores interessantes do comportamento do consumidor em relação às marcas nas redes sociais. Os cinco principais motivos são:

- Receber informações sobre novos produto e serviços (68%).
- Ter acesso a promoções e descontos exclusivos (46%).
- Receber conteúdo de valor que educa e entretém (45%).
- Para se conectar com outros clientes que também curtem a mesma marca (28%).
- Porque os valores ou a missão são parecidos com os meus (21%).

Uma pesquisa da Hootsuite mostra as razões pelas quais as pessoas deixam de seguir um perfil nas redes sociais. Os usuários dizem que os principais motivos para deixar de seguir as marcas nas redes sociais são conteúdo inautêntico (44%), conteúdo chato (40%), forçar reações para aumentar engajamento (39%), conteúdo repetitivo (35%), autopromoção excessiva (34%), provocar comentários genéricos para automação (32%), passar do ponto para entreter ou chamar atenção (32%), não interagir ou responder à comunidade (32%).

Com essas considerações em mente, referentes ao comportamento mais geral das pessoas nas redes sociais e ao mais específico relacionado às marcas, abordaremos as estratégias nas mídias sociais.

SMM e SMO

O SMM (*Social Media Marketing*), ou marketing em mídias sociais, é uma forma de marketing que utiliza as plataformas de mídias sociais para promover produtos, serviços, marcas ou conteúdos. O objetivo do SMM é aumentar a visibilidade *on-line*, engajar com o público-alvo e, eventualmente, impulsionar as vendas e a lealdade à marca. O SMO (*Social Media Optimization*), por outro lado, é o processo de otimizar os perfis nas mídias sociais para aumentar o alcance das publicações e a encontrabilidade sobre uma marca, produto ou serviço. O SMO envolve a melhoria dos perfis sociais, a criação de conteúdo encontrável e recomendável pelos algoritmos e o uso de técnicas de SEO (*Search Engine Optimization*) adaptadas para as legendas das publicações. O principal objetivo do SMO é aumentar a visibilidade e a capacidade de descoberta de uma marca nas mídias sociais.

Além da importância óbvia do SMM nos processos de *branding* e marketing de relacionamento, o SMO é muito importante nas estratégias de marketing de busca, pois pode beneficiar aspectos dos processos de SEO. Vários canais de *social media* são indexados pelos buscadores (como Instagram, TikTok, YouTube, X, Quora, Medium, artigos do LinkedIn, Pinterest etc.) e aparecem nos resultados de busca do Google, favorecendo o marketing de busca. Os *posts* que se saem bem nos *sites* de *social media* conseguem excelentes posições de *ranking* também nos *sites* de busca.

Enquanto o SMM foca na promoção ativa por meio de tráfego pago e orgânico nas mídias sociais, o SMO complementa essas ações ao garantir que o conteúdo e os perfis sociais sejam encontrados e recomendados de maneira eficaz.

Estratégias de SMO

A otimização de perfis é um aspecto fundamental do SMO. Perfis bem estruturados e atrativos são mais propensos a atrair seguidores e interações. Isso inclui a criação de descrições claras e concisas que destacam a proposta de valor da marca, o uso de *links* estratégicos para direcionar o tráfego para *sites* e outras mídias sociais, e a utilização de vídeos e fotos de qualidade que reflitam a identidade visual da marca. Essas ações garantem que os perfis sociais não apenas atraiam seguidores, mas também os mantenham engajados.

Outro elemento essencial do SMO é o uso de *tags*, títulos, palavras-chave na legenda e *hashtags*. Incorporar palavras-chave relevantes nas descrições, legendas, títulos e *tags* melhora a capacidade de busca do conteúdo. As *hashtags*, quando usadas de forma estratégica, aumentam a visibilidade das postagens e ajudam a alcançar um público mais amplo. A escolha cuidadosa de *hashtags* pode amplificar significativamente o alcance das publicações.

A interação e o engajamento com os seguidores são cruciais para o sucesso do SMO, pois a maior parte do alcance de uma publicação vem do conteúdo em si e não da otimização. As técnicas de otimização irão trazer um alcance incremental, mas nunca irão sobrepor a importância de um conteúdo altamente relevante.

Além disso, responder prontamente a comentários e mensagens não só fortalece o relacionamento com os seguidores, mas também aumenta o alcance dos *posts*, pois aumenta a taxa de engajamento. Promover interações, como perguntas e debates, incentiva os usuários a participar e se engajar com a marca de forma mais significativa.

A análise e o ajuste contínuos das publicações são essenciais para a eficácia do SMO. Monitorar o desempenho das postagens e o crescimento dos seguidores permite identificar o que está funcionando e o que precisa ser ajustado. Utilizar ferramentas analíticas como a mLabs para acompanhar essas métricas ajuda a tomar decisões informadas e a otimizar as estratégias de acordo com os *insights* obtidos.

Táticas avançadas de SMO incluem a utilização de textos alternativos (para *softwares* de acessibilidade), *tags* de localização, escolha de títulos persuasivos, escolha de capas e *thumbnails*. Técnicas de edição de vídeo para aumentar a retenção em vídeos como *reels*, TikToks e Shorts também ajudam a aumentar a distribuição, pois maior retenção é um sinal para o algoritmo de que o conteúdo é relevante para mais pessoas.

Os benefícios do SMO são inúmeros. Perfis e conteúdos otimizados são mais facilmente encontrados pelos usuários, o que resulta em maior visibilidade. Conteúdo otimizado tende a gerar mais interações, como curtidas, comentários e compartilhamentos, aumentando o engajamento. Isso contribui para o crescimento orgânico da marca, reduzindo a dependência de publicidade paga ou beneficiando o uso de mídia paga, pois sairá mais barato, e fortalecendo a fidelidade à marca.

Estratégias de Social Media Marketing

As ações de Social Media Marketing (SMM) envolvem principalmente localizar as pessoas certas, estabelecer a marca por meio de tráfego orgânico e pago, interagir oferecendo *insights* e criar relacionamentos. As mídias sociais são "sociais", portanto, um bom planejamento de SMM visa fazer a marca se portar como uma pessoa, entrar em conversas existentes ou criar conversas em torno de sua *expertise*. Veja a seguir ações de SMM:

- **Conteúdos**: a criação de conteúdo relevante e atraente é um dos pilares do SMM. O conteúdo pode variar desde postagens de *blog*, vídeos, infográficos até *stories* e *reels*, cada um adaptado às especificidades e preferências de cada plataforma social. O objetivo é produzir material que ressoe com o público-alvo, incentivando o engajamento e o compartilhamento. Por exemplo, o Instagram é ideal para conteúdo visual e inspirador, enquanto o LinkedIn se presta melhor a discussões profissionais. A competição nas redes sociais é intensa. Com tantas marcas disputando a atenção dos usuários, destacar-se pode ser um desafio. Isso requer uma estratégia de conteúdo criativa e bem executada, que capte e mantenha o interesse do público.

- **Tornar-se um recurso valioso sem pedir nada em troca**: ofereça informações relevantes e desinteressadas relacionadas a seu conhecimento nas mídias sociais que se encaixam no perfil de seu público-alvo. O retorno virá exatamente porque sua atuação prova que seu conteúdo vale a pena e, em consequência, promove você, seu *site*, sua empresa e sua marca. Dar antes de receber é uma das principais formas de se conquistar capital social nas redes.

- **Tráfego pago**: as plataformas de mídias sociais oferecem diversas opções de anúncios pagos, como anúncios de *feed*, *stories* patrocinados, carrosséis de produtos e vídeos promocionais. Esses anúncios podem ser altamente segmentados, permitindo que as marcas atinjam públicos específicos com base em dados demográficos, interesses e comportamentos. Plataformas como Meta Ads, TikTok Ads, LinkedInAds e Google Ads (no caso para YouTube) são ferramentas poderosas para amplificar o alcance das campanhas de marketing.

- **Gestão de comunidade**: para alavancar o poder das mídias sociais, é necessário participar ativamente como uma pessoa. No entanto, o modo da participação é um dos tópicos mais delicados, pois pode determinar o sucesso ou o fracasso das ações. Se forem usadas táticas erradas, os esforços serão em vão e será muito difícil reconstruir a confiança que foi destruída. Se um público for abordado com a mensagem errada, você poderá ser massacrado. Se a abordagem for correta, você poderá virar referência. Assim, antes de começar a interagir, é necessário dedicar um tempo para aprender sobre a comunidade e seus principais atores. Ouvir antes de agir é a habilidade principal para participar corretamente. Os seguidores conseguem detectar falsidade tão rapidamente quanto uma nota de

3 reais. Dessa forma, é necessário que as pessoas que atuam no papel de gestão da comunidade tenham um genuíno alinhamento com as pessoas que participam delas. Eventualmente, perfis distintos de pessoas de uma mesma empresa devem participar se apresentando, de forma a garantir identificação com os diferentes públicos envolvidos.

É interessante destacar que a principal base das estratégias de SMM está no relacionamento. SMM está muito mais para relacionamento do que para tecnologia. A regra de ouro do SMM é relacionamento primeiro e o restante se encaixa em seus devidos lugares.

As mídias sociais também servem como uma excelente plataforma para coletar *feedback* direto dos consumidores, fornecendo *insights* valiosos que podem orientar futuras estratégias de marketing e desenvolvimento de produtos.

Assim, tecnologia não é estratégia. O uso da tecnologia sim. Não importa quantas novas tecnologias e plataformas digitais surjam. O importante é como as estratégias de marketing se apropriam dela de forma alinhada para seus negócios.

Um exemplo brasileiro que merece destaque é a *fintech* Nubank. Ela virou *benchmarking* quando o assunto é relacionamento com o cliente e sua audiência nas mídias sociais. Com uma comunicação humanizada e um marketing baseado no propósito de dar um fim à complexidade dos produtos financeiros, a Nubank cria valor com soluções capazes de fazer as pessoas terem uma experiência tão relevante que elas passam a compartilhar isso em suas próprias mídias sociais. Isso mostra como conhecer profundamente as dores do seu público faz toda a diferença em todas as esferas do negócio, principalmente para a experiência do cliente, que no fim do dia é o que mais importa. Ter um propósito em que todos os colaboradores adotem como suas bandeiras de trabalho faz com que qualquer iniciativa seja mais autêntica. Uma das iniciativas mais interessantes da Nubank foi a criação da sua própria rede social chamada NuCommunity, com o objetivo de empoderar e engajar clientes e entusiastas em torno da marca. O mais interessante é que não é necessário ser cliente para fazer parte. Os usuários mais engajados têm benefícios na Nubank, que vão desde acesso a áreas exclusivas a testes de novos produtos.

Apesar de seus muitos benefícios, o SMM também apresenta desafios. A gestão de reputação é um dos principais, já que as redes sociais são plataformas públicas nas quais críticas e *feedbacks* negativos podem se espalhar rapidamente. As marcas precisam estar preparadas para gerenciar crises de relações públicas e responder de forma adequada a comentários negativos.

Por fim, as mudanças constantes nos algoritmos das plataformas sociais podem impactar o alcance orgânico das postagens. As marcas devem estar sempre atualizadas sobre essas mudanças e ajustar suas estratégias conforme necessário para manter a eficácia das suas campanhas.

Redes sociais e *games* – *social games*

Vimos no Capítulo 18 que os jogos têm se tornado um dos principais aplicativos em redes sociais, como Farmville, Mafia Wars etc. A tendência é o uso crescente dos jogos em mídias sociais por públicos bastante diversificados e amplos, alavancando os jogos sociais como plataforma de ações de marketing.

Em termos de estratégias em mídias sociais, o uso de *games* sociais pode ser feito de várias formas: como plataforma de *advergaming*; como plataforma de *product-placement*; como plataforma de *display*; como plataforma de *product-placement* ou *display* por meio dos bens virtuais associados aos jogos.

A grande vantagem do uso de jogos sociais como plataformas de marketing é o fato de utilizarem as redes sociais dos jogadores para se propagarem. Enquanto em um jogo tradicional é necessário conquistar a audiência e formar uma rede para o jogo se propagar, no caso de jogos sociais é exatamente a plataforma de redes sociais que constrói a audiência por meio dos vínculos existentes entre as pessoas. Isso faz com que a capacidade de viralização e a velocidade de propagação de um jogo social sejam muito maiores que as de um jogo tradicional.

Redes sociais e a televisão

A televisão é um componente importante da sociedade moderna. Não é apenas uma atividade de mídia dominante, mas também é considerado o tipo de mídia mais emocionante e influente. Ao integrarmos redes sociais e a televisão, temos a Social TV, que é a interação do programa ou conteúdo da televisão nas mídias sociais. Milhões de pessoas compartilham sua experiência de TV com outros espectadores nas mídias sociais, como Facebook, X e Instagram, usando principalmente seus *smartphones*, TV conectada ou inteligente e *tablets*. As emissoras de TV estão compartilhando cada vez mais videoclipes sobre o conteúdo da televisão nas plataformas sociais para aprimorar o engajamento do público. Empresas como Telescope Inc. e Spredfast Inc. fornecem soluções para se comunicar com o público sobre programas de TV nas mídias sociais.

Há também os dispositivos que tornam qualquer TV em TV conectada, como os serviços da Apple TV[6] e Roku. Outros serviços como TiVo e Microsoft fornecem TV ao vivo, mas com acesso limitado à *Web*. O Google, por meio de sua Android TV,[7] está juntando ambos: conteúdos ao vivo e acesso irrestrito à *Web*.

No entanto, a grande revolução que se espera em relação aos hábitos de assistir à televisão envolve justamente a integração da programação da televisão, seja ao vivo, seja proveniente da *Web*, com as mídias sociais. A premissa desse tipo de serviço é permitir que as pessoas compartilhem e discutam facilmente os *shows* a que estão assistindo.

O MIT (Massachusetts Institute of Technology) desenvolveu o que se pode chamar de social TV experimental denominada Nextream[8] e sua criadora, Marie-José Montpetit, argumenta que apesar de algumas pessoas pensarem que assistir à televisão é uma

---

6 http://www.apple.com/uk/appletv/. Acesso em: 20 jun. 2020.
7 http://www.google.com/tv/. Acesso em: 20 jun. 2020.
8 https://www.media.mit.edu/projects/nextream-social-television/overview/. Acesso em: 13 jul. 2020.

experiência solitária, na realidade, desde seu surgimento, as pessoas conversam durante os programas.[9] Além disso, hoje usamos as mídias sociais, como o X, para comentar de forma social mais ampla o que está passando na televisão, compartilhando opiniões e sentimentos.

Assim, da mesma forma que o celular e os jogos, vemos que também a TV tende a seguir o caminho do social, que é uma das maiores tendências futuras – a socialização de tudo o que puder ser social. Essa integração do social com as outras diversas plataformas de marketing, como rádio, por exemplo, deve acontecer gradativamente, de forma cada vez mais intensa. Discutiremos a seguir, de modo mais amplo, a integração do social com as diversas ações e plataformas de marketing.

Estratégias de integração entre plataformas sociais e o marketing

Conforme temos abordado ao longo deste livro, o uso de plataformas digitais deve trabalhar de forma integrada com as plataformas tradicionais de marketing, de modo a alcançar a fragmentação crescente do público-alvo em termos de atividades e usos de mídia. Mais que isso, as plataformas digitais também devem experimentar uma integração entre si (como marketing de busca e *social media*), que deve ser cada vez mais explorada para permitir o acesso aos mais diversos tipos de públicos da melhor forma.

Nesse sentido, o analista Jeremiah Owyang[10] criou uma ótima matriz para orientar os CMO (*Chief of Marketing Officer*) em como as plataformas sociais podem se integrar às demais plataformas de marketing, cujos tópicos são sumarizados a seguir:

- **Pesquisa de mercado**: com as tecnologias sociais, pelo menos três formas de oportunidades surgem:
  1. Uso de tecnologias de monitoramento de marca para conhecer o que os consumidores estão realmente dizendo nos canais sociais.
  2. Aproveitamento do ambiente social para detectar as reações das pessoas em tempo real.
  3. Uso de ferramentas de inovação (como Salesforce Ideas, UserVoice, GetSatisfaction) para construir produtos em tempo real com os consumidores.
- *Website* **corporativo**: as tecnologias sociais estão sendo integradas em três fases:
  1. Ferramentas isoladas para construção de comunidades sociais, mas não integração.
  2. *Login* em sistemas sociais como Facebook Login e Open ID.
  3. Desenvolvimento do contexto social de forma que o conteúdo no *site* é servido dinamicamente (*on the fly*) a partir dos dados sociais do usuário.

---

9 http://www.newscientist.com/article/dn19441-innovation-tv-networks-to-become-social-networks.html. Acesso em: 20 jun. 2020.
10 Owyang, 2010.

- **Intranet**: as tecnologias sociais têm sido empregadas internamente como Bitrix, Basecamp e Yammer, sem o consentimento dos departamentos de TI. A oportunidade está em usar essas ferramentas para permitir que as equipes encontrem especialistas e informações independentemente da região ou tempo.
- **E-mail marketing:** as empresas de *e-mail* marketing estão começando a oferecer características de compartilhamento de forma que os destinatários são encorajados a compartilhar rapidamente as informações com seus pares, bem como permitir aos sistemas de SMM a gestão dessas informações.
- **Marketing de busca**: estamos vivenciando um afluxo de anúncios sociais que surgem conforme o gráfico social[11] se difunde nos resultados de busca. Cada vez mais conteúdos de páginas e recomendações das plataformas de redes sociais povoam os resultados de busca.
- **SEO (*Search Engine Optimization*)**: ferramentas de redes sociais, especialmente *blogs* e *ratings* e *reviews* em *sites* como Yelp e TripAdvisor, têm alta pontuação na busca orgânica em razão de muitos *links* de popularidade (*incoming links*) e conteúdo fresco, atualizado (vimos a integração em SMM e SEO no Capítulo 23).
- **Propaganda**: da mesma forma que no marketing de busca, a propaganda pode se tornar mais eficiente por meio da análise dos dados de perfis sociais (quem é essa pessoa) e seus gráficos sociais (em quem eles confiam) para oferecer conteúdo relevante. Conforme a Meta difunde suas plataformas por toda a *Web*, espera-se que a propaganda baseada em dados sociais se popularize.
- **Patrocínio**: o social ajuda de dois modos específicos:
  1. Novos influenciadores surgem criando maior inventário de nichos com engajamento mais profundo para patrocinadores.
  2. Todas as atividades de patrocínio tradicional podem usar o marketing social para mais engajamento.
- **E-commerce**: a principal integração com o social tem acontecido por meio de *ratings* e *reviews* dos consumidores, frequentemente possibilitada por fornecedores como Bazzarvoice e Trustvox.[12] No entanto, espera-se que novas formas de *e-commerce* evoluam conforme os gráficos sociais individuais sejam conectados com as ferramentas de *e-commerce* (discutiremos o comércio social mais adiante, neste capítulo).
- **Mobile marketing**: agora, como os consumidores indicam suas localizações e horários enquanto estão em trânsito, os profissionais de marketing podem alcançá-los usando uma variedade de informações contextuais, anúncios, aproveitando o que seus amigos tenham feito antes deles nos mesmos locais.

---

11 O gráfico social (em inglês, *social graph*) é um termo cunhado por Mark Zuckerberg, do Facebook, em 2007, que originariamente se refere à rede social de relacionamentos entre usuários do serviço de rede social fornecido pelo Facebook. A definição de gráfico social se expandiu a todos os usuários da Internet. Fonte e mais informações em: http://en.wikipedia.org/wiki/Social_graph. Acesso em: 20 jun. 2020.

12 http://www.bazaarvoice.com/ e https://site.trustvox.com.br/. Acesso em: 30 maio 2024.

- **Televisão e rádio**: os programas de rádio e televisão estão usando as tecnologias sociais para infundir um relacionamento de mão dupla com seus ouvintes/telespectadores por meio de canais sociais (como o X e o WhatsApp), bem como integrando as vozes da audiência e fortalecendo comunidades para construir conteúdos por meio delas. Talvez o mais importante seja o fato de que isso cria formas de inventários para esses meios, possibilitando que as marcas possam patrociná-los ou se envolver com eles.
- **Mídia impressa**: praticamente todas as publicações têm associado propriedades de redes sociais, de páginas de perfis no Facebook e no Instagram a *blogs* suplementares. Conforme a adoção de papel continua a diminuir, essas ferramentas sociais fornecerão um método de baixo custo para publicação e interação com suas audiências. Revistas têm lançado prósperas comunidades *on-line* e quase todos os jornais têm adotado as redes sociais em seu modelo de negócio.
- **Marketing regional**: como nas outras formas de mídia, não existe uma solução única que atenda a todas as necessidades. Cada tipo de audiência tem uma inclinação diferente para as tecnologias de redes sociais (*socialgraphics*). Abordagens adaptadas para o marketing local que utilize tecnologias sociais deverão surgir para atingir níveis regionais. O Google Meu Negócio e o TripAdvisor são os principais recursos de SMM para marketing local atualmente.

Comércio social – mídias sociais e *e-commerce*

Apesar de o termo *social commerce* (*s-commerce*, ou comércio social) ser relativamente novo, é um conceito bastante antigo. Na essência, comércio social é o uso das mídias sociais para alavancar o comércio. O comércio existe desde os tempos mais remotos e as redes sociais também. O ser humano é social por natureza, e os mercados, por sua vez, são conversas.

Empresas como Avon, Natura, Tupperware e Amway, por exemplo, praticam o comércio social há décadas, utilizando as redes sociais dos seus colaboradores como canal de comercialização. No entanto, se nas décadas passadas as redes sociais eram limitadas no tempo e espaço e era necessária uma logística física para articular as pessoas, os recentes avanços nas tecnologias digitais de informação e comunicação, tecnologias de banda larga de conexão e tecnologias móveis alavancaram o comércio social por meio das redes sociais digitais *on-line* e o *e-commerce*. Dessa forma, o uso da dimensão social no comércio tornou-se uma estratégia extremamente promissora no ambiente digital *on-line*.

Assim, no contexto digital, podemos definir o comércio social (*s-commerce*) como um subconjunto do comércio eletrônico (*e-commerce*) que emprega ferramentas colaborativas de mídias sociais para auxiliar na compra e venda *on-line*. Em outras palavras, se o *e-commerce* é a compra e venda *on-line*, o *s-commerce* é a compra e venda *on-line* com milhões de pessoas ajudando no processo.

Para compreender a natureza do *s-commerce*, é preciso entender as suas duas essências formadoras: o social e o comércio. Assim, vejamos:

1. **Social**: por mais óbvio que seja, muitas empresas ainda não entenderam que social é a interação de pessoa-pessoa, e não empresa-pessoa ou pessoa-empresa. Assim, para atuar no nível social, as empresas precisam motivar a interação "social" entre os consumidores para participar das experiências, contribuir com elas e criá-las. O "social" é a motivação-chave que guia a geração de conteúdo pelos usuários das redes sociais (UGC – *User Generated Content*). No cenário digital atual, pessoas estão se conectando cada vez mais a pessoas, e não a instituições, e cada vez mais pessoas adotam e se fidelizam a redes sociais *on-line*.
2. **Comércio**: a atividade de comércio tem a ver com compra e venda, com resultados, com ROI, e envolve extrair valor mensurável e otimizado de uma determinada estratégia. Comércio não é *branding*, *awareness*, mídia, *networking* ou computação. O objetivo do comércio é comprar e vender.

Dessa forma, o comércio social é a estratégia de conectar consumidores a outros consumidores e alavancar essas conexões com propósitos comerciais. O comércio social não está relacionado apenas a motivar as pessoas a falarem sobre sua marca nas mídias sociais, mas a incentivá-las a fazerem compras por meio do canal social, ou seja, o comércio social integra ambientes de venda (B2B ou B2C) a formatos de redes sociais.

Podemos citar como casos interessantes de comércio social:

- Amazon: com seus sistemas de *reviews* e recomendações.
- Chirpify: onde os usuários ganham descontos ao postarem conteúdo com as *hashtags* da marca.
- Beauty Works no TikTok Shop: a marca de beleza Beauty Works, baseada no Reino Unido, aproveitou o TikTok Shop para capitalizar sua grande base de seguidores. Integrando seu catálogo de produtos ao TikTok Shop e engajando em colaborações com influenciadores, a empresa conseguiu monetizar seu tráfego social de maneira eficaz. O uso estratégico de anúncios compráveis e parcerias com influenciadores resultou em um tráfego e vendas significativo por meio de dispositivos móveis.
- Casas Bahia e Kwai:[13] em parceria com a Casas Bahia, a plataforma Kwai lançou um serviço de compras ao vivo, em que os usuários podem comprar produtos diretamente durante as transmissões ao vivo. Esse formato de *social commerce* tem se mostrado eficaz, atraindo milhões de usuários ativos mensais e facilitando a interação direta entre consumidores e produtos em tempo real.
- Camisetaria em parceria com a Chico Rei, em que os clientes podem contribuir com *design* para as camisetas que são produzidas e compradas.
- O sistema de *e-commerce* da Zugara, o qual usa realidade aumentada que permite que o usuário tire fotos de si usando as roupas para enviar para amigos e obter sugestões sobre qual opção comprar.

---

13 https://www.ecommercebrasil.com.br/noticias/social-commerce-brasil-2022. Acesso em: 30 maio 2024.

- O NBuilding, no Japão,[14] que, por meio de QRCodes dinâmicos na fachada e uma aplicação de realidade aumentada, conecta as pessoas do interior com as do exterior da loja.
- Facily:[15] a Facily, uma plataforma de *social commerce* voltada para consumidores de baixa renda, teve um crescimento impressionante entre 2021 e 2022. A empresa registrou um aumento de 43 vezes no volume de vendas, processando mais de 400 mil pedidos por dia e facilitando mais de 7 milhões de entregas mensais. A plataforma se destaca por seu modelo de compra coletiva, em que os usuários se unem para obterem descontos.

As estratégias de comércio social podem envolver ações dentro e fora de um *site* de *e-commerce*. O intuito dessas estratégias é engajar o consumidor para que participe colaborando com a marca de forma a gerar vendas. Veja algumas ações *on-page* para alavancar o *s-commerce*:

- Programas de recomendação (ex.: Amazon – quando você compra algo, o *site* recomenda produtos relacionados que outros consumidores compraram).
- Sistema de *reviews*/avaliações/recomendações feitas pelos consumidores (ex.: Submarino, Americanas, Amazon, entre outras).
- Programa de indicação dentro do *site* de *e-commerce* que envolva o consumidor a colaborar – *links* com as redes sociais para compartilhar com seus amigos.

Veja algumas ações *off-page* (fora do *site* de *e-commerce*) que impulsionam o comércio social:

- SMM (*Social Media Marketing*) para gerar tráfego via mídias sociais: essas ações envolvem atuação nas redes sociais que o seu público-alvo frequenta. Existem diversas redes sociais com foco em compras e atuar nelas pode alavancar o comércio social para o seu *site*/marca/produto. Veja alguns exemplos dessas redes específicas:
  - Kaboodle: rede social de compras onde os usuários compartilham seus achados de produtos interessantes em praticamente qualquer área.
  - Collective Voice: rede social de compras com foco em produtos *fashion* com milhares de marcas famosas mundiais. O *site* permite que você crie seu próprio *stylebook* para compartilhar com os outros nas redes sociais e ganhar dinheiro com isso.
  - Woot: rede social que vende somente o que está em oferta na Amazon e a comunidade dá *feedback* sobre os itens.
  - Enjoei: *marketplace* brasileiro que permite às pessoas venderem seus produtos usados por meio de histórias. O *site* cria catálogos de produtos usados de pessoas famosas e influenciadores digitais.

---

14 Disponível em: http://creativity-online.com/work/n-building-qr-building/18395. Acesso em: 20 jun. 2020.
15 https://www.ecommercebrasil.com.br/noticias/social-commerce-brasil-2022. Acesso em: 30 maio 2024.

- No Brasil, existiram inúmeros clubes de compras coletivas que viraram moda em 2010 como Peixe Urbano, Grupon, entre outros.
- SEM (*Search Engine Marketing*): ações que visam gerar tráfego para o *site* de *e-commerce* via buscadores (Google, Yahoo, Bing etc.), atraindo consumidores para compra (abordamos as estratégias de SEM no Capítulo 23).

Na essência, as estratégias de comércio social requerem três ingredientes básicos:

1. pessoas – sem pessoas, não existe o "social";
2. *e-commerce* (ou lojas físicas) – sem uma plataforma para vendas, não é possível exercer a atividade comercial;
3. conteúdo que crie visibilidade, relevância e credibilidade para engajar – sem esse conteúdo, as pessoas não participarão para que o comércio social aconteça.

Considerando-se que as plataformas e a cultura digital que estruturam o *s-commerce* no Brasil começam a decolar e popularizar-se, a utilização estratégica do comércio social passa a ser uma opção cada vez mais interessante e acessível a todo tipo de empresa comercial, inclusive às pequenas e médias empresas.

Na China, o *social commerce* se tornou uma força dominante, transformando a maneira como os consumidores compram e interagem com marcas. A China, pioneira nesse modelo, oferece lições valiosas que podem ser aplicadas em outros mercados, incluindo o Brasil.

Com mais de 765 milhões de usuários participando de transmissões ao vivo até junho de 2023, plataformas como WeChat, Douyin (o equivalente chinês do TikTok) e Pinduoduo lideram essa transformação. Essas plataformas integraram funcionalidades diversas, como *e-commerce*, *live shopping*, vídeos curtos, compras coletivas e pagamentos *on-line*, criando um ecossistema robusto e interativo para os consumidores.

Os influenciadores digitais desempenham um papel crucial no sucesso do *social commerce* na China. Utilizando *livestreaming* e vídeos curtos, esses influenciadores criam conteúdos que promovem produtos, interagem com seus seguidores e estabelecem alto nível de confiança e engajamento. Essas ações não apenas impulsionam as vendas, mas também solidificam a importância dos influenciadores no ecossistema do comércio social.

A revolução do *social commerce* na China oferece um modelo a ser seguido e adaptado pelo mercado brasileiro. Com uma população jovem, conectada e ávida por novas experiências de compra, o Brasil tem o potencial de se tornar um líder em *social commerce* na América Latina. Ao adotarem as lições aprendidas na China, as empresas brasileiras podem não apenas aumentar suas vendas, mas também criar uma experiência de compra mais envolvente e personalizada para seus consumidores.

WOMM

As estratégias de marketing em mídias sociais se baseiam no relacionamento entre as pessoas. Uma das formas mais interessantes de utilizar essas redes é por meio do

WOMM (*Word of Mouth Marketing*), ou marketing boca a boca, que tem como técnica principal passar informações (por qualquer tipo de meio de comunicação humana – oral, face a face, telefone, *e-mail*, SMS etc.) de pessoa para pessoa.

Por sua natureza pessoal de comunicação entre os indivíduos, acredita-se que uma informação sobre marcas e produtos comunicada desse modo tenda a passar mais credibilidade. Podemos relacionar várias subcategorias de marketing boca a boca:

- **Buzz marketing**: utilização de eventos *high-profile* (que atraiam atenção e publicidade) ou alguma notícia para fazer com que as pessoas falem de uma marca.
- **Marketing viral**: criação de mensagens divertidas ou informativas feitas para serem passadas de forma exponencial, por e-mail ou eletronicamente.
- **Community marketing**: formação ou apoio de comunidades de nicho que possam ter interesse em compartilhar informações sobre a marca (como clubes de fãs, fórum de discussões), providenciando ferramentas, conteúdo e informação para apoiar tais comunidades.
- **Grassroots marketing**: organização e motivação de voluntários a participarem de projetos pessoais ou de alcance local.
- **Evangelist marketing**: cultivar evangelistas, voluntários que são incentivados a assumirem um papel de liderança ativa, espalhando mensagens interessantes sobre você.
- **Product seeding**: colocação do produto certo, nas mãos certas, na hora certa, fornecendo informações e amostras a pessoas influentes.
- **Influencer marketing**: identificação de comunidades-chave e formadores de opinião que têm a probabilidade de se interessar em falar sobre uma marca e a habilidade de influenciar outras pessoas.
- **Cause marketing**: apoio a causas sociais para ganhar respeito e apoio daqueles que se identificam com a causa.
- **Conversation creation**: criação de anúncios interessantes ou engraçados, *e-mails*, *jingles*, entretenimento ou promoções feitas para incentivar a atividade boca a boca.
- **Brand blogging**: criação de *blogs* e participação na blogosfera, no espírito de comunicação aberta e transparente, compartilhando conteúdo de valor que a comunidade de *bloggers* possa querer comentar.
- **Referral programs**: criação de ferramentas que permitam a clientes satisfeitos recomendarem-nas aos seus amigos.

Apesar de algumas categorias serem muito amplas e poderem ser consideradas como outras táticas de relacionamento, e não como boca a boca, como é o caso do *Brand Blogging*, não nos interessa aqui analisar ou discutir tais classificações. Para efeitos de estratégias em mídias sociais, a forma de WOMM que nos interessa analisar é o marketing viral, que é extremamente potencializado pelas características intrínsecas das redes sociais no ambiente *on-line*.

Os ambientes sociais digitais possuem alguns fatores altamente catalisadores da viralização:

- O tamanho das redes sociais é virtualmente ilimitado.
- A velocidade de propagação da informação é alta, tendendo à instantaneidade.
- Proliferação das formas para compartilhar informações facilmente.

No entanto, apesar de a plataforma social digital ser propícia à viralização, não existem receitas para criar uma mensagem que se torne viral de forma garantida. No entanto, analisando casos virais de sucesso, alguns estudos fornecem algumas indicações de como executar um processo de forma a ter maiores probabilidades de se tornar viral. Apresentaremos a seguir alguns desses estudos.

Os oito elementos das ideias contagiosas

Segundo Dan Zarrella, um dos mais respeitados estudiosos do marketing viral, existem algumas características comuns entre as ideais que se difundem através dos meios e dos séculos. Entre essas características, estão os oito elementos apresentados a seguir. A maioria dos casos que se tornaram virais possuía alguns (ou todos) deles.

Veja quais são esses elementos:

- **Semeadura**: o primeiro grupo de pessoas expostas à sua mensagem (meme, para se tornar viral) corresponde à semeadura. Essas pessoas formam a geração inicial da mensagem, e a influência e o tamanho desse grupo determinarão quantas pessoas verão seu conteúdo na segunda geração. Assim, a semeadura planejada em grupos influentes relacionados ao seu assunto tem maior chance de viralizar.
- **Novidade**: a probabilidade de as pessoas repassarem a seus amigos uma mensagem que contém novidades, algum fato que ninguém sabe ainda, é maior que a de repassarem mensagens comuns de fatos já conhecidos. Assim, a novidade aumenta a probabilidade da viralização.
- **Intuição**: o problema que a novidade pode trazer às vezes é o fato de que, se uma pessoa não compreende uma ideia, é pouco provável que repasse esse conteúdo a seus amigos. Assim, tornar a mensagem/conteúdo fácil de entender aumenta o seu potencial de viralização.
- **Relevância**: nossos sentidos capturam muito mais informações do que podemos processar, assim nossa mente possui sofisticados mecanismos de filtragem que deixam passar apenas o que é importante. Isso é chamado de atenção seletiva, ou relevância. As ideias que parecem personalizadas para nós conseguem maior atenção e, quando vemos algo que parece ter sido criado especialmente para um de nossos amigos, tendemos a enviar para ele. A Figura 24.2 apresenta os principais fatores motivadores para que uma pessoa compartilhe alguma informação/conteúdo com os amigos. A relevância aumenta a probabilidade da viralização e uma tática que pode ser usada para conseguir aumentar a relevância

de um conteúdo é a relevância combinada,[16] que associa fatores de relevância para fazer com que grandes grupos de pessoas acreditem que aquilo foi criado exclusivamente para eles.

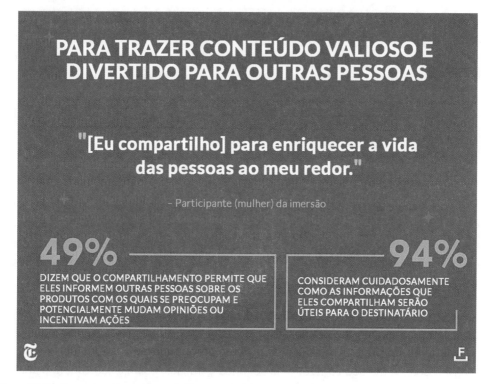

Figura 24.2 – Por que as pessoas compartilham conteúdos.
Fonte: Disponível em: https://foundationinc.co/lab/psychology-sharing-content-online/. Acesso em: 20 jun. 2020.

- **Utilidade**: a Teoria da Troca Social (*Social Exchange Theory*)[17] acredita que a maioria das interações humanas é uma troca de valor. Os provérbios são um exemplo dessa teoria em ação. Assim, quanto maior a utilidade que uma pessoa detecta em uma informação, maior a probabilidade de ela compartilhá-la com outros para acrescentar valor ao relacionamento com eles. Assim, conteúdos/mensagens úteis têm maior probabilidade de viralizar.
- **Cascatas sociais**: para descobrir o que é correto, as pessoas tendem a observar como os outros pensam sobre algo. Quanto mais pessoas agirem de uma mesma maneira, mais tendemos a acreditar que esse é o modo certo de agir. Assim, por exemplo, talvez você não divulgue uma informação que acabou de receber, mas se você começa a ver muitas pessoas enviando essa informação, passa a pensar que isso deve ser bom e deve compartilhá-la também. Os ambientes sociais *on-line*

---

16 Mais informações sobre relevância combinada em Zarrella (2010-2011).
17 Mais informações sobre *Social Exchange Theory* em: http://en.wikipedia.org/wiki/Social_exchange_theory. Acesso em: 30 maio 2024.

permitem que as opiniões e pensamentos das pessoas criem cascatas sociais, pois podem ser observados por muitas outras pessoas. Isso tende a aumentar a probabilidade de viralização.

- **Vácuo informacional**: rumores tendem a se difundir de forma mais contagiosa na ausência de informação sobre eles, ou seja, quando há um vácuo informacional. Isso pode ser usado a favor ou contra as marcas. Por exemplo, um rumor negativo sobre sua marca tende a se difundir enquanto você não faz nenhuma declaração que informe sobre o fato real. Por outro lado, um exemplo de uso do vácuo informacional a favor da marca são os lançamentos da Apple – os rumores sobre seus produtos são contagiosos porque a companhia notoriamente guarda segredo sobre eles.
- **Proselitismo**: pedir, explícita ou implicitamente, para alguém difundir alguma informação ou conteúdo é o que chamamos de proselitismo (por exemplo, pedir aos seus seguidores no Instagram que compartilhem a sua mensagem). A maioria dos profissionais de marketing sabe do poder que as *call to action* (chamadas para ação) possuem. Se você quer que uma pessoa compre algo ou preencha um formulário, precisa pedir isso (*call to action*). Isso também vale para um conteúdo: se você pedir para as pessoas difundirem o seu conteúdo, a probabilidade de ele viralizar será maior.

Viralização de vídeos

Os elementos apresentados anteriormente para aumentar o potencial de viralização de conteúdos valem também para vídeos. No entanto, vídeo é um tipo bastante específico de conteúdo em termos de viralização. Enquanto conteúdos orais e textuais possuem há muito tempo estruturas que favorecem a sua propagação (telefone, *e-mail*, cópias xcrográficas etc.), os vídeos só começaram a ser conteúdo passível de viralização em escala com o surgimento da banda larga (que passou a permitir sua publicação *on-line* por qualquer pessoa) e de sites de compartilhamento de vídeos, como o YouTube e o TikTok. Atualmente, os vídeos são os principais conteúdos virais. Dessa forma, é interessante tratar dos vídeos de forma separada.

Segundo Rebecca Corliss,[18] da HubSpot, veja as principais características que encorajam as pessoas a compartilharem o seu vídeo:

- **Paródia de algo familiar**: usando como base algo que todo mundo já conhece (como músicas, filmes, *shows* populares), as pessoas terão referências que facilitam a compreensão do vídeo.
- **Música**: elementos que estimulam outros sentidos tornam o vídeo mais engajador (cuidado para não usar músicas que possuem direitos autorais). Procure usar músicas rápidas que aumentem a animação do usuário.

---

18 Corliss, 2009.

- **Vídeo curto**: vídeos curtos são consumidos mais facilmente, portanto corte o tamanho para o mínimo possível, o essencial. Edite o vídeo para ter cenas curtas e manter o ritmo animado e a atenção.
- **Engraçado, mas não para você apenas**: antes de publicar um vídeo que você fez para ser engraçado, teste com algumas pessoas fora da sua empresa ou do seu ambiente usual. Muitas vezes, o que é engraçado nos ambientes internos não é entendido pelas pessoas fora dele.
- **Não se prender à qualidade**: um vídeo extraordinário não precisa ser gravado com uma câmera cara em alta definição ou ser editado por um profissional. O valor vem da criatividade das ideias e não da embalagem.
- **Ser maior que a vida**: as pessoas adoram ver situações especiais que nunca veriam no seu cotidiano. Situações arriscadas, ridículas ou excepcionais atraem o público e motivam as pessoas a compartilhá-las.
- **Capturar a atenção nos primeiros 5 segundos**: os primeiros cinco segundos determinam se a pessoa continuará ou não assistindo o seu vídeo. Ir direto ao ponto, evitando longas introduções, para capturar a atenção do público, é essencial.
- **Remover o máximo possível do "ranço" corporativo**: esta tarefa é difícil para empresas que criam vídeos como parte de suas estratégias de marketing, porque sempre desejam colocar os seus logos em todos os lugares e criar chamadas para a ação. No entanto, isso passa a sensação de um comercial, e não de um vídeo de conteúdo interessante, que motive as pessoas a compartilhá-lo. O ideal é encontrar um balanço sutil e criativo de forma que o conteúdo esteja relacionado com a sua marca/produto, mas sem ser um comercial explícito.

Um estudo interessante da Unruly[19] divulgado pela *Harvard Business Review* mostra que o principal fator de viralização de vídeos *on-line* é a busca da opinião dos outros sobre o assunto, seguida pelo compartilhamento de interesses em comum com amigos. Veja todas as razões e o peso de cada uma na Figura 24.3.

Um dos maiores casos de sucesso de estratégias em mídias sociais usando vídeos é a campanha da Old Spice de 2010, marca americana de sabonete líquido corporal para homens, que integrou ações de vídeo no YouTube com comerciais na televisão e respostas interativas para pessoas que comentavam a campanha. A campanha *The Man your Man Could Smell Like* ("O Homem como o seu Homem Deveria Cheirar") foi lançada *on-line* para o final de semana do SuperBowl e capturou 75% de todas as conversações na categoria. O sucesso foi tão grande que em julho foi lançada uma continuação da campanha na forma interativa de respostas, na qual foram gravados vídeos de respostas às pessoas que comentavam *on-line* sobre a campanha e os produtos. Os vídeos alavancaram a marca na *Web*. No primeiro dia da campanha de respostas, os vídeos receberam 5,9 milhões de visualizações no YouTube, mais do que recebeu o discurso da vitória do presidente Obama após 24 horas. No segundo dia após o lançamento, os vídeos já estavam entre os oito vídeos mais populares da *Web*, chegando a 20 milhões de visualizações no terceiro dia de campanha e 40 milhões em uma semana. A campanha foi integrada com X, Facebook, *website* e, 6

---

19 Disponível em: https://hbr.org/2015/09/why-some-videos-go-viral. Acesso em: 30 maio 2024.

meses após o lançamento inicial, gerou mais de 1,4 bilhão de impressões para a marca. Ao final da campanha, as vendas da Old Spice aumentaram em 107%, tornando-se a marca líder no mercado de sabonetes líquidos corporais para homens. O QRCode da Figura 24.4 dá acesso ao vídeo explicativo da campanha Old Spice nas mídias sociais.

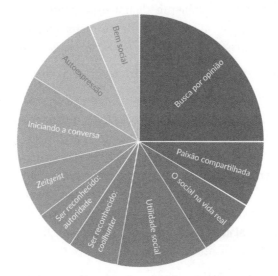

- **Busca por opinião** "Quero saber o que meus amigos pensam."
- **Paixão compartilhada** "Isso permite que eu me conecte com meus amigos com um interesse em comum."
- **O social na vida real:** "Isso me ajudará a socializar com meus amigos *on-line*."
- **Utilidade social:** "Isso pode ser útil para meus amigos."
- **Ser reconhecido:** *coolhunter*: "Quero ser o primeiro a contar para meus amigos."
- **Ser reconhecido: autoridade:** "Quero demonstrar meu conhecimento."
- ***Zeitgeist:*** "Trata-se de uma tendência ou evento atual."
- **Iniciando a conversa** "Quero começar uma conversa *on-line*."
- **Autoexpressão** "Isso diz algo sobre mim."
- **Bem social** "É para uma boa causa e quero ajudar."

Figura 24.3 – Imagem com as razões do porquê um vídeo viraliza segundo a *Harvard Business Review*.
Fonte: Disponível em: https://hbr.org/2015/09/why-some-videos-go-viral. Acesso em: 30 maio 2024.

Figura 24.4 – Imagem e QRCode de acesso ao vídeo do *case* de estratégias de sucesso em redes sociais para os sabonetes líquidos corporais para homens Old Spice.
Fonte: Disponível em: https://youtu.be/Kg0booW1uOQ. Acesso em: 30 maio 2024.

Mensuração, análise e ação em mídias sociais

Como em qualquer estratégia, a mensuração é essencial em qualquer ação de marketing em redes sociais. São as análises das mensurações que confirmam a eficiência das diversas estratégias ou balizam os ajustes que devem ser feitos para melhorá-las. Como visto anteriormente, o ambiente digital é propício para mensurar. No entanto, quando se trata de mídias sociais, a atividade de mensuração é complexa em razão da diversidade das plataformas e dos diversos tipos de mensurações possíveis.

Assim, para atuar em mídias sociais, são necessárias três etapas: mensuração, análise e ação.

A mensuração é a primeira etapa do processo de qualquer atuação em mídias socais. É por meio dela que se obtêm os dados relevantes para análise situacional. Enquanto a mensuração mostra "o que" está acontecendo, a análise situacional mostra "como". Por exemplo, pode-se mensurar que 100 pessoas estão falando da sua marca no TikTok, mas somente a análise desses dados permitirá saber se estão falando bem, mal ou de forma neutra sobre sua marca. Depois de feita a análise, a etapa seguinte é agir. Se sabemos que 100 pessoas estão falando "bem" da nossa marca, o que fazer para aproveitar isso? Se estão falando "mal", quais atitudes tomar?

O grau de dificuldade das atividades das etapas aumenta a cada passo. Enquanto a mensuração pode ser feita de forma mais mecânica e automatizada, organizada por pessoas que planejam, mas executada por mão de obra menos especializada, a atividade de análise requer profissionais qualificados para interpretar corretamente os dados. É o processo de análise que extrai a inteligência dos dados. No entanto, após analisar e diagnosticar a situação, atuar para solucionar problemas ou aproveitar oportunidades requer a ação de estrategistas e gestores altamente qualificados, pois essa etapa envolve riscos.

Vejamos a seguir as etapas metodológicas para a mensuração.

Mensuração – conceitos

No plano de marketing, após determinar os objetivos, é essencial estabelecer que indicadores serão mensurados para analisar os resultados para verificar se atenderam ou não aos objetivos propostos. Esses indicadores de resultados são chamados de KPI (*Key Performance Indicators*) e podem ser de três tipos: volume, engajamento e conversão.

Vejamos cada tipo de KPI com respectivos exemplos de indicadores no Capítulo 31. A seguir, você pode ver alguns dos principais indicadores:

- **Volume**: as métricas de volume estão relacionadas à mensuração de quantidades puras. Exemplos: número de seguidores, marcações, alcance, visualizações etc.
- **Engajamento**: as métricas de engajamento estão relacionadas às mensurações de ações que envolvam engajamento, influência e relevância. Exemplos: *likes*, comentários, compartilhamentos, sentimento, tempo gasto etc.

- **Conversão**: os KPIs de conversão são os que medem as ações de conversão do público-alvo em função dos objetivos estipulados. Exemplos: taxa de conversão em vendas, CTR (*click through*), taxa de geração de *leads* (cadastros de *prospects*) etc.

Cada tipo de objetivo no plano de marketing determinará os tipos de KPIs que devem ser mensurados. É importante, no entanto, escolher para mensurar pelo menos dois indicadores de cada tipo e ter consistência no rastreamento e mensuração desses KPIs. Sem esses cuidados, os dados obtidos têm valor limitado para análise.

Podemos medir dois tipos de ROIs (retornos de investimentos) nas mídias sociais: o retorno sobre o investimento e o retorno sobre a influência. O retorno sobre a influência é medido pela soma das mensurações quentes e frias sobre um assunto:

- **Mensurações frias (*cold measurements*)**: métricas tradicionais que medem alcance, frequência, engajamento, tempo gasto etc. São fáceis de medir, normalmente são mensuradas de forma automática por sistemas e contam com uma infinidade de programas para isso, como Google Analytics, Web Trends, entre outros.
- **Mensurações quentes (*warm measurements*)**: métricas que envolvem sentimentos e tamanho dos ecossistemas dos usuários. Normalmente, essas métricas não podem ser medidas de forma totalmente automática e é necessário usar vários sistemas combinados com análises humanas. São mais difíceis de serem medidas, podendo ser usados sistemas de *Social Listening* para auxiliar o processo.

Um dos grandes problemas de mensuração do que é falado nas mídias sociais é a privacidade dos dados: conteúdos que os buscadores, como o Google, indexam, por ex.: X (Twitter); conteúdos que não permitem o acesso dos buscadores para indexar (ex.: redes sociais fechadas, como Facebook, Instagram e grupos fechados). No entanto, é importante observar que os conteúdos não indexados de fóruns específicos trazem desafios e oportunidades específicas que podem ser diferenciais estratégicos para as empresas. Assim, monitorar tanto os conteúdos abertos quanto os fechados é essencial para traçar e ajustar estratégias sociais.

A escolha das ferramentas depende intrinsecamente do tipo de KPI que se deseja mensurar. Veja alguns exemplos de ferramentas de mensuração:

- **Ferramentas pagas de *social listening***: HiPlatform, Stilinguem, Vtracker, Buzz Monitor, Netbase, entre outras.
- **Ferramentas gratuitas de *social listening***:
  - **Mention**: ótima ferramenta gratuita para monitorar termos em *sites* abertos como X e *blogs*.
  - **Google Alerts**: ferramenta simples, gratuita e bastante eficiente que informa muito rapidamente sobre qualquer menção na Internet (conteúdos indexados) aos termos configurados.
- **Ferramentas pagas de *social media***: mLabs, Hootsuite, Sprout etc.
- **Ferramentas pagas de *social analytics***: mLabs DashGoo, Reportei etc.

- **Ferramentas de *web analytics***: além dos tradicionais sistemas Google Analytics e Adobe Analytics etc., outras soluções interessantes auxiliam a monitorar *sites* em tempo real, como o Supermetrics.

A todo momento, surgem novas ferramentas. Normalmente, as mensurações são feitas por uma combinação de várias ferramentas, pois cada uma tem um foco específico em alguns tipos de mensurações e KPIs. A escolha das ferramentas deve considerar tanto os tipos de indicadores que se precisa mensurar quanto a verba disponível para isso, já que existem ferramentas pagas, com diversos valores e planos de comercialização, e ferramentas gratuitas.

SIM e *Net Sentiment*

A RazorFish, uma das principais agências mundiais de campanhas digitais, publicou, em 2009, o estudo Fluent,[20] que analisa a utilização das redes sociais no marketing, definindo o termo SIM (*Social Influence Marketing*) como "*a utilização das mídias e influenciadores sociais para alcançar as necessidades de marketing e negócios de uma organização*".

Na análise, o estudo sugere três tipos principais de influenciadores para o consumidor:

- Influenciadores sociais (pessoas comuns que participam das plataformas sociais do comprador).
- Pares influenciadores (pessoas próximas ao comprador, como família e amigos, que influenciam suas compras).
- Influenciadores-chave (pessoas que influenciam uma grande quantidade de pessoas em relação às decisões de compra associadas à área do produto – essas pessoas normalmente têm milhares ou milhões de seguidores em alguma plataforma de mídia social e normalmente não conhecem sua audiência pessoalmente). Esses influenciadores geram conversações que são a base da mensuração do impacto social nas marcas e produtos.

Baseando-se na premissa de que cada expressão digital de uma marca (campanhas, *apps*, *site*, *landing pages*, presença nas mídias sociais) pode e deve ser sempre mensurada, mas considerando-se que o mundo social demanda uma nova medida que reconheça a natureza participativa de uma marca, o estudo *Fluent* propõe o *SIM Score*, que mede e combina dois atributos críticos para mensurar o impacto favorável da marca:

- **Alcance**: número total de conversações *on-line* de consumidores que compartilham a marca.
- **Sentimento**: grau em que os consumidores gostam ou não da marca quando conversam sobre ela *on-line*.

Além do *SIM Score*, esses dados também são usados para calcular os índices *Net Sentiment* da marca e da indústria a que essa marca pertence. Por exemplo, para calcular esses índices para uma marca de carro, precisamos medir as conversações sociais que se

---

20 RazorFish, 2009.

referem à marca do carro e as conversações que se referem à indústria automobilística, para depois as relacionar.

Enquanto o *Net Sentiment* mensura o sentimento favorável sobre uma marca ou indústria na rede, o *SIM Score* mede a influência social de uma marca dentro da indústria a que pertence.

O *Net Sentiment* é calculado pela seguinte fórmula:

$$Net\ Sentiment = (CPos + CNeu - CNeg)/CTot$$

Onde:

- **CPos** – quantidade de conversações positivas
- **CNeu** – quantidade de conversações neutras
- **CNeg** – quantidade de conversações negativas
- **CTot** – quantidade total de conversações

Quando medimos o *Net Sentiment* de uma marca, as conversações que devem ser consideradas são os referentes à marca, e quando medimos o *Net Sentiment* sobre uma indústria, as conversações a serem consideradas são dessa indústria específica.

Assim, como no exemplo citado no estudo *Fluent*, para o caso da GM (General Motors), o *Net Sentiment* da marca e da indústria são apresentados a seguir.

- Conversações sobre a marca

Positivas	22.355 (CPos)
Neutras	80.764 (CNeu)
Negativas	19.127 (CNeg)
Total	122.246 (CTot)

Net Sentiment da marca GM = 22.355 + 80.764 – 19.127/122.246 = 0,68

- Conversações sobre a indústria

Positivas	399.431 (CPos)
Neutras	1.465.720 (CNeu)
Negativas	241.372 (CNeg)
Total	2.106.523 (CTot)

Net Sentiment da indústria = 399.431 + 1.465.720 – 241.372/2.106.523 = 0,77

Assim, o índice de *Net Sentiment* pode variar de 0 a 1 (ou de 0 a 100%), indicando a participação favorável de uma marca ou de uma indústria na rede. Podemos, então, dizer, baseando-nos no caso da GM, que a marca GM tem 68% de participação favorável na rede e a indústria automobilística tem uma participação favorável de 77%.

O *SIM Score*, por sua vez, é calculado com base nas conversações sobre a marca e a indústria à qual pertence, de forma a medir a influência social dessa marca nessa indústria. O cálculo se faz da seguinte maneira:

$$SIM\ Score = (CPos + CNeu - CNeg)\ da\ marca/$$
$$(CPos + CNeu - CNeg)\ da\ indústria$$

Considerando novamente o exemplo da GM, o seu *SIM Score* é (22.355 + 80.764 − 19.127)/(399.431 + 1.465.720 − 241.372), resultando em 0,051 ou 5%.

Sentimentos são intangíveis e complexos para mensurar, e a utilização dos índices *Net Sentiment* e *SIM Score* é bastante interessante para tornar tangíveis os sentimentos, analisar a participação favorável em relação a uma marca ou indústria e permitir a análise numérica disso.

Considerações sobre mensuração, análise e ação

Para atuar nas mídias sociais, é necessário formar equipes habilitadas tanto para mensurar e analisar o ambiente quanto para agir, traçar estratégias. Quanto melhor for a qualidade dos profissionais da equipe, melhor será o resultado das ações sociais. Isso deve ser considerado no momento de calcular custos das estratégias em mídias sociais.

Em 2006, Avinash Kaushik desenvolveu a regra dos 90/10[21] para obter êxito nos processos de *web analytics*, ou seja, verificou que para obter o valor das análises dos dados de *web analytics*, eram necessárias equipes, pessoas, que soubessem extrair inteligência do processo de análise. Assim, considerando o custo total de um processo de sucesso em *web analytics*, o custo de sistemas é apenas 10% do total e o custo com pessoas de qualidade é de 90%. A mesma regra pode ser aplicada em mensurações e análises de mídias sociais. A ferramenta importa menos do que quem a usa. A maestria no uso determina o resultado do processo. A mensuração não tem o menor sentido em si mesma, mas só adquire valor quando interpretada para tomada de decisões, os dados brutos de nada valem. É preciso pessoas habilitadas para operar as ferramentas e extrair inteligência e decorrente valor delas.

Outras considerações importantes sobre mensuração em mídias sociais:

- Quem está mensurando sua marca/produto? Se você não está, alguém provavelmente está – seus concorrentes, clientes etc. O primeiro passo para qualquer estratégia em mídias sociais é mensurar, ouvir, entender o ambiente.
- As marcas grandes e com reconhecimento nacional ou mundial não têm mais escolha entre estar ou não nas mídias sociais. Elas já estão, porque o público fala sobre elas nas mídias sociais. Só resta como opção a forma de atuar nas mídias sociais. Marcas pequenas ou muito específicas podem ainda não estar nas mídias sociais, mas cada vez mais, mesmo os produtos e marcas de nicho, passarão a fazer parte das mídias sociais por meio das pessoas que as mencionam. Assim, a melhor maneira de se proteger das mídias sociais é estar presente nelas mensurando o que acontece, para poder decidir como atuar ou, até mesmo, se é necessário atuar e quando.

---

21 Kauhik, 2006.

- É preciso ter muito cuidado com as análises estatísticas, visto que podem trabalhar tanto para o bem como para o mal. O livro *How to Lie with Statistics*[22] demonstra como é possível manipular estatísticas. Já o livro *Freakonomics*[23] mostra de forma muito interessante como análises superficiais podem estar totalmente erradas, e fazendo-se a leitura e interpretação apropriada dos dados, estes podem explicar corretamente diversos fenômenos que aparentemente são contra o senso comum. Outro estudo importante mostra que, nos ambientes sociais *on-line*, pequenos grupos podem causar grandes impactos e, muitas vezes, de forma não representativa da real situação. Um estudo[24] conduzido pelo professor Vassilis Kostakos, da Carnegie Mellon University, mostra que um grupo pequeno de usuários em *sites* de redes sociais e de *e-commerce* é responsável por uma grande quantidade de *reviews*. Assim, grupos pequenos, mas poderosos, podem facilmente distorcer o que uma multidão realmente pensa, fazendo avaliações *on-line* parecerem extremamente positivas ou negativas sem real representatividade do público.

Gestão de crises

Mídias sociais e reputação não são assuntos novos, assim como crises e sua gestão também não. Podemos chamar de crise qualquer acontecimento no ambiente de marketing que traga um impacto negativo sobre uma marca ou produto. Como o macroambiente de marketing se modifica com o passar do tempo, também o que é considerado se transforma. Um exemplo disso são os valores culturais. Antigamente, a preocupação das pessoas com o impacto que os produtos que compravam causavam no meio ambiente era muito menor que a de hoje. Atualmente, gestões ambientais desastrosas podem ocasionar crises às marcas, mas nem sempre foi assim.

Apesar de crises sempre existirem, ambientes sociais *on-line* são altamente favoráveis à propagação de informações, impactando grandes redes em velocidade altíssima. Esses fatores fazem com que uma crise hoje se difunda de forma muito rápida e prejudicial se for originada ou avalizada por grupos influentes nas redes sociais. Até pouco tempo, antes das redes sociais *on-line*, costumava-se dizer que uma pessoa satisfeita com o seu produto comentaria isso com mais uma ou duas pessoas, e uma pessoa insatisfeita comentaria com mais dez pessoas. Hoje, uma pessoa pode comentar sobre o seu produto/marca com milhares de pessoas.

Essa facilidade que os ambientes sociais possibilitam para expressar opiniões e comentários sobre fatos pode ser usada de modo positivo, como vimos anteriormente no caso de marketing viral, mas também anuncia a grande probabilidade de que crises aconteçam. Mesmo que a sua empresa, seus produtos e sua marca fizessem tudo completamente correto, ainda assim você estaria sujeito a crises, pois sempre há a possibilidade

---

22 Darrell e Geis, 1993.
23 Levitt e Dubner, 2005.
24 Perez, 2009.

de que alguém não goste ou interprete mal algum dos seus produtos ou ações, e inicie comentários negativos sobre sua marca. Concorrentes mal-intencionados também geram crises. Em um artigo, Dave Fleet relata os sete motivos que fazem com que sua empresa deva estar preparada para crises:[25]

- Em algum momento, a sua empresa fará algo que irritará certas pessoas.
- Não importa se você está usando redes sociais *on-line* ou não.
- Você não consegue se planejar defensivamente quando a crise já está acontecendo.
- Nunca foi tão fácil para as pessoas se organizarem.
- O slacktivismo existe e é bastante ativo nos ambientes *on-line*: slacktivismo é quando as pessoas aderem a uma causa falsa (ou inverídica) e espalham tal informação apenas para se sentirem bem. Isso é típico dos casos em que as pessoas repassam informações sobre doação de órgãos, fraudes em produtos etc., sem terem certeza de sua veracidade, como acontece em *e-mails* que circulam com boatos desses tipos há anos. Um documentário de 2024 que ilustra isso com maestria é o chamado *A Rede Antisocial: dos memes ao caos*. Acesse o QRCode na Figura 24.5 para ver uma matéria sobre o documentário.
- Controle é um mito: nas redes sociais, é impossível controlar o que acontece. Pode-se e deve-se planejar para atuar da forma estratégica mais favorável à sua marca/produto. No entanto, o ambiente no qual seu plano é lançado está fora do seu controle.
- Os erros pioram as crises.

Figura 24.5 – Imagem e QRCode da matéria sobreo documentário *A Rede Antisocial: dos memes ao caos*.
Fonte: Disponível em: https://canaltech.com.br/cinema/critica-a-rede-antissocial-netflix-284841/. Acesso em: 30 maio 2024.

Dessa forma, estar preparado para uma crise é uma das principais atitudes preventivas que uma empresa/marca/produto deve ter.

---

25 Fleet, 2010.

Existem dois tipos de crises: informacional e de eventos. As estratégias de ação em crises informacionais são diferentes das em crises de eventos, portanto deve-se avaliar adequadamente a crise antes de qualquer ação.

Crise informacional é aquela gerada por opiniões e percepções, tanto internas quanto externas à empresa. Um exemplo de crise informacional seria alguma pessoa influente no seu ambiente de marketing emitir uma opinião negativa sobre sua marca/produto. Nesse caso, o problema não é o produto em si, mas as informações geradas sobre ele, ou seja, crises de informação estão relacionadas à geração e à proliferação de informações negativas sobre o seu produto/marca. O resultado desejado quando se atua nesse tipo de crise é limitar a quantidade de informações espalhadas para contê-las.

Crise de eventos é aquela em que fatos – eventos internos ou externos à empresa– causam uma crise. Um exemplo disso seria um acidente de avião que afeta negativamente a imagem e a credibilidade na companhia aérea. Nesse tipo de caso, o problema é o fato e não as informações sobre o fato. O resultado que se deseja para solucionar a crise é o perdão do público para restaurar a confiança e a imagem da empresa.

Normalmente, quando uma crise é detectada, quem atua na sua solução são pessoas habilitadas para tal – profissionais de relações públicas, gestores estratégicos, alta direção da empresa. Isso não é nenhuma novidade, pois era assim que se agia antes de haver as redes sociais *on-line*. No entanto, a importância da gestão de crises hoje se torna maior por dois fatores importantes decorrentes do ambiente digital:

1. A velocidade com que as informações se espalham é muito rápida. Isso requer uma habilidade de responder rapidamente também às situações de crise, mesmo que seja para informar que a resposta oficial será fornecida em 24 horas. É importante evitar o vácuo de informações que gere e viralize rumores negativos e intensifique a crise. Só se pode impedir isso se a empresa/marca envolvida prover informações em tempo hábil.
2. A ubiquidade computacional *on-line* aumenta a probabilidade de mais crises de informação ocorrerem. Antigamente, para um consumidor emitir opiniões negativas, era necessário preencher formulários que eram lidos apenas pelos gestores da empresa, ou, em casos extremos, ele procurava a imprensa para tentar conseguir tornar sua opinião pública, requerendo grande esforço para se expressar, hoje as pessoas emitem opiniões com muita facilidade por meio das mídias sociais e iniciam a propagação de informações virtualmente de qualquer lugar em qualquer tempo.

No entanto, o ambiente digital pode ser também usado para solucionar crises. Assim, apresentamos a seguir uma relação de características das redes sociais que podem afetar negativa ou positivamente as crises, com algumas sugestões de ações.[26]

---

26 McLintic, 2010.

Características das redes sociais digitais que podem fomentar crises:

- **Frequência**: as pessoas estão cada vez mais acostumadas a receber informações rapidamente. Nesse sentido, intervalos grandes sem informação podem causar vácuo informacional e gerar boatos. Para minimizar esse tipo de problema, estabeleça expectativas.
- **Velocidade**: a informação se difunde de forma muito rápida, tanto para o bem quanto para o mal. Para se prevenir e estar sempre ciente do que acontece no ambiente digital, a solução é o monitoramento constante.
- **Alcance**: eventos e problemas locais se difundem globalmente. Crises locais podem alcançar o mundo em minutos. Notícias sobre terremotos e acidentes aéreos têm sido noticiadas em minutos nas mídias sociais. O caso de propagação do "Cala Boca, Galvão",[27] na Copa do Mundo de 2010, via X (Twitter), gerando conteúdo para o jornal americano *The New York Times*, foi um exemplo histórico disso. Nesse caso, a forma de se prevenir é monitorando também.
- **Visibilidade**: poucas pessoas tornam os problemas visíveis para muitas pessoas. A melhor maneira de lidar com isso é ser transparente, agir de forma consistente e ética.
- **Permanência**: a Internet não tem botão de "delete". Uma vez que algo foi publicado, permanece tanto nas redes sociais como nos *blogs*, buscadores etc. Não temos controle sobre as publicações das outras pessoas. Não podemos tirar do ar algo de que não gostamos ou que nos incomode (exceto por meio de ações judiciais que determinam a remoção de conteúdos, mas, ainda assim, se o conteúdo estiver espalhado por muitos *sites* e por contas, será difícil fazer cumprir tal ação). Para combater esse tipo de ameaça, utiliza-se o marketing de busca (SEM e SEO) para popular os resultados de busca com informações favoráveis (verdadeiras e éticas) sobre sua marca, na tentativa de combater o resultado negativo que se apresenta.

Características das redes sociais digitais que podem auxiliar no combate a crises:

- **Mensuração:** o ambiente digital favorece a mensuração, o que se traduz em uma excelente oportunidade para avaliação e melhoria de produtos e serviços, além de possibilitar conhecer em tempo real as necessidades do público-alvo.
- **Diálogo**: as redes sociais digitais aproximam públicos e marcas. Nunca antes na história houve uma proximidade tão grande entre empresas e seus públicos e a possibilidade de se conversar com influenciadores. Esse processo contínuo de interação com o cliente traz inúmeros benefícios à gestão de marca e à blindagem e à contenção de crises. Pode-se, por exemplo, durante uma crise, localizar os influenciadores *on-line* para dialogar e negociar, quando necessário.
- **Duração**: se, por um lado, há a permanência de tudo o que é publicado, por outro, em razão da avalanche de informações que circulam, a duração da atenção sobre os assuntos normalmente é curta e muda logo de foco.

---

27 Maciel, 2010.

Recomendações adicionais

Para conhecer conteúdo adicional e atualizado referente a este capítulo, acesse o QRCode a seguir:

www.martha.com.br/livro-MED/saibamais24.html

CAPÍTULO 25

A ascensão das plataformas sociais deu origem a uma nova forma de mídia: as plataformas digitais pessoais. Pessoas comuns empoderadas pelas tecnologias digitais passaram ter sua influência social alavancada a graus que muitas vezes ultrapassam o alcance e o engajamento das mídias oficiais e das marcas. Nesse contexto, a criação de estratégias de marketing para a utilização dessa forma de mídia de influência, compondo e complementando as outras formas de mídia, torna-se cada vez mais eficiente, especialmente em ações para nichos. Até agora, vimos o marketing de conteúdo e o marketing de mídia social. Essas estratégias são componentes diferentes da mesma estratégia dentro do marketing de influência. O marketing de conteúdo é sobre como criar conteúdo relevante e distribuí-lo a clientes atuais e potenciais. O marketing de mídia social (SMM) concentra-se na distribuição desse conteúdo de forma exponencial. Os influenciadores digitais dentro do marketing de influência desempenham um papel importante não apenas como criadores de conteúdo autêntico para a marca, mas também como veículos para a descoberta de conteúdo, e, portanto, da empresa parceira. A articulação dessas estratégias é discutida neste capítulo.

O que é o marketing de influência?

O marketing de influência em ambiente digital é um tipo de mídia social que usa recomendações de produtos ou serviços e menções a marcas como parte do contexto do conteúdo. Usuários de canais de mídias sociais que têm um certo volume de seguidores engajados e são vistos como especialistas em seu nicho podem ser considerados influenciadores digitais. O marketing de influência geralmente funciona por causa da alta confiança que os influenciadores construíram com seus seguidores, e as recomendações deles servem como uma forma de prova social para os clientes em potencial da sua marca. Segundo uma pesquisa[1] do Instituto Qualibest, desde 2020 os influenciadores digitais já são a segunda maior fonte de informações para tomada de decisão na

---

1   Disponível em: https://www.institutoqualibest.com/comportamento/os-maiores-influenciadores-digitais/. Acesso em: 20 jun. 2020.

compra de um produto, perdendo apenas para amigos e parentes. De fato, 75%[2] já compraram algo por meio de indicação de influenciadores digitais.

O valor do marketing de influência

Embora o marketing de influência seja conhecido e mais visto acontecer em canais como o YouTube e o Instagram, o TikTok tem se tornado um grande *player* nesse mercado que não mostra sinais de desaceleração, tendo evoluído para uma estratégia de marketing básica praticada por todos os profissionais de marketing. O papel dos influenciadores digitais continuará claramente a ajudar as marcas a se conectarem com seus consumidores de maneiras altamente relevantes. Em termos de conteúdo, o engajamento com o conteúdo de influenciadores supera o conteúdo feito pela sua própria marca. Já em termos de resultado sobre investimento (ROI), 93% dos profissionais de marketing concordam que trabalhar com *influencers* traz um resultado que nenhum outro tipo de comunicação digital pode trazer.[3]

O retorno do marketing de influência tem diversos ângulos. Muitos profissionais de marketing medem somente o engajamento em torno do conteúdo feito pelos influenciadores digitais em parceria com as suas marcas. No entanto, no fim do dia temos que vender, mesmo que seja a longo prazo. Portanto, é importante definir formas de mensuração de vendas provenientes das ações no marketing de influência. Muitas marcas usam cupons de desconto personalizados para cada influenciador, outras usam relatórios da empresa para enxergar picos de vendas e tentar atribuir algo às ações com influenciadores. Neste último caso, é mais recomendado usar pesquisas de reconhecimento de marca (*brand lift*) para ter algo mais tangível. Assim como no marketing de conteúdo, em que cada etapa da jornada do cliente tem um objetivo e uma linha editorial, no marketing de influência isso também deve ser levado

---

2 Disponível em: https://materiais.opinionbox.com/relatorio-influenciadores?utm_source=opinion_box&utm_medium=comarketing_opinionbox&utm_campaign=relatorio-influenciadores&utm_id=relatorio-influenciadores. Acesso em: 30 maio 2024.
3 YOUPIX e Nielsen, 2024.

em consideração. A forma mais fácil de entender isso é dividindo os níveis e tipos de influenciadores digitais de acordo com a jornada do cliente. Veja na Figura 25.1.

Figura 25.1 – Níveis e tipos de influenciadores digitais de acordo com a jornada do cliente.

Pelo ângulo dos consumidores, eles confiam nos influenciadores como uma fonte para obter novas informações e recomendações de produtos ou serviços. De fato, três em cada quatro internautas brasileiros seguem influenciadores nas mídias sociais[4] e costumam pesquisar a opinião deles antes de comprar produtos e serviços. Como uma das ferramentas de marketing mais eficazes atualmente, os influenciadores digitais não vão desaparecer tão cedo. As marcas precisam estar dispostas a testar e aprender a encontrar as estratégias que funcionam melhor para elas.

A ascensão dos micro e nanoinfluenciadores

No mercado de marketing de influência, geralmente quem possui menos seguidores tem uma taxa de engajamento maior (Figura 25.2). É fato que, quanto mais perto você está dos seus seguidores, dando atenção, maior será a taxa de engajamento, isso

---

[4] Influency.me e Opinion Box 2023.

é praticamente impossível para os macroinfluenciadores, fazendo com que a taxa de engajamento deles seja menor. No entanto, o alcance absoluto dos macroinfluenciadores é maior. Por isso, na Figura 25.1 (pirâmide de influência), os micro e os nanoinfluenciadores estão posicionados nas etapas finais da jornada do cliente, pois são melhores para engajamento. O uso de um nível ou outro deve levar em consideração as etapas da jornada e objetivos de marketing.

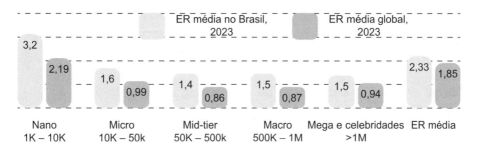

Figura 25.2 – Gráfico representativo de quem tem mais ou menos engajamento de acordo com o número de seguidores.
Fonte: pesquisa *Estado do Marketing de Influenciadores 2024 Brasil* – Hypeauditor.

A tendência é que celebridades e macroinfluenciadores se tornem menos utilizados pelas marcas devido ao aumento dos custos e à diminuição das taxas de engajamento, já que engajamento é um indicador de relevância para os algoritmos das mídias sociais e para os profissionais de marketing. Geralmente, os macroinfluenciadores não possuem um nicho claro de mercado, e acabam virando famosos e grandes em função do seu apelo popular. Eles são bons para gerar *awareness* (consciência) para uma marca. Em contrapartida, um microinfluenciador tem um poder maior de influenciar as decisões de compra do público-alvo da marca. Mas isso só acontece com mais ênfase quando um influenciador é relevante para um nicho. Na Figura 25.1 (pirâmide de influência), há uma posição para os influenciadores especialistas, que podem ser, por sua vez, microinfluenciadores que possuem uma autoridade reconhecida pelo nicho em que atuam. Diferentemente dos microinfluenciadores comuns, que são reconhecidos também como consumidores, os influenciadores especialistas são profundos conhecedores do nicho e geralmente trabalham com os assuntos do mercado em que a marca parceira atua. Eles são bons para transferir autoridade para a marca, enquanto os outros tipos de influenciadores transmitem credibilidade.

Os microinfluenciadores ocupam um ponto específico na estratégia em ambiente digital, pois eles são mais acessíveis do que as celebridades e os macroinfluenciadores, têm um público muito mais engajado e são capazes de criar relacionamentos mais significativos com seus seguidores. São considerados os parceiros de maior valor com sua capacidade de explorar microcomunidades muito mais bem definidas.

Os nanoinfluenciadores são o menor nível de influenciadores digitais de todos, mas suas vantagens são muitas: são acessíveis, geram alto engajamento e se empenham mais em qualquer parceria com uma marca. Em termos estratégicos, é recomendado que você encare seus melhores clientes como nanoinfluenciadores. A ideia não é atingir a base de seguidores deles, que é muito pequena, mas sim usar a sua mão de obra para expressar de forma original e autêntica a relação deles com a sua marca. Em vez de usar um banco de imagens paga, que a quilômetros de distância um potencial cliente enxerga que é falso, ou ficar limitado a um banco de imagens próprio, você pode identificar grupos de clientes por *persona* e contratá-los para criar fotos e vídeos usando seu produto ou serviço no contexto das suas vidas. Isso irá gerar um banco de imagens altamente relevante para você usar nos perfis de mídias sociais oficiais da marca, assim como influenciar nanocomunidades com alto probabilidade de compra.

Como criar uma estratégia de marketing de influência

Como qualquer estratégia de marketing, adotar o marketing de influência requer estudo e planejamento. Em termos estratégicos, você não terá sucesso apenas enviando produtos e dando serviços a todos os influenciadores digitais existentes, na esperança de que eles publiquem algo em suas mídias sociais. Portanto, veja os quatro principais passos para você montar um plano e se beneficiar do marketing de influência.

Como encontrar e pagar influenciadores digitais

Entender os níveis de influenciadores cruzados com as etapas da jornada do cliente é fundamental para você ter em mente o que faz sentido pesquisar. Depois, escolha o canal social que você deseja focar, lembrando que cada canal pode ter menos ou mais aderência com o seu público-alvo, além de poder ter um desempenho diferente de acordo com a jornada do cliente. O YouTube, por exemplo, por ser o segundo maior buscador da Internet, é muito bom para a etapa de interesse, o LinkedIn pode ser mais relevante para a etapa de consideração usando influenciadores especialistas, já o TikTok e o Instagram são melhores para a etapa de consciência. Você sempre pode começar em uma plataforma de mídia social e expandir para outras no futuro. Idealmente, sua marca já deve estar presente nos canais escolhidos. Os dados demográficos variam em cada canal e é importante você fazer um estudo no perfil dos usuários de cada um.

O setor em que você atua também é importante quando você planeja implementar uma estratégia de marketing de influência. As marcas de beleza e moda têm mais facilidade de obter resultados no Instagram e no YouTube. Já a indústria de videogames domina o Twitch, por exemplo. Veja na Figura 25.3 as categorias de produtos mais compradas por influência.

Durante sua fase de pesquisa, além do tipo de influenciador de seu interesse, é importante decidir o orçamento disponível, pois é preferível você focar naquilo é mais prioritário dentro da jornada do seu cliente. Invariavelmente, negócios maiores e globais dispõem de maior verba e negócios locais menores dispõem de menos verba. Um negócio global provavelmente vai conseguir compor sua estratégia de marketing de influência com todos os níveis de influenciadores, sendo que faz sentido ter menos macroinfluenciadores e mais microinfluenciadores, algo como um macroinfluenciador para cada 100 microinfluenciadores. Já no caso de um negócio local, um macroinfluenciador pode ser um influenciador regional com dimensões de alcance proporcionais à região. Nesse caso, as faixas de seguidores de todos os níveis de influenciadores digitais são menores e proporcionais à população do público-alvo na região. Geralmente, uma estratégia focada em microinfluenciadores com o objetivo de aumentar vendas diretas requer um volume maior de influenciadores para ter resultados. Onde você decidir se concentrar determinará seu orçamento.

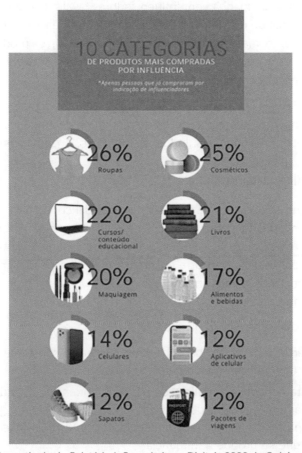

Figura 25.3 – Infográfico retirado do Relatório Influenciadores Digitais 2023 da Opinion Box e Influency.me.

A remuneração dos influenciadores também varia muito, portanto, pesquise a média de preço dentro do seu segmento. Muitos influenciadores são agenciados e dispõem de mídia *kit* – apresentação contendo dados de alcance, engajamento, ações já realizadas para outras marcas e preço para ações padrões como um *post* patrocinado – e o contato fica disponível no texto da biografia em suas redes sociais. Os microinfluenciadores tendem a se concentrar em alguns tópicos de nicho, devem ser remunerados, mas podem aceitar permuta, apesar de isso não ser uma ação que contribua para o amadurecimento do mercado. Alguns microinfluenciadores trabalham independentemente e a negociação é direta. É recomendado que você conheça pessoalmente os influenciadores digitais, apresente o negócio, valores da marca, os façam conhecer e consumir sua solução. Eles precisam se identificar com a marca e ter experiência própria para falar com veracidade sobre ela em suas redes sociais.

Uma forma de você compor a remuneração do influenciador digital é pensar no custo de produção do conteúdo comparado com uma agência ou produtora de vídeo, por exemplo, além do custo de mídia para alcançar pelo menos 3% dos seguidores se o canal for o Facebook ou 20% dos seguidores se o canal for o Instagram. Ao pensar no ROI esperado de uma campanha com influenciadores, avalie que o influenciador digital é uma produtora, canal de distribuição e mídia ganha, tudo em um. Não avalie apenas o alcance ou engajamento, mas também o valor da autenticidade da produção do conteúdo. Inicialmente, pode parecer que o valor dos influenciadores é imprevisível, mas esse tipo de abordagem fornecerá um ponto familiar de comparação.

No Brasil, há empresas especializadas em influenciadores digitais que podem ajudá-lo nessa missão de encontrar e orçar as ações de marketing de influência. São exemplos de empresas Squid, Spark, Airfluencers, Influency.me, Post2B, Cely e BrandLovrs.

Como escolher influenciadores digitais

O marketing de influência pode produzir resultados incríveis para marcas que o usam bem. Isso passa fundamentalmente por escolher bons influenciadores. Até agora, usamos como base somente o número de seguidores dos influenciadores digitais para simplificar a didática, mas agora iremos avançar e enxergar todos os aspectos importantes para se escolher um influenciador. Vamos chamar isso de DNA do bom influenciador digital. Esse DNA é dividido entre características qualitativas e quantitativas.

Vamos começar pelos pilares qualitativos:

- **Tempo certo**: tem a habilidade de criar conteúdo constantemente, nutrindo a audiência com informações quando as pessoas precisam.
- **Representatividade**: é sinônimo de um real influenciador, aquele que consegue representar uma comunidade e ter relevância dentro de um segmento. O influenciador não precisa ter milhões de seguidores, mas precisa ser relevante dentro do nicho que se propõe a influenciar.
- **Especificidades**: compreende cada canal de mídia social e consegue se adequar garantindo que a mensagem seja mais bem recebida. Diz respeito ao potencial que um influenciador tem de espalhar a sua mensagem de forma nativa.
- **Transformador**: consegue transformar a audiência em uma comunidade que contribui para que sua influência continue, passando a mensagem do influenciador adiante em seu segmento. O que o influenciador diz é comentado, discutido e compartilhado?

Depois da análise qualitativa, vamos entender como diferenciar um bom influenciador pela análise quantitativa:

- **AEP (*Average Engagement per Post*)**: é a média de ações de engajamento nos últimos 12 *posts*. Isso evita analisar um influenciador somente por um pico ou uma baixa de engajamento.
- **ER (*Engagement Rate %*)**: há duas formas de obter a taxa de engajamento média dos 12 últimos *posts*, sendo a primeira baseada em dados públicos e a outra baseada em dados privados que somente o influenciador digital tem, pois é administrador da conta. Em ambos os casos, você deve aplicar a fórmula padrão para achar uma porcentagem.
    - Forma pública
        - ER = Engajamento total do número de *posts* / Número de *posts* / Número de seguidores × 100.
        - Engajamento é o número total de ações de interação visíveis em canal de mídia social. No caso do Instagram, por exemplo, são os comentários + *likes*.
        - Número de *posts*: geralmente, o mercado avalia os últimos 12 *posts*, para não sofrer interferência de períodos em que o influenciador tinha menos seguidores ou mudanças no algoritmo de alguma rede social.
    - Forma privada
        - ER = Número total de interações nos *posts* (*likes* + comentários + compartilhamentos) / Alcance total do número de *posts* / Número de *posts* × 100.
- **AVP (*Average Views per Post*)**: muitos influenciadores digitais são focados na produção de vídeos, no YouTube, Instagram Stories, Reels, TikTok, YouTube Shorts ou em outros canais. Por isso é importante verificar a média de visualizações em vídeos por *post*. A fórmula é muito parecida com a do AEP, porém em vez de ações de engajamento é o número de visualizações. Caso você queira aprofundar a análise qualitativa de um influenciador, peça a ele relatórios de retenção dos vídeos. Isso vai lhe mostrar quanto por cento do tempo total do vídeo as pessoas visualizam. Isso evita que você se baseie em visualizações vazias.
- **AQS (*Audience Quality Score*)**: é uma métrica que vai de 1 a 100 e combina a qualidade do público-alvo (não número), taxa de engajamento e autenticidade em uma única métrica. Com a explosão do mercado de influenciadores digitais, muitos deles inflacionaram seu número de seguidores com seguidores falsos e engajamentos falsos, comprados em ferramentas de automação. Por isso, é importante saber a qualidade da audiência que esses influenciadores têm. Isso é mais direcionado para influenciadores do Instagram do que de outras redes sociais. Use a ferramenta [https://hypeauditor.com/] para saber o AQS de qualquer conta no Instagram.

Quanto mais maduro for o influenciador, mais você pode exigir que ele lhe apresente esses quatro indicadores de forma transparente. Quem usa ferramentas como a mLabs, Hype Auditor ou Airfluencer pode emitir um relatório dos 12 últimos *posts*. Para analisar influenciadores que ainda não usam uma ferramenta, você mesmo pode contratar e fazer comparativos com dados públicos. No entanto, é quase impossível calcular manualmente tudo se você estiver comparando vários influenciadores, pode ser muito demorado. Lembrando que o ER é uma boa métrica para comparar os influenciadores, mas não é uma taxa de engajamento real, se você não tiver o acesso administrativo das contas para saber outras métricas como Salvar, Compartilhar e Alcance dos *Posts*.

O indicador final é o crescimento do número de seguidores ou a perda de seguidores. Você pode usar uma ferramenta como a Social Blade para ver se o influenciador ganha ou perde seguidores e se há alguma anomalia de ganhos ou perdas, o que pode indicar práticas escusas para obter seguidores, como compra, sorteios cuja mecânica é seguir para concorrer etc.

Esse DNA compõe o conjunto crucial que diferencia influenciadores reais daqueles que compram seguidores falsos. Analisar esse DNA é importante para eliminar o erro de avaliar um influenciador apenas pelo número de seguidores ou pelo número bruto de interações num *post*.

Certifique-se de levar em consideração também o tempo para planejar, executar e revisar sua estratégia sempre que necessário. A execução de uma campanha de marketing de influência bem-sucedida não é baseada numa lista fixa de influenciadores e em um tipo de estratégia de conteúdo definida. Isso envolverá monitoramento e acompanhamento constante, tanto para recrutar novos influenciadores quanto para corrigir rotas. Ao contrário de uma estratégia de marketing de *performance* automatizada ou automação de *inbound* marketing que veremos em capítulos mais para frente, os influenciadores são humanos e frequentemente fazem várias parcerias pagas ao mesmo tempo. Portanto, alguns podem falhar em seus compromissos de postar no prazo ou esquecer de usar alguma *tag* de rastreamento, ou mesmo esquecer de fazer o *call to action* acordado. Você precisará ter tempo para se dedicar a esses relacionamentos para cultivá-los e direcioná-los sobre o que funciona e o que não funciona em seu mercado.

Se você tiver tempo e orçamento, considere a criação de um programa de embaixadores com contratos anuais com certos influenciadores digitais. Isso facilitará estreitar o relacionamento ao longo do tempo, fazendo o embaixador participar dos momentos mais importantes da marca, como lançamentos de produtos, campanha, declarações gerais, educar o mercado etc. Relações de longo prazo com influenciadores os fazem ficar mais dispostos a produzir conteúdo de alta qualidade, pois uma parceria contínua lhes oferece maior segurança financeira, aumentando assim a capacidade de se tornarem defensores mais fortes da marca.

Decida os objetivos e as mensagens

Os dois objetivos mais comuns para usar o marketing de influência são aumentar o reconhecimento da marca e aumentar as vendas. No entanto, será mais eficaz definir seus objetivos de acordo com as necessidades de negócio. Talvez você queira aumentar sua base de clientes em determinada região em que está perdendo a liderança, ou talvez você queira colocar no radar um produto novo voltado para um público mais jovem, ou, ainda, você queira utilizar influenciadores digitais para falar sobre os valores da sua marca.

Os influenciadores têm a capacidade de atingir públicos muito específicos. Eles o ajudarão a chegar a um público-alvo muito provável de se interessar pela sua marca e se envolver com seu conteúdo. Portanto, no planejamento do seu marketing de influência, você deve levar em consideração objetivos específicos para selecionar os influenciadores corretos e as mensagens que cada um deverá passar para cumprir com tais objetivos. No entanto, sua mensagem é tão importante quanto seu objetivo. Embora você saiba que o influenciador pode fazer outras parcerias pagas com marcas não concorrentes, é importante garantir que ele não publique algo que fira a sua campanha ou ofusque a sua marca. Determine para o influenciador como você deseja estruturar o calendário de postagens e a mensagem central ao longo do período da campanha, para que o influenciador possa cumpri-lo com a consciência de não abafar sua ação com outras ações.

Acompanhe e meça sua estratégia de marketing de influência

Com a sua estratégia de marketing de influência em andamento, você deve definir um processo com datas predeterminadas para avaliar o progresso. Infelizmente, nem todas as campanhas são bem-sucedidas, portanto, é fundamental aprender com a experiência de cada campanha que criar.

Existem algumas maneiras de avaliar o sucesso da sua campanha com influenciadores digitais além dos indicadores que já vimos como ER, AEP, AVP e AQS. Você pode criar uma *hashtag* específica para acompanhar o que seus influenciadores estão fazendo. Caso o objetivo seja gerar vendas diretas, você pode criar cupons de compra personalizados para cada influenciador. Isso facilitará o acompanhamento no sistema de vendas. Você também pode usar *links* parametrizados para que os influenciadores usem em suas postagens. No geral, você também deve monitorar o que os seguidores dos seus influenciadores digitais comentam, para classificar o sentimento deles e tirar *insights* de marketing. Para empresas mais maduras, analisar o reconhecimento de marca (*brand lift*) por meio de pesquisa quantitativa é uma forma de entender o sucesso do marketing de influência.

É importante incluir em seu processo de avaliação de progresso o *feedback* para os influenciadores. Isso os ajudará a entender como melhorar suas entregas, além de estreitar o relacionamento para obter concessões em função dos resultados.

Tornando-se o maior influenciador do seu negócio

Uma tendência emergente é o próprio empreendedor ou empreendedora se tornar o principal influenciador de seu negócio, um *business influencer*. Ao assumir o papel de criador de conteúdo nas mídias sociais, o empresário pode compartilhar sua *expertise*, atrair *leads* qualificados e, ao mesmo tempo, reduzir o Custo de Aquisição de Clientes (CAC).

A autenticidade é uma das características mais valorizadas nas mídias sociais. Quando empreendedores compartilham suas próprias experiências, conhecimentos e histórias, eles criam uma conexão genuína com seu público. Isso não apenas humaniza a marca, mas também constrói confiança e credibilidade. Histórias de sucesso e desafios superados oferecem uma visão realista e inspiradora da jornada empreendedora. Compartilhar dicas e tutoriais baseados em experiências pessoais, dentro da *expertise* do seu negócio, posiciona o empreendedor como uma autoridade no setor, fortalecendo a imagem da marca e atraindo um público interessado e engajado.

Para se tornar um influenciador eficaz, é crucial desenvolver uma estratégia de conteúdo bem planejada. Um calendário editorial no perfil pessoal, alinhado com o calendário do perfil da empresa, ajuda a planejar antecipadamente os tipos de conteúdo a serem publicados, garantindo uma presença consistente, coerente (identidade visual e assuntos alinhados com a marca do negócio) e diversificada nas plataformas. Utilizar diferentes formatos de conteúdo, como vídeos, *newsletter*, *podcasts* e *lives*, permite alcançar e engajar o público em diferentes estágios na jornada do cliente.

A interação direta com a audiência é essencial para construir uma comunidade leal. Responder a comentários e mensagens demonstra atenção e interesse genuíno pelas interações do público, fortalecendo os laços e incentivando a participação contínua. Criar enquetes e perguntas envolve a audiência em discussões e decisões, promovendo um senso de pertencimento e colaboração. Esse engajamento ativo não só melhora a percepção da marca, mas também gera *insights* valiosos sobre as necessidades e preferências do público.

Ao se posicionar como o maior influenciador de sua marca, o empreendedor pode reduzir significativamente o CAC. Conteúdo relevante e autêntico atrai *leads* que já têm um interesse genuíno, tornando o processo de conversão mais eficiente. Uma presença orgânica forte reduz a necessidade de investimentos pesados em campanhas publicitárias pagas. *Leads* mais qualificados e um engajamento mais eficiente são consequências diretas dessa estratégia, resultando em otimização dos recursos de marketing e um crescimento sustentável do negócio.

Modo *Influencer* vs. Modo *Business Influencer*

No mundo dinâmico das mídias sociais, entender a diferença entre o modo *influencer* e o modo *business influencer* é crucial para qualquer empreendedor que deseje maximizar sua presença *on-line* e impulsionar seu negócio. A Figura 25.4 ilustra essas diferenças fundamentais, que veremos a seguir em detalhes.

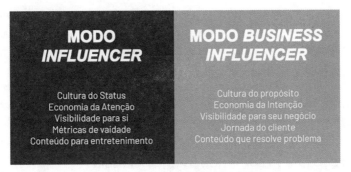

Figura 25.4 – Diferenças entre o modo *influencer* e o modo *business influencer*.

O modo *influencer* tradicional se baseia na "cultura do *status*". Nesse contexto, a principal preocupação do influenciador é manter uma imagem que projete sucesso e reconhecimento social. Isso está intimamente ligado à "economia da atenção", na qual o objetivo é captar e reter a atenção do maior número possível de seguidores. Os influenciadores nesse modo buscam "visibilidade para si mesmos", destacando-se como figuras públicas nas redes sociais.

As métricas que geralmente são priorizadas aqui são as chamadas "métricas de vaidade", como o número de seguidores, curtidas e visualizações. Essas métricas são, muitas vezes, superficiais, pois não refletem necessariamente um impacto profundo ou um engajamento verdadeiro. O conteúdo produzido tende a focar em entretenimento, visando agradar o público e manter um alto nível de engajamento, mas sem necessariamente agregar valor significativo ou resolver problemas específicos dos seguidores.

Por outro lado, o modo *business influencer* se fundamenta na "cultura do propósito". Nesse modo, o influenciador não está apenas interessado em ser popular, mas em ter um propósito claro e alinhado com os valores e objetivos de seu negócio. Em vez de buscar a atenção a qualquer custo, ele opera na "economia da intenção", em que cada ação é deliberada e direcionada para gerar resultados específicos e significativos para o negócio.

Aqui, a visibilidade é voltada para o negócio e não para o indivíduo. O *business influencer* usa sua plataforma para promover sua marca, seus produtos e serviços de uma maneira que ressoe com seu público-alvo. Em vez de focar nas métricas de vaidade, a atenção é dada à jornada do cliente. Isso significa que o conteúdo é estrategicamente planejado para guiar os clientes potenciais por meio das várias etapas, desde o conhecimento inicial até a conversão e a fidelização.

O conteúdo no modo *business influencer* é um conteúdo que resolve problemas. Em vez de meramente entreter, esse conteúdo educa, informa e ajuda os seguidores a resolver problemas específicos, demonstrando a *expertise* e a utilidade do negócio. Isso não só atrai *leads* mais qualificados, mas também constrói uma base de clientes mais leal e engajada.

Compreender a diferença entre o modo *influencer* e o modo *business influencer* é essencial para qualquer empreendedor que deseje usar as mídias sociais de maneira eficaz. Enquanto o modo *influencer* pode gerar notoriedade rápida, é o modo *business influencer* que realmente cria um impacto duradouro e sustentável, alinhando a visibilidade pessoal com o crescimento e o sucesso do negócio. Ao adotarem uma abordagem mais intencional e focada no propósito, os empreendedores podem não só atrair *leads* mais qualificados, mas também construir uma marca sólida e respeitada no mercado.

Considerações e recomendações adicionais

Para conhecer conteúdo adicional e atualizado referente a este capítulo, acesse o QRCode a seguir:

www.martha.com.br/livro-MED/saibamais25.html

CAPÍTULO 26

À medida que o número de blogueiros e influenciadores cresce, há uma demanda cada vez maior por marketing de afiliados. O marketing de afiliados é uma das melhores maneiras de gerar receita com um *blog*, e os editores mais bem-sucedidos são seletivos sobre as marcas e produtos que eles promovem. Isso ajuda a estabelecer autenticidade e criar confiança entre seus leitores e seguidores. As mídias sociais também continuam a crescer em importância e uso, permitindo aos afiliados mais e mais maneiras de promover produtos de terceiros. Instagram, TikTok e YouTube são todos os canais populares para promoções de afiliados.

Nos últimos anos, vimos grandes melhorias na tecnologia de análise e rastreamento de ações digitais. Isso tornou muito mais fácil para as empresas analisar os detalhes de suas estratégias de marketing de afiliados. Agora, as empresas podem estudar as métricas para determinar se suas estratégias de afiliados estão realmente funcionando.

O marketing de afiliados é extremamente benéfico para as empresas e os afiliados. Desde 2015, a receita dos programas de marketing de afiliados cresce 10% ao ano. Não apenas o marketing de afiliados está crescendo rapidamente, mas já é uma indústria global massiva e vale mais de US$ 12 bilhões segundo a IAB.

Em geral, as empresas de *e-commerce* podem obter entre 10% a 30% de suas receitas por meio de afiliados. Para serviços, como cursos *on-line*, a porcentagem pode variar de 5% a 20%. Em casos de *software*, a porcentagem pode ser mais alta, entre 20% a 50%. Para profissionais de marketing e anunciantes, os programas de afiliados geram de 15% a 30% das vendas (Statista).

O objetivo deste capítulo é apresentar esse tipo de estratégia comercial que vem ganhando muita força, onde o afiliado é um agente divulgador de produtos digitais em troca de uma comissão por cada venda realizada. Esse modelo comercial é uma alternativa de divulgação de produtos digitais (cursos *on-line*, infoprodutos, comunidades, *kits* de *template*, entre outros) por meio de produtores de conteúdo que possuem uma audiência qualificada.

O que é o marketing de afiliados em ambiente digital?

Marketing de afiliados é o processo pelo qual um afiliado – blogueiro, influenciador digital ou *site* – recebe uma comissão pelo marketing de produtos digitais de outra pessoa ou empresa. O afiliado procura um produto digital de que gosta, promove, gera tráfego e *leads*, e ganha uma parte do lucro de cada venda que realiza. As vendas são rastreadas por meio de *links* parametrizados. Em alguns casos, o afiliado pode receber somente pelo tráfego ou *leads* gerados, sem a necessidade de gerar vendas. Geralmente, os produtos digitais são cursos *on-line*, *e-books*, *kits* contendo ferramentas e *templates*.

O marketing de afiliados é uma solução econômica que permite uma pessoa obter receita sem sair de casa. Esse processo geralmente é feito por meio de uma rede afiliada. As principais redes no Brasil são Awin, Hotmart, Monetizze, Eduzz e Rakuten. O mais importante é que consome muito menos tempo quando comparado à maioria dos outros métodos de marketing e permite que você tenha um canal exponencial de vendas.

As empresas que adotam programas de afiliados veem mais oportunidades de entrar em novos mercados e aumentar o tráfego rapidamente. Indiscutivelmente, o maior benefício de todos é que o marketing de afiliados é baseado no desempenho, então você não pagará um centavo, a menos que a ação desejada tenha sido realizada. E, mesmo que não haja vendas, o *awareness* da sua marca aumenta. Ou seja, o marketing de afiliados é um método de publicidade usado para tentar mitigar gastos desnecessários em seu orçamento de marketing. É frustrante para uma empresa pagar milhares de cliques ou impressões para conquistar poucos clientes. Assim, à medida que os custos com publicidade *on-line* aumentam, o marketing de afiliados minimiza os custos e ainda aumenta sua base de clientes. Embora a maioria das empresas reconheça que é necessário investir em mídia publicitária, para a etapa de consideração e conversão na jornada do cliente, o ideal é manter seus custos baseados em *performance* de conversão. Isso oferece às empresas um retorno de 100% de seus investimentos, o que o torna único entre as estratégias de marketing em ambiente digital.

Agentes envolvidos no marketing de afiliados

Para fazer o marketing de afiliados funcionar, quatro partes diferentes devem estar envolvidas: empresa e criadores do produto, afiliado, plataforma de afiliados e o consumidor. Vamos nos aprofundar no relacionamento complexo que essas quatro partes compartilham para garantir que o marketing de afiliados seja um sucesso.

- **Criadores de produtos digitais e empresas**: o fornecedor, seja um profissional individual ou uma grande empresa, é um vendedor, comerciante, criador de produto digital ou *e-commerce*. O produto pode ser um objeto físico vendido num *e-commerce* ou um serviço, como cursos *on-line*. O fornecedor não precisa se envolver ativamente na divulgação e promoção do produto, pois isso fica a cargo do afiliado.

- **Afiliado**: o afiliado pode ser um indivíduo ou uma empresa que comercializa o produto do fornecedor de maneira atraente para possíveis consumidores. Em outras palavras, o afiliado promove o produto para convencer os consumidores a comprar. Se o consumidor acabar comprando o produto, o afiliado receberá uma parte da receita obtida. Os afiliados geralmente têm uma audiência específica em suas bases de *e-mail* ou em mídias sociais, geralmente compatível com o público-alvo da marca. Prefira afiliados que possuem um nicho definido ou marca pessoal que atraia consumidores com maior probabilidade de se interessar pelo produto.

- **Consumidor/cliente**: quer o consumidor saiba ou não, ele é o motor do marketing de afiliados. Os afiliados promovem os produtos nas mídias sociais, *blogs* e *sites* em que os consumidores estão. Quando eles compram o produto, o fornecedor e o afiliado compartilham os lucros. Às vezes, o afiliado escolhe ser franco com o consumidor, revelando que está recebendo comissão pelas vendas que realiza. Outras vezes, o consumidor pode estar completamente alheio a essa informação. Geralmente, este último caso é o mais frequente de acontecer. De qualquer forma, eles raramente pagarão mais pelo produto adquirido por meio do marketing de afiliados – a parte do lucro do afiliado está incluída no preço de mercado. O consumidor concluirá o processo de compra e receberá o produto normalmente.

- **Plataforma de afiliados**: em muitos casos em que a marca não queira montar uma base própria de afiliados e tratar diretamente com eles, pode ser mais rápido usar plataformas como Awin, Rakuten e Hotmart como intermediários. Geralmente, a plataforma possui uma lista de afiliados ranqueados, além de intermediar o pagamento e entregar o produto do fornecedor. No caso de um produto digital como um curso, por exemplo, as plataformas exigem que o seu produto seja acessado por dentro da plataforma da rede. Uma vantagem de usar plataformas é a possibilidade de escolher entre diferentes tipos de comissão, como pagamentos recorrentes, remunerações progressivas ou comissão única.

- **Plataforma de rastreamento**: são exemplos de plataformas de rastreamento de afiliados: Impact, Tapfiliate, Tipalti, Offerslook, Cake, Post Aff Pro, Trackhouse e Voluum. Você pode acessar uma lista por meio do QRCode da Figura 26.1.

Figura 26.1 – QRCode de acesso à lista de *softwares* para marketing de afiliados.
Fonte: Disponível em: https://www.capterra.com/affiliate-software/. Acesso em: 10 jun. 2020.

Formas de remuneração dos afiliados

O marketing de afiliados tem um atrativo inegável para quem procura aumentar sua renda *on-line*. Mas o modelo de remuneração pode variar de acordo com o objetivo acordado entre as partes. O consumidor nem sempre precisa comprar o produto para o afiliado receber uma comissão. Dependendo da regra instaurada no programa de afiliados, a contribuição do afiliado pode ser avaliada de maneira diferente. Portanto, o afiliado pode ser remunerado de várias maneiras:

- **Remuneração por venda**: este é o modelo padrão do marketing de afiliados. Nesse modelo, o fornecedor paga ao afiliado uma porcentagem do preço de venda do produto. No entanto, para produtos de assinatura, como um *software* ou ferramenta *on-line*, pode ser que o pagamento somente faça sentido se o consumidor ficar como assinante por um tempo mínimo. Em outras palavras, o afiliado deve realmente fazer com que o consumidor invista no produto antes de ser recompensado.
- **Remuneração por *lead* qualificado**: um programa de afiliados com o modelo de pagamento por *lead* remunera o afiliado com base na aquisição de *leads* qualificados. O afiliado deve convencer o consumidor a visitar o *site* do fornecedor e concluir a ação desejada, seja preenchendo um formulário de contato, inscrevendo-se para uma avaliação de um produto, preenchendo um formulário para baixar um *e-book*, assinando uma *newsletter* ou instalando um aplicativo. Muitas vezes, a venda do produto do fornecedor é complexa e o ciclo de compra é mais demorado, portanto, esse modelo pode trazer *leads* qualificados para os vendedores trabalharem em cima das conversões de vendas.
- **Remuneração por clique**: este modelo se concentra em incentivar o afiliado a redirecionar os consumidores dos seus canais de marketing para o *site* do fornecedor. Isso significa que o afiliado deve envolver o consumidor para que ele vá para o *site* do fornecedor. O afiliado é pago com base no aumento do tráfego do *site* ou página de destino. Esse é o modelo menos usual, pois não é qualificador para vendas. Serve mais para gerar *awareness* para a marca.

Principais agentes e canais para o marketing de afiliados

A maioria dos afiliados compartilha práticas comuns para garantir que seu público-alvo seja engajado e receptivo à compra de produtos promovidos em seus canais de marketing. Mas nem todos os afiliados anunciam os produtos da mesma maneira. De fato, existem vários agentes e canais diferentes que podem fazer parte do marketing de afiliados.

- **Blogueiros**: com a capacidade de aparecerem bem posicionados organicamente nos resultados dos mecanismos de busca, os blogueiros se destacam por aumentar as conversões de um fornecedor. O blogueiro faz um teste no produto ou serviço e, em seguida, escreve uma avaliação profunda que promove a marca de maneira convincente, direcionando o tráfego de volta ao *site* do fornecedor. O blogueiro é premiado por sua influência, divulgando os benefícios do produto e ajudando a melhorar as vendas.

- **Influenciadores**: influenciador é um indivíduo que detém o poder de impactar as decisões de compra de um grande segmento da população. Essa pessoa está em uma ótima posição para se beneficiar do marketing de afiliados. Eles já possuem seguidores engajados, portanto é fácil direcionar os consumidores aos produtos da marca por meio de postagens nas mídias sociais, *blogs* e outras interações com seus seguidores. Os influenciadores recebem uma parte dos lucros que ajudaram a criar. Ao usar este agente em sua estratégia, é importante deixar claro na legenda dos *posts* do influenciador que o conteúdo é uma parceria paga por meio de *hashtags* como #publi, #ad. Isso é esperado pelos seguidores do influenciador e gera maior transparência e confiança na rede.

- **Listas de *e-mail***: apesar de ser um recurso antigo, o *e-mail* marketing ainda é uma fonte viável de receita com marketing de afiliados. Alguns afiliados têm listas de *e-mail* que eles podem usar para promover os produtos da marca. Outros podem aproveitar *newsletters* que incluem *links* para produtos, ganhando uma comissão depois que o consumidor compra o produto. Outro método é o afiliado criar uma lista de *e-mail*s ao longo do tempo. Eles usam suas várias campanhas para coletar *e-mails* em massa e depois enviam *e-mails* sobre os produtos que estão promovendo.

- ***Microsites* focados em pesquisa paga**: desenvolver e monetizar *microsites* também pode ser uma forma de gerar muitas vendas. Eles são anunciados em um *site* parceiro ou na rede de *display* de algum mecanismo de busca como o Google. A Meta também tem uma rede de anúncios que inclui aplicativos móveis. Os *microsites* são distintos e separados do *site* principal da marca, pois servem ao propósito de oferecer conteúdo mais focado e relevante para um público específico. Por exemplo, a mLabs pode ter um *microsite* específico para falar de marketing em mídias sociais e comprar um domínio relativo para isso. Os *microsites* elevam as taxas de conversão devido à sua capacidade de serem mais relevantes e terem um aspecto de autoridade no assunto.

- **Grandes *sites* de mídia**: projetados para ter uma enorme quantidade de tráfego o tempo todo, esses *sites* se concentram na construção de uma audiência na ordem de milhões de pessoas. Esses *sites* promovem produtos para seu grande público por meio do uso de *banners* e *links* contextuais de afiliados. Esse método oferece grande exposição e números mais altos de conversão, resultando em uma receita também mais alta para o vendedor e o afiliado.

Mudanças, pela LGPD, na maneira como os dados pessoais são coletados

A Lei Geral de Proteção de Dados Pessoais (LGPD – Lei nº 13.709/2018) é um conjunto de regulamentos que regem o uso de dados pessoais em todo Brasil. Isso está forçando alguns afiliados a obter dados do usuário por meio de consentimento e aceitação de políticas de privacidade atualizadas e avisos de *cookies*. Essa legislação também exige divulgar claramente que o afiliado recebe comissões de suas recomendações.

Considerações e recomendações adicionais

Para conhecer conteúdo adicional e atualizado referente a este capítulo, acesse o QRCode a seguir:

www.martha.com.br/livro-MED/saibamais26.html

CAPÍTULO 27

Quanto mais a tecnologia avança, mais ela é integrada ao nosso dia a dia. À medida que a sociedade se torna cada vez mais imediatista em função desse avanço, prosseguimos por buscar caminhos inovadores para criar uma experiência indiferente entre o *on* e o *off*. As linhas entre o que fazemos *on-line* e no *off-line* começarão a ficar cada vez mais tênues. Diante disso, o comportamento de consumo está mudando, e os *players*, como profissionais de marketing, vendedores e distribuidores, precisam reagir. Em vez de pensar em uma experiência de compra multicanal entre *desktop*, *mobile* e loja física, precisamos seguir uma abordagem holística – uma experiência integrada que independe de canal.

A experiência de compra do consumidor daqui em diante é focada em reduzir as fricções entre os pontos de contato ao longo da jornada dele. O *omnichannel* é uma estratégia de integração dos diferentes canais de compra e comunicação, com o objetivo de convergir a experiência entre o *on-line* e o *off-line*. Nesse contexto, o objetivo deste capítulo é demonstrar como o *omnichannel* tem se tornado requisito básico do comércio varejista e quais são seus benefícios.

Omnichannel vs. multicanal

O *omnichannel* é construído sobre vários métodos de vendas e distribuição de produtos, como lojas físicas, *e-commerces* e aplicativos móveis, e permite que os clientes entrem em contato por diversos canais, como redes sociais, *chatbot*, *e-mail*, telefone, *site*, por exemplo.

O *omnichannel* supera os problemas operacionais do multicanal, adotando um modelo de negócios que une canais e compartilha dados entre eles, permitindo que os clientes façam compras da maneira que quiserem, quando quiserem, da forma mais conveniente para o momento. Por exemplo, se um cliente efetuar uma compra *on-line* e preferir economizar no frete, ele pode retirar o produto na loja mais próxima de sua localidade. Outro exemplo de integração seria um possível atendimento por meio do *chat on-line* de uma empresa poder ser continuado por telefone, pois o histórico fica integrado e visível para todos os canais de atendimento. É como começar a assistir a um capítulo da sua série favorita da Netflix pela TV da sua casa e continuar a assistir no *smartphone*, pois teve que sair para uma viagem.

Já uma empresa com um modelo estritamente multicanal pode atender o cliente nos dois canais, mas, como não possui integração de sistemas, o cliente precisaria digitar ou falar novamente as informações. Provavelmente, você já passou por essa experiência e ela não foi nada boa, certo? Veja a Figura 27.1 com a ilustração das diferenças entre *omnichannel* e multicanal.

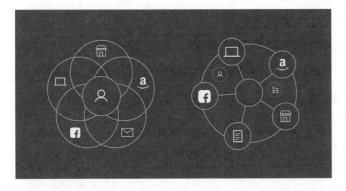

Figura 27.1 – Ilustração das diferenças entre *omnichannel* (esquerda) e multicanal (direita).

Portanto, a experiência *omnichannel* é uma abordagem multicanal de certa forma para marketing, venda e atendimento a clientes, mas de uma maneira que cria uma experiência integrada e coesa, independentemente de como ou de onde um cliente veio. Todas as experiências *omnichannel* usarão vários canais, mas nem todas as experiências multicanais são *omnichannel*. Você pode ter um marketing incrível nas redes sociais, envolver influenciadores digitais, ter canal *mobile* bem projetado e um *e-commerce* muito bom. Mas, se eles não trabalham juntos em um nível de integração que faça com que tudo pareça um único canal, não é *omnichannel*.

Ao alinharem esses fatores, as empresas podem usar a estratégia de *omnichannel* para aprimorar seus esforços de marketing e vendas. O *omnichannel* é um fundamento valioso para as empresas que desejam oferecer uma ótima experiência ao cliente.

Um dos principais *cases* que marcaram a história do conceito *omnichannel* é o da gigante varejista de eletrônicos Best Buy, que apostou em uma estratégia *omnichannel* depois de perder US$ 1,2 bilhão em vendas em 2012. Os clientes do *showroom* estavam visitando as lojas físicas para ver e comparar produtos, para depois comprar *on-line* em algum outro lugar. A Best Buy reformulou sua loja *on-line*, reduzindo o número de cliques necessários para comprar um produto e adicionando uma opção para comprar *on-line* e retirar em uma loja mais próxima do cliente. Eles também pararam de operar as lojas e seu *e-commerce* como entidades separadas, garantindo que os estoques fossem integrados e compartilhados. Para competir com varejistas digitais como a Amazon, a Best Buy ofereceu uma garantia de equiparação de preços e acelerou a entrega do produto. Em 2018, a Best Buy teve um crescimento de 7,1% nas vendas devido a sua estratégia *omnichannel*.

No Brasil, um caso de 2024 que utilizou o conceito *omnichannel* é o da empresa de *e-commerce* Dafiti, que implementou uma estratégia *omnichannel* para melhorar a experiência do cliente e aumentar as vendas. Aqui estão os resultados:

- A estratégia *omnichannel* permitiu que os clientes comprassem *on-line* e retirassem os produtos em lojas físicas, aumentando as compras *on-line* em 25%.
- A integração dos canais permitiu que os clientes continuassem suas compras em qualquer ponto de contato com a marca, sem interrupções ou inconveniências.
- A estratégia *omnichannel* melhorou a experiência do cliente, aumentando a retenção de clientes em 30%.
- A integração dos canais permitiu que a empresa reduzisse os custos de atendimento, pois os clientes podiam resolver suas dúvidas em qualquer canal.
- A presença *omnichannel* aumentou a visibilidade da marca, tornando-a mais atrativa para novos clientes.

O caso da Dafiti demonstra que a estratégia *omnichannel* pode trazer resultados significativos para as empresas de *e-commerce*. A integração dos canais permitiu que a empresa melhorasse a experiência do cliente, aumentasse as vendas e reduzisse os custos de atendimento.

A experiência *omnichannel*

Toda empresa deve desenvolver sua própria infraestrutura para poder entregar a experiência *omnichannel*. Invariavelmente, você precisará estreitar a colaboração entre os diversos departamentos da sua empresa para desenvolver essa estratégia. Geralmente, os principais departamentos interessados são: produtos, marketing, vendas, distribuição, suporte ao cliente e sucesso do cliente.

Depois que todos entenderem os objetivos do *omnichannel*, você poderá começar a planejar sua transição para esse modelo. A inclusão desses departamentos no início tornará mais fácil a tentativa de mudar para uma maneira *omnichannel* de fazer as coisas. A sua estratégia deve consistir em um plano para criar uma experiência coerente e alinhada em várias plataformas, que pode incluir qualquer um ou todos os canais de contato com o cliente. Como todo plano muito grande, é recomendado que você comece pequeno e vá expandindo à medida que consegue integrar os canais.

O foco na experiência positiva do cliente é vital para o crescimento e sustentação de um negócio ao longo do tempo, pois contribui para a retenção de clientes. Quando um cliente tem uma experiência positiva comprando com sua marca, há uma boa chance de que ele recompre e indique sua solução por meio das redes sociais.

Veja algumas dicas para ajudar você a começar sua estratégia *omnichannel*:

- **Mapeie todos os canais de contato possíveis**: sua estratégia deve começar com uma ideia clara de onde seus clientes estão, pois você precisa saber em quais canais precisa se concentrar. Descubra quais plataformas seus clientes frequentam e quais mídias eles mais usam. Você também deve descobrir quais dispositivos eles usam. Você pode até se aprofundar no caminho completo da conversão, analisando o funil de vendas multicanal e entendendo os diferentes canais de atribuição para a compra acontecer. Você poderá ver as diferentes etapas que as pessoas normalmente fazem antes de se converterem em clientes. O objetivo é ter uma ideia clara de onde seus clientes vêm, como e onde normalmente compram. Por exemplo, você pode descobrir que há muitos usuários do Pinterest entre seu público-alvo e que a maioria das compras físicas são inspiradas por este canal. Assim, você pode investir seus esforços no marketing do Pinterest para integrá-lo com o seu catálogo de produtos, habilitando um botão de compra, que na verdade pode ser uma reserva *on-line* para retirar *off-line*.

- **Converta todos os pontos de contato em pontos de compra e atendimento**: se você deseja se destacar no *omnichannel*, todos os seus pontos de contato devem poder servir para compra e atendimento. A maioria das redes sociais já dá algum tipo de suporte a vendas. Por exemplo, o Instagram possui o Instagram Shopping, que permite taguear produtos em um *post*, contendo preço e ação para compra. As pessoas podem tocar nessas *tags* para acessar mais informações sobre o produto e ser direcionadas para a página do produto, onde podem fazer uma compra. Com base no mapeamento dos canais, você deve investir em transformar o canal em que seus potenciais clientes mais frequentam em canais de compra e atendimento. Dessa forma, os clientes podem passar facilmente do estágio de *awaneress* (consciência) do produto para o estágio de conversão mais rapidamente.

- **Garanta uma transição suave entre *on-line* e *off-line***: se você tem presença *on-line* e *off-line*, é importante preencher as lacunas existentes entre os dois canais. O objetivo é garantir uma transição suave entre as transações que ocorrem nos dois canais. Você deve permitir que os clientes façam o chamado ROPO – Research On-line and Purchase Off-line ou Research Off-line and Purchase On-line –, ou seja, permitir que os clientes façam sua pesquisa e compra *on-line* e retirem o produto *off-line* ou faça sua pesquisa e compra *off-line* e retire *on-line* (produtos digitais). Isso garantirá uma experiência aprimorada aos clientes, pois eles podem economizar muito tempo e ter a conveniência a seu favor.

Um *case* bem interessante é o da Walgreens, uma das maiores redes de farmácia dos EUA, que fez um trabalho excepcional em sua estratégia *omnichannel*. Eles criaram um aplicativo chamado "MD Live", por meio do qual um usuário pode pagar para conversar via *chat* ao vivo com um médico. E, se necessário, o médico também pode escrever diretamente uma prescrição que pode ser retirada em uma das lojas 24 horas. O cliente não precisa passar por vários canais e gastar muito tempo para ter o medicamento de que precisa. Eles não precisam ir a uma clínica ou pronto-socorro e esperar para ver um médico. Eles podem fazer tudo isso por meio do aplicativo e, em seguida, obter a prescrição preenchida nas lojas físicas.

Outro exemplo brilhante é o da Disney, que oferece uma experiência *omnichannel* nos mínimos detalhes. Começa com sua experiência inicial no *site* responsivo para dispositivos móveis. O *site* de planejamento de viagens funciona bem no celular. Depois de reservar uma viagem, você pode usar o aplicativo "My Disney Experience" para planejar toda a sua viagem, desde onde você vai jantar até reservar o seu "Genie+" (ingresso para acesso rápido sem filas nas atrações). No parque, você pode usar esse aplicativo móvel para localizar as atrações que deseja ver e o tempo estimado de espera para cada uma delas. A experiência Disney dá um passo adiante ao integrar tudo com o seu programa "Magic Band" (uma pulseira com tecnologia RFID). Essa pulseira funciona como chave do quarto de hotel, dispositivo de armazenamento de fotos para todas as fotos tiradas com personagens da Disney e facilitador para o pedido de comida. Além disso, ele possui integração com o "Genie+" para garantir a sua entrada conforme a reserva feita previamente pelo *app*. Essa é uma experiência verdadeiramente *omnichannel*, e, além de tudo, a pulseira pode ser comprada em diversos lugares fora do parque, ficando com você para sempre como *souvenir*. Toda a experiência se resume em um fator crítico: integração consistente e contínua. Tudo que passa para o próximo canal se conecta ao último.

Considerações e recomendações adicionais

Para conhecer conteúdo adicional e atualizado referente a este capítulo, acesse o QRCode a seguir:

www.martha.com.br/livro-MED/saibamais27.html

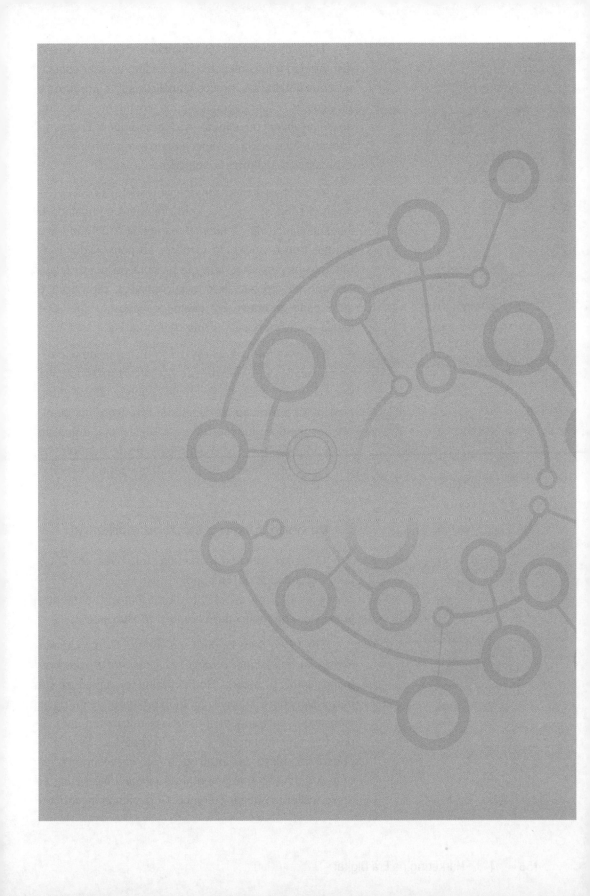

CAPÍTULO 28

Hoje, os compradores têm mais poder com o acesso instantâneo a informações. Eles podem acessar especificações detalhadas, preços e análises sobre produtos e serviços 24/7, com apenas alguns movimentos do dedo no *smartphone* ou cliques no computador. Enquanto isso, as mídias sociais os incentivam a compartilhar suas experiências e comparar soluções.

O objetivo deste capítulo é apresentar a concepção do marketing de atração, como também é chamado o *inbound* marketing. O *inbound* marketing é tão poderoso porque tem o poder de fornecer ao consumidor exatamente as respostas que ele procura no ponto exato em que ele precisa. Isso cria confiança, reputação e autoridade de marca em qualquer nicho em que você esteja praticando essa forma de marketing.

Por esse motivo, as táticas tradicionais de marketing baseadas em interrupção estão se tornando cada vez menos eficazes. A estratégia de *inbound* marketing possibilita a atração, conversão e retenção dos clientes por meio da junção das estratégias: marketing de conteúdo, SEO e SMM. Veremos neste capítulo os principais benefícios do *inbound* marketing e como ele funciona.

De onde surgiu o *inbound* marketing

O termo "*inbound* marketing" foi criado em 2006 pelo cofundador da HubSpot, Brian Halligan. Mas os princípios básicos da estratégia de *inbound* marketing já existiam há muito tempo antes da HubSpot.

Em 1999, Seth Godin escreveu um livro chamado *Permission marketing: turning strangers into friends and friends into customers*. Godin define o marketing de permissão como "o privilégio (não o direito) de entregar mensagens antecipadas, pessoais e relevantes para as pessoas que realmente querem recebê-las". Esse é o oposto completo da "interrupção" do *outbound* marketing. A definição fundamental do *inbound* marketing é: deixe o cliente chegar até você. Godin ainda incentivou os profissionais de marketing a respeitar a escolha e o tempo do consumidor. Até que alguém dê permissão ao mercado, a empresa deve se concentrar na construção de confiança e relacionamento por meio de conteúdo relevante. Um *lead* potencial deve iniciar sua jornada, não o profissional de marketing ou o vendedor. Quando Godin escreveu sobre o marketing de permissão em 1999, o mundo estava no auge da bolha das pontocom. Obviamente, a bolha estourou em 2002, mas a era da Internet havia oficialmente surgido.

Duas décadas depois, os profissionais de marketing descobriram que a Internet é a ferramenta mais poderosa existente para compartilhar conteúdo, acompanhar os *leads* recebidos e personalizar as mensagens que enviamos. Quando Brian Halligan e Dharmesh Shah fundaram a HubSpot em 2006, as raízes do *inbound* marketing já haviam se estabelecido.

Hoje, estamos em uma nova era do *inbound* marketing ultrapersonalizado e focado em relacionamentos. E com ferramentas como mídias sociais, SEO e automação de marketing, os resultados dessa estratégia só irão melhorar.

Outbound marketing vs. *inbound* marketing

Segundo a Forbes, uma pessoa comum é exposta a 4.000 a 10.000 mensagens publicitárias por dia – tudo, desde anúncios de TV e *e-mails* a jornais e anúncios digitais em toda a Internet. Há muita concorrência pela atenção do cliente em potencial e uma estratégia de marketing eficaz é essencial para sobreviver.

Ao planejar a estratégia de marketing de uma empresa, pode-se perguntar se deve ou não usar o *inbound* ou o *outbound* marketing. Ambas as estratégias de marketing podem atrair novos *leads* e clientes para o seu negócio, mas funcionam de maneiras totalmente diferentes. Veja a Figura 28.1, para entender.

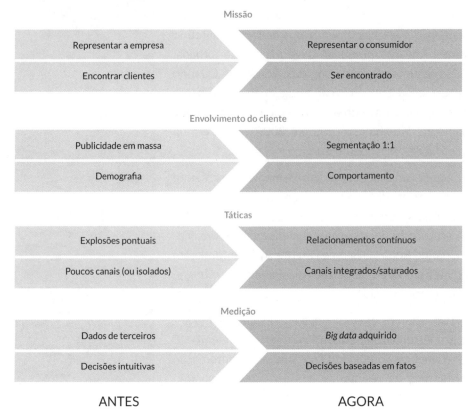

Figura 28.1 – Imagem ilustrativa mostrando o antes e o depois do *inbound* marketing.
Fonte: Disponível em: https://www.marketo.com/inbound-marketing/. Acesso em: 20 jun. 2020.

Veja na Tabela 28.1 as principais diferenças entre *outbound* e *inbound*.

Tabela 28.1 – Principais diferenças entre *outbound* e *inbound*

Outbound marketing	*Inbound* marketing
Foco na propaganda ativa, na divulgação direta do produto	Foco em conteúdo, na educação do público
Empresa procura clientes	Cliente vem até a empresa, pois é atraído
Comunicação unidirecional	Comunicação bidirecional
Prospecção ativa via *cold calls*, *spots*, anúncios tradicionais, *flyers*	Clientes atraídos por conteúdo de valor por meio de buscadores, *sites* de referência e mídias sociais
Maior custo médio de aquisição do cliente	Menor custo médio para aquisição de clientes
Pouco ou nenhum valor agregado	Movido por criatividade, talento e esforço
Marketing de interrupção	Marketing de permissão
Listas não segmentadas	SEO e listas segmentadas
Propagandas que não geram valor para o cliente	Conteúdos relevantes para a *persona*

O *inbound* marketing é uma estratégia de marketing que espera os clientes em potencial darem o primeiro passo. Em vez de fazer propaganda interruptiva, ligações indesejadas ou *e-mail* marketing não esperado, a marca começa oferecendo conteúdo relevante que atrai a atenção dos *leads*. Normalmente, o conteúdo inclui artigos de *blogs*, *e-books*, *e-mail* personalizado, *posts* em mídias sociais e SEO.

Portanto, a diferença básica entre o *inbound* e o *outbound* é o foco em atender o público-alvo em vez do ficar falando da própria empresa. É focar no que interessa aos *leads* em potencial, e, definitivamente não é propaganda. Algumas perguntas ajudam a entender quais conteúdos fazer para se tornar relevante para o público-alvo. Quais são seus pontos de dores? Como você, enquanto empresa, pode ajudá-los a cumprir com um objetivo pessoal ou suprir algum ponto de dor?

No *outbound* marketing, os profissionais de marketing criam ações e campanhas que chamam a atenção pela interrupção, distração ou intervenção. A marca faz propaganda não solicitada para os *leads* em potencial e espera que ele esteja interessado em comprar. Os principais exemplos de mídias *outbound* incluem anúncios de TV, *outdoors*, telemarketing, anúncios de rádio, anúncios de revista, anúncios de jornal, mala direta e *banners display* na Internet.

Uma das razões pelas quais os profissionais de marketing estão adotando massivamente o *inbound* marketing em suas estratégias é porque ela pode ser mensurada. Ao contrário das campanhas de *outbound* em meios tradicionais, no *inbound* você pode realmente ver os impactos da campanha. No *inbound* marketing, é possível usar métricas para rastrear a origem dos visitantes do seu *site*, classificá-los demograficamente, entender qual é o *lead* mais qualificado, entre outros. Poder enxergar o que realmente está acontecendo numa campanha e poder corrigir alguma rota no meio do caminho faz muita diferença.

Portanto, fica difícil comparar o ROI do *inbound* marketing *versus outbound* marketing, pois no *inbound* tudo pode ser calculado com precisão, enquanto qualquer medição do ROI no *outbound* provavelmente não passa de um palpite.

Em torno de 42% dos usuários da Internet no mundo usam um bloqueador de anúncios (Earthweb). Esse número indica uma tendência crescente no comportamento do consumidor, cada vez mais avesso à propaganda interruptiva. As táticas tradicionais de *outbound* marketing simplesmente não geram os resultados que geravam no passado recente. Em vez disso, os consumidores são mais atraídos por marcas que oferecem conteúdo relevante e interessante. Eles também são mais críticos, pressionando as marcas para adotarem padrões mais altos de responsabilidade social, atendimento e propósito ao cliente.

De fato, 70%[1] das pessoas preferem aprender sobre uma empresa por meio de conteúdo *versus* propaganda. Geralmente, as marcas que fornecem conteúdo personalizado

---

1   Disponível em: https://www.thesmarketers.com/inbound-vs-outbound-marketing/. Acesso em: 20 jun. 2020.

estão interessadas em criar bons relacionamentos com o público-alvo. Invariavelmente, uma marca que atrai o público-alvo e constrói um relacionamento significativo por meio de conteúdo relevante terá *leads* interessados no que se tem a dizer, e, consequentemente, vender.

Etapas do *inbound* marketing

Na metodologia do *inbound* marketing, há quatro etapas na jornada do cliente: atração, conversão, venda e retenção. Em todas as etapas, é importante ir pontuando o *lead* (*lead scoring*) de acordo com o seu consumo de conteúdo e interações com a marca, para saber se ele está maduro para se tornar um cliente. Na Figura 28.2, veremos o que cada estágio significa e como criar uma estratégia de marketing que guiará seus *leads* ao longo da jornada.

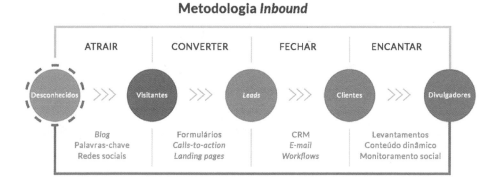

Figura 28.2 – Estágios da metodologia *inbound* marketing criada pela HubSpot.
Fonte: Disponível em: https://br.hubspot.com/blog/marketing/porque-o-brasil-esta-pronto-para-o-inbound-marketing. Acesso em: 23 jul. 2020.

Atração

Há uma contradição no cerne do *inbound* marketing. Como esperar que o público-alvo entre em contato com a empresa se ele nunca ouviu falar da marca? O *inbound* marketing pressupõe que tudo começa numa busca, no entanto, atualmente tudo tem começado na descoberta de algo nas mídias sociais. Nesse contexto, usar o *outbound* nas mídias sociais pode ser uma forma de estimular a descoberta, e, consequentemente a busca por quem ficar interessado. Veremos mais sobre *outbound* nas mídias sociais no Capítulo 29, sobre marketing de *performance*. Para efeitos didáticos, vamos partir do princípio de que o público-alvo já está interessado em algo, buscando resolver alguma dor ou cumprir com um objetivo pessoal. Portanto, se o público-alvo estiver interessado, eles chegarão até você. Veja como:

- **Blogs**: use seu *blog* para publicar conteúdo educacional e relevante. Se as pessoas consumirem com frequência o conteúdo do seu *blog*, provavelmente visitarão seu *site* em algum momento. De fato, as empresas que têm um *blog* recebem 55%[2] mais visitantes no *site*. Use um *blog* para mostrar sua experiência, autoridade e conhecimento especializado sobre seu setor. Se você vende algo, você deve ser especialista no que vende, portanto, na maior parte do tempo, escreva sobre o que sabe e não o que vende.
- **Search Engine Optimization (SEO)**: estar nos resultados de busca faz uma grande diferença, portanto, o SEO é a chave para atrair novos *leads*. Quando alguém usa um mecanismo de busca para procurar uma solução que sua empresa oferece, quanto melhor posicionado seu *site* estiver na primeira página de resultados, mais visitantes você provavelmente irá receber. Você também pode criar autoridade e reputação escrevendo conteúdo de alta qualidade para aparecer como um *snippet* (resultado zero) em destaque nos resultados de pesquisa do Google. Acesse o QRCode da Figura 28.3 para conferir um guia para iniciantes em SEO e também reveja o Capítulo 23 sobre *Search Engine Marketing*.
- **Mídia social**: a mídia social amadureceu rapidamente nos últimos anos. Hoje, as empresas confiam nele como uma voz para sua marca. É uma mídia multifuncional para criar autoridade, criar comunidade em torno da marca, fazer interações com *leads* e dar suporte ao cliente. Pesquise quais canais são mais valiosos para sua marca – por exemplo, as empresas B2B não podem negligenciar o LinkedIn, enquanto o Instagram, atualmente, é obrigatório para as marcas B2C. Fazer postagens com conteúdo relevante dentro das mídias sociais, invariavelmente, atrai potenciais *leads* para outros canais da marca. As mídias sociais também podem servir de canal de distribuição dos artigos do *blog*.

Figura 28.3 – QRCode de acesso ao guia de SEO para iniciantes. **Fonte:** Disponível em: https://moz.com/beginners-guide-to-seo. Acesso em: 20 jun. 2020.

Conversão

Depois de começar a atrair *leads* em potencial, é necessário incentivá-los a fazer uma compra. No *inbound* marketing, isso geralmente é descrito como "converter" *leads* ou "movê-los para o funil de vendas". O primeiro passo para nutrir um *lead* geralmente é oferecer um conteúdo fechado – webinário, *e-book*, *white paper* –, que só pode ser consumido após um cadastro. Veja o Capítulo 20 para lembrar sobre os tipos de conteúdo.

---

2 Disponível em: https://www.impactbnd.com/blogging-statistics-55-reasons-blogging-creates-55-more-traffic. Acesso em: 20 jun. 2020.

Até esse ponto da estratégia de *inbound* marketing, a entrega de conteúdo geralmente é de graça por meio de *posts* nas redes sociais e artigos em *blogs* indexados nos resultados de busca. Depois que você atraiu a atenção das pessoas, pode pedir algo em troca. No *inbound* marketing, a informação é o combustível que faz o *lead* avançar no funil. Assim, você pode continuar oferecendo um ótimo conteúdo, mas desta etapa em diante deve ser um conteúdo fechado. Para acessar seu material rico, as pessoas terão que compartilhar alguns dados sobre seus interesses, setor ou detalhes de contato. A seguir, veremos o que você precisa para planejar um conteúdo fechado:

- **Landing pages (páginas de destino)**: a *landing page* é a página principal para apresentar uma amostra do conteúdo fechado e provocar o potencial *lead*, para que ele dê seus dados em troca do conteúdo completo. Para isso, você deve ter um formulário, um CTA (*call to action*) e um *design* matador. É recomendado que, nesta página, não tenha menus ou *links* para outras páginas, o foco deve ser totalmente voltado para converter o *lead*.
- **Conteúdo dinâmico**: como nem todos os *leads* são iguais, eles nem sempre respondem da mesma forma ao conteúdo apresentado. Com conteúdo dinâmico, você pode apresentar diferentes textos, imagens e *design* de acordo com algum comportamento do *lead*, por exemplo, de onde ele veio antes de aterrissar na página de destino. Normalmente, as plataformas de automação de marketing também incluem esse tipo de funcionalidade.
- **Formulários**: os formulários devem capturar o nome, *e-mail*, WhatsApp, telefone e qualquer outra informação relevante do *lead* em potencial para que a empresa possa qualificá-lo dentro do funil de vendas. Quando um possível *lead* preenche um formulário em sua página, uma conversão acontece, permitindo que você continue nutrindo o *lead* com conteúdo cada vez mais personalizado de acordo com seus interesses. Aqui é muito importante estar em conformidade com a Lei Geral de Proteção de Dados Pessoais (LGPD), pois, ao capturar dados, você precisa deixar clara a finalidade de uso e que tipo de tratamento ocorrerá a partir do preenchimento.
- **Persona do comprador**: todo mundo é diferente e nem todos os *leads* potenciais têm os mesmos interesses, objetivos e comportamentos. Ao avaliar seu mercado e público-alvo, é útil criar diferentes *personas* de possíveis compradores, para que você possa personalizar seu conteúdo e ser mais relevante para cada um deles. Você pode até ter um campo no formulário que solicite ao *lead* em potencial escolher qual *persona* ele se encaixa ou criar *landing pages* que se adaptem com base em qual *persona* está visualizando, como vimos no tópico sobre conteúdo dinâmico. Tente identificar as *personas* antes de apresentar algo e personalize o máximo que puder, pois isso deve aumentar sua taxa de conversão.
- **Chamadas para ação ou *calls to action* (CTAs)**: os CTAs são cruciais para captar *leads*. Nesta etapa de conversão, seus *leads* em potencial já deram os primeiros passos na jornada do cliente. Eles estão interessados em saber mais sobre o assunto que você apresentou na etapa de atração. Portanto, seja claro e conciso sobre o que você gostaria que eles fizessem. A maioria dos CTAs tem a forma

de um botão grande para facilitar a identificação. Geralmente, nesses botões há chamadas como "Fazer *download*" ou "Obter o conteúdo". Tente restringir-se a um CTA por *landing page*, para que os *leads* não se desviem.
- **Automação de *e-mail***: depois de coletar os dados do *lead* e torná-lo um contato dentro da base de dados de alguma plataforma de automação de marketing, é hora de fazer um *follow up* e avançar o *lead* no funil de vendas. Lembre-se de obter a autorização para enviar *e-mails* em conformidade com a LGPD. Adapte o conteúdo do seu *e-mail* às necessidades de cada *lead* a cada etapa do funil. A automação de marketing geralmente faz parte das plataformas de automação de marketing e ajuda a otimizar o processo de envio dos *e-mails* em sequência.

Vendas

Depois de nutrir o suficiente, seus *leads* em potencial estarão prontos para virarem clientes. Mas, neste momento, você precisa se lembrar de outra diferença importante entre o *inbound* e o *outbound*. O *outbound* trata todos da mesma forma. Todo mundo vê o mesmo *outdoor*, recebe o mesmo *call to action* frio ou assiste ao mesmo anúncio de TV. Já a estratégia de *inbound* marketing reconhece que todos têm a sua jornada de cliente. Isso significa que é necessário manter contato com *leads* e continuar aprendendo sobre eles a cada interação, durante todo o processo de conversão para uma venda.

- **CRM**: é fundamental acompanhar todas as informações do seu *lead*. O CRM é usado para gerenciar dados dos contatos – *leads* e clientes –, incluindo interações com a equipe de marketing e vendas. Use uma plataforma de automação de marketing que já tenha um serviço de CRM ou que permita integrações com outros sistemas de CRM. Idealmente, sua plataforma escolhida terá os dois.
- **KPIs e análises**: conhecimento é poder. Faça análises para entender quais campanhas e táticas de vendas são eficazes para a conversão. Esses dados ajudarão a equipe a vender de maneira mais inteligente. Saber o que funciona e o que não dá uma grande vantagem para o fechamento de vendas.
- **Campanha pós-teste ou demonstração**: às vezes, os *leads* não se convertem imediatamente depois de ver a demonstração de um produto ou fazer uma avaliação gratuita. Portanto, é prudente manter a relevância e enviar a eles *e-mails* para quem não virou cliente, para manter sua marca em mente.

Retenção

No *inbound* marketing, a jornada do cliente não acaba na venda. Depois que um *lead* se torna um cliente, é importante fazê-lo recomprar. Boa parte dessa tarefa fica a cargo de cumprir com a promessa de uma boa solução, ou seja, seu produto ou serviço deve corresponder às expectativas. No momento em que há certa recorrência de compra, o cliente se torna um possível promotor da sua marca. Isso pode acontecer já na primeira compra, caso a identificação do cliente com a sua solução seja muito forte ou se a promessa foi superada. A partir disso, é importante que eles propaguem suas experiências com a sua marca e façam novas compras. Afinal, 65%[3] dos negócios de uma empresa vêm de clientes existentes, e o marketing boca a boca ainda é o meio mais poderoso de propaganda.

Então, quais táticas e ferramentas os profissionais de marketing podem usar para incentivar os promotores de marca? Simples: entregar uma experiência excelente em todos os pontos de contato com o *lead* e cliente ao longo da sua jornada com a sua marca. Depois que um cliente é conquistado, uma boa estratégia de marketing continua criando e compartilhando conteúdo relevante, mas agora em canais exclusivos para clientes. Continue acompanhando as interações do seu cliente com o CRM. Continue coletando dados úteis para análise. Se a sua marca continuar se comunicando com seus clientes e oferecendo uma boa experiência, é mais provável que eles digam às pessoas o quanto ela é boa nas mídias sociais.

O que é e como funciona o *lead scoring*?

Geralmente, quando uma empresa começa a implementar o *inbound* marketing, ela está mais preocupada em gerar *leads* para o funil de vendas. Mas, depois de obter muitos *leads*, é necessário descobrir quem está realmente interessado no seu produto e quem está apenas começando a jornada. Isso significa entender com clareza quem são os *leads* quentes que vale a pena se esforçar para vender, como, por exemplo, colocar vendedores para entrar em contato por telefone.

Portanto, a pontuação de *leads* é o processo de atribuir valores, geralmente na forma de pontos numéricos, a cada *lead* que você gerar. Você pode classificar seus *leads* com base em vários atributos, incluindo as informações solicitadas nos formulários das *landing pages*, quais conteúdos já consumiram da sua marca, ações de comportamento dentro do seu *site*, entre outros. Esse processo ajuda as equipes de vendas e marketing a priorizar *leads*, atuar em cima deles adequadamente e aumentar a taxa de conversão em clientes.

Uma observação importante é fazer o sistema de pontuação de *leads* com base em dois eixos: *persona* e interesse. A *persona* o ajuda a entender se o *lead* é parecido com o perfil ideal de cliente. Já o eixo de interesse ajuda a classificar a maturidade do *lead* para enxergar valor sobre o que você vende. Algumas plataformas de automação de marketing não fazem a pontuação assim, pontuando de forma única o *lead*. Isso pode ser um problema. Veja o exemplo do Quadro 28.1.

Quadro 28.1 – Exemplo de pontuação do *lead* de forma única

Lead A	Lead B
Segmento da empresa: Saúde Tamanho da empresa: Pequeno Cargo: Presidente Quantos conteúdos ricos já consumiu: 2	Segmento da empresa: Telecomunicações Tamanho da empresa: Grande Cargo: Estagiário Quantos conteúdos ricos já consumiu: 10
80 pontos Classificado como um *lead* qualificado pela pontuação	80 pontos Classificado como um *lead* qualificado pela pontuação

---

3   Disponível em: https://smallbiztrends.com/2016/10/customer-retention-statistics.html. Acesso em: 20 jun. 2020.

Caso o seu negócio venda uma solução B2B de alto valor, o *Lead* A desse exemplo demonstra ser um *lead* realmente quente, já o *Lead* B demonstra ser apenas alguém com muito interesse no seu material e deve estar estudando o assunto. Por isso, é recomendado pontuar os *leads* de acordo com os dois eixos: *persona* e interesse.

Toda empresa precisa definir seu modelo de classificação para pontuar seus *leads*, mas uma das maneiras mais eficientes é usar dados de clientes bons e analisar o histórico deles desde que eram meros *leads* para criar o sistema de pontuação. É entender o que eles têm em comum. Dessa forma, você conseguirá identificar os atributos de um bom *lead*.

Os modelos de pontuação de *leads* garantem que os valores atribuídos a cada *lead* reflitam a compatibilidade real que eles têm com seu negócio. A maioria dos modelos de pontuações de *leads* são baseadas em um intervalo de 0 a 100, mas, independentemente do modelo, qualquer iniciativa que você faça para pontuar *leads* vai ajudá-lo a classificar melhor seus *leads* e priorizar os esforços em cima daqueles que são mais qualificados.

Para tornar esse processo um pouco mais fácil, veja a seguir quais são as principais dimensões de dados que você deve examinar para encontrar os atributos mais importantes para classificar os *leads*.

Informações demográficas: faça perguntas demográficas nos formulários das suas *landing pages* e use as respostas dos seus *leads* para ver se eles se encaixam no perfil do seu público-alvo. Uma coisa importante a se fazer é remover os *leads* discrepantes da sua base de contato, assim você evitará de ficar gastando recursos falando com eles. Outro fator importante é identificar quem tem o perfil do público-alvo, mas não se enquadra em apenas um quesito, como por exemplo a localidade. Nesse caso você deve subtrair pontos desses contatos, mas continuar falando, pois essa condição do *lead* pode mudar. Por exemplo, se você vender apenas para um determinado local geográfico, poderá atribuir uma pontuação negativa a qualquer *lead* que esteja fora da cidade, estado, CEP, país e assim por diante. Se alguns dos campos de seu formulário forem opcionais (como um número de telefone, por exemplo), você também poderá atribuir pontos extras aos *leads* que fornecerem essa informação.

Informações da empresa: se você é uma empresa B2B, seu maior interesse é vender para empresas de um determinado tamanho, tipo ou setor. Dessa forma, você pode fazer perguntas qualificatórias nos formulários das *landing pages*, para dar pontos aos *leads* que se encaixam no seu público-alvo e tirar pontos dos daqueles que não se encaixam.

Comportamento *on-line*: o modo como um *lead* interage com seu *site* pode dizer muito sobre o interesse dele em comprar de você. Dê uma olhada nos seus *leads* que eventualmente se tornam clientes: quais materiais eles baixaram? Quantas ofertas eles clicaram? Quais páginas eles visitaram no seu *site* antes de se tornarem clientes? Você pode atribuir pontuações mais altas aos *leads* que visitaram páginas de alto valor (como páginas de planos e preços) ou preencheram formulários de alto valor (como uma solicitação de demonstração). Da mesma forma, você pode atribuir pontuações mais altas aos *leads* com 30 visualizações de página no *site*, em vez de três. Em contrapartida, se um *lead* parou de visitar seu *site* ou fazer o *download* dos seus materiais, ele pode não estar mais interessado no seu negócio. Você pode tirar pontos dos *leads* que pararam de se envolver com seu *site* após um certo período. Esse período pode variar de acordo com o ciclo médio de compras das suas soluções.

Engajamento por *e-mail*: as taxas de abertura e cliques fornecerão uma ideia do nível de interesse das pessoas. Você pode querer priorizar quem abriu todos os *e-mails* ou quem sempre clicou nos *e-mails* de promoção. Dessa forma, o time de vendas e marketing podem se concentrar nos *leads* que parecem mais interessados. Você também pode atribuir uma pontuação mais alta aos *leads* que clicam em *e-mails* de alto valor, como ofertas de demonstração da sua solução, por exemplo.

Engajamento nas mídias sociais: o grau de engajamento de um *lead* com sua marca nas mídias sociais também pode lhe dar uma ideia de como eles estão interessados. Quantas vezes eles clicaram nos *stories* do Instagram e nos *posts* do LinkedIn da sua empresa? Quantas vezes eles compartilharam seus *posts*? Se seus *leads* estiverem ativos nas mídias sociais, considere atribuir pontos a *leads* com determinadas características, como, por exemplo, o número de seguidores e se são influenciadores digitais.

Detecção de *spam*: convém dar pontuações negativas aos *leads* que preencheram os formulários da *landing page* de maneira displicente, ou seja, sem dados verdadeiros e fidedignos. Por exemplo, o *lead* preencheu algum campo do formulário digitando quatro ou mais letras? Você também pode classificar os *leads* de acordo com os endereços de *e-mail*. Se você estiver vendendo para empresas, por exemplo, poderá tirar pontos dos *leads* que usam o Gmail ou o Yahoo. Nesse caso, você pode tirar pontos ou não aceitar *e-mails* desse tipo já na interface do formulário.

Funil de vendas no *inbound* marketing

No *inbound* marketing, o modelo de pontuação fará com que os *leads* avancem no funil de vendas. Esse funil geralmente é dividido em três camadas: topo, meio e fundo. Cada camada requer que um conteúdo certo seja entregue no momento certo para continuar movendo o *lead* potencial pelo funil. Cada etapa do funil tem uma função no processo de decisão do cliente e, portanto, na estratégia de marketing da sua empresa:

- Topo – Aprendizado e descoberta.
- Meio – Consideração e intenção.
- Fundo – Avaliação e decisão.

De fato, 50%[4] dos *leads* não estão prontos para fazer uma compra na primeira conversão. Portanto, é importante nutrir os *leads* com os conteúdos certos e ir amadurecendo-os até chegarem ao fundo do funil. Boa parte do sistema de *lead scoring* também é baseada em quais e quantos conteúdos em cada camada o *lead* consumiu. Cada conteúdo pode ter uma pontuação, assim como cada camada.

---

[4] Disponível em: https://blog.hubspot.com/blog/tabid/6307/bid/30901/30-thought-provoking-lead-nurturing-stats-you-can-t-ignore.aspx?. Acesso em: 20 jun. 2020.

Veja na Figura 28.4 os tipos de conteúdo (em inglês) mais recomendados para cada camada do funil e como a jornada do cliente está associada.

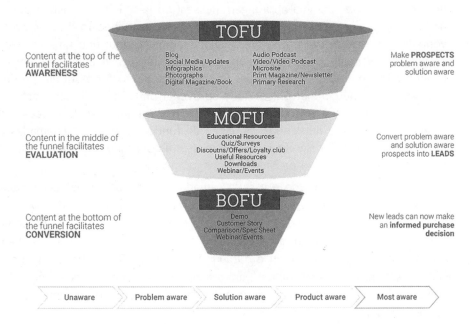

Figura 28.4 – Tipos de conteúdo mais recomendados para cada camada do funil de vendas. **Fonte**: Disponível em: https://www.shopify.com/partners/blog/content-marketing-funnel. Acesso em: 20 jun. 2020.

Entenda como cada etapa funciona, e como agir em cada uma delas:

- **Topo do funil**: no topo do seu funil de vendas, você procura atrair o máximo de pessoas dentro do público-alvo. Nesta camada, o foco é atrair tráfego relevante sem filtrar ou desencorajar deliberadamente as conversões. Os tipos mais comuns de conteúdo do topo do funil são os artigos do *blog* e *posts* em redes sociais. A partir daí, o interesse das pessoas impactadas pelo conteúdo no topo, podem gerar oportunidades para a etapa de conversão do *inbound* marketing, contendo materiais ricos que incentivam as pessoas a trocar informações de contato pelo conteúdo fechado. O objetivo maior com o conteúdo no topo do funil é educar o público-alvo sobre uma pergunta, necessidade, dor ou problema específico que ele deseja abordar, mas sem vínculo com as vendas. Nesta camada, você precisa ganhar credibilidade com conteúdo de qualidade. Você terá a oportunidade de falar sobre o que você vende no meio do funil, conforme veremos a seguir.

- **Meio do funil**: essa é considerada a camada mais complicada, devido à grande diversidade de *leads* interessados que não foram totalmente qualificados. No meio do funil, seu conteúdo deve continuar a educar, mas também iniciar o processo de posicionamento de sua empresa como a solução para as necessidades e desafios do *lead*. Os *e-books* são um ótimo tipo de conteúdo nesta camada, assim como estudos de caso, webnários e *quiz*. O objetivo maior é aumentar sua autoridade no assunto e posicionar a sua marca na mente do *lead*.

- **Fundo do funil**: esta camada pressupõe que você atraiu uma quantidade de *leads* bons com seu conteúdo de meio de funil. O fundo do funil é a camada mais crucial, pois aqui a conversão é em vendas. Para muitos negócios, o fundo do funil precisa de alguma abordagem pessoal ou não pode consistir somente na entrega de conteúdo. Nesse ponto, seus *leads* o conhecem e se sentem à vontade para se dar mais atenção individualmente. É aqui que uma avaliação de produto ou teste gratuito funciona bem para iniciar o diálogo e começar a qualificar totalmente seus *leads* mais interessados. Se você possui um produto baseado em comércio eletrônico, pode aproveitar um código de desconto para usar no momento da transação para estabelecer algum tipo de escassez de compra. Para o time de vendas, as ações de fundo de funil são chamadas de "levantadas de mão" e significam que o *lead* está querendo a ajuda da sua empresa para solucionar seu problema.

Embora a criação de conteúdo em cada camada do funil possa parecer simples, na prática não é. Leva um tempo significativo para criar um montante de conteúdo necessário, com qualidade, para cada camada e para cada *persona* potencial compradora. Mas o esforço compensa: segundo a HubSpot, o custo por *lead* é 61% mais baixo com o *inbound* marketing do que com o *outbound* marketing. O ROI do investimento em *inbound* marketing tende a ser rápido para a maioria das empresas, pois, segundo a Gartner Research,[5] as que automatizam a geração de *leads* veem um aumento de 10% ou mais na receita dentro de seis a nove meses.

Assim como em qualquer funil, o topo é onde se concentra a maior parte do seu público. Por isso, é recomendado que 80% da sua produção de conteúdo deve ser para essa etapa, enquanto os outros 20% se dividem entre meio e fundo.

O RD Station criou um guia contendo um modelo de pontuação com linhas de cortes para classificação dos *leads*. Acesse pelo QRCode da Figura 28.5.

Figura 28.5 – QRCode de acesso ao guia para *lead scoring* criado pela Resultados Digitais.
Fonte: Disponível em: https://www.rdstation.com/blog/marketing/o-que-e-lead-scoring/. Acesso em: 30 maio 2024.

Papel da automação de marketing no *inbound* marketing

Para executar uma estratégia de *inbound* marketing bem-sucedida, você precisará das ferramentas certas. A categoria de automação de marketing tem a maioria delas. O

5　Disponível em: https://blog.hubspot.com/blog/tabid/6307/bid/28943/25-jaw-dropping-marketing-automation-stats-data.aspx. Acesso em: 23 jul. 2020.

inbound marketing é praticamente inexequível sem a automação de marketing, principalmente para negócios que precisam de muitos *leads*. Mesmo para negócios B2B de alto valor e alta complexidade, é recomendável o uso de *inbound* marketing com plataformas de automação. É muito mais eficiente manter uma plataforma coletando dados, convertendo *leads*, pontuando os *leads* (*lead scoring*), fazendo a comunicação via *e-mail* de forma inteligente, movendo os *leads* no funil de vendas e mantendo histórico sobre as interações do que um humano usando planilhas e fazendo tudo manualmente.

A HubSpot popularizou o *inbound* marketing com a ajuda de sua plataforma de automação de marketing. Aqui no Brasil quem fez o mesmo foi a RD Station com sua plataforma RD Station Marketing. A automação de marketing foi projetada especificamente para ajudar os profissionais de marketing a realizar os processos do *inbound* marketing.

Já vimos sobre a automação de marketing no Capítulo 17, mas, em linhas gerais, as plataformas de automação de marketing ou SaaS (*software* como serviço) ajudam os profissionais de marketing a aprender mais sobre potenciais *leads*, convertê-los em vendas e otimizar os gastos com marketing. A melhor plataforma de automação de marketing incluirá ferramentas para todas as táticas mencionadas neste capítulo, como recursos para aumentar o tráfego (*blog*, artigos, mídia em redes sociais), converter visitantes em *leads* (*landing pages*), fazer uma comunicação dinâmica com os *leads* de acordo com a *persona* e estágio de cada um no funil (sequência de *e-mails* e nutrição com materiais ricos), automatizar tarefas com base em regras e gatilhos (agenda de *conference calls*), fechar negócios mais rapidamente (qualificação de *leads* para o time de vendas atuar), manter uma base de conhecimento sobre os contatos (CRM), obter *insights* mais profundos de cada um (*feedback*, NPS, pesquisa de satisfação), atender melhor e mais rápido os clientes (*ticket*, *chatbot* etc.), e tornar eles em promotores de marca.

Para ilustrar o impacto positivo que a automação de marketing teve no mercado, aqui estão algumas estatísticas interessantes:

- 80% dos usuários de automação de marketing viram o número de *leads* aumentar e 77% viram o número de conversões aumentar. (VB Insight)
- As empresas que nutrem *leads* obtêm 50% mais vendas a um custo 33% menor do que os *leads* não nutridos. (IC estratégico)
- 79% das empresas com melhor desempenho usam a automação de marketing há três ou mais anos. (Venture Harbour)
- 78% dos profissionais de marketing bem-sucedidos dizem que os sistemas de automação de marketing são os principais responsáveis por melhorar a contribuição da receita. (Lenskold)

Uma plataforma de automação de marketing é uma necessidade absoluta para todo profissional de marketing que for usar a estratégia de *inbound* marketing. Além de economizar tempo, a automação de marketing irá ajudá-lo a transformar uma estratégia puramente baseada em *outbound* para *inbound* e aumentar as chances de vendas nessa era digital.

Considerações e recomendações adicionais

Para conhecer conteúdo adicional e atualizado referente a este capítulo, acesse o QRCode a seguir:

www.martha.com.br/livro-MED/saibamais28.html

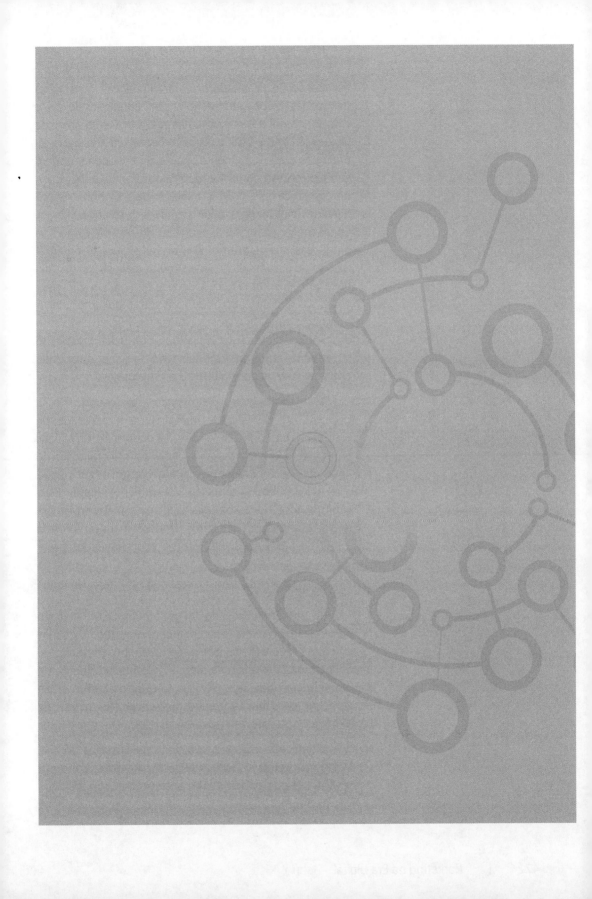

Desde que o primeiro *banner* publicitário *on-line* foi colocado em 1994, os anunciantes passaram por muitos transtornos e precisaram adotar mudanças constantes diante das revoluções tecnológicas, condições legais e comportamento dos consumidores. Com uma taxa de cliques (CTR) de 44%, o primeiro *banner on-line* alcançou um sucesso que atualmente os anunciantes apenas podem sonhar, mesmo com novos formatos, como publicidade programática ou nativa nas mídias sociais. Embora a possibilidade de obter resultados orgânicos de alcance, cliques, engajamento e vendas é o que todos nós buscamos, as mudanças nos algoritmos das mídias sociais tornaram a missão de gerar mais negócios muito mais difícil. A mídia paga tornou-se uma necessidade, e não uma opção, para empresas que desejam obter mais resultados e fortalecer o impacto de seus esforços de marketing em ambiente digital. No entanto, o potencial inesgotável de inovação do mercado de mídia *on-line* é o motivo de sua popularidade entre as marcas anunciantes e as *startups*.

O marketing de *performance* está inserido nesse contexto de publicidade digital. Essa modalidade de estratégia baseada em mídias de *performance* focadas em conversão (vendas, *downloads*, *leads*, instalações de *apps* etc.) é fundamental para qualquer negócio que quer ter resultados tangíveis no ambiente digital. Esse capítulo visa apresentar as principais plataformas de mídia, geralmente pagas, que proporcionam uma forma eficaz de mensuração de retorno sobre investimento.

O que é marketing de *performance*

O marketing baseado em *performance* é um método de publicidade digital pago não com um preço fixo, mas com um preço variável que depende do desempenho do anúncio na conversão de algo. Por exemplo, o custo de um anúncio pode se basear na frequência com que ele gera um *lead*, instalações de aplicativos, *downloads* de um *e-book* ou com que frequência resulta em uma venda.

Como é o caso de todas as mídias pagas *on-line*, cada canal tem um público específico e possui diferentes fatores que podem afetar a entrega de um anúncio. Por exemplo:

- **Público-alvo e segmentação**: cada plataforma de anúncios oferece maneiras de segmentar seu público-alvo de acordo com interesses, comportamentos, localização ou dados demográficos.
- **Lance**: o modelo de mídia paga nos canais de mídias sociais e buscadores é baseado em recursos programáticos que levam em consideração o valor máximo que você concorda em pagar e dados de concorrência pelo mesmo público-alvo para veicular anúncios para o usuário certo, na hora certa e pelo preço certo.
- **Qualidade e relevância**: confiança é o maior problema que as pessoas têm com publicidade de qualquer tipo. Como tal, no marketing de *performance* o desempenho do anúncio depende da sua relevância para o público-alvo. Se o seu anúncio não for relevante, ou seja, não estiver cumprindo com o objetivo definido, como obter cliques, engajamentos, conversões, ele será classificado como de baixa qualidade, dessa forma, a rede reduzirá sua exposição.
- **Conversão**: todo o modelo do marketing de *performance* é baseado nas ações de conversão que uma pessoa pode fazer. Quando a ação desejada não ocorre, a rede de distribuição do seu anúncio não é paga. Por isso, se o seu anúncio não estiver cumprindo com o objetivo definido, ele para de ser exibido, pois os veículos de mídia não querem ficar entregando seus anúncios de graça.

Como no modelo do marketing de *performance* o pagamento ocorre por ação, é necessário ter a compreensão das variáveis de conversão mais usadas nas mídias pagas.

- **CPM (custo por mil impressões)**: o valor que um anunciante paga ao veículo de mídia a cada mil vezes que o anúncio é exibido. Um anúncio pode ser exibido mil vezes para cem pessoas, aparecendo na média dez vezes para cada pessoal, assim como um anúncio pode ser exibido mil vezes para mil pessoas, aparecendo na média uma vez para cada pessoa. Em ambos os casos, o custo será por mil impressões, e não por pessoa impactada.

- **CPC (custo por clique)**: o valor que um anunciante paga apenas quando o anúncio é clicado.
- **CPS (custo por venda)**: o valor que um anunciante paga apenas quando uma venda é gerada diretamente por um anúncio.
- **CPL (custo por *leads*)**: o valor que um anunciante paga quando recebe uma inscrição de uma pessoa interessada numa *landing page* ou *site* como resultado direto de seu anúncio.
- **CPA (custo por aquisição)**: o valor que um anunciante paga quando uma ação específica, como uma venda, um preenchimento de formulário ocorre. No mercado, é mais comum falar em termos de CPA do que em CPS para se referir ao mesmo objetivo.

Nos formatos de pagamento como CPS, CPL e CPA, é necessário ter um *script* de rastreamento da ação na página de destino para poder anunciar.

Vale ressaltar que cada uma das ações apresentadas é um objetivo de publicidade e, portanto, uma medida da eficácia do marketing de *performance*. Para avaliar suas escolhas e continuar a otimizá-las, você deve considerar suas metas de campanha, escolha de plataformas, custos e, é claro, resultados. Mas, para que o marketing de *performance* funcione, não basta escolher um modelo de pagamento. As empresas devem desenvolver anúncios atraentes, fáceis de entender, com *call to action* que corresponda à ação escolhida. Devem desenvolver ainda *landing pages* com um bom texto de convencimento (*copy*), fácil de ler, contendo a proposta de valor ao visitante e chamada para a ação (CTA). O *inbound* marketing geralmente trabalha em conjunto com o marketing de *performance*, como vimos no Capítulo 28.

Há muitos benefícios em usar o marketing de *performance* no seu *mix* de estratégias digitais. Além do benefício de construir sua marca por meio de veículos de mídia programática, podendo escolher pagar somente se o público-alvo se engajar com o seu anúncio, você também pode reduzir o risco de investir em um canal que não dê resultados. Além disso, o marketing de *performance* é totalmente rastreável, mensurável e transparente. O cálculo de ROI é muito mais fácil do que em outros tipos de mídia mais subjetivas ligadas ao fortalecimento de marca. No marketing de *performance*, as marcas podem ver o caminho completo do clique de cada possível comprador e identificar onde investir mais.

Principais áreas do marketing de *performance*

Quando se trata do uso do termo "marketing de *performance*", existem várias áreas e estratégias no espaço de marketing digital que o utilizam. Ou seja, o marketing de *performance* não existe sem ser combinado com alguma outra área ou estratégia.

Enquanto uma marca pode decidir que apenas uma área ou estratégia é apropriada para o seu negócio, outras podem usar várias estratégias dentro de um planejamento digital para atingir seus objetivos.

A seguir, estão algumas das áreas e estratégias mais comuns do marketing digital em que o termo marketing de *performance* é usado em conjunto.

- **Marketing de afiliados**: conforme vimos no Capítulo 26, o marketing de afiliados está relacionado a qualquer tipo de pagamento comissionado após a ação desejada pela marca anunciante. O marketing de afiliados é uma estratégia baseada em *performance*.
- **Publicidade nativa**: essa é uma forma de mídia paga que, diferentemente dos *banners*, não se parece com um anúncio. Esse tipo de anúncio tende a seguir a forma e a função natural do *site* em que ele é colocado, como *sites* de notícias ou mídias sociais, e geralmente pode ser alimentado dinamicamente com base em cada usuário que lê ou visualiza o conteúdo. São exemplos de plataformas para comprar mídia nativa a Taboola e o Outbrain. Os modelos de pagamento mais comuns para publicidade nativa são CPM (pagamento por impressão) e CPC (pagamento por clique).
- **Conteúdo patrocinado**: principalmente usado por influenciadores e *sites* de conteúdo, esse tipo de marketing de *performance* envolve um *post* (comumente chamado de *publipost*) ou artigo dedicado que promove uma marca (comumente chamado de publieditorial), seu produto ou serviço em troca de alguma forma de compensação. Às vezes, a compensação é na forma de produto gratuito ou experiência de marca, enquanto outras são pagamentos baseados em CPA (pagamento por aquisição de *lead*, instalação de *app*, *download* etc.), CPM ou CPC.
- *Social media advertising*: conforme vimos no Capítulo 24, esse tipo de estratégia usa as plataformas de mídias sociais para obter tráfego e reconhecimento da marca por meio de *posts* de conteúdo no Facebook, TikTok, Instagram, entre outros. No entanto, essas plataformas também oferecem meios de fazer uso do marketing de *performance* e criar campanhas cujo objetivo é conversão. Os modelos de pagamentos são todos voltados para o objetivo dentro da conversão, como *leads*, *download*, instalação de aplicativos, vendas etc. Veremos mais adiante, neste capítulo, sobre essa área estratégica.
- *Search engine marketing*: dividido em duas partes, o *Search Engine Marketing* (SEM) pode ser realizado por meio de opções pagas e/ou orgânicas, conforme vimos no Capítulo 23. A opção paga acontece quando uma marca anunciante paga por cliques em anúncios em mecanismos de busca como Google, Bing e Yahoo, enquanto a pesquisa orgânica é o oposto – usando métodos não pagos, como o *Search Engine Optimization* (SEO), e confiando no próprio algoritmo do mecanismo de busca para classificar seu *site* e seus artigos do *blog* no topo. Algumas empresas medem seus resultados de SEM com base em *performance* e pagam comissões às agências ou fornecedores que operam as campanhas pagas com base nos resultados de conversão.

Social Media Advertising

Em um jogo onde os negócios não podem depender somente dos resultados orgânicos, a publicidade em mídias sociais se torna essencial para as marcas. Para marcas iniciantes, o alcance orgânico é baixo na maioria das principais redes. Em 2012, vivenciamos dias em que simplesmente fazer um *post* no Facebook era sinônimo de alcançar todo mundo que seguia uma página. Atualmente, esses dias acabaram. Na verdade, nunca houve almoço grátis. A necessidade de fazer propaganda e atrair o interesse do público-alvo sempre existiu e vai continuar existindo, não importa o canal. No fim do dia, é sobre como você segmenta seu público, alcança os *leads*, cria jornadas de clientes, leva as pessoas aos seus canais para fazer uma compra, e entrega uma experiência em torno da marca. Estratégias de mídia paga em redes sociais ajudam em todas as etapas.

Mas o verdadeiro desafio é entender a dinâmica das mídias sociais dentro da jornada do cliente, como começar a usar *social ads*, em qual canal apostar e quanto gastar. São muitas coisas até para as marcas mais experientes nas mídias sociais.

A publicidade em mídia social é uma maneira de segmentar o público-alvo em redes específicas, para que as pessoas possam ver sua marca em seus *feeds*. Funciona muito bem quando bem-feito. Aí que mora o desafio, pois nas redes sociais as variáveis de mídia paga são grandes. Você precisa ser estratégico com os objetivos, verba, segmentação do público-alvo e anúncios.

A seguir, você verá as principais etapas para ajudar sua marca a fazer *social ads* com consciência.

Escolha os objetivos das suas campanhas

Sim, você leu corretamente, está tudo no plural. Lembra da jornada do cliente e do funil dinâmico de marketing? Então, é importante criar campanhas diferentes para cada etapa da jornada, para ser capaz de levar o *lead* ou cliente ao próximo passo.

Como essa não é uma tarefa simples, é sugerido priorizar seus objetivos e escolher o melhor para atacar primeiro. Se o seu negócio é totalmente desconhecido, priorizar a visibilidade de marca pode ser mais importante do que engajar o público. Cada marca tem um objetivo diferente de acordo com a sua maturidade de negócios e maturidade no ambiente digital. Os cinco objetivos mais comuns de publicidade paga em mídias sociais são:

1. **Aumentar a visibilidade (*awareness*)**: aumentar a consciência de que a sua marca existe no mercado significa colocar ela no radar do público-alvo e elevar os níveis de interesse. As campanhas com esse objetivo são ótimas para aumentar a lembrança de marca na hora de um possível interesse ou reconhecimento de marca na hora de uma possível compra. Neste objetivo, o foco é em alcançar o máximo de pessoas possível dentro do público-alvo com a frequência certa. Aqui, o modelo de pagamento das campanhas é por CPM, pois o objetivo é aparecer, não obter cliques, vendas ou engajamento, embora isso possa acontecer como consequência da exibição dos seus anúncios.
2. **Aumentar a geração de *leads***: muitas marcas usam anúncios em mídias sociais para ajudar a gerar *leads*. Muitos canais têm formatos de anúncios que capturam o *lead* sem o usuário sair do ambiente social, o que pode ser 10 vezes mais

rápido do que abrir uma *landing page*. Isso é ideal para marcas que desejam promover conteúdo fechado ou qualquer outro recurso que ajude o usuário se converter. Pode ser uma campanha de várias etapas, pois você pode criar listas de *leads* e fazer uso do *inbound* marketing na estratégia. Qualquer ação usando esse objetivo vai te ajudar a atrair *leads* para o seu funil de vendas. Aqui, o modelo de pagamento é por *lead* convertido (CPL), ou seja, após a inscrição de um formulário, por exemplo.

3. **Aumentar o tráfego**: se você precisa levar mais pessoas para o seu *site*, *hotsite* promocional ou *landing page* de produto, o objetivo de tráfego ajuda muito. Campanhas com esse objetivo aumentam o total de visitantes únicos e visualizações de página. Usar esse objetivo é muito bom para quem já te conhece e você quer promover um novo *site*, promoção, produto ou oferta. O modelo de pagamento das campanhas com esse objetivo é por clique (CPC).

4. **Aumentar as vendas**: quem vende *on-line* tem muitas opções de publicidade em mídias sociais para ajudar a vender produtos e serviços. As marcas podem executar testes com anúncios pagos para ver o interesse em um produto ou fazer ofertas para obter mais vendas. Isso também é ideal para marcas que lançam novos recursos em um produto existente ou aumentam seu *mix* de serviços. O modelo de pagamento das campanhas com esse objetivo é por aquisição ou venda (CPA ou CPS).

5. **Aumentar o engajamento**: medir o engajamento por meio de curtidas, comentários, compartilhamentos, pode ajudar você a entender qual conteúdo funciona melhor. Também permite que sua marca estimule uma conversa com os clientes. Embora você possa usar esse objetivo concomitante com outros em campanhas distintas, é fato que no começo da jornada do cliente a pessoa ainda não conhece a marca, e, portanto, a probabilidade de ela engajar com um *post* pago é baixa. Já, ao fazer campanhas com o objetivo de engajamento para quem já conhece a marca e já é cliente, a probabilidade de as pessoas engajarem é maior, correspondendo à ação esperada dos anúncios. O modelo de pagamento das campanhas com esse objetivo é por envolvimento (CPE). Esse objetivo não é usual para o marketing de *performance*, pois não gera uma ação de conversão direta. Mas *posts* com conteúdo de valor que geram engajamento podem contribuir para que o *lead* em potencial converta. Veremos sobre isso no tópico sobre modelos de atribuição adiante, neste capítulo.

A vantagem se usar o objetivo certo na etapa correta da jornada é que você será mais relevante junto ao público-alvo e ele corresponderá ao objetivo. Lembra que vimos sobre o quanto o leilão das mídias de *performance* é variável de acordo com o desempenho do anúncio? Então, faça as escolhas certas.

Selecione cuidadosamente suas plataformas sociais

Após ter clareza sobre os objetivos, é hora de escolher quais plataformas de mídia social você usará para suas campanhas. Há muitos benefícios em usar uma rede em detrimento de outra. No entanto, você precisa entender que cada empresa tem seus próprios motivos exclusivos para se promover em determinadas plataformas. Aqui estão algumas perguntas-chave a serem consideradas: Esse canal está me apresentando um bom desempenho orgânico? Os dados demográficos desse canal correspondem ao público-alvo da minha marca? Nossos concorrentes têm como alvo usuários nessa rede? Meu público-alvo sempre se engaja nessa rede?

Para quem está começando, tente escolher um ou dois canais sociais que melhor se alinhem às suas metas e objetivos. Para tornar seu processo um pouco mais fácil, veremos a seguir as características dos principais canais de mídias sociais e que tipo de conteúdo ou anúncio funciona melhor.

- **Facebook**: é a rede social com o sistema de anúncios mais completo da *Web*. O Facebook possui uma infinidade de possibilidades de segmentação e formatos de anúncios. Ele é excelente para campanhas B2C, apesar de conseguir alcançar de forma granular qualquer usuário potencial para B2B. Os recursos de anúncios do Facebook permitem você criar campanhas para qualquer estágio da jornada do cliente, principalmente para gerar *awareness* de marca em função da sua popularidade. No entanto, alguns formatos de anúncios são especiais para conversão pelo poder de serem nativos na rede, por exemplo os formatos coleção (catálogo de produtos), carrossel, anúncios geradores de cadastros e ofertas. O formato carrossel pode apresentar informações dinâmicas de produtos de um *e-commerce*, por exemplo. Saiba mais sobre os formatos disponíveis por meio do QRCode da Figura 29.1.

Figura 29.1 – QRCode de acesso ao guia de formatos do Facebook.
Fonte: Disponível em: https://www.facebook.com/business/ads-guide/update. Acesso em: 30 maio 2024.

- **Instagram**: muito semelhante ao Facebook em termos de formatos e segmentação de mídia, pois esta rede usa o mesmo sistema de anúncios do Facebook. É por meio do gerenciador de anúncios da Meta que você irá gerenciar também as campanhas no Instagram. Nesta rede, o conteúdo é altamente visual e permite que os usuários se expressem mais compartilhando suas experiências de consumo e conhecimento. É um ambiente social muito propício para campanhas B2C com objetivos de *awareness* e vendas. No caso de vendas, o Instagram possui formatos de *posts* integrados com um catálogo de produtos (coleção), facilitando o CTA para compras dentro da própria rede.
- **X (Twitter)**: as várias opções de publicidade do X permitem que as marcas trabalhem para entrar em conversas existentes no mercado. Os formatos ajudam uma marca

a conquistar novos seguidores, gerar *awareness* de marca por meio de conversas patrocinadas, aumentar a base de instalação de aplicativos, entre outros. Dentre os objetivos de campanha, o X é excelente para gerar *awareness* e tráfego para algum destino por meio de diversos formatos como, por exemplo, o *website card*. Os usuários no X geralmente são mais diretos em função da limitação de caracteres. O X costuma ser o ambiente para retratar o que está acontecendo agora.

- **LinkedIn**: esta rede é a única mais voltada para o B2B. O comportamento dos usuários dentro dessa rede visa estabelecer conexões de oportunidades de negócio e emprego. Os conteúdos criados são voltados para ajudar as pessoas em suas carreiras. Um terço dos usuários do LinkedIn possuem cargos de alto nível e todos os principais executivos das 500 maiores empresas do mundo estão presentes nela. Em termos de conversões B2B, o LinkedIn é a rede com a melhor eficácia, segundo um estudo da Hubspot, pois os *leads* gerados por meio dessa rede são altamente qualificados. As campanhas dentro do LinkedIn podem ajudar um negócio a ganhar visibilidade, gerar *leads* e aumentar o tráfego para algum destino na *Web*. Muitos dos seus formatos de anúncio se assemelham aos formatos do Facebook, mas há um em particular que é exclusivo: o InMail. O InMail é uma espécie de *e-mail*, mas vai para a caixa de entrada da própria rede. As taxas de aberturas são mais altas do que de um *e-mail* comum. Esse formato exige um conteúdo em texto, geralmente enviado por algum líder da empresa anunciante, tornando a abordagem mais pessoal.

- **Snapchat**: esta rede social B2C funciona melhor com campanhas de engajamento, especialmente para públicos mais jovens, especialmente nos EUA, onde o aplicativo é mais utilizado. No Brasil, o Snapchat não tem tanta relevância e dificilmente aparece nos *rankings* de plataformas sociais mais usadas no país. Seus filtros e lentes patrocinados são construídos para fazer com que os usuários se envolvam, se divirtam e promovam alguma marca. Campanhas de *awareness* têm bastante força nesse ambiente social.

- **Pinterest**: este site social é um ambiente totalmente voltado para a descoberta e inspiração. O Pinterest tem características de comércio social, permitindo que seus conteúdos tenham botões de compras. Os anúncios no Pinterest são frequentemente usados para gerar vendas imediatas de seus produtos ou serviços. O conteúdo pago dentro dessa rede tem a capacidade de elevar os níveis de tráfego em seu *e-commerce*. 98% dos usuários do Pinterest dizem ter experimentado coisas novas que encontraram nessa rede, contra 71% em outras plataformas de mídia social (Nielsen). De acordo com um estudo do Pinterest, 85% dos usuários mulheres usam essa rede para planejar momentos da vida – podemos considerar que os "momentos de vida" incluem a decoração de uma nova casa, planejamento de uma festa, destinos para férias, ideias para o lanche das crianças, ideias de maquiagem, ideias de presentes etc. Ao impactar os usuários do Pinterest em um estágio inicial da jornada do cliente, quando eles estão planejando, você pode colocar seus produtos ou serviços na frente deles em um momento em que eles estão mais abertos a possibilidades. Vale observar que isso é muito válido para B2C.

- **TikTok**: este aplicativo de mídia social é o que cresceu mais rápido desde 2019. Assim como o Snapchat, esse canal é altamente voltado para engajamento, onde os usuários se expressam todos os dias por meio de vídeos curtos verticais. Esse canal tem uma característica de engajar pelo talento e pelo conteúdo das pessoas, onde quase tudo o que é criado está associado a algum desafio, comunidade e *trend*. As *hashtags* geralmente representam desafios e comunidades, e as marcas estão entrando como anunciantes dentro desse contexto. Patrocinar desafios é engajar os consumidores em torno da sua marca. O foco do anunciante é gerar *awareness* e engajamento da forma mais autêntica possível por meio dos usuários. A própria marca praticamente não tem espaço para um comercial tradicional, são os próprios usuários que fazem a propaganda acontecer.
- **YouTube**: os anúncios pagos no YouTube se destacam no cenário de marketing de *performance* devido à sua combinação única de alcance massivo e capacidade de segmentação precisa. Diferentemente de outras plataformas, o YouTube oferece uma diversidade de formatos de anúncios, como TrueView, Bumper Ads e anúncios não puláveis, que permitem que as marcas contem histórias mais envolventes e visualmente impactantes. Entre suas vantagens, destaca-se a possibilidade de alcançar uma audiência altamente engajada, pois os usuários do YouTube costumam consumir conteúdo com mais atenção e por períodos mais longos. Além disso, o YouTube permite a segmentação baseada em seleção de vídeos, ou seja, você pode determinar em qual vídeo dentro do canal seu anúncio vai aparecer, otimizando o retorno sobre o investimento. A principal forma de anunciar no YouTube é por meio do Google Ads, que oferece ferramentas para anunciar também nos resultados de busca do Google, além de avançadas de análise e ajuste de campanhas, facilitando a mensuração de resultados e a adaptação estratégica para maximizar o impacto das campanhas publicitárias.

Encontre a segmentação do seu público-alvo dentro das redes sociais

Segmentar um público-alvo para anúncios em mídias sociais não é uma tarefa fácil. Seja você é um profissional experiente em anúncios em mídias sociais ou apenas está começando, uma coisa permanece a mesma: você precisa encontrar um meio-termo para sua segmentação. Não pode ser muito específico e também não pode ser muito amplo. As plataformas de mídias sociais não conseguem entregar os anúncios quando a segmentação é muito específica, pois o público endereçável com mídia pode ficar muito pequeno e difícil de ser achado assim que um anúncio é publicado. Do outro lado, se a segmentação é muito ampla, você terá dispersão na entrega dos anúncios e as pessoas impactadas provavelmente não tomarão a ação de acordo com o objetivo escolhido em sua campanha. Consequentemente, sua campanha também para de ser entregue, pois não está sendo relevante para o público segmentado. As plataformas de anúncios estão ficando cada vez mais complexas e sofisticadas, por isso é importante gastar seu tempo com sabedoria, criando públicos-alvo viáveis.

Para efeito didático, vamos usar o gerenciador de anúncios da Meta como base de como fazer a segmentação de público, pois todos os outros canais seguem o mesmo princípio. Além disso, o gerenciador de anúncios da Meta é o mais avançado no momento.

Dentre os recursos de segmentação há diversas formas de você compor o seu público-alvo como: localização, idade, gênero, dados demográficos, interesses, comportamentos, idiomas e conexões.

A segmentação por dados demográficos permite que você determine formação acadêmica, renda, acontecimentos (por exemplo, data de aniversário), parentesco, *status* de relacionamento e ocupação.

A segmentação por interesse permite que você determine interesses e coisas que os usuários gostam e compartilham em seu próprio perfil (*feed*). No Instagram, há diversos tipos de interesses como tipos de comidas e bebidas, compras e modas, entretenimento, esportes, *hobbies*, negócios, saúde e boa forma, tecnologia, entre outros.

Além disso, você pode usar o recurso Comportamentos do público-alvo para restringir usuários que têm intenções específicas, como comportamentos de compra ou comportamentos de viagem.

Todas essas formas de segmentação podem ser usadas em conjunto para excluir pessoas ou limitar o público. Por exemplo, podemos segmentar pessoas que moram em São Paulo, com idade de 18 a 24 anos, solteiras, se interessam por vinhos ou gim e por bossa nova, mas não se interessam por futebol ou artes marciais. Ao usar o "ou", estamos dando a condição de segmentação que pode ser uma coisa ou outra, tanto faz. Ao usar o "e", estamos dando a condição de limitação de público que filtra o público segmentado de acordo com o interesse. Ao usar o "não", estamos dando a condição de segmentação que o público segmentado não pode se interessar pelo assunto, é um fator de exclusão.

Tudo isso leva a uma segmentação mais precisa do que seria seu público-alvo ideal. Ao fazer anúncios para essa segmentação, a probabilidade de elas se interessarem pela sua solução é maior, além de aumentar as taxas de conversão e vendas.

Uma das técnicas de maior sucesso quando o assunto é criação de público segmentado é o uso de uma base real de clientes. Ao usar ferramentas de automação de marketing, provavelmente terá listas de *e-mails* com base em comportamentos em *landing pages*, mas também terá a lista de *e-mails* de quem se tornou cliente. Você pode usar essas listas para gerar um público semelhante. A Meta, em particular, lhe permite subir essas listas e criar uma audiência semelhante de modo a atingir novas pessoas com base nas mesmas características dos seus clientes. Essa é a forma mais assertiva de achar seu público-alvo ideal.

Por fim, é necessário conhecer bem o seu público-alvo para poder fazer as melhores escolhas de segmentação. Uma recomendação importante: não crie apenas uma única segmentação, crie várias para testar diferentes campanhas, faça testes A/B tanto de segmentação quanto de anúncios. Isso irá lhe dar os dados certos para corrigir rotas e ter maior sucesso. No jogo do marketing de *performance*, testar e aprender rápido é sinônimo de sucesso.

Faça anúncios nativos que se pareçam com o conteúdo orgânico

Após definir os objetivos, canais sociais e a segmentação do seu público-alvo, chegou a hora de escolher os formatos de anúncios. Existem diferentes tipos de anúncios nas diversas plataformas de mídias sociais que já vimos anteriormente. A escolha do melhor formato pode ser determinante para o resultado de uma campanha, além disso, nem sempre todos os formatos funcionam para a sua marca. No entanto, uma das melhores técnicas a serem seguidas ao criar um anúncio nas mídias sociais é torná-lo o mais nativo possível. Isso significa criar conteúdo pago e falar sobre o que você sabe enquanto especialista no que vende, e não fazer propaganda do que vende. Tem uma diferença enorme nessa definição. Veja na Figura 29.2 um exemplo de conteúdo pago com característica de publicidade nativa e um exemplo de propaganda.

O anúncio da esquerda parece menos com uma propaganda, certo? Dentre um *feed* em que um usuário vê vários conteúdos com fotos semelhantes de banco de imagens, o anúncio da direita se perde junto a outros *posts*. O ideal é criar anúncios de conteúdo pago que façam as pessoas pararem, prestarem atenção e tomarem ações conforme o objetivo escolhido para a campanha.

Para isso, você pode criar anúncios nas mídias sociais que se pareçam mais com o conteúdo orgânico que os usuários postam. Na maioria das vezes, as pessoas sabem quando veem um anúncio, e é por isso que você precisa evitar parecer propaganda. Veja um exemplo na Figura 29.3.

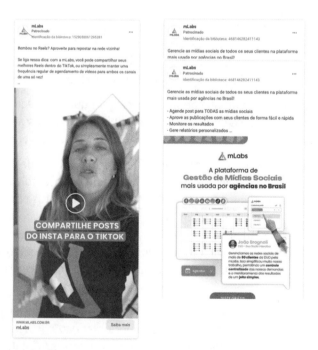

Figura 29.2 – Duas imagens com peças criativas da mLabs em publicidade paga no Instagram, sendo a primeira imagem uma publicidade na qual parece um conteúdo nativo de Reels e a segunda imagem, uma peça mais tradicional de propaganda.

Figura 29.3 – Criativo da mLabs usando o formato nativo do Reels no Instagram.

A mLabs usa anúncios em vídeo do Facebook e Instagram para promover novas funcionalidades da plataforma. No entanto, o vídeo combina bem com outro conteúdo das mídias sociais e não mostra uma propaganda, o usuário fica envolvido com o vídeo, que passa a mensagem necessária e contém um CTA.

Dos exemplos que apresentamos, certamente existem diferenças em cada formato e conteúdo. É por isso que é necessário aprender os vários formatos de anúncio para que você possa se encaixar bem no conteúdo orgânico do canal escolhido. Por exemplo, se você usasse um anúncio estático no Instagram Stories, o fator *"stories"* seria muito menor que um vídeo contendo *stickers*, *gifs* ou elementos característicos desse formato.

Anúncios para o Instagram não se parecem em nada com os formatos de anúncios propícios para gerar conversas no X ou com anúncios para gerar desafios no TikTok. Portanto, reserve um tempo para entender os prós e os contras de cada formato em cada canal de acordo com os seus objetivos e perfil do público-alvo antes de decidir publicar.

Modelos de atribuição

Modelo de atribuição é um caminho para analisar quais pontos de contato ou canais de marketing têm peso para uma conversão acontecer. Lembrando que, na maioria das vezes, uma conversão acontece ao decorrer da jornada do cliente, quando ele entra no funil dinâmico de marketing. Portanto, apesar de o *lead* potencial ter convertido em função de um *link* patrocinado no Google, ele pode ter descoberto a empresa por meio de um *post* patrocinado no Instagram. Veja um exemplo na Figura 29.4.

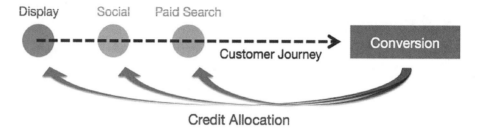

Figura 29.4 – Exemplo didático do modelo de atribuição de mídia.
Fonte: Disponível em: https://www.adinton.com/attribution-model-actionable/. Acesso em: 20 jun. 2020.

Cada modelo de atribuição distribui o valor de uma conversão por cada ponto de contato de maneira diferente.

Existem seis modelos de atribuição comuns: primeira interação, última interação, último clique não direto, linear, redução de tempo e baseado em posição.

Ao analisar cada modelo de atribuição, você pode ter uma ideia melhor do ROI de cada canal de marketing.

Não há necessariamente um melhor modelo de atribuição, pois o funil de marketing é dinâmico. Você até pode escolher um como seu modelo de atribuição principal para fins de otimização de mídia de *performance*.

Diversos canais, como o Google e o Facebook, possuem alguma ferramenta de análise do modelo de atribuição. Mas não se limite às ferramentas oferecidas pelos canais de mídia, procure ferramentas especializadas em atribuição. Veja uma lista completa com os principais *softwares* no QRCode da Figura 29.5.

Figura 29.5 – QRCode de acesso à lista dos *softwares* de modelo de atribuição.
Fonte: Disponível em: https://www.g2.com/categories/attribution. Acesso em: 20 jun. 2020.

Compare o desempenho em cada modelo para entender a importância de vários pontos de contato na jornada do cliente. Geralmente, o mercado analisa somente o último clique como forma de identificar o melhor canal de conversão. Muitas vezes, um anúncio recebe todo o crédito pelos *leads* gerados, mas quem teve o maior peso mesmo foi algum anúncio anterior em um canal diferente.

Ao comparar vários modelos de atribuição, é mais fácil entender como dois (ou mais) canais de marketing funcionam juntos para gerar conversões, para que você possa atribuir um valor de conversão a cada canal de forma correta.

Os modelos de atribuição são úteis, mas também são um dos desafios mais complicados do marketing, pois isso pode envolver canais *off-line*.

A seguir, vamos ver cada tipo de modelo de atribuição.

Atribuição da última interação

A atribuição de última interação também é chamada de "último clique" ou "último toque". Como o nome indica, esse modelo concede 100% do crédito à última interação que sua empresa teve com um *lead* antes de ele converter.

Por exemplo, um visitante encontra seu *site* por meio de pesquisa orgânica no Google. Uma semana depois, ele vê um anúncio no Instagram e clica no anúncio. Mais tarde, naquele dia, ele acessa seu *site* diretamente e faz uma compra.

O tráfego direto, nesse caso, recebe todo o crédito dessa compra. 100% do valor é atribuído a esta última interação.

Este modelo de atribuição é padrão na maioria das plataformas, incluindo o Google Analytics. Se você estiver visualizando relatórios de conversão padrão no Google Analytics, verá cada objetivo atribuído à última interação que seu cliente teve com sua empresa.

A atribuição de última interação é a mais simples de implementar e avaliar e também é frequentemente a mais precisa. As pessoas podem acessar de vários dispositivos, limpar *cookies* ou usar vários navegadores. Isso dificulta o rastreamento de toda a jornada. No entanto, ao usar esse modelo, você sempre pode ter certeza da última interação deles antes da conversão.

A desvantagem é que esse modelo ignora tudo o que acontece antes da interação final. Muitas das interações e pontos de contato anteriores ao último clique serão igualmente importantes. Esse modelo pode ser bom se você tiver um ciclo de compra curto. Se não houver muitos pontos de contato antes da conversão, apenas o rastreamento da última interação dará uma boa ideia dos seus canais mais fortes.

Atribuição da primeira interação

A primeira interação é semelhante à última interação, pois concede 100% do crédito a um clique/interação. Também chamada de "primeiro clique", concede todo o crédito por uma conversão à primeira interação da sua empresa com o cliente.

Por exemplo, se um cliente encontra sua empresa no Pinterest, o Pinterest recebe todo o crédito por qualquer venda que ocorra após essa interação. Não importa se o cliente o encontrou no Pinterest, clicou em um anúncio no Instagram uma semana depois e foi diretamente ao seu *site*. O Pinterest, nesse exemplo, recebe o crédito total.

O principal apelo do uso da atribuição da primeira interação é o quão simples e direto ele é. No entanto, esse modelo ignora os efeitos de quaisquer canais de marketing potencialmente importantes no futuro.

Esse modelo também é útil se o seu setor tiver um curto ciclo de compra. Se houver uma tendência de converter os clientes imediatamente, o primeiro ponto de contato será especialmente importante. Ou, se seu principal objetivo de negócios é atrair novos clientes, esse é um ótimo modelo para avaliar cada canal.

Último clique não direto

O modelo de último clique não direto é um pouco mais útil do que um modelo padrão de último clique. 100% do valor ainda está atribuído a uma única interação. Porém, com o último clique não direto, ele elimina as interações "diretas" que ocorrem logo antes da conversão.

Tráfego direto é quando alguém vai diretamente ao seu *site* inserindo manualmente o sua URL ou clicando em um *link* favorito no *browser*. Portanto, esse visitante já conhece sua empresa.

Como eles aprenderam sobre sua empresa? O que os levou a ir diretamente ao seu *site*? Ao eliminar o tráfego direto em um modelo de último clique, você pode atribuir melhor valor à estratégia de marketing que levou à conversão. Se seu cliente tiver quatro pontos de contato antes do último clique não direto, esses pontos serão completamente ignorados.

Atribuição linear

Com um modelo de atribuição linear, você divide o crédito por uma conversão igualmente entre todas as interações que o cliente teve com sua empresa.

Por exemplo, um cliente encontra você no Instagram, se inscreve na sua lista de *e-mails* e depois clica em um *link* de *e-mail*. Na semana seguinte, ele vai diretamente ao seu *site* e faz uma compra de R$ 120,00.

Existem três pontos de contato nessa situação. Cada ponto de contato recebe 33% do crédito ou um valor de conversão de R$ 40,00 atribuído ao canal quando a compra foi feita.

A atribuição linear oferece uma visão mais equilibrada de toda a sua estratégia de marketing do que o modelo de atribuição de evento único. No entanto, isso significa que também atribui igual importância a tudo. Algumas estratégias de marketing são mais eficazes que outras, e esse modelo não destacará as estratégias mais eficazes.

Se você deseja um modelo de atribuição diferenciado, simples e fácil de explicar aos clientes, a atribuição linear pode ser uma boa opção para você. É uma ótima maneira de demonstrar como cada canal tem valor.

Atribuição de redução de tempo (*Time Decay*)

A atribuição de redução de tempo é semelhante à atribuição linear, pois distribui o valor por vários eventos. Porém, diferentemente da atribuição linear, o modelo *Time Decay* também leva em consideração quando o *touchpoint* ocorreu. As interações que ocorrem mais perto do momento da compra têm mais valor atribuído a elas. A primeira interação obtém menos crédito, enquanto a última interação obtém o máximo.

Se a construção de relacionamentos é um grande fator para o sucesso de uma empresa, o uso da atribuição *Time Decay* pode ser uma maneira útil de conceituar isso.

Lembre-se de que esse modelo minimiza o peso das ações de topo do funil. Você pode usar um modelo de atribuição de redução de tempo quando estiver lidando com um ciclo de vendas particularmente longo, como para compras B2B de alto valor e complexidade.

Atribuição baseada em posição

O modelo de atribuição com base em posição (também chamado de atribuição em forma de U ou *Position Based*) divide o crédito por uma venda entre a primeira interação de um cliente em potencial com sua marca e o momento em que ele se converte em um *lead*.

40% do crédito são concedidos a cada um desses pontos, com os 20% restantes espalhados entre outras interações ocorridas no meio.

Por exemplo, se um possível cliente entrar em contato com sua empresa pela primeira vez por meio de uma pesquisa no Google, olhar para o seu perfil no Instagram e depois se inscrever em sua newsletter, o primeiro e o terceiro toques receberão 40% do crédito e a visita do Instagram receberá os 20% restantes.

O *Position Based* é um modelo forte de atribuição para muitos tipos de negócios que têm vários pontos de contato antes de uma conversão e, pelo menos, dá algum crédito a cada interação. Mas isso concede um peso maior às suas duas interações mais importantes: a primeira vez que um cliente encontrou você e a interação que levou a uma conversão.

Otimização do marketing de *performance*

Como em toda boa campanha de mídia digital, o benefício está em poder corrigir rotas durante a campanha. A seguir, veremos os principais fundamentos para se otimizar uma campanha no marketing de *performance*.

Foco em ter uma boa *landing page*

Quando se trata de marketing de *performance*, uma página de destino ruim pode impedir que a conversão dos visitantes em *leads* aconteça, e uma oferta ruim pode impedir que eles tomem qualquer ação. Se nenhuma ação estiver ocorrendo, provavelmente seus anúncios pararão de ser exibidos pelo veículo de mídia. Como anunciante, verifique se está oferecendo anúncios atraentes e audite seu *site* para verificar possíveis problemas que um visitante possa encontrar ao chegar na página. Pense e teste toda a experiência do usuário ao acessar sua *landing page* ou *site*, principalmente como está a experiência por meio de dispositivos móveis.

Sempre verifique se os *links* dos anúncios estão parametrizados para serem rastreados corretamente pelos sistemas analíticos como o Google Analytics. Isso vai te dar uma clareza de quais anúncios estão performando melhor em termos de conversão, e, assim, você poderá otimizar o criativo dos anúncios. Mantenha o conteúdo da sua página de destino sempre atualizada e refaça as páginas de destino com desempenho ruim.

Faça testes A/B

Qualquer bom profissional de marketing sabe que testes e medições são essenciais para que qualquer estratégia de marketing digital funcione. No que diz respeito ao marketing de *performance*, tente diferentes técnicas para otimizar conversões e taxas de cliques (CTR), realizando testes A/B para obter uma resposta mais clara do que está funcionando e do que não está.

Escolha suas fontes de tráfego

Garantir que o tráfego seja proveniente de fontes e canais respeitáveis é extremamente importante. Quando fontes menos respeitáveis o anunciam, os consumidores pensam duas vezes antes de clicar e confiar em sua marca. Muitos canais, como a rede de *display* do Google ou rede de audiência da Meta, podem entregar seus anúncios em *sites* indesejáveis. Portanto, não deixe de verificar e eliminar os *sites* que podem prejudicar a sua marca.

Acompanhe e monitore o máximo que puder

Modelo de atribuição, tráfego de dispositivos móveis *vs.* computador, taxas de rejeição etc. fornecem dados importantes que dão uma visão melhor do que está funcionando e do que não está.

Sem a análise das campanhas de *performance* para poder fazer a otimização, sua estratégia de marketing de *performance* não dará certo. Use plataformas de automação de mídia para ter maior controle. Veículos como o Google e a Meta também têm excelentes recursos de análises, contemplando modelos de atribuição.

Considerações e recomendações adicionais

Para conhecer conteúdo adicional e atualizado referente a este capítulo, acesse o QRCode a seguir:

www.martha.com.br/livro-MED/saibamais29.html

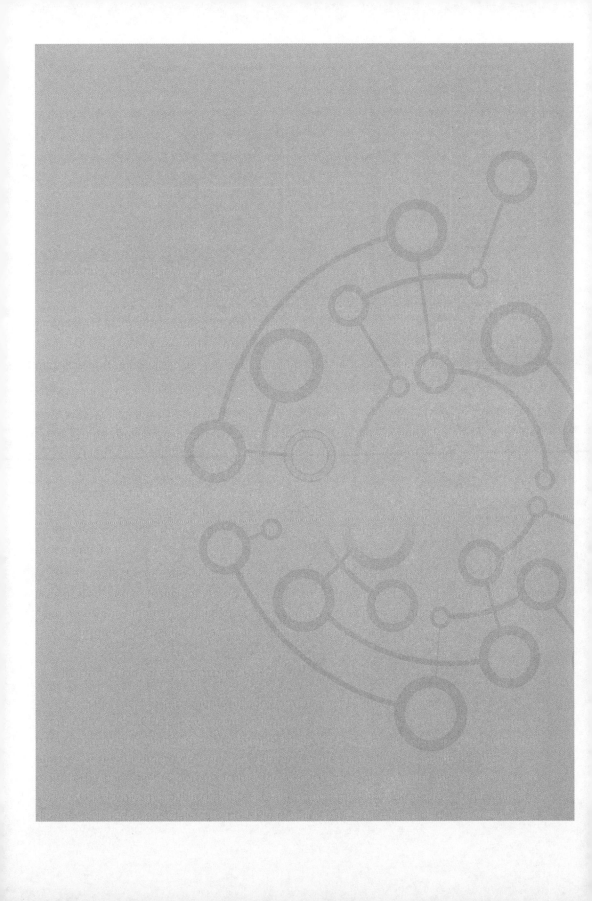

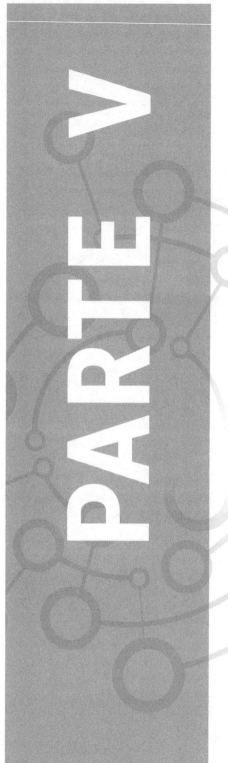

Capítulo 30 – *Data-driven* marketing

Capítulo 31 – *Growth* marketing

Capítulo 32 – Métricas e KPIs (*Key Performance Indicators*)

Após conhecer as principais tecnologias, plataforma e estratégias para o marketing em ambiente digital, chegou a hora de testar e medir tudo. Ter a mentalidade baseada em dados e uma cultura de crescimento constante é fundamental dentro da era digital. Nesta última parte do livro, mergulharemos em três capítulos cruciais que são a espinha dorsal de qualquer estratégia de marketing eficaz. Nesta parte, abordaremos as práticas essenciais de *data-driven* marketing, exploraremos o *mindset* inovador do *growth* marketing e detalharemos as métricas e KPIs (*Key Performance Indicators*) indispensáveis para medir o sucesso. Como espinha dorsal que liga tudo, usaremos a jornada do cliente como base.

Dessa forma, esta parte é composta de três capítulos:

- **Capítulo 30 – *Data-driven* marketing**. Como existem muitas maneiras de otimizar as estratégias de marketing digital usando dados, vamos entender primeiro a mentalidade de se pensar em dados primeiro. Esse capítulo visa mostrar como é importante aproveitar grandes quantidades de dados para criar processos de marketing eficazes, visando entender o resultado das ações e o comportamento do público-alvo ao longo da jornada do cliente.

- **Capítulo 31 – *Growth* marketing**. Este capítulo desmistifica o conceito de *growth* marketing, destacando a importância da experimentação constante, da colaboração interdisciplinar e do uso estratégico de dados. Serão apresentadas táticas práticas para otimizar cada etapa da jornada do cliente, desde a aquisição até a transformação de clientes em promotores do negócio. O objetivo é mostrar uma compreensão clara de como implementar uma cultura de *growth* marketing em suas próprias organizações, impulsionando o crescimento de maneira escalável e eficiente.

- **Capítulo 32 – Métricas e KPIs (*Key Performance Indicators*)**. A beleza do ambiente digital é que praticamente tudo é mensurável por meio de medidas de desempenho, que representam dados específicos das ações que fazemos dentro das estratégias digitais. Esse capítulo visa mostrar quais são as principais métricas de acompanhamento e a formação de indicadores-chave de sucesso para os negócios de acordo com a jornada do cliente.

MARKETING ORIENTADO A DADOS

Como existem muitas maneiras de otimizar as estratégias de marketing digital usando dados, vamos entender primeiro a mentalidade de se pensar em dados primeiro. Ter uma mentalidade baseada em dados vai lhe dar clareza da rota mais segura para chegar aos objetivos de negócio.

A crescente qualidade e quantidade de dados de marketing foram seguidas por um crescimento explosivo das tecnologias para produção criativa e mídia programática. Esses setores emergentes de *martech* e *adtech* agora permitem a personalização de todos os aspectos da experiência de marketing.

Este capítulo visa mostrar como o marketing orientado a dados é uma das mudanças mais transformacionais do marketing que já ocorreu, e que a tomada de decisão baseada em dados é jogar o jogo em alto nível para ter todas as estratégias de marketing digital significativamente mais otimizadas.

Data-driven marketing

O marketing orientado a dados é um conjunto de técnicas e táticas que aproveitam grandes quantidades de dados para criar processos de marketing eficazes, visando entender o resultado das ações e o comportamento do público-alvo ao longo da jornada do cliente. Esses dados fornecem informações vitais sobre as estratégias de marketing aplicadas ao negócio para que você possa aprender, corrigir rotas e replicar o sucesso.

Os dados são cada vez mais importantes para os profissionais de marketing e têm o potencial de se tornar o recurso mais valioso do marketing na era digital. Com a quantidade de dados provenientes dos diversos canais da empresa e dados obtidos diretamente das interações com os clientes, é possível ter um *"big data"* precioso que pode ajudá-lo a refinar e otimizar qualquer estratégia de marketing.

Em outras palavras, entender e organizar essas informações é tão importante quanto implantar as ferramentas e estratégias de marketing, pois somente tendo a mentalidade baseada em dados você conseguirá aproveitar ao máximo o marketing na era digital.

O marketing orientado a dados tem a missão de melhorar a experiência do cliente ao longo da sua jornada. Ao dominar o entendimento baseado em dados, é possível criar campanhas automatizadas (ligar o piloto automático do avião) que permitem que os profissionais de marketing concentrem seu tempo no lado estratégico e criativo dos negócios.

De acordo com a CMO Council, 67% dos profissionais de marketing acreditam que a velocidade e a precisão são o principal benefício do marketing orientado a dados. Uma pesquisa da *Forbes*[1] descobriu que 88% dos profissionais de marketing usam terceiros para extrair dados para fins de marketing. Nessa pesquisa, também concluiu-se que as empresas que implantam marketing orientado a dados têm seis vezes mais chances de permanecerem lucrativas ano após ano.

Como resultado, cada vez mais profissionais de marketing estão recorrendo aos dados para tomar decisões sobre como devem se envolver com seu público-alvo. De acordo com as estatísticas mencionadas, isso oferece aos profissionais de marketing uma clara vantagem sobre a concorrência, além de uma oportunidade de aumentar a lucratividade. Na era digital, vence quem é mais rápido: quem testa rápido, erra rápido e corrige a rota rápido. É um processo baseado em criar evidências para aumentar o grau de certeza da aplicação dos investimentos de tempo, dinheiro e recursos. Quanto mais certeza se tem sobre uma rota, mais investimentos podem ser alocados.

Benefícios do *data-driven* marketing

O marketing orientado a dados permite que os profissionais de marketing identifiquem o que funciona, o que não funciona e como otimizar os esforços de marketing para manter as táticas mais eficazes. Por esse motivo, o processo permite tomadas de decisão mais rápidas e melhores *insights* sobre a jornada do cliente.

Aqui estão apenas alguns benefícios do marketing orientado a dados:

---

[1] Disponível em: https://images.forbes.com/forbesinsights/StudyPDFs/Teradata-Data_Driven_Marketing-REPORT.pdf. Acesso em: 23 jul. 2020.

- **Tempo e clareza**: com o acesso a diversas fontes de dados, os profissionais de marketing podem filtrar e cruzar rapidamente dados críticos para determinar as informações mais relevantes sobre as quais agir.
- **Segmentação**: o marketing orientado a dados também pode ajudar a segmentar o público-alvo, o que ajuda a garantir que as mensagens sejam cada vez mais relevantes e entregues no momento certo.
- **Personalização**: o marketing personalizado pode ajudar as marcas a se conectarem com as *personas* certas e entregar mensagens mais individuais, pessoais e relevantes. Isso ajuda a proporcionar uma experiência mais positiva ao usuário.
- **Experiência do cliente**: muitos profissionais de marketing usam pesquisas de satisfação, NPS, mapa de calor em *sites*, entre outros recursos de *feedback* do usuário para fornecer ainda mais informações sobre quais pontos de contato ao longo da jornada do cliente precisam ser aprimorados.
- **Desenvolvimento de produtos**: o marketing orientado a dados pode reduzir significativamente o risco de falha do produto, ajudando as empresas a entender melhor o que os consumidores dão valor, o que não dão valor e o que gostariam de ver em produtos futuros.

Desafios do *data-driven* marketing

A beleza de *Web* é que "quase" tudo é mensurável. Ou seja, você deve saber que existem alguns desafios quando se trata de marketing orientado a dados:

- **Localizar os dados certos**: os dados estão em toda parte e filtrar um mar interminável de informações consome muito tempo. Por esse motivo, é importante tomar uma decisão informada em termos de quais dados serão mais eficazes ou benéficos para o marketing orientado a dados. Muitas vezes, os dados que você precisa não são captados por falta de instalação de *scripts* rastreadores ou por falta de configuração correta de alguma ferramenta.
- **Fazer as perguntas certas**: ter dados é fácil. Transformar dados em *insights*, nem tanto. Você também precisa fazer as perguntas certas sobre os dados aos quais tem acesso. Afinal, fazer perguntas erradas inevitavelmente levará a respostas irrelevantes e um monte de tempo perdido.
- **Normalizar o *big data***: é importante lembrar que não há dois clientes iguais e os dados sempre são muito diferentes de um indivíduo para o outro. A normalização pode separar esses dados em dois ou mais conjuntos de dados e definir os relacionamentos entre esses vários pontos de dados. Analisar o que os clientes têm em comum, por exemplo, pode ser crucial para entender quem são as *personas* mais saudáveis para o negócio, ou seja, quem lhe dá maior LTV (*Life Time Value*). Ao saber disso, você conseguirá otimizar a mídia paga, otimizar os critérios de qualificação automática de *leads* no funil, e até mesmo criar conteúdos que atingem mais diretamente o ponto de dor dessa *persona*.
- **Interpretar dados**: você precisa entender como cruzar os dados do ambiente digital com os dados do negócio para saber como essas informações podem ser

usadas com eficácia. Para esse fim, encontrar informações relevantes é apenas o primeiro passo no processo, mas é necessário interpretar em nível estratégico de negócio e não apenas em nível tático de otimização de ações e canais.

- **Coletar de dados em tempo real**: você precisará das ferramentas de automação e da experiência de marketing certas para reunir e analisar dados em tempo real. Ter *insights* rapidamente é tudo para o marketing orientado a dados, e as ferramentas para isso podem ser caras ou difíceis de serem implementadas.
- **Vincular dados**: ao adotar as diversas estratégias de marketing digital, você terá muitas fontes para coletar dados. Se você não conseguir cruzar esses dados de forma simples e rápida no dia a dia, você perderá muito tempo. Por isso, é importante adotar alguma solução de *business intelligence*, como Looker Studio, Supermetrics ou Power BI da Microsoft para vincular dados e formar uma "visão geral" coesa. Isso permitirá que você controle a execução das estratégias como um piloto de avião. Por outro lado, se determinados dados não puderem ser vinculados a outros pontos de dados, há uma boa chance de que as informações sejam irrelevantes e não sejam benéficas para a estratégia.

Personalização

Antes dos dados, o criativo era produzido uma vez com uma versão para todos os formatos e canais. Tradicionalmente, você só precisava de um arquivo final para um anúncio. Esse arquivo era independente e podia ser executado em qualquer canal de mídia.

Nos últimos tempos, alguns canais, como o Facebook, criaram formatos que exigem o *upload* de vários ativos separados para o próprio editor renderizar o anúncio final. Isso ficou conhecido como "publicação" de um anúncio ou criativo nativo. A mensagem é uma combinação de recursos criativos, apresentados ao cliente no contexto da mídia em que ele está sendo executado.

Os anúncios nativos aumentaram assim que uma nova profundidade de dados dos clientes estava sendo gerada nas mídias sociais. Os dados sociais superaram rapidamente outros tipos de dados do cliente em qualidade.

Agora, com a criação de anúncios, canal de mídia e dados, os profissionais de marketing desejam personalizar a mensagem com base em quem está vendo e onde está vendo. Os anúncios interruptivos estão morrendo, dando lugar a novas tendências em formatos mais amigáveis ao consumidor que usam a personalização de mensagens para obter atenção.

A mídia social não é o único canal em que tudo isso é possível. Com publicidade programática e automação de marketing, quase todos os aspectos da jornada do cliente podem ser personalizados.

Lembre-se de que a publicidade orientada a dados não exige necessariamente mensagens individualizadas, como o nome de alguém aparecendo no anúncio. Isso inclusive seria ruim e assustaria a pessoa. Os profissionais de marketing devem ter o cuidado de equilibrar a experiência do cliente no anúncio ou na mensagem de marketing.

Isso significa usar o que sabemos sobre a pessoa – que pode pertencer a um grupo de público personalizado com características semelhantes –, o que faríamos de diferente na peça criativa. O criativo precisa ser personalizado com base em alguns dos atributos de dados do usuário. Essa pode ser uma grande mudança de mentalidade para algumas agências e anunciantes.

Para criar uma experiência verdadeiramente personalizada, os profissionais de marketing precisam se concentrar muito mais no comportamento do cliente, juntamente com o contexto do momento em que ele está na jornada e em qual canal de contato.

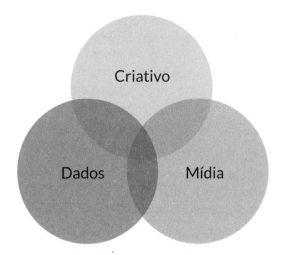

Figura 30.1 – Imagem representativa da interseção entre Criativo, Mídia e Dados, a qual permite a personalização.

Diferentes canais exigem diferentes formatos de mídia e conteúdo, como vídeos, anúncios gráficos, mídias sociais e *e-mails*. Mesmo um único conceito criativo pode vir em vários formatos. Será que é necessário fazer todos os formatos possíveis para todos os canais? O ideal é entender o comportamento da *persona* principal. Os dados podem mostrar uma certa preferência da *persona* por um canal e formato de mídia, o que pode determinar o escopo de produção da criação. Essa abordagem complexa pode produzir melhores resultados.

Os profissionais de marketing precisam entender que é provável que os dados podem determinar como deve ser a criação, e isso pode criar uma falsa sensação de limitação de criatividade. Muitas vezes, os profissionais de criação querem desenvolver peças em formatos específicos para mostrar o seu conceito criativo, mas é importante entender que o jogo é baseado em resultados, e não em concurso de criatividade. Nesse sentido, a necessidade de criatividade é mais importante do que nunca, para que as peças a serem desenvolvidas com base em dados sejam as mais criativas possíveis, usando todo o poder que ela tem dentro do canal em que ela será veiculada – lembra da publicidade nativa?

Pilares do *data-driven* marketing

O marketing orientado a dados bem-sucedido vem do ajuste fino de dados relevantes e da adoção de pilares para uma abordagem criativa em termos de contato com os clientes.

Gerenciamento de campanha

O gerenciamento de campanhas é essencial para reunir tudo e garantir que todos os aspectos de uma campanha de marketing específica estejam no caminho certo para o sucesso. Para tanto, são necessários profissionais de marketing com experiência e conhecimento para operar as ferramentas de marketing e garantir que a campanha funcione sem problemas.

A variedade de ferramentas disponíveis para essa missão é grande. Do marketing de mídia social, criação de *landing pages* ao gerenciamento de SEO e marketing de conteúdo. O que não falta no mercado são ferramentas para gerenciar uma campanha orientada a dados.

Por outro lado, convém iniciar com as ferramentas disponibilizadas pelos próprios canais de mídia, como a Meta e o Google. Ambas fornecem um ambiente completo para quem está começando, que inclui ferramentas de atribuição de mídia, rastreamento de conversões e análises para gerenciamento de campanhas orientadas por dados.

Rastreamento unificado

Para uma estratégia bem-sucedida orientada a dados, os profissionais de marketing precisam coletar dados ao longo da campanha e usar métricas de desempenho para acompanhar o progresso. O acompanhamento do progresso permite que os profissionais de marketing saibam o que pode ou não estar funcionando tão bem. Isso também fornece informações sobre o comportamento do usuário.

Com essas informações em mãos, é possível refinar o público-alvo e tornar a campanha o mais eficiente possível. Afinal, identificar um conteúdo de alto desempenho é uma ótima indicação em termos de que tipo de conteúdo deve ser enfatizado ou reproduzido no futuro. Com o tempo, o esforço constante de rastreamento deve criar uma máquina de aquisição de clientes e uma estratégia de marketing com maior probabilidade de sucesso.

Google Analytics

Quando os usuários *on-line* têm acesso a tantas opções, a concorrência é acirrada em todos os setores. Por esse motivo, é essencial ficar à frente da curva e identificar as tendências à medida que elas acontecem, garantindo que você entenda adequadamente o comportamento e as necessidades do público-alvo. Para fazer isso, você precisa aproveitar a análise do usuário.

O Google Analytics é a ferramenta de marketing mais poderosa para avaliar essas análises e aproveitar as estatísticas para gerar *insights* e tornar as estratégias mais eficazes. Nesse sentido, as informações da análise podem preparar melhor os profissionais de marketing para tendências futuras e permitir melhores decisões no futuro.

No entanto, existem muitas ferramentas úteis, como Mixpanel ou Amplitude, que podem tornar o público ainda mais poderoso para profissionais de marketing orientados a dados. Com suas metodologias exclusivas, essas soluções de análise são especialmente boas para analisar a qualidade e o tamanho do seu público existente.

Se você precisa melhorar a experiência do usuário, aumentar a receita ou monitorar o movimento dos usuários *on-line*, o Google Analytics é certamente a melhor ferramenta para qualquer estratégia de marketing orientada a dados.

Dashboards

Os *dashboards* podem ter um impacto transformacional nos negócios. Simplificando, produzir um *dashboard* com os indicadores-chave de sucesso a partir da *big data* permite que os profissionais de marketing tomem decisões mais rapidamente e criem campanhas de marketing poderosas.

Embora existam muitas opções de ferramentas de *dashboards* por aí, geralmente as ferramentas de BI possuem recursos para montar painéis de dados. Looker Studio, Power BI e mLabs DashGoo são ferramentas populares orientadas a dados que permitem cruzar todos os dados mais importantes e exibi-los em forma de gráficos.

Otimização

Para muitas empresas, otimizar uma campanha costuma ser a maneira mais produtiva de progredir e uma opção muito melhor do que começar do zero uma nova campanha. A coleta de dados pode ser uma maneira muito eficiente de refinar e otimizar suas campanhas. Por exemplo, o Optimizely fornece uma variedade de ferramentas de otimização que executam testes A/B em *sites* e dispositivos. Como resultado, os profissionais de marketing podem usar essa ferramenta para verificar qual conteúdo está apresentando um bom desempenho ou mesmo quais versões de uma experiência têm maior probabilidade de gerar mais conversões.

Por outro lado, as agências de CRO (*Convertion Rate Optimization*) oferecem uma gama de serviços que podem otimizar o conteúdo existente e aumentar o tráfego, as vendas e a lucratividade em geral.

Agora que sabemos o quão incrível os dados podem ser, vamos considerar um problema em potencial com o marketing orientado a dados – não é à prova de falhas. Em outras palavras, simplesmente ter acesso aos dados não é suficiente para tomar decisões.

Veja bem, o marketing orientado a dados geralmente analisa o que funcionou no passado e, em seguida, usa essas informações para criar novas campanhas. No entanto, o comportamento do consumidor está sempre mudando, e apenas porque algo aconteceu no passado não significa que algo irá acontecer novamente. É provável e não uma certeza.

Além disso, os dados podem ajudar os profissionais de marketing a identificar certos padrões, mas os especialistas saberão que essas informações não são suficientes para estabelecer por que os clientes fazem o que fazem. Compreender o comportamento do consumidor é incrivelmente importante, e esses dados são simplesmente incapazes de explicar o motivo. Em alguns momentos, pode ser mais eficiente entender de humanas do que de exatas.

Enquanto isso, o marketing orientado a dados tem uma tendência a matar a criatividade, e esse é frequentemente o combustível que impulsiona as campanhas de marketing mais bem-sucedidas. Portanto, podemos dizer que o marketing é parte arte e parte ciência, o que implica a necessidade de um equilíbrio para garantir que uma campanha orientada a dados seja eficaz e bem-sucedida.

De onde surgiu o *data-driven* marketing e para onde está indo

O marketing orientado a dados começou com a invenção do *software* de gerenciamento de relacionamento com o cliente (CRM). Os CRMs permitem que os profissionais de marketing rastreiem quem são os clientes, incluindo nome, informações de contato e histórico de interações.

Os CRMs permitem mala-direta e, portanto, campanhas de marketing direto. Grupos de clientes podem receber diferentes tipos de mensagens com base no que o profissional de marketing achou que era o segmento adequado e com o que o cliente se importa.

O CRM ganhou novo destaque no marketing digital com a inovação do Salesforce ao trazê-lo para a nuvem. Isso, por sua vez, iniciou a era da automação de vendas e marketing.

O marketing digital orientado a dados surgiu quando o CRM deu origem a uma nova categoria, o *software* de automação de marketing como SaaS (*Software as a Service*). Exemplos de empresas nesse mercado incluem empresas de automação de marketing como Adobe Marketo e Oracle Eloqua. Elas foram pioneiras na criação de perfis de marketing individuais baseados no rastreamento da interação do cliente no *site* e no *e-mail*. Isso deu início à ideia de sequenciamento automático de *e-mail* com base em determinados gatilhos e atividades, além de pontuar os clientes em potencial em segmentos.

Assim começou a era da automação de marketing.

Quando os profissionais de marketing começaram a segmentar seus clientes usando dados de marketing, eles encontraram um novo problema em torno da quantidade de dados sobre usuários rastreados sendo acumulados.

Agora, os clientes estavam sendo rastreados não apenas pela mídia em *sites* e *e-mails* de comerciantes, mas também cada vez mais pela mídia paga em que os anúncios eram exibidos – o que agora é conhecido como mídia programática. Soluções como as da TransUnion surgiram para ajudar os profissionais de marketing a agregar os dados de uma maneira mais gerenciável e produzir novas ideias para novos direcionamentos e planos criativos.

Assim começou a era das plataformas de gerenciamento de dados (DMPs).

Hoje, os profissionais de marketing gastam mais de US$ 6 bilhões por ano em soluções de segmentação orientada a dados, como plataformas de gerenciamento de dados (DMPs) e plataformas do lado da demanda (DSPs).

No entanto, a maioria das equipes de marketing ainda não está ativando completamente seus dados. Até agora, eles se limitaram principalmente à otimização de mídia com seus dados.

Considerações e recomendações adicionais

Para conhecer conteúdo adicional e atualizado referente a este capítulo, acesse o QRCode a seguir:

www.martha.com.br/livro-MED/saibamais30.html

CAPÍTULO 31

No mundo competitivo e dinâmico do marketing digital, o conceito de *growth* marketing emerge como uma abordagem essencial para empresas que buscam não apenas sobreviver, mas prosperar. Este capítulo se dedica a explorar as nuances do *growth* marketing, uma disciplina que integra técnicas de marketing, análise de dados e experimentação contínua para impulsionar o crescimento sustentável e escalável.

Growth marketing e princípios fundamentais

Growth marketing é uma abordagem estratégica que vai além das táticas tradicionais de marketing, focando em todas as fases da jornada do cliente: aquisição, ativação, retenção, receita e referência (o conhecido modelo AAARRR para quem trabalha com *growth*). Diferentemente das abordagens mais tradicionais, que muitas vezes se concentram na aquisição de novos clientes, o *growth* marketing abrange todo o ciclo de vida do cliente, buscando maximizar o valor de cada interação. A seguir, veja quais são os princípios fundamentais do *growth* marketing.

1. **Experimentação Contínua**: no cerne do *growth* marketing está a experimentação. Pequenas hipóteses são testadas continuamente para identificar o que realmente funciona. Essa mentalidade de "testar e aprender" permite ajustes rápidos e eficientes nas estratégias, otimizando recursos e maximizando resultados.
2. **Baseado em Dados**: assim como no marketing orientado a dados (Capítulo 30), o *growth* marketing depende fortemente da análise de métricas e dados para tomar decisões informadas. Cada decisão é fundamentada em dados concretos, reduzindo suposições e aumentando a precisão das ações.
3. **Foco no Cliente**: entender profundamente o comportamento e as necessidades dos clientes é crucial. A personalização das estratégias para atender esses requisitos específicos resulta em maior engajamento e satisfação do cliente.

A estrutura do *growth* marketing pode ser dividida em várias etapas-chave de acordo com a jornada do cliente, que juntas formam o acrônimo AARRR:

- **Aquisição**: desenvolver estratégias para atrair novos usuários de maneira eficiente e mensurável.
- **Ativação**: garantir que os novos usuários compreendam e extraiam valor rapidamente do produto ou serviço.
- **Retenção**: implementar táticas para manter os usuários engajados e reduzir a taxa de *churn* (jargão usado para definir a taxa de cancelamento).
- **Receita**: otimizar as fontes de receita, seja por meio de *upsells*, *cross-sells* ou melhorando as taxas de conversão.
- **Referência**: incentivar os clientes satisfeitos a promoverem o produto ou serviço, ampliando a base de usuários por meio do marketing boca a boca.

Ferramentas e técnicas

Para implementar com sucesso uma estratégia de *growth* marketing, diversas ferramentas e técnicas são utilizadas, incluindo:

- **Análise Cohort**: para entender o comportamento de diferentes grupos de usuários ao longo do tempo.
- **Testes A/B**: essenciais para a experimentação e a validação de hipóteses.
- **Automação de Marketing**: para personalizar e escalar as interações com os clientes.
- **Mapeamento da Jornada do Cliente**: para identificar pontos de melhoria ao longo do ciclo de vida.
- *Machine Learning* **e IA**: utilizar tecnologias avançadas para prever comportamentos de clientes e personalizar ainda mais as estratégias.
- *Growth Hacking*: implementar técnicas criativas e inovadoras que possam resultar em um crescimento significativo com baixo custo.

Veremos com maior profundidade cada uma dessas técnicas, como funciona e como aplicar.

Análise Cohort

Análise cohort é uma técnica de análise de dados que agrupa indivíduos em conjuntos baseados em uma característica comum ou evento compartilhado dentro de um período específico. Esses grupos, chamados "cohorts", são analisados ao longo do tempo para observar e comparar comportamentos, tendências e mudanças em diferentes períodos. Essa técnica é particularmente útil em marketing e análise de produto, pois permite identificar padrões de comportamento de diferentes segmentos de usuários e tomar decisões mais informadas.

A análise cohort envolve três componentes principais:

- **Definição do Evento Comum**: identificar o evento ou ação que define a cohort. Pode ser a data de inscrição de um usuário, a primeira compra, o *download* de um aplicativo, entre outros eventos.
- **Acompanhamento ao Longo do Tempo**: monitorar o comportamento dos membros da cohort ao longo de diferentes períodos (dias, semanas, meses etc.) após o evento inicial.
- **Comparação entre Cohorts**: comparar o comportamento de diferentes cohorts para identificar tendências, padrões e anomalias.

Etapas da Análise Cohort:

1. **Identificação da Cohort**: escolha a característica ou evento que será usado para definir cada cohort. Por exemplo, você pode querer analisar o comportamento de usuários que se inscreveram em um serviço em determinado mês.
2. **Coleta de Dados**: reúna dados relevantes sobre os membros de cada cohort. Isso pode incluir métricas de uso do produto, engajamento, retenção, entre outras.
3. **Organização dos Dados**: estruture os dados de forma que seja possível acompanhar o comportamento ao longo do tempo. Uma tabela de análise cohort típica terá as cohorts nas linhas e os períodos de tempo nas colunas. Veja a Figura 31.1.
4. **Análise de Tendências**: examine os dados para identificar padrões e tendências. Por exemplo, você pode observar que a retenção de usuários é consistentemente maior em cohorts que se inscreveram após determinada mudança no produto.
5. **Interpretação dos Resultados**: use os *insights* obtidos para tomar decisões estratégicas. Isso pode envolver ajustes no produto, mudanças na estratégia de marketing ou melhorias no atendimento ao cliente.

Aqui estão alguns exemplos práticos de como aplicar a análise cohort:

- **Análise de Retenção**: determine como a retenção de usuários varia entre diferentes cohorts. Por exemplo, você pode descobrir que os usuários que se inscreveram durante uma promoção especial têm uma taxa de retenção mais alta nos primeiros 3 meses.

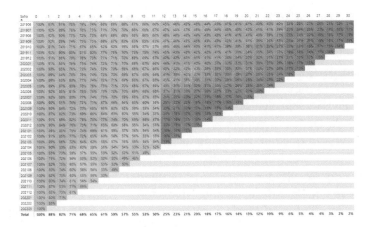

Figura 31.1 - Gráfico de uma cohort, mostrando claramente que o ciclo de vida da maioria dos clientes é de 12 meses, com algumas linhas (grupos) mais saudáveis do que outras.

- **Avaliação de Mudanças no Produto**: analise como as mudanças no produto afetam o comportamento do usuário. Se você lançou uma nova funcionalidade em um mês específico, pode criar uma cohort dos usuários que se inscreveram após o lançamento e comparar seu engajamento com os usuários anteriores.
- **Otimização de Campanhas de Marketing**: avalie o impacto de diferentes campanhas de marketing ao comparar cohorts de usuários adquiridos por meio de diferentes canais. Isso pode ajudar a identificar quais canais são mais eficazes para a aquisição e a retenção de usuários.
- **Identificação de Problemas**: detecte problemas potenciais ao observar quedas significativas no comportamento de uma cohort específica. Por exemplo, se uma cohort de novos usuários mostra uma queda acentuada na atividade após certo período, pode indicar um problema com a experiência do usuário.

Existem várias ferramentas analíticas que facilitam a execução de uma análise cohort, incluindo Google Analytics, Mixpanel, Amplitude, Power BI ou mesmo uma planilha Excel.

Testes A/B

Teste A/B, também conhecido como "Experimento A/B" ou *"Split Testing"*, é uma metodologia de experimentação que compara duas versões de uma variável para determinar qual desempenho é melhor. No contexto de marketing digital, isso geralmente envolve a criação de duas versões de uma página *web*, *e-mail*, anúncio, vídeo ou outro ativo de marketing no ambiente digital, e a medição de qual versão gera melhores resultados em termos de métricas específicas, como taxa de conversão, clique ou engajamento.

O processo de teste A/B envolve várias etapas-chave:

1. **Definição da Hipótese**: antes de iniciar um teste, é importante ter uma hipótese clara sobre o que você espera alcançar. Por exemplo, "A mudança na cor do botão de chamada para ação (CTA) aumentará a taxa de cliques".

2. **Criação das Variantes**: desenvolva duas versões do elemento que você deseja testar. A versão A (controle) é a versão atual ou original, enquanto a versão B (variável) é a nova versão com a alteração que você deseja testar.
3. **Divisão da Audiência**: a audiência é dividida aleatoriamente em dois grupos iguais. Um grupo verá a versão A e o outro grupo verá a versão B. É crucial que a divisão seja aleatória para garantir que os resultados sejam válidos.
4. **Coleta de Dados**: monitore e colete dados sobre como cada grupo interage com a versão que viu. Isso pode incluir cliques, conversões, tempo na página, entre outras métricas relevantes.
5. **Análise dos Resultados**: compare os resultados das duas versões para determinar qual teve o melhor desempenho. Utilize ferramentas estatísticas para assegurar que os resultados sejam significativos e não apenas fruto do acaso.
6. **Implementação e Iteração**: se a versão B demonstrar um desempenho superior, implemente a alteração de forma permanente. Continue a iterar e testar outras hipóteses para melhorias contínuas.

Os testes A/B são uma ferramenta essencial no arsenal de *growth* marketing, pois permitem que os profissionais de marketing otimizem continuamente suas estratégias baseadas em dados concretos. O primeiro passo é a identificação de oportunidades, em que a análise de dados e o *feedback* dos usuários ajudam a identificar áreas com potencial de melhoria. Por exemplo, uma página de destino com alta taxa de rejeição pode ser uma candidata ideal para testes A/B.

Em seguida, vem o desenvolvimento de hipóteses, no qual formulamos suposições claras e acionáveis sobre como uma alteração específica pode impactar os resultados. Um exemplo de hipótese seria "Adicionar depoimentos de clientes na página de produto aumentará a taxa de conversão".

Depois disso, passamos para a criação de variantes, em que são criadas versões distintas do elemento que desejamos testar, assegurando que as mudanças sejam significativas o suficiente para impactar o comportamento do usuário. A execução do teste é facilitada por ferramentas de teste A/B como Google Optimize, Optimizely ou VWO, que ajudam a configurar e executar os testes, dividindo a audiência, apresentando as variantes e coletando os dados.

A medição e a análise dos resultados são etapas cruciais. Após coletar dados suficientes, é necessário analisar os resultados para determinar se houve uma diferença significativa no desempenho entre as variantes. Ferramentas estatísticas são usadas para validar os resultados, garantindo que as conclusões sejam robustas.

Por fim, o *growth* marketing é um processo contínuo de experimentação e otimização. Utilizar os *insights* obtidos de cada teste A/B para informar futuras hipóteses e experimentos promove melhorias constantes nas estratégias de marketing, permitindo um ciclo de aperfeiçoamento contínuo e eficaz.

Exemplos Práticos de Testes A/B:
- ***E-mails* de Marketing**: teste diferentes linhas de assunto, chamadas para ação (CTAs) e *design* de *layout* para ver qual combinação gera maior taxa de abertura e cliques.

- **Páginas de Destino**: compare diferentes versões de páginas de destino para determinar qual *layout*, texto ou imagem resulta em maiores conversões.
- **Anúncios Digitais**: teste variações de anúncios, incluindo títulos, imagens e descrições, para identificar quais elementos aumentam a taxa de cliques (CTR) e o retorno sobre investimento (ROI).
- **Formulários de Captura de *Leads***: teste diferentes comprimentos e campos de formulários para ver qual versão maximiza a submissão de *leads* sem comprometer a qualidade deles.
- ***Posts* orgânicos no *feed***: teste diferentes versões de um Reels ou imagem por meio de uma campanha via Meta Ads, aplicando pouco dinheiro, o suficiente para obter qual variação teve maior engajamento. Com o resultado, escolha publicar organicamente aquele que venceu.

Automação de Marketing

Automação de Marketing refere-se ao uso de *software* e tecnologia para automatizar processos de marketing em ambiente digital, tornando-os mais eficientes e eficazes. Essas tecnologias ajudam as empresas a gerenciar múltiplas campanhas de marketing digital de maneira automatizada, permitindo uma personalização em escala, segmentação precisa e medição detalhada dos resultados. No contexto de *growth* marketing, a automação de marketing é uma ferramenta crucial para escalar esforços, otimizar interações com clientes e impulsionar o crescimento sustentável.

A automação de marketing envolve a utilização de plataformas de *software* que automatizam tarefas repetitivas e rotineiras, como envio de *e-mails*, postagem em canais de mídias sociais, segmentação de listas de contatos, nutrição de *leads* e muito mais. As funcionalidades típicas dessas plataformas incluem:

- **Gerenciamento de Campanhas**: criação, execução e monitoramento de campanhas de marketing por meio de múltiplos canais.
- **Segmentação de Audiência**: divisão do público-alvo em segmentos específicos com base em critérios como comportamento, demografia e interesses.
- **Personalização de Conteúdo**: envio de mensagens personalizadas para diferentes segmentos de audiência para aumentar a relevância e o engajamento.
- **Nutrição de *Leads***: desenvolvimento de uma relação contínua com potenciais clientes por meio de conteúdos relevantes e automatizados ao longo da jornada do comprador. Isso pode ser feito por *e-mail*, WhatsApp ou por *inbox* do Instagram.
- **Análise e Relatórios**: monitoramento e análise dos resultados das campanhas para obter *insights* e melhorar as estratégias futuras.

O primeiro passo é a identificação de oportunidades de automação. Isso envolve analisar seus processos de marketing para identificar tarefas repetitivas que podem ser automatizadas. Exemplos comuns incluem o envio de *e-mails* de boas-vindas, lembretes de carrinho abandonado, segmentação de listas de contatos e publicação de conteúdo em mídias sociais. A escolha da plataforma de automação é crucial; você deve selecionar uma que atenda às necessidades específicas da sua empresa. Algumas das plataformas populares são HubSpot, Marketo, Mailchimp, ActiveCampaign, mLabs e RD Station. É importante avaliar as funcionalidades oferecidas, a integração com outras ferramentas que você utiliza e o custo-benefício de cada opção.

Uma vez escolhida uma ou mais plataformas, o próximo passo é a criação de fluxos de trabalho automatizados. Isso envolve desenvolver processos que automatizam o engajamento com *leads* e clientes. Por exemplo, você pode criar um fluxo de trabalho para nutrir *leads* com uma série de *e-mails* personalizados baseados em suas ações e interesses, como *downloads* de *e-books* ou visitas a páginas específicas do *site*. A segmentação e a personalização são fundamentais nesse processo. Utilize a segmentação avançada para dividir sua audiência em grupos mais específicos e envie mensagens personalizadas para cada segmento. Isso aumenta a relevância das suas campanhas e melhora as taxas de engajamento.

A nutrição de *leads* é outra área crítica. Configure campanhas que acompanhem os *prospects* ao longo da jornada do comprador, fornecendo conteúdos valiosos e relevantes que ajudem a mover os *leads* pelo funil de vendas até que estejam prontos para a conversão. Finalmente, a análise e a otimização são essenciais para o sucesso contínuo. Monitore o desempenho das suas campanhas automatizadas e use as métricas para otimizar continuamente suas estratégias. A automação de marketing permite o teste A/B e a análise detalhada do comportamento do usuário, proporcionando *insights* valiosos que podem melhorar o ROI das campanhas.

Exemplos Práticos de Automação de Marketing:

- ***E-mails* Automatizados de Boas-Vindas**: quando um novo usuário se inscreve em sua lista de *e-mails*, a automação de marketing pode enviar automaticamente um *e-mail* de boas-vindas, introduzindo a empresa e oferecendo recursos úteis e até mesmo um cupom para a primeira compra.
- **Lembretes de Carrinho Abandonado**: configure lembretes automatizados para usuários que adicionaram produtos ao carrinho, mas não concluíram a compra. Esses *e-mails* podem incluir, por exemplo, descontos ou frete grátis, para incentivar a finalização da compra.
- **Campanhas de Reengajamento**: crie campanhas automatizadas para reengajar usuários inativos. Envie *e-mails* personalizados com ofertas exclusivas ou conteúdos relevantes para trazer esses usuários de volta ao seu *site* ou aplicativo.
- **Publicação Automatizada nas Mídias Sociais**: utilize ferramentas de automação como a mLabs para programar postagens nas mídias sociais, mantendo uma presença constante sem a necessidade de postar manualmente todos os dias.
- **Conversa Automatizada nas Mídias Sociais**: utilize ferramentas de automação como o Manychat para programar gatilhos em postagens nas mídias sociais, acionados pela digitação de palavras-chave em comentários ou mensagens diretas, capturando uma série de *leads* a partir da interação dos seguidores.

- **Relatórios Automatizados**: gere relatórios automatizados que resumem o desempenho das campanhas, fornecendo *insights* sobre o que está funcionando e o que precisa ser ajustado.

Mapeamento da jornada do cliente

O mapeamento da jornada do cliente é um processo visual que representa todas as interações que um cliente potencial tem com a sua marca, desde o primeiro contato, passando pela fidelização até a transformação dele em promotor do negócio. No contexto de *growth* marketing, esse mapeamento é fundamental para entender como os clientes se movem pelas etapas e identificar oportunidades de otimização em cada uma.

O mapeamento da jornada do cliente envolve a criação de um diagrama ou fluxo que detalha cada ponto de contato que um cliente tem com a sua marca. Isso inclui interações diretas, como visitas ao *site*, compras e atendimento ao cliente, bem como interações indiretas, como campanhas de marketing e menções em mídias sociais. Veja quais são as seis principais etapas:

1. **Identificação dos *Personas***: comece definindo quem são seus clientes. Crie perfis detalhados (*personas*) que representem seus diferentes tipos de clientes, incluindo suas necessidades, desejos e comportamentos.
2. **Definição das Etapas da Jornada**: identifique as principais etapas que seus clientes passam ao interagir com sua marca. Isso pode incluir conscientização, consideração, decisão, compra e pós-compra.
3. **Mapeamento dos Pontos de Contato**: liste todos os pontos de contato em cada etapa da jornada. Pontos de contato podem incluir campanhas de *e-mail*, anúncios pagos, postagens em mídias sociais, interações no *site*, entre outros.
4. **Coleta de Dados e *Feedback***: reúna dados de diferentes fontes, como análises de *site*, CRM e *feedback* direto dos clientes, para entender melhor como os clientes interagem em cada ponto de contato.
5. **Análise da Experiência do Cliente**: avalie a experiência do cliente em cada ponto de contato, identificando áreas de frustração, dúvidas ou oportunidades de melhoria.
6. **Visualização do Mapa da Jornada**: crie uma representação visual da jornada do cliente. Isso pode ser feito usando diagramas de fluxo, gráficos ou outras ferramentas visuais que facilitem a compreensão dos processos e das interações.

Utilize o mapeamento para realizar uma avaliação detalhada da sua estratégia de *growth* marketing, identificando áreas que necessitam de ajustes e melhorias. Esse diagnóstico inicial é crucial para entender onde estão os pontos fracos e os pontos fortes ao longo da jornada do cliente.

Com os *insights* obtidos, você pode otimizar conteúdos e campanhas em cada etapa da jornada. Personalize suas mensagens para atender melhor às necessidades e às expectativas dos clientes em diferentes fases, garantindo que cada interação seja relevante e impactante. A automação e a personalização desempenham um papel fundamental nesse processo. Integre ferramentas de automação de marketing para entregar mensagens personalizadas em momentos críticos, aumentando a relevância e o engajamento dos clientes.

A análise de métricas é essencial para medir a eficácia das suas estratégias. Monitore as métricas-chave em cada etapa da jornada do cliente e faça ajustes conforme necessário. Isso permitirá que você responda rapidamente a quaisquer problemas e capitalize oportunidades de melhoria. Lembre-se de que o mapeamento da jornada do cliente não é um processo estático. Revise e atualize continuamente o mapa com base em novos dados e *feedbacks* para garantir que ele reflita com precisão as experiências e as necessidades dos clientes.

Identificar pontos de melhoria ao longo do ciclo de vida do cliente é uma parte crítica do processo. Comece com a análise de gargalos para identificar onde os clientes estão abandonando o funil de conversão. Pontos com altas taxas de abandono indicam áreas que precisam de atenção e otimização. Colete *feedbacks* dos clientes para entender suas experiências e identificar áreas problemáticas ou oportunidades de melhoria. Use pesquisas, entrevistas e análises de comentários para obter *insights* valiosos.

Compare sua jornada do cliente com as melhores práticas do setor para identificar *gaps* e áreas onde você pode melhorar. Realize testes A/B em diferentes pontos de contato para ver quais alterações geram melhores resultados. Experimente diferentes abordagens e monitore os impactos nas métricas de conversão e satisfação do cliente. Finalmente, use ferramentas de análise para monitorar continuamente o comportamento do cliente ao longo da jornada. Ajuste suas estratégias com base em dados em tempo real para maximizar a eficiência e a eficácia das suas campanhas.

Ao seguir essas etapas, você poderá aplicar o mapeamento da jornada do cliente de forma eficaz no contexto de *growth* marketing, identificando e abordando pontos de melhoria ao longo do ciclo de vida do cliente e promovendo um crescimento sustentável e contínuo.

Machine Learning e Inteligência Artificial

Machine Learning (ML) e Inteligência Artificial (IA) são tecnologias que permitem que sistemas aprendam e melhorem automaticamente a partir da experiência sem serem explicitamente programados. No contexto de *growth* marketing, ML e IA podem analisar grandes volumes de dados, identificar padrões e prever comportamentos, permitindo a criação de estratégias de marketing mais eficazes e personalizadas.

ML e IA funcionam por meio da análise de dados históricos e em tempo real para fazer previsões e tomar decisões informadas. Os algoritmos de ML são treinados com conjuntos de dados para reconhecer padrões e relacionamentos. Com o tempo, esses algoritmos se tornam mais precisos à medida que são expostos a mais dados. A IA, especialmente a IA Generativa, vai além, criando novos conteúdos e soluções baseadas no aprendizado obtido dos dados.

Algoritmos de ML podem analisar dados demográficos, comportamentais e transacionais para segmentar a audiência de forma mais precisa, permitindo campanhas de marketing mais direcionadas e personalizadas. Além disso, a previsão de comportamento do cliente é outra aplicação crucial. Algoritmos de ML podem prever quais clientes são mais propensos a fazer uma compra, cancelar uma assinatura ou responder a uma campanha específica, permitindo que as empresas tomem ações proativas para reter clientes ou aumentar as vendas.

A personalização em tempo real é uma das áreas nas quais a IA mostra todo o seu potencial. A IA pode personalizar a experiência do usuário em tempo real, recomendando produtos, conteúdos ou ofertas baseadas no comportamento e nas preferências individuais. Isso não só melhora a experiência do cliente, mas também aumenta as taxas de conversão. Outro benefício significativo é a otimização de campanhas. O ML pode analisar o desempenho das campanhas e otimizar automaticamente os elementos que geram melhores resultados, como o texto dos anúncios, o *layout* das páginas de destino e os canais de distribuição, garantindo que cada componente da campanha esteja funcionando da melhor maneira possível.

Por fim, a análise de sentimentos é uma aplicação poderosa da IA no *growth* marketing. A IA pode analisar *feedbacks* de clientes, comentários nas mídias sociais e avaliações para identificar sentimentos e ajustar estratégias de comunicação e atendimento ao cliente. Isso permite que as empresas respondam de maneira mais eficaz às necessidades e às preocupações dos clientes, melhorando a satisfação e a lealdade. Ao aplicar essas tecnologias de forma estratégica, as empresas podem melhorar significativamente suas estratégias de marketing, aumentar a eficiência e impulsionar o crescimento sustentável.

Já a IA Generativa, uma subcategoria da IA, utiliza algoritmos para criar novos conteúdos, como textos, imagens e vídeos, a partir de padrões aprendidos em dados existentes. No *growth* marketing, a IA Generativa pode ser aplicada das seguintes formas:

- **Criação de Conteúdo Automatizada**: geração de *posts* de blog, artigos, descrições de produtos e postagens nas mídias sociais, economizando tempo e recursos enquanto mantém a consistência do conteúdo.
- **Personalização Avançada**: geração de mensagens personalizadas em larga escala para campanhas de *e-mail* marketing, anúncios e comunicações no *site*, adaptando o conteúdo para atender às necessidades específicas de cada segmento de audiência.
- **A/B *Testing* Automatizado**: a IA Generativa pode criar múltiplas variações de conteúdo para testes A/B, ajudando a identificar rapidamente quais versões são mais eficazes.
- ***Chatbots* Inteligentes**: implementação de *chatbots* que utilizam IA Generativa para fornecer respostas naturais e personalizadas aos clientes, melhorando a experiência do usuário e aumentando a eficiência do atendimento ao cliente.
- **Análise e *Insights***: a IA pode gerar relatórios e *insights* sobre tendências de mercado, comportamento do cliente e desempenho de campanhas, permitindo que os profissionais de marketing tomem decisões baseadas em dados.

ML e IA são ferramentas poderosas no contexto de *growth* marketing, permitindo uma segmentação mais precisa, personalização avançada, otimização de campanhas e previsão de comportamento do cliente. A IA Generativa leva essas capacidades a um novo nível, automatizando a criação de conteúdo e personalização em grande escala.

Growth hacking

Growth hacking é uma tática focada no crescimento rápido e escalável de uma empresa, utilizando técnicas criativas, análises de dados e experimentação constante, conforme já vimos neste capítulo. É uma abordagem que busca identificar as maneiras mais eficientes de aumentar a base de usuários, melhorar a retenção e maximizar a receita, tudo com o objetivo de impulsionar o crescimento de forma ágil e sustentável. O termo *"hacking"* refere-se à busca incessante por soluções inovadoras e de baixo custo que possam gerar grandes impactos. Veja alguns exemplos de *growth hacking*:

- **Dropbox**: o Dropbox cresceu exponencialmente por meio de seu programa de indicação, que oferecia armazenamento gratuito adicional tanto para o usuário que fazia a indicação quanto para o indicado. Essa estratégia de baixo custo alavancou o poder do marketing boca a boca, resultando em um crescimento rápido e viral.
- **Airbnb**: no início, o Airbnb hackeou o Craigslist para aumentar a exposição de seus anúncios. Eles criaram um *script* que permitia aos usuários do Airbnb postar automaticamente suas ofertas de hospedagem no Craigslist, aproveitando a vasta audiência do *site* de classificados sem gastar nada em publicidade.
- **Hotmail**: um dos exemplos mais antigos e icônicos de *growth hacking* é o Hotmail. A equipe de marketing incluiu uma simples mensagem no rodapé de cada *e-mail* enviado pelos usuários: *"PS: I love you. Get your free email at Hotmail"*. Essa tática viral simples e gratuita ajudou o Hotmail a crescer rapidamente para milhões de usuários.
- **LinkedIn**: para aumentar o número de usuários rapidamente, o LinkedIn introduziu a funcionalidade de importar contatos do *e-mail*. Isso permitiu que novos usuários convidassem rapidamente todos os seus contatos para se juntarem à plataforma, expandindo a base de usuários de forma exponencial.
- **Slack**: o Slack utilizou uma abordagem focada em grupos pequenos e equipes. Ofereceu um produto extremamente fácil de adotar e usar, o que resultou em altas taxas de retenção e expansão dentro das empresas à medida que mais equipes adotavam a ferramenta.
- **Nubank**: o Nubank, uma das maiores *fintechs* do Brasil, utilizou estratégias de *growth hacking* para crescer rapidamente no mercado altamente competitivo de serviços financeiros. Uma das táticas de maior sucesso foi o programa de indicações, no qual clientes satisfeitos podiam convidar amigos para se juntarem ao Nubank, criando um efeito viral. Além disso, o Nubank investiu fortemente na personalização do atendimento ao cliente e no uso de *feedback* dos usuários para melhorar continuamente seus produtos.

- **iFood**: o iFood, líder no mercado de *delivery* de comida no Brasil, adotou várias técnicas de *growth hacking* para aumentar sua base de usuários e retenção. Entre as estratégias usadas estão as promoções personalizadas e descontos em parceria com restaurantes. O iFood também utiliza algoritmos de recomendação para sugerir pratos e restaurantes baseados nas preferências dos usuários, aumentando a relevância e a probabilidade de pedidos repetidos.
- **99**: a 99, empresa de transporte urbano, utilizou *growth hacking* para competir com gigantes internacionais, como a Uber. A 99 lançou campanhas de marketing altamente segmentadas, oferecendo descontos para novos usuários e incentivando motoristas a se cadastrarem com bônus atrativos. Além disso, a empresa aproveitou eventos locais e datas comemorativas para lançar promoções especiais, engajando tanto passageiros quanto motoristas.
- **QuintoAndar**: o QuintoAndar, plataforma de aluguel de imóveis, implementou diversas estratégias de *growth hacking* para facilitar o processo de aluguel e atrair usuários. Oferece uma experiência sem burocracia, com contratos digitais e agendamento de visitas *on-line*. A plataforma também usa tecnologia para avaliar riscos e oferecer garantias, como a dispensa de fiador, o que atraiu muitos inquilinos e proprietários.
- **Gympass**: o Gympass, que oferece acesso a várias academias e centros de bem-estar com uma única assinatura, utilizou *growth hacking* para expandir rapidamente. A empresa focou em parcerias corporativas, oferecendo planos para empresas que desejam promover saúde e bem-estar entre seus funcionários. Além disso, o Gympass utilizou campanhas de marketing digital segmentadas para atrair usuários individuais interessados em uma rotina de exercícios flexível e acessível.
- **Buser**: conhecida como "Uber dos ônibus", a Buser cresceu rapidamente utilizando uma abordagem disruptiva para o mercado de viagens de ônibus. A empresa oferece viagens com preços mais baixos ao agrupar passageiros que compartilham destinos similares. Buser também utiliza uma forte presença digital e campanhas de marketing viral para atrair novos usuários, incentivando-os a reservar viagens em grupo para obter descontos adicionais.
- **PicPay**: o PicPay, uma das maiores carteiras digitais do Brasil, implementou uma série de *growth hacks* para aumentar a sua base de usuários. Oferecendo *cashback* em compras e transferências, o PicPay conseguiu atrair rapidamente novos usuários. Também incentiva o uso da plataforma para pagamentos entre amigos, facilitando transações cotidianas e criando um efeito de rede que contribui para o crescimento exponencial.
- **Billie Eilish**: Billie Eilish, cantora *pop* mundialmente famosa, repercutiu nas mídias sociais após colocar seus 110 milhões de seguidores na ferramenta "Melhores Amigos" do Instagram. A tática chamou atenção, pois foi uma ação de marketing para gerar *buzz* e antecipação em torno de um possível lançamento de novo material, como um *single* ou álbum. Ao incluir todos os seus mais de 110 milhões de seguidores nessa lista restrita, a cantora criou um *story* que foi entregue para todos, criando a

sensação de exclusividade e proximidade com seu público. Além disso, ela acabou ganhando milhões de novos seguidores que queriam ver a novidade.

Esses exemplos mostram como as empresas e até mesmo artistas têm utilizado *growth hacking* para crescer rapidamente e se destacar em mercados competitivos. Ao combinar criatividade, análise de dados e experimentação contínua, essas empresas conseguiram encontrar soluções inovadoras e de baixo custo para impulsionar seu crescimento. A aplicação de *growth hacking* demonstra que, independentemente do setor, é possível alcançar grandes resultados com estratégias inteligentes e bem-executadas.

Métricas de *growth* marketing

As métricas de *growth* marketing são indicadores quantitativos usados para medir e ajudar a entender como diferentes aspectos da sua estratégia de marketing estão performando, permitindo ajustes e otimizações para alcançar objetivos de crescimento de forma mais eficiente. Ao monitorarem esses indicadores, as empresas podem identificar áreas de sucesso, pontos de melhoria e tomar decisões baseadas em dados para impulsionar o crescimento contínuo. Veja quais são as principais métricas de *growth* marketing:

- **Taxa de Aquisição de Clientes (*Customer Acquisition Rate*)**: mede a eficácia das suas estratégias de marketing em atrair novos clientes. É calculada dividindo o número de novos clientes adquiridos pelo número total de *leads* gerados.
- **Custo de Aquisição de Clientes (CAC)**: refere-se ao custo total necessário para adquirir um novo cliente. Isso inclui gastos com marketing, vendas e outras despesas relacionadas. A fórmula básica é dividir o total gasto em marketing pelo número de novos clientes adquiridos.
- ***Lifetime Value* (LTV)**: o valor de vida do cliente é uma estimativa do valor total que um cliente traz para a empresa durante todo o seu relacionamento. É uma métrica crucial para entender quanto você pode gastar para adquirir um novo cliente de forma sustentável.
- ***Churn Rate***: mede a taxa de cancelamento ou perda de clientes durante um período específico. Um alto *churn rate* pode indicar problemas com o produto ou serviço, necessidade de melhoria na experiência do cliente ou problemas de retenção.
- **Taxa de Retenção de Clientes**: oposto do *churn rate*, essa métrica indica a porcentagem de clientes que continuam a usar seu produto ou serviço após determinado período. É uma medida importante da lealdade do cliente e da eficácia das estratégias de retenção.
- **Taxa de Conversão**: mede a eficácia das suas campanhas de marketing em converter *leads* em clientes. É calculada dividindo o número de conversões (por exemplo, compras, inscrições) pelo número total de visitantes ou *leads*.
- ***Net Promoter Score* (NPS)**: mede a satisfação e a lealdade do cliente, perguntando o quão provável é que os clientes recomendem sua empresa a outros. Uma pontuação alta indica clientes satisfeitos e leais, enquanto uma pontuação baixa pode sinalizar a necessidade de melhorias.

- **Taxa de Crescimento da Receita**: mede o aumento na receita ao longo do tempo. Pode incluir receitas de novas vendas, *upsells* e renovação de assinaturas. É uma métrica crítica para entender o crescimento financeiro da empresa.
- **Engajamento do Usuário**: refere-se a como os usuários interagem com seu produto ou serviço. Métricas de engajamento podem incluir o tempo gasto no *site*, a frequência de uso do aplicativo, o número de páginas visitadas, entre outros fatores. Alta taxa de engajamento geralmente indica uma experiência de usuário positiva e um produto valioso.
- *Return on Investment* **(ROI)**: mede o retorno financeiro das suas campanhas de marketing em relação ao investimento feito. A fórmula básica é (Receita Gerada − Custo do Marketing) / Custo do Marketing. Um ROI positivo indica que as campanhas estão gerando mais valor do que o custo investido.

Exemplos práticos de uso de métricas:

- *Startups* **de Tecnologia**: *startups* frequentemente monitoram o CAC e o LTV para garantir que estejam gastando de forma eficiente na aquisição de clientes e que o valor gerado por cada cliente justifica o investimento.
- *E-commerce*: lojas *on-line* utilizam a taxa de conversão e o engajamento do usuário para otimizar suas páginas de produto e campanhas de marketing, visando aumentar as vendas e a fidelização dos clientes.
- **Serviços de Assinatura**: empresas que oferecem serviços por assinatura, como *streaming* ou *software*, focam na taxa de *churn* e na taxa de retenção para minimizar cancelamentos e maximizar a lealdade do cliente.
- **Aplicativos Móveis**: desenvolvedores de aplicativos monitoram métricas de engajamento, como a frequência de uso e a duração das sessões, para entender como os usuários interagem com o *app* e identificar áreas para melhorias.
- **Infoprodutores**: infoprodutores frequentemente monitoram a Taxa de Conversão de Páginas de Vendas para avaliar a eficácia das páginas de vendas em transformar visitantes em compradores. Testar diferentes *layouts*, CTAs (*Call to Actions*) e ofertas pode otimizar essas páginas para aumentar as conversões. Além disso, o Custo de Aquisição de Clientes (CAC) é uma métrica crucial, pois ajuda a entender quanto está sendo gasto para adquirir cada novo aluno. Estratégias como campanhas de marketing digital focadas em nichos específicos ou a utilização de afiliados podem ajudar a reduzir esse custo. Avaliar o LTV dos alunos permite planejar estratégias de *upsell* e *cross-sell*, oferecendo cursos avançados ou complementares para maximizar o valor de cada cliente ao longo do tempo. A Taxa de Retenção é monitorada para identificar quantos alunos completam os cursos e quantos retornam para novos cursos, sendo que melhorias na qualidade do conteúdo e suporte ao aluno podem aumentar a retenção. Por fim, coletar *feedback* e medir o NPS ajuda a entender a satisfação dos alunos e identificar áreas de melhoria, incentivando recomendações boca a boca.
- **ONGs**: ONGs frequentemente monitoram a Taxa de Conversão de Doações para otimizar suas estratégias de captação de recursos. Testar diferentes mensagens,

imagens e CTAs pode aumentar o número de doações. O Custo por Doação Adquirida é monitorado para entender quanto custa adquirir cada doador, permitindo otimizar campanhas de arrecadação de fundos. O Engajamento dos Voluntários é uma métrica crucial, acompanhando o número de horas trabalhadas e a participação em eventos para entender a eficácia das estratégias de engajamento e retenção de voluntários. A Análise de Impacto das Campanhas mede o alcance, o engajamento e as mudanças nas atitudes dos públicos-alvo, permitindo avaliar a eficácia das campanhas de conscientização e arrecadação. Coletar *feedback* e medir a satisfação dos beneficiários e *stakeholders* ajuda a entender a percepção sobre as ações da ONG e identificar oportunidades de melhoria.

- **Profissionais liberais**: profissionais liberais frequentemente monitoram a Taxa de Conversão de *Leads* para entender a eficácia das estratégias de marketing em transformar *leads* em clientes. Testar diferentes abordagens em consultas iniciais ou apresentações de propostas pode melhorar a conversão. Avaliar o CAC ajuda a ajustar campanhas de marketing e otimizar o retorno sobre o investimento. A Taxa de Retenção de Clientes é monitorada para entender a lealdade e a satisfação dos clientes, sendo que melhorias na experiência do cliente podem aumentar a retenção. Coletar *feedback* e medir a satisfação do cliente por meio de pesquisas permitem identificar áreas de melhoria e aumentar a qualidade do serviço. Medir o número de recomendações e referências ajuda a avaliar a reputação e a confiança no serviço prestado, implementando programas de referência para incentivar ainda mais essas recomendações.

O *growth* marketing representa uma evolução natural do marketing digital, integrando uma mentalidade de crescimento contínuo e sustentado. Ao adotarem uma abordagem baseada em dados, centrada no cliente e focada na experimentação, as empresas podem não apenas alcançar, mas superar suas metas de crescimento, criando valor tanto para o negócio quanto para seus clientes.

Este capítulo explorou os fundamentos do *growth* marketing, destacando sua importância e fornecendo um guia detalhado para implementar essas estratégias de forma eficaz. Com as ferramentas, técnicas e exemplos práticos apresentados, você está mais consciente para aplicar o *growth* marketing em sua própria organização.

Considerações e recomendações adicionais

Para conhecer conteúdo adicional e atualizado referente a este capítulo, acesse o QRCode a seguir:

www.martha.com.br/livro-MED/saibamais31.html

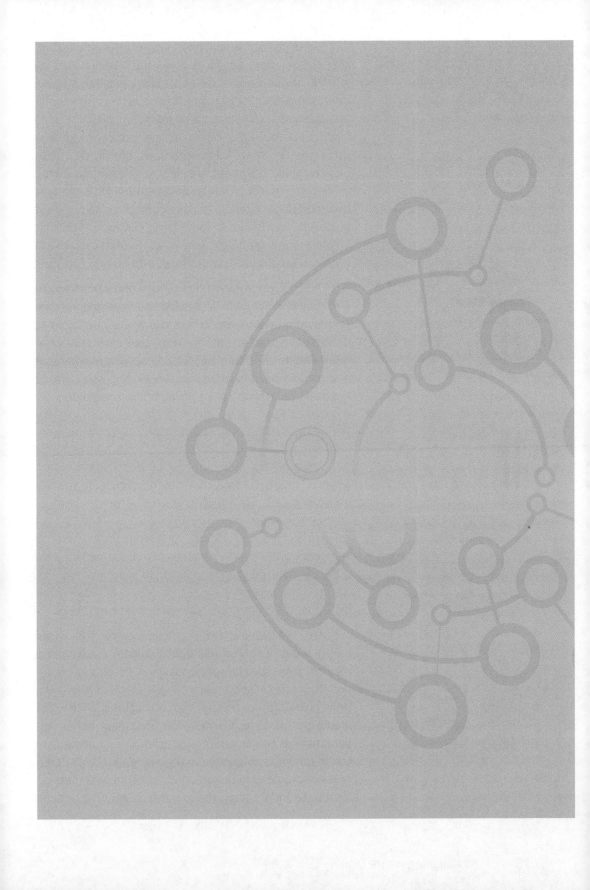

Se você não acompanhar seus esforços de marketing digital, como saberá se eles estão funcionando ou não? É aí que entram os principais indicadores-chave de desempenho (KPIs) e métricas de acompanhamento. Imagine que a sua estratégia de marketing digital seja um avião; para você fazer esse avião cumprir com a jornada do cliente do ponto A ao ponto B, ele precisa de instrumentos, pois, caso contrário, o voo seria praticamente às cegas e os riscos seriam muito altos. Na estratégia de marketing digital é a mesma coisa. Precisamos levar as pessoas ao longo da jornada do cliente e fazer elas voltarem como promotoras da marca. As métricas indicam os controles e os KPIs indicam se estamos no caminho.

A beleza do ambiente digital é que praticamente tudo é mensurável por meio de medidas de desempenho, que representam dados específicos das ações que fazemos dentro das estratégias digitais. Este capítulo visa mostrar quais são as principais métricas de acompanhamento e a formação de indicadores-chave de sucesso para os negócios de acordo com a jornada do consumidor.

Diferença entre métricas e KPIs

Uma métrica é algo que você pode contar, como alcance, frequência, *likes*, comentários, cliques, *downloads*, conversões etc. Uma métrica é apenas um número, e, como você interpreta esse número é com você. Em um carro, a métrica de velocidade é apenas um número no velocímetro. Você pode acompanhar essa métrica para saber se está dentro da velocidade permitida por lei. As métricas servem para serem acompanhadas como instrumentos balizadores da execução da estratégia.

Um indicador-chave de desempenho (KPI) inclui informações quantificáveis que o ajudam a enxergar e medir o sucesso. Normalmente, os KPIs têm valores e podem informar sobre como o seu negócio está indo, principalmente ao comparar o seu valor com o valor médio de mercado. Os KPIs são úteis para definir expectativas e provar que a execução da estratégia está tendo um impacto positivo para o negócio. Um KPI é o cruzamento de uma ou mais métricas com uma meta no tempo. Usando a analogia do carro, o objetivo poderia ser ir de um ponto A até o ponto B, com a meta de fazer isso em 1 hora com 7 litros de combustível. Para cumprir esse objetivo, será necessário olhar o KPI "taxa de consumo de combustível", que é o cruzamento das métricas "nível de combustível" e "distância percorrida". Para cada litro de combustível a menos no tanque, quantos quilômetros foram percorridos e em quanto tempo? Ao responder isso, você terá a relação de consumo no tempo. Com essa informação, dá para saber se você atingirá o objetivo ou não dentro do tempo de uma hora. Caso não, é provável que você deva acelerar e aumentar a velocidade do carro, porém, isso deve consumir mais combustível. Nesse caso, é importante acompanhar a métrica de quantidade de combustível para saber se dará para acelerar e chegar ao ponto B sem acabar. Ao analisar parâmetros de mercado, você pode ficar sabendo que carros semelhantes ao seu fazem o mesmo trajeto no mesmo tempo de uma hora, com uma taxa de consumo de combustível de 13 km por litro. O seu carro está fazendo 9 km por litro. Ao saber disso, você precisa ajustar algumas coisas no motor para ser mais eficiente e atingir o parâmetro de sucesso do mercado. Por exemplo, no caso de marketing digital, existem parâmetros para taxas de abertura de *e-mail* marketing, taxa de conversão e taxa de engajamento para diferentes setores. Verifique-os antes para definir suas próprias metas.

Ao longo deste livro, vimos os seguintes KPIs:

- Taxa de conversão (CR – *Conversion Rate*).
- Taxa de cliques (CTR – *Click Through Rate*).
- Custo por clique (CPC – *Cost per Click*).
- Custo por ação (CPA – *Cost per Action*).
- Custo por *lead* (CPL – *Cost per Lead*).
- Custo de aquisição do cliente (CAC – *Customer Acquisition Cost*).
- Taxa de abandono.
- Retorno do investimento em anúncios (ROAS – *Return on Ad Spend*).
- Retorno do investimento (ROI – *Return on Investment*).

- Receita média por conta/usuário/cliente (ARPA, ARPU, ARPC – *Average Revenue per Account/User/Customer*).
- Tempo de Retorno do CAC.
- Receita Recorrente Mensal (MRR – *Monthly Recurring Revenue*).
- Taxa de cancelamento (*Churn Rate*).
- Valor de cancelamento (*Revenue Churn*).
- Participação de mercado (SOM – *Share of Marketing*).
- Compartilhamento de carteira (SOW – *Share of Wallet*).
- Taxa de retenção de clientes (CRR – *Customer Retention Rate*).
- Valor do ciclo de vida do cliente (CLV – *Customer Lifetime Value* ou simplesmente LTV – *Lifetime Value*).

Veremos mais sobre cada KPI adiante neste capítulo.

Escolhendo o que medir

A parte mais importante da definição de um KPI é escolher o que medir. Você realmente não pode errar neste estágio, mas não se preocupe, é muito simples – basta medir fatores que terão um impacto nas metas ou objetivos da sua organização.

Geralmente, os KPIs são ligados a uma "conversão". Cabe a você definir o que rastrear como uma conversão, dependendo do que você deseja alcançar. Como regra geral, as conversões devem ser específicas (ou seja, fáceis de definir e medir) e significativamente benéficas (por exemplo, um usuário preenchendo um formulário de contato para fazer uma compra).

O que você deve medir:

- É importante medir as métricas quantificáveis que se alinham aos objetivos da sua organização. Geralmente, serão vendas ou *leads*. Se você trabalha para uma marca de bens de consumo duráveis, pode não fazer sentido avaliar *leads*, mas sempre é possível avaliar o alcance e a frequência de exposição de marca.
- Métricas de mercado. Por exemplo, uma métrica de mercado é usada pelos economistas para dar uma indicação de qual direção a economia está seguindo. Uma métrica de mercado é útil em marketing, pois pode mostrar que seu tempo e esforço estão começando a ter um impacto, mesmo que ainda não tenham resultados significativos. Como exemplo, você pode avaliar quantas pessoas passaram mais de três minutos no seu *site* (caso três minutos seja um *benchmark*), mesmo que não tenham preenchido o formulário de contato.

Alguns KPIs devem ser específicos do canal e outros se relacionam com as metas gerais de negócios. Muitas organizações precisarão de KPIs de ambos os tipos para medir o desempenho do canal e o impacto que isso causa nos objetivos gerais. A Tabela 32.1 mostra exemplos de métricas de acompanhamento e KPIs de acordo com a jornada do cliente.

Tabela 32.1 – Métricas e KPIs de acordo com a jornada do cliente

	Awareness	Interesse	Consideração	Conversão	Retenção
Objetivo da etapa	• Aumentar o *awareness* de marca	• Gerar demanda	• Estimular conversão	• Vender	• Fidelizar
Métricas de acompanhamento	• Alcance • Frequência • Impressões	• Sessões no *site* • Cliques • Visualizações	• Tempo do *site* • Inscritos no canal • Seguidores na rede social	• *Downloads* • Cadastros • *Leads* • Vendas	• Cancelamentos • Tempo de resposta de SAC
KPIs	• CPM • Brand lift (lembrança de marca)	• CTR • CPC • Taxa de visualização	• Taxa de rejeição no *site* • Taxa de crescimento do canal	• CPA • CPL • CPV • CAC • Taxa de conversão	• Taxa de cancelamento • MRR • LTV • CRR

É importante observar que nem todas as etapas têm as mesmas métricas e KPIs. Isso ocorre porque, neste exemplo, nem todas as etapas têm um impacto direto na receita/conversões. Por exemplo, pode não ser realista esperar que a mídia social tenha um impacto direto na receita, dependendo da sua oferta. Portanto, o KPI principal para a mídia social pode ser "*Brand lift*" (lembrança de marca) com o cruzamento de duas métricas no tempo (alcance × frequência numa janela de sete dias).

O que não medir:

- A facilidade de rastrear e medir diversas métricas de marketing digital pode ser um problema para o foco. O digital facilita o rastreamento de métricas importantes, mas também o rastreamento de coisas que não têm valor, desperdiçando tempo e foco valiosos.

Ao decidir quais métricas você medirá, considere se elas fornecerão informações úteis sobre maneiras de melhorar seus resultados. Se a métrica não for algo em que você possa agir ou alterar, é provável que seja uma métrica básica, portanto não vale a pena rastrear.

Por exemplo, você pode ficar tentado a rastrear métricas de vaidade, como seus *likes* no Facebook ou seguidores no Instagram, mas se você está focado em transformar seguidores em clientes, a qualidade dos seguidores é melhor do que a quantidade, portanto por que acompanhar? Não é um indicador eficaz para o sucesso.

Impacto do orçamento nos KPIs

Os KPIs são tão fortemente ligados ao orçamento, que muitas vezes alguns KPIs como CPM, CPC, CPL e CAC ficam mais caros em função de ter mais verba disponível para ser gasto num curto espaço de tempo. Muitas vezes, a organização precisa aumentar em três vezes o número de *leads* em relação ao mês anterior e disponibiliza três vezes mais verba para gastar, porém no mesmo espaço de tempo de um mês. Caso a concorrência pelo mesmo público-alvo seja alta no mesmo canal de mídia, a probabilidade de você ter que pagar mais caro no KPIs é maior para conseguir cobrir a concorrência.

Métricas e KPIs mais importantes do marketing digital

Embora tenhamos visto sobre diversos KPIs ao longo deste livro, vale resumir neste capítulo para consolidar as principais métricas e KPIs de acordo com as principais estratégias de marketing digital.

KPIs gerais de marketing

A seguir, apresentamos alguns KPIs gerais de marketing, muitos já apresentados no Capítulo 31:

- **Valor do ciclo de vida do cliente (CLV – *Customer Lifetime Value* ou simplesmente LTV – *Lifetime Value*)**: este KPI é a quantidade de receita que um cliente gera ao longo do tempo de vida dele. Pode ser uma questão de dias, semanas, meses ou anos, dependendo da taxa de retenção e das ofertas de *upselling* e *cross-selling*.
- **Custo de aquisição do cliente (CAC)**: o custo de aquisição é quanto você gasta para obter um novo cliente. Isso pode incluir publicidade, ligações ou visitas de vendas e qualquer outra coisa que envolva seu processo de prospecção e conversão.
- **Retorno sobre o investimento (ROI)**: o ROI é uma função dos dois KPIs anteriores. Ele informa quanto lucro você gera quando compara o custo de aquisição do cliente com a receita gerada no LTV.
- **Tempo de retorno do CAC**: dado o custo de aquisição do cliente e o quanto ele deixa em receita por mês (caso seu negócio tenha um modelo de recorrência), você consegue chegar ao tempo de retorno do CAC. Esse KPI é importante, para ver se o LTV é maior ou menor que o tempo de retorno.
- **Taxa de retenção**: esse KPI mostra a sua capacidade de entregar valor ao longo do tempo. Ao medir quantos clientes continuam na base em relação à data da sua entrada negócio é um dos indicadores mais importantes para um negócio, pois isso pode evidenciar a experiência do cliente e se uma determinada *persona* tem "*fit*" com a sua solução.
- **Taxa de conversão**: a taxa de conversão é a porcentagem de visitantes que se transformam em *leads* e *leads* em clientes. Esse é um KPI de marketing geral, mas também pode ser aplicado a qualquer uma das outras categorias, se você quiser acompanhar cada canal separadamente. Você também pode acompanhar as métricas do número total de *leads* ou conversões.
- **Receita média por cliente (ARPC)**: esse KPI é também conhecido como *ticket* médio no mercado. Isso representa o quanto, na média, os *leads* pagam para serem clientes. Caso você tenha mais de um produto, serviço ou plano em seu negócio, esse KPI irá refletir, de modo simples, a média de receita por cliente.
- **Receita recorrente mensal (MRR)**: em alguns modelos de negócio há a recorrência. Atualmente, muitas *startups* de tecnologia no modelo SaaS (*Software as a Service*) possuem esse modelo. Esse KPI totaliza o valor a ser pago pelos clientes todos os meses. Isso gera uma receita previsível e ajuda a entender mais facilmente a capacidade de caixa da empresa.

- **Taxa de cancelamento (*churn rate*)**: sem dúvida, esse é um dos principais KPIs de qualquer negócio baseado em recorrência. A taxa de cancelamento é o indicador mais importante para entender se um negócio é saudável, apesar da sua capacidade em vender. No mercado, existe um jargão chamado "balde furado", que é quando um negócio consegue trazer muitos *leads*, converter em clientes, mas não conseguir reter.

- **Valor de cancelamento (*revenue churn*)**: essa métrica mostra o valor bruto de receita perdida com os cancelamentos de clientes. Muitas vezes, a taxa de cancelamento de uma determinada *persona* está alta, mas isso não afeta tanto a receita global, pois o valor de cancelamento é baixo. Isso acontece quando um negócio tem mais de uma *persona* e tem *ticket* médio e MRRs diferentes para cada uma.

- ***Brand lift***: o aumento da lembrança de marca é um aumento na interação de compra como resultado de uma campanha publicitária e é usado principalmente para identificar uma mudança positiva na percepção e percepção do cliente (*awareness*). As métricas associadas a esses KPIs são alcance e frequência de exposição da marca dentro de um período de tempo.

Métricas e KPIs de *inbound* marketing (SEO)

A seguir, temos algumas métricas e KPIs de *inbound* marketing (SEO):

- **Custo por ação (CPA)**: este KPI é um indicador que mostra o custo da conclusão de uma ação desejada. Também ajuda a medir a eficácia do funil de venda. Depende totalmente de você qual ação você considera desejada podendo ser *downloads* de *e-books*, *white papers*, assistir a um vídeo etc.

- **Custo por *lead***: este é um dos KPIs mais importantes. O custo por *lead* é semelhante ao custo por ação, exceto pelo fato de você pagar pelas informações de contato de uma pessoa potencialmente interessada em sua oferta. Geralmente, é calculado pelo racional do custo de mídia paga/número de *leads* adquiridos. Para calcular esse custo, adicione todas as suas despesas com anúncios para levar uma pessoa até preencher um formulário. Esse KPI mostrará se seus esforços de aquisição de *leads* estão dentro do seu orçamento ou se você está gastando muito.

Métricas e KPIs de *Search Engine Marketing* (SEO)

Listamos a seguir métricas e KPIs de *Search Engine Marketing* (SEO):

- **Tráfego de pesquisa**: as métricas de tráfego de pesquisa incluem o total de visitas, visitantes únicos, tráfego orgânico, visitantes do *site*, fontes de tráfego, visualizações de página por sessão, páginas principais e vários outras métricas relacionadas ao tráfego que chega ao seu *site* pelo Google e por outros mecanismos de pesquisa.

- **Classificação de palavras-chave**: este KPI informará onde o seu *site* está classificado quanto às palavras-chave e frases mais valiosas para o seu negócio. Você pode acompanhar as alterações na classificação ao longo do tempo para ver o que está funcionando e o que não está com seus esforços de SEO.

- **Backlinks**: são uma métrica e um fator importante na otimização de mecanismos de pesquisa. Essa métrica permite acompanhar quantos outros *sites* estão vinculados ao seu e, quando combinado com as métricas de tráfego de pesquisa, você pode ver como esses *links* afetam seus *rankings* e tráfego.
- **Autoridade de domínio e página**: a autoridade de domínio é uma métrica de quanta autoridade os mecanismos de pesquisa atribuem ao seu *site*. Em outras palavras, quão importante eles acham que seu conteúdo é. A autoridade da página é o mesmo tipo de medida, página por página.
- **Taxa de rejeição**: quando um visitante acessa uma página do seu *site* e sai imediatamente, é chamado de rejeição. O rastreamento desse KPI ajudará você a melhorar suas páginas de destino para que os visitantes permaneçam no *site* por mais tempo.

Métricas e KPIs de *Social Media Marketing* (SMM)

A seguir, temos algumas métricas e KPIs de *Social Media Marketing* (SMM):

- **Curtidas, comentários e compartilhamentos**: *likes*, comentários e compartilhamentos são a força vital dos *sites* de mídia social. Essas métricas informarão a quantidade de engajamento que você está recebendo nesses *sites*.
- **Taxa de engajamento**: este KPI informará quantas pessoas únicas estão engajando em suas mídias sociais em relação à quantidade de pessoas alcançadas. Essa relação é um indicador de relevância do conteúdo. Vale observar que engajamento não é sinônimo de sucesso em vendas, mas sim de interesse. No fim do dia, *likes* não pagam as contas, vendas sim. Mas é um belo indicador de que as pessoas estão se interessando pelo seu conteúdo de marca.
- **Taxa de crescimento de seguidores**: você precisa de um fluxo constante de novos seguidores para gerar novos *leads* e clientes. Esse KPI medirá a taxa de crescimento ao longo de um período.
- **Tráfego de mídia social**: as métricas de tráfego de mídia social cobrem todas as mesmas coisas que o tráfego de SEO (visitas, visitantes únicos, fontes de tráfego etc.), mas de *sites* de mídia social em particular. Convém acompanhar as métricas gerais para todos os canais, bem como números específicos para cada canal.
- **Conversões em mídias sociais**: assim como no caso do tráfego, convém acompanhar as conversões gerais e os resultados de cada canal. Esse KPI é importante para validar se o canal "redes sociais" tem peso no modelo de atribuição.

Métricas e KPIs de marketing de *performance*

Listamos a seguir métricas e KPIs de marketing de *performance*:

- **Custo por clique (CPC)**: se você usa publicidade paga, o CPC é um dos KPIs fundamentais que você deve acompanhar.

- **Taxa de cliques (CTR)**: o CTR é outro KPI fundamental que você precisa acompanhar quando paga pelo tráfego. Um CTR melhor não traz apenas mais tráfego, mas também ajuda a diminuir seu CPC na maioria das redes de anúncios.
- **Índice de qualidade**: um dos fatores que as redes de anúncios usam para determinar seu CPC é o índice de qualidade do seu anúncio. Um anúncio mais relevante que obtém um CTR melhor geralmente possui um índice de qualidade mais alto, o que resulta em CPCs mais baixos.
- **Retorno sobre investimento em mídia (ROAS)**: simples e compreensível, esse é um dos KPIs de marketing digital mais importantes para medir o desempenho dos anúncios. O retorno dos gastos com anúncios é o valor da receita que sua empresa obtém por cada real gasto em anúncios. Use-o como o principal KPI para cada campanha de marketing digital e você sentirá a diferença entre campanhas eficazes e ineficazes.
- **Taxa de abandono**: esse KPI geralmente é a porcentagem de carrinhos abandonados em um *e-commerce*. Para empresas de *e-commerce*, a taxa de abandono é igual ao número de carrinhos abandonados/número total de transações iniciadas × 100%. A melhor prática é acompanhar a taxa de abandono para entender se há um problema de preço.

KPIs de *e-mail* marketing

A seguir, temos KPIs de *e-mail* marketing:

- **Taxa de inscrição**: o KPI da taxa de inscrição no *e-mail* marketing é a porcentagem de visitantes do seu *site* que se inscreve na sua lista de *e-mails*, se você oferece uma *newsletter*, *e-book*, *white paper*, estudo de caso ou qualquer outro incentivo.
- **Taxa de abertura**: a taxa de abertura de *e-mail* é quantas pessoas da sua lista abrem suas mensagens. Esse KPI é um ótimo indicador de quão eficazes são os títulos dos *e-mails*.
- **Taxa de cliques** (CTR): se você incluir *links* para páginas do seu *site*, produtos ou serviços ou qualquer outra coisa em seus *e-mails*, poderá acompanhar quantas pessoas clicam nesses *links* para avaliar a *performance*.
- **Taxa de rejeição**: o KPI da taxa de rejeição de *e-mail* é diferente do tráfego do *site*. Uma rejeição no *e-mail* marketing é um *e-mail* não entregue – ele "retorna" ao remetente.
- **Cancelamento de inscrição**: todo *e-mail* que você envia a seus clientes provavelmente possui um *link* de cancelamento de inscrição para que eles possam se remover da sua lista. Essa métrica permite acompanhar o número de cancelamentos de inscrição para que você possa ver quais tipos de mensagens são mais eficazes e quais tipos têm mais cancelamentos de inscrição.

Como medir as métricas e KPIs

O rastreamento das várias métricas e KPIs de marketing digital que discutimos neste capítulo fornecerá à sua equipe de marketing todas as informações necessárias para que você tome decisões acertadas sobre seus negócios. Mas é preciso muito trabalho para manter essas informações atualizadas, especialmente se você estiver usando vários canais em sua estratégia global de marketing.

Algumas ferramentas de automação de marketing podem ajudar nessa tarefa. A mais famosa é o Google Analytics, mas ela não tem todas as métricas e KPIs que mencionamos anteriormente. Geralmente, para cada estratégia há uma ferramenta de automação de marketing mais adequada. No entanto, há soluções que tentam centralizar todos os dados em uma única interface. Geralmente, essas soluções são plataformas de BI ou DMPs (*Data Management Platforms*). São exemplos dessas soluções: Looker Studio, Power BI e Supermetrics.

Considerações e recomendações adicionais

Para conhecer conteúdo adicional e atualizado referente a este capítulo, acesse o QRCode a seguir:

www.martha.com.br/livro-MED/saibamais32.html

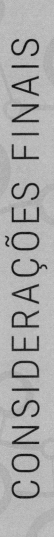

CONSIDERAÇÕES FINAIS

> *"Qualquer tecnologia suficientemente avançada é indistinguível da magia."*
> Arthur Clarke

O mais difícil ao escrever um livro não é escolher sobre o que falar, mas sobre o que deixar de fora e o quanto aprofundar o que ficou dentro. Este livro não é uma exceção à regra.

Os conteúdos abordados foram criteriosamente selecionados com o objetivo de oferecer ao leitor uma visão estratégica do cenário atual de marketing, apresentando tanto as tecnologias como as abordagens possíveis para extrair o máximo das combinações de plataformas existentes hoje, tanto digitais como tradicionais. A difusão do ambiente digital em todas as dimensões da vida humana traz complexidades e possibilidades jamais experimentadas na história, causando transformações sociais e de mercado em uma velocidade vertiginosa. Nesse contexto, o principal objetivo deste livro é organizar o caos de opções que se apresentam de forma a tornar mais simples a elaboração de estratégias de marketing, oferecendo e apontando inúmeras referências externas.

Se, depois de ter lido este livro, você se sentir mais confortável em relação ao desenvolvimento de estratégias de marketing que incluam o digital e também se considerar apto a continuar aprofundando seus conhecimentos e testando novas técnicas, creio que atingimos nosso objetivo.

Como mencionado várias vezes ao longo dos capítulos, tanto a *Web* quanto as tecnologias digitais são dinâmicas. Dessa forma, estaremos constantemente postando tópicos interessantes e atualizados relacionados ao marketing e seu desenvolvimento digital no *site*: www.marketingnaeradigital.com.br.

Um grande abraço e muito sucesso em suas empreitadas digitais!

Martha Gabriel e Rafael Kiso

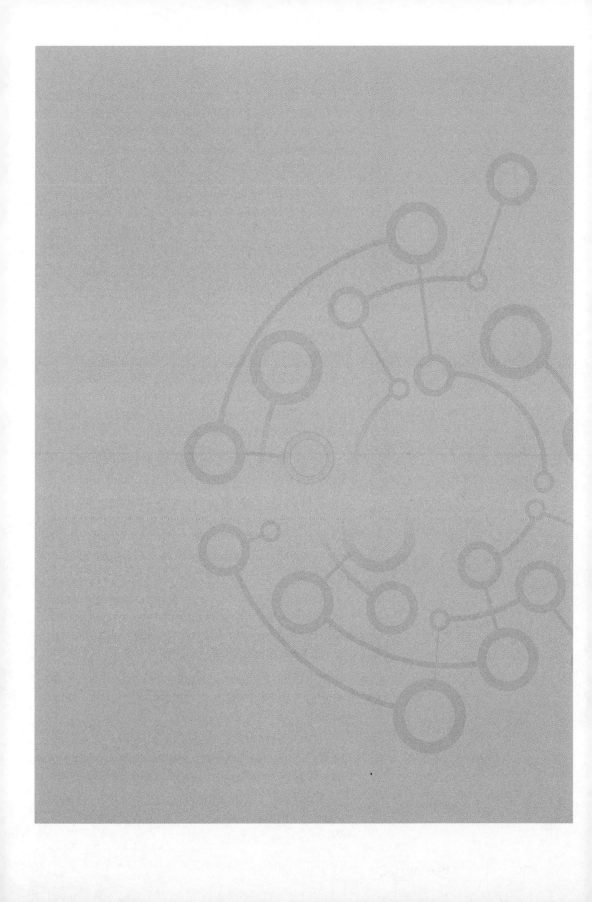

REFERÊNCIAS

ABRÃO, B. S.; COSCODAI, M. U. (orgs.). *Dicionário de mitologia.* São Paulo: Best Seller, 2000.

ALMEIDA, R. *Escolha as armas certas para utilizar nas mídias sociais* (2010). Disponível em: http://idgnow.uol.com.br/blog/planoseideias/2010/08/23/escolha-as-armas-certas-parausar-nas-midias-sociais/. Acesso em: 20 jun. 2020.

AMA. *Brand and branding strategy definitions at American Marketing Association* (2010). Disponível em: http://www.marketingpower.com/layouts/Dictionary.aspx?dLetter=B. Acesso em: 20 jun. 2020.

ANDERSON, C. *The long tail*: why the future of business is selling less of more. New York: Hyperion, 2006.

ASH, K. M. Founder; KAY, M. *1501 ways to reward employees.* Canada. Thomas Allen & Son Limited, 2012. E-book.

AUGMENTED TIMES. *Tim O'Reilly on Recognition, RFID and Web 3.0* (2010). Disponível em: http://artimes.rouli.net/2009/04/tim-oreilly-on-recognition-rfid-and-web.html. Acesso em: 20 jun. 2020.

BAKER, S. *The numerati.* Chicago: Houghton Mifflin Harcourt, 2008.

BALASUBRAMANIAN, S. K. When boundaries between program and commercial media content get blurred: consumer awareness and attitudes toward hybrid messages. *European Advances in Consumer Research*, v. 3, n. 176-177, 1998.

BASU, S. *10 search engines to explore the invisible web* (2010). Disponível em: http://www.makeuseof.com/tag/10-search-engines-explore-deep-invisible-web/. Acesso em: 20 jun. 2020.

BATTELLE, J. *Busca*: como o Google e seus competidores reinventaram os negócios. Rio de Janeiro: Campus, 2005.

BEIGUELMAN, G.; FLEURY, M. *Suite 4 mobile tags* (2009). Disponível em: http://www.desvirtual.com/projects/suite-4-mobile-tags/. Acesso em: 20 jun. 2020.

BERGER, J.; MILKMAN, K. L. *Social transmission, emotion, and the virality of online content* (2010). Disponível em: http://marketing.wharton.upenn.edu/documents/research/Virality.pdf. Acesso em: 20 jun. 2020.

BOUMANS, J. *Crossmedia – e-Content Report 8*. (2004). ACTeN-Anticipating Content Technology Needs. Disponível em: http://www.springerlink.com/content/j623205v0t160h85/. Acesso em: 20 jun. 2020.

BRADLEY, S. *Designing for a hierarchy of needs* (2010). Disponível em: http://www.smashingmagazine.com/2010/04/26/designing-for-a-hierarchy-of-needs/. Acesso em: 20 jun. 2020.

BRAFMAN, O.; BECKSTROM, R. *The starfish and the spider*: the unstoppable power of leaderless organizations. London: Little, Brown and Company, 2008.

BUSINESS WEEK. *My virtual life* (2006). Disponível em: http://www.businessweek.com/magazine/content/06_18/b3982001.htm. Acesso em: 20 jun. 2020.

CES – Consumer Electronics Show 2010. *Steve Balmer's keynote speach*. Disponível em: http://www.microsoft.com/presspass/events/ces/VideoGallery.aspx. Acesso em: 20 jun. 2020.

CHRISTAKIS, N.; FOWLER, J. *Connected*: the surprising power of our social networks and how they shape our lives. London: Little, Brown and Company, 2009.

CORLISS, R. *10 qualities that can make your video go viral* (2009). Disponível em: http://blog.hubspot.com/blog/tabid/6307/bid/4915/10-qualities-that-can-make-your-videogo-viral.aspx. Acesso em: 20 jun. 2020.

DARRELL, H. *How to lie with statistics*. New York: W. W. Norton & Company, 1993.

DAVENPORT, T.; BECK, J. *The attention economy*: understanding the new currency of business. Cambridge: Harvard Business Press, 2002.

DE LUCA, C. *E o SMS faz 25 anos. Acredite!* (2010). Disponível em: http://idgnow.uol.com.br/blog/circuito/2010/08/03/e-o-sms-comemora-hoje-25-anos-acredite/. Acesso em: 20 jun. 2020.

DENSO-WAVE (2009). *Bar code to 2D code*. Disponível em: http://www.denso-wave.com/qrcode/aboutqr-e.html. Acesso em: 20 jun. 2020.

DIGITAL ROYALTY. *Measuring social media* (2009). Disponível em: http://www.youtube.com/watch?v=sx74jrzBRsU. Acesso em: 20 jun. 2020.

DOUGLAS, M.; ISHERWOOD, B. *O mundo dos bens*: para uma antropologia do consumo. Rio de Janeiro: Editora UFRJ, 2009.

E.LIFE. *Comportamento em mídias sociais no Brasil* (disponível para *download*) (2009). Disponível em: http://www.slideshare.net/idegasperi/pesquisa-comportamento-midiassociais-br. Acesso em: 20 jun. 2020.

ELIAS, Norbert. *Introdução à sociologia*. Lisboa: Edições 70, 1978.

eMARKETER. *E-mail dominates mobile web time* (2010-2013). Disponível em: http://www.emarketer.com/Article.aspx?R=1007868. Acesso em: 20 jun. 2020.

eMARKETER. *Mobile stats in Brazil* (2010-2012). Disponível em: http://twitter.com/eMarketer/status/10182211922.

eMARKETER. *Social networkers still love e-mail* (2010). Disponível em: http://www.emarketer.com/Article.aspx?R=1007520. Acesso em: 20 jun. 2020.

eMARKETER. *Users still sharing by e-mail* (2010-2011). Disponível em: http://www.emarketer.com/Article.aspx?R=1007434. Acesso em: 20 jun. 2020.

EYETOOLS. *Google search's golden triangle* (2008). Disponível em: http://eyetools.com/research_google_eyetracking_heatmap.html. Acesso em: 20 jun. 2020.

FILGUEIRAS, L.; CORREA, D.; OLIVEIRA NETO, J.; FACIS, R. X-gov Planning: how to Apply cross Media to Government Services. *In*: ICDS, 2008:140-5. IEEE, Los Alamitos, 2008.

FISHER L. *A Decade of social media – Timeline* (2010). Disponível em: http://www.simplyzesty.com/social-media/decade-social-media/. Acesso em: 20 jun. 2020.

FLEET, D. *Seven reasons your company needs to prepare for crises* (2010). Disponível em: http://socialmediatoday.com/SMC/183637. Acesso em: 20 jun. 2020.

FOGG, B. J. *Persuasive technology*: using computers to chance what we think and do. San Francisco: Morgan Kaufmann, 2002.

FOLHA. *Electronic arts alerta para mudanças no universo de videogames* (2010). Disponível em: http://www1.folha.uol.com.br/tec/783659-electronic-arts-alerta-paramudancas-no-universo-de-videogames.shtml. Acesso em: 20 jun. 2020.

GABRIEL, M. C. C. *Você, eu e os robôs*: pequeno manual do mundo digital. São Paulo: Atlas, 2017.

GABRIEL, M. C. C. *Sensitive Rose* (2008). Disponível em: www.sensitiverose.com/rose.php. Acesso em: 20 jun. 2020.

GEERTZ, C. *A interpretação das culturas*. Rio de Janeiro: Zahar, 1978.

GIGYA. *Social is the next search (whitepaper)* (2010). Disponível em: http://info.gigyahosting1.com/socialisthenextsearch.php. Acesso em: 20 jun. 2020.

GLADWELL, M. *The tipping point*: how little things can make a big difference. Boston: Back Bay Books, 2002.

GOURLAY, C. *OMG*: brains can't handle all our Facebook friends (2010). Disponível em: http://technology.timesonline.co.uk/tol/news/tech_and_web/the_web/article6999879.ece. Acesso em: 20 jun. 2020.

GRANOVETTER, M. *The strength of weak ties*. American Journal of Sociology. 6:1360-80, May 1973. Disponível em: http://www.stanford.edu/dept/soc/people/mgranovetter/documents/granstrengthweakties.pdf. Acesso em: 20 jun. 2020.

GREENFIELD, A. *Everyware*: the dawning age of ubiquitous computing (Voices That Matter). Indianapolis: New Riders Publishing, 2006.

HAYES, G. *Top 16 Augmented reality business model* (2009). Disponível em: http://www.personalizemedia.com/16-top-augmented-reality-business-models/. Acesso em: 20 jun. 2020.

HI-MEDIA. *Augmented reality banner* (2009). Disponível em: http://www.hi-midia.com/wp-content/uploads/2009/12/Augmented-reality-banner.pdf. Acesso em: 20 jun. 2020.

HJARVARD, S. Midiatização: teorizando a mídia como agente de mudança social e cultural. *Revista Matrizes*, São Paulo, ano 5, n. 2, jan./jun. 2012.

HOBSBAWM, E. J. *A era das revoluções*: Europa 1789-1848. Rio de Janeiro: Paz e Terra, 1994.

HOFFMAN, R.; YEH, C. *Blitzscaling*: o caminho vertiginoso para construir negócios extremamente valiosos. São Paulo: Alta Books, 2019.

HUGHES, E. *A Cypherpunk's Manifesto* (1993). Disponível em: http://www.activism.net/cypherpunk/manifesto.html. Acesso em: 20 jun. 2020.

IBM. *The end of advertising as we know it* (2007).

IBOPE. *Games sociais mudam rotina em sites de relacionamento* (2010). Disponível em: http://bit.ly/92JZhA. Acesso em: 20 jun. 2020.

IDGNOW! *Realidade aumentada vai girar US$ 700 milhões em 2014, prevê estudo* (2010). Disponível em: http://idgnow.uol.com.br/internet/2010/01/05/realidade-aumentada-vai-girar-us-700-milhoes-em-2014-preve-estudo/. Acesso em: 20 jun. 2020.

IMASTERS. *Qual o perfil do usuário de redes sociais?* (2010). Disponível em: http://imasters.uol.com.br/artigo/15959.

IPROSPECT. *iProspect search engine user behavior study* (2006). Disponível em: http://www.iprospect.com/premiumPDFs/WhitePaper_2006_SearchEngineUserBehavior.pdf. Acesso em: 20 jun. 2020.

ISKOLD, A. *Digital life vs life digital*: our inevitable digital future (2007). Disponível em: http://www.readwriteweb.com/archives/digital_life_vs_life_digital.php. Acesso em: 20 jun. 2020.

JENKINS, H. *Convergence culture*. Nova York: New York University Press, 2006.

KALIL, L.; OLIVEIRA, M. de. *Community hacking*: crie uma web community e use o marketing de engajamento para exponenciar seus resultados. Curitiba: Brazil Publishing, 2019.

KAUSHIK A. *The 10/90 rule for magnificent web analytics success* (2006). Disponível em: http://www.kaushik.net/avinash/2006/05/the-10-90-rule-for-magnificient-web-analytics-success.html. Acesso em: 20 jun. 2020.

KISO, R. *Unbound marketing*: um framework para construir uma estratégia exponencial usando o marketing em ambiente digital. Editora DVS, 2021.

KOTLER, P. *Administração de marketing*. 10. ed. São Paulo: Prentice Hall, 2003.

KOTLER, P. *Kotler on marketing*: how to create, win, and dominate markets. New York: Free Press, 2001.

KOTLER, P.; ARMSTRONG, G. *Principles of marketing*. Indiana: Prentice Hall College Div, 1998.

KOTLER, P.; KELLER, K. *Administração de marketing*. 12. ed. São Paulo: Prentice Hall, 2006.

KOZINETS, R. *Netnografia*: realizando pesquisa etnográfica online. Porto Alegre: Editora Penso, 2014.

KOZINETS, R. *Netnography*: redefined. Los Angeles: Sage Publications, 2015.

LAMANTIA, J. *Inside out*: interaction design for augmented reality (2009). Disponível em: http://www.uxmatters.com/mt/archives/2009/08/inside-out-interaction-design-for-augmented-reality.php. Acesso em: 20 jun. 2020.

LAPLANTINE, F. *A descrição etnográfica*. Tradução de João Manuel Ribeiro Coelho e Sergio Coelho. São Paulo: Terceira Margem, 2004.

LEARMONTH, M. *The top 10 viral ads of all time* (2010). Disponível em: http://adage.com/digital/article?article_id=145673. Acesso em: 20 jun. 2020.

LEDFORD, J. L. *Search engine optimization bible*. Hoboken: Wiley, 2008.

LEVINE, R. et al. *The cluetrain manifesto* (1999). Disponível em: www.cluetrain.com. Acesso em: 20 jun. 2020.

LEVITT, S.; DUBNER, S. *Freakonomics*. New York: William Morrow, 2005.

MACCRACKEN, G. *Cultura e consumo*: novas abordagens ao caráter simbólico dos bens e das atividades de consumo. Rio de Janeiro: Mauad, 2003.

MACIEL, R. *Deu no The New York Times*: "Cala Boca, Galvão" é notícia no mundo inteiro (2010). Disponível em: http://idgnow.uol.com.br/blog/navedigital/2010/06/15/deu-no-new-york-times-cala-a-boca-galvao-e-noticia-no-mundo-inteiro/. Acesso em: 20 jun. 2020.

MANEY, K. *The king of alter egos is surprisingly humble guy – Creator of Second Life's goal? Just to reach people*. USA Today, 2007. Disponível em: http://www.usatoday.com/printedition/money/20070205/secondlife_cover.art.htm. Acesso em: 20 jun. 2020.

MARKETING VOX. *California earthquake tests real-time search beliefs* (2010). Disponível em: http://www.marketingvox.com/california-earthquake-tests-real-time-search-beliefs-045939/. Acesso em: 20 jun. 2020.

MARKETING VOX. *Married to RFID, what can AR do for marketers?* (2010-2011). Disponível em: http://www.marketingvox.com/married-to-rfid-what-can-ar-do-for-marketers-046365/. Acesso em: 20 jun. 2020.

MCCULLAGH, D. *FAQ*: when Google is not your friend (2006). Disponível em: http://news.zdnet.com/2100-9588_22-6034666.html?tag=nl.e539. Acesso em: 20 jun. 2020.

MCLINTIC, M. *Crisis management in social media* (2010). Disponível em: http://www.morganmclintic.com/pr/2010/02/videocrisis-management-in-social-media.html. Acesso em: 20 jun. 2020.

MCLUHAN, M. *A galáxia de Gutenberg*: a formação do homem tipográfico. São Paulo: Editora Nacional, Edusp, 1972.

MILGRAM, S.; BICKMAN, L.; BERKOWITZ, L. Note on the drawing power of crowds of different size. *Journal of Personality and Social Psychology*, v. 13, n. 1, p. 79-82, 1969.

MILGRAM, P.; KISHINO, F. *A taxonomy of mixed reality visual displays*. IEICE Transactions on Information Systems. 1994 Dec. E77-D(12).

MOBILE ENTERTAINMENT. *Facebook now has 150m active mobile users* (2010). Disponível em: http://www.mobile-ent.biz/news/38223/Facebook-now-has-150m-active-mobile-users. Acesso em: 20 jun. 2020.

NAISBITT, J.; NAISBITT, N., PHILIPS, D. *High tech high touch*: technology and our search for meaning. New York: Broadway, 1999.

NEGROPONTE, N. *A vida digital*. São Paulo: Companhia das Letras, 1995.

NÓS DA COMUNICAÇÃO. *Pessoas compartilham notícias boas e artigos longos por e-mail na web* (2010). Disponível em: http://www.nosdacomunicacao.com/panorama_interna.asp?panorama=312&tipo=R. Acesso em: 20 jun. 2020.

OWYANG, J. *How social technology must integrate with traditional marketing, a horizontal approach* (2010). Disponível em: http://www.web-strategist.com/blog/2010/08/30/cmo-matrix-how-social-technology-must-integrate-with-traditional-marketing-a-horizontal-approach/. Acesso em: 20 jun. 2020.

PAREDES, A. *Fazendo uma mágica com realidade aumentada* (2009). Disponível em: http://imasters.uol.com.br/artigo/13530/flash/fazendo_uma_magica_com_realidade_aumentada/. Acesso em: 20 jun. 2020.

PEREZ, S. *The dirty little secret about the "Wisdom of the Crowds" – There is no Crowd* (2009). Disponível em: http://www.readwriteweb.com/archives/the_dirty_little_secret_about_the_wisdom_of_the_crowds.php. Acesso em: 20 jun. 2020.

PEW INTERNET & AMERICAN LIFE PROJECT. *How media habits have changed since 2000* (2010). Disponível em: http://www.reportr.net/2010/06/25/pew-internet-on-how-media-habits-have-changed-since-2000/. Acesso em: 20 jun. 2020.

PEW INTERNET & AMERICAN LIFE PROJECT. *Searching for ourselves* (2010-2011). Disponível em: http://pewinternet.org/Reports/2010/Reputation-Management/Part-1/Searching-for-ourselves-online.aspx?r=1. Acesso em: 20 jun. 2020.

PEW RESEARCH. *Search soars, challenging email as a favorite internet activity* (2008). Disponível em: http://pewresearch.org/pubs/921/internet-search. Acesso em: 20 jun. 2020.

PICTUREPHONING. *Ultimatum for MMS & picture recognition* (2007). Disponível em: http://www.textually.org/picturephoning/archives/2007/08/016953.htm. Acesso em: 20 jun. 2020.

PONTES, F. A internet pode contribuir para uma epidemia futura de senilidade, diz Neurocientista. *Galileu*, 2010. Disponível em: http://revistagalileu.globo.com/Revista/Common/0,,EMI154997-17770,00-A%20INTERNET%20PODE%20CONTRIBUIR%20PARA%20UMA%20EPIDEMIA%20FUTURA%20DE%20SENILIDADE%20DIZ%20NEURO.html. Acesso em: 20 jun. 2020.

QUALMAN, E. *Socialnomics*: how social media transforms the way we live and do business. 2. ed. New Jersey: John Wiley & Sons, 2012.

QUALMAN, E. *Socialnomics*: how social media transforms the way we live and do business. New Jersey: John Wiley & Sons, 2009.

QUICK MBA. *Product positioning* (2010). Disponível em: http://www.quickmba.com/marketing/ries-trout/positioning/. Acesso em: 20 jun. 2020.

RAZORFISH. *Fluent*: the razorfish social influence marketing report (2009). Disponível em: http://fluent.razorfish.com/. Acesso em: 20 jun. 2020.

RECUERO, R. *Redes sociais na internet*. Rio de Janeiro: Mauad, 2009. (Coleção Cibercultura)

RHEINGOLD, H. *The Virtual Community*: homesteading on the Eletronic Frontier. MA: Addison-Wesley, 1993.

RIBARIC, M. *Advertainment*: uma presença ausente. O não dito no discurso publicitário dos filmes da Série "The Hire" da BMW. Dissertação de mestrado na Escola Superior de Propaganda e Marketing (ESPM/SP), 2009.

RICHERS, R. *O que é o marketing?* São Paulo: Brasiliense, 1981.

RIES, A.; TROUT, J. *Positioning*: the battle for your mind. New York: McGraw-Hill, 2000.

RONCOLATO, M. 20% dos americanos já jogaram um game social. *Estadão*, 2010. Disponível em: http://blogs.estadao.com.br/link/20-dos-americanos-ja-jogaram-um-game-social/. Acesso em: 20 jun. 2020.

RWW. *100 Uses of RFID* (2010-2012). Disponível em: http://www.readwriteweb.com/archives/100_uses_of_rfid.php.

RWW. *Augmented reality*: 5 barriers to a web that's everywhere (2010). Disponível em: http://www.readwriteweb.com/archives/augmented_reality_five_barriers_to_a_web_thats_eve.php. Acesso em: 20 jun. 2020.

RWW. *Second Life economy at record high* (2010-2011). Disponível em: http://www.readwriteweb.com/archives/second_life_economy_at_record_high.php. Acesso em: 20 jun. 2020.

SANTO, B. *Report*: more tvs connected to internet (2010). Disponível em: http://cedmagazine.com/News-Report-More-TV-connected-Internet-022410.aspx. Acesso em: 20 jun. 2020.

SCHOFIELD, J. *In Japan, you can get a barcode for your tomb* (2008). Disponível em: http://www.guardian.co.uk/technology/blog/2008/apr/05/injapanyoucangetabarcode. Acesso em: 20 jun. 2020.

SCHONFELD, E. *Facebook places in New Hamshire turns into a real-life PleaseRobMe.com* (2010). Disponível em: http://techcrunch.com/2010/09/10/facebook-places-please-rob-me/. Acesso em: 20 jun. 2020.

SCHWARTZ, B. *The paradox of choice: why more is less.* New York: Harper Perennial, 2005.

SILVERPOP. *8 Seconds to capture attention*: silverpop's landing page report (2007). Disponível em: http://www.silverpop.com/marketing-resources/white-papers/index.html. Acesso em: 20 jun. 2020.

SIMMONS, J. P.; LEBOEUF, R. A.; NELSON, L. D. The effect of accuracy motivation on anchoring and adjustment: do people adjust from provided anchors? *Journal of Personality and Social Psychology*, v. 99, n. 6, p. 917-932, 2010.

SMILLIE, D. *Web Ads to get a 10% Boost in 2010. For the first time advertisers will spend more on digital than print* (2010). Disponível em: http://www.forbes.com/2010/03/07/advertising-web-ads-digital-business-media-outsell.html. Acesso em: 20 jun. 2020.

SOCIAL MEDIA TODAY. *Twitter topic searches, a new way to search* (2010). Disponível em: http://www.socialmediatoday.com/johncass/146658/twitter-topic-searches-new-way-search. Acesso em: 20 jun. 2020.

SPIVACK, N. *A New layer of the brain is evolving: the Metacortex* (2010). Disponível em: http://www.novaspivack.com/web-3-0/a-new-layer-of-the-brain-is-evolving-the-metacortex. Acesso em: 20 jun. 2020.

STRACK, F.; MUSSWEILER, T. Explaining the enigmatic anchoring effect: Mechanisms of selective accessibility. *Journal of Personality and Social Psychology*, v. 73, n. 3, p. 437-446, 1997.

TAPSCOTT, D. *Grown up digital*: how the net generation is changing your world. New York: McGraw-Hill, 2008.

TECHCRUNCH. *Opera: Facebook largest mobile social network, Twitter fastest-growing* (2010). Disponível em: http://eu.techcrunch.com/2010/01/26/opera-facebook-largest-mobile-social-network-twitter-fastest-growing/. Acesso em: 20 jun. 2020.

TELMO, J. *US Now*: documentário sobre o poder social (2009). Disponível em: http://www.josetelmo.com/redes-sociais/us-now-documentario-sobreo-poder-social/. Acesso em: 20 jun. 2020.

THOMPSON, C. *Clive Thompson in praise of online obscurity* (2010). Disponível em: http://www.wired.com/magazine/2010/01/st_thompson_obscurity/. Acesso em: 20 jun. 2020.

UOL JOGOS. *Com lucro de US$ 835 milhões, jogos sociais ampliam mercado de games* (2010). Disponível em: http://jogos.uol.com.br/playstation2/ultnot/2010/06/24/ult530u7901.jhtm. Acesso em: 20 jun. 2020.

WALSH, M. *Report*: mobile to be social networking "Hub" (2009). Disponível em: http://www.mediapost.com/publications/?fa=Articles.showArticle&art_aid=115622. Acesso em: 20 jun. 2020.

WESTERGREN, J. *Link bait* (2006). Disponível em: http://www.jimwestergren.com/link-bait/. Acesso em: 20 jun. 2020.

WIKIPÉDIA. *A arte da guerra* (2010-2012). Disponível em: http://pt.wikipedia.org/wiki/A_Arte_da_Guerra. Acesso em: 20 jun. 2020.

WIKIPÉDIA. *ARToolKit* (2010). Disponível em: http://en.wikipedia.org/wiki/ARToolKit. Acesso em: 20 jun. 2020.

WIKIPÉDIA. *Dunbar's number* (2010-2016). Disponível em: http://en.wikipedia.org/wiki/Dunbar%27s_number. Acesso em: 20 jun. 2020.

WIKIPÉDIA. *Estratégia* (2010-2011). Disponível em: http://pt.wikipedia.org/wiki/Estrat%C3%A9gia. Acesso em: 20 jun. 2020.

WIKIPÉDIA. *Maslow's hierarchy of needs* (2009). Disponível em: http://en.wikipedia.org/wiki/Maslow%27s_hierarchy_of_needs.

WIKIPÉDIA. *Paradigm shift* (2010). Disponível em: http://en.wikipedia.org/wiki/Paradigm_shift. Acesso em: 20 jun. 2020.

WIKIPÉDIA. *Positioning* (marketing) (2010-2013). Disponível em: http://en.wikipedia.org/wiki/Positioning_%28marketing%29.

WIKIPÉDIA. *Realidade aumentada* (2010-2019). Disponível em: http://pt.wikipedia.org/wiki/Realidade_aumentada.

WIKIPÉDIA. *Six degrees of separation* (2010-2017). Disponível em: http://en.wikipedia.org/wiki/Six_degrees_of_separation.

WIKIPÉDIA. *Social network* (2010-2015). Disponível em: http://en.wikipedia.org/wiki/Social_network.

WIKIPÉDIA. *Technological convergence* (2010-2018). Disponível em: http://en.wikipedia.org/wiki/Technological_convergence.

WIKIPÉDIA. *Web 2.0* (2010-2014). Disponível em: http://en.wikipedia.org/wiki/Web_2.0.

WILSON, N. *The art of linkbaiting* (2005). Disponível em: http://performancing.com/promotion/links/the-art-of-linkbaiting.

WORTHINGTON, P. *USP, ESP e XSP* (2010). Disponível em: http://www.wolffolins-blog.com/post/333041458/usp-esp-xsp.

XAVIER, L. *Johnnie Walker Black Label investe em TV móvel* (2010). Disponível em: http://leonardoxavier.typepad.com/mobilizado/2010/01/johnnie-walker-black-label-investe-em-tv-m%C3%B3vel.html.

ZARRELLA, D. *The 8 elements of contagious ideas* (2010). Disponível em: http://danzarrella.com/the-8-elements-of-contagious-ideas.html#.

ZARRELLA, D. *Zombie marketing*: how to use combined relevance to go viral (2010-2011). Disponível em: http://danzarrella.com/zombie-marketing-how-to-use-combined-relevance-to-go-viral.html#.

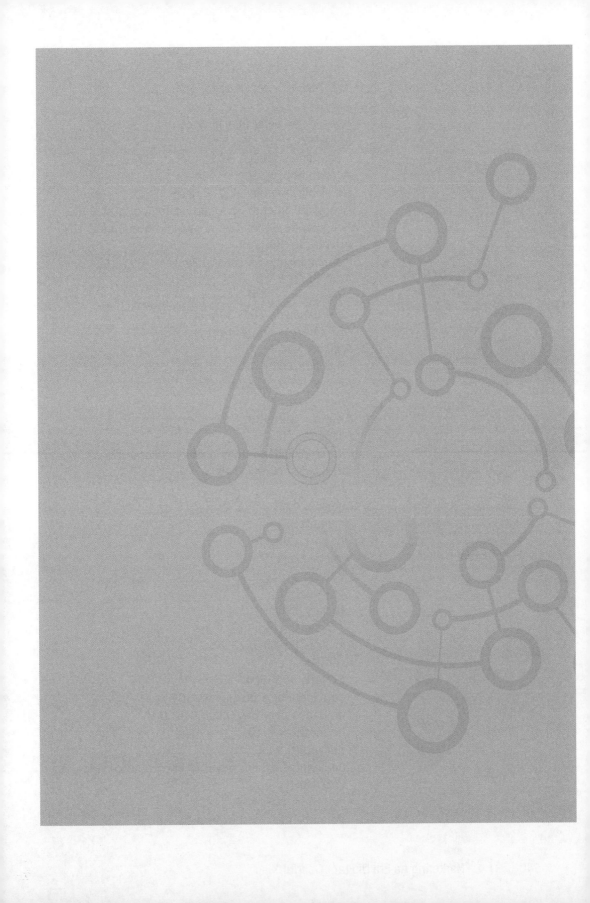

ÍNDICE ALFABÉTICO

A

A/B *Testing* automatizado, 511
Abertura, 190
Abordagem *omnichannel*, 159
Ação, 420, 424
  em mídias sociais, 420
Acelerômetro, 360
Acessibilidade digital, 278, 279
Acompanhamento ao longo do tempo, 504
Acompanhe e monitore o máximo que puder, 488
Adaptação, 38, 239
  da campanha ao canal, 239
Adoção, 263
Advergaming, 312
Advertainment, 303, 304, 307
AEP (*Average Engagement per Post*), 437
Afiliado, 446
Afinidade, 327
Airbnb, 64, 272, 512
Ajustes, 24, 390
Alcance, 422, 428
Alienação, 327
Alta credibilidade de relações públicas, 37
Alteridade cultural, 148
Alvo, 84
Amazon, 411
Ambiente(s)
  de marketing, 19
  imersivos, 179
  interno/produto, 44
  off-line, 398
  sociais, 393
    digitais, 415
Ameaças (*threats*), 23, 45
Análise(s)
  Cohort, 503, 504
  da experiência do cliente, 509
  de dados com base científica, 148
  de métricas, 510
  de retenção, 504
  de sentimento em reconhecimento automático de voz, 138
  de tendências, 504
  do ambiente interno/produto, 44

do macroambiente, 42
do microambiente, mercado, concorrência e público-alvo, 42
dos resultados, 506
e ação em mídias sociais, 420
e *insights*, 511
e relatórios, 507
estatísticas, 425
preditiva de padrões de compra, 137
SWOT, 23, 24
Ancoragem, 120
Ansiedade, 327
Antropologia
cultural, 143
do consumo, 142
simbólica, 146
social, 146
Anúncios
de lista de produtos, 367
digitais, 507
nativos, 482
Aplicativos, 307
de mensagens, 92
móveis, 218, 358, 360, 515
Aprendizagem de máquinas, 134
Apresentações, *decks* e *slides*, 336
AQS (*Audience Quality Score*), 437
Aquisição, 245, 503
Área(s)
do marketing de *performance*, 474
empresarial privada e *mobile tags*, 214
pessoal e *mobile tags*, 215
pública, artística e cultural e *mobile tags*, 213
Armazenamento das *mobile tags*, 208
Ascensão dos micro e nanoinfluenciadores, 432
Assincronicidade, 344
Ativação, 38, 245, 503
Atração, 460
Atribuição
baseada em posição, 487
da primeira interação, 485
da última interação, 485
de redução de tempo (*Time Decay*), 486
linear, 486
Atualização, 36

Áudio, 336
Aumento do uso de *smartphones*, 65
Autenticidade, 440
Automação
  de *e-mail*, 463
  de fluxo de trabalho, 288
  de marketing, 286, 287, 290, 293, 468, 469, 499, 503, 507
    no *inbound marketing*, 468
Autoridade, 230, 383
  de domínio, 378
  e página, 524
Avaliação, 38, 48, 505
  de mudanças no produto, 505
AVP (*Average Views per Post*), 437
Awareness, 476, 521

B

Backlinks, 384, 524
Banners digitais, 2
BBS (*Bulletin Board System*), 223
Beauty Works, 411
Behavioral targeting, 71
Benefícios
  de um *site* acessível para a sociedade, 283
  do comércio eletrônico, 172
Bens, 18, 311
  virtuais, 311
Bid (Oferta), 375
Big data, 494
Bing, 268
Blockchain, 296, 298
Blogs, 168, 253, 395, 461
Blogueiros, 448
Bluetooth, 198, 200
Bookmarking, 394
Brain-computer interface (BCI), 108
Brand blogging, 414
Brand lift, 523
Branded entertainment, 303, 306
Branding, 188, 326
Busca, 266, 378
  aural, 275
  generativa por inteligência artificial, 274

  personalizada, 273
  por voz, 275
  semântica, 273, 275
    relevância no contexto, 274
  vertical, 272
  visual, 275, 378
Buscadores, 270, 272, 377
  além do Google, 272
  horizontais, 272
  verticais, 272
Buscapé, 272
Buser, 513
Business influencer, 439
Buzz marketing, 414

C

Calls to action (incentivos para agir), 36, 328, 462
Calvin Klein, 217
Câmera, 360
Campanha(s)
  de *E-mail Drip*, 288
  de *performance*, 291
  de reengajamento, 508
  em *links* patrocinados, 369
  pós-teste ou demonstração, 463
  temporárias, 371
Canais
  de contato, 453
  de distribuição, 333
Cancelamento de inscrição, 525
Capacidade de viralização, 344
Capital social, 229, 230
Capturar a atenção, 418
Caráter público da propaganda, 34
Casas Bahia, 411
Cascatas sociais, 416
Categoria(s)
  de automação de marketing, 286
  de conteúdo, 337
Catho, 272
Cauda longa (*the long tail*), 57, 58, 248, 373
Cause marketing, 414
Cavernas digitais, 190

Celebridades, 433
Cenário *mobile*, 352
Cenários e as emoções na comunidade, 253
Cérebro, 100, 103, 104, 223
 & decisões, 100
 social, 223
Chamadas para ação, 36, 328, 462
Chatbots inteligentes, 138, 511
ChatGPT, 268, 271, 274
Chico Rei, 411
China, 413
Chirpify, 411
Churn rate, 514
Cibridismo, 51
Clareza, 327
Classificação de palavras-chave, 523
Classificados, 187
Código de barras, 207
Coleta de dados, 146, 495, 504, 506, 509
 e *feedback*, 509
 em tempo real, 495
Collective Voice, 412
Comentários, 524
Comércio
 eletrônico, 172
 social, 410, 411
Community marketing, 414
Comparação entre Cohorts, 504
Compartilhamento, 256, 261, 524
 na comunidade, 256
Complexidade no marketing, 2
Comportamento
 do consumidor
  em relação às marcas, 402
  mobile, 353
 humano, 75, 396
 on-line, 465
Composto de marketing – 4 Ps, 26
Compra personalizada, 187
Compreensão, 188, 262
 de sistemas complexos, 188
Computação ubíqua (ou pervasiva), 51, 58, 59
Computador *desktop*, 353

Comunicação personalizada em vários canais, 290
Comunidade(s), 234, 235, 236, 251, 253
 dá força à marca, 256
 de ação, 258
 de aquisição, 259
 de circunstâncias, 258
 de conteúdo, 259
 de engajamento, 259
 de interesse, 258
 de lugar, 258
 de prática, 258
 de produto, 259
 de suporte/sucesso, 259
 digitais, 235, 253
 tipos de, 258
 visão socioemocional da, 257
Concorrência, 2, 43
 pela atenção, 2
Conexão global horizontal entre pessoas (*many-to-many*), 74
Confiança, 327
Confronto pessoal, 38
Confusão, 327
Consciência, 262, 338, 339
Consideração, 338, 339, 521
Consumidor
 para consumidor (C2C), 174
 para empresas (C2B), 174
Consumidor/cliente, 446
Contaminação intermídias, 88
Contato pessoal, 348
Conteúdo, 254, 334, 405, 462, 475, 482
 dinâmico, 462
 orgânico, 482
 patrocinado, 475
 tipos e formas de, 334
Controle, 48
Convergência, 84, 86, 87, 88, 356
Conversa
 automatizada nas mídias sociais, 508
 telefônica, 348
Conversações
 sobre a indústria, 423
 sobre a marca, 423

Índice alfabético | 543

Conversão, 338, 339, 421, 461, 473, 521
  de receita, 326
  educacional, 326
  em mídias sociais, 524
  pré-receita, 326
Conversation creation, 414
Cool hunting, 73
Cooperação, 187
Copywriting, 118
Couchsurfing, 235
CPA (Custo por Aquisição), 375, 474
CPC (Custo por Clique), 375, 474
CPL (Custo por *Leads*), 474
CPM (Custo por Mil Impressões), 375, 473
CPS (custo por venda), 474
Creator Economy, 60
Creators, 61
Crescimento
  do comércio eletrônico, 65
  exponencial, 255
Criação
  das variantes, 506
  de conteúdo automatizada, 511
  de *mobile tags*, 217
  do calendário editorial, 339
Criadores de produtos digitais e empresas, 446
Criptomoedas, 296
Crise
  de eventos, 427
  informacional, 427
CRM, 463
Cronogramas, 47
Cross-sells, 291
Crowdfunding, 175
Cruzamentos, 43
CTR (*Click Through Rate*), 375
Cultura, 102, 143, 441
  do propósito, 441
  do *status*, 441
Curadoria, 401
Curtidas, 524
Curva de Comprometimento, 261
Custo(s)
  de aquisição de clientes (CAC), 514, 522
  de manutenção, 283
  por ação (CPA), 523
  por aquisição, 375, 474
  por clique (CPC), 375, 474, 524
  por *lead*, 474, 523
  por mil impressões, 375, 473
  por venda, 474
  reduzidos, 173
Customer Lifetime Value, 522

D

Dados, 292, 449, 494
  certos, 494
  do CRM atualizados, 292
  pessoais, 449
Dashboards, 498
Data-driven marketing, 492, 493, 494, 499
Deep learning, 136
Defensiva, 24
Deficiência
  auditiva, 278
  física, 278
  visual, 278
Definição
  da hipótese, 505
  das etapas da jornada, 509
  de assuntos para as categorias de conteúdo, 338
  do Evento Comum, 504
Demanda, 17
Demonstração(ões), 336, 463
  de produtos, 310
Depressão de desilusão, 91
Desafios da realidade aumentada, 189
Descentralização, 396, 398
Descrição densa, 144
Desejos, 16
Desempenho do *site*, 283
Desenvolvimento
  de aplicativos, 218
  de produtos, 494
Desprevenção de relações públicas, 37
Detecção de *spam*, 466
Diálogo, 428
Diários de campo, 147
Difusão digital, 344

Digital, 79, 241
Digital influencer, 241
Dimensão estratégica, 4
Displays, 299, 300, 301, 361
  com realidade aumentada, 299
  digitais
    on-line, 299
    personalizados, 300
    sociais, 301
Disponibilidade 24 horas, 173
Dispositivos
  assistentes de voz, 363
  móveis, 352
Disrupção da inteligência artificial generativa no marketing, 61
Distração, 2
Divisão da audiência, 506
Domínio dos buscadores, 271
Dramatização de relações públicas, 37
Dropbox, 512
Duração, 428

E

E-books, 334
E-commerce, 172, 173, 273, 326, 350, 409, 410, 515
  plataforma de, 176
  tipos de, 174
E-mail, 2, 336
  automação, 463
  automatizados de boas-vindas, 508
  contexto atual do uso do, 346
  marketing, 2, 334, 341, 342, 350, 409
  e o *e-commerce*, 350
Economia
  colaborativa, 65
  compartilhada, 395
  digital, 60
  do compartilhamento, 65
  dos bicos, 395
Educação, 216
  e *mobile tags*, 216
  experimental, 187

Efeito(s)
  bumerangue, 160
  da LGPD na automação de marketing, 295
Embalagem, 29
Emissão de cartões de embarque, 215
Emoção, 139
Empresas
  e consultorias, 273
  para consumidor (B2C), 174
  para empresas (B2B), 174
Encore page, 328
Encriptação das *mobile tags*, 208
Engajamento, 254, 263, 264, 400, 420, 437, 477
  com anúncios *mobile*, 65
  do usuário, 515
  nas mídias sociais, 466
  por *e-mail*, 466
Engenharia social, 71, 72
Enjoei, 412
Entretenimento, 211, 303, 310
  e *mobile tags*, 211
Envio
  de *e-mails*, 243
  único, 344
ER (*Engagement Rate %*), 437
Era
  da busca, 62
  da economia colaborativa, 65
  da mobilidade, 64
  das redes sociais, 63
  do mundo autônomo, 66
  Estática, 55
Erros de digitação, 370
Escassez, 119
ESP (*Emotion Selling Proposition*), 54
Especificidades, 436
Espectadores, 53
Estilo do conteúdo, 255
Estratégia(s), 21
  atual, 45
  de cada concorrente por área/segmento, 43
  de comércio social, 412
  de conversão, 326

de *e-mail marketing*, 348
de influência, 116
de integração entre plataformas sociais e o marketing, 408
de *links* patrocinados, 374
de marketing (4 Ps), 46, 83, 434, 439
  de influência, 434, 439
de SMO, 404
de *Social Media Marketing*, 405
digitais, 82, 83, 317
  de marketing, 82, 317
em mídias sociais, 392
omnichannel, 452
Estudos de caso e casos de sucesso, 336
Etapas do funil de marketing tradicional, 156
Ética e códigos de regulamentação, 345
Etnografia, 144
  digital, 146, 151
    aplicação prática da, 146
  no campo digital, 145
Evangelist marketing, 414
Eventos, 18
  aumentados, 188
Evolução da automação de marketing, 293
Expansão dos sentidos, 275
Experiência(s), 18
  do cliente, 494, 509
  do consumidor, 3
  do usuário, 189
  omnichannel, 452
  receptiva, 53
Experimentação contínua, 502
Expressividade ampliada da propaganda, 35

F

Facebook, 92, 478
  Messenger, 92
Facily, 412
Fases na era digital, 55
Fatores
  demográficos, 20
  econômicos, 20
  físico-naturais, 20
  políticos, 20
  socioculturais, 21
  tecnológicos, 20
Feedback do cliente, 310
Fenômeno do colapso do tempo e espaço na propagação da informação, 68
Ferramentas
  de segmentação, 65
  de *web analytics*, 422
  gratuitas de *social listening*, 421
  pagas de *social*
    analytics, 421
    listening, 421
    media, 421
  para enviar *e-mail marketing*, 350
Filtros, 345
Flexibilidade das *mobile tags*, 209
Fluxo de trabalho, 288
Foco
  em ter uma boa *landing page*, 487
  no Cliente, 502
Fontes de tráfego, 488
Força(s)
  das redes, 238
  de marca, 255
  do nosso produto/empresa, 45
  e fraquezas de cada concorrente, 44
Formas
  de pagamento *mobile*, 362
  de remuneração dos afiliados, 447
Formulários, 328, 462
  de captura de *leads*, 507
Fraquezas do nosso produto/empresa, 45
Frequência, 35, 428
  da propaganda, 35
Fundador da comunidade, 260
Fundo do funil, 468
Funil
  da comunidade, 245
  de marketing, 154, 155
  de vendas no *inbound marketing*, 466
  dinâmico de marketing, 157, 290

G

Gameficação, 313

Gatilho da tecnologia, 91
Gemini, 268, 274
Geolocalização, 66, 356
Geotagging, 203
Geração de *leads*, 476
Gerador de mídia, 84
Gerenciadores de conteúdos, 169
Gerenciamento de campanha, 497, 507
Gestão
  da jornada dos clientes, 242
  de comunidade, 405
  de crises, 425
  de inventário, 173
GIF (*Graphics Interchange Format*), 336
Gig economy, 395
Google, 62, 70, 268, 364
  Alerts, 421
  Analytics, 497, 498
  Compras, 272
  Custom Search Engine (CSE), 272
  e as comunidades, 237
  Instant Streaming, 276
  Notícias, 272
  Page Speed, 330
  Reviews, 217
  Search Generative Experience (SGE), 274
GPS (*Global Positioning System*), 202, 360
Grandes *sites* de mídia, 448
Grassroots marketing, 414
Growth hacking, 503, 512
Growth marketing, 502, 516
Guest post, 385
Gympass, 513

H

Hacks
  de ancoragem, 120
  de *copywriting* & *hypnotic writing*, 118
  de escassez, 119
  de neuromarketing, 118
  de urgência, 119
  mentais, 116, 118
  prova social ou conformidade, 121
High tech, 81

Hotmail, 512
Hotsites, 167
Hype Cycle, 91, 133
Hypnotic writing, 118, 119

I

Ideias, 18, 415
  contagiosas, 415
Identificação
  da Cohort, 504
  de problemas, 505
  dos personas, 509
iFood, 67, 513
Imagem
  de cada concorrente em meio ao público-alvo, 43
  de marca, 283
  do produto/marca percebida pelo público-alvo, 45
Imersão no universo digital do outro, 146
Impacto do digital no comportamento humano, 75
Impessoalidade da propaganda, 35
Implementação, 506
In sity, 187
In-game advertising, 312
Inbound marketing, 243, 334, 341, 456, 457, 458, 459, 460
  etapas do, 460
Incentivos para agir, 36, 328, 462
Inclusão digital das *mobile tags*, 208
Incorporação de IA, 273
Indicador-chave de desempenho (KPI), 518
Indicadores de sucesso, 339, 340
Índice de qualidade, 375, 525
Individualização, 36
Influencer marketing, 414
Influenciador(es), 61, 241, 422, 448
  digitais, 60, 434, 436
  do seu negócio, 439
  sociais, 422
Influenciadores-chave, 422
Infográficos, 335

Infoprodutores, 515
Informações, 18, 360, 465
  da empresa, 465
  de contato, 360
  demográficas, 465
Inseparabilidade, 31
Insights, 511
  sobre o público, 138
Instagram, 210, 478
Instituições educacionais, 273
Intangibilidade, 31
Integração
  entre *e-mail marketing* e mídias sociais, 349
  entre plataformas, 343
    sociais e o marketing, 408
Inteligência artificial
  busca
    generativa por, 274
    semântica e, 273
  categorizações de, 128
  como funciona, 130
  conversacional, 275
  de autoaperfeiçoamento, 129
  evolução, 127
  forte, 129
  fraca, 128
  funções mais comuns de, 132
  generativa, 2, 61, 129, 511
    disrupção no marketing, 61
  geral (AGI), 129
  incorporação de, 273
  inverno da, 131
  limitada, 128
  machine learning e, 510
  métodos e algoritmos de, 132
  na etnografia digital, 149
  nível humano, 129
  para marketing, 92
  sete estágios da, 137
  teste A/B usando, 294
Intenção de pesquisa, 369, 384
Interatividade, 36, 356
Interesse(s), 338, 339, 521
  compartilhados, 252
Interface customizável, 273

Internalização, 263
Internet, 278
Interoperabilidade, 189
Interpretação
  dos resultados, 504
  etnográfica, 147
Intertainment, 188
Intranet, 409
Intuição, 415
Inverno da inteligência artificial, 131
Inversão do vetor de marketing, 53, 54
Iteração, 506

J

Jogos
  Advergaming/In-Game Advertising, 311
  educativos, 216
  sociais, 313, 314
Jornada do cliente, 155, 157, 158, 290, 337

K

Kaboodle, 412
KPI (*Key Performance Indicators*), 420, 463, 518, 520
  de *e-mail marketing*, 525
  e análises, 463
  gerais de marketing, 522
Kwai, 411

L

Laços, 227, 228
  em redes sociais, 228
  fortes, 228
  fracos, 228
  interpessoais, 228
Ladeira do esclarecimento, 91
Lance, 473
Landing pages, 168, 239, 324, 328, 346
  de *links* patrocinados, 375
  otimização de, 327
  páginas de destino, 462
  tipos de, 325

Layers de localização, 187
Leads, 289
  formulários de captura, 507
  generation, 326
  geração de, 476
  nutrição de, 288, 507
  scoring, 464
  segmentação, 288
  suposições da qualificação, 292
Legenda no vídeo, 380
Legitimidade da propaganda, 34
Lego Ideas, 235
Lei
  de Moore, 267
  Geral de Proteção de Dados Pessoais (LGPD), 295, 449
    na automação de marketing, 295
Lembretes de carrinho abandonado, 508
Levantamento financeiro, 45
Lifetime Value (LTV), 514, 522
Linhas editoriais, 337, 339
Link
  dos clientes, 385
  dos concorrentes, 385
  patrocinados, 369, 387, 388
LinkedIn, 479, 512
Listas
  de *e-mail*, 448
  segmentadas de contatos, 291
Lojas que vendem bens físicos, 175
LTV – *Lifetime Value*, 514, 522
Lugares, 18

M

Machine learning (ML), 133, 134
  e inteligência artificial, 503, 510
Macroambiente, 42
Macroinfluenciadores, 433
Magazine Luiza, 64
Mainframe, 353
Manutenção do relacionamento, 38
Mapa da jornada do cliente, 157
Mapeamento, 202
  da jornada do cliente, 503, 509
  dos pontos de contato, 509

Marca, 28, 255
Marketing, 79, 93, 173, 332, 333, 341, 472, 522
  conceitos essenciais de, 14
  de afiliados, 444, 445, 446, 447, 475
  de busca, 2, 80, 409
  de conteúdo, 2, 332, 333
  de conversação, 293, 334
  de influência, 61, 334, 341, 430, 431
  de massa, 54
  de *performance*, 472, 474
  de relacionamento, 80, 93
  digital, 80, 522
  direcionado, 173
  direto, 33, 36
  e *mobile tags*, 216
  em mídias sociais, 2, 403
  em redes sociais, 80, 392
  orientado a dados, 493
  regional, 410
  viral, 414
Marketplace, 175
Matriz
  de Confrontação (*Confrontation Matrix*), 24
  SWOT – Avaliação de competências e análise de cenários, 22, 45
Mecanismo(s)
  de busca, 62
    digitais, 266
    na *Web*, 267, 268
  de Pesquisa
    Programável, 272
Meio do funil, 467
Menções sem *links*, 385
Mensagem(ns), 438
  de *e-mail*, 347
  direta e/ou instantânea, 347
  multimídia, 344
  social pública, 347
Mensuração, 4, 69, 109, 343, 421, 424, 428
  análise e ação em mídias sociais, 420
Mensurações(ões)
  biométricas, 109
  em mídias sociais, 424
  frias (*cold measurements*), 421
  quentes (*warm measurements*), 421

Mente(s)
  conectadas, 75
  inconsciente, 100
Mention, 421
Mercado, 42, 172, 284
  global, 172
  sênior, 284
Merchandising, 303
Meta Horizon Worlds, 191
Metaverso expandido imersivo em 3D, 2
Metodologia
  de posicionamento, 25
  do *inbound marketing*, 460
Métodos e algoritmos de inteligência artificial, 132
Métricas, 339, 340, 350, 510
  de *growth marketing*, 514
  de mercado, 520
  de vaidade, 441
  e KPIs, 522, 523, 524
    de *inbound* marketing (SEO), 523
    de marketing de *performance*, 524
    de *Search Engine Marketing* (SEO), 523
    de *Social Media Marketing* (SMM), 524
Microambiente, mercado, concorrência e público-alvo, 42
Microblogging, 394
Microinfluenciadores, 432, 433
Microsites focados em pesquisa paga, 448
Mídia(s), 84
  impressa, 410
  sociais, 209, 222, 223, 291, 410
  e *mobile tags*, 209
  social, 461
Minisites, 167
Mito
  da divisão do cérebro em esquerdo e direito, 99
  do uso de apenas 10% do cérebro, 99
MMS (*Multimedia Messaging Service*), 200
  marketing, 201
Mobile
  advertisement, 363
  commerce (m-commerce), 362
  marketing, 80, 352, 409
    e estratégias de marketing, 355

tagging, 205
tags
  área empresarial privada, 214
  área pessoal, 215
  área pública, artística e cultural, 213
  cenário e aplicações, 209
  criação, 217
  educação, 216
  entretenimento, 211
  marketing, 216
  TV, 219
Mobilidade, 64, 352, 353, 356
Modelo(s)
  de atribuição, 483, 484
  de comportamentos cerebrais, 111
  de negócios, 174
  do Cérebro Trino, 113
  dos 4 Ps e dos 4 Cs, 38
  mental de busca, 371
Moderação, 247, 248
Modo
  business influencer, 440, 441
  influencer, 440, 441
  tradicional, 441
Monetização, 273
Monitoramento e controle, 389
Mudanças no produto, 505
Multicanal, 450
Multiteleinterativos, 53
Mundos virtuais, 190
Museu Sukiennice, 214
Música, 417

N

Nanoinfluenciadores, 432, 433
Nature vs. Nurture, 102
Natureza, 102
Navegação, 203
Navegador móvel, 359
NBuilding, 412
Necessidades, 16
Net
  Promoter Score (NPS), 514
  Sentiment, 422, 423

Netflix, 70
Netnografia, 143
Neurociência, 104
Neuromarketing, 110
NFC, 360
NFTs (*tokens* não fungíveis), 296
Nicho(s), 249
  de mercado, 174
Níveis
  de comunicação, 347
  do produto, 30
Noosfera, 75
Nós, 227
Notícias sociais, 394
Novidade, 415
Nubank, 512
Nutrição de *leads*, 288, 507

O

Objetivos, 45, 438, 476
  das suas campanhas, 476
  e metas de marketing, 45
Ofensiva, 24
Ofertas personalizadas, 288
Omnichannel, 450, 451, 452
ONGs, 515
Oportunidades (*opportunities*), 23, 45
Opt-in, 342
Opt-out, 342
Oráculos digitais, 269
Orçamento, 47, 521
  nos KPIs, 521
Organização, 18
  dos dados, 504
  e estrutura das redes sociais, 227
Otimização, 288, 498
  de campanhas de marketing, 505
  de CTAs, 288
  de *landing pages*, 327
  do marketing de *performance*, 487
  on-page (SEO), 376
  orgânica, 387, 388
  para a busca, 360
OTT (*Over The Top*), 220
Outbound marketing, 457, 458, 459

P

Página(s)
  de destino, 507
  digital, 166
  simples, 327
Palavras-chave, 368, 377
  classificação de, 523
  e a estrutura de campanhas em *links* patrocinados, 369
  e *ranking*, 372
  genéricas e específicas, 371
  muito concorrida, 371
  otimizar para muitas, 371
  para a cauda longa, 372
  testar as melhores, 370
Paradoxo da escolha, 58
Pares influenciadores, 422
Paródia de algo familiar, 417
Participação de mercado de cada concorrente por área/segmento, 43
Patrocínio, 409
Pay-Per-Click (PPC), 367
Perecibilidade, 31
Perfis em redes sociais, 168
Performance, 291
Perguntas certas, 494
Permanência, 344, 428
Permissão e ética (*opt-in e opt-out*), 342
Persona
  do comprador, 462
  principal, 337
Personalização, 36, 293, 343, 494, 495
  avançada, 511
  da experiência do cliente, 288
  de conteúdo, 288, 507
  de resultados de busca, 275
Pesquisa
  de mercado, 408
  de palavras-chave para *links* patrocinados, 368
  por voz, 381
Pessoas, 18, 259, 283, 284
  com baixa
    experiência computacional, 284
    visão, 283

com deficiência
  auditiva ou surdas, 283
  intelectual, 284
  motora e mobilidade reduzida, 284
com dispositivos móveis, 284
com idade avançada, 284
com problemas de conexão com a Internet, 284
essência da comunidade, 259
Pico das expectativas infladas, 91
Picpay, 513
Pilares do *data-driven marketing*, 497
Pinterest, 272, 364, 479
Pipeline de vendas, 292
Planejamento
  de marketing, 3
    de conteúdo, 337
  estratégico de marketing, 21
Plano(s)
  de ação (tático-operacionais), 47
  de marketing, 40
    passo a passo de um, 41
Plataforma(s), 82
  de afiliados, 446
  de busca, 267
  de *e-commerce*, 176
  de gerenciamento de dados, 500
  de mídias sociais conceito e tipos, 226
  de rastreamento, 446
  digitais, 37, 296
  do lado da demanda, 500
  e tecnologias digitais, 3
  móvel, 359
  sociais, 477
Platô de produtividade, 91
Podcasts, 335
Poder
  do consumidor, 50
  dos buscadores, 270
Pontos
  de compra e atendimento, 453
  de contato, 453
  fortes (*strengths*), 23
  fracos (*weaknesses*), 23
Popularidade, 229

Portais, 168
Pós-venda, 338, 339
Posicionamento, 24, 25, 26
Postagens em *blog*, 334
Posts orgânicos no *feed*, 507
Praça, 27, 32, 46
Prática em laboratórios com QRCodes, 216
Preço, 26, 31, 46, 344
  baixo (*per capita*), 344
Presença
  ativa, 53
  digital, 167, 320, 321, 323
  gratuita (ou ganha), 321
  on-line, 333, 340
  paga, 321
  própria, 321
Principais concorrentes no mercado e suas participações (*share of market*), 43
Processamento de linguagem natural (PNL), 294
Produção e otimização do conteúdo, 339
Product
  placement, 303, 305
  seeding, 414
Produto(s), 18, 26, 27, 46
  digitais, 175
  em si, 28
  no mercado, 45
Profissionais
  de marketing, 83, 496
  liberais, 516
Programa(s)
  de indicação, 292
  de recomendação, 412
Proliferação dos influenciadores digitais, 60
Promoção, 27, 46
  de vendas, 33, 35
Propaganda, 33, 34, 35, 409
  caráter público, 34
  expressividade ampliada, 35
  frequência, 35
  impessoalidade, 35
  legitimidade, 34
Proposição Única de Venda, 54
Propósito do ambiente colaborativo, 256

Propriedades, 18
Proselitismo, 417
Protagonismo, 256
Prova social, 121
Publicação automatizada nas mídias sociais, 508
Publicidade nativa, 475
Público-alvo, 19, 44, 84, 359, 473
Push notification, 243

Q

Q&A (fórum), 395
QRCode, 205, 206, 207, 208
Qualidade, 418, 473
   e relevância, 473
Quantidade de palavras usadas na busca, 372
QuintoAndar, 513

R

"Ranço" corporativo, 418
Rapidez, 371
Rappi, 67
Rastreamento, 203, 208, 343, 497
   das *mobile tags*, 208
   de objetos, 203
   unificado, 197
Re-targeting, 302
Realidade(s)
   aumentada, 179, 180, 184, 189, 208, 299, 363
      das *mobile tags*, 208
   mistas, 178, 179
   virtual, 180, 183, 190
Reaproveitar o conteúdo, 291
Receita, 246, 503, 522
   média por cliente (ARPC), 522
   recorrente mensal (MRR), 522
Recomendação, 246
   de produtos, 288
Reconhecimento
   automático
      de imagem, 137
      de voz, 138
   e direcionamento, 188

Recreação e arte, 203
Recrutamento, 310
Rede(s)
   de conteúdo, 376
   sociais, 63, 222, 223, 226, 394
      digitais, 230
      e a televisão, 407
      e *games*, 406
      organização e estrutura das, 227
      primitivas, 224
Reengajamento, 508
Referência, 503
Referral programs, 414
Refinamento de resultados, 273
Regulamentação, 345
Regularidade e frequência de publicação, 340
Relação marketing-comportamento-tecnologia, 2
Relacionamento, 344
Relações públicas, 33, 37
Relativismo cultural, 147, 148
Relatórios, 291, 507, 509
   automatizados, 509
Relevância, 36, 247, 345, 377, 383, 415
   do gerente de comunidade, 247
Remarketing na jornada, 243
Remuneração
   dos influenciadores, 435
   por clique, 447
   por *lead* qualificado, 447
   por venda, 447
Representatividade, 436
Reputação, 229, 256, 425
Requisitos
   de nível
      AA, 281, 282
      AAA, 282
   simples de nível A, 281
Response Code, 205
Resultado(s), 506
   de busca paga, 367
   orgânicos, 366
   zero – *snippets*, 381
Resumos gerados por IA, 382
Retenção, 246, 292, 463, 503, 504, 521
   de clientes, 292

Retorno
  do marketing de influência, 431
  sobre investimento em mídia (ROAS), 525
  sobre o investimento (ROI), 515, 522, 375
Return on Investment (ROI), 515, 522, 375
Revendedores *on-line* baseados em serviços, 175
Revolução
  do Compartilhamento, 250
  Social e Dinâmica, 55
RFID (*Radio Frequency Identification*), 195, 196, 197
Riqueza de conteúdo, 344
ROI (*Return on Investimento*), 515, 522, 375

S

Salesforce, 236
Sansar, 191
Sazonalidade de vendas, 43
Search Engine
  Marketing (SEM), 271, 325, 333, 340, 366, 367, 368, 413, 475
  Optimization (SEO), 271, 283, 368, 376, 386, 403, 409, 461
Second Life, 92, 190, 191
Segmentação, 288, 343, 473, 480, 481, 494, 507
  de audiência, 507
  de *leads*, 288
  de público, 288
  do seu público-alvo dentro das redes sociais, 480
  por dados demográficos, 481
  por interesse, 481
Segurança e *spam*, 189
SEM (*Search Engine Marketing*), 271, 325, 333, 340, 366, 367, 368, 413, 475
Semapedia, 214
Semeadura, 415
Sentimento, 422
SEO (*Search Engine Optimization*), 271, 283, 368, 376, 386, 403, 409, 461
  local, 386
Sephora, 237

Serviços, 18, 31, 515
  de assinatura, 515
Sete estágios da IA, 137
Signed-in personalization, 276
Signed-out customization, 276
SIM (*Social Influence Marketing*), 422
Sincronicidade (*behavioral targeting*), 81
Singu, 67
Sistemas de resposta de voz interativa (IVR) ativados por IA e *bots* de voz, 294
Site(s), 167
  acessível, 283
  de avaliação, 395
  de busca, 366
  de discussão, 395
  de mídias sociais, 394
  móveis, 359
Slack, 512
Slacktivismo, 426
Smart marketing, 2
Smartphones, 65
SMM (*Social Media Marketing*), 333, 340, 393, 403, 405, 412
SMO (*Social Media Optimization*), 403
SMS (*Short Message Service*), 200
Snapchat, 210, 479
Snippet, 381
Sobreviver, 24
Social
  commerce (*s-commerce*), 175, 176, 410
  e *real time versus* solitário e previamente armazenado, 189
  games, 406
  gaming, 187
  listening, 421
  media advertising, 475
  media marketing (SMM), 333, 340, 393, 403, 405, 412
Socialgraphics, 400
Startups de tecnologia, 515
Storytelling, 2
Superinteligência (ASI), 129
Suposições da qualificação de *leads*, 292
Sustentabilidade das *mobile tags*, 208

Tabela periódica dos elementos, 216
Táticas para otimização de *landing pages* para conversão, 327
Taxa
  de abandono, 525
  de abertura, 525
  de aquisição de clientes (*Customer Acquisition Rate*), 514
  de cancelamento (*churn rate*), 523
  de cliques (CTR), 525
  de conversão, 514, 522
  de crescimento
    da receita, 515
    de seguidores, 524
  de engajamento, 524
  de inscrição, 525
  de rejeição, 524, 525
  de retenção, 514, 522
Tecnologias, 2
  de *mobile tagging*, 86
  mobile, 195
Telefonia celular, 203
Televisão, 407
  e rádio, 410
Tempo
  certo, 436
  de criação de campanhas, 291
  de retorno do CAC, 522
  e clareza, 494
  real (*real-time*), 67, 69
Tendências, 504
Teoria
  da Troca Social, 416
  das redes sociais, 227
  do Cérebro Trino, 112
  dos grafos, 228
Teste(s)
  A/B, 488, 503, 505, 506
    de Títulos, 288
    e otimização, 288
    em campanhas, 291
    usando inteligência artificial, 294
  de múltiplas *landing pages*, 329

The cluetrain manifesto, 78
Tickets de *shows*, 215
Tiktok, 82, 411, 480
  Shop, 411
Tokens não fungíveis, 296
Topo do funil, 467
Trabalhando de qualquer lugar, 174
Tradução, 262
Traduzir conteúdo, 385
Tráfego, 477
  de mídia social, 524
  de pesquisa, 523
  global de dados, 234
  pago, 405
Trailblazers, 236
Transformação digital, 74
Transformador, 436
Transição entre *on-line* e *off-line*, 453
Transmídia (*crossmedia*), 84, 85, 86, 356
Tratamento da base de contatos, 289
Treinamento, 187
Trivago, 272
Troca, 15
TV móvel
  aberta, 219
  paga, 219
  web, 219

Uber, 64
Ubiquidade computacional *on-line*, 427
Último clique não direto, 486
Upsells, 291
Urgência, 119
Usabilidade das *mobile tags*, 208
USP (*Unique Selling Proposition*), 54
Utilidade, 187, 416
Utilização do poder das pessoas, 241

V

Vácuo informacional, 417
Valor
  de cancelamento (*revenue churn*), 523

do ciclo de vida do cliente (CLV), 522
do marketing de influência, 431
para as pessoas, 250
Variabilidade, 31
Velocidade, 428
Venda(s), 463, 477
  do mercado
    por região, 43
    por segmento, 43
  pessoal, 33, 37
  totais do mercado, 43
Vídeo(s), 308, 335, 379, 418
  curto, 418
  educacionais, 310
  em capítulos, 380
  imersivos, 309
  interativos, 309
  para SEO, 380
Vieses cognitivos, 115, 116
Vigilância, 202
Vincular dados, 495
Virais em 3D, 187
Viralização, 415, 417
  capacidade de, 344
  de vídeos, 417
Virtual demo, 187
Virtualidade
  aumentada, 179, 180
  contínua, 178
  digital, 185
  pura, 180
Visão
  socioemocional da comunidade, 257
  única do cliente, 295
Visibilidade, 229, 375, 383, 428, 476
Visualização do mapa da jornada, 509
Volume, 420

W

W3C, 278, 280
  Validator, 330

WCAG (diretrizes de acessibilidade de conteúdo da *Web*), 280
Web
  1.0, 55
  2.0, 55, 57, 59
    e a explosão das redes sociais *on-line*, 59
    e a explosão do conteúdo, 57
  3.0, 56
  4.0, 56
  5.0, 56
  Accessibility Initiative (WAI), 280
  Emocional, 56
  móvel, 358
  para Todos, 282
  Semântica, 56
  Ubíqua e Simbiótica, 56
Website corporativo, 408
WhatsApp, 92
White papers e relatórios, 335
Whuffie, 230
Wikipédia, 214, 236, 237
WOMM, 413
Woot, 412
Wordpress, 169
World Wide Web Consortium (W3C), 278, 280

X

X (Twitter), 478
XSP (*eXperience Selling Proposition*), 55

Y

Yelp, 272
YouTube, 268, 272, 480

Z

Zillow, 272
Zugara, 411